广东省地方志丛书

广东省志

（1979—2000）

26

政权卷

《广东省志》编纂委员会　编

方志出版社
Publishing House of Local Records

图书在版编目（CIP）数据

广东省志：1979—2000. 26，政权卷 /《广东省志》编纂委员会编．--北京：方志出版社，2014.4
ISBN 978-7-5144-1212-3

Ⅰ．①广…　Ⅱ．①广…　Ⅲ．①广东省－地方志 ②地方政府－行政权力－概况－广东省　Ⅳ．①K296.5

中国版本图书馆 CIP 数据核字（2014）第 051365 号

广东省志（1979—2000）　26　政权卷

编　　者：《广东省志》编纂委员会
责任编辑：刘方圆

出 版 人：冀祥德
出 版 者：方志出版社
地址　北京市朝阳区潘家园东里 9 号（国家方志馆 4 层）
邮编　100021
网址　http://www.fzph.org
发　　行：方志出版社发行中心
电话　（010）67110500
经　　销：各地新华书店
印　　刷：深圳中华商务安全印务股份有限公司

开　　本：889×1194　1/16
印　　张：34.75
字　　数：803 千字
版　　次：2014 年 4 月第 1 版　2014 年 8 月第 2 次印刷
印　　数：2001～4000册

ISBN　978-7-5144-1212-3/K·986　定价：228.00元

ISBN 978-7-5144-1212-3

广东省行政区划图（1979年）

ADMINISTRATIVE DIVISIONS OF GUANGDONG, IN 1979

审图号：粤S〔2011〕03

广东省行政区划图（2000年）

ADMINISTRATIVE DIVISIONS OF GUANGDONG, IN 2000

审图号：粤S（2011）010号

●1984年1月，中央军委主席、中共中央顾问委员会主任邓小平（左一)，中共中央政治局委员、中央军委副主席杨尚昆(左二），中共中央政治局委员王震（左三）在南下广东视察的专列上听取广东省省长梁灵光（右三）等汇报情况

●1992年1月20日，邓小平（前左三）在广东省委书记谢非（前左五）等陪同下视察深圳经济特区，并发表重要谈话

1994年6月15日，中共中央总书记、国家主席江泽民（前排右二）在中共中央政治局委员、广东省委书记谢非（前排右一）和广东省省长朱森林（第二排左二）等陪同下视察广州黄沙隧道

2000年11月6日，全国人大常委会委员长李鹏（前排中）在中共中央政治局委员、广东省委书记李长春（前排左一）和广东省省长卢瑞华（前排右二）等陪同下视察珠海，并出席第三届中国国际航空航天博览会

1999年10月5日，国务院总理朱镕基(前排右三)在中共中央政治局委员、广东省委书记李长春（前排右一）和深圳市委书记张高丽（前排右二）等陪同下视察深圳

1979年12月，广东省第五届人民代表大会第二次会议在广州召开

李坚真在省五届人大二次会议（1979年12月）上当选为省人大常委会主任

习仲勋在省五届人大二次会议（1979年12月）上当选为省长

刘田夫在省五届人大三次会议（1981年3月）上当选为省长

●1983年4月，梁灵光（右一）在省六届人大一次会议上当选为省长，右二为省委第一书记任仲夷

●罗天在省六届人大一次会议（1983年4月）、省七届人大一次会议（1988年1月）上当选为省人大常委会主任

●1984年6月，省六届人大二次会议召开，大会主席团审议通过163名代表联名提出《解决全省96万人饮水困难问题的议案》，并决定交由省人大常委会审议和监督办理。该议案是省人大成立后受理的“第1号议案”。图为全省实施省人大农村食水议案总结表彰会议现场

1989年3月，广东省第七届人民代表大会第二次会议在广州召开

林若在省七届人大三次会议（1990年5月）、省八届人大一次会议（1993年2月）上当选为省人大常委会主任

叶选平在省六届人大四次会议（1985年8月）、省七届人大一次会议（1988年1月）上当选为省长

1987年9月19日，省长叶选平（右四）到开平县赤坎镇调研视察

●1993年1月29日至2月8日，广东省第八届人民代表大会第一次会议在广州召开

●朱森林在省七届人大五次会议（1992年1月）、省八届人大一次会议（1993年2月）上当选为省长；在省八届人大四次会议（1996年2月）、省九届人大一次会议（1998年1月）上当选为省人大常委会主任

●卢瑞华在省八届人大四次会议（1996年2月）、省九届人大一次会议（1998年1月）上当选为省长

●1998年1月，广东省第九届人民代表大会第一次会议在广州召开

●1994年4月8日，省长朱森林（前右三）、副省长张高丽（前右一）等到国家“西电东送”重点工程天生桥一级水电站工地视察

●1993年11月，省人大常委会组织评议工作组到佛山城区、从化、怀集等11个区、县指导开展对公、检、法、司执法部门的评议工作

●2000年4月27日，省长卢瑞华（前中）、副省长许德立（前右一）等领导视察九运会广东奥林匹克体育场工地

●2000年6月，省人大常委会副主任张帼英（中）视察广东邮政枢纽中心

●1998年1月，政协广东省第八届委员会第一次会议在广州召开

●尹林平在省政协四届二次会议(1979年12月)上当选为省政协主席

●梁威林在省政协五届一次会议(1983年4月)上当选为省政协主席

●1999年1月，政协广东省第八届委员会常务委员会第六次会议

●1988年12月，广东省地方政协工作经验交流会议

●吴南生在省政协五届四次会议（1985年9月）、省政协六届一次会议（1988年1月）上当选为省政协主席

●郭荣昌在省政协七届一次会议（1993年2月）、省政协八届一次会议（1998年1月）上当选为省政协主席

1998年1月，省政协八届一次会议上省政协主席、副主席合影，左起：潘金培、彭禹贤、康乐书、李金培、王宗春、郭荣昌（主席）、刘维明、张展霞、韩大建、王珣章、林东海

2000年1月，政协广东省委员会八届三次会议专题座谈会

●广东省人大常委会办公地址，广州市中山一路64号（摄于1994年）

●广东省人民政府办公地址，广州市东风中路305号（摄于1994年）

●广东省政协办公地址，广州市明月二路68号（摄于1992年）

《广东省志》编纂委员会

蒋乐仪	方健宏	刘树祥	吴茂芹	黄功绵	罗坚生	罗伟其
廖兆龙	罗木生	郑人豪	蓝佛安	何锦胜	许荣东	黄德发
陈承旗	彭　平	黄庆良	潘嘉念	黄永智	黄　飞	张　枫
田新德	欧卫东	文　斌	曾维炳	吕伟雄	林迪夫	黄庆勇
梁桂全	谭云龙	侯月祥	邵智宝	向晋成	倪治安	匡国建
刘良法						

（以上委员任职时间为2005.12—2010.5）

刘少荣	顾作义	朱穗生	陈文学	黄功绵	吴　锋	文传道
廖兆龙	温卫平	骆招群	戴运龙	李长峰	邢建江	杜　挺
刘　敏	谢悦新	黄永智	黄　飞	江效东	谢昌晶	朱遂文
屈家树	梅其洁	林　琳	王世彤	陈圣河	李新家	谭云龙
马建和	王克光	匡国建	张宗武	向晋成	唐金华	

（以上委员任职时间为2010.5—　）

《广东省志》主编、执行主编、副主编

主　　编： 钟启权（2002.4—2003.12）

谢强华（2003.12—2008.9）

肖志恒（2008.9—2013.1）

徐少华（2013.1—　）

执行主编： 陈　强

副 主 编： 侯月祥　　谭云龙　　马建和

《广东省志·政权卷》编纂委员会

《广东省志·政权卷》审查验收人员

初审小组

组　　长：陈志英

成　　员：吴群继　　黎赐锦　　孔演祥　　卓松林　　王玉林　　龙瑞庭

复审小组

组　　长：侯月祥

成　　员：方广生　　陈泽泓　　吴群继　　黎赐锦　　徐英焰

广东省地方志书审查委员会

主　　任：杨绍森

副 主 任：黄　卓　　陈　强

委　　员（以姓氏笔画为序）：

刘有美　　孙志彦　　杨芹溪　　邱　捷　　张锡洪　　陈泽泓　　陈春生

罗木生　　钟淑冰　　黄功绵　　黄菊艳　　谭云龙

凡　例

一、本志以马克思列宁主义、毛泽东思想、邓小平理论、“三个代表”重要思想和科学发展观为指导，坚持辩证唯物主义和历史唯物主义的原则，全面、客观、系统地记述1979—2000年间广东省自然、政治、经济、文化、社会等方面的情况。

二、本志记述的地域范围为2000年的广东省行政区域；时间上限为1979年，下限为2000年。个别重大事物视记述完整的需要，适当上溯或下延。

三、本志为多卷综合体，设43卷，各卷名称为《广东省志（1979—2000）·××卷》（简称《××卷》）。其中，《专记卷》含珠江三角洲经济、海洋经济、粤港澳台经济文化交往和精神文明建设4篇。方言、风俗等内容，首轮《广东省志》已作详细记述，本志只在《总述卷》中作简要概括，不单独设卷记述。

四、本志以“存真求实，确保质量”为编纂原则，记述符合宪法、法律、法规和政策要求。行文严谨、朴实、简洁、流畅，寓观点于记述中，一般不作评论。

五、本志采用述、记、志、传、图、表、录等体裁，以志为主。各卷因事制宜设专记。各卷一般设章、节、目3个层次，个别卷根据实际需要设篇。

六、本志除《人物卷》外各卷坚持以事系人、人随事出的原则，不设人物录或人物简介，所涉人物直书其名，不冠褒贬词语。有关副厅级以上负责人（含副厅级以上党组成员）任职在各卷列表记述。

七、本志采用具有代表性、权威性的资料，资料力求真实、准确、全面、系统，主要来源于档案。有歧义的重要资料，采用多说并存。本志采用统计数据以省统计部门公布的法定数据为准，省统计部门未统计的，采用业务主管部门的统计数据。重要地理信息数据，采用测绘部门公布的法定数据。

八、本志述及组织、机构、法律法规、文件、会议等专有名称使用全称。使用简称的，在适当地方括注于全称之后。不同时期的国家、团体、机构、职务、地名等名称，均用当时名称。今地名使用各级政府审定的标准地名。各类译名以新华通讯社译名为准。生物、矿物名称，使用学名，首次出现时，括注本地俗名。

九、本志语言文字、标点符号、计量单位等规范执行国家相关规定。

十、本志所用地图均以省测绘部门和有关部门绘制或审定的为准。

十一、各卷需要特别说明的事项，在其“出版说明”中列出。

册 序

第1册	《总述卷》 《大事记卷》
第2册	《资源·环境卷》
第3册	《人口卷》 《民族宗教卷》
第4册	《行政区划·地名卷》 《民政·残疾人事业卷》
第5册	《水利卷》 《城乡建设卷》 《人民生活卷》
第6册	《经济体制改革卷》 《经济特区与开发区卷》
第7册	《经济管理卷》
第8册	《财政税务卷》
第9册	《农业卷》
第10册	《工业卷》
第11册	《交通卷》
第12册	《信息产业卷》 《邮政·电信卷》
第13册	《银行·证券·保险卷》
第14册	《对外经济贸易卷》
第15册	《海关·检验检疫卷》
第16册	《国内贸易卷》 《专卖卷》
第17册	《旅游卷》
第18册	《教育卷》
第19册	《科学技术卷》
第20册	《社会科学卷》
第21册	《文化卷》
第22册	《新闻·传播卷》
第23册	《卫生·医药卷》
第24册	《体育卷》
第25册	《党派·群众团体卷》
第26册	《政权卷》
第27册	《纪检·监察卷》
第28册	《政法卷》
第29册	《军事卷》
第30册	《侨务卷》 《外事与港澳事务卷》
第31册	《劳动·社会保障卷》 《人事卷》
第32册	《人物卷》
第33册	《专记卷》

出版说明

一、本卷全面、客观、系统地记述1979—2000年广东省政权方面的发展变化情况。

二、本卷1987年以前全省性内容、数字均包括海南行政区，1988年以后的则不含海南省。

三、本卷个别记述如与第一轮《广东省志·政权志》（已于2003年6月由广东人民出版社出版）有出入，则以本卷为准。

四、本卷使用的广东省行政区划图（1979年、2000年）由广东省地图院提供。

五、本卷第二篇第一章第三节“省政府机构”记述了2000年机构改革后保留的省政府直属机构沿革及其主要负责人任职情况；2000年已撤销的机构其他章节已有提及，该节不再作专门记述。

目　录

附录

概　述

在十年“文化大革命”中，广东省政权建设遭受严重破坏。中共十一届三中全会后，广东在为受害群众干部平反冤假错案的同时，首先从恢复各级党委与政府建制着手，全面恢复“文化大革命”中被严重破坏的政治建制（机构与组织系统）。全省正式撤销党政不分的“革命委员会”建制，实行党政分开，分别建立地方各级党委与人民政府，各级党政职能部门相继恢复建制，特别是人民代表大会制度和多党合作与政治协商制度得到恢复，法制建设和依法治省愈来愈受重视，全省人民民主专政机构体系得到逐步完善。

一

1979年6月，第五届全国人民代表大会第二次会议决定：县以上地方各级人民代表大会设立常务委员会。1979年12月召开的广东省第五届人民代表大会第二次会议上，选举产生了广东省第五届人民代表大会常务委员会。全省各市、县和广州市的市辖区也在1981年上半年先后召开人民代表大会会议，并选举产生本级人民代表大会常务委员会（简称人大常委会）。广东省人民代表大会制度的建设进入了一个新的历史时期。

广东省人大常委会作为广东省人民代表大会的常设机关，在省人民代表大会闭会期间，依照宪法和法律的规定，行使地方国家权力机关的职权。广东省人大常委会设立以来，认真贯彻宪法和法律，坚决履行地方组织法赋予的职权，在制定地方性法规、开展法律监督和工作监督、行使重大事项决定权和人事任免权、办理代表议案和批评建议意见、加强与代表和人民群众联系以及人大常委会自身建设等方面，取得了显著的成绩。

（一）认真行使立法职权，为全省经济社会发展提供良好的法制环境

省人大常委会根据地方组织法的规定和全国人大常委会的授权，认真履行职责，根据改革开放和现代化建设的需要，以经济立法为重点，制定了一大批涵盖经济建设、社会管理、环境与资源保护以及教育、科学、文化、卫生事业发展等各个方面的地方性法规，为广东省的经济发展和社会进步提供了强有力的法制保障。1979—2000年的22年间，省人大常委会十分注重经济立法以及法规的相互配套，经济立法占了立法总数的60%，体现了社会主义市场经济的公平、公开、公正、效率的原则，保障了市场主体的平等竞争，不但保证了广东改革开放的顺利发展，而且也将成为今后广东社会经济进一步发展的重要保障。作为“综合改革试验区”，省人大常委会除了抓紧对国家法律已有规定，从广东省实际出发制定执行性、补充性和自主性的法规外，还根据广东省改革开放后出现的新情况、新问题，在某些方面国家尚未立法的情况下，进行试验性、自主性立法的探索，制定适应广东市场经济和社会发展需要的地方性法规。在地方立法工作中，广东省人大常委会重视

立法的公开化、民主化、科学化，努力完善立法机制，扩大公民对立法工作的参与，增强立法工作的透明度和民主性。1993年，首次委托专家起草地方性法规草案，1997年公布法规草案征求社会各界的意见，1999年公开举行全国首次立法听证会。2000年，首次聘请立法顾问，逐步建立立法顾问制度。截至2000年12月，省人大常委会制定或批准的地方性法规（未包括规范性决议、决定）327件，其间根据经济和社会发展的情况变化废止了102件（含自行失效），现行有效的225件。

（二）积极探索监督方式，着力增强监督实效

省人大常委会把监督工作摆到突出位置，积极探索执法检查、工作评议、述职评议、个案监督等监督形式，并与代表视察、调查研究、听取和审议工作汇报有机结合，围绕经济建设这个中心，针对人民群众反映强烈的重点和热点问题开展监督，督促政府和“两院”依法行政、公正司法，确保法律法规在本行政区域内的正确实施和维护人民群众的合法权益。从20世纪80年代开始，省人大常委会就积极开展执法检查工作，每年都有计划、有重点地在全省范围内检查几个法律、法规的实施情况，促进纠正违法现象。对一些重要的法律法规的实施情况，连续多年进行跟踪检查监督。积极探索有效的监督方式，开展对“一府两院”的工作监督。20世纪90年代，广东省人大常委会开展评议工作，通过评议“一府两院”及其负责人的工作，推动有关工作的开展。开展个案监督，维护公民的合法权益，推动公安司法机关及其工作人员公正司法。1994年，省人大常委会首次使用质询监督方式进行监督，维护法律的尊严。在监督工作中，省人大常委会不断推进监督工作的规范化，完善制度，对监督的范围、形式、程序等作出规定，健全规范人大常委会监督工作的地方性法规，不断增强监督的实效。

（三）认真行使重大事项决定权，推进全省中心工作开展

省人大常委会把行使重大事项讨论决定权放在重要的位置，积极探索，认真实践，积极主动地贯彻执行省委对全省重大工作的部署。围绕省的中心工作，就经济、社会发展和民主法制建设中的重大问题听取本级政府的报告，就相关的问题作出决议、决定，有力地推进改革开放的不断深化和政治经济社会的不断发展。省人大常委会还把围绕人民代表大会交付审议的议案，作出决议决定，解决人民群众普遍关注的重大问题，作为行使重大事项决定权的一个重要方面。每年在省政府提出人民代表大会交付审议的议案的办理方案报告后，针对有关问题作出决议。同时，就社会关注的热点难点问题和突发的重大事件，听取和审议“一府两院”的专项报告，在有必要的时候作出决定决议，推动问题的解决和工作的顺利开展。在积极行使重大事项决定权的同时，常委会积极着手有关重大事项决定权行使方面的法规的立法工作。经过广泛征求意见和反复的研究修改，2000年7月，省九届人大常委会第十九次会议通过《广东省各级人民代表大会常务委员会讨论决定重大事项规定》，对重大事项进行界定，并就重大事项决定的程序、办理和跟踪监督等方面作出规定，为全省各级人大常委会行使重大事项决定权提供了有效的法律保障。到2000年12月止，省人大常委会共作出决议、决定183项。

（四）依法行使人事任免权，保证国家机关的正常运作

广东省人大常委会在坚持党管干部原则的前提下，认真依法行使好任免权，积极有序地开展工作，确保把党委推荐的德才兼备、群众公认的优秀人才通过人大的任免程序选拔

到国家机关中。截至2000年年底，省人大常委会先后任免本会及其办事机构人员、决定任免省人民政府组成人员、决定任免广东省法院系统人员等，共计4113人。

（五）切实做好代表工作，充分发挥代表作用

省人大常委会把行使重大事项决定权和监督权结合起来，认真办理代表提出的议案，解决涉及国计民生的、带全面性的、根本性的、长远的问题。“代表议案”的办理受到人民群众的普遍欢迎，促进了全省改革开放和现代化建设的发展。从1984年6月省六届人大二次会议上163名代表联名提出了《解决全省96万人饮水困难问题的议案》的“第1号议案”，到2000年，省人大常委会经过审议，交给省政府办理或由常委会直接办理的代表在人代会提出的议案共203件。对代表在会议期间和闭会期间提出的建议、批评和意见，省人大常委会也认真办理。从1984年省六届人大二次会议将代表大会上代表的提案改为分别提出议案及建议、批评和意见起，截至2000年12月，代表在历次人代会上提出的建议、批评和意见共5231件，全部交付办理并答复代表。1993年至2000年12月，代表闭会期间提出的建议、批评和意见共592件，全部交付办理并答复代表。

省人大常委会重视加强与人民群众的联系。常委会的执法检查、视察、调研等活动都深入基层，听取最基层群众的意见；认真做好群众的来信来访工作，把做好信访工作作为密切联系群众，了解社情民意的重要渠道，依法受理人民群众的申诉、控告和检举。1980年1月至2000年12月，省人大常委会受理、接待群众信访数共计145300件次；立案处理群众信访数3522件，结案数2513件。

省人大常委会重视加强与各市、县人大常委会的联系。召开省人大常委会会议均邀请各市人大常委会负责人到席。每年召开各市人大常委会主任会议，交流和总结各市、县人大工作的经验，并在日常工作中对各市、县人大给予指导。

二

改革开放以来，广东通过拨乱反正，恢复各级政府职能部门建制；贯彻特殊政策，实行灵活措施；精简机构，转变政府职能；加强法制建设，坚持依法治省；深化改革，进一步扩大开放；大力发展经济，不断改善人民生活；注重精神文明建设，促进社会各项事业全面进步；为新时期政权建设提供了坚实的物质基础和宝贵的精神财富。

（一）拨乱反正，恢复各级政府职能部门建制

1976年10月粉碎江青反革命集团后，广东省和全国一样，广泛开展了揭批江青反革命集团的斗争，着重揭露和批判他们的错误路线，澄清被他们弄得混乱不堪的大是大非问题，肃清他们在各条战线上、各个领域中的流毒和影响；同时，有领导、有步骤地在广东省清查与江青反革命集团阴谋活动有牵连的人和事。1977年，结合批判江青反革命集团，打击敌对分子的破坏活动，打击贪污、投机倒把，整顿领导班子，整顿企业（含社队企业）和整顿经济管理（在农村为整顿经营管理）。1978年12月中共十一届三中全会后，从根本上冲破了长期“左”倾错误的严重束缚，重新确立了马克思主义的思想路线、政治路线和组织路线。省委、省革命委员会认真贯彻中共十一届三中全会精神，把工作重点从

"以阶级斗争为纲"转移到社会主义现代化建设上。

平反林彪、江青反革命集团横行时期制造的大批冤假错案。同时，在纠正中华人民共和国成立以来历次政治运动中遗留下来的错案方面做了大量工作。改正被错划"右派分子"的干部3万余人；彻底纠正在"反地方主义"中对原副省长古大存、冯白驹以及大批地方干部的错误批判和处分，恢复他们的名誉；落实干部政策、知识分子政策、统一战线政策、华侨政策、民族宗教政策，解决了大约20万人的遗留问题；完成了为"地富分子"摘帽和为地富子女划定个人出身的工作，以及把小商、小贩、小手工业者从原工商业者中区别出来的工作；并依法严肃处理一批"文化大革命"中严重违法的犯罪分子。

恢复各级行政机构，加强政权建设。1979年12月，广东省第五届人民代表大会第二次会议通过决议，撤销广东省革命委员会，恢复广东省人民政府，各地区革委会亦改为各地区行政公署，各市、县革委会改为市、县人民政府。1983年，实行政社分开后，人民公社陆续改为区公所和乡（镇）人民政府。1986年，实行镇管村体制，大部分乡改为镇。为便于加强对村的管理，全省除广州、深圳等地方外大部分地方在镇人民政府下设若干管理区，作为镇政府的派出机构。同时进一步调整充实政府及各部门领导班子。1983年，广东省政府和市、县按照中央部署开展机构改革，并对各级领导班子按"现代化、革命化、年轻化、知识化"要求又作出一次较大的调整。

改革开放初期的拨乱反正和恢复各级政府职能部门建制，安定了人心，巩固了阵地，进一步理顺了各种关系，为以后的改革开放和经济腾飞提供了源源不断的动力，为新时期政权建设营造了一个崭新开端。

（二）贯彻特殊政策，大力发展经济

1979年年初，省委、省革命委员会按照中共十一届三中全会关于解放思想，开动机器，发扬民主，实事求是，团结一致向前看的方针，在拨乱反正的基础上，针对广东毗邻港澳、华侨众多的特点，认真进行调查研究，反复思考讨论，决定向党中央和国务院请示，提出给广东以更大自主权，以促进广东经济迅速发展的要求。1979年7月15日，中共中央、国务院批转《广东省委、福建省委关于对外经济活动实行特殊政策和灵活措施的两个报告》，批准广东、福建两省在对外经济活动中实行特殊政策和灵活措施。其指导思想主要是放宽政策，给两省更多的自主权，使两省能抓紧当前有利的国际形势，发挥优越条件，先走一步，大胆地改革经济管理体制，扩大对外经济活动，调动各级各方面的积极性、主动性和创造性，发展对外贸易和经济技术合作，把国民经济尽快搞上去。

强调开放、放宽、放权。省委、省政府在贯彻特殊政策和灵活措施过程中，强调"三个更加"（对外更加开放，对内更加放宽，对下更加放权）。在一定范围内对市（地）、县和企业下放计划权、基本建设审批权、对外经济贸易权以及人财物管理权限。减少指令性计划，因地制宜地调整物价，实行各种形式的经济责任制。

成功创办经济特区和经济开放区。1979年4月，邓小平赞同广东提出的试办对外加工贸易区的设想，并定名为"特区"，殷切希望广东"杀出一条血路来"。同年7月，中共中央、国务院决定在广东的深圳、珠海、汕头试办出口特区。1980年8月，第五届全国人大常委会第十五次会议批准了《广东省经济特区条例》，将"出口特区"正式更名为"经济特区"。1983年4月，中共中央、国务院作出加快开发建设海南岛的决定，对海南岛实行类似经济特区的政策，以对外开放促进海南岛的开发。1984年3月，中共中央、国务院决定把广州、湛江辟为开放城市，并建立两市经济技术开发区；1985年2月，中共中央、国务院又决定把珠江三角洲开辟为经济开放区。广东省多层次开放的格局基本形成。1987年，广东省抓住发达国家和地区产业结构调整的有利时机，大力开展对外经济活动，尤其是沿海地区来料加工、来件装配、来样订货、补偿贸易的“三来一补”业务空前活跃，广东省外向型经济向前跨出了一大步。

以市场为取向进行各项改革。中央决定广东先行一步之后，省委、省政府不失时机地进行大胆探索，以市场为取向，全面推行农村家庭联产承包责任制；实行一系列以“放权搞活、落实承包经营责任制、自负盈亏、自主经营、实现规模与效益同步发展”的外贸体制改革；以价格改革和搞活城乡流通为突破口，有步骤地改革高度集中的价格管理体制，有计划调整商品的价格，实行调放结合，以调为主的调节手段，重点抓好商品流通和价格管理体制；在扩大企业自主权的基础上，逐步推行以承包为主要内容的多种形式的经济责任制，实行利改税机制，把企业和职工的切身利益同企业经营成果更加紧密结合起来，进一步调动企业和广大职工的积极性、主动性和创造精神；简政放权，给地方各级政府和部门下放经济管理权力，促进广东计划管理体制的改革。这些改革开放初期对经济体制改革进行的初步探索，逐步推进，配套发展，为广东以后培育和发展社会主义市场经济奠定了基础。接着，广东采取多种优惠政策和措施，鼓励发展各种合作经济、个体经济、私营经济以及中外合资、合作企业、外商独资企业，逐步形成以公有制为主体，多种经济成分和经营方式共同发展的多层次所有制结构，为社会经济发展和政权建设打造了坚实的基础。

改革开放综合试验区试行新政策。1988年2月10日，中共中央、国务院批复省委、省政府《关于广东省深化改革、扩大开放、加快经济发展的请示》，同意广东省作为改革开放综合试验区，并正式批准广东实行6条政策：（1）重申对广东实行特殊政策、灵活措施；（2）扩大珠江三角洲经济开放区优惠政策在广东省的应用范围，即将经济开放区增加至7个市、21个县及1个郊区，从原来的“小三角”扩大为“大三角”；（3）放宽利用外资的政策；（4）为进一步改善投资环境，加快能源、交通、原材料等基础工业的建设，下放生产性项目投资的审批权；（5）放宽利用侨资的政策；（6）继续让广东省实行财政包干体制。省委和省政府据此制定了广东省的经济发展战略，积极开展改革开放综合试验，进一步推进了各项改革和经济发展。

开展扶贫攻坚大会战。广东沿海和内地山区合作迈出新步伐，共同发展，共同繁荣写下了新篇章。为逐步解决沿海地区与内地山区发展的差距，广东省开展扶贫攻坚大会战，实行对口扶持。在进入新千年前夕，原贫困山区县全部摘掉贫困帽子，全省的行政村全部实现了“四通”（通机动车、通电灯、通邮、通电话等），贫困户人均拥有半亩“保命田”。至2000年年底，已完成扶贫两大会战预定目标。

注重提高人民生活，改善居住环境条件。各级政府注重解决好社会热点、难点问题，在改善人民生活和居住环境条件方面多办实事。省政府建立了省级再就业基金和省属企业帮困资金。增加对环境保护的投入，狠抓创建卫生城市和生态环境保护工作，关停污染严重的工业企业，以江河水质和绿化为重点的自然生态环境得到改善。深圳、珠海市等城市被评为全国环境保护模范城市。人民群众的物质生活和精神生活更加充实，人民生活发生了巨大的变化，城乡居民收入水平呈现大幅度增长的态势，收入向多元化发展；消费水平和消费质量显著提高，消费环境明显改善；吃的品种大大增加，营养水平大大提高；衣着消费由单调、低档向多样、中高档方向转变；对耐用品的拥有，从无到有，从低到高，普及程度迅速提高；住房条件得到明显改善，房改顺利完成；出行方便程度大大提高，生活配套设施大幅度增加；医疗、卫生条件得到明显改善，生活保障程度显著提高，人民安居乐业，为新时期政权建设奠定了新基础。

（三）改革行政体制，转变政府职能

1979—2000年改革开放22年间，广东先后于1983年、1994年、2000年进行三次行政管理体制改革，每一次改革都基本解决了当时行政管理中的主要矛盾，为推进广东改革开放和社会主义现代化建设做出一定贡献，取得了一定的成就，基本建立了适应社会主义市场经济需要的行政管理体制，有力促进了全省经济社会的迅速发展。

开展行政管理体制改革和机构改革。广东省政府机构三次行政管理体制改革，分别是：

第一次改革：中共十二大召开以后，1983年广东省拉开机构改革的序幕。改革的主要内容是撤并机构、裁减人员，突出解决部门副职过多和干部老化问题。这次改革，副厅级以上党政工作部门（不含事业单位）由113个减为98个，机关实有工作人员由12345人减为11061人。由于改革是在完善计划经济体制的大背景下进行的，“机构改革”事实上只停留在政府部门的规模和管理空间的非实质性调整，是机构与人员数量简单的增减。因此，1985年后广东行政机构数量迅速反弹。至1986年年底，省一级行政机构增加到101个，机关工作人员增加到12787人。1988年开始，广东省按照“建立有计划的商品经济体制”的目标，积极转变政府职能、缩小行政机构直接管理企业的权力，一部分原来直接管理企业的“政府主管部门”被划出政府序列，依托原下属企业转为行业性的“总公司”“集团公司”。但这些“公司”仍然保留着一部分行政干预权力，体现着“计划主导”“政府主导”来“弥补缺陷”的思路。

第二次改革：1992年以后，根据中国确定建立社会主义市场经济体制的要求，政府要把属于企业的法人财产权不折不扣地还给企业，依靠市场机制来配置自然资源和社会资源，把原属于政府的一部分公共性职能及监督性职能转交给社会中介机构。从这一思路出发，广东省一级党政工作部门精减为57个，另设部门管理机构11个，重新核定行政编制7500人。这次调整改革毕竟是在计划经济体制向市场经济体制转轨的过程中进行的，带有明显的过渡性质。

第三次改革：2000年，中国进行自上而下的政府机构改革，动作较大。广东省政府转变职能，改革行政审批制度，撤销工业经济部门和行政性公司，完善国有企业监管方式，推进事业单位和机关后勤体制改革，积极培育和规范社会中介组织，建立高效、协调、规范的行政运行机制，合理划分部门之间的职能。广东省重点加强了综合经济和执法监管部门，精简撤并专业经济部门，调整社会管理部门和政务部门。经过调整，省政府工作部门共设41个，部门管理机构3个，议事协调机构的常设办事机构1个。与改革前相比，机构数量大大减少，人员精简49.4%。

始终重视党风廉政建设。改革开放推动了商品经济的发展，商品经济的消极因素所诱发的“金钱至上”的腐朽思想也冲击着社会的方方面面，个别干部走上经济犯罪的道路。

为此，省委、省政府把抓好廉政建设放到重要地位。1989年8月18日，广东省人民检察院在全国率先成立了反贪污贿赂工作局。同年9月3日，省七届人大常委会第九次会议通过了《关于加强监督惩治腐败促进廉政建设的决议》，严厉惩治经济犯罪。省委、省政府先后发出《关于加强政务工作公开性的通知》《关于进一步推行办事公开群众监督制度的决定》。1995年省委、省政府作出进一步加强反腐保廉工作的若干规定。1996年6月10日，广东省首家审计举报中心在省审计厅正式挂牌成立，加强了对领导干部离职实行审计的力度。11月，省委、省政府发出《关于印发〈广东省党政领导干部廉政守则（试行）〉的通知》，对反腐败问题采取逐步深入的策略。1999年1月，省委、省政府印发《关于贯彻执行中共中央、国务院〈关于实行党风廉政建设责任制的规定〉的意见》，规定第一把手为本地区本单位党风廉政建设的第一责任人，从制度上增强了党风廉政建设的力度。2000年，广东完成了党政机关与所办经济实体脱钩、行政事业收费和罚没收入“收支两条线”管理的规范工作，有效地制止了行业不正之风。

通过一系列的精简机构，转变政府职能，同时加强党风廉政建设和监督，全省干部和群众精神振奋，面貌一新，为新时期政权建设注入了新活力。

（四）加强法制建设，坚持依法治省

广东在政权建设过程中，始终把法制建设与依法治省放在重要地位。制定了一系列的地方法规，地方各级党组织及其领导干部在宪法和法律范围内活动，政府依法行政，保障司法机关独立行使职权，加强法律队伍建设，增强公民法制意识；依法打击各种犯罪活动，加强社会治安综合治理，维护社会稳定。

1979年12月，恢复省政府建制后，始终把完善社会主义法制作为一项大事来抓。围绕改革开放，省政府在省人民代表大会及其常务委员会支持和监督下，依法行政，不断加强地方立法和执法检查工作。1985年省政府颁发《关于拟定地方法规程序的规定》，1992年颁发《广东省规范性文件备案规定》，对政府立法工作的程序作了明确的规定。1993年，省委、省人大常委会、省政府更加明确地提出了“以法治省”的口号。紧紧围绕中共第十四次代表大会提出建立社会主义市场经济体制的目标，省政府配合省人大常委会加快推进地方立法，为“以法治省”乃至1996年全面推进“依法治省”打好基础。经过22年间的不断探索与试验，广东的法制建设取得了可喜的成绩。

地方立法特别是经济立法成效显著。截至2000年12月，省人大常委会制定或批准的地方性法规（未包括规范性决议、决定）327件，其间根据经济和社会发展的情况变化废止102件（含自行失效），现行有效的225件。其中一半以上为经济法规，主要围绕市场主体、市场行为、经济秩序、管理与社会保障、打击各种犯罪、社会治安等领域展开。更为重要的是，在市场经济立法方面，迈出了开拓性的一步，摸索出一些新的经验。这些法规、规章，对保障广东改革开放和经济建设，促进社会主义市场经济体制的建立，维护社会稳定，都起到了积极的作用。

依法行政，加强了执法检查。省政府一方面对省人大常委会在执法检查中发现的问题做好整改工作，另一方面，从1987年起，每年都有计划、有重点地在广东省范围内对一些法律、法规的实施情况进行检查。通过执法检查，增强全民的法制观念，帮助执法部门建立和完善执法程序，对带有普遍性的问题采取相应对策，保证国家法律、法规在广东省的有效实施。1989年，广东省各级政府建立行政复议制度，使群众投诉有门，加强了行政机关的自身监督和接受司法监督，提高了依法行政水平。

积极开展法制宣传教育。改革开放以后，省政府为了增强全省人民的法制观念，认真按照中央的部署，先后实施了以宣传“十法一例”为主题的“一五”普法计划（1986—1990年），以宣传人民代表大会制度和社会主义市场经济法律、法规为主要内容的“二五”普法计划（1991—1995年）。以领导干部学法用法、外来工与青少年的法制教育和农村的普法教育为主要内容的“三五”普法计划（1996—2000年）。充分利用新闻媒介，广泛宣传、讲解国家法律、法规；不定期举办专项法律、法规的宣传咨询日活动；开展各种形式的法律知识竞赛活动；大力培育和发展法律服务市场，扩大律师、公证人员等专业法律服务队伍，寓宣传教育于服务之中。通过这一系列的法律宣传教育措施，增强了全民的法制观念。

法律服务走在全国前列。广东法律服务从无到有，从小到大，并率先在全国探索法律援助，让贫弱群体能得到法律保护，真正实现法律面前人人平等。

加强法律职业队伍建设。随着改革开放深入开展，广东政法队伍也不断扩大，由中华人民共和国成立初期的 1 万多人发展到2000年的17多万人。在加强法律职业队伍建设方面，大力发展法学教育事业，加强对法律职业人员的业务素质与职业技能的培训，保证法律职业的正常发展，并从制度上防止执法腐败。广东政法队伍大专以上文化程度人员由改革开放前的不到10%上升到2000年的60%。同时，政法队伍逐步实现规范化、法律管理程序化，使执法队伍有法可依、有章可循，促进政法队伍廉政建设。

加强社会治安综合治理。社会治安稳定是政权巩固的重要保证。改革开放以来，省委、省政府一直高度重视加强社会治安综合治理。1983年开展严惩严重刑事犯罪活动，打击了各种刑事犯罪分子，各种犯罪团伙受到打击。同时，法院加强民事审判与经济审判，维护国家、集体、公民的合法权益和社会主义经济秩序。重建和发展了律师、公证制度，改善了执法活动，保证司法机关能依法独立行使职能，依法办事。1990年，全省先后组织了两个“严打”斗争高潮，重点打击流窜作案、持枪抢劫、车匪路霸、黑社会组织和带黑社会性质的犯罪团伙。1991年4月，省委、省政府决定成立省社会治安综合治理委员会，作为全省社会治安综合治理常设机构。根据中央的决定，广东采取许多重要措施，坚持反颠覆、反敌特、反渗透、反破坏，打击刑事犯罪、经济犯罪和扫除“黄赌毒”等社会丑恶现象。1995年4月，省政府颁发《关于禁毒的通告》。针对社会治安出现的新情况，省委、省政府召开全省社会治安综合治理工作会议。强调党政“一把手”要亲自抓治安。1996年3月，下发《中共广东省委、省政府关于加强社会治安综合治理的决定》，提出14项加强社会治安综合治理的措施，强调要落实社会治安综合治理领导责任制和目标责任制，促进各项治理措施的落实。同年连续组织3次全省的“严打”统一行动。1997年11月，举行现场销毁毒品大会，加大了禁毒的声势。在1997年和1999年香港、澳门先后回归祖国后，广东加强了对跨境犯罪活动的打击力度。1998年，广东精心组织，成功侦破了震惊中外的张子强、叶成坚等大要案。1999年1月，中共中央政治局委员、省委书记李长春在全省政法工作会议上指出，要继续实行社会治安的首长负责制，使影响社会治安的突出问题得到有效遏制。同年7月，广东警方侦破了全国最大的制造“冰”毒案。2000年4月，广东开展大规模的“两打一扫”（打击拐卖妇女儿童，打击黑社会势力，扫除“黄赌毒”）的专项斗争。接着召开全省整顿娱乐场所工作会议，部署开展打击卖淫嫖娼赌博吸毒违法活动的专项斗争，破获了一批“黄赌毒”案件，依法惩处了一批犯罪分子。

开展打击经济领域严重犯罪活动。针对改革开放过程中出现管理工作跟不上，走私贩私比较猖獗，经济领域犯罪活动增加的情况，省委、省政府坚决贯彻中央指示，大张旗鼓开展打击经济领域严重犯罪活动的斗争；并针对经济工作中出现的问题，采取了一系列加强管理措施。同时，提出“两个坚定不移”（即坚持打击经济领域严重犯罪活动坚定不移，坚持对外开放对内搞活坚定不移）的方针，注意保持政策的稳定性和连续性，保护干部和群众的积极性，使广东省国民经济继续保持健康快速发展。1980年后，经济犯罪案件增多。公安部门、检察院和法院加强对经济犯罪的打击，保护了社会主义经济建设和改革开放的顺利进行。1997年1—11月，全省各级检察机关立案侦查贪污贿赂等犯罪案件1900多件，立案查处县处级以上涉嫌犯罪人员102人。2000年8月，中共中央政治局候补委员、国务委员吴仪等到广东传达国务院关于广东潮阳、普宁开展打击骗取出口退税专项斗争的指示，部署此项工作。省政府不断强化机制，将打击走私和经济犯罪活动、依法整顿和规范经济秩序紧密结合起来，坚持不懈地对走私犯罪分子实施严厉打击，将社会治安综合治理和打击经济犯罪活动有机结合起来，为外商投资广东提供了较为良好的环境，为改革开放和新时期政权建设顺利进行提供了新保障。

（五）注重精神文明建设，促进社会各项事业全面进步

中共十一届三中全会以后，广东坚持社会主义物质文明和精神文明一起抓的方针，采取各种措施大力发展科学技术、教育、卫生、体育、文化、广播电视、新闻出版等事业，社会各项事业取得了全面进步。

高度注重精神文明建设。省委、省政府在制定20年基本实现现代化的宏伟蓝图时，把建设精神文明作为重要战略目标。1994年，制定《广东省社会主义精神文明建设纲要》。随着对社会主义精神文明建设重要地位、作用的认识不断加深，全省各级党委和政府舍得花大量的精力、人力和财力抓精神文明建设，在实践中走出一条适应改革开放和社会主义市场经济发展的精神文明建设的新路子。

积极探索社会主义思想道德文化建设的新路子。广东省各级政府进行了许多教育活动，包括：对干部进行马克思主义基本理论的教育；对干部、群众进行坚持四项基本原则的教育、形势任务和改革开放的政策教育，进行爱国、理想、道德、纪律、法制教育；对共产党员进行党的性质、任务、宗旨和党纪、党风的教育。全省各地还普遍开展了群众性的“五讲四美三热爱”活动以及建设文明村、文明街、文明单位、文明家庭活动，推进社会文明进步，促进经济发展。1984年5月，召开了全省精神文明建设先进单位和先进工作者表彰大会。1989年2月，省委、省政府召开全省精神文明建设座谈会，提出广东今后要在“好学进取、团结友爱、诚实礼貌、健康文娱、卫生美化、勤俭办事、遵纪守法”七个方面树立良好的社会风气。1992年4月，全省创建文明户、文明村镇经验交流会在南海县召开。省委书记谢非在会上要求全省各级党委和政府既要积极又要因地制宜推广南海县创建文明户和文明村镇的经验，把全省的社会主义精神文明建设提高到新的水平。从1995年起，广东开展了创建文明城市活动，省精神文明建设办公室确定珠江三角洲11个城市进行

试点。后来一些山区市的领导主动要求参加，到1998年增加到35个。各地均加强了领导，成立了创建领导机构，并由党政一把手亲自挂帅，创建工作成为党和政府的重要议事日程。1997年12月，省委、省政府召开全省精神文明建设表彰会，总结交流精神文明建设经验，表彰先进，树立典型。

实施科教兴粤战略，大力发展科技。这一时期，广东不断深化科技体制改革，积极推进产业结构的优化升级。随着科技体制的改革，新的科技计划的实施，科研机构发展壮大，科技人员和科研经费投入增加，科技和社科研究成果累累，尊重知识，尊重人才的风气逐步形成，知识分子政策得到全面落实，广东科技事业呈现出欣欣向荣景象。1999年7月，《广东省深化科技体制改革实施方案》正式颁布。省直科研机构重新分类定位。省直69个科研机构被重新分类为技术开发类型、咨询服务类型、体现广东优势和特色的公益类型三种。技术开发、咨询服务型科研机构由事业法人转为企业法人。引导科研机构从过去的内部小循环进入社会经济发展大循环，科技成果评价制度从注重学术评价到注重市场评价，以加快科技成果转化为生产力。1999年10月，国务院总理朱镕基到深圳出席首届中国国际高新技术成果交易会。2000年7月27日，广东省信息产业厅正式挂牌。2000年10月，第二届中国国际高新技术成果交易会在深圳举行。为进一步推动科技事业的发展，2000年12月，由教育部、科技部、人事部和广州市人民政府在广州联合主办了“中国留学人员广州科技交易会”。到2000年，广东省国有企业、事业单位科技人员达104.23万人；已建成省级以上的工程（技术）研究开发中心150个、产品质量监督检验机构130个，科技贸易机构6028个，民营科技企业3500家，全省经认定的高新技术企业达1137家，拥有高技术产品3602个，全省专利申请与授权量位居全国首位。工业科技进步对工业经济增长的贡献率达到45.17%（1978—2000年）。这一时期，广东科技国防交流以及与香港、台湾的交流合作日益活跃。

教育规模不断扩大，教育事业飞速发展。广东教育事业坚持“面向现代化、面向世界、面向未来”的指导方针，进一步深化教育改革，不断扩大办学规模，努力提高教育质量。1986年在全国率先普及了小学义务教育并在逐步优化教育结构的基础上，办学水平和综合效益有了很大提高，从而为实现“教育强省”的战略目标奠定了坚实的基础。增加教育投入，除不断增加原有财政拨款外，1993年开始还按国民收入（除农业净产值）征取1%发展基金，把基金中的大部分用于教育，以缓解教育经费的不足。各级教育经费投入不断增加，使大批大中小学校办学条件明显改善。至2000年，全省中小学基本消灭了危房，教育设备得到充实提高；各级政府多方筹资，建设教职工住房，基本实现了每户教师的住房达到省定的标准。这一时期，普及九年义务教育成绩显著，在全国率先实现“两基”目标；中等教育稳步发展，在校人数逐年增加；高等教育迅速发展，招生人数逐年增加，至2000年，全省普通高等学校52所，在校学生29.95万人。

卫生工作开创新局面，卫生事业成就显著。改革开放以来，广东卫生事业认真贯彻执行“预防为主，城乡兼顾，中西结合”的方针，深入进行卫生事业改革，加强卫生事业基础建设，振兴中医中药，发展队伍，建立健全的城乡三级医疗防保网络，医疗卫生事业持续、快速发展，呈现蓬勃的生机与活力，整体水平步入全国先进行列。2000年年底，广东省全省拥有卫生机构8984个，专业卫生技术人员达32.71万人，医院床位达15.72万张。

2000年全省医院门诊量38833万人次。在服务体系建立的同时，卫生法制建设不断完善，新建的中西医结合医院、眼耳鼻喉科医院填补了省内的空白。妇幼保健院、精神病院、康复医院也有不同程度的发展，卫生防治工作和爱国卫生运动有长足进步。1985年广东省基本消灭了血吸虫病，1987年基本消灭丝虫病，地甲病流行的57个县已有48个县基本消灭了地甲病。至2000年，全省已消灭天花、鼠疫、血吸虫病，基本控制碘缺乏病、白喉、脊髓灰质炎、丝虫病、麻风病等，成为全国农村初级卫生保健普及阶段的“基本达标省”。计划生育工作取得新进展。1998年10月，新修订的《广东省计划生育条例》开始实施。2000年11月，全省第五次人口普查工作全面铺开。2000年全省人口自然增长率降至10‰以下，基本实现了20世纪90年代广东妇女儿童发展规划的主要目标。人民群众健康水平明显提高，2000年，广东居民期望寿命为74.52岁，高于全国平均水平。

体育事业欣欣向荣，强身健体展新貌。随着改革开放不断深入，广东体育事业也有很大发展，体育运动水平持续提高，运动健儿在国内外重大比赛中成绩显著，在各类比赛中取得了一个又一个的骄人战绩。在1996年第26届奥运会和2000年27届奥运会上，广东分别有16人和32人体育健儿代表国家参加比赛，共获得金牌2枚、银牌10枚、铜牌1枚的优异成绩。在1999年和2000年全国各项比赛中，广东金牌、奖牌、总分三项指标均列全国第一。1978—2000年，广东健儿在各种比赛中共获得世界冠军286项，打破118项世界纪录。广东22年来还多次承办国际体育竞赛活动。广东连续16年荣获国家体育总局授予的“国家体育事业贡献奖”。全民健身运动成效显著，民间传统体育活动得到进一步加强。至2000年，广东已拥有15个全国“体育之乡”、33个全国体育先进县。

文化事业成绩斐然，文化建设步入全国先进行列。广东积极营造健康高尚的文化氛围，为活跃和丰富城乡人民的文化生活做出了新的贡献，文化建设步入全国先进行列。22年来，广东文化艺术、新闻出版、广播电影电视事业发展很快，农村社会保障网络和城镇社区服务设施建设取得较大成绩。至2000年，广东文化事业，已初步形成省、市、县、镇（乡）、村五级文化网络。共建成市级群艺馆21个，县级文化馆117个，乡镇、街道文化站1904个；县以上图书馆123个，全省有28个图书馆被国家文化部评为一级馆，数量居全国之首；有各类博物馆130个；有各类专业艺术团体140个，电影放映单位1626个，一个项目齐全、结构合理、覆盖城乡的文化市场体系已基本形成。广东坚持一手抓繁荣健康的文艺创作、文艺演出和活跃文化活动同时，一手抓扫除精神文化垃圾，坚决打击出版、复制、贩卖、传播淫秽制品的违法犯罪活动，清理整顿音像出版市场，保护知识产权取得显著成绩，文物保护，考古工作取得很大的进展，如南越王墓的挖掘等。

改革开放以来，广东省各项事业欣欣向荣，成果累累，精彩纷呈，为新时期政权建设增添了新内容。

三

中国人民政治协商会议广东省委员会（简称省政协），是中国人民政治协商会议全国委员会的地方组织。省政协是在省委领导下，有各民主党派、无党派民主人士、各人民团体、少数民族人士和各届代表参加的，由全体社会主义劳动者、拥护社会主义的爱国者和拥护祖国统一的爱国者组成的，包括台湾同胞、港澳同胞和归国侨胞在内的最广泛的爱国统一战线组织。

22年间，省政协在省委的领导下，积极履行政治协商、民主监督、参政议政职能，发挥了广泛团结社会各界人士，畅通社会主义民主渠道的作用，为广东省社会主义革命和建设做出了应有贡献。

1977年11月，省政协活动全面恢复开始。从四届至八届期间，省政协的工作进入了新的发展阶段。在政治协商、民主监督、参政议政，进一步完善共产党领导的多党合作制度等方面做了很多工作，主要体现在：合作方针、统战范围和职能扩大，活动方式制度化；机构健全，人员增多。广东率先在全国拓展非公有制经济代表人士的统战工作，于20世纪80年代相继成立了同业公会、民间企业家公会等非公有制经济人士的组织；原来政协只有政治协商、民主监督2项职能，1994年增加1项参政议政职能，并且采取多种形式使3项职能落到实处。

（一）协助党和政府落实各项政策，调动各方积极因素，促进安定团结

省政协协助党和政府有关部门清理中华人民共和国成立以后历次政治运动中遗留的历史问题，对政协委员和有关人士的冤假错案进行复查，并按政策为蒙冤受屈者平反昭雪，恢复名誉；对被强迫下放农村劳动的有关人士，陆续调迁回穗并作了适当安排；对在“文化大革命”中被抄的财物作出退赔处理。省政协还积极督促和协助有关部门抓紧落实起义、投诚人员政策及“三胞”政策、知识分子政策和其他各项统战政策。

至2000年，广东省各级政协组织有143个，省政协把提高全省各级政协履行职能水平及干部素质当作一项重要工作来抓，运用多种形式和渠道，加强与各市、县（区）政协的联系及对其工作的指导，从1988年起，邀请各市、县（区）政协负责同志列席省政协全体委员会议以及邀请各地级以上市政协主席列席省政协常委会已形成制度。从1983年起每届都召开全省政协工作经验交流会，并不定期召开各市政协主席座谈会、各市政协秘书长座谈会。省政协机关和专委会加强了对各市、县（区）政协机关和对口专委会的联系，并召开工作座谈会，交流和研讨各市政协机关和相关部门工作情况。

（二）围绕省委、省政府的中心工作，履行政治协商、民主监督、参政议政职能

在政治协商方面，省政协主要通过主席会议、常务委员会会议、全体委员会议、专题座谈会等形式，进一步加强对广东省的大政方针和省政府、省政协领导人选，以及政治、经济、文化和社会生活中的重要问题，在决策之前和决策执行过程中进行协商。1989年后，省政协常务委员会会议每年都在省人民代表大会召开之前讨论省政府工作报告征求意见稿并请省政府领导人到会作说明，这一做法，现已形成制度。从1994年开始，每年都安排2次常委会议，选择“三个文明”建设中涉及重大而突出的问题，与省政府及有关部门进行专题协商，不少意见得以采纳。在民主监督方面，省政协根据全国政协《关于政治协商、民主监督的暂行条例》，于1990年2月省政协六届十次常委会议上审议通过了省政协《关于政治协商、民主监督的暂行规定》，积极探索民主监督的有效形式。1990年，成立了“广东省政协监督查处以权谋房工作小组”，通过对部分市、县的检查提出意见和建议，为支持和协助省委、省政府抓好这项工作作出了努力。提案是政协委员履行职能的重

要途径，省政协努力提高提案质量，加大提案办理力度。从1989年起，与省人大、省政府联合建立了直接向有关单位交办人大代表建议和政协委员提案的会议制度；1995年建立了表彰优秀提案制度，支持和鼓励省各民主党派、团体提出提案。不少提案经过办理取得了一定的经济效益和社会效益。在参政议政方面，省政协围绕省委、省政府各个时期的中心工作，组织委员开展调查研究。从1986年开始开展地区发展战略研讨活动，先后与海南黎族苗族自治州、梅州、佛山等市联合举办当地经济社会发展战略研讨会，为各地经济社会发展出谋划策。1978—2000年，省政协共组织专题调研200多项，提交调研报告200多份，不少报告得到省委、省政府的重视，一些意见和建议被纳入决策，产生了良好的效果。1988年，省政协建立了报送社情民意制度，这些信息所反映的意见和建议，对促进广东省经济社会发展，维护社会稳定发挥了积极作用。1998年5月建立了省政协委员“直通车”制度，省委、省政府、省政协办公厅联合下发《关于快速办理省政协委员重要建议的意见》，规定省政协委员提出的重要建议，径送领导阅批。有关部门要认真按照领导的批示办理，并及时回报办理结果。这项制度使政协委员反映意见建议的途径变得更加便捷，因而被称为“直通车”。10年间，省政协委员及驻粤全国政协委员通过“直通车”直接向省委、省政府领导反映了163件重要建议和意见，为省委、省政府了解社情民意，科学决策提供了支持，促进了相关问题的妥善解决，收到了良好的社会效果。

（三）做好征集、出版文史资料工作

征集出版文史资料是政协工作的一大特色。从1980年到2000年，省政协征集、出版了《广东辛亥革命史料专辑》《孙中山与辛亥革命史料专辑》《华侨沧桑录》《国民革命军北伐亲历记》《经济特区的由来》等共91辑4126多万字。这些史料，客观忆述广东近现代重大历史事件、重要历史人物，对这些历史人物在海内外的亲朋故旧产生了良好的影响，为进行爱国主义教育和革命传统教育，巩固和发展爱国统一战线，提供了生动的素材。

（四）加强港澳台侨联谊和对外友好工作

广东的港、澳、台胞和华侨众多，省政协积极利用这些优势，开展“三胞”联谊工作。1983年设立“华侨港澳台胞联络委员会”并设立相应的办公室，借助省政协（港澳）委员及其所联系的各界人士同海外亲友联系广泛的关系，为国家和广东引进资金、技术、设备和人才。广东省政协还积极开展人民外交活动，加强同各国（地区）人民的友好往来。

（五）加强政协自身建设，推进履行职能的规范化、制度化、程序化

改革开放以来，随着经济快速发展，改革逐步深化，省政协在进一步完善共产党领导的多党合作与政治协商制度的同时，机构逐步健全，人员增多，素质提高；活动方式也逐步规范化、制度化。1988—2000年，省政协先后制定《政协广东省委员会关于政治协商、民主监督、参政议政的规定》《政协广东省委员会常务委员会工作规则》《政协广东省委员会专门委员会通则》等一系列制度文件，并不断进行了修订完善，使工作有章可循，履行职能规范有序地进行。

大事记

1979年

3月5日　经国务院批准，撤销宝安县，设立深圳市；珠海县改设为珠海市。

5月26日　恢复成立省人事局。

7月1日　海南行政区、汕头、梅县、惠阳、韶关、佛山、肇庆、湛江地区革命委员会改为行政公署，作为省革命委员会的派出机构。

7月15日　中共中央、国务院批转《广东省委、福建省委关于对外经济活动实行特殊政策和灵活措施的两个报告》，在深圳、珠海、汕头、厦门划出区域试办出口特区（后改为经济特区）。

9月29日　成立省对外经济工作委员会。

10月3日　成立广东省驻香港办事处和驻澳门办事处（对外称粤海公司和南粤公司）。

12月14—27日　省政协第四届委员会第二次会议在广州召开。全体委员列席省五届人大二次会议，听取和讨论有关报告；选举尹林平为省政协主席，增补14人为副主席。

12月17—26日　省第五届人民代表大会第二次会议在广州召开。会议审议并批准习仲勋所作《政府工作报告》；审议并原则通过《广东省经济特区条例》；通过关于设立省人大常务委员会的决议，同时决定从1980年1月起，将省革命委员会改为省人民政府。会议选举李坚真为省人大常委会主任，16人为副主任；选举习仲勋为省长，12人为副省长。选举省高级人民法院院长和省人民检察院检察长。

1980年

2月2日　省第五届人大常委会举行第二次会议。会议审议并通过《广东省计划生育条例》。这是省人大常委会制定的第一个地方性法规。

3月4日　撤销省编制领导小组，恢复省编制委员会建制。

3月　成立省科学技术干部局。

5月4日　成立省经济特区管理委员会。

7月13日　省委、省政府发出《关于坚决打击走私和投机倒把活动的指示》。

8月1日　省政府决定：广州市在省内首先试行“划分收支，分级包干”的财政体制。

8月13—16日　省第五届人大常委会举行第五次会议。会议审议并通过《广东省各级人民代表大会选举实施细则》。

8月20日　第五届全国人民代表大会常务委员会第十五次会议批准《广东省经济特区条例》，正式批准深圳、珠海、汕头三市为经济特区。

12月26日　省委、省政府制定《关于对外开放中加强反腐蚀斗争的决定》。

1981年

2月14日　省政府决定从1981年起实行新的财政管理体制：划分收支；分级包干；权责结合。但广州、深圳、珠海、海南行政区和自治州、自治县不在此列。

2月23日至3月5日　省政协第四届委员会第三次会议在广州召开。全体委员列席省五届人大三次会议，听取和讨论有关报告；会议增选副主席。

2月24日至3月4日　省第五届人民代表大会第三次会议在广州召开。会议讨论进一步贯彻执行国民经济“调整、改革、整顿、提高”的八字方针，以调整为中心，安排好国民经济计划和做好各项工作。会议增选副主任；改选刘田夫为省长，增补副省长。

4月9日　省委、省政府发出文件，欢迎已出国或去港澳定居的知识分子回来工作。

5月27日至6月14日　国务院召开广东、福建两省经济特区工作会议，会议讨论两省实行特殊政策、灵活措施和设置经济特区的理论、体制、政策和管理的问题，提出要继续办好经济特区。

6月8日　省政府印发《省人民政府几项工作制度的通知》。重申省政府的领导班子坚持民主集中制以及规范文件审批、各部门请示报告等制度。

6月25日　省委、省政府作出关于切实加强对包干到户社队的领导的八条规定。1982年上半年，农村实现家庭承包责任制“双包到户”的生产队达92%。

7月21日　省委、省政府批转省编委制定的《广东省机构编制管理暂行规定》。

8月7日　省人大常委会批准省政府《关于禁止贩毒吸毒，取缔嫖宿卖淫的规定》。

11月6日　国务院批准撤销西沙群岛、南沙群岛、中沙群岛革命委员会，改为广东省政府派出的相当于县级的办事处，并委托海南行政公署直接领导。

11月9日　省委、省政府作出《关于加快海南岛开发建设几个问题的决定》，提出加快海南行政区开发建设，实行对外开放、对内放宽政策，充分发挥海南优势，把经济搞活，使海南行政区尽快富裕起来。

1982年

1月20日至2月7日　中共中央副主席邓小平到广州视察工作。视察期间，邓小平听取任仲夷、刘田夫的工作汇报，并指示试办特区“你们觉得好就继续办下去”。

2月11—13日　中共中央、国务院在北京召开广东、福建两省工作座谈会，讨论两省贯彻中央“紧急通知”，有效地打击走私贩私、贪污受贿等问题。

2月22日至3月2日　省政协第四届委员会第四次会议在广州召开。全体委员列席省五届人大四次会议，听取和讨论有关报告。

2月23日至3月1日　省第五届人民代表大会第四次会议在广州召开。会议通过决议，号召全省人民紧密团结在党中央周围，坚决同经济领域中的违法犯罪活动进行斗争，使经济更健康地发展。

3月8—12日　省政府召开第三次人口普查工作会议。

11月6日　省政府发布《广东省行政机关工作人员守则》。

12月22—28日　省政协第四届委员会第五次会议在广州召开。全体委员列席省五届人大五次会议，听取和讨论有关报告。

12月24—28日　省第五届人民代表大会第五次会议在广州召开。会议审议并批准省长刘田夫所作的《政府工作报告》；通过《关于学习、宣传和执行〈中华人民共和国宪法〉的决议》《关于省第六届人民代表大会代表名额和选举问题的决议》。

1983年

1月4日　省政府颁布《广东省城镇个体商业户管理试行办法》。

1月16日　广东在全国率先成立省人才交流服务中心，开始实行以计划为主，人才交流、社会调节为辅的双轨干部调配制度。

2月4日　省委、省政府发出《关于实施〈广东省省级机关机构改革方案〉的通知》。

2月24日　省政府决定在全省范围内实行市管县的新体制。

4月1日　中共中央、国务院发出《关于批转〈加快海南岛开发建设问题讨论纪要〉的通知》决定对海南岛实行类似经济特区政策，以对外开放促进海南岛的开发。

4月2—9日　省政协第五届委员会第一次会议在广州召开。会议审议常务委员会工作报告；全体委员列席省六届人大一次会议，听取和讨论有关报告；选举梁威林为省政协第五届委员会主席，16人为副主席。

4月3—10日　省第六届人民代表大会第一次会议在广州召开。会议讨论通过《广东省国民经济和社会发展第六个五年计划纲要》；选举广东省出席第六届全国人民代表大会代表163人；选举罗天为省人大常委会主任，13人为副主任；选举梁灵光为省长，7人为副省长；选举省高级人民法院院长和省人民检察院检察长。

4月6日　省政府颁布《广东省村镇建房用地管理办法》。该办法强调加强村镇建房用地管理，刹住乱占滥用耕地歪风。

5月25日　省政府决定，在全省范围内改革企业用工制度，对新招收工人实行劳动合同制。

6月1日　省政府决定对国营企业实行利改税的第一步改革。

6月3日　省委、省政府发出《关于积极开展科技人才交流，充分发挥科学技术人员作用的指示》。

8月1日　省委、省政府发出《关于政社分开、建立乡政权的通知》。至1984年5月，全省农村政社分开，设区建乡工作基本结束。

8月21日　中共中央办公厅、国务院办公厅批准广东省级党政机关机构改革方案。省政府工作机构从71个精简为40个。

10月25日　省政府批转省人事局报告，决定在全省范围内建立国家行政机关工作人员岗位责任制。

11月　广东在全国率先成立省引进国外人才领导小组及其办公室。

12月22日　经国务院批准，撤销佛山、汕头、韶关、湛江4个地区，设立4个地级市，并在广州、佛山、江门、汕头、湛江、茂名、韶关、肇庆、惠州等9个市实行市领导县体制。

1984年

3月31日　省政府决定对部分县办工业实行放开经营，全民所有，集体经营，国家收税，自负盈亏。

4月23日　省委、省政府颁发《关于做好广东省引进国外、港澳地区人才工作若干问题的规定》。

5月4日　中共中央、国务院批准进一步开放广州市和湛江等14个沿海港口城市。

5月10日　省政府批准从1984年起，采用聘用合同制的办法，从农村中挑选一批有一定文化水平和生产知识的优秀青年，逐步补充更新农村区（镇）干部队伍。

5月31日　六届全国人大二次会议决定：海南行政公署改为行政区人民政府，作为一级地方国家政权机关，归广东省政府领导。

6月6日　省委、省政府批准《关于改革企业干部、人事制度的若干暂行规定》，规定国有企业逐步实行厂长（经理）负责制。

6月24—30日　省政协第五届委员会第二次会议在广州召开。会议审议常务委员会工作报告；全体委员列席省六届人大二次会议，听取和讨论省政府工作报告。

6月25日至7月3日　省第六届人民代表大会第二次会议在广州召开。会议讨论通过省政府关于开放、改革，努力开创社会主义现代化建设新局面的报告；通过《广东省人民代表大会议案试行办法》，把提案改为议案和建议、批评、意见两类分别进行处理。会议增选了省人大常委会副主任和副省长。

7月11日　省政府决定在广州、湛江、佛山、江门4个市进行城市经济体制改革试点。

8月16日　省政府批准《深圳经济特区国家机关、事业单位工资制度改革方案》，在全国首先打破了统一标准的工资模式，建立以职务工资为主要内容的结构工资制。

9月5日　省政府决定改革省属工矿企业的管理体制，首批下放14家省属工矿企业。

11月4日　省政府发出《关于录用新干部试行选聘合同制的规定》。

11月24日　经省政府批准，引进外资建设的广珠公路容奇大桥举行通车典礼。在中国首开引进外资进行交通基础设施建设和“以路养路”和“以桥养桥”的先河。

1985年

1月1日　省政府决定取消生猪派购，放开生猪价格；全省城镇居民猪肉供应实行议价购销，并给予定额补贴差价款。

1月11—18日　省政府召开全省财政税务工作会议，决定省对各市、地、县全面实行“划分税种，核定收支，分级包干，一定五年”的新财政管理制度。

1月13日　省政府发出通知，要求全省国营企业实行厂长（经理）任期制。

2月18日　经中共中央、国务院批准，珠江三角洲16个县、市列为沿海经济开放区。

3月16日　省第六届人大常委会第十二次会议审议通过省政府《关于加速改革与发展广东省教育事业，改变教育落后现状的建议的处理意见》《广东省普及初等义务教育暂行条例（草案）》。

4月5日　省政府决定，从4月1日起，调整农村粮油购销价格；从1985年度起，广东只对稻谷和主要产区的小麦、玉米实行合同定购，其他粮食品种自由购销。

5月12—19日　省政协第五届委员会第三次会议在广州召开。会议审议常委会工作报告；全体委员列席省六届人大三次会议，听取有关工作报告。

5月13—19日　省第六届人民代表大会第三次会议在广州召开。会议听取和审议省长梁灵光所作的《政府工作报告》及其他报告。

6月20日　第六届全国运动会筹委会在广州成立，梁灵光任主任。筹委会决定，第六届全运会于1987年11月20日至12月5日在广州举行。

8月29—31日　省第六届人民代表大会第四次会议在广州召开。会议接受吴有恒辞去省六届人大常委会副主任职务，增选了副主任；接受梁灵光辞去省长职务，选举叶选平为省长，补选了副省长。

8月30日至9月1日　省政协第五届委员会第四次会议在广州召开。会议接受梁威林辞去省政协主席的请求，选举吴南生为省政协主席，补选5人为副主席，增补8人为常务委员。

10月8日　成立省行政管理干部学院（1989年更名为省行政学院）。

10月14日　省政府决定，除已明确规定佛山、江门和中山市的市区及13个重点县的城区外，批准中山市小榄镇等59个镇为珠江三角洲经济开放区第一批重点卫星镇。

11月19日　省委、省政府联合发出《关于加快造林步伐，尽快绿化广东的决定》。1991年3月12日，中共中央、国务院授予广东省“全国荒山造林绿化第一省”称号。

11月22—28日　省委、省政府在韶关市召开全省第一次山区工作会议。至1996年，共召开10次山区工作会议。

1986年

2月26日　省政府发出《关于山区利用外资、引进技术若干问题的通知》，制定有关的优惠政策。

4月19日　成立省经济体制改革委员会。

5月8日　省委、省政府决定在全省广泛推行厂长（经理）任期目标责任制。

5月20—27日　省政协第五届委员会第五次会议在广州召开。会议审议常委会工作报告；全体委员列席省六届人大五次会议，听取和讨论有关工作报告。

5月21—28日　省第六届人民代表大会第五次会议在广州召开。会议讨论通过省政府提出的《关于广东省国民经济和社会发展第七个五年计划的报告》；选举了检察院检察长。

5月29日　省委、省政府发出《关于撤区建乡（镇），完善农村基层政权建设的通知》。

6月1日　省人大常委会公布修正后的《广东省计划生育条例》，规定干部、职工、城镇居民每对夫妇只生育一个孩子，农村提倡一对夫妇生育一个孩子，对二胎生育要有计划，按指标，够间隔，严格控制，严禁计划外二胎或多胎生育。

10月7日　省人大常委会公布施行《广东省普及九年制义务教育实施办法》，要求在已普及小学教育的基础上，至1992年基本完成普及初中义务教育。

12月30日　省委、省政府批转《关于山区人才若干政策问题的意见》，为稳定山区现有专业技术队伍、引进紧缺人才实行优惠政策。

1987年

1月14日　省政府批转省人事局制定的《关于录用新干部实行聘任制的意见》。

3月26日　省政府颁布《广东省鼓励外商投资实施办法》。

6月22—27日　省政协第五届委员会第六次会议在广州召开。会议审议常委会工作报告；全体委员列席省六届人大六次会议，听取和讨论有关工作报告。

6月22—29日　省第六届人民代表大会第六次会议在广州召开。会议审议并通过省长叶选平所作的《政府工作报告》《关于省第七届人民代表大会代表名额和选举问题的决定》《广东省1987年国民经济和社会发展计划》。

8月27日　省第六届人大常委会第二十八次会议宣布：全省县、乡两级人民代表大会完成换届选举工作。

9月18日　中共中央决定将海南行政区列为经济特区，从广东省划出，单独建省，成立海南建省筹备组，任命许士杰为组长。

10月8日　省委、省政府决定撤销70个省级非常设机构。

11月28日　经国务院批准，珠江三角洲经济开放区的范围由原来的2个市区、2个市、13个县的“小三角”扩大为2个市区、4个市、22个县的“大三角”。汕头、湛江、茂名市以及惠阳地区的部分市、县也列入经济开放区范围。

1988年

1月7日　国务院批准广东省调整部分行政区划：东莞市、中山市升格为地级市，惠州市改为地级市，梅州地区与梅州市合并改为地级市，新设汕尾、河源、清远、阳江市4个地级市。调整后，地级市全部实行市领导县体制。

1月14日　省人大常委会颁布《深圳经济特区土地管理条例》。

1月17—27日　省政协第六届委员会第一次会议在广州召开。会议审议常务委员会工作报告；全体委员列席省七届人大一次会议，听取和讨论有关工作报告；选举吴南生为省政协第六届委员会主席，11人为副主席。

1月20—30日　省第七届人民代表大会第一次会议在广州召开。会议审议并批准省长叶选平所作《政府工作报告》；选举广东省出席全国人民代表大会代表163人；选举罗天为省人大常委会主任，11人为副主任；选举叶选平为省长，6人为副省长；选举省人民检察院检察长。

2月10日　中共中央、国务院原则批准省政府《关于广东省深化改革、扩大开放、加快经济发展的请示》，同意广东省为改革开放综合试验区，改革开放继续先行一步。

同日　省政府颁布《广东省实施民族区域自治法若干规定》。

3月16日　省政府决定，4月1日起，放开食油价格，取消粮油统购统销，全面实行市场调节。

4月13日　七届全国人大一次会议通过关于批准设立海南省的决定和关于建立海南经济

特区的决定。自此，海南行政区从广东省划出。

4月22日　省政府颁发《广东省外商投资企业中方干部管理规定》。

5月　全省县以上行政机关招收新干部，开始实行统一公开招考、择优录用的办法。

5月11日　省委、省政府颁布《关于普通教育体制改革的决定》《关于高等教育体制改革的决议》。

5月　成立省政府法制局。

8月　成立省推行国家公务员制度领导小组。

9月5日　省政府批转省住房制度改革领导小组《广东省城镇住房制度改革意见》，决定从1988年起，全省城镇分期分批进行住房制度改革。

11月6日　省委、省政府发出《关于加强政务工作公开性的通知》。

12月26—29日　省政府召开全省计划、经济、对外贸易、体制改革工作会议，贯彻落实中共十三届三中全会关于治理经济环境、整顿经济秩序、全面深化改革的决定。

1989年

3月1—8日　省政协第六届委员会第二次会议在广州召开。会议审议常委会工作报告；全体委员列席省七届人大二次会议，听取和讨论有关工作报告；增选省政协副主席。

3月2—9日　省第七届人民代表大会第二次会议在广州召开。会议审议通过省长叶选平所作的《政府工作报告》及《广东省各级人民代表大会常务委员会法律监督工作条例（试行）》《广东省人民代表大会议事规则（试行）》两项法规；选举省高级人民法院院长。

5月3日　省委办公厅、省政府办公厅发出《关于开展打击走私违法犯罪专项斗争的通知》。

8月18日　成立省人民检察院反贪污贿赂工作局。

9月3日　省第七届人大常委会第九次会议通过了《关于加强监督惩治腐败促进廉政建设的决议》。

1990年

3月1—7日　省政协第六届委员会第三次会议在广州召开。会议审议常委会工作报告；听取和讨论副省长匡吉所作的《政府工作报告》征求意见稿的说明；增选省政协副主席。

3月7日　省委、省政府批转《关于加强全民所有制机关、事业单位职工队伍宏观控制和计划管理的意见》。

5月9—17日　省第七届人民代表大会第三次会议在广州召开。会议审议和批准省长叶选平所作的《政府工作报告》；会议接受罗天辞去省人大常委会主任职务，补选林若为省人大常委会主任。

6月16日　省委、省政府印发《广东省军队转业干部安置工作暂行规定》。

7月1日　全国第四次人口普查工作于是日零时举行。广东省普查结果：全省总人口为

6282.9万人，其中男性3215.1万人，占51.17%；女性3067.8万人，占48.83%。

12月5日　省委、省政府作出《关于进一步支持山区和新建市发展经济的决定》。

1991年

3月5—12日　省政协第六届委员会第四次会议在广州召开。会议审议常务委员会工作报告；全体委员列席省七届人大四次会议，听取和讨论有关工作报告；会议增选省政协副主席。

3月7—14日　省第七届人民代表大会第四次会议在广州召开。会议通过省政府制订的《广东省十年规划和“八五”计划纲要（草案）》；会议补选省人大常委会副主任。

3月7日　全省房改工作会议在广州召开。省长叶选平提出在“八五”期间要逐步实现住房商品化。

3月16日　经省政府批准，同意广东省引进国外人才领导小组办公室加挂广东省外国专家局牌子（处级），负责管理在广东长期或短期工作的外国及港澳台地区各类经济、技术、管理、文教专家的有关工作。

4月23日　省委、省政府决定成立省社会治安综合治理委员会，作为全省社会治安综合治理常设机构。

5月3日　全国首条地方集资建设的铁路——三茂铁路举行通车典礼。

5月10日　省第七届人大常委会第二十次会议决定：同意叶选平辞去省长职务，任命朱森林为副省长、代省长。

6月4日　省委、省政府颁布《关于加强计划生育工作、严格控制人口增长的决定》。并于8月29日决定在全省实行计划生育“一票否决权”制度。

6月11日　省政府发出《关于进一步深化广东省外贸体制改革的通知》。

7月22日　省委、省政府下发《关于依靠科技进步推动经济发展的决定》。

11月1日　经国务院批准，汕头经济特区范围扩大至整个汕头市区，面积共234平方公里。

11月7日　省委、省政府作出《关于加快山区脱贫致富步伐若干问题的决定》。

12月7日　经国务院批准，广东省调整潮汕地区行政规划：汕头市辖龙湖区、金园区、升平区、达濠区及潮阳县、澄海县、南澳县4个区3个县；潮州市升格为地级市，辖湘桥区、饶平县、潮安县1个区2个县；撤销揭阳县，设立揭阳市，辖榕城区、揭东县、惠来县、普宁县、揭西县1个区4个县。

12月25日　省编制委员会改称省机构编制委员会。

1992年

1月6—13日　省政协第六届委员会第五次会议在广州召开。会议审议常务委员会工作报告；全体委员列席省七届人大五次会议，听取和讨论有关工作报告；增选省政协副主席。

1月8—16日　省第七届人民代表大会第五次会议在广州召开。会议审议和批准代省长朱森林所作的《政府工作报告》；增选省人大常委会副主任；选举朱森林为省长。

1月19—29日　邓小平视察深圳、珠海、顺德等地，并发表重要谈话，提出广东20年内赶上亚洲“四小龙”、提前实现社会主义现代化的目标。

3月12日　省委、省政府作出《关于进一步扩大对外开放若干问题的决定》。

8月21日　省政府决定，改革国有商业体制，取消3个省级商业行政部门，分别组建省商业企业集团、粮食企业集团、供销社企业集团、石油企业集团、省粮食储备局。

9月26日　国务院批准将韶关、河源、梅州市列入沿海经济开放区。至此，广东省基本形成全省开放格局。

1993年

1月2日　省委、省政府作出《关于加快高等教育改革和发展步伐的决定》。

1月28日至2月6日　省政协第七届委员会第一次会议在广州召开。会议审议常务委员会工作报告；全体委员列席省八届人大一次会议，听取和讨论有关工作报告；选举郭荣昌为省政协主席，9人为副主席。

1月29日至2月8日　省第八届人民代表大会第一次会议在广州召开。会议批准《广东省十年规划和“八五”计划纲要》的调整意见；选举广东省出席第八届全国人民代表大会代表162人；选举林若为省人大常委会主任，8人为副主任；选举朱森林为省长，6人为副省长；选举省高级人民法院院长和省人民检察院检察长。

3月3日　广东扩大县级机构改革试点，新增云浮、开平、阳春、高州、澄海、廉江、增城、海丰、揭东、惠阳、大埔、阳山等县、市和河源市郊区为试点单位，加上原南雄县和顺德市，共有15个试点单位。

3月8日　省委、省政府作出《关于进一步加快农村改革开放和农业现代化建设若干问题的决定》。

7月1日　经国务院批准，广东番禺南沙经济技术开发区、惠州大亚湾经济技术开发区为国家级经济技术开发区。

7月21日　省政府颁布《广东省流动人口计划生育管理办法》。

9月14日　省政府发出《关于粤北石灰岩特困地区人口迁移有关问题的通知》，要求三年内从省划定的粤北47个石灰岩乡镇组织10万人外迁。

10月1日　广东省根据国务院关于机关和事业单位工作人员工资制度改革问题的通知，对全省机关和事业单位工作人员现行工资制度进行重大改革。

10月30日　省委、省政府决定撤销85个省级非常设机构。

1994年

1月10—18日　省第八届人大常委会第六次会议审议通过《广东省财产拍卖条例》等地方性法规。

1月18日　省委办公厅、省政府办公厅发出《关于省级机关机构改革分流人员问题的通知》。

1月21日　省政府召开全省“菜篮子”工程工作会议。指出本省经过4年多的努力，肉类、禽蛋、水产品、蔬菜供应量分别增长五成以上。

2月17—22日　省政协第七届委员会第二次会议在广州召开。会议审议常委会工作报告；全体委员列席省八届人大二次会议，听取和讨论有关工作报告。

2月19—26日　省第八届人民代表大会第二次会议在广州召开。会议审议和通过省长朱森林所作的《政府工作报告》、副省长张高丽作的《关于广东省1993年国民经济和社会发展计划执行情况与1994年计划草案的报告》。

4月18—19日　省委、省政府在南海召开珠江三角洲地区农村股份合作制改革座谈会。座谈珠江三角洲地区较富裕农村的土地股份合作制改革问题，加强省对这项改革的指导。

4月25—30日　省第八届人大常委会第八次会议审议通过《广东省城镇房屋租赁条例》《广东省森林保护管理条例》等地方性法规。

5月10日　省扶贫工作会议在梅州市召开。会议要求扶贫工作要通过抓好以种养为主的农业开发，帮助农村尚未脱贫的100多万名群众早日脱掉贫困帽子。会议还提出石灰岩特困山区人口迁移的计划。

5月25日　省委、省政府公布《广东省省级党政机构改革方案》《广东省省级党政机构改革方案实施意见》。

5月25日　省政府批转省经济体制改革委员会（简称省体改委）、省经济委员会（简称省经委）《关于加快建立现代企业制度的意见》。

5月27日　省委、省政府召开省直机关机构改革和推行国家公务员制度动员大会，部署实施省级党政机关机构改革方案和推行国家公务员制度工作。

6月9日　省委、省政府在广州举行广东省科学技术奖励大会，对获得1993年度国家级和省级科技奖励的项目和人员进行颁奖和表彰。

6月15—22日　江泽民在谢非、朱森林等陪同下，考察广州、佛山、中山、珠海、深圳、梅州等市，重点是考察经济特区建设。考察期间江泽民分别听取了省委、广州军区和深圳、梅州市委的工作汇报，并作了重要指示。

6月28日至7月6日　省第八届人大常委会第九次会议审议通过《广东省城镇房地产权登记条例》《广东省基金会管理条例》《广东省建设项目环境保护管理条例》《广东省房地产评估条例》等地方性法规。

7月18日　国务院批准成立中国广东核电集团公司，实行“以核养核，滚动发展”机制，以大亚湾核电站为基础，加快广东省第二、三核电站建设。

8月3日　省委、省政府发出《关于加强革命老区建设工作的通知》。

8月26日　省人大常委会和省政府联合召开省直机关建立执法责任制动员大会，要求省直机关必须认真落实依法办事、依法行政、严肃执法。

9月30日　省政府发出《关于企业全面实行劳动合同制的通知》。

10月11日　省政府转发《广东省现代企业制度试点工作方案》。

11月1—3日　省委、省政府在广州召开全省教育工作会议。

11月5日　珠江三角洲经济区规划协调领导小组成立。同日，召开会议研究珠三角经济区的规划提纲和工作部署。

11月8—17日　省第八届人大常委会第十一次会议审议通过《广东省实施〈中华人民共

和国矿山安全法〉办法》等地方性法规。

11月29日　省政府颁布《广东省建立和推行国家公务员制度实施方案》。

1995年

1月9日　省第八届人大常委会第十二次会议审议通过《广东省道路运输管理条例》等8个地方性法规。其中《广东省基本农田保护区规划》确定全省农田保护区总面积不低于200万公顷（3000万亩）。

1月11日　省经济体制改革工作会议在佛山召开，研究部署体制改革工作。

1月12日　成立省国有资产管理局。

2月16—21日　省政协第七届委员会第三次会议在广州召开。会议审议常委会工作报告；全体委员列席省八届人大三次会议，听取和讨论有关工作报告。

2月17—23日　省第八届人民代表大会第三次会议在广州召开。会议审议和通过关于省政府工作报告、关于广东省1994年国民经济和社会发展计划执行情况与1995年计划草案报告的决议。

2月27日　省国有企业改革经验交流会在广州召开。

3月1日　谢非、朱森林、林若等赴京出席第八届全国人民代表大会第三次会议。当天下午，参加江泽民在中南海勤政殿主持召开的中南地区党政负责人座谈会。3月3日，出席八届全国人大三次会议的广东代表团举行会议传达江泽民的讲话。

3月14日　省1995年普通高等、中等学校招生工作会议召开。全省共有普通高校31所，1995年招生时不再区分“公费生”“委派生”“自费生”，不再对学生实行不同的录取分数线，新生一律缴费上学。

4月7—8日　省政府召开全省粮食、化肥工作会议，落实中共中央、国务院关于“米袋子”省长负责制的各项措施。

4月26日　省政府颁发《关于禁毒的通告》，令毒品违法犯罪分子于4月30日前到当地公安司法部门自首，吸毒分子于5月20日前到当地公安机关登记。同日，省长朱森林发表电视讲话，号召全省人民动员起来，打一场禁毒的人民战争。

5月1—9日　省第八届人大常委会第十五次会议审议通过《广东省典当条例（修改稿）》《广州市妇女权益保障若干条例》《广东省合伙经营条例》等7个地方性法规。

5月22日　省政府发出《关于颁布广东省企业职工最低工资标准的通知》。规定各地级市最低标准划为五类：一类每月为320元；二类每月为280元；三类每月为250元；四类每月为220元；五类每月为190元。从1995年1月1日起执行。

6月3—11日　省第八届人大常委会第十六次会议审议通过《广州市传染病防治规定》等4个地方性法规。

6月5日　省政府制定的《广东省贯彻国务院关于深化城镇住房改革的决定实施意见》正式实行。要求在全省范围内实行公积金制度；公有房按成本价出售，以成本价购买的住房，产权归个人所有。

7月31日至8月2日　全省机构改革和推行公务员制度工作会议召开，部署全省市县乡镇机构改革和执行公务员制度工作。

9月12—19日　省第八届人大常委会第十七次会议审议通过《广东省各级人民代表大会选举实施细则》等4个地方性法规。

11月13—21日　省第八届人大常委会第十八次会议审议通过《广东省各级人民代表大会主席团工作条例》等地方性法规。

1996年

1月17日　省政府决定从1996年起实行分税分成财政管理体制。

1月31日　省第八届人大常委会二十次会议审议通过《关于省八届人大三次会议主席团交付省人大常委会审议的代表提出的议案审议结果报告》《广东省第八届人民代表大会常务委员会工作报告》及省八届人大四次会议主席团、秘书长名单。

2月1—6日　省政协第七届委员会第四次会议在广州召开。会议表彰省政协七届一次至三次会议以后的31件优秀提案，补选省政协副主席。

2月2—9日　省第八届人民代表大会第四次会议在广州召开。省人大常委会主任林若主持大会，会议审议和通过省长朱森林作的《政府工作报告》。7日，大会决定接受林若辞去省人大常委会主任和朱森林辞去省长职务的请求；9日，大会选举朱森林为省人大常委会主任，卢瑞华为省长。

3月11日　省委、省政府发出《关于进一步扶持山区加快经济发展的若干政策规定》。

3月25日　省委、省政府发出《关于进一步加强计划生育工作的决定》。

4月1—5日　省第八届人大常委会第二十一次会议审议通过《广东省经济合同管理条例》等地方性法规。

5月16—18日　省委、省政府在广州召开全省信访工作会议。

5月27日至6月1日　省第八届人大常委会第二十二次会议审议通过《广东省集体合同条例》等地方性法规。

7月8—12日　省第八届人大常委会第二十三次会议审议通过一批决议和法规。

9月1日　京九铁路全线开通客货运营。北京、深圳分别举行通车仪式。

9月5日　中国“八五”重点项目之一——投资170多亿元的茂名石化30万吨乙烯工程建成投产。

9月16—25日　省第八届人大常委会第二十四次会议审议通过《广东省农民负担管理条例》等地方性法规。并审议决定人事任免事项。

12月8日　国内首条采用股份制建设的高速公路佛（山）开（平）高速公路全线通车。

1997年

1月8日　省依法治省工作领导小组在广州召开第一次全体成员会议。谢非、卢瑞华、朱森林、郭荣昌等领导出席会议。

1月13—18日　省第八届人大常委会第二十六次会议审议通过《广东省各级人民代表大会常务委员实施个案监督工作规定》等地方性法规。

2月15—20日　省政协第七届委员会第五次会议在广州召开。会议通过省政协七届五次会议决议。

2月17—23日　省第八届人民代表大会第五次会议在广州召开。会议通过关于省政府工作报告的决议、关于广东省1996年国民经济和社会发展计划执行情况与1997年计划安排草案报告的决议、关于广东省1996年预算执行情况和1997年预算的决议、关于省人大常委会工作报告的决议、关于省高级人民法院工作报告的决议、关于省人民检察院工作报告的决议。

2月24日　省委、省政府发出《关于贯彻〈中共中央、国务院关于切实做好减轻农民负担工作的决定〉的通知》。

3月31日至4月3日　省第八届人大常委会第二十八次会议审议通过《广东省实施〈中华人民共和国妇女权益保障法〉规定》等地方性法规。

4月29日　省委组织部发出《关于公开选拔部分省直单位副厅级领导干部的通知》，决定在当年内采取组织推荐与群众推荐（包括个人自荐）、考试与考核相结合的方式，试行公开选拔部分省直单位副厅级领导干部。

5月5日　省政府批准《广东省东西两翼区域发展的规划纲要》，这是继制定珠江三角经济区现代化建设规划和山区“九五”发展计划后，贯彻省委、省政府“分类指导、层次推进、梯度发展、共同富裕”指导思想的又一重要举措。

6月2日　省委、省政府发出《关于加强土地管理切实保护耕地的通知》。

7月1日　凌晨，中英香港政权交接仪式在香港举行。广州地区各界举行庆祝香港回归祖国大会。

9月15—22日　省第八届人大常委会第三十一次会议审议通过《广东省行政执法队伍管理条例》等地方性法规。

12月11日　省第八届人大常委会第三十三次会议审议通过省九届人大代表资格审查的报告和其他有关决定。

1998年

1月6—14日　省政协第八届委员会第一次会议在广州召开。会议听取和审议常委会工作报告，全体委员列席省九届人大一次会议，选举产生省政协新一届领导班子，郭荣昌当选为主席，10人当选为副主席。

1月8—19日　省第九届人民代表大会第一次会议在广州召开。省长卢瑞华向大会作《政府工作报告》。会议选举广东省出席第九届全国人民代表大会代表165人。18日，大会选举产生新一届省人大常委会、省政府领导班子及省高级法院院长、省检察院检察长。朱森林当选为省人大常委会主任，6人为副主任；卢瑞华当选为省长，8人当选为副省长，选举省高级法院院长和省检察院检察长。

1月23日　省第九届人大常委会第一次会议。决定常委会工作机构的人事任免。

2月16日　中外合资项目——惠州南海石油项目框架协议签字仪式在荷兰海牙举行。总投资40.5亿美元。

3月9日　江泽民在北京人民大会堂参加九届全国人大一次会议广东代表团举行的全体会议并讲话，要求广东“增创新优势，更上一层楼”。24日，省人大常委会、省政府举行报告会，传达九届全国人大一次会议精神。25日，省委常委举行会议，学习江泽民在九届全国人大一次会议广东代表团全体会议上的重要讲话，讨论贯彻落实措施。

3月20日　省人大常委会对41名拟任命的省政府组成人员（省政府各委、办、厅、局长及省政府秘书长）进行法律考试。这在全国尚属首创。

4月10日　省委、省人大、省政府联合发出《关于快速办理人大代表提出的重要建议的意见》。

5月28日至6月1日　省第九届人大常委会第三次会议审议通过《广东省档案管理规定》等地方性法规。决定人事任免事项。

7月21—29日　省第九届人大常委会第四次会议审议通过《广东省商品房预售管理条例》等地方性法规。决定人事任免事项。

9月14—18日　省第九届人大常委会第五次会议审议通过《广东省社会养老保险条例》等地方性法规。决定人事任免事项。

10月15日　新修订的《广东省计划生育条例》开始实施。

11月18—27日　省第九届人大常委会第六次会议审议通过《广东省采石取土管理规定》等地方性法规。决定人事任免事项。

12月2日　省政府发出《关于加快住房制度改革实行住房货币分配的通知》。从1998年起，全省党政机关、事业单位逐步实行住房货币分配，从2000年1月1日起，全省一律停止按现行政策出售出租公有住房，企业也要参照执行。

12月31日　省第九届人大常委会第七次会议审议通过《广东省股份合作企业条例》等地方性法规，决定人事任免事项。

1999年

1月25—30日　省政协第八届委员会第二次会议在广州召开。会议听取和审议常委会工作报告，全体委员列席省九届人大二次会议，听取和审议有关报告。

1月27日至2月2日　省第九届人民代表大会第二次会议在广州召开。会议听取和审议了省长卢瑞华所作的《政府工作报告》及其他报告。

2月11日　省委、省政府印发《关于进一步扩大开放的若干意见》。

3月7日　江泽民出席在人民大会堂广东厅举行的九届全国人大二次会议广东团全体会议并发表讲话，要求广东率先基本实现现代化。

3月10日　国务院总理朱镕基出席九届全国人大二次会议广东代表团全体会议并发表讲话，强调依法整顿和规范经济秩序，严厉打击经济犯罪活动，是实施依法治国方略的重要方面，是顺利推进改革开放和现代化建设、维护社会稳定的重要保障，必须坚持不懈地切实抓紧抓好。

5月18—21日　省第九届人大常委会第十次会议审议通过《广东省实施〈中华人民共和国价格法〉办法》等地方性法规。

6月7日　省委、省政府印发《关于坚决扫除“黄赌毒”社会丑恶现象的意见》。

7月29日至8月5日　省第九届人大常委会第十一次会议审议通过《广东省实施〈中华人民共和国消费者权益保护法〉办法》《广东省青年志愿服务条例》《广东省法律援助条例》等地方性法规。

8月12日　省政府公众网正式开通。本网站最大特点是将省政府和省政府办公厅可以向社会公开的最新文件发布在网上，以便公众查阅政府文件。

8月18日　省委、省政府发出《关于大力发展个体私营经济的决定》。

8月26—28日　省委、省政府在深圳召开全省经济特区和珠江三角洲改革开放工作座谈会，研究和部署经济特区、珠江三角洲地区如何强化改革、提高开放水平，加快经济体制创新，增创新优势，率先基本实现现代化问题。

10月15日　省委、省政府印发《关于加快建立社会主义市场经济体制增创体制新优势的若干意见》。

11月7日　省委、省政府办公厅印发《关于在全省乡镇推行政务公开的意见》。

11月13日　由省政府主办的首届广东经济发展国际咨询会在广州举行。

11月22—27日　省第九届人大常委会第十三次会议审议通过《广东省实施〈中华人民共和国土地管理法〉办法》等地方性法规。

12月20日　省委、省政府在广州天河体育馆隆重举行广州地区各界庆祝澳门回归祖国大会。

2000年

1月20—25日　省政协第八届委员会第三次会议在广州召开。会议听取和审议常委会工作报告，全体委员列席省九届人大三次会议，听取和讨论有关工作报告。

1月22—28日　省第九届人民代表大会第三次会议在广州召开。审议和通过《关于广东省政府工作报告的决议》《关于广东省1999年国民经济和社会发展计划执行情况和2000年计划的决议》《关于广东省1999年预算执行情况和2000年预算的决议》《关于广东省人大常委会工作报告的决议》《关于广东省高级人民法院工作报告的决议》《关于广东省人民检察院工作报告的决议》。

2月19—25日　江泽民出席高州市领导干部“三讲”教育会议并作动员讲话。随后围绕新时期加强党的建设和推进高新技术产业发展两个课题，到深圳、顺德、广州视察和调查研究。2月25日，江泽民在广州听取省委、省政府工作汇报后，发表重要讲话，首次提出“三个代表”重要思想。

3月27—30日　省第九届人大常委会第十七次会议审议通过《广东省人民代表大会常务委员会关于进一步推进村民自治工作的决议》等法规；听取和审议省九届人大常委会代表资格审查委员会关于澳门回归后终止澳门地区省九届人大代表的代表资格的报告；审议决定有关人事任免事项。

3月31日　第九届全国运动会委托承办协议书签字仪式暨会徽、吉祥物新闻发布会在广州召开，标志着九运会筹备工作进入一个新阶段。由国家体育总局主办、省政府承办的第九届全国运动会定于次年11月在广州举行。

5月5日　省政府转发国务院批复，撤销广州市的番禺市、花都市，设立广州市番禺区、花都区。7月10日，两区正式挂牌。

5月22—26日　省第九届人大常委会第十八次会议审议通过《广东省机动车排气污染防治条例》等地方性法规。会议还表决通过有关人事任免事项。

7月26—28日　省第九届人大常委会第十九次会议审议通过《广东省分散按比例安排残疾人就业规定》等地方性法规。

7月27日　省信息产业厅正式挂牌。

8月21—22日　国务委员吴仪等到广东传达国务院关于广东潮阳、普宁开展打击骗取出口退税专项斗争的指示，部署此项工作。

9月18—22日　省第九届人大常委会举行第二十二次会议。审议和通过《广东省商品房预售管理条例》等地方性法规。审议决定有关人事任免事项。

10月2—4日　2000年世界大都市协会董事年会及特别大会暨国际研讨会在广州举行。大会的主题是信息时代与城市发展。世界上49个城市、130多名代表参加会议。

11月14日　深圳经济特区建立20周年庆祝大会在深圳举行。江泽民出席庆祝大会并发表讲话，并出席深圳莲花山公园山顶广场邓小平塑像揭幕仪式。

第一篇
人 大

第一章 省人民代表大会

第一节 省人民代表大会代表构成

省人民代表大会代表是省人民代表大会的组成人员。代表来自各个阶层、各个方面，绝大部分是兼职代表，都以人民代表的身份行使代表职务，从事代表工作，履行宪法和法律赋予的职责。省人民代表大会代表的任期与同届省人民代表大会任期相同，从每届本级人民代表大会举行第一次会议开始，到下届本级人民代表大会举行第一次会议为止。省人民代表大会代表的名额，按照便于召开会议、讨论问题和解决问题，并且使各民族、各地区、各方面都能有适当数量的代表的原则，由省自行决定，报全国人大常委会备案。省第五届人民代表大会代表为1582人，第六届人民代表大会代表为1181人，第七届人民代表大会代表为787人，第八届人民代表大会代表为809人，第九届人民代表大会代表为794人。

省人民代表大会代表构成的具体比例，总原则是：既体现人民代表大会以工农为主体的性质，又要使各民族、各地区、各方面都有适当数量的代表。除工人、农民、妇女代表应占一定比例外，各政党、人民团体、军队、归侨、文艺界、科技界、教育界、卫生界、体育界、工商界、宗教界代表也占适当的比例。（代表名单见本篇附录二）

第二节 省人民代表大会会议工作机构

省人民代表大会会议工作机构设置主要有会议主席团、秘书处，以及预算委员会、议案审查委员会等。

主席团是主持省人民代表大会会议的机构，会议主席团名单草案，由人民代表大会预备会议通过。人民政府组成人员、人民法院院长、人民检察院检察长一般不能成为主席团成员。主席团的职责主要是：主持会议；决定会议的副秘书长；决定除人民政府组成人员和人民法院院长、人民检察院检察长以外的列席会议的其他有关机关、团体负责人；决定主席团、常务委员会、省人民政府提出的属于省人民代表大会职权范围内的议案提交省人民代表大会审议，或者交有关专门委员会审议、提出报告，再由主席团审议决定提交大会表决；决定代表联名提出的属于省人民代表大会职权范围内的议案是否列入大会议程，或者先交有关的专门委员会审议，提出是否列入大会议程的意见，再由主席团决定是否列入大会议程；提出常务委员会组成人员，省长、副省长，省高级人民法院院长、省人民检察院检察长的人选等。主席团第一次会议要推选常务主席，通过会议执行主席分组名单，通过会议的日程安排，确定提出议案的截止日期等。

会议秘书处是省人民代表大会会议主要工作机构，由大会秘书长和副秘书长若干人组成。秘书处在秘书长领导下工作，负责办理会议主席团交付的各种事项和处理会议日常事务工作。秘书处下设秘书组、会务组、议案组、简报组、文件组、组织组、宣传组、接待组、保卫组等。省人民代表大会会议期间设预算委员会、议案审查委员会，这也是省人民代表大会的工作机构。预算委员会、议案审查委员会分别由主任委员1人、副主任委员若干人、委员若干人组成，其成员必须是本届省人民代表大会代表，由会议主席团提名，预备会议通过。

省五至九届人民代表大会主席团和秘书长名单

五届人大第三次会议

（1981年2月24日至3月4日）

主席团（81人，按姓氏笔画排列）

丁庞文	马廷栋	王　德	王作尧	王越丰
云广英	方　兰（女）	区梦觉（女）	邓逸凡	邓惠强
尹林平	古苏婵（女）	任仲夷	孙城曾	庄　田
许士杰	麦蕴瑜	杜长天	李坚真（女）	李　辰
李时清	李学先	李秀英（女）	李郁文	李海涛
李黎明	杨应彬	肖隽英	肖焕辉	吴有恒
吴南生	吴健民	沈鹏飞	张　广	张　进
张世英	张泊泉	陈子彬	陈国桢	陈青山
陈越平	陈斯德	林　渡	罗　天	罗　明
罗克明	罗晋琛	罗章友	罗雄才	欧　初
欧阳山	赵淑英（女）	赵德斌	郝盛旺	钟　明
钟　麟	蚁美厚	饶不辱	涂锡鹏	贾　华
徐贤恭	徐淑芬（女）	郭荣昌	容志行	黄友谋
黄开帛	黄复康	黄明德	黄耀祥	梁　广
梁灵光	梁　湘	梁集祥	梁　嘉	龚子荣
符　路	童孟清	谭沃心	熊　飞	薛光军

魏南金

秘书长：钟　明

五届人大第四次会议

（1982年2月23日至3月1日）

主席团（81人，按姓氏笔画排列）

丁庞文	马廷栋	王　德	王作尧	王越丰
云广英	方　兰（女）	区梦觉（女）	邓逸凡	邓惠强
尹林平	古苏婵（女）	任仲夷	孙城曾	庄　田
关　立	许士杰	许丽华（女）	许崇德	麦蕴瑜
杜长天	李坚真（女）	李　辰	李庆芬	李时清
李学先	李国瑶	李秀英（女）	李郁文	李黎明
杨应彬	肖隽英	肖焕辉	吴有恒	吴冷西
吴南生	吴健民	沈鹏飞	张　广	张　进
张日和	张泊泉	张帼英（女）	陈子彬	陈国桢
陈青山	陈越平	陈斯德	林　渡	罗　天
罗　明	罗克明	罗章友	罗雄才	欧阳山
周溪舞	孟庆云	赵淑英（女）	郝盛旺	蚁美厚
钟　明	钟　非	钟　麟	饶不辱	涂锡鹏
徐贤恭	徐淑芬（女）	郭荣昌	容志行	黄友谋
黄开昺	黄明德	黄耀祥	梁　广	梁灵光
龚子荣	程春耕	曾天节	童孟清	谭沃心
熊　飞				

秘书长：钟　明

五届人大第五次会议

（1982年12月24—28日）

主席团（72人，按姓氏笔画排列）

丁庞文	马一品	马廷栋	王　德	王作尧
王越丰	云广英	方　兰（女）	区梦觉（女）	邓逸凡
邓惠强	尹林平	古苏婵（女）	任仲夷	孙城曾
庄　田	关　立	许士杰	许丽华（女）	许崇德
麦蕴瑜	杜长天	李坚真（女）	李　辰	李庆芬
李时清	李学先	李国瑶	李秀英（女）	李郁文
李黎明	杨应彬	肖隽英	肖焕辉	吴有恒
吴健民	张　广	张　进	张泊泉	陈子彬
陈国桢	陈青山	陈越平	林　渡	范　华

罗　天	罗　明	罗克明	罗章友	罗雄才
欧阳山	周溪舞	孟庆云	赵淑英（女）	郝盛旺
钟　明	钟　麟	蚁美厚	饶不辱	徐淑芬（女）
郭荣昌	容志行	黄友谋	黄开昜	黄明德
黄耀祥	梁　广	梁灵光	程春耕	曾天节
童孟清	熊　飞			

秘书长：钟　明

六届人大第一次会议

（1983年4月3—10日）

主席团（77人，按姓氏笔画排列）

马廷栋	王政蓉（女）	王致远	王　维	区梦觉（女）
尹林平	邓建芳	叶金元	叶澄海	白修成
朱江涛（女）	任仲夷	刘巨南	许士杰	阮桂珍（女）
苏　陶	杜长天	李子忠	李庆芬	李坚真（女）
李时清	李郁文	杨应彬	杨　奇	肖隽英
肖焕辉	吴有恒	吴健民	何　文	陈书凤
陈信始	陈国桢	陈越平	陈　德	林小群（女）
林　若	林　渡	林毓豪	欧阳山	罗　天
罗文华	罗雄才	周　鼎	郑　波	郑国雄
赵玉兰（女）	蚁美厚	钟　明	钟耀奎	饶不辱
姚文绪	莫金秀（女）	莫福枝	徐进星	凌伯棠
郭宜兴	郭荣昌	容志行	黄友谋	黄庆云（女）
黄华华	黄耀祥	梁　广	梁凤岐（女）	梁灵光
梁贵尚（女）	彭士禄	程　里（女）	程春耕	释云峰
童孟清	曾昭科	谢　非	蓝水妹（女）	雷　宇
蔡森林	薛　焰			

秘书长：钟　明

六届人大第二次会议

（1984年6月25日至7月3日）

主席团（86人，按姓氏笔画排列）

马廷栋	王　宁	王政蓉（女）	王致远	王　维
区梦觉（女）	尹林平	邓建芳	叶金元	白修成
朱江涛（女）	任仲夷	刘巨南	刘田夫	阮桂珍（女）
孙志诚	杜瑞芝	李子忠	李坚真（女）	李时清
李郁文	李国瑶	杨应彬	杨康华	肖隽英

肖焕辉	吴有恒	吴南生	何　文	张雨田
张明远	陈书凤	陈信始	陈国桢	陈越平
范希贤	林小群（女）	林　若	林毓豪	欧　初
欧　培	欧阳山	欧阳德	罗　天	罗文华
罗克明	罗雄才	周　鼎	郑　波	郑　群
赵玉兰（女）	赵光炬	蚁美厚	钟　明	钟耀奎
饶不辱	姚立尹	袁　庚	莫金秀（女）	莫福枝
徐进星	郭宜兴	郭棣活	容志行	黄友谋
黄庆云（女）	黄荣新	黄耀祥	寇庆延	梁　广
梁凤岐（女）	梁贵尚（女）	梁威林	彭士禄	程　里（女）
程春耕	释云峰	童孟清	曾定石	曾昭科
温　戈	谢　非	谢明仁	蓝水妹（女）	蔡森林
黎子流	薛　焰			

秘书长：钟　明

六届人大第三次会议

（1985年5月13—19日）

主席团（81人，按姓氏笔画排列）

马廷栋	王　宁	王政蓉（女）	王致远	王　维
区梦觉（女）	邓建芳	叶金元	白修成	朱江涛（女）
任仲夷	刘巨南	刘田夫	阮桂珍（女）	孙志诚
麦庚安	杜瑞芝	李坚真（女）	李时清	李伟璋
李郁文	李国瑶	杨应彬	杨康华	肖隽英
肖焕辉	吴有恒	吴南生	何　文	张乐民
张雨田	张明远	陈书凤	陈国桢	陈信始
陈越平	范希贤	林小群（女）	林　若	林毓豪
欧　初	欧阳山	欧阳德	罗　天	罗文华
罗克明	罗雄才	周　鼎	郑　群	赵玉兰（女）
赵光炬	蚁美厚	钟　明	钟耀奎	饶不辱
姚立尹	袁　庚	莫金秀（女）	莫福枝	徐进星
郭宜兴	郭　春	郭棣活	容志行	黄友谋
黄庆云（女）	黄荣新	黄耀祥	寇庆延	梁　广
梁凤岐（女）	梁贵尚（女）	梁威林	程　里（女）	释云峰
童孟清	曾定石	曾昭科	谢　非	蓝水妹（女）
薛　焰				

秘书长：钟　明

六届人大第四次会议

（1985年8月29—31日）

主席团（86人，按姓氏笔画排列）

马廷栋	王　宁	王宗春	王政蓉（女）	王致远
王　维	区梦觉（女）	邓建芳	叶金元	白修成
朱江涛（女）	任仲夷	刘巨南	刘田夫	阮桂珍（女）
孙志诚	杜瑞芝	李坚真（女）	李时清	李郁文
杨应彬	杨康华	肖隽英	肖焕辉	吴有恒
吴南生	何　文	张明远	陈国桢	陈信始
陈越平	范希贤	林小群（女）	林　若	林毓豪
欧阳山	罗　天	罗文华	罗克明	罗雄才
郑国雄	郑　群	赵玉兰（女）	蚁美厚	钟　明
钟耀奎	饶不辱	袁　庚	莫金秀（女）	莫福枝
徐进星	郭宜兴	郭荣昌	郭棣活	容志行
黄友谋	黄庆云（女）	黄耀祥	寇庆延	梁　广
梁凤岐（女）	梁贵尚（女）	梁威林	程　里（女）	释云峰
曾定石	曾昭科	谢　非	蓝水妹（女）	薛　焰

说明：据当时档案记载，尚有各市、地代表团第一召集人共16人未列入。

秘书长：钟　明

六届人大第五次会议

（1986年5月21—28日）

主席团（84人，按姓氏笔画排列）

马廷栋	王　宁	王政蓉（女）	王宗春	王致远
王　维	韦泽芳	邓建芳	叶金元	朱江涛（女）
任仲夷	吕金湖	刘巨南	刘田夫	刘维明
刘俊杰	阮桂珍（女）	孙志诚	麦庚安	杜瑞芝
李坚真（女）	李时清	李伟璋	李恩荣	李郁文
李建安	杨应彬	杨文贵	杨　奇	肖隽英
吴南生	何　文	宋志英	张力田	张乐民
张巨惠	张雨田	张段汉	张明远	陈子彬
陈槐珍	范希贤	林小群（女）	林　若	林树森
林毓豪	欧　初	欧阳山	罗　天	罗文华
罗克明	罗雄才	周　鼎	郑国雄	郑　群
赵玉兰（女）	蚁美厚	钟　明	钟耀奎	饶不辱
姚立尹	袁　庚	莫金秀（女）	徐进星	郭宜兴
郭荣昌	郭　春	容志行	黄友谋	黄庆云（女）

黄荣新	黄华华	黄耀祥	梁凤岐（女）	梁灵光
梁贵尚（女）	梁　湘	程　里（女）	释云峰	曾定石
曾昭科	谢　非	蓝水妹（女）	薛　焰	

秘书长：钟　明

六届人大第六次会议

（1987年6月22—29日）

主席团（85人，按姓氏笔画排列）

马廷栋	王　宁	王政蓉（女）	王宗春	王致远
王　维	邓建芳	叶金元	朱江涛（女）	任仲夷
刘巨南	刘田夫	刘维明	刘俊杰	许士杰
许钦贵	阮桂珍（女）	孙志诚	麦庚安	杜瑞芝
李坚真（女）	李时清	李伟璋	李郁文	李建安
杨文贵	杨应彬	杨　奇	肖隽英	吴南生
何　文	宋志英	张力田	张巨惠	张乐民
张雨田	张段汉	张宪章	陈子彬	陈槐珍
范希贤	林小群（女）	林　若	林毓豪	欧阳山
欧阳德	欧　初	罗　天	罗文华	罗克明
罗雄才	周溪舞	郑国雄	郑　群	赵玉兰（女）
赵光炬	蚁美厚	钟　明	钟耀奎	饶不辱
姚立尹	袁　庚	莫金秀（女）	徐进星	郭宜兴
郭荣昌	郭　春	容志行	黄友谋	黄庆云（女）
黄荣新	黄华华	黄耀祥	梁凤岐（女）	梁灵光
梁贵尚（女）	梁　湘	程　里（女）	释云峰	童孟清
曾定石	曾昭科	谢　非	蓝水妹（女）	薛　焰

秘书长：钟　明

七届人大第一次会议

（1988年1月20—30日）

主席团（81人，按姓氏笔画排列）

马廷栋	王　宁	王全国	王　彻	王宗春
王　维	方少逸	方　苞	龙江流	卢　女（女）
田启昌	任仲夷	任成秀	刘泽棉	刘俊杰
刘维明	刘喜中	江海燕（女）	许木河	阮群英（女）
孙志诚	麦庚安	杜瑞芝	李兰芳（女）	李伟璋
李坚真（女）	李郁文	李建安	李彬传	杨应彬
杨　奇	吴南生	何　文	宋志英	张力田

张巨惠	张乐民	张雨田	张段汉	张炳生
张超崇	陈祖沛	陈槐珍	范希贤	林小群（女）
林　若	林锦儒（女）	欧　初	欧阳德	罗　天
罗克明	周溪舞	郑国雄	赵玉英（女）	蚁美厚
钟　明	姚立尹	饶不辱	栾国俊	郭宜兴
郭　春	郭荣昌	寇庆延	黄友谋	梁凤岐（女）
梁执娣	梁灵光	梁洁瑜（女）	程　里（女）	释云峰
鲁玉昆	曾定石	曾昭科	谢　非	谢耀文
雷汉镇	廖朝裕	端木正	谭良德	黎顺兰（女）
薛　焰				

秘书长：钟　明

七届人大第二次会议

（1989年3月2—9日）

主席团（86人，按姓氏笔画排列）

马廷栋	王　宁	王全国	王　彻	王宗春
王　维	方少逸	方　苞	龙江流	卢建中
卢秋萍（女）	任仲夷	任成秀	朱森林	刘泽棉
刘俊杰	刘喜中	江海燕（女）	汤炳权	阮群英（女）
孙志诚	麦庚安	杜瑞芝	李兰芳（女）	李坚真（女）
李郁文	李建安	李彬传	李　灏	杨　立
杨应彬	杨　奇	杨洲发	杨德元	吴南生
何　文	宋志英	张力田	张巨惠	张庆君
张雨田	张段汉	张炳生	张超崇	陈贤芳
陈祖沛	陈毓铮	范希贤	林　若	林树森
林锦儒（女）	罗　天	罗克明	郑志辉	郑国雄
赵玉英（女）	蚁美厚	钟　明	饶不辱	洪　钢
徐丹华	徐国良	栾国俊	郭　枪	郭宜兴
郭荣昌	寇庆延	黄明度	梁凤岐（女）	梁灵光
梁洁瑜（女）	程　里（女）	韩尚坤	释云峰	鲁玉昆
曾定石	曾昭科	谢　非	谢耀文	赖竹岩
雷汉镇	廖朝裕	端木正	谭良德	黎顺兰（女）
薛　焰				

秘书长：杨　立

七届人大第三次会议

（1990年5月9—17日）

主席团（82人，按姓氏笔画排列）

马廷栋	王　宁	王全国	王　彻	王宗春
王　维	方少逸	方　苞	龙江流	卢秋萍（女）
叶　谷	任仲夷	朱森林	刘泽棉	刘俊杰
刘喜中	江海燕（女）	阮群英（女）	孙志诚	麦庚安
杜瑞芝	李少花（女）	李兰芳（女）	李坚真（女）	李郁文
李建安	杨　立	杨应彬	杨　奇	杨洲发
吴南生	何　文	宋志英	张力田	张小波
张巨惠	张庆君	张雨田	张明东	张段汉
张炳生	张超崇	陈贤芳	陈祖沛	范希贤
林　若	林树森	林彦举	林锦儒（女）	罗　天
罗克明	周　刚	周溪舞	郑国雄	蚁美厚
钟　明	饶不辱	洪　钢	袁炳焕	聂永强
徐文泽	徐国良	栾国俊	郭　枪	郭荣昌
黄明度	梁凤岐（女）	梁灵光	寇庆延	程　里（女）
释云峰	鲁玉昆	曾定石	曾昭科	谢　非
谢耀文	赖竹岩	雷汉镇	廖朝裕	端木正
黎顺兰（女）	薛　焰			

秘书长：杨　立

七届人大第四次会议

（1991年3月7—14日）

主席团（82人，按姓氏笔画排列）

马廷栋	王　宁	王全国	王　彻	王宗春
王　维	方少逸	方　苞	龙江流	卢秋萍（女）
叶　谷	任仲夷	朱森林	刘泽棉	刘俊杰
刘喜中	江海燕（女）	阮群英（女）	孙志诚	麦庚安
杜瑞芝	李少花（女）	李兰芳（女）	李庆芬	李坚真（女）
李郁文	李建安	杨　立	杨应彬	杨　奇
吴南生	何　文	宋志英	张力田	张小波
张巨惠	张庆君	张明东	张段汉	张炳生
张超崇	陈贤芳	陈祖沛	范希贤	林　江
林　若	林彦举	林锡荣	林锦儒（女）	欧阳德
罗　天	罗克明	周　刚	郑国雄	蚁美厚
钟　明	饶不辱	袁炳焕	聂永强	徐文泽

徐国良　栾国俊　郭　枪　郭荣昌　黄明度
黄春藻　梁凤岐（女）　梁灵光　寇庆延　程　里（女）
释云峰　鲁玉昆　曾定石　曾昭科　谢　非
谢颂凯　谢耀文　赖竹岩　雷汉镇　廖朝裕
黎顺兰（女）　薛　焰
秘书长：杨　立

七届人大第五次会议

（1992年1月8—16日）

主席团（82人，按姓氏笔画排列）

于　飞　马廷栋　王　宁　王全国　王　彻
王　冶　王宗春　王　维　方少逸　方　苞
龙江流　卢秋萍（女）　叶　谷　任仲夷　刘泽棉
刘俊杰　刘喜中　刘耀辉　阮群英（女）　孙志诚
麦庚安　杜瑞芝　李少花（女）　李庆芬　李坚真（女）
李郁文　李建安　杨　立　杨应彬　杨　奇
吴南生　何　文　宋志英　张力田　张小波
张巨惠　张汉青　张雨田　张明东　张段汉
张炳生　陈贤芳　陈祖沛　范希贤　林　江
林　若　林锡荣　林锦儒（女）　罗　天　罗克明
周　刚　郑国雄　郑锦滔　蚁美厚　钟　明
饶不辱　袁炳焕　聂永强　徐文泽　徐国良
栾国俊　郭　枪　郭荣昌　黄明度　黄　荣
梁凤岐（女）　梁灵光　寇庆延　程　里（女）　释云峰
鲁玉昆　曾定石　曾昭科　谢　非　谢颂凯
谢耀文　赖竹岩　雷汉镇　蔡森林　廖朝裕
黎顺兰（女）　薛　焰
秘书长：杨　立

八届人大第一次会议

（1993年1月29日至2月8日）

主席团（79人，按姓氏笔画排列）

于　飞　王　宁　王如登　王　彻　王宗春
方　苞　邓祖选　厉有为　卢定周　卢秋萍（女）
叶若林　叶瑞宗　朱友植　朱初辉　任仲夷
刘桂楠　刘耀辉　孙　仁　李国荣　李沛凤（女）
李　桃（女）　李海东　李熊光　杨正刚　杨　立

杨俊声	吴　波	吴　荣（女）	吴南生	何艳雯（女）
宋志英	张汉青	张明东	张段汉	张帼英（女）
陈同庆	陈邦贵	陈远睦	陈沃培	陈祖沛
林　若	林国炎	林惠俗（女）	林锦儒（女）	欧阳德
卓圣泰	罗　天	赵良德	赵耕源	蚁美厚
饶不辱	姚璇秋（女）	徐文泽	徐进星	徐振忠
高祀仁	郭荣昌	郭素芳（女）	凌伯棠	黄永刚
黄华华	黄秀霞（女）	黄　荣	梁广大	梁振元
韩　英	程誌青（女）	傅　锐	释云峰	曾昭科
温玉柱	谢　非	谢颂凯	谢耀文	蓝秀媚（女）
赖竹岩	蔡森林	黎金莲（女）	黎顺兰（女）	

秘书长：张汉青

八届人大第二次会议

（1994年2月19—26日）

主席团（78人，按姓氏笔画排列）

于　飞	王　宁	王如登	王　彻	王宗春
方　苞	邓祖选	厉有为	卢定周	卢秋萍（女）
叶若林	叶瑞宗	叶　耀	朱友植	朱初辉
任仲夷	刘桂楠	孙　仁	李沛凤（女）	李　桃（女）
李海东	邹时广	杨正刚	杨　立	杨俊声
吴　波	吴　荣（女）	吴南生	何艳雯（女）	宋志英
张汉青	张明东	张段汉	张帼英（女）	郑志辉
陈远睦	陈沃培	陈祖沛	林　若	林国炎
林惠俗（女）	林锦儒（女）	欧阳德	卓圣泰	罗　天
赵良德	赵耕源	蚁美厚	饶不辱	骆雁秋
姚璇秋（女）	徐进星	徐振忠	高祀仁	郭荣昌
郭素芳（女）	凌伯棠	黄永刚	黄伟宁	黄华华
黄秀霞（女）	黄　荣	梁广大	梁振元	韩　英
程誌青（女）	傅　锐	释云峰	曾昭科	温玉柱
谢　非	谢明仁	谢颂凯	谢强华	谢耀文
蓝秀媚（女）	黎金莲（女）	黎顺兰（女）		

秘书长：张汉青

八届人大第三次会议

（1995年2月17—23日）

主席团（79人，按姓氏笔画排列）

于　飞	王　宁	王如登	王　彻	王宗春
方　苞	邓祖选	厉有为	卢定周	卢秋萍（女）
叶若林	叶瑞宗	朱友植	朱初辉	任仲夷
刘桂楠	孙　仁	李近维	李沛凤（女）	李　桃（女）
李海东	邹时广	杨正刚	杨　立	杨俊声
吴　波	吴驹贤	吴　荣（女）	吴南生	何艳雯（女）
宋志英	张汉青	张段汉	张顺彩（女）	张帼英（女）
郑志辉	陈远睦	陈沃培	陈祖沛	林　若
林国炎	林惠俗（女）	林锦儒（女）	欧阳德	卓圣泰
罗　天	赵良德	赵耕源	姜宜资	饶不辱
骆雁秋	姚璇秋（女）	徐进星	高祀仁	郭荣昌
郭素芳（女）	凌伯棠	黄永刚	黄伟宁	黄华华
黄秀霞（女）	黄　荣	梁广大	梁戈文	梁振元
韩　英	程誌青（女）	傅　锐	释云峰	曾昭科
温玉柱	谢　非	谢明仁	谢颂凯	谢强华
谢耀文	蓝秀媚（女）	黎金莲（女）	黎顺兰（女）	

秘书长：张汉青

八届人大第四次会议

（1996年2月2—9日）

主席团（77人，按姓氏笔画排列）

于　飞	王　宁	王如登	王　彻	王宗春
方　苞	邓祖选	厉有为	卢定周	卢秋萍（女）
叶若林	叶瑞宗	朱友植	朱初辉	任仲夷
刘凤仪	刘桂楠	刘煌添	孙　仁	李近维
李沛凤（女）	李　桃（女）	李海东	邹时广	杨正刚
杨　立	杨俊声	吴　波	吴驹贤	吴　荣（女）
吴南生	何艳雯（女）	宋志英	张汉青	张段汉
张顺彩（女）	张帼英（女）	陈同庆	陈远睦	陈沃培
陈祖沛	林　若	林国炎	林锦儒（女）	卓圣泰
罗　天	赵良德	赵耕源	姜宜资	饶不辱
骆雁秋	姚璇秋（女）	徐进星	高祀仁	郭荣昌
郭素芳（女）	凌伯棠	黄永刚	黄伟宁	黄华华
黄秀霞（女）	黄　荣	梁广大	梁振元	韩　英

程誌青（女）	释云峰	曾昭科	温玉柱	谢　非
谢明仁	谢颂凯	谢强华	谢耀文	蓝秀媚（女）
黎金莲（女）	黎顺兰（女）			

秘书长：张汉青

八届人大第五次会议

（1997年2月17—23日）

主席团（82人，按姓氏笔画排列）

刁学武	于　飞	于幼军	王　宁	王如登
王　彻	王宗春	方　苞	邓祖选	厉有为
卢定周	卢秋萍（女）	叶若林	朱友植	朱初辉
朱森林	任仲夷	刘凤仪	刘桂楠	刘煌添
孙　仁	李近维	李沛凤（女）	李　桃（女）	李海东
杨正刚	杨　立	杨俊声	杨增培	吴　波
吴驹贤	吴　荣（女）	吴南生	何艳雯（女）	佀志广
邹时广	宋志英	张汉青	张段汉	张顺彩（女）
张帼英（女）	陈同庆	陈沃培	陈祖沛	林　若
林国炎	林惠俗（女）	林锦儒（女）	卓圣泰	罗　天
赵良德	赵耕源	姜宜资	饶不辱	骆雁秋
姚璇秋（女）	徐进星	高祀仁	郭荣昌	郭素芳（女）
凌伯棠	黄永刚	黄伟宁	黄华华	黄秀霞（女）
黄　荣	黄福永	梁广大	梁振元	韩　英
程誌青（女）	释云峰	曾昭科	温玉柱	谢　非
谢明仁	谢颂凯	谢耀文	蓝秀媚（女）	黎金莲（女）
黎顺兰（女）	潘逸阳			

秘书长：佀志广

九届人大第一次会议

（1998年1月8—19日）

主席团（75人，按姓氏笔画排列）

于幼军	王世平	王宁生	王华元	王兆林
王宗春	厉有为	石启仁	叶　昶	吕国存
朱乃兵	朱友植	朱森林	刘凤仪	刘昌谋
汤维英	许德立	麦庆泉	杨映琴（女）	杨　棠
李广镇	李向良	李近维	李素菊（女）	李肇展
李燕薇（女）	严尔益	肖如川	吴驹贤	吴家仿
佀志广	张　凯	张帼英（女）	张福奎	陈同庆

陈　冰	陈培林	林少玉	林　若	林国炎
林惠俗（女）	欧阳光辉	卓圣泰	冼为铿	赵及坤（女）
钟阳胜	骆雁秋	莫雪兰（女）	徐萍华（女）	郭荣昌
高祀仁	黄大同	黄石养	黄华华	黄金松
黄福永	曹秀琴（女）	梁力平	梁广大	梁秀英（女）
韩　英	彭禹贤	程誌青（女）	释云峰	温玉柱
温思美	曾庆申	曾昭科	谢太俭	谢永祥
谢　非	谢强华	蓝恒娇（女）	简国森	潘　华（女）

秘书长：佀志广

九届人大第二次会议

（1999年1月27日至2月2日）

主席团（79人，按姓氏笔画排列）

于幼军	王世平	王宁生	王华元	王　骏
石启仁	叶　昶	吕国存	朱乃兵	朱森林
刘凤仪	刘昌谋	庄礼祥	江东海	汤维英
杨华维	杨映琴（女）	杨　棠	李广镇	李长春
李向良	李近维	李南华	李素菊（女）	李肇展
李燕薇（女）	严尔益	肖如川	吴华南	吴驹贤
吴家仿	佀志广	张　凯	张高丽	张帼英（女）
张福奎	陈　冰	陈培林	林少玉	林华景
林　若	林国炎	林惠俗（女）	欧阳光辉	周镇宏
冼为铿	赵及坤（女）	钟阳胜	莫雪兰（女）	徐萍华（女）
徐德志	郭荣昌	高祀仁	涂麟清	黄大同
黄石养	黄华华	黄丽满（女）	黄金松	黄福永
曹秀琴（女）	梁力平	梁戈文	梁秀英（女）	韩　英
程誌青（女）	释云峰	温玉柱	温思美	曾庆申
曾昭科	谢太俭	谢永祥	谢　非	蓝恒娇（女）
简国森	蔡东士	谭璋球	潘　华（女）	

秘书长：张帼英（女）

九届人大第三次会议

（2000年1月22—28日）

主席团（82人，按姓氏笔画排列）

于幼军	王宁生	王华元	王　骏	石启仁
石法泉	叶　昶	吕国存	朱乃兵	朱树屏
朱森林	刘凤仪	刘昌谋	庄礼祥	汤维英

杨华维	杨映琴（女）	杨　棠	李广镇	李长春
李向良	李近维	李南华	李素菊（女）	李肇展
李燕薇（女）	严尔益	肖如川	吴华南	吴家仿
佀志广	张　凯	张高丽	张帼英（女）	张福奎
陈之泉	陈　冰	陈培林	林少玉	林华景
林　若	林国炎	林惠俗（女）	欧阳光辉	卓圣泰
周明理	庞　正	冼为铿	赵及坤（女）	洪绍宏
钟阳胜	莫雪兰（女）	徐德志	郭荣昌	涂麟清
黄大同	黄石养	黄华华	黄丽满（女）	黄金松
黄福永	黄镇国	曹秀琴（女）	梁力平	梁戈文
梁秀英（女）	韩　英	程誌青（女）	释云峰	温玉柱
温思美	温耀深	曾庆申	曾昭科	曾炳生
谢太俭	谢永祥	蓝恒娇（女）	简国森	蔡东士
谭璋球	潘　华（女）			

秘书长：张帼英（女）

第三节　省人民代表大会会议

按照《中华人民共和国地方各级人民代表大会和地方各级人民政府组织法》（简称《组织法》）的规定，广东省人民代表大会每届任期5年。人民代表大会会议每年至少召开一次。

从1977年12月12日广东省人民代表大会五届一次会议至2000年1月22日召开九届三次会议止，共召开了24次会议。会议由省人大常委会召集。会议开幕前由省人民代表大会常务委员会主持举行预备会议，选举本次会议的主席团和秘书长，通过本次会议的议程和其他事项的决定。省人民代表大会举行会议的时候，由主席团主持会议；会议期间，主席团、常务委员会、各专门委员会、省人民政府、省人民代表大会代表10人以上联名，可以向大会提出属于省人民代表大会职权范围内的议案。省人民代表大会会议主要议程通常有：（1）听取和审议省人民政府的工作报告；（2）听取和审议省国民经济和社会发展计划草案报告；（3）听取和审议省财政决算、预算草案的报告；（4）听取和审议省人大常委会的工作报告；（5）听取和审议省高级人民法院的工作报告；（6）听取和审议省人民检察院的工作报告；（7）审议通过地方性法规；（8）选举任免事项；（9）其他。

一、省五届人民代表大会历次会议

省第五届人民代表大会有代表1582人，任期从1977年12月至1983年4月止，共召开5次会议。

（一）省五届人大一次会议

省五届人大一次会议于1977年12月12—17日在广州召开。

会议听取和审议省革命委员会副主任焦林义所作的《广东省革命委员会工作报告》，并作出同意这一报告的决议。

会议选举产生省革命委员会组成人员：韦国清为省革命委员会主任，王首道、焦林义、李坚真、薛光军、刘田夫、孟宪德、罗天、梁湘、寇庆延、王宁、李建安、刘维明、范希贤、梁威林、李嘉人、杨康华为省革命委员会副主任，省革命委员会委员160人；选举马芳为省高级人民法院院长；选举广东省出席第五届全国人民代表大会代表161人。

（二）省五届人大二次会议

省五届人大二次会议于1979年12月17—26日在广州召开。

会议听取和审议省革命委员会主任习仲勋所作的《政府工作报告》，并作出同意这一报告的决议。大会认为，省革命委员会提出的广东省今后的建设任务，符合中共中央十一届三中全会、五届全国人大二次会议的方针和广东省实际情况。会议指出建设现代化社会主义强国，是中国共产党的政治路线，是全国人民的根本利益，是全国的中心任务。各条战线的工作都要围绕这一中心进行，为这一中心服务。继续深入开展实践是检验真理的唯一标准问题的讨论，进一步解决组织路线上存在的问题。要从组织上、制度上和措施上保障人民行使管理国家的权力和其他各项民主权利。

会议根据《全国人大常委会关于省、自治区、直辖市可在今年设立人大常委会和将革委会改为人民政府的决议》，作出《关于设立省人民代表大会常务委员会和将省革命委员会改为省人民政府的决议》：决定设立广东省人民代表大会常务委员会和将广东省革命委员会改为广东省人民政府（简称省政府）。海南行政区革命委员会改为海南行政区公署，各地区革命委员会改为各地区行政公署。

会议根据《中华人民共和国地方各级人民代表大会和地方各级人民政府组织法》《中华人民共和国全国人民代表大会和地方各级人民代表大会选举法》（简称《选举法》）的规定，作出《关于1980年召开市、县人民代表大会决定》。决定在1980年内，广州市、自治州及各市、县、人民公社、镇都要进行人民代表大会代表的选举和召开人民代表大会。广州市、自治州和各市、县选举成立人大常委会和设立同级人民政府；人民公社设立管理委员会；镇设立人民政府。

会议还作出《关于设置经济特区的决议》：决定在深圳、珠海、汕头市划出一定区域设置经济特区，并原则通过《广东省经济特区条例》，由省政府根据本次会议提出的意见再作修改，提请省人大常委会审查通过报国务院批准后执行。会议还作出《关于广东省革命委员会关于处理偷渡外逃的规定的决议》《关于广东省计划生育条例的决议》。

会议选举产生广东省第五届人民代表大会常务委员会组成人员：李坚真为主任；区梦觉、罗天、薛光军、庄田、杜长天、钟明、肖隽英、蚁美厚、黄友谋、罗明、梁广、肖焕辉、云广英、王作尧、李学先、欧阳山为副主任；委员54人。会议选举习仲勋为省长，杨尚昆、刘田夫、王全国、孟宪德、王宁、李建安、黄静波、范希贤、梁威林、郭棣活、杨康华、曾定石为副省长。选举汤光礼为省高级人民法院院长，并选出各地区中级人民法院院长：海南行政区郑章，湛江地区李曼，肇庆地区周树根，佛山地区孙连广，韶关地区李恩选，惠阳地区毕其发，汕头地区刘东轩，梅县地区蔡高权。选举寇庆延为省人民检察院检察长（报全国人大常委会批准）；并选出各地区分院检察长：海南行政区李炳发，湛江地区阎福和，肇庆地区叶蕴略，佛山地区宁选志，韶关地区贾庭发，惠阳地区方展玉，汕头地区刘俭，梅县地区郭传忠。

会议审定列入提案2471件。

（三）省五届人大三次会议

省五届人大三次会议于1981年2月24日至3月4日在广州召开。

会议听取和审议副省长刘田夫作的《政府工作报告》，并作出批准这一报告的决议。会议认为从上次大会一年来省政府贯彻执行国民经济调整、改革、整顿、提高的方针，按照中央、国务院批准广东实行特殊政策和灵活措施的精神，调整国民经济，发挥广东优势，促进各项事业的稳步前进，工作是有成效的。报告提出执行经济上实行进一步的调整，政治上实现进一步的安定方针，是符合中央和省党代会精神的。要正确总结历史经验，肃清“左”的错误思想。继续运用中央、国务院给予广东省实行特殊政策和灵活措施的权力，进行经济管理体制的改革，把经济进一步搞活，把对外经济贸易进一步开展起来。会议强调全省要以调整为中心，安排好国民经济计划和做好各项工作。在进行调整的同时，要进一步健全社会主义民主和社会主义法制，加强人民民主专政，巩固发展安定团结的政治局面。

会议还听取和审议《关于广东省1981年国民经济安排的报告》《关于1979年财政决算、1980年预算执行结果和1981年预算草案的报告》《广东省人民代表大会常务委员会工作报告》《广东省高级人民法院工作报告》《广东省人民检察院工作报告》，并作出批准上述报告的决议。

会议补选罗雄才为省第五届人民代表大会常务委员会副主任；选举刘田夫为省长，增补梁湘、杨德元、刘俊杰为副省长。

代表向大会提出提案579件。其中属于农业方面65件，工交方面107件，计划、基建方面11件，贸易方面75件，文教、科技、卫生、体育方面128件，政法、侨务、民族方面93件，分别交由省人大常委会、省政府、省高级人民法院办理。

省委第一书记任仲夷在会上作“关于社会主义民主与法制问题”的发言。

（四）省五届人大四次会议

省五届人大四次会议于1982年2月23日至3月1日在广州召开。

会议听取和审议省长刘田夫关于《当前经济形势和1982年经济建设任务》的报告，并作出批准这一报告的决议。会议指出，省政府要动员和组织全省人民继续认真贯彻调整、改革、整顿、提高的方针，贯彻执行国务院提出的经济建设十条方针，坚持以计划经济为主，市场调节为辅，坚持实行特殊政策和灵活措施，坚持扩大对外经济贸易，提高经济效益，努力发展生产，繁荣市场，稳定物价，继续改善人民生活。各级人民政府要提高对经济领域里不正之风、自由化倾向和违法乱纪问题的严重性和危害性的认识，坚决打击经济领域里的违法犯罪活动。会议号召全省人民在建设社会主义物质文明的同时，加强社会主义精神文明建设，继续巩固安定团结的政治局面，争取在纠正不正之风、搞好社会风尚及社会治安等三个方面都取得显著成绩。会议作出了关于开展“全民文明礼貌月”活动的决议及开展全民义务植树的决议。

会议还听取和审议《关于广东省1982年国民经济和社会发展计划（草案）的报告》《关于广东省1980年决算、1981年预算执行情况和1982年预算草案报告》《广东省人民代表大会常务委员会工作报告》《广东省高级人民法院工作报告》《广东省人民检察院工作报告》，并作出批准上述报告的决议。

代表向大会提出提案775件。其中属于工交、基建方面241件，农业方面114件，贸易方面157件，文教、科技、卫生方面170件，政法、侨务及其他93件，分别交由省人大常委会、省政府、省高级人民法院和省人民检察院办理。

（五）省五届人大五次会议

省五届人大五次会议于1982年12月24—28日在广州召开。

会议作出《关于学习、宣传和执行〈中华人民共和国宪法〉的决议》。指出五届全国人大五次会议通过的《中华人民共和国宪法》是全国人民政治生活中的一件大事。广东省一切宣传单位要立即行动起来，充分运用各种宣传工具和宣传形式宣传宪法，广泛动员组织干部群众学习宪法。通过宣传、学习，在人民中间进行一次广泛深入的社会主义民主与法制的教育，逐步养成人人遵守宪法，维护宪法的观念和习惯。

会议听取和审议省长刘田夫作的《政府工作报告》，并作出批准这一报告的决议。大会认为，1983年是全面开创社会主义现代化建设新局面的头一年，是实现第六个五年计划关键性的一年，全省人民要坚持四项基本原则，继续贯彻执行对外开放对内搞活经济的政策，坚持实行特殊政策和灵活措施，把全部经济工作转到以提高经济效益为中心的轨道上来，努力在新的一年里取得新的进展，在政治上更加团结，经济上更加欣欣向荣。

会议还作出《关于省六届人民代表大会代表名额和选举问题的决议》：（1）各县、市应选省人民代表大会代表的名额，农村按人口每10万人选代表1人，城市按人口每2万人选代表1人。人口不足10万人的县，代表名额不得少于2人。港澳地区出席省人民代表大会的代表为45人。（2）中国人民解放军驻粤部队应选出省人民代表大会代表60人。（3）全省各少数民族，应选省人大代表占全省六届人大代表总额的4%左右。人口较少的民族，至少应选出代表1人。（4）妇女代表不少于全省代表总名额的22%。（5）华侨应选出代表40人，从广东省的归国华侨中选出。（6）在省六届人民代表大会代表总名额中应有一定的名额，由省人民代表大会常务委员会根据情况直接分配给有关选举单位进行选举。（7）省五届人大及其常委会的任期，延长至省六届人大举行一次会议为止。省六届人大代表的选举，应在1983年3月上旬完成。各选举单位应在1983年3月5日前召开本届人代会会议，选出省六届人大代表。

会议还听取和审议《关于广东省1982年国民经济和社会发展计划情况、1983年国民经济和社会发展（草案）的报告》《关于广东省1981年决算、1982年预算执行情况和1983年预算草案报告》《广东省人民代表大会常务委员会工作报告》《广东省高级人民法院工作报告》《广东省人民检察院工作报告》，并作出批准上述报告的决议。

代表向大会提出提案128件。其中属于工交、基建方面37件，农业方面17件，贸易方面20件，教育、科学、文化、卫生方面38件，政法和其他方面17件，交由省政府办理。

二、省六届人民代表大会历次会议

省第六届人民代表大会有代表1181人，任期从1983年4月至1988年1月止，共召开过6次会议。

（一）省六届人大一次会议

省六届人大一次会议于1983年4月3—10日在广州召开。

会议听取和审议省长刘田夫作的《加快改革步伐，充分发挥优势，为全面超额完成第六个五年计划而奋斗》的报告，并作出批准这一报告的决议。指出中共十一届三中全会以后，省政府认真执行调整经济的方针，按照中央批准广东实行特殊政策和灵活措施的决策，调整国民经济，改革经济管理体制，坚定不移地实行对外开放、对内搞活经济的政策，试办经济特区，发挥广东省优势，全省国民经济发生根本性的变化，走上了健康发展的轨道。省政府制定的广东省国民经济和社会发展第六个五年计划，是积极稳妥的，切实可行的。会议号召全省人民为全面超额完成第六个五年计划，早日把广东省建成现代化的、高度民主、高度文明的社会主义祖国南大门而奋斗。

会议选举广东省出席第六届全国人民代表大会代表163人。选举产生广东省第六届人民代表大会常务委员会组成人员：罗天为主任，薛焰、范希贤、郭棣活、杜长天、曾定石、钟明、肖隽英、蚁美厚、黄友谋、梁广、罗雄才、王维、吴有恒为副主任，委员54人。选举产生新一届省政府：梁灵光为省长，李建安、梁湘、杨德元、刘俊杰、王屏山、匡吉、杨立为副省长。选举汤光礼为省高级人民法院院长，并选出部分地区中级人民法院院长：惠阳地区毕其发，肇庆地区周树根，湛江地区曾敏，梅县地区蔡高权；选举赵练为省人民检察院检察长（报全国人大常委会批准），并选出部分地区分院检察长：惠阳郑森初，肇庆叶蕴略，湛江罗枢，梅县詹群英。

代表向大会提出提案575件，经审定列入提案286件。其中属工交、基建方面111件，农业方面49件，文教、科技、卫生方面58件，贸易方面53件，政法及其他方面15件，分别由省人大常委会和省政府处理。对未列入提案的，作为代表来信，由省人大常委会交有关部门处理。

会议期间，省委第一书记任仲夷到会并讲话。

（二）省六届人大二次会议

省六届人大二次会议于1984年6月25日至7月3日在广州召开。

会议听取和审议省长梁灵光作的《开放、改革，努力开创社会主义现代化建设新局面》的报告，并作出批准这一报告的决议。会议认为今后一个时期的经济工作，要着重抓好体制改革和对外开放两件大事，要把经济特区、沿海港口城市、海南岛和珠江三角洲这几个对外开放的前沿地带建设好。同时经济工作要以提高经济效益为中心，抓紧能源交通建设，大力发展文教事业。要十分重视开发山区，放宽政策，给予必要支持，以尽快改变山区面貌。会议要求各级人民政府，坚持四项基本原则，坚持执行国民经济调整、改革、整顿、提高和对外开放，对内搞活经济的方针，以经济建设为中心，继续实行特殊政策和灵活措施，坚持物质文明和精神文明一齐抓。各级领导干部要进一步解放思想，实事求是，因地制宜，因事制宜，继续探索，扎实工作，狠抓落实，认真学习兄弟省、市经验，把广东省各项事业继续推向前进。

大会参照《中华人民共和国全国人民代表大会组织法》有关规定精神，通过《广东省人民代表大会议案试行办法》，把提案改为议案及建议、批评、意见两类分别进行处理。凡经大会主席团决定不在本次会议审议的议案由大会交省人大常委会审议，并作出审议结果报告。属于向政府等有关部门提出工作建议、批评和意见，由大会交有关部门研究处理，并答复提出议案的代表团或代表，同时抄报省人大常委会办公厅，由省人大常委会办公厅向省人大常委会作出处理情况的综合报告。大会期间，代表对各方面工作提出的建议、批评和意见，除应由省人大常委会直接处理外，其余交省政府、省高级人民法院、省人民检察院及有关部门研究处理，并于半年内将处理结果答复代表，同时抄报省人大常委会办公厅，由人大常委会办公厅在下次省人大会议召开前一个月向省人大常委会作出综合报告。这样既有利于集中处理属于省人大职权范围内重大事项的议案，又不影响对各方面工作提出的建议、批评和意见的处理。本次会议收到代表提出的议案27件。其中属于政法方面6件，财经方面11件，教育、科学、文化、卫生方面3件，农林方面5件，侨务方面2件。经议案审查委员会初步审议，并经大会主席团通过，将5件交省人大常委会审议，另22件转为建议、批评和意见交省政府研究处理，并负责答复提出议案的代表团或代表。

省六届人大二次会议交由省人大常委会审议的议案表

表1-1

议案内容	审议通过办理方案及作出决议时间	办理方案落实情况
关于解决全省农村96万人的饮水困难问题	六届人大常委会第九次会议	已办结
关于制订华侨、港澳同胞捐赠兴建公益事业奖励优待条件	同上	已办结
关于改进供应城镇居民大米的贮存方式	六届人大常委会第十次会议	已办结
关于加速改革与发展广东省教育事业，改变教育落后现状	六届人大常委会第十一次会议	已办结
关于放宽政策，开发山区原材料和能源资源，充分发挥山区优势	同上	已办结

会议还听取和审议《关于广东省1984年国民经济和社会发展计划草案的报告》《关于广东省1983年决算和1984年预算草案的报告》《广东省人民代表大会常务委员会工作报告》《广东省高级人民法院工作报告》《广东省人民检察院工作报告》，并作出批准上述报告的决议。会议补选曾昭科为省人大常委会副主任，王彻、张巨惠、张斌为省人大常委会委员。补选黄清渠为副省长。

（三）省六届人大三次会议

省六届人大三次会议于1985年5月13—19日在广州召开。

会议听取和审议省长梁灵光作的《政府工作报告》，并作出批准这一报告的决议。会议指出，在改革中要坚持对外开放政策，以改革促进开放。要继续实行特殊政策和灵活措施。要把三个经济特区、两个开放城市、珠江三角洲经济开放区和海南岛建设好。沿海开放地带要贯彻贸工农的生产方针，逐步调整工农业生产结构，提高产品质量，推出新产品扩大出口，努力开辟出口创汇新途径，为国家多创外汇。必须保持清醒的头脑，坚持实事求是的科学态度，妥善解决好当前经济工作中存在的问题，坚持以提高经济效益作为全部经济工作中心，防止片面追求增长速度。调整农业生产结构，决不能放松粮食生产。改革开放与加强管理监督必须同步进行，在加强社会主义物质文明建设的同时，大力加强社会主义精神文明建设。

会议还听取和审议《关于广东省1985年国民经济和社会发展计划草案的报告》《关于广东省1984年决算和1985年预算草案的报告》《广东省人民代表大会常务委员会工作报告》《广东省高级人民法院工作报告》《广东省人民检察院工作报告》，并作出批准上述报告的决议。

会议还审议《广东省普及初等义务教育暂行条例（草案）》，作出关于授权省人大常委会审议颁布《广东省普及初等义务教育暂行条例》的决定。决定指出，制定这一条例，对于完成普及初等教育任务，培养"四化"人才，促进社会主义现代化建设事业，具有重大意义。应根据最近召开的全国教育工作会议精神和这次会议各代表团提出的意见，进一步修改。为此，决定授权省人大常委会抓紧修改工作，予以审议通过，颁布施行。

本次会议收到代表提出的议案37件。经议案审查委员会初步审议，并经主席团通过，决定将其中6件交省人大常委会审议。其余31件作为建议、批评和意见交省政府及有关部门研究处理，并答复代表。大会还收到代表提出的建议、批评和意见243件。

省六届人大三次会议交由省人大常委会审议的议案表

表1-2

议案内容	审议通过办理方案及作出决议时间	办理方案落实情况
关于向广东省全体公民普及法律常识	六届人大常委会第十五次会议	已办结
关于整治韩江、北江上游水土流失（2件）	六届人大常委会第十六次会议	办理至1995年
关于对贫困山区实行特殊优惠政策	同上	已办结
加强法制，纠正乱罚款、乱收费现象	六届人大常委会第十八次会议	已办结
加快发展广东省电力工业，保证国民经济发展的需要	同上	已办结

（四）省六届人大四次会议

省六届人大四次会议于1985年8月29—31日在广州召开。

会议增选省六届人大常委会部分组成人员和决定省长、部分副省长的人选。

会议作出关于接受梁广、吴有恒辞去省六届人大常委会副主任职务和严亦峻、陈国桢、罗文华、胡一川、莫福枝辞去省人大常委会委员职务的请求决议，作出关于接受梁灵光辞去省长职务和李建安、梁湘、刘俊杰辞去副省长职务的决议。

会议补选刘俊杰、罗克明、程里为省人大常委会副主任；王焕、许实、黄中强为省人大常委会委员。

会议选举叶选平为省长，补选凌伯棠、于飞、李灏为副省长。

根据省六届人大三次会议的决定，会议还审议省人大常委会关于将《广东省普及初等义务教育暂行条例（草案）》修改为《广东省普及九年制义务教育条例》的报告。报告指出，根据《中共中央关于教育体制改革的决定》，要在全国范围内有步骤地实行九年制义务教育，省委已初步决定全省在1990年基本完成普及九年制义务教育任务，因此决定在《广东省普及初等义务教育暂行条例（草案）》基础上，修改为《广东省普及九年制义务教育条例（草案）》，重新报请省人大常委会审议通过颁布施行。

（五）省六届人大五次会议

省六届人大五次会议于1986年5月21—28日在广州召开。

会议听取和审议省长叶选平作的《关于广东省国民经济和社会发展第七个五年计划的报告》，作出原则批准这一报告的决议。决议强调，坚持把改革放在首位，是顺利实现“七五”计划的重要保证；坚持实行对外开放的基本国策，在广东尤其重要；要同海外侨胞、港澳同胞和台湾同胞一道，积极促进台湾海峡两岸的交往与合作，按照“一个国家，两种制度”的设想，为实现和平统一祖国大业作出应有努力；在大力推进广东省社会主义物质文明建设的同时，要切实加强社会主义精神文明建设，进一步发展社会主义民主和健全社会主义法制。

会议还听取和审议《关于广东省1986年国民经济和社会发展计划草案的报告》《关于广东省1985年决算和1986年预算草案的报告》《广东省人民代表大会常务委员会工作报告》《广东省高级人民法院工作报告》《广东省人民检察院工作报告》，并作出批准上述报告的决议。

会议作出关于接受刘因、何宝松、张勋甫、陈书凤、梁集祥辞去广东省第六届人民代表大会常务委员会委员职务的决议。

会议补选丁望、何碧、杨震、杨樾、杨文贵、张段汉、罗杰、胡辰祥、童孟清为省六届人大常委会委员。选举肖扬为省人民检察院检察长（报全国人大常委会批准），并选举李世权为惠阳地区分院检察长。

会议收到代表提出的议案87件，其中9件交省人大常委会审议。还收到代表提出的建议、批评和意见212件。

省六届人大五次会议交由省人大常委会审议的议案表

表1-3

议案内容	审议通过办理方案及作出决议时间	办理方案落实情况
进一步重视加强贯彻《中华人民共和国食品卫生法》	六届人大常委会第二十二次会议	已办结
扶持水库移民生产，摆脱贫困	六届人大常委会第二十三次会议	已办结
彻底解决省属六大水库移民安置遗留问题（2件）	同上	办理至1996年
制定维护华侨合法权益，妥善处理城镇征拆侨房法规	六届人大常委会第二十五次会议	已办结
保障民族自治地方享有《中华人民共和国宪法》《中华人民共和国民族区域自治法》规定的自治权	六届人大常委会第二十六次会议	已办结
关于进一步加强江河整治工作	同上	已办结
加速五山科学技术开发，落实广东省科学城建设规划（2件）	六届人大常委会第二十七次会议	已办结

（六）省六届人大六次会议

省六届人大六次会议于1987年6月22—29日在广州召开。

会议听取和审议省长叶选平作的《政府工作报告》，并作出批准这一报告的决议。大会号召全省人民在中共中央、国务院和中共广东省委的领导下，坚持四项基本原则，坚持改革、开放、搞活，不断提高改革意识，发扬开拓精神，紧密团结，艰苦创业，胜利完成1987年国民经济和社会发展计划，为推进国民经济长期稳定发展，建设有中国特色的社会主义而努力奋斗。

会议听取和审议《关于广东省1987年国民经济和社会发展计划草案报告》《关于广东省1986年决算和1987年预算草案的报告》《广东省人民代表大会常务委员会工作报告》《广东省高级人民法院工作报告》《广东省人民检察院工作报告》，并作出批准上述报告的决议。

会议作出《关于省第七届人民代表大会代表名额和选举问题的决定》：省七届人大代表的名额不超过850人；各选举单位应选的省七届人大代表应在1987年11月底依法选出，省第七届人民代表大会第一次会议定于1988年1月中旬召开。

会议收到代表提出的议案113件，其中将6件交省人大常委会审议。另外107件转为建议、批评和意见交省政府研究处理。代表们提出《关于认真贯彻环境保护法规，搞好广东省环境保护工作》的议案，在省人大常委会、省政府组织视察和调查的基础上，由省政府提出处理意见，省人大常委会作出了相应的决议。要求省政府督促各级政府和有关单位，认真贯彻环境保护法和其他环保法规，做好全面规划，突出重点，综合治理，逐步达到国家规定的环保标准；抓紧整治全省大中型河流水系，提高水质，保障人们的饮水卫生；培养环保科技人才，加强环境监测。

省六届人大六次会议交由省人大常委会审议的议案表

表1-4

议案内容	审议通过办理方案及作出决议时间	办理方案落实情况
关于尽快修改《广东省各级人民代表大会选举实施细则》	六届人大常委会第三十次会议	已办结
关于加强广东省环境保护工作（5件）	同上	已办结

三、省七届人民代表大会历次会议

省第七届人民代表大会有代表787人，任期从1988年1月至1993年2月止，共召开过5次会议。

（一）省七届人大一次会议

省七届人大一次会议于1988年1月20—30日在广州召开。出席本次大会的代表有736人。

会议听取和审议省长叶选平作的《政府工作报告》，并作出批准这一报告的决议。同意报告对上届省政府5年间工作的评价，对省政府的工作表示满意。会议认为，报告根据中共第十三次代表大会的路线、方针和任务，以及中共中央、国务院对广东省提出的要深入进行综合改革，在改革、开放中继续先走一步，加快经济发展的要求，提出广东省社会经济发展的战略构想和展望，是符合实际的。报告对实现战略设想所提出的措施，以及1988年工作的建议，也是积极可行的。会议号召全省人民在中共第十三次全国代表大会精神鼓舞下，加强各族人民的团结，加强军政、军民团结，加强同港澳同胞、台湾同胞和海外侨胞的亲密联系和合作，面向改革、开放和现代化建设，充分发挥广东优势，同心协力、艰苦奋斗，开拓创新，在建设有中国特色的社会主义道路上阔步前进。

会议还听取和审议《关于广东省1988年国民经济和社会发展计划草案的报告》《关于广东省1987年财政预算执行情况和1988年财政预算草案的报告》《关于广东省人民代表大会常务委员会工作报告》《关于广东省高级人民法院工作报告》《关于广东省人民检察院工作报告》，并作出批准上述报告的决议。

会议选举广东省出席第七届全国人民代表大会代表163人。选举产生省第七届人民代表大会常务委员会组成人员：罗天为主任，薛焰、杨立、曾定石、蚁美厚、曾昭科、刘俊杰、罗克明、程里、陈祖沛、方少逸、端木正为副主任，王彻为秘书长，委员52人。选举产生新一届省政府组成人员：叶选平为省长，于飞、凌伯棠、匡吉、刘维明、卢钟鹤、张高丽为副省长。选举肖扬为省人民检察院检察长（报全国人大常委会批准），省高级人民法院院长一职暂空缺，待下次会议再选举。

会议收到代表提出的议案178件。经议案审查委员会审议，这些议案不列入本次大会程序，将其中16件交省人大常委会审议，并向下一次会议作出审议结果报告；另162件作为建议、批评和意见，由大会分别交省政府、省人大常委会办事机构和有关部门研究处理。

省七届人大一次会议交由省人大常委会审议的议案表

表1-5

议案内容	审议通过办理方案及作出决议时间	办理方案落实情况
明确地方人大常委会各工作委员会的级别和解决各级人大机关人员编制问题（4件）	七届人大常委会第三次会议	已办结
在全省发展牧草生产（2件）	同上	已办结
尽快解决退休职工生活困难和管理问题	七届人大常委会第四次会议	已办结
进一步支持山区、老区、少数民族地区和贫困地区发展经济（5件）	七届人大常委会第五次会议	已办结
在全省开展执法大检查，增强法制观念，提高执法队伍素质（2件）	同上	已办结
制定和发布广东省兵役、民兵工作法规	同上	已办结
尽快制定《广东省青少年保护条例》	七届人大常委会第六次会议	已办结

（二）省七届人大二次会议

省七届人大二次会议于1989年3月2—9日在广州召开。出席本次大会的代表共708人。

会议听取和审议省长叶选平作的《政府工作报告》，认为报告既肯定了1988年政府工作的成绩，也指出了前进中存在的困难和问题，是实事求是的。报告提出1989年的工作任务是积极的，措施是可行的。决定批准这一报告。会议听取和审议《广东省1989年国民经济和社会发展计划草案的报告》《广东省1988年预算执行情况和1989年预算的报告》《广东省人民代表大会常务委员会工作报告》《广东省高级人民法院工作报告》《广东省人民检察院工作报告》，并作出批准上述报告的决议。会议还审议通过《广东省各级人民代表大会常务委员会法律监督工作条例（试行）》《广东省人民代表大会议事规则（试行）》。

会议选举麦崇楷为省高级人民法院院长，补选杨洪、林国雄、肖启贵、袁炳焕、徐丹华为省七届人大常委会委员。

会议收到代表提出的议案197件。其中8件交省人大常委会审议，其余作为建议、批评和意见处理。

省七届人大二次会议交由省人大常委会审议的议案表

表1-6

议案内容	审议通过办理方案及作出决议时间	办理方案落实情况
关于加强革命老区建设（2件）	七届人大常委会第十次会议	已办结
关于制定广东省保护老年人正当权益的法规	同上	已办结
关于统一管理和综合治理、开发东江流域（4件）	七届人大常委会第十一次会议	办理至1997年
加速发展广东省电力和节约用电	同上	办理至2000年

（三）省七届人大三次会议

省七届人大三次会议于1990年5月9—17日在广州召开。出席本次会议的代表共702人。

会议听取和审议省长叶选平作的《政府工作报告》。认为1989年是全省人民经历了严峻考验的一年。全省各族人民和各级政府坚持党的“一个中心、两个基本点”的基本路线，坚决制止动乱，稳定大局；以治理整顿、深化改革推动经济建设和社会各项事业的发展，成绩是显著的。报告对1989年工作的分析总结，是实事求是的；对1990年工作的安排，也是切实可行的。会议决定批准这一报告。会议还通过关于国民经济计划的决议，财政预算、决算的决议，省人大常委会工作报告的决议，以及省高级人民法院、省人民检察院工作报告的决议。

会议接受省七届人大常委会主任罗天的辞职请求，补选林若为省人大常委会主任。补选王敏刚为省七届人大常委会委员。

会议收到代表提出的议案204件。其中8件交省人大常委会审议，其余作为建议、批评和意见处理。

省七届人大三次会议交由省人大常委会审议的议案表

表1-7

议案内容	审议通过办理方案及作出决议时间	办理方案落实情况
关于治理高速双体船涌浪冲坏内河堤防（4件）	七届人大常委会第十六次会议	（办理至2001年）
全面清理整顿“三乱”问题（2件）	七届人大常委会第十七次会议	已办结
关于支持少数民族地区建设（2件）	七届人大常委会第十九次会议	已办结

（四）省七届人大四次会议

省七届人大四次会议于1991年3月7—14日在广州召开。出席本次大会的代表共686人。

会议听取和审议省长叶选平作的《政府工作报告》。会议认为，1990年，广东省国民经济和社会各项事业在克服困难中继续向前发展，成绩比预期要好；省政府在“七五”时期的工作，是卓有成效的；对1991年工作和今后十年主要任务的安排，是积极可行的。会议决定批准这一报告。会议审议省政府制定的《广东省十年规划和“八五”计划纲要（草案）》，认为基本符合中共十三届七中全会和中共广东省委六届五次会议精神，决定予以原则批准。

会议还通过《关于广东省1990年国民经济和社会发展计划执行情况和1991年计划安排草案报告的决议》《关于省1990年财政预算执行情况和1991年预算草案报告的决议》《关于省人大常委会工作报告的决议》《关于省高级人民法院工作报告的决议》《关于省人民检察院工作报告的决议》。

会议补选谢颂凯为省七届人大常委会副主任；刘文乔为省七届人大常委会委员；王骏为省人民检察院检察长。

会议收到代表提出的议案173件。其中16件交省人大常委会审议，其余157件作为建议、批评和意见处理。

省七届人大四次会议交由省人大常委会审议的议案表

表1-8

议案内容	审议通过办理方案及作出决议时间	办理方案落实情况
加快全省山区公路建设（9件）	七届人大常委会第二十三次会议	已办结
恢复、发展盐业生产（2件）	同上	办理至2000年
关于摆脱乡、镇卫生院困境问题（5件）	同上	已办结

（五）省七届人大五次会议

省七届人大五次会议于1992年1月8—16日在广州召开。出席本次大会的代表共686人。

会议听取和审议代省长朱森林作的《政府工作报告》，认为报告充分肯定了政府工作成绩，指出存在的困难和问题，是实事求是的。对1992年经济和社会发展的主要指标和任务的安排是可行的。决定批准这一报告。会议号召全省各族人民，在中共广东省委领导下，坚持以经济建设为中心，坚持四项基本原则，坚持改革开放，团结一致，群策群力，艰苦奋斗，扎实工作，以两个文明建设的优异成绩，迎接中共第十四次全国代表大会召开。会议还通过《关于广东省1991年国民经济和社会发展计划执行情况与1992年国民经济和社会发展计划的决议》《关于广东省1991年财政预算执行情况和1992年预算的决议》《关于省人大常委会工作报告的决议》《关于省高级人民法院工作报告的决议》《关于省人民检察院工作报告的决议》。

会议通过关于接受薛焰、曾定石、罗克明辞去省人大常委会副主任，王彻辞去省人大常委会秘书长，何文、杨震、欧阳波辞去省人大常委会委员的决定。会议选举朱森林为广东省省长，于飞、张汉青为省人大常委会副主任，由张汉青兼任省人大常委会秘书长；王冶、王彻、文广智、刘耀辉、陈白、严省为省人大常委会委员。

会议收到代表提出的议案163件，其中15件交省人大常委会审议，其余148件作为建议、批评和意见。

省七届人大五次会议交由省人大常委会审议的议案表

表1-9

议案内容	审议通过办理方案及作出决议时间	办理方案落实情况
关于解决蔗糖生产和经营问题（3件）	七届人大常委会第二十八次会议	已办结
加强珠江口滩涂围垦开发利用的领导和管理（2件）	七届人大常委会第二十九次会议	未办结
关于解决水库移民遗留问题（10件）	同上	办理至1997年

四、省八届人民代表大会历次会议

省第八届人民代表大会有代表809人，任期从1993年2月至1998年2月止，共召开5次会议。

（一）省八届人大一次会议

省八届人大一次会议于1993年1月29日至2月8日在广州召开。出席本次大会代表共782人。

会议听取和审议省人大常委会、省政府、省高级人民法院、省人民检察院工作报告，以及国民经济和社会发展计划、财政预决算报告6项，并作出相应决议。会议认为，省长朱森林所作《政府工作报告》充分肯定了政府工作在各方面支持下所取得的成绩，指出了存在的困难与问题，是实事求是的；所提出的1993年经济和社会发展的主要指标和工作任务，是积极可行的。会议原则同意报告对《广东省十年规划和“八五”计划纲要》的调整意见。会议还通过《关于广东省1992年国民经济和社会发展计划执行情况和1993年计划的决议》《关于广东省1992年财政预算执行情况和1993年预算的决议》《关于省人大常委会工作报告的决议》《关于省高级人民法院工作报告的决议》《关于省人民检察院工作报告的决议》。

会议选举广东省出席第八届全国人民代表大会的代表162人。选举省八届人大常委会组成人员：林若为主任；于飞、方苞、凌伯棠、曾昭科、谢颂凯、张汉青、欧阳德、程誌青为副主任；由张汉青兼任秘书长；选出人大常委会委员54人。选举朱森林为省长，卢瑞华、刘维明、卢钟鹤、张高丽、李兰芳、欧广源为副省长。选举麦崇楷为省高级人民法院院长；王骏为省人民检察院检察长（报全国人大常委会批准）。

会议收到代表提出的议案187件，其中5件交由省人大常委会审议，其余182件作为建议、批评和意见处理。

省八届人大一次会议交由省人大常委会审议的议案表

表1-10

议案内容	审议通过办理方案及作出决议时间	办理方案落实情况
关于加强渔港建设（5件）	八届人大常委会第四次会议	（办理至2003年）

（二）省八届人大二次会议

省八届人大二次会议于1994年2月19—26日在广州召开。出席本次大会代表共758人。

会议听取和审议省人大常委会、省政府、省高级人民法院、省人民检察院工作报告，以及国民经济和社会发展计划、财政预决算报告6项，并作出相应决议。会议认为，省长朱森林所作《政府工作报告》充分肯定了广东省1993年国民经济和社会发展所取得的成绩，指出并分析了存在的困难与问题，是实事求是的；所提出的1994年经济和社会发展的主要指标和工作任务，是积极可行的。会议决定批准这一报告。会议还通过《关于广东省1993年国民经济和社会发展计划执行情况与1994年计划草案的报告》《关于广东省1993年财政预算执行情况和1994年预算的决议》《关于省人大常委会工作报告的决议》《关于省高级人民法院工作报告的决议》《关于省人民检察院工作报告的决议》。审议通过《广东省实施〈中华人民共和国全国人民代表大会和地方各级人民代表大会代表法〉办法》和关于修改《广东省各级人民代表大会常务委员会监督条例》的决定。

会议补选吕国存、陈远睦、陈景舒、侯任城、谢明仁为省八届人大常委会委员。

会议收到代表提出的议案130件，其中15件交省人大常委会审议，其余115件作为建议、批评和意见处理。

省八届人大二次会议交由省人大常委会审议的议案表

表1-11

议案内容	审议通过办理方案及作出决议时间	办理方案落实情况
关于扶持山区和革命老区乡镇发展“三高”农业，开展“一乡一品”（2件）	八届人大常委会第十次会议	（办理至2005年）
关于扶持革命老区发展经济（8件）	八届人大常委会第十一次会议	（办理至2001年）
关于保护耕地（2件）	八届人大常委会第十一次会议	—
关于加快落实城镇侨房政策（2件）	八届人大常委会第十一次会议	—
关于设立广东省环卫工人节（1件）	八届人大常委会第十次会议	已办结

（三）省八届人大三次会议

省八届人大三次会议于1995年2月17—23日在广州召开。出席本次大会代表共713人。

会议听取和审议省人大常委会、省政府、省高级人民法院、省人民检察院工作报告，以及国民经济和社会发展计划、财政预决算等报告6项，并作出相应决议。会议认为，省长朱森林所作《政府工作报告》充分肯定了1994年国民经济和社会发展所取得的成绩，指出并分析了存在的困难与问题，是实事求是的；所提出的1995年经济和社会发展的主要指标和工作任务，是积极可行的。会议决定批准这一报告。会议还通过《关于广东省1994年国民经济和社会发展计划执行情况和1995年计划的决议》《关于广东省1994年财政预算执行情况和1995年预算的决议》《关于省人大常委会工作报告的决议》《关于省高级人民法院工作报告的决议》《关于省人民检察院工作报告的决议》。

会议收到代表提出的议案143件，其中9件交省人大常委会审议，其余134件作为建议、批评和意见处理。

省八届人大三次会议交由省人大常委会审议的议案表

表1-12

议案内容	审议通过办理方案及作出决议时间	办理方案落实情况
关于调整粮食购销政策，增加粮食生产投入（1件）	八届人大常委会第十八次会议	（办理至2001年）
关于加快我省小水电建设（7件）	八届人大常委会第十九次会议	办理至2000年
关于强化人才宏观管理，加大人才资源开发力度（1件）	八届人大常委会第十九次会议	办理至2000年

（四）省八届人大四次会议

省八届人大四次会议于1996年2月2—9日在广州召开。出席本次大会代表共809人。

会议听取和审议省人大常委会、省政府、省高级人民法院、省人民检察院等工作报告，以及国民经济和社会发展计划、财政预决算等报告，并作出相应决议。会议认为，省长朱森林所作《政府工作报告》充分肯定了1995年国民经济和社会发展所取得的成绩，指出并分析了存在的困难与问题，是实事求是的；所提出的1996年经济和社会发展的主要指标和工作任务，是积极可行的。会议决定批准这一报告。会议还通过《关于广东省1995年国民经济和社会发展计划执行情况和1996年计划的决议》《关于广东省1995年财政预算执行情况和1996年预算的决议》《关于省人大常委会工作报告的决议》《关于省高级人民法院工作报告的决议》《关于省人民检察院工作报告的决议》。

会议接受林若辞去省八届人大常委会主任，于飞辞去省八届人大常委会副主任，张汉青辞去兼任的省八届人大常委会秘书长职务的请求。接受王彻、王桂英、叶进美、司徒戎生、刘耀辉、杜联坚、李作铭、李修宏、何碧、陈白、林国雄、屠葆华辞去省八届人大常委会委员职务的请求。接受朱森林辞去广东省省长职务的请求。会议依法选举朱森林为省第八届人大常委会主任；卢瑞华为省长；佀志广为省第八届人大常委会副主任兼秘书长；卢法泉、朱友植、杨希光、李配武、陆成景、陈权、庞正、洪绍宏、唐辉、黄培鎏、潘逸阳为广东省第八届人大常委会委员。

会议收到代表提出的议案139件，其中，25件交省人大常委会审议，其余114件作为建议、批评和意见处理。

省八届人大四次会议交由省人大常委会审议的议案表

表1-13

议案内容	审议通过办理方案及作出决议时间	办理方案落实情况
关于加强打击假冒伪劣商品，维护消费者、生产者合法权益（4件）	八届人大常委会第二十五次会议	—
关于大力整治污染，加强环境保护（12件）	八届人大常委会第二十六次会议	（办理至2001年）
关于清理“三乱”，整顿执法队伍（2件）	八届人大常委会第二十五次会议	—
关于发展农用工业（2件）	八届人大常委会第二十五次会议	办理至2000年
关于加快航道整治建设步伐，促进我省航运事业发展（1件）	八届人大常委会第二十四次会议	（办理至2010年）
关于扶持少数民族地区经济发展（4件）	八届人大常委会第二十五次会议	办理至2000年

（四）省八届人大五次会议

省八届人大五次会议于1997年2月17—23日在广州召开。出席本次大会代表共723人。

会议听取和审议省人大常委会、省政府、省高级人民法院、省人民检察院等工作报告，以及国民经济和社会发展计划、财政预决算等报告，并作出相应决议。会议认为，省长朱森林所作《政府工作报告》充分肯定了1996年国民经济、精神文明建设和社会各项事业所取得的新成效；所提出的1997年经济和社会发展的主要指标和工作任务，是符合实际的。会议决定批准这一报告。会议还通过《关于广东省1996年国民经济和社会发展计划执行情况和1997年计划的决议》《关于广东省1996年财政预算执行情况和1997年预算的决议》《关于省人大常委会工作报告的决议》《关于省高级人民法院工作报告的决议》《关于省人民检察院工作报告的决议》。

会议收到代表提出的议案140件，其中，12件交省人大常委会审议，其余128件作为建议、批评和意见处理。

省八届人大五次会议交由省人大常委会审议的议案表

表1-14

议案内容	审议通过办理方案及作出决议时间	办理方案落实情况
关于扶持贫困华侨农场经济发展（3件）	八届人大常委会第三十一次会议	（办理至2003年）
关于解决小型水库安全隐患（4件）	八届人大常委会第三十一次会议	（办理至2004年）
关于大力扶持山区文化建设，抓紧改变山区群众文化生活贫乏落后状况（5件）	八届人大常委会第三十二次会议	（办理至2002年）

五、省九届人民代表大会历次会议

省第九届人民代表大会有代表794人，从1998年1月至2000年1月，共召开3次会议。

（一）省九届人大一次会议

省九届人大一次会议于1998年1月8—19日在广州召开。出席本次大会代表共759人。

会议听取和审议省人大常委会、省政府、省高级人民法院、省人民检察院等工作报告，以及国民经济和社会发展计划、财政预决算等报告，并作出相应决议。会议认为，省长卢瑞华所作《政府工作报告》如实反映了过去五年的工作进程，指出了存在的问题；所提出的今后五年经济社会发展的展望和1998年的工作意见，是积极可行的。会议决定批准这一报告。会议还通过《关于广东省1997年国民经济和社会发展计划执行情况和1998年计划的决议》《关于广东省1997年财政预算执行情况和1998年预算的决议》《关于省人大常委会工作报告的决议》《关于省高级人民法院工作报告的决议》《关于省人民检察院工作报告的决议》。

会议选举广东省出席第九届全国人民代表大会代表165人。选举朱森林为广东省第九届人大常委会主任，张帼英、曾昭科、王骏、程誌青、佀志广、张凯为副主任，徐德志为秘书长。选出省九届人大常委会委员62人。通过人大各专门委员会主任委员、副主任委员和委员的人选。会议选举卢瑞华为省长，王岐山、卢钟鹤、欧广源、李兰芳、钟启权、汤炳权、许德立、游宁丰为副省长。选举吕伯涛为广东省高级人民法院院长，张学军为广东省人民检察院检察长（报全国人大常委会批准）。

会议收到代表提出的议案158件，其中6件交省人大常委会审议，其余152件作为建议、批评和意见处理。

省九届人大一次会议交由省人大常委会审议的议案表

表1-15

议案内容	审议通过办理方案及作出决议时间	办理方案落实情况
关于加快营造生物防火林带工程建设（6件）	九届人大常委会第五次会议	（办理至2008年）

（二）省九届人大二次会议

省九届人大二次会议于1999年1月27日至2月2日在广州召开。出席本次大会代表719人。

会议听取和审议省人大常委会、省政府、省高级人民法院、省人民检察院等工作报告，以及国民经济和社会发展计划、财政预决算报告，并作出相应决议。会议认为，省长卢瑞华所作《政府工作报告》对1998年工作的总结是全面客观的，对1999年的工作安排是切合实际的。会议批准这一报告。会议还通过了《关于广东省1998年国民经济和社会发展计划执行情况和1999年计划的决议》《关于广东省1998年财政预算执行情况和1999年预算的决议》《关于省人大常委会工作报告的决议》《关于省高级人民法院工作报告的决议》《关于省人民检察院工作报告的决议》。

会议收到代表提出的议案157件，其中17件交省人大常委会审议，其余140件作为建议、批评和意见处理。

省九届人大二次会议交由省人大常委会审议的议案表

表1-16

议案内容	审议通过办理方案及作出决议时间	办理方案落实情况
关于加快我省自然保护区建设步伐（9件）	九届人大常委会第十二次会议	（办理至2009年）
关于加强动物防疫工作（8件）	九届人大常委会第十三次会议	（办理至2004年）

（三）省九届人大三次会议

省九届人大三会议于2000年1月22—28日在广州召开。出席本次大会代表共766人。

会议听取和审议省人大常委会、省政府、省高级人民法院、省人民检察院等工作报告，以及国民经济和社会发展计划、财政预决算等报告，并作出相应决议。会议认为，省长卢瑞华所作《政府工作报告》对1999年工作的总结是实事求是的，对2000年的工作安排是切合实际、积极可行的。会议批准这一报告。会议还通过《关于广东省1999年国民经济和社会发展计划执行情况和2000年计划的决议》《关于广东省1999年财政预算执行情况和2000年预算的决议》《关于省人大常委会工作报告的决议》《关于省高级人民法院工作报告的决议》《关于省人民检察院工作报告的决议》。

会议补选吴泽耀、黎赐锦为广东省第九届人大常委会委员。

会议收到代表提出的议案174件。其中25件交省人大常委会审议，其余149件作为建议、批评和意见处理。

省九届人大三次会议交由省人大常委会审议的议案表

表1-17

议案内容	审议通过办理方案及作出决议时间	办理方案落实情况
关于加强广东气象事业建设，进一步提高防灾减灾能力（11件）	九届人大常委会第十二次会议	（办理至2005年）
关于加强农业科技推广服务工作（14件）	九届人大常委会第十三次会议	（办理至2005年）

第二章　省人大常委会

第一节　省人大常委会委员

广东省人民代表大会常务委员会（简称省人大常委会）是广东省人民代表大会的常设机关。1979年12月，省第五届人民代表大会第二次会议作出关于设立省人大常委会的决定，省人大常委会正式成立。至2000年，已产生第五、六、七、八、九届省人大常委会。

一、常委会构成

历届省人大常委会组成人员人数和构成如下（均不含届中变动情况）：

广东省第五届至第九届人民代表大会常务委员会组成人员构成比例统计表

表1-18

届次	组成人员总数	性别				民族				组成人员构成														中共党员		专职组成人员	
		男		女		汉族		少数民族		干部		工人		农民		军人		知识分子		民主党派和无党派爱国人士		港澳地区					
		人数	%	人数	%	人数	%	人数	%	人数	%	人数	%	人数	%	人数	%	人数	%	人数	%	人数	%	人数	%	人数	%
五	71	61	85.90	10	14.10	68	95.77	3	4.2	31	43.70	4	5.6	4	5.6	2	2.80	17	23.70	9	12.70	4	5.9	49	69.01	13	18
六	68	61	89.70	7	10.30	65	95.59	3	4.4	33	48.50	1	1.5	1	1.5	1	1.50	16	23.50	16	23.50	—	—	45	66.18	20	28
七	65	61	93.80	4	9.23	—	—	—	—	44	67.59	—	—	—	—	1	1.54	5	7.69	15	23.08	—	—	45	69.23	32	47
八	63	57	90.47	6	9.52	—	—	—	—	40	63.49	—	—	—	—	1	1.58	7	11.10	15	23.80	—	—	44	69.84	29	46
九	70	63	90.00	7	10.00	—	—	—	—	49	70.00	—	—	—	—	1	1.43	9	12.80	11	16.77	—	—	51	72.80	40	57

二、组成人员

（一）省五届人大常委会组成人员

（1979年12月至1983年4月）

主　任：李坚真（女）

副主任：区梦觉（女）　罗　天　薛光军（1981年8月辞职）

庄　田　杜长天　钟　明　肖隽英

蚁美厚　黄友谋　罗　明　梁　广

肖焕辉　云广英　王作尧　李学先
欧阳山　罗雄才（1981年3月补选）

委　员：丁庞文　马如杰　马廷栋　王立山
王致远　王　维　王越丰　朱志淞
孙城曾　张　广　张　进　陈子彬
陈国桢　陈笑风　陈信始　陈　健
陈斯德　陈慧清（女）　李全善　李　辰
李秀英（女）　李时清　吴有恒　何宝松
何　濬　杨官璘　劳　森　杜　雷
沈鹏飞　麦蕴瑜　林　仲　林铭勋
林　渡　罗克明　罗明燏　周　辉
胡一川　饶不辱　赵　学（女）　赵淑英（女）
钟　麟　秦　牧　徐贤恭　徐淑芬（女）
莫福枝　郭曼果　黄庆云（女）　黄复康
黄耀祥　梁未闻（女）　梁贵尚（女）　谢元雷
舒光才　谭桂明　何　文（1981年3月补选）

说明：本届秘书长由常委会任命。谭桂明任秘书长，五届四次常委会会议改任林铭勋为秘书长。

（二）省六届人大常委会组成人员

（1983年4月至1988年1月）

主　任：罗　天

副主任：薛　焰　范希贤　郭棣活（1986年4月逝世）
杜长天（1984年6月辞职）　曾定石　钟　明
肖隽英　蚁美厚　黄友谋　梁　广
罗雄才　王　维　吴有恒（1985年8月辞职）
曾昭科（1984年7月补选）　刘俊杰（1985年8月补选）
罗克明（1985年8月补选）　程　里（女，1985年8月补选）

委　员：马廷栋　王立山　王致远　邓云开（女）
叶卧波　朱劭天　刘　因（1986年5月辞职）
刘福安　阮克明　师兆祥　释云峰
严亦峻（1985年8月辞职）　李　超　李时清
李雪光　杨　钧　何　文　端木正
何宝松（1986年5月辞职）　何俊才　沈育民（女）
张力田　张兆林　张勋甫（1986年5月辞职）
陈子彬　陈书凤（1986年8月辞职）　陈远高
陈国桢（1985年8月辞职）　陈信始　林　克

林小群（女）　欧阳波　罗文华（1985年8月辞职）
罗克明（1983年4月至1985年8月）　胡一川（1985年8月辞职）
饶丕辱　洪冠英　秦　牧　倪宏毅
莫福枝（1985年8月辞职）　徐进星　徐贤恭
高文达　容志行　郭　凌　郭宜兴
黄庆云（女）　黄耀祥　黄燕怀（女）　梁凤歧（女）
梁贵尚（女）　梁集祥（1986年5月辞职）　廖翔华
曾昭科（1983年4月至1984年7月）　王彻（1984年7月补选）
张巨惠（1984年7月补选）　张　斌（1984年7月补选）
王　焕（1985年8月补选）　许　实（1985年8月补选）
黄中强（1985年8月补选）　丁　望（1986年5月补选）
何　碧（1986年5月补选）　杨　震（1986年5月补选）
杨　樾（1986年5月补选）　杨文贵（1986年5月补选）
张段汉（1986年5月补选）　罗　杰（1986年5月补选）
胡辰祥（1986年5月补选）　童孟清（1986年5月补选）

说明：本届秘书长由常委会任命，何文任秘书长。1986年12月2日修改的《中华人民共和国地方各级人民代表大会和地方各级人民政府组织法》，补充规定省、自治区、直辖市、自治州、设区的市的人大常委会设秘书长，由本级人民代表大会选举产生，作为常委会和主任会议的组成人员。此后至1988年1月省六届人大常委会任期届满，秘书长职务一直由何文担任。

（三）省七届人大常委会组成人员

（1988年1月至1993年2月）

主　任：罗　天（1990年5月辞职）　林　若（1990年5月补选）
副主任：薛　焰（1992年1月辞职）　杨　立
曾定石（1992年1月辞职）　蚁美厚　曾昭科
刘俊杰　罗克明（1992年1月辞职）　程　里（女）
陈祖沛　方少逸　端木正（1990年11月辞职）
谢颂凯（1991年3月补选）　于　飞（1992年1月补选）
张汉青（1992年1月补选）
秘书长：王　彻（1992年1月辞职）　张汉青（兼，1992年1月补选）
委　员：马廷栋　王立山　刘百秀　刘振本
江海燕（女，1992年1月辞职）　许士鉴　路　光
麦崇楷（1988年1月辞职）　李　国　李炳熙
李景涛　杨　奇　杨　钧　蔡　萍
杨　震（1992年1月辞职）　杨　樾（1992年1月辞职）
何　文（1992年1月辞职）　何　宪　何　碧

张力田　　张段汉　　张　斌　　陈白希
陈清潮　　林小群（女，1988年10月辞职）　　林　江
林　克　　林国炎　　欧阳波（1992年1月辞职）
罗　杰　　周闻一　　赵耕源　　胡庆勋
胡辰祥　　修向辉　　饶不辱　　施芝华
郭宜兴　　郭　春　　黄士能　　黄中强
黄明度　　曹兴宁　　龚鉴尧　　梁凤歧（女）
梁　冀　　释云峰　　童孟清　　曾东汉
曾燕祥　　温　戈　　廖朝裕
杨　洪（1989年3月补选）　　肖启贵（1989年3月补选）
林国雄（1989年3月补选）　　袁炳焕（1989年3月补选）
徐丹华（1989年3月补选）　　王敏刚（1990年5月补选）
刘文乔（1991年3月补选）　　王　冶（1992年1月补选）
王　彻（1992年1月补选）　　文广智（1992年1月补选）
刘耀辉（1992年1月补选）　　陈　白（1992年1月补选）
严　省（1992年1月补选）

（四）省八届人大常委会组成人员

（1993年2月至1998年1月）

主　任：林　若（1996年2月辞职）　　朱森林（1996年2月补选）
副主任：于　飞（1996年2月辞职）　　方　苞　　凌伯棠
曾昭科　　谢颂凯　　张汉青
欧阳德（1996年1月依法罢免其代表职务）　　程誌青（女）
佀志广（1996年2月补选）
秘书长：张汉青（兼，1996年2月辞职）　　佀志广（兼，1996年2月补选）
委　员：王如登　　王　彻（1996年2月辞职）　　林国炎
王桂英（女，1996年2月辞职）　　邓星枢　　卢　荻
叶进美（1996年2月辞职）　　叶若林　　丘德纲
司徒戎生（1996年2月辞职）　　曲福寿　　刘文乔
刘世静　　刘昌谋　　刘耀辉（1996年2月辞职）
关国栋　　孙　仁　　杜联坚（1996年2月辞职）
李向良　　李作铭（1996年2月辞职）　　李国荣
李修宏（1996年2月辞职）　　肖如川　　曾　洪
何　碧（1996年2月辞职）　　张段汉　　张洪运
陈　白（1996年2月辞职）　　陈克炫　　陈清潮
林国雄（1996年2月辞职）　　林惠俗（女）　　林登云
欧阳冬（女）　　欧阳述乾　　周闻一　　郑泽才

赵耕源　郝向前　钟国慈　饶不辱
饶芃子（女）　徐进星　唐顶立　黄大同
黄永刚　黄明度　黄　彦　黄家驹
黄　群　屠葆华（1996年2月辞职）　韩大建（女）
释云峰　曾东汉　潘逸阳（1996年2月补选）
吕国存（1994年2月补选）　陈远睦（1994年2月补选）
陈景舒（1994年2月补选）　侯任城（1994年2月补选）
谢明仁（1994年2月补选）　卢法泉（1996年2月补选）
朱友植（1996年2月补选）　杨希光（1996年2月补选）
李配武（1996年2月补选）　陆成景（1996年2月补选）
陈　权（1996年2月补选）　庞　正（1996年2月补选）
洪绍宏（1996年2月补选）　唐　辉（1996年2月补选）
黄培鎏（1996年2月补选）

（五）省九届人大常委会组成人员

（1998年1月—）

主　任：朱森林
副主任：张帼英（女）　曾昭科　王　骏
程誌青（女）　佀志广　张　凯
秘书长：徐德志
委　员：万洪富　王宁生　王世平（1999年11月辞职）
方振慰　孔令渊　甘兆胜　卢法泉
丘德纲　吕国存　朱士范　朱友植
朱树屏　刘远节　刘昌谋　孙稚雏
杨希光　李本钧　李汉今（女）　李向良
李纯昆　李配武　李鹏翥　肖如川
肖贤成　肖慧贞（女）　吴驹贤　张训诚
张难生　陈之泉　陈长清　陈宁欣（女）
陈　权　陈　冰　林国炎　林　浩
林惠俗（女）　欧辉成　卓　毅　罗东凯
庞　正　冼为铿　洪绍宏　骆胜安
徐萍华（女）　徐惟凯　奚志伟　高溥铿
黄大同　黄丽雅（女）　黄茂春
黄晓涛（2000年1月辞职）　黄培鎏　黄镇国
韩　英　韩金波　释云峰　温思美
曾炳生　谢太俭　谢永祥　蔡文阶
翟锦云　吴泽耀（2000年1月补选）
黎赐锦（2000年1月补选）

第二节　省人大常委会机构

一、省人大常委会主任会议

省人大常委会主任会议是省人大常委会处理重要日常工作的机构。省人大常委会主任会议由常委会主任、副主任和秘书长组成。常委会主任会议由常委会主任召集并主持，也可以由常委会主任委托一位副主任召集并主持会议。其主要职责是：（1）决定召开常委会会议日期，拟定会议议程、日程草案，提请常委会会议通过；（2）听取各专门委员会、工作委员会提出的关于省人代会主席团交付审议的代表议案的审议报告，提请常委会会议审议，（3）提出常委会向省人代会作的工作报告（草案）和召集省人代会有关准备事项的建议，提请常委会审议；（4）向常委会提出属于常委会职权范围内的议案，由常委会会议审议，对省政府，省人大各专门委员会以及常委会组成人员五人以上联名向常委会提出的属于常委会职权范围内的议案，决定提请常委会会议审议或先交专门委员会审议；（5）决定受质询机关向常委会会议或有关专门委员会会议作答复；（6）讨论省政府、省高级人民法院、省人民检察院提请常委会任免、决定任免或批准任免的事项，听取常委会选举联络人事任免工作委员会关于上述人事任免事项的意见，决定提请常委会会议审议；（7）向常委会提请补充任命省人大专门委员会个别副主任委员和部分委员，工作委员会主任、副主任、委员，提请任免常委会副秘书长，以及提出应由主任会议提请常委会通过的其他人事事项；（8）确定省人大常委会组织的对本级国家行政机关、审判机关、检察机关的工作进行评议，对本级人大及其常委会选举、任命的国家机关工作人员的任职情况进行评议的对象、内容，向常委会提出评议的形式、方法，由常委会决定；（9）听取省政府及其有关部门，省高级人民法院，省人民检察院的专题工作汇报，提出处理意见，必要时提请常委会审议；（10）讨论决定常委会年度工作要点，并组织实施；（11）听取省人大各专门委员会、省人大常委会各工作委员会、各办事机构的工作汇报，讨论决定有关重要事项，必要时提请常委会审议；（12）处理常委会授权的事项和其他重要日常工作。

二、省人大及其常委会办事机构

按照《中华人民共和国地方各级人民代表大会和地方各级人民政府组织法》规定，省及设区的市人大根据需要，可以设专门委员会，各专门委员会，受本级人大领导，在大会闭会期间，受本级人大常委会领导；地方各级人大常委会，根据工作需要，设立办事机构。常委会各办事机构在常委会主任会议的领导下开展工作。

省五届人大常委会设秘书长1人，副秘书长5人。常委会下设办公厅和法制工作委员会。办公厅设5个处室：秘书处、综合处、组织联络处、信访处、行政处；1981年9月，办公厅又增设调查研究室（与综合处合署办公）。

省六届人大常委会设秘书长1人，副秘书长3人。1983年5月18日，省六届人大常委会第一次会议作出设立5个工作委员会的决定：把法制工作委员会改为法律工作委员会，并设立财政经济工作委员会、农村工作委员会、教育科学文化卫生工作委员会、华侨工作委员会。各工作委员会均设办公室（处级）。对办公厅的处室也进行了一些调整，原组织联络处分设为组织处（含机关党纪检查委员会）和联络处，增设选举办公室（与联络处合署办公），原调查研究室合并到综合处，其他处室保留不变。

省七届人大常委会在上届机构设置基础上，增设选举工作委员会，下设选举办公室；办公厅不再设选举办公室，增设接待组。

省八届人大常委会产生之后，根据实际情况和工作需要，对部分工作机构及人员配备作了调整和充实。省人大常委会办事机构设置为：办公厅和法制、财政经济、农村农业、教育科学文化卫生、华侨民族宗教外事、选举联络人事任免等6个工作委员会。其中，选举联络人事任免工作委员会下设代表联络处，人事任免处和选举办公室，原办公厅联络处合并到代表联络处。1996年1月，按照1995年省委办公厅印发的《广东省人大常委会机关机构改革方案》，常委会办事机构增设内务司法工作委员会，城乡建设环境与资源保护工作委员会。华侨民族宗教外事工作委员会，分为华侨民族宗教工作委员会和外事工作委员会。

办公厅下设6个职能处（室）：秘书处、人事处、信访处、管理处、接待处和机关党委办公室。常委会增设研究室，下设2个职能处：综合处、理论宣传处。《人民之声》编辑部作为内设处级单位，由研究室领导。常委会机关后勤服务机构为：常委会机关服务中心。

省九届人大一次会议依法设立省人大法制委员会、内务司法委员会、财政经济委员会、城乡建设环境与资源保护委员会、农村农业委员会、教育科学文化卫生委员会、华侨民族宗教委员会等7个专门委员会，常委会下设选举联络人事任免工作委员会和外事工作委员会以及省人大常委会办公厅、研究室。省人大及其常委会各委员会综合设置12个职能机构。另外，省依法治省办公室领导小组办公室设在省人大常委会。

省人大常委会办事机构机关编制情况：1979年12月，省五届人大常委会设立。1980年共有机关干部、职工67人；1981年经省编制委员会批准，省人大常委会机关编制定为100人，实有人数为90人；1982年经省编制委员会同意增编，省人大常委会机关编制为120人，实有人数99人；1984年省委、省政府《省级机关人员编制方案》，确定省人大常委会机关编制为85人，机关实有人数为124人；1985年省人大常委会机关编制130人，机关实有人数150人；1986年省人大常委会机关实有人数184人；1987年省编制委员会批准省人大常委会机关定编人数134人，机关实有人数153人；1988年省人大常委会机关各种编制人员161人，实有人数157人；1989年省人大常委会机关各种编制人员226人，实有人数182人；1990年省人大常委会机关各种编制人员179人，实有人数134人；1991年省人大常委会机关编制人员192人，其中，行政编制162人，单列编制30人；1992年省人大常委会机关编制人员203人，其中，行政编制175人，单列编制28人；1993年省人大常委会机关行政编制175人，单列编制34人。1995年、1996年、1997年省人大常委会机关行政编制185人，单列编制34人。1998年、1999年、2000年省人大常委会机关行政编制172人，事业编制46人，共计218人，另有单列编制28人。

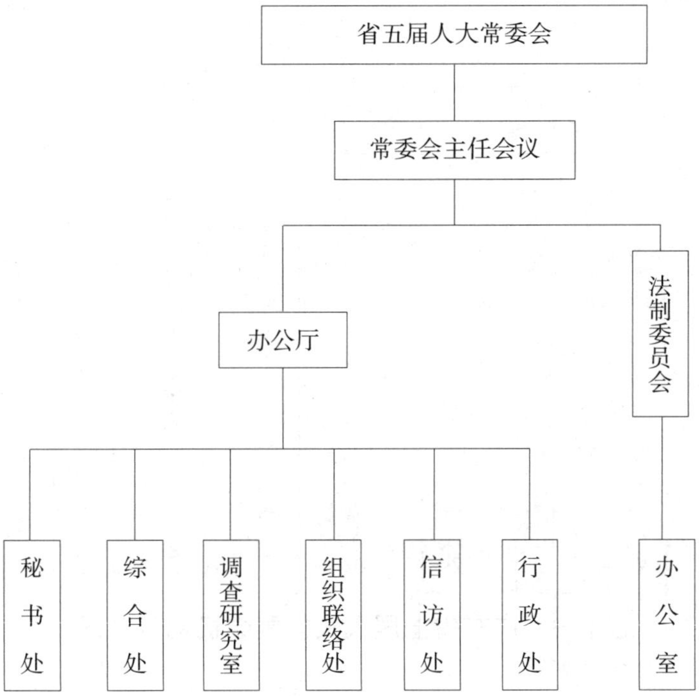

图1-1　广东省五届人大常委会机构示意图

说明：1981年9月办公厅增设调查研究室，与综合处合署办公

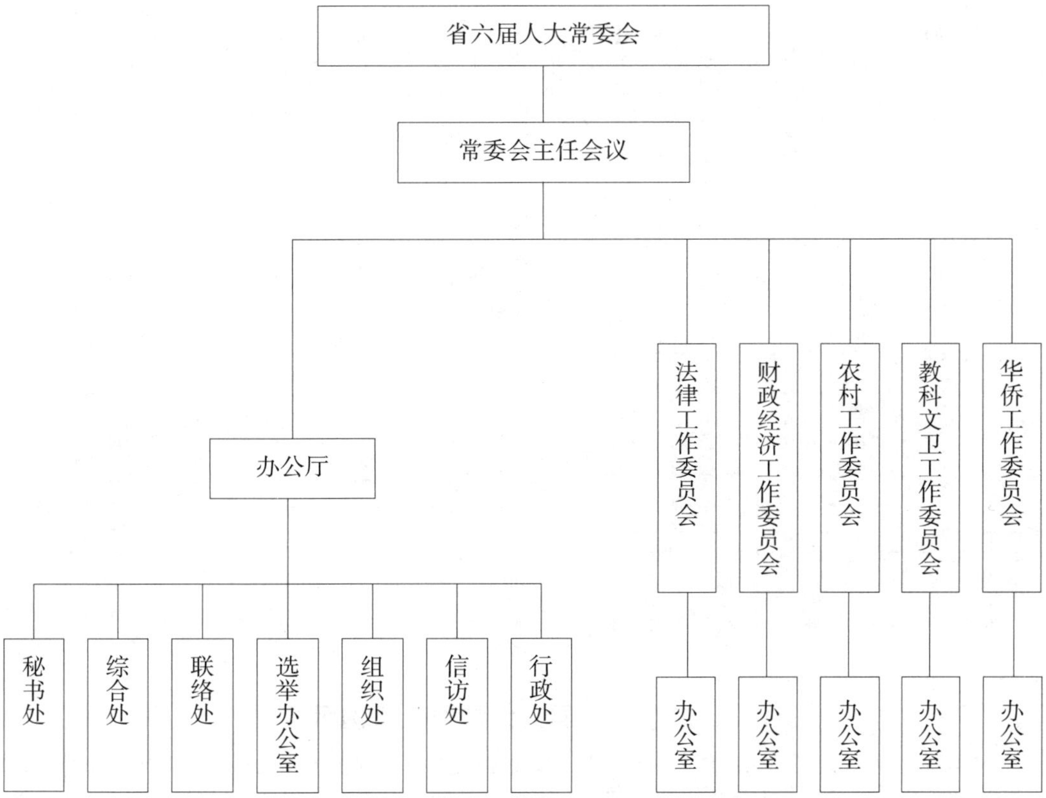

图1-2　广东省六届人大常委会机构示意图

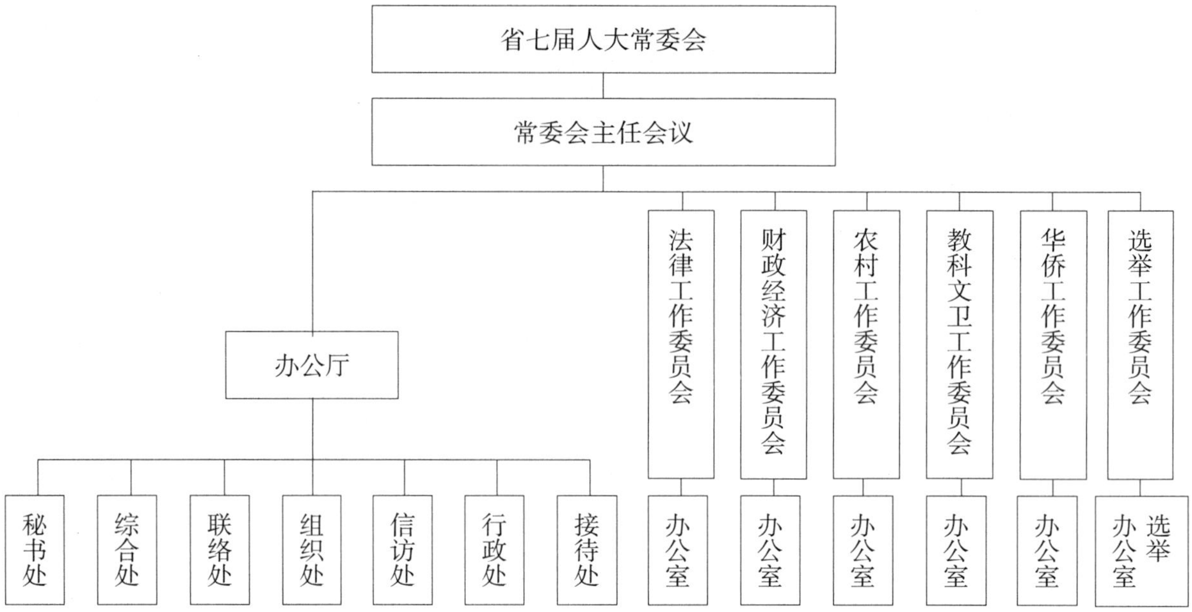

图1-3　广东省七届人大常委会机构示意图

说明：1988年2月1日办公厅增设接待组

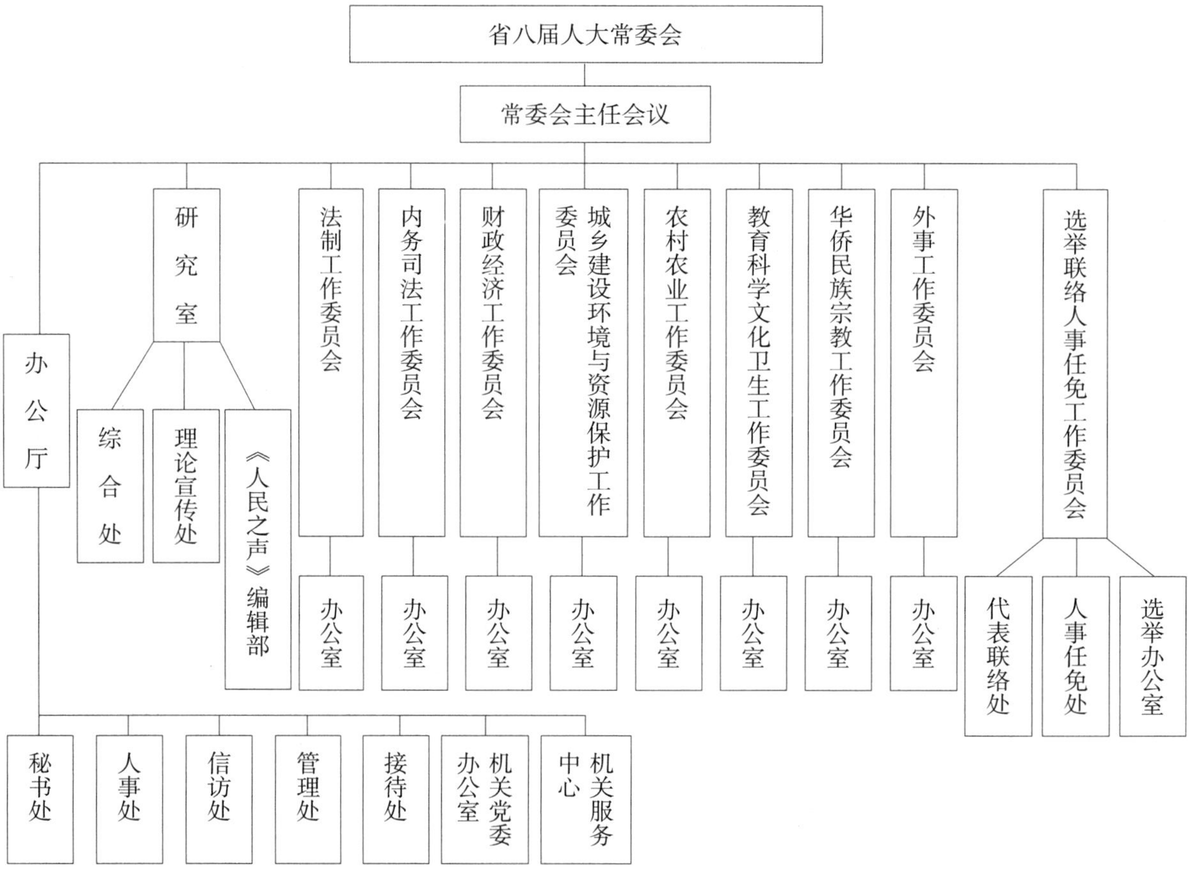

图1-4　广东省八届人大常委会机构示意图

说明：1996年1月，增设内务司法工作委员会、城乡建设环境与资源保护工作委员会和常委会研究室；华侨民族宗教外事委员会，分为华侨民族宗教工作委员会和外事工作委员会，原办公厅联络处合并到选举委下设的代表联络处。办公厅下设6个职能处（室）：秘书处、人事处（1993—1996年称组织处）、信访处、管理处、接待处（1993—1996年称接待组）、机关党委办公室。研究室下设2个职能处：综合处、理论宣传处。《人民之声》编辑部作为内设处级单位，由研究室领导。后勤服务机构：常委会机关服务中心（1993—1996年称服务办）

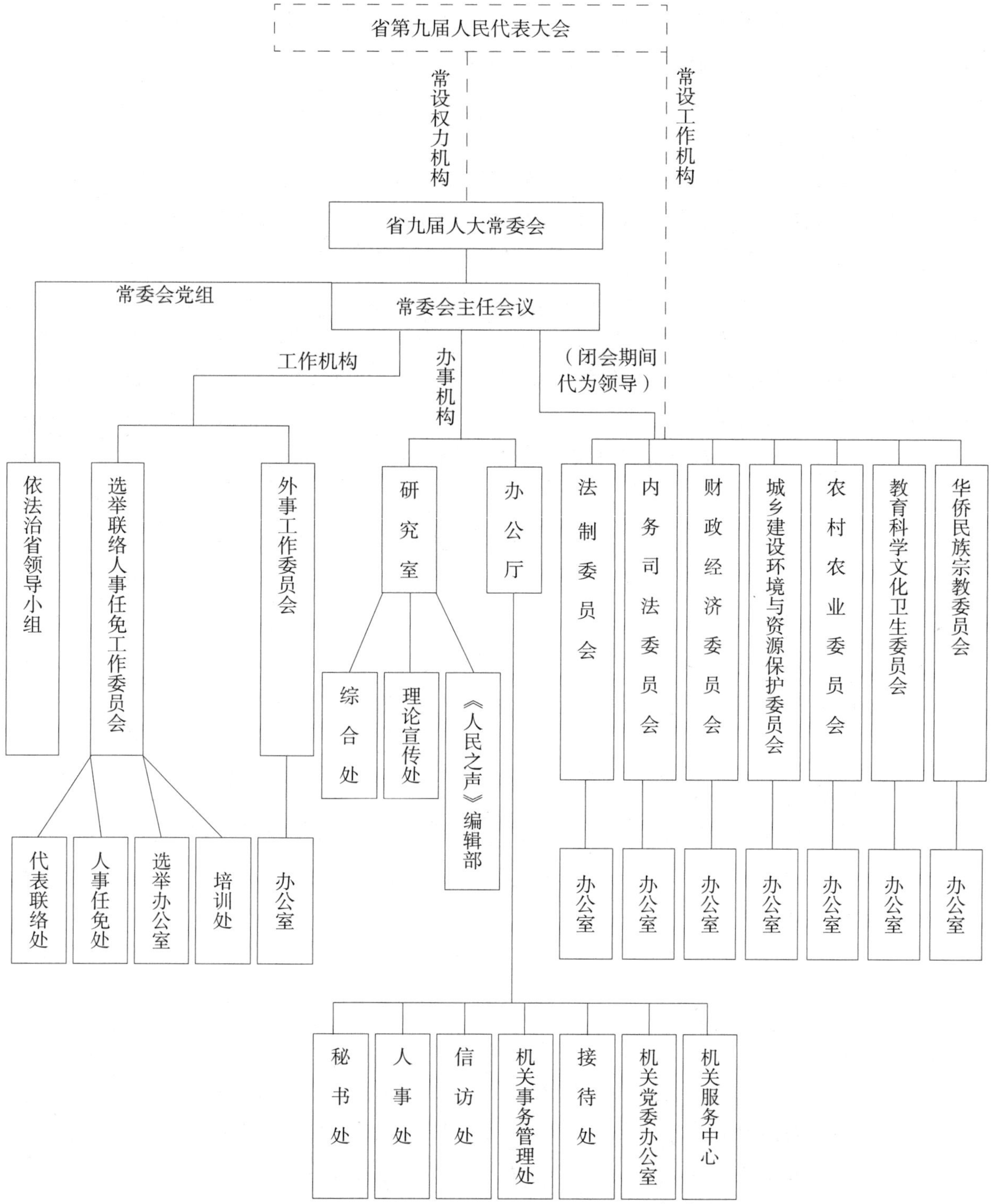

图1-5　广东省九届人大常委会机构示意图

第三节　省人大常委会会议

省人大常委会会议由常委会主任召集，一般每两个月至少举行一次，并要有全体组成人员的过半数参加始得举行。省人大常委会会议的议程、程序一般包括：听取和审议省政府及其所属部门、省高级人民法院、省人民检察院工作报告；审议地方性法规草案；决定依法由常委会任免的国家机关工作人员的职务；其他需要决定的重大事项等。省人大常委会会议议程草案，由常委会主任会议提出，常委会会议通过。在省人大常委会会议期间，省人大常委会组成人员5人以上联名，可以向省人大常委会提出属于常委会职权范围内的议案，由主任会议决定提请常委会会议审议，或者先交有关工作委员会审议，提出报告，再提请常委会会议审议；省人大常委会组成人员5人以上联名，可以向常委会书面提出对省政府、省高级人民法院、省人民检察院的质询案，由主任会议决定交受质询机关答复。省人大常委会的决议，由常委会以全体组成人员的过半数通过。

参照《中华人民共和国地方各级人民代表大会和地方各级人民政府组织法》对列席人民代表大会的规定，省人大常委会举行会议时，省政府、省高级人民法院、省人民检察院由负责人1人列席，与会议议题有关的政府工作部门的负责人1人列席，市级人大常委会主任或副主任列席，以及邀请省人民代表大会代表和其他有关人员列席。列席人员参加省人大常委会会议时有发言权而没有表决权。历次会议均在广州举行。

一、省五届人大常委会历次会议

（一）第一次会议

省五届人大常委会第一次会议于1979年12月27日举行。省人大常委会主任李坚真主持会议，会议任命谭桂明为省人大常委会秘书长，莫福枝为副秘书长。

（二）第二次会议

省五届人大常委会第二次会议于1980年2月2日举行。会议通过《广东省计划生育条例》；通过成立省选举委员会及其组成人员的名单；任命何文、王立山、何宝松、陈子彬为省人大常委会副秘书长；任命省高级人民法院审判委员会主任、副主任和委员。

（三）第三次会议

省五届人大常委会第三次会议于1980年4月14—16日举行。省人大常委会主任李坚真主持会议，副主任杜长天、肖隽英、蚁美厚、罗明、梁广、肖焕辉、云广英、王作尧、李学先、欧阳山和委员共49人出席会议。副省长刘田夫、曾定石，省人民检察院检察长寇庆延，省高级人民法院院长汤光礼，以及有关部门负责人列席了会议。

会议期间，省人大常委会秘书长谭桂明受李坚真主任委托，向与会委员作了省人大常委会工作汇报。吴南生受省长习仲勋的委托，对广东省设置经济特区的有关问题作了汇报，会议审议并通过《广东省经济特区条例》。会议根据省长习仲勋提议，通过任命叶选平为副省长的决定。会议任命李林、张作舟为省高级人民法院副院长。会议还通过了省人民检察院检察委员会成员和省高级人民法院的其他人事任命名单。

（四）第四次会议

省五届人大常委会第四次会议于1980年7月2—5日举行。省人大常委会主任李坚真主持会议，副主任区梦觉、杜长天、肖隽英、黄友谋、罗明、梁广、肖焕辉、云广英、王作尧、李学先、欧阳山和委员共51人出席了会议。副省长孟宪德、王宁、黄静波、梁威林，省高级人民法院院长汤光礼、省人民检察院副检察长赵练等列席会议。

会议听取并讨论副省长孟宪德作的全省农业工作情况的汇报。会议还听取副省长梁威林作的关于省长习仲勋访问澳门的情况汇报。同意对下半年省选举工作的部署。会议通过关于实施《中华人民共和国刑法》《中华人民共和国刑事诉讼法》问题的决议；决定建立省人大常委会法制委员会，并通过组成人员名单。其中，钟明为主任，王致远、郭曼果、何文、王立山、方兰为副主任。

会议补选习仲勋为五届全国人大代表；任命林铭勋为省人大常委会秘书长；并决定其他人事任命事项。

（五）第五次会议

省五届人大常委会第五次会议于1980年8月13—16日举行。省人大常委会主任李坚真等出席会议，省长习仲勋等列席会议。

省计划委员会主任杨震受省政府委托，在会上作关于广东省1980年上半年国民经济计划执行情况及今后经济工作意见的汇报。会议对上述汇报进行认真的审议，提出了建议、批评和意见。副省长刘田夫就如何发挥广东优势，调整经济结构、经济政策和解决经济管理体制等问题作汇报。副省长黄静波就第8007号台风对湛江、海南地区造成的灾情和政府领导群众抢险救灾、恢复生产的状况作汇报。

会议审议和通过《广东省各级人民代表大会选举实施细则》，决定公布施行。

会议根据《中华人民共和国全国人民代表大会和地方各级人民代表大会选举法》第三十三条的规定，由省委建议，省人大常委会区梦觉等13位副主任附议，经过无记名投票，补选李坚真为第五届全国人民代表大会代表。会议根据肇庆地区行政公署的要求和《选举法》第九章第四十条的规定，一致通过罢免犯有严重错误的原怀集县凤岗公社龙门大队中共支部书记伍银鉴的第五届全国人民代表大会代表的资格。

（六）第六次会议

省五届人大常委会第六次会议于1980年8月25日举行。省人大常委会副主任薛光军主持会议。根据《选举法》第三十三条的规定，由省委建议，省人大常委会薛光军等11位副主任附议，会议经过无记名投票，补选杨尚昆为第五届全国人民代表大会代表。

（七）第七次会议

省五届人大常委会第七次会议于1980年11月12—17日举行。

会议听取了常委会选举办公室副主任李茂萱有关选举工作的汇报，肯定前段选举工作取得的成绩。同时，对有些地方不按《选举法》《组织法》办事，不尊重选民意志的错误做法提出了严肃的批评。希望各地真正发扬民主，尊重选民的意志，及时制止纠正各种违法行为，保证选举工作圆满完成。

会议还听取和审议、批准了省财政厅关于1980年全省财政预算部分变更和执行情况的汇报，讨论和通过人事任命事项。会议决定，省第五届人民代表大会第三次会议延期举行。

会议任命王宁兼任省公安厅厅长、黄静波兼任省政府秘书长、曾定石兼任省对外经济工作委员会主任、叶选平兼任省科学技术委员会主任、杨震任省计划委员会主任、王焕任省经济委员会主任、陈远高任省体育运动委员会主任、黄康任省民族事务委员会主任、胡广恩任省政府财贸办公室主任、李超任省政府文教办公室主任、魏骥任省国防工业办公室主任、李茂萱任省民政厅厅长、马芳任省司法厅厅长、鹿益三任省商业厅厅长、顾杰任省粮食厅厅长、孙毅任省机械工业厅厅长、曹杰任省冶金工业厅厅长、秦德夫任省煤炭工业厅厅长、何世庸任省石油化学工业厅厅长、王亚宁任省第一轻工业厅厅长、洪亮任省第二轻工业厅厅长、李牧任省交通厅厅长、曲殿魁任省农业厅厅长、郑群任省林业厅厅长、谢永宽任省水产厅厅长、侯采苓任省农业机械厅厅长、魏麟基任省水利电力厅厅长、杨子江任省教育厅厅长、张勤任省卫生厅厅长、李诚任省物资局局长、郭凌任省统计局局长、程里任省劳动局局长、叶卧波任省电子工业局局长、田育民任省医药管理局局长、冯学彦任省对外贸易局局长、刘因任省建筑工程局局长、周凯任省建筑材料工业局局长、罗挺任省测绘局局长、金阳任省环境保护局局长、廖伟任省城市建设局局长、王弼庭任省人民公社企业管理局局长、刘铁平任省气象局局长、武正之任省地震局局长、林川任省高等教育局局长、黄文俞任省出版事业管理局局长。会议还通过其他人事任命事项。

（八）第八次会议

省五届人大常委会第八次会议于1980年12月28—29日举行。省人大常委会副主任区梦觉、薛光军、肖隽英、黄友谋、梁广、云广英、李学先出席了会议。副省长黄静波，副秘书长蓝祥辉、陆荧，省政府办公厅主任杨立，省检察院副检察长卢伟良，省法院院长汤光礼列席会议。

会议通过召开省五届人大三次会议的决定，听取省物价局副局长何杰关于物价问题的汇报。

（九）第九次会议

省五届人大常委会第九次会议于1981年2月16—17日举行。省人大常委会主任李坚真，副主任区梦觉、肖隽英、黄友谋、梁广、云广英、李学先等出席了会议。

会议通过关于省五届人大三次会议召开日期的决定。

（十）第十次会议

省五届人大常委会第十次会议于1981年4月27—29日举行。省人大常委会主任李坚真主持会议，副主任区梦觉、薛光军、杜长天、钟明、肖隽英、蚁美厚、黄友谋、罗明、梁广、云广英、王作尧、李学先、欧阳山、罗雄才出席了会议。

会议听取副省长王宁关于广东省打击走私违法活动情况的汇报。作出《关于号召全省人民坚决制止走私违法活动的决议》。决议同意省政府打击走私违法活动的部署和措施。

会议通过省人大常委会1981年工作要点。决定任命副省长杨德元兼任省政府秘书长、杨国庆为省基本建设委员会主任、马甫为省政府外事办公室主任、宋迪民为省航运厅厅长、王昌虎为省农垦总局局长、杨可忠为省旅游局局长、师兆祥为省电力工业局局长、李乐圣为省对外经济联络局局长、李雪光为省文化局局长、张岳强为省广播事业管理局局长、刘振本为省供销合作社主任。免去副省长黄静波所兼任的省政府秘书长的职务。会议还决定其他人事任命事项。

（十一）第十一次会议

省五届人大常委会第十一次会议于1981年8月4—7日举行。省人大常委会主任李坚真主持会议，副主任区梦觉、罗天、薛光军、钟明、蚁美厚、梁广、云广英、王作尧、李学先、罗雄才和委员共40人出席会议，省直有关厅局负责人列席了会议。

会议听取副省长杨康华关于全省普通教育工作的情况汇报，并专题讨论教育问题。会议认为，广东省的教育工作，无论是数量还是质量，都在全国平均水平之下。最突出的问题是教育经费不足。因此，要重视智力投资，增加教育经费，改善办学条件，不断提高教学质量，使之同广东省“四化”建设相适应。会议审议并通过了《关于加强广东省普通教育工作的决议》，通过批准省人民政府《关于禁止贩毒、吸毒的规定》《关于取缔嫖宿、卖淫活动的暂行规定》的决议，由省政府公布施行。

会议根据省长刘田夫的提议，决定任命薛光军为副省长。会议还任命徐绳周为省政府侨务办公室主任、杨海水兼任省人民防空办公室主任、何明为省口岸办公室主任、艾宏恭为省财政厅厅长、叶佐平为省工商行政管理局局长；并通过了其他人事任免事项。

（十二）第十二次会议

省五届人大常委会第十二次会议于1981年9月15—17日举行。省人大常委会主任李坚真主持会议，副主任区梦觉、钟明、蚁美厚、梁广、王作尧、李学先、欧阳山、罗雄才等出席了会议。副省长杨德元、省人民检察院副检察长陈超、省高级人民法院副院长张作舟等列席会议。

会议听取和审议省政府关于1981年上半年全省国民经济计划执行情况和全省财政预算执行情况的汇报；听取省选举委员会选举工作总结的汇报；听取省政府关于全省文化工作情况的汇报；通过有关人事任免事项。

（十三）第十三次会议

省五届人大常委会第十三次会议于1981年11月12—17日举行。省人大常委会主任李坚真主持会议，副主任区梦觉、钟明、肖隽英、蚁美厚、黄友谋、罗明、梁广、肖焕辉、云广英、王作尧、李学先、欧阳山、庄田、罗雄才等出席会议。副省长范希贤、省特区管理委员会主任吴南生、省高级人民法院副院长张作舟、省人民检察院副检察长赵练等列席会议。

会议听取省政府关于广东省经济特区情况汇报，审议通过《广东省经济特区入境出境人员管理暂行规定》《广东省经济特区企业登记管理暂行规定》《广东省经济特区企业劳动工资管理暂行规定》《深圳经济特区土地管理暂行规定》等4个经济特区法规；听取省政府关于城市卫生工作情况汇报，审议通过《广东省城市公共卫生管理暂行规定》；听取省检察院关于延长刑事办案期限的说明，通过了关于延长办案期限的决定。

会议补选梁灵光为五届全国人大代表；任命陈贤为省华侨农场管理局局长、方维新为省第二轻工业厅厅长、郑希为省林业厅厅长；免去洪亮的省第二轻工业厅厅长、郑群的省林业厅厅长职务；并通过其他人事任免事项。

（十四）第十四次会议

省五届人大常委会第十四次会议于1982年1月14—15日举行。省人大常委会主任李坚真主持会议，副主任区梦觉、钟明、肖隽英、黄友谋、罗明、云广英、李学先、欧阳山、罗雄才出席会议。

会议听取副省长杨德元就广东省当前市场物价问题的汇报，指出：当前全省经济形势是好的，但是物价上涨幅度大，在全国是比较突出的。省委、省政府对物价问题已给予高度的注意，采取了一系列综合治理措施，主要是努力增加生产，积极搞好收购，内外统筹安排，控制货币投放，严格物价管理，特别是突出解决城市蔬菜供应等问题。经过一段时间的努力，情况已有好转。与会常委会组成人员在讨论中对商品流通领域里的不正之风提出了严肃的批评。

会议决定省第五届人民代表大会第四次会议于1982年2月中旬在广州举行，并拟定会议的主要议题。会议还通过《修改〈关于延长刑事案件办案期限的决定〉的决议》和人事任免事项。

（十五）第十五次会议

省五届人大常委会第十五次会议于1982年2月18日举行。省人大常委会副主任区梦觉主持会议，副主任庄田、肖隽英、黄友谋、罗明、云广英、王作尧、欧阳山、罗雄才出席会议。

会议决定，省五届人大常委会第十四次会议通过原定2月中旬举行的广东省第五届人民代表大会第四次会议，延迟至2月23日举行。会议审议并通过省人大常委会将向省五届人大四次会议作的工作报告。

（十六）第十六次会议

省五届人大常委会第十六次会议于1982年3月13日举行。省人大常委会主任李坚真主持会议，副主任区梦觉、钟明、肖隽英、蚁美厚、黄友谋、罗明、梁广、王作尧、李学先、欧阳山、罗雄才以及在广州的委员出席会议，法制委员会委员和省司法部门负责人列席了会议。

会议一致通过《关于坚决贯彻执行全国人大常委会〈关于严惩严重破坏经济罪犯的决定〉的决议》。会议认为，这项决定完全符合广东省人民的利益和心愿，全省各级人大常委会、政府和司法部门必须高度重视，认真学习，坚决贯彻执行。会议向各级人民政府提出要求，要以法律为武器，联系各地的实际，大张旗鼓地对“决定”作广泛深入的宣传讲解。

（十七）第十七次会议

省五届人大常委会第十七次会议于1982年5月17—22日举行。省人大常委会主任李坚真主持会议，副主任区梦觉、庄田、杜长天、钟明、肖隽英、黄友谋、梁广、云广英、王作尧、李学先、欧阳山、罗雄才出席会议。省政府、省高级人民法院、省人民检察院，以及广州市和部分县、市人大常委会的负责人列席会议。

会议期间，与会的常委会组成人员学习和讨论《中华人民共和国宪法修改草案》，并作出关于组织全省各族人民讨论宪法修改草案的决议。会议审议和通过《广东省城市建设管理暂行条例》《广东省物价管理暂行条例》《关于禁止赌博的处罚条例》，并交由省政府公布施行。会议同意省人民检察院关于继续宣传全国人大常委会“决定”，督促经济罪犯迅速投案自首、争取从宽处理的建议。

会议审议和通过省人大常委会1982年工作要点，批准省政府关于委托海南行政区公署、各地区行政公署办理所辖县、市政府组成人员任免工作的建议。会议任命杨可忠为省政府外事办公室主任；批准任命李承植为省高级人民法院副院长；免去马甫的省政府外事办公室主任职务；还通过了其他人事任免事项。

（十八）第十八次会议

省五届人大常委会第十八次会议于1982年8月16—21日举行。省人大常委会副主任区梦觉、钟明、肖隽英、蚁美厚、罗明、肖焕辉、云广英、王作尧、李学先、欧阳山、罗雄才出席了会议。副省长范希贤，省人民检察院检察长寇庆延，省高级人民法院院长汤光礼以及有关方面负责人列席会议。

会议听取和审议省计划委员会（简称省计委）副主任谢均关于广东省1982年上半年国民经济计划执行情况的汇报，省财政厅厅长艾宏恭关于广东省1982年1—7月财政收支执行情况的汇报，听取省水利电力厅厅长魏麟基关于加强水利建设、确保抗灾大丰收和省水产厅厅长谢永宽关于增加渔业生产、改善城市全年供应问题的汇报。会议认为1982年上半年广东省国民经济和财政收支执行情况是好的，经济工作是有成效的。会议研究1982年上半年经济工作中出现的新情况和新问题，认为要全面完成1982年全年经济计划，尚需作艰苦的努力。会议强调，要认真执行“决不放松粮食生产，积极开展多种经营”的农业生产方针。

会议还听取省人民检察院检察长寇庆延、省高级人民法院院长汤光礼、省公安厅副厅长骆越康分别作的关于打击经济领域严重犯罪活动的情况汇报。会议通过《关于深入进行打击经济领域中严重犯罪活动的决议》。会议补选梁湘为第五届全国人民代表大会代表。

任命蔡辉为省广播事业管理局局长、安清明为省劳动局局长；免去张岳强的省广播事业管理局局长、程里的省劳动局局长职务；还通过其他人事任免事项。

（十九）第十九次会议

省五届人大常委会第十九次会议于1982年9月21日举行。省人大常委会副主任钟明主持会议，副主任区梦觉、庄田、肖隽英、蚁美厚、黄友谋、罗明、梁广、云广英、李学先、欧阳山以及其他委员共41人出席会议。省高级人民法院、省总工会的负责人列席会议。

会议一致通过《广东省人民代表大会常务委员会关于授予148人为广东省劳动模范荣誉称号的决定》，讨论通过《省人大常委会关于加强控告和检举犯罪问题的决定》，批准郊区法院提请批准延长审判期限的报告。

副主任区梦觉汇报五届全国人大常委会第二十四次会议精神。

（二十）第二十次会议

省五届人大常委会第二十次会议于1982年10月26日举行。省人大常委会主任李坚真主持会议，副主任区梦觉、庄田、杜长天、钟明、肖隽英、蚁美厚、黄友谋、罗明、梁广、李学先、欧阳山、罗雄才出席会议。副省长范希贤、省高级人民法院副院长张作舟、省人民检察院副检察长陈超列席会议。

会议决定，省第五届人民代表大会第五次会议于12月中旬在广州召开。会议还听取省物价管理局副局长陈明关于广东省当前市场物价的情况、问题和改进工作意见的汇报。

任命李祥麟为省政府秘书长、曹兴宁为省政府侨务办公室主任；免去杨德元兼任的省政府秘书长、徐绳周的省政府侨务办公室主任职务；决定免去卢伟良的省人民检察院副检察长职务；并通过其他人事任免事项。

（二十一）第二十一次会议

省五届人大常委会第二十一次会议于1982年12月18—19日举行。省人大常委会主任李坚真主持会议，副主任区梦觉、钟明、肖隽英、蚁美厚、黄友谋、罗明、梁广、肖焕辉、云广英、王作尧、李学先、欧阳山、罗雄才出席会议，省政府、省高级人民法院、省人民检察院的负责人列席会议。

会议决定，原定于12月中旬召开的省五届人大五次会议，因故延期至12月23日在广州召开，会期预定6天。会议听取关于省五届人大五次会议筹备工作情况的汇报，审议省五届人大五次会议议程和省人大常委会将向省五届人大五次会议作的工作报告等。

（二十二）第二十二次会议

省五届人大常委会第二十二次会议于1983年3月26日举行。省人大常委会主任李坚真主持会议，副主任区梦觉、罗天、钟明、肖隽英、黄友谋、梁广、云广英、王作尧、李学先、欧阳山、罗雄才出席会议。

会议决定，省第六届人民代表大会第一次会议于4月3日在广州召开，会期预定8天。会议还分别听取了省人大常委会副秘书长莫福枝和王立山关于省六届人民代表大会第一次会议筹备情况的汇报和关于省六届人民代表大会选举情况的汇报，审议和通过省六届人民代表大会第一次会议议程草案，审议和通过省人大常委会代表资格审查委员会主任委员、副主任委员和委员名单等。

二、省六届人大常委会历次会议

（一）第一次会议

省六届人大常委会第一次会议于1983年5月17—18日举行。省人大常委会主任罗天主持会议，副主任薛焰、范希贤、郭棣活、杜长天、曾定石、钟明、肖隽英、黄友谋、梁广、罗雄才、王维、吴有恒出席会议。副省长杨立和省高级人民法院、省人民检察院负责人列席会议。

与会的人大常委会组成人员认真学习、讨论《中华人民共和国宪法》《中华人民共和国地方各级人民代表大会和地方各级人民政府组织法》的有关规定，进一步明确省人大常委会的职权和任务。会议通过省六届人大常委会代表资格审查委员会名单，其中：梁广为主任委员，王立山、何宝松、罗克明、严亦峻、何俊才为副主任委员。会议决定成立省人大常委会法律委员会、财政经济委员会、农村委员会、教育科学文化卫生委员会和华侨委员会等5个工作委员会。这些委员会是省人大常委会的办事机构。并通过各个委员会组成人员。其中：法律委员会由薛焰兼任主任，莫福枝、王立山、何宝松、王彻任副主任；财政经济委员会由曾定石兼任主任，刘因、张兆林、林克任副主任；农村委员会由王维兼任主任，张斌任副主任；教育科学文化卫生委员会由李超任主任，何俊才、梁集祥、李雪光任副主任；华侨委员会由蚁美厚兼任主任，郭凌、陈子彬任副主任。

会议根据中共中央、国务院关于行政体制改革的规定精神，决定海南行政区的中级人民法院和人民检察院分院在行政体制改革期间，继续依法行使职权，直到新的行政区中级人民法院和人民检察院依法产生为止。汕头、佛山、韶关地区的中级人民法院和省人民检察院分院继续依法行使职权，直到行政体制改革完成，即行终止。

会议任命何文为省六届人大常委会秘书长，王立山、杨钧、何碧为副秘书长，决定任命李祥麟为省政府秘书长、叶澄海为省对外经济工作委员会主任、宋志英为省公安厅厅长。还通过其他人事任命事项。

（二）第二次会议

省六届人大常委会第二次会议于1983年7月18—19日举行。省人大常委会主任罗天主持会议，副主任薛焰、范希贤、郭棣活、杜长天、曾定石、钟明、肖隽英、蚁美厚、黄友谋、梁广、罗雄才、王维和委员共50人出席会议。副省长刘俊杰、省高级人民法院院长汤光礼、省人民检察院检察长赵练列席会议。

会议审议并通过省人大常委会下半年工作要点。会议决定任命匡吉兼任省经济委员会主任、杨国庆为省建设委员会主任、何宪为省计划委员会主任、赵华成为省机械工业厅厅长、龚鉴尧为省统计局局长、朱源江为省石油化学工业厅厅长、许士鉴为省农业厅厅长、李展为省林业厅厅长、李德成为省水利电力厅厅长、于波为省水产厅厅长、邱长云为省财政厅厅长、张挑为省粮食厅厅长、安清明为省劳动局局长、张勤为省卫生厅厅长、冯学彦为省对外贸易局局长、蔡萍为省第一轻工业厅厅长、蔡辉为省广播电视局局长、何杰为省物价局局长、李谷为省交通厅厅长、唐瑜为省文化局局长、周启瑞为省第二轻工业厅厅长、王衍铠为省重工业厅厅长、魏振兰为省体育运动委员会主任、李茂萱为省民政厅厅长、李富林为省人民公社企业管理局局长、刘振本为省商业厅厅长、严省为省审计局局长、罗杰为省科学技术委员会主任、曹兴宁为省政府侨务办公室主任、张建勋为省政府计划生育办公室主任、张清平为省政府外事办公室主任、方骏为省人事局局长；任命周统平为省高级人民法院副院长；还通过其他人事任命事项。

（三）第三次会议

省六届人大常委会第三次会议于1983年8月25—26日举行。省人大常委会主任罗天主持会议，副主任郭棣活、肖隽英、蚁美厚、黄友谋、梁广、罗雄才、王维、吴有恒和委员共45人出席会议。副省长刘俊杰、省高级人民法院院长汤光礼、省人民检察院检察长赵练和广州市人大常委会负责人蒋占义等列席会议。

会议通过《关于批准广东省一九八二年决算的决议》《关于市人民代表大会换届和选举问题的决议》。会议听取和审议省计委主任何宪作的广东省上半年国民经济和社会发展计划执行情况报告，省财政厅厅长邸长云作的关于广东省1982年决算、1983年上半年预算执行情况的报告，省人大常委会副主任钟明作的关于地区和市合并后市人民代表大会换届及选举问题的说明。会议认为，要把贯彻执行中共中央、六届全国人大关于“集中财力物力，保证重点建设”的战略决策，作为全省工作的指导方针和指导思想，切实把经济工作转到以提高经济效益为中心的轨道上，千方百计保证1983年财政预算计划的完成。

会议决定任命曾洪为省司法厅厅长、张友恒为省国家安全厅厅长、李修宏为省高等教育局局长；还通过其他人事任命事项。

（四）第四次会议

省六届人大常委会第四次会议于1983年11月11—15日举行。省人大常委会主任罗天主持会议，副主任薛焰、范希贤、曾定石、钟明、蚁美厚、黄友谋、罗雄才、吴有恒出席会议。副省长刘俊杰，省高级人民法院、省人民检察院、省政府有关部门，以及各市、州人大常委会负责人列席会议。

会议听取省公安厅副厅长骆越康关于广东省严厉打击刑事犯罪活动情况的汇报。会议认为，全国人大常委会关于严惩严重危害社会治安的刑事犯罪分子的决定是非常及时、非常必要的，是顺民心、合民意的。全省各级人民政府和政法部门贯彻执行全国人大常委会这一决定态度坚决，行动迅速，工作是卓有成效的。通过这次严厉打击刑事犯罪活动，城乡治安秩序已趋向好转，刑事案件大幅度下降，广大群众同坏人坏事作斗争的积极性有了提高，初步扫清了社会上存在的一些丑恶现象，进一步改善了党群关系和警民关系，挽救了一批有一般违法行为的失足青少年。

会议审议并通过关于修改《广东省各级人民代表大会选举实施细则》的决议。会议决定批准《广东省国家建设征用土地实施办法》，交由省人民政府公布施行。会议审议和通过《深圳经济特区商品房产管理规定》《关于授权省人民政府批准深圳经济特区调整土地使用费收费标准的决定》。

会议决定任命唐辉为省民族事务委员会主任、叶松林为省工商行政管理局局长；任命肖扬、张培宇为省人民检察院副检察长；免去李林的省高级人民法院院长，蔡希康、陈超的省人民检察院副检察长职务；还通过其他人事任免事项。

（五）第五次会议

省六届人大常委会第五次会议于1984年1月7—11日举行。省人大常委会主任罗天主持会议，副主任薛焰、曾定石、钟明、蚁美厚、黄友谋、梁广、罗雄才、王维、吴有恒出席会议。

罗天在会上传达六届全国人大常委会第三次会议的精神。会议审议《深圳经济特区涉外经济合同规定》《深圳经济特区技术引进暂行规定》。会议通过关于批准《深圳经济特区涉外经济合同规定》《深圳经济特区技术引进暂行规定》的决定，交由省政府公布施行。珠海经济特区、汕头经济特区可参照执行。

会议听取省文化厅、广播电视厅、出版总社、高等教育局、教育厅、公安厅负责人有关清除精神污染、建设社会主义精神文明的情况汇报。与会委员认为，清除精神污染，建设社会主义精神文明，是实现"四个现代化"的一项长期战略任务，必须在前段取得成绩的基础上，继续认真把这件大事抓好。会议还通过了人事任免事项。

（六）第六次会议

省六届人大常委会第六次会议于1984年3月19—22日举行。省人大常委会主任罗天主持会议，副主任范希贤、郭棣活、曾定石、钟明、肖隽英、梁广、罗雄才、王维、吴有恒出席会议。省政协副主席罗浚、黄康、陈伊林、刁沼芬、李伯球，省人民检察院检察长赵练、省高级人民法院副院长周统平，以及省人民政府有关部门负责人和部分市、县人大常委会负责人列席会议。

会议决定，省六届人民代表大会第二次会议于1984年6月在广州召开。会议听取副省长匡吉关于广东省当前经济情况的报告。会议认为，全省各级政府要采取积极有效的措施，努力提高企业的素质，挖掘企业潜力，充分利用广东省外资、外汇多的优势，引进新技术来装备工厂、企业，把科学技术转化为生产力。要进一步加强企业的经济核算，减少劳力浪费。还必须在能源、交通、原材料、智力开发方面作艰苦的努力，特别要注意做到节约和开发同时并举，解决能源不足的问题。会议还通过了人事任免事项。

（七）第七次会议

省六届人大常委会第七次会议于1984年4月27日举行。省人大常委会主任罗天主持会议，副主任薛焰、范希贤、郭棣活、曾定石、钟明、肖隽英、梁广、王维、吴有恒出席会议。

会议通过《关于调整广东省1983年财政收入预算的决定》。会议认为，在执行广东省1983年预算过程中，由于体制改革，广东省有些工业企业上划中央管理，其收入的大部分上缴中央财政，以及全国对纺织业和棉花供应价格进行调整等情况，财政部已调减广东省1983年预算收入。根据省政府的建议，会议决定相应调减广东省1983年财政收入预算。

会议审议省人大常委会办公厅提出的《关于广东省第六届人民代表大会议案的若干试行办法（草案）》，决定提交省六届人大二次会议主席团审议通过。

会议补选廖晖、马万祺、杨汉光为第六届全国人民代表大会代表；还通过其他人事任免事项。

（八）第八次会议

省六届人大常委会第八次会议于1984年6月15—16日举行。省人大常委会主任罗天主持会议，副主任薛焰、范希贤、郭棣活、曾定石、钟明、蚁美厚、黄友谋、罗雄才、吴有恒出席会议。副省长杨立、省高级人民法院副院长周统平、省人民检察院副检察长肖扬，以及有关方面负责人列席会议。

会议决定，省六届人民代表大会第二次会议于6月25日在广州召开。会议听取省人大常委会副主任、省六届人大常委会代表资格审查委员会主任委员梁广作的关于补选省六届人大代表的代表资格审查报告。会议同意代表资格审查委员会关于补选代表的资格审查报告，确认有关选举单位补选的8名代表的代表资格有效。会议还通过省六届人大二次会议议程草案、主席团和秘书长名单草案、议案审查委员会组成人员名单草案和广东省第六届人民代表大会预算委员会组成人员名单草案。这4个草案将提请省六届人大二次会议预备会议决定。会议通过省六届人大常委会工作报告，提请省六届人大二次会议审议。会议审议通过《广东省河道堤防管理条例》，交由省政府颁布执行。

会上，副省长杨立代表省政府提请省人大常委会授予珠江华侨农场糖厂厂长崔忠为广东省劳动模范称号。经过审议，会议作出决定：授予崔忠为广东省劳动模范称号。省长梁灵光在会上作关于出访美国马萨诸塞州和日本兵库县的书面汇报。会议还通过有关人事任命事项。

（九）第九次会议

省六届人大常委会第九次会议于1984年9月4—7日举行。省人大常委会主任罗天主持会议，副主任薛焰、范希贤、郭棣活、曾定石、钟明、黄友谋、梁广、罗雄才、王维、吴有恒、曾昭科出席会议。副省长黄清渠、省高级人民法院副院长周统平、省人民检察院检察长肖扬，省直有关部门负责人及深圳市人民政府和广州市、海南黎族苗族自治州等10个市、州的人大常委会负责人列席会议。

会议审议、通过省政府提交的《深圳经济特区与内地之间人员往来管理规定（草案）》。并决定将这一法规草案上报全国人大常委会审批。会议听取了关于广东省完成县、乡直接选举工作情况和《关于放宽政策、开发山区原材料和能源资源、充分发挥山区的优势的建议》《关于加速改革与发展广东省教育事业、改变教育落后现状的建议》《关于改进供应城镇居民大米的储存方式的建议》等议案办理情况的汇报。会议还听取了《关于制订鼓励华侨、港澳同胞捐赠兴办公益事业条例的议案》处理意见的汇报，审议并同意有关该议案的处理意见。

会议听取了省政府关于解决全省农村96万人饮水困难议案处理意见的汇报，审议并同意这一处理意见。饮水困难地区主要分布在粤北石灰岩地区、雷州半岛和海南岛玄武岩高台地，以及滨海咸水区，梅县、惠阳、肇庆部分水土流失地区。省政府有关部门经过调查研究，认为解决96万人饮水困难共需经费5000万元，为此，要求有农村饮水困难的地、市、县采用群众自筹、地方财政拨款和使用穷队投资、老区建设投资等办法解决1300万元，省及各级水利部门在农田水利建设事业费中安排1300万元，省财政厅拨专款2400万元。计划从1985年起用5年时间全部解决。会议认为，省人民政府对这一议案的处理意见是符合实际的，是可行的。希望各级政府部门要以对人民群众高度负责的精神，加强领导，保证在5年甚至更短的时间内完全解决这一问题。会议还通过了人事任免事项。

（十）第十次会议

省六届人大常委会第十次会议于1984年11月5—9日举行。省人大常委会主任罗天主持会议，副主任薛焰、范希贤、郭棣活、曾定石、钟明、黄友谋、梁广、罗雄才、吴有恒出席会议。

会前，省人大常委会邀请省委书记林若向到会组成人员作学习《中共中央关于经济体制改革的决定》体会的讲话。会议听取省人大常委会法律委员会副主任王立山关于《广东省保护妇女儿童合法权益若干规定（草案）》的说明，听取副省长王屏山关于广东省教育发展和改革情况以及省高级人民法院院长汤光礼、省人民检察院副检察长肖扬、省公安厅副厅长文广智、省司法厅厅长曾洪关于严厉打击严重刑事犯罪活动和改造罪犯情况的汇报。会议通过《关于继续深入进行严厉打击刑事犯罪活动的决议》，决议号召全省人民再接再厉，继续深入进行严厉打击刑事犯罪活动，大力开展社会治安的综合治理，争取尽快实现巩固安定团结的政治局面，保障和促进改革、开放重大决策的顺利实施，为加快社会主义现代化建设而奋斗。

会议审议和批准省政府《关于授权深圳市人民政府自行决定调整深圳经济特区土地使用费收费标准的建议》，审议并同意省政府对省六届人大二次会议第二十号议案《关于改进城镇居民大米的储存方式的建议》的处理意见。会议审议广州市人大常委会《广州市国家建设征用土地和拆迁房屋实施办法》，决定批准这一办法，由市人大常委会公布施行。对于执行《广东省国家建设征用土地实施办法》第七条中关于个别特殊情况，需要增加安置补助费，以及第十条中关于广州市所属单位征地需要选招安置农业劳动力必须经省政府批准的规定，授权由广州市人民政府批准。会议任命何兴才为省人大常委会农村委员会副主任；还通过其他人事任免事项。

（十一）第十一次会议

省六届人大常委会第十一次会议于1985年1月9—12日举行。省人大常委会主任罗天主持会议，副主任薛焰、曾定石、钟明、黄友谋、罗雄才、王维、吴有恒、曾昭科出席会议。副省长王屏山、省高级人民法院副院长周统平、省人民检察院副检察长肖扬，以及省有关部门负责人列席会议。

会议听取省政府关于广东省1984年国民经济和社会发展计划、财政预算的执行情况及1985年国民经济和社会发展计划、财政预算初步设想的汇报。会议审议通过《广东省机关、团体、企业、事业单位安全保卫责任制条例》，要求广东省一切机关、团体、企业、事业单位，必须实行安全保卫责任制，做好本单位的安全保卫工作，以维护生产和工作的正常秩序，保障国家和人民生命财产的安全，保证社会主义现代化建设的顺利进行。

会议审议通过《广东省保护妇女儿童合法权益的若干规定》。该规定强调，在干部和群众中进行社会主义民主和法制教育，坚决制止一切侵犯妇女、儿童合法权益的违法犯罪行为。会议还通过《关于在全省加速推广普通话的决定》。会议补选谭盈科为六届全国人民代表大会代表；还通过其他人事任命事项。

（十二）第十二次会议

省六届人大常委会第十二次会议于1985年3月14—16日举行。省人大常委会主任罗天主持会议，副主任薛焰、范希贤、曾定石、钟明、蚁美厚、罗雄才、王维、曾昭科出席会议。

会议决定，省六届人大第三次会议于1985年5月中旬在广州召开。会议听取副省长杨立出访所罗门群岛瓜达尔卡纳尔省的情况汇报和副省长王屏山代表省政府作关于省六届人大二次会议第八号议案处理意见的汇报。

会议审议通过省政府关于省六届人大第二次会议第八号议案《关于加速改革与发展广东省教育事业、改变教育落后现状的建议》的处理意见。处理意见指出，1985年全省可望普及小学教育和基本实现扫除文盲。争取1990年普及初中教育。处理意见对议案中提出有关高等教育的改革和发展、改革教育领导体制和管理体制、增加智力投资、改善和提高教师待遇等问题，都作了明确的答复。

会议审议《广东省普及初等义务教育暂行条例（草案）》，原则同意这一条例，决定由法律委员会、教育科学文化卫生委员会根据本次会议意见修改后提请省第六届人大第三次会议审议。会议还通过《关于授权韶关市人民代表大会常务委员会批准设置韶关、英德、乐昌3个派出检察院的决定》。决定说，为了进一步改进和加强对劳改犯人、劳教人员的改造工作，决定授权韶关市人民代表大会常务委员会批准在韶关、英德、乐昌3个劳动改造场队集中的地方，设置人民检察院，作为韶关市人民检察院的派出机构，行使县一级人民检察院的职权。

会议任命王彻为省人大常委会副秘书长、李雪光为省人大常委会华侨委员会副主任、张耀威为省高级人民法院副院长；免去王立山的省人大常委会副秘书长、王彻的省人大常委会法律委员会副主任、李雪光的省人大常委会教科文卫委员会副主任职务；还通过其他人事任免事项。

（十三）第十三次会议

省六届人大常委会第十三次会议于1985年5月7—8日举行。省人大常委会主任罗天主持会议，副主任薛焰、郭棣活、曾定石、钟明、蚁美厚、梁广、罗雄才、王维、吴有恒、曾昭科出席会议。

会议决定，省六届人民代表大会第三次会议于本月13日在广州召开。会议审议通过省六届人大常委会代表资格审查委员会关于补选代表的代表资格审查报告。根据代表的出缺情况，各选举单位依法补选了省六届人民代表大会代表8名。省六届人民代表大会代表资格审查委员会对8名代表的代表资格进行了审查，确认他们的代表资格有效。

会议审议通过《广东省经济特区企业工会规定》和省人大常委会《关于执行〈广东省物价管理暂行条例〉第二十五条有关罚款问题的决定》。会议任命于飞为省对外经济贸易委员会主任，免去叶澄海的省对外经济贸易委员会主任的职务；通过其他人事任免事项。

（十四）第十四次会议

省六届人大常委会第十四次会议于1985年7月17—19日举行。省人大常委会主任罗天主持会议，副主任薛焰、范希贤、郭棣活、曾定石、钟明、黄友谋、梁广、罗雄才、王维、吴有恒、曾昭科出席会议。

会议决定1985年8月下旬在广州召开省第六届人民代表大会第四次会议。会议听取副省长王屏山传达全国教育工作会议精神和关于广东省贯彻《中共中央关于教育体制改革的决定》初步设想的汇报。根据中央“决定”的精神，广东省属于第一类地区，要在1990年普及初中教育，广东1984年已有104个县（市）基本普及了小学教育，余下的10个县也应在1985年年底基本实现普及小学教育。联系广东省的实际，实施九年制义务教育可分三类地区逐步实施：一是全省的大、中城市和深圳、珠海市以及经济比较发达的40多个县（市），力争1987年实现九年制义务教育；二是50多个经济发展水平中等的县，力争在1990年实现普及九年制义务教育；三是一些经济文化比较落后的少数民族县和边远山区县，在1985年基本实现普及小学教育的基础上，积极创造条件，争取在1992年实现普及九年制义务教育。

省人大常委会教科文卫委员会主任李超作关于拟把《广东省普及初等义务教育暂行条例（草案）》修改为《广东省普及九年制义务教育条例》的说明，会议听取和讨论省科学技术委员会（简称省科委）主任罗杰关于广东省贯彻《中共中央关于科技体制改革的决定》的情况汇报，以及省司法厅副厅长薛宝华关于省六届人大三次会议第一号议案《关于向全省公民普及法律常识的建议》办理情况的汇报。

会议任命李作铭为省人事局局长，免去方骏省人事局局长职务；任命黄光槐为省人大常委会农村委员会副主任；还通过其他人事任免事项。

（十五）第十五次会议

省六届人大常委会第十五次会议于1985年8月22—24日举行。省人大常委会主任罗天主持会议，副主任薛焰、范希贤、曾定石、钟明、蚁美厚、黄友谋、梁广、罗雄才、王维、吴有恒、曾昭科和委员44人出席会议。副省长杨立，省高级人民法院、省人民检察院和省有关部门负责人列席会议。

会议决定，省第六届人民代表大会第四次会议于8月29日在广州召开。会议听取省六届人大常委会代表资格审查委员会主任委员梁广作的关于补选省六届人大代表的代表资格审查报告，审议了省六届人大四次会议主席团和秘书长名单（草案）。会议听取省政府关于广东省上半年国民经济执行情况和1—7月份财政收支执行情况的汇报。

会议通过《关于向全省公民普及法律常识的决议》，同意省政府提出的从1985年下半年起用5年左右的时间，在全体公民中普及法律常识的规划。决议指出，普及法律常识，使人人知法、守法，创造一个安定的社会环境，是保障和促进开放改革必不可少的条件之一。因此，普及法律常识是一项重要而迫切的任务。普及法律常识，要突出抓好两个方面：一是干部，尤其是各级领导干部要带头学法、守法；二是青少年，要特别重视对在校学生的法制教育，开设法制课程。会议还决定将《广东省普及初等义务教育暂行条例（草案）》修改为《广东省普及九年制义务教育条例（草案）》。

会议任命张高丽为省经济委员会主任，免去匡吉兼任的省经济委员会主任职务。

（十六）第十六次会议

省六届人大常委会第十六次会议于1985年10月28—31日举行。省人大常委会主任罗天主持会议。副主任范希贤、郭棣活、曾定石、钟明、黄友谋、梁广、罗雄才、王维、吴有恒、曾昭科出席会议。

会议通过《关于认真整治韩江、北江上游水土严重流失的决议》，审议并通过了省政府关于省六届人大三次会议第四号和第十四号议案《关于整治韩江、北江上游严重水土流失》的处理意见。意见提出，从1986年开始，连续10年，每年投资800万元，力争用10年时间，把韩江、北江上游37.7万公顷严重水土流失区和全省其他危害大的崩岗口基本治理好。会议审议通过省政府关于省六届人大三次会议第十五号议案《关于对贫困山区实行特殊优惠政策》的处理意见，以及《广州市经济合同管理规定》《广东省人大常委会关于制定地方性法规程序的暂行规定》。

根据省人大常委会主任罗天的提名，任命王焕兼任省人大常委会财经委员会主任、黄中强兼任省人大常委会教科文卫委员会副主任、何碧兼任省人大常委会法律委员会副主任。免去莫福枝的省人大常委会法律委员会副主任、何宝松的省人大常委会法律委员会副主任、刘因的省人大常委会财经委员会副主任职务。会议决定任命孙仁为省劳动局局长、钟基年为省国土厅厅长、刘凤仪为省建设委员会主任、黄光华为省卫生厅厅长、许任之为省教育厅厅长、刘世静为省物价局局长；免去安清明的省劳动局局长、杨国庆的省建设委员会主任、张勤的省卫生厅厅长、杨子江的省教育厅厅长、何杰的省物价局局长职务；还通过其他人事任命事项。

（十七）第十七次会议

省六届人大常委会第十七次会议于1985年12月23—25日举行。省人大常委会主任罗天主持会议，副主任薛焰、范希贤、曾定石、钟明、蚁美厚、黄友谋、王维、曾昭科、刘俊杰、罗克明、程里出席会议。副省长匡吉、省高级人民法院、省人民检察院，以及省辖市人大常委会和深圳市人民政府负责人列席会议。

会议听取副主任薛焰传达六届全国人大常委会第十三次会议的精神。要求各级人大常委会采取切实有效措施，认真贯彻执行全国人大常委会关于用五年左右时间在全国公民中普及法律常识的决议。会议审议并分别通过关于批准《广东省矿产资源开发管理暂行条例》《广东省经济特区涉外企业会计管理规定》《深圳经济特区抵押贷款管理规定》的3个决议。

会议听取省公安厅副厅长骆越康关于广东省社会治安综合治理工作情况和问题的报告，通过《关于在全省广泛深入开展社会治安综合治理的决议》。

由于原六届全国人大代表张和畅出国定居，骆运俸、陈俊棠已病故，会议依法补选刘欢源、何流成、陈荫棠为广东省出席第六届全国人民代表大会代表。会议任命陆成景、秦醒民为省人民检察院副检察长；免去郭铸典的省人民检察院副检察长职务；还通过其他人事任免事项。

（十八）第十八次会议

省六届人大常委会第十八次会议于1986年2月19—22日举行。省人大常委会主任罗天主持了会议，副主任薛焰、范希贤、曾定石、钟明、蚁美厚、罗雄才、王维、曾昭科、刘俊杰、罗克明、程里出席了会议。省长叶选平，副省长匡吉、于飞，以及省高级人民法院、省人民检察院、省直有关部门和省辖市人大常委会的负责同志列席了会议。

会议听取省长叶选平向会议所作的关于广东省1985年经济和社会发展情况及1986年工作安排的汇报，会议审议通过《关于加快广东省电力建设的决议》《关于加强对罚款、收费的监督管理的决议》。审议通过《深圳经济特区与内地之间人员往来管理规定》《广东省水土保持工作管理规定》，并决定交由省政府公布施行。

原六届全国人民代表大会代表雷宇提出不适宜继续担任代表的请求，会议通过决定，撤销雷宇六届全国人大代表资格。会议根据六届全国人大代表出缺情况，依法补选中共海南区委员会副书记、海南行政区政府主要负责人孟庆平为广东省出席六届全国人大的代表。会议任命邸长云为省政府秘书长、文广智为省公安厅厅长、卢钟鹤为省科学技术委员会主任、陈白为省农业委员会主任、林登云为省财政厅厅长、孙克杰为省民政厅厅长、何永坚为省乡镇企业管理局局长；免去李祥麟的省政府秘书长、宋志英的省公安厅厅长、邸长云的省财政厅厅长、李富林的省乡镇企业管理局局长、罗杰的省科学技术委员会主任、李茂萱的省民政厅厅长职务；还通过其他人事任免事项。

（十九）第十九次会议

省六届人大常委会第十九次会议于1986年4月28日举行。会议由省人大常委会主任罗天主持，副主任薛焰、范希贤、曾定石、钟明、罗雄才、王维、曾昭科、刘俊杰、罗克明、程里出席会议。副省长杨德元以及省高级人民法院、省人民检察院负责人周统平、肖扬等列席会议。

会议决定，省第六届人民代表大会第五次会议于1986年5月21日在广州召开。会议通过决定：任命罗克明为省人大常委会代表资格审查委员会主任委员、杨钧为省人大常委会代表资格审查委员会副主任委员；免去梁广的省人大常委会代表资格审查委员会主任委员、严亦峻的省人大常委会代表资格审查委员会副主任委员的职务。

（二十）第二十次会议

省六届人大常委会第二十次会议于1986年5月16—17日举行。省人大常委会主任罗天主持会议，副主任薛焰、范希贤、曾定石、钟明、蚁美厚、黄友谋、罗雄才、王维、曾昭科、刘俊杰、罗克明、程里出席会议。

会议审议并批准代表资格审查委员会关于省六届人大代表出缺情况和对补选的代表资格的审查报告；确认补选的省六届人大代表刘维明等13名的代表资格有效。会议审议并通过将向省六届人大五次会议作的省人大常委会工作报告稿，提请省六届人大五次会议预备会议进行选举的省六届人大五次会议主席团和秘书长名单（草案）、议案审查委员会组成人员名单（草案）以及省六届人大预算委员会部分成员调整名单（草案）。会议通过决议，对《广东省计划生育条例》作出部分修改。会议还通过了有关人事任免事项。

（二十一）第二十一次会议

省六届人大常委会第二十一次会议于1986年7月28—30日举行。省人大常委会主任罗天主持会议，副主任范希贤、曾定石、钟明、蚁美厚、黄友谋、罗雄才、王维、曾昭科、刘俊杰、罗克明、程里出席会议。

会议听取副省长凌伯棠和省农业委员会（简称省农委）主任陈白所作关于广东省遭受8607号、8609号台风袭击的灾情和救灾情况的汇报。会议对受灾地区的生产建设和人民生命财产遭受严重破坏和损失深表关切，并对灾区人民表示亲切的慰问。会议认为，省政府所采取的措施是及时的有效的，希望全省各级人民政府继续抓紧落实各项救灾措施，进一步动员组织和帮助灾区人民，发扬自力更生精神，在安排好生产的同时，及时抢救被破坏的水利工程，搞好晚造生产，以及修复被毁的公路桥梁、校舍等，重建家园。省人大常委会将于会后组织若干视察小组，到灾区进行慰问和视察，支持、督促和推动各项救灾措施的落实。

会议听取关于六届全国人大常委会第十六次会议内容的传达，听取省对外经济贸易委员会（简称省外经贸委）副主任徐德志关于广东省对外经济贸易工作的情况汇报。会议通过《关于加强审计工作的决议》，要求政府各部门、各企业事业单位自觉接受审计机关的检查监督，加强内部审计。当前要围绕经济体制改革的重点和控制基本建设规模的要求，继续加强财经纪律的审计监督和逐步加强对经济效益的审计，支持、促进经济体制改革和经济建设。会议通过《广东省技术市场管理规定》。

会议任命杨震为省人大常委会财政经济委员会副主任；免去梁集祥的省人大常委会教科文卫委员会副主任的职务；还通过其他人事任免事项。

（二十二）第二十二次会议

省六届人大常委会第二十二次会议于1986年9月24—28日举行。省人大常委会主任罗天主持会议，副主任薛焰、曾定石、钟明、黄友谋、罗雄才、王维、曾昭科、刘俊杰、罗克明、程里出席会议。副省长杨德元列席会议。

会议听取省计委主任何宪代表省政府所作关于广东省1986年1—8月国民经济和社会发展计划执行情况的汇报、省财政厅长林登云代表省政府所作关于广东省1986年1—8月预算执行情况的汇报。会议审议通过《广东省普及九年制义务教育实施办法》，要求在已普及小学教育的基础上，1992年基本完成普及初中义务教育。会议听取和审议了省政府关于省六届人大五次会议第3号议案《关于进一步重视加强贯彻〈食品卫生法〉》的办理情况的报告，审议通过《广东省经济特区涉外公司条例》《关于县、乡（镇）两级人民代表大会换届选举时间和设立乡（镇）选举委员会的决定》。

会议决定任命刘春亭为省工商行政管理局局长、司徒戎生为省政府侨务办公室主任；免去叶松林的省工商行政管理局局长、曹兴宁的省政府侨务办公室主任职务；还通过其他人事任免事项。

（二十三）第二十三次会议

省六届人大常委会第二十三次会议于1986年11月26—29日举行。省人大常委会主任罗天主持会议，副主任薛焰、范希贤、曾定石、蚁美厚、黄友谋、罗雄才、王维、曾昭科出席会议，副省长凌伯棠列席会议。

省人大常委会主任罗天在会上宣布，今后省人大常委会会议通过省政府组成人员的任免时，一律采用无记名投票的方法进行，以充分发扬民主，充分反映各位组成人员的意愿。会议审议并通过省政府关于办理省六届人大五次会议代表提出的关于解决水库移民安置问题的第26号议案、第32号议案和第12号议案的情况报告。

会议审议通过《广东省土地管理实施办法》《深圳经济特区涉外公司破产条例》。会议还听取省经济体制改革办公室副主任袁乃煊关于广东省1986年城市经济体制改革情况的汇报。

会议首次用无记名投票的方式，决定任命杨永汉为省水产局局长，免去于波的省水产局局长职务；还通过其他人事任命事项。

（二十四）第二十四次会议

省六届人大常委会第二十四次会议于1987年1月20—23日举行。省人大常委会主任罗天主持会议，副主任范希贤、曾定石、钟明、蚁美厚、黄友谋、罗雄才、曾昭科、刘俊杰、罗克明、程里出席会议。

副主任钟明在会上作关于广东省县、乡两级人大换届选举工作的汇报。会议认为，全省已有43个县（市、区）完成了县、乡两级代表的选举，要求地方各级人大常委会应继续加强对换届选举工作的领导，保证在1987年6月底前全面完成换届选举任务。

会议认真学习并讨论全国人大常委会《关于加强法制教育维护安定团结的决定》，认为这一决定是坚持四项基本原则，反对资产阶级自由化的强大武器，对巩固和发展中国安定团结的政治局面，顺利进行社会主义现代化建设，将发挥重大作用。

会议听取和审议省司法厅厅长曾洪关于广东省普及法律常识工作情况的汇报，同意这一汇报，希望进一步抓紧贯彻落实。会议通过发展体育事业的决议，通过关于批准《广州市饮用水源污染防治条例》的决定，以及关于批准《广州经济技术开发区条例》的决定。

会议决定任命叶进美为省国家安全厅厅长，免去张友恒的省国家安全厅厅长、张建勋的省计划生育委员会主任职务；还通过其他人事任免事项。

（二十五）第二十五次会议

省六届人大常委会第二十五次会议于1987年3月5—7日举行。省人大常委会主任罗天主持会议，副主任薛焰、范希贤、曾定石、黄友谋、罗雄才、罗克明、程里出席了会议。副省长凌伯棠列席会议。

会议审议并批准《广东省连南瑶族自治县自治条例》《广东省森林管理实施办法》。会议还听取和审议了省政府关于办理省六届人大五次会议代表提出的第29号议案《要求制定保护华侨合法权益、妥善处理城镇征拆侨房法规》的办理情况汇报，认为省政府对办理这项议案是重视的，拟订的《广东省国家建设征用土地拆除城镇华侨房屋的规定（草案）》也是十分必要的。会议审议通过了这一“规定”。会议在审议第77号议案时，对省政府拟订的《广东省实施民族区域自治法若干规定（草案）》进行认真讨论，决定由省政府根据会上所提的意见作进一步修改后，再提交下次常委会会议审议。会议还通过了人事任免事项等。

（二十六）第二十六次会议

省六届人大常委会第二十六次会议于1987年5月5—8日举行。省人大常委会副主任薛焰主持会议，副主任范希贤、曾定石、钟明、蚁美厚、罗雄才、王维、曾昭科、刘俊杰、罗克明、程里出席会议。

会议决定，省六届人大第六次会议于1987年6月下旬在广州召开。会议听取省政府关于1986年计划、财政预算执行情况，1987年计划、财政预算安排，以及当前广东省基本建设执行“三保三压”方针和开展增产节约、增收节支运动情况的汇报等。

会议通过《关于整治江河的决议》，同意省政府关于省六届人大五次会议第85号议案《关于进一步加强江河整治工作》的办理情况汇报。会议还审议通过《广东省关于收容处理城市流浪乞讨人员的规定》。

会议决定任命陈应球为省机械工业厅厅长、黄群为省政府外事办公室主任、徐裕年为省对外经济贸易委员会主任，免去赵华成的省机械工业厅厅长、张清平的省政府外事办公室主任、于飞兼任的省对外经济贸易委员会主任职务。任命邓国骥为省高级人民法院副院长；免去张作舟的省高级人民法院副院长职务；还通过其他人事任免事项。

（二十七）第二十七次会议

省六届人大常委会第二十七次会议于1987年6月17—19日举行。省人大常委会主任罗天主持会议，副主任范希贤、曾定石、钟明、罗雄才、王维、曾昭科、刘俊杰、罗克明、程里出席会议。副省长王屏山、省高级人民法院、省人民检察院、省直有关单位，以及省辖市人大常委会和海南区人大筹备组的负责人等列席会议。

会议决定，省六届人大第六次会议于6月22日在广州召开。会议审议通过将提请省六届人大第六次会议预备会议或全体会议审议的省六届人大第六次会议议程草案、主席团和秘书长名单草案、议案审查委员会组成人员名单草案，以及关于省七届人大代表名额和选举问题的决定（草案）。会议审议通过省人大常委会代表资格审查委员会关于代表出缺情况和对所补选的省六届人大代表的代表资格审查报告，确认港澳地区所补选的谢英榛的代表资格有效。会议听取和审议省政府关于办理省六届人大五次会议代表提出的第一号议案《关于加速广东省五山科学技术开发区建设》和第59号议案《关于建议加速落实广东省科学城建设规划实施问题》的情况汇报；听取和审议了省人大常委会将向大会作的工作报告（草案）。

会议通过决定，宣布宝安县第七届人民代表大会第一次会议6月12日对县长的选举结果无效。决定指出，宝安县七届人大一次会议于6月12日选举县长时，在县长候选人所得选票未超过全体代表半数的情况下，宣布其中一名候选人当选，违反了《中华人民共和国地方各级人民代表大会和地方各级人民政府组织法》关于“地方各级人民代表大会进行选举和通过决议，以全体代表的过半数通过”的规定。省人大常委会希望全省各级人大及其常委会，从宝安县这一违法事例中吸取教训，切实保证宪法、法律在本行政区域内的遵守和执行。

会议审议并通过《广东省关于取缔卖淫、嫖宿暗娼的规定》。

会议听取和审议省政府关于广东省农业生产和粮食供销情况的汇报。会议认为，广东省人口多，耕地少，随着以粮食为基本原料的食品工业、饲料工业的发展以及人口的增长，对粮食需要逐年增加。因此，一定要认真落实粮食生产稳产高产的措施，千方百计实施“七五”计划要求的粮食年计划指标。

会议决定任命关宗枝为省水利电力厅厅长，免去李德成的省水利电力厅厅长职务；还通过其他人事任免事项。

（二十八）第二十八次会议

省六届人大常委会第二十八次会议于1987年8月25—27日举行，省人大常委会主任罗天主持会议，副主任薛焰、范希贤、曾定石、钟明、蚁美厚、黄友谋、罗雄才、王维、曾昭科、刘俊杰、罗克明、程里出席会议。

会议听取省政府关于广东省与澳大利亚新南威尔士州签订经济合作等协议的情况汇报；审议并通过《广东省关于律师执行职务的若干规定》。

会议听取和审议省文化厅、省广播电视厅、省新闻出版局关于广东省社会文化市场管理情况的汇报。会议认为，近年间广东省对加强社会文化市场的管理做了大量的工作，社会文化市场的主流是好的，但也存在着一些亟待解决的问题，各级人民政府和主管部门，要切实加强领导，各级文化、新闻出版和广播电视等部门，要在各自的职责范围内，充实管理力量，改进管理工作，并要密切配合，认真把文化市场的管理工作做好。会议还听取、审议并通过省人大常委会副主任钟明所作的《关于广东省县、乡两级人民代表大会换届选举工作的总结报告》。会议还通过有关人事任免事项。

（二十九）第二十九次会议

省六届人大常委会第二十九次会议于1987年10月19—20日举行。省人大常委会主任罗天主持会议，副主任薛焰、曾定石、钟明、蚁美厚、黄友谋、罗雄才、王维、曾昭科、刘俊杰、罗克明、程里出席会议。会议听取省司法厅副厅长张蓝受省人民政府委托所作关于广东省普法工作情况和省人民检察院关于开展法纪检查、维护公民权利情况的汇报。

会议免去李承植的省高级人民法院副院长职务；还通过其他人事任免事项。

（三十）第三十次会议

省六届人大常委会第三十次会议于1987年12月26—29日举行。省人大常委会主任罗天主持会议，副主任薛焰、范希贤、曾定石、钟明、王维、曾昭科、刘俊杰、罗克明、程里出席会议。副省长匡吉列席会议。

会议决定，省第七届人民代表大会第一次会议于1988年1月20日在广州召开。会议听取了省六届人大常委会代表资格审查委员会主任委员罗克明关于省七届人大代表资格审查报告的说明，并审议通过了这一报告，确认广东省各选举单位选出的787人省七届人大代表的代表资格有效。

会议讨论了海南建省筹备组关于海南行政区不再选举出席省七届人大代表的建议。鉴于海南行政区的建置即将改变，会议通过决定：海南行政区所辖自治州和各县、市，不再选举出席广东省第七届人民代表大会的代表。

会议通过《关于加强环境保护工作的决议》《深圳经济特区土地管理条例》。会议还审议通过了《广东省社会团体登记管理规定》及人事任免事项等。

（三十一）第三十一次会议

省六届人大常委会第三十一次会议于1988年1月15—16日举行。省人大常委会主任罗天主持会议，副主任薛焰、范希贤、曾定石、钟明、黄友谋、罗雄才、王维、曾昭科、罗克明、程里，秘书长何文出席会议。副省长杨立，省高级人民法院、省人民检察院和省直有关部门、省辖市人大常委会的负责人列席会议。

会议审议通过《广东省劳动安全卫生条例》。审议并通过省人大常委会准备向省七届人大一次会议作的工作报告（草稿），审议并通过将提请省七届人大一次会议预备会议审议的省七届人大一次会议主席团、秘书长名单（草案）、省七届人大预算委员会组成人员名单（草稿）、省七届人大一次会议议案审查委员会组成人员名单（草案）。会议还通过人事任免事项。

三、省七届人大常委会历次会议

（一）第一次会议

省七届人大常委会第一次会议于1988年3月14—17日举行。省人大常委会主任罗天主持会议，副主任薛焰、杨立、曾定石、蚁美厚、曾昭科、刘俊杰、罗克明、程里、陈祖沛、方少逸、端木正和秘书长王彻出席会议。省高级人民法院、省人民检察院，以及省直有关单位和省辖市人大常委会或筹备组负责人列席会议。

会议审议并通过省人大常委会1988年工作要点，以及关于广东省实施调整部分行政区划有关选举事项的决定和广东省调整部分行政区划期间有关市县的人民法院、人民检察院行使职权的决定。

鉴于省高级人民法院院长汤光礼任期届满，省七届人大一次会议时，两位法院院长候选人均未获得全体代表过半数的选票，故省高级人民法院院长职位暂时空缺。为不影响法院工作的开展，根据地方组织法有关规定，以及省委的建议，并征得最高人民法院的同意，会议投票决定并通过任命麦崇楷为省高级人民法院副院长、代理院长。会议还同意麦崇楷辞去省七届人大常委会委员职务的请求。

会议通过关于批准《广州市食品商贩和城乡集市食品经营者食品卫生管理规定》的决议，由广州市人大常委会公布施行；通过省人大常委会关于加强同代表联系的意见；通过省人大常委会各办事机构组成人员的任命。其中，何碧为省人大常委会副秘书长；薛焰兼任法律工作委员会主任，王立山、梁冀、何碧（兼）为副主任；曾定石兼任财政经济工作委员会主任，施芝华、何宪、杨震、林克、刘振本为副主任；程里兼任教育科学文化卫生工作委员会主任，胡庆勋、李景涛、黄中强、霍剑文为副主任；路光任农村工作委员会主任，李国、张斌、何兴才、黄光槐为副主任；罗克明兼任华侨民族宗教工作委员会主任，曹兴宁、许士鉴、李旭光为副主任。何文任选举工作委员会主任，杨钧、杨旭、侯任城（兼）为副主任。

（二）第二次会议

省七届人大常委会第二次会议于1988年6月15—18日举行。会议审议并通过《广东省查禁淫秽物品条例》《广东省人大常委会议事规则》，审议通过《关于批准广东省1987年决算的决议》，以及关于批准《广东省乳源瑶族自治县自治条例》《广东省连山壮族瑶族自治县自治条例》的决议。省人大常委会日本兵库县友好访问团成员何碧，在会上作访问日本兵库县的情况报告。

会议通过省七届人大常委会代表资格审查委员会组成人员名单；根据省长叶选平的提名，通过、任命一批省政府的组成人员。表决结果，43人被提名担任省政府各委、办、厅、局的正职领导人人选，有41人获得通过，2人未获通过。会议决定任命邸长云为省政府秘书长、王桂英为省计划委员会主任、欧阳述乾为省经济委员会主任、陈白为省农业委员会主任、徐裕年为省对外经济贸易委员会主任、刘凤仪为省建设委员会主任、梁湘为省科学技术委员会主任、魏振兰为省体育运动委员会主任、唐辉为省民族事务委员会主任、黄群为省人民政府外事办公室主任、司徒戎生为省人民政府侨务办公室主任、文广智为省公安厅厅长、叶进美为省国家安全厅厅长、曾洪为省司法厅厅长、孙克杰为省民政厅厅长、李谷为省交通厅厅长、陈应球为省机械工业厅厅长、朱源江为省石油化学工业厅厅长、李胜洲为省第一轻工业厅厅长、钟焯勋为省第二轻工业厅厅长、郝向前为省农业厅厅长、李展为省林业厅厅长、关宗枝为省水利电力厅厅长、钟基年为省国土厅厅长、林登云为省财政厅厅长、何永谦为省商业厅厅长、许任之为省教育厅厅长、唐瑜为省文化厅厅长、蔡辉为省广播电视厅厅长、黄光华为省卫生厅厅长、李作铭为省人事局局长、孔令渊为省劳动局局长、陈克炫为省统计局局长、刘世静为省物价局局长、刘春亭为省工商行政管理局局长、严省为省审计局局长、张挑为省粮食局局长、杨永汉为省水产局局长、何永坚为省乡镇企业管理局局长、李修宏为省高等教育局局长、罗宗海为省新闻出版局局长。会议还通过有关法院和检察院人事任免事项。

（三）第三次会议

省七届人大常委会第三次会议于1988年8月9—12日举行。省人大常委会主任罗天主持会议。副主任薛焰、杨立、曾定石、蚁美厚、曾昭科、刘俊杰、罗克明、程里、陈祖沛、方少逸、端木正出席会议。副省长张高丽，省高级人民法院、省人民检察院和省直有关单位，以及省辖市人大常委会及人大筹备组负责人列席会议。

会议听取省计委主任王桂英代表省政府所作关于广东省当前经济和计划执行情况的汇报。会议审议通过《关于加强对贪污、贿赂罪案举报工作的决定》《广东省集会游行示威规定》《广东省经济特区劳动管理条例》等。

会议听取、审议并通过省政府关于省七届人大一次会议代表提出在广东省种植牧草发展畜牧生产的议案办理情况的报告，省编制委员会关于省七届人大一次会议代表提出加强市、县人大常委会机构设置及人员编制的议案办理情况的报告。会议免去邓国骥的省高级人民法院副院长职务；还通过其他人事任免事项。

（四）第四次会议

省七届人大常委会第四次会议于1988年10月14—16日举行。省人大常委会主任罗天主持会议，副主任薛焰、杨立、蚁美厚、曾昭科、罗克明、程里、陈祖沛出席会议。省高级人民法院、省人民检察院、省直有关单位和省辖市人大常委会负责人列席会议。

会议听取副省长匡吉受省长叶选平的委托代表省政府所作关于广东省贯彻中共十三届三中全会精神，治理经济环境、整顿经济秩序的报告。报告中根据中央的精神，结合广东省实际情况，提出从七个方面做好治理经济环境和整顿经济秩序工作：一是压缩基建投资规模，清理在建项目；二是严格控制消费基金的过快增长，压缩社会集团购买力；三是管好物价，整顿商品流通领域，坚决刹住乱涨价风；四是加强财政税收大检查；五是抓好农业，增加粮食和农副产品的生产；六是抓好第四季度的工业生产，力争完成或超额完成全年生产计划；七是加快能源、交通、通讯等薄弱环节的建设。会议审议这一报告。

会议通过在治理经济环境、整治经济秩序中加强监督工作的决定。会议听取省政府关于省六届人大期间代表提出关于解决农村人畜饮水困难，整治水土流失、整治江河等议案办理实施情况的汇报，审议通过省政府关于省七届人大一次会议代表提出关于尽快解决退休职工生活困难和管理问题议案办理情况的报告。通过关于修改《广东省河道堤防管理条例》第十四条的规定。

会议还通过关于接受林小群提出辞去省七届人大常委会委员职务要求的决定。并通过其他人事任命事项。

（五）第五次会议

省七届人大常委会第五次会议于1988年12月12—15日举行。省人大常委会主任罗天主持会议，副主任杨立、曾定石、曾昭科、刘俊杰、罗克明、程里、方少逸、端木正出席会议。副省长凌伯棠列席会议。

会议决定，省第七届人民代表大会第二次会议于1989年3月上旬在广州召开。会议通过关于加强农业、搞好农业生产的决议。关于加强执法监督工作的决议。会议还认真审议省人民检察院关于开展反贪污反受贿斗争的报告。

会议还审议通过省政府关于省七届人大一次会议代表提出的关于要求进一步支持山区、老区、少数民族地区，以及贫困地区发展经济问题的议案的办理情况报告。会议决定任命于波为省监察厅厅长；还通过其他人事任免事项。

（六）第六次会议

省七届人大常委会第六次会议于1989年2月22—25日举行。会议由省人大常委会主任罗天主持。

会议决定，省第七届人民代表大会第二次会议于3月2日在广州召开。

会议审议并通过《广东省青少年保护条例》、省人大常委会向省七届人大二次会议的工作报告（草稿）、提交省七届人大二次会议审议的《广东省各级人民代表大会常务委员会法律监督工作条例（草案）》和《广东省人民代表大会议事规划（试行）（草案）》等。会议补选李绍珍为第七届全国人民代表大会代表。会议通过省七届人大常委会代表资格审查委员会关于代表出缺情况和增补代表的代表资格审查报告，确认增补的省第七届人民代表大会16名代表的代表资格有效。会议任命林国雄为省人大常委会副秘书长、彭春庭为省高级人民法院副院长、张学军为省人民检察院副检察长；还通过其他人事任免事项。

（七）第七次会议

省七届人大常委会第七次会议于1989年4月25—28日举行。省人大常委会主任罗天主持会议，副主任薛焰、杨立、曾定石、蚁美厚、曾昭科、刘俊杰、罗克明、程里、陈祖沛、端木正出席会议。副省长刘维明，省高级人民法院、省人民检察院和省直有关单位、省辖市人大常委会负责人列席会议。

会议听取和审议省政府关于压缩固定资产投资、关于治理整顿公司和关于粮食生产三个情况的汇报。

会议通过决定，同意省政府的建议，将农历九月初九日定为“广东省老人节”。会议听取和审议省政府关于省七届人大二次会议期间释云峰等12位代表就省民政学校占用纯阳观场地提出的质询案的处理结果报告。会议原则同意省政府的处理意见，并要求省政府组织和督促有关部门，本着协商互让，有利于落实宗教政策，有利于经济文化事业发展的原则，作出妥善处理。会议通过关于批准广东省1988年决算的决议。

会议任命陈兆中为省人大常委会法律委员会副主任、廖达生为省人大常委会财政经济委员会副主任，免去彭春庭的省人大常委会法律委员会委员职务。

（八）第八次会议

省七届人大常委会第八次会议于1989年6月27—29日举行。省人大常委会主任罗天主持会议，副主任薛焰、杨立、曾定石、曾昭科、刘俊杰、罗克明、程里、陈祖沛、方少逸、端木正出席会议。省高级人民法院、省人民检察院、省直有关单位、省辖市人大常委会的负责人列席会议。

会议传达并认真学习中共十三届四中全会精神，学习邓小平、李鹏、江泽民的讲话。会议还听取省高等教育局作关于广东省高等院校恢复教学秩序情况的汇报、省人大常委会财经委副主任刘振本关于《广东省保护消费者合法权益条例（草案）》的初审报告和省人民检察院副检察长秦醒民关于《广东省公民举报保护条例（草案）》的说明。会议审议通过《广东省保护公民举报条例》《广东省保护消费者合法权益条例》。

会议决定任命方刚为省计划生育委员会主任；还通过其他人事任命事项。

（九）第九次会议

省七届人大常委会第九次会议于1989年8月29日至9月3日举行。省人大常委会主任罗天主持会议，副主任薛焰、杨立、曾定石、曾昭科、刘俊杰、罗克明、程里、陈祖沛、端木正和委员共54人出席会议，省长叶选平列席会议并在会上简要地汇报广东省1989年上半年的经济发展情况。

会议听取省政府关于广东省1989年上半年国民经济计划和预算执行情况以及下半年的安排和采取措施情况的汇报、关于送审《两广合作开发长洲水电枢纽的协议》的说明和《广东省渔业管理实施办法（草案）》的说明，会议还听取和审议省政府关于加强廉政建设、惩治腐败工作情况的汇报和省人民检察院、省高级人民法院关于开展反贪污受贿斗争，打击经济犯罪活动情况的汇报。会议通过《关于加强监督惩治腐败促进廉政建设的决议》《关于撤销徐裕年同志省经贸委[①]主任职务的决定》。会议经过认真审议，通过省政府关于广东省上半年国民经济计划和预算执行情况以及下半年的安排和采取措施的报告；会议原则同意省政府《关于两广合作开发长洲水电枢纽的协议》。

会议任命省人民检察院副检察长陆成景兼任省人民检察院反贪污受贿工作局局长。

（十）第十次会议

省七届人大常委会第十次会议于1989年11月1—3日举行。省人大常委会主任罗天主持会议，副主任薛焰、杨立、蚁美厚、曾昭科、刘俊杰、罗克明、程里、陈祖沛、方少逸等出席会议。副省长凌伯棠、匡吉，省高级人民法院院长麦崇楷、省人民检察院检察长肖

① 省经贸委，指广东省对外经济贸易委员会。

扬、省农委主任陈白等列席会议。

会议听取并审议省人民检察院检察长肖扬关于广东省贯彻“两高”通告情况的汇报，认为广东省检察、法院、监察机关贯彻“两高”通告做了紧张有效的工作，取得了很大成绩，但对反贪污、受贿和惩治腐败斗争所取得的成绩不能估计过高，要看到这一斗争是长期、复杂的，任务仍很艰巨，要再接再厉，把这场斗争进行到底。

会议审议《广州市职工教育管理条例》，并通过关于批准该条例的决定；听取、审议并通过省七届人大二次会议代表提出的《关于制订广东省保护老年人正当权益的地方法规的议案》的办理情况报告；听取和审议省七届人大二次会议代表提出的《关于加强革命老区建设的议案》的办理情况报告，通过省人大常委会《关于加强革命老区建设的决议》；审议并通过省人大常委会关于不设区的市、市辖区、县、自治县、乡、民族乡、镇人民代表大会代表名额的决定；听取省农委对省七届人大常委会第九次会议期间19名委员联名提出的《关于对省农委主办的公司违法经营问题的质询案》的答复；听取和审议代表资格委员会关于补选省七届人大代表资格的审查报告；决定补选曾德成、钱永善为七届全国人大代表。会议还听取和审议《广东省惩处窝藏、销售和购买赃物的规定》《广东省渔业管理实施办法》《广东省经济特区抵押贷款规定》。

会议决定任命黄光才为省第二轻工业厅厅长，免去钟焯勋的省第二轻工业厅厅长职务；任命朱士范为省高级人民法院副院长；还通过其他人事任免事项。

（十一）第十一次会议

省七届人大常委会第十一次会议于1990年1月3—7日举行。省人大常委会主任罗天主持会议，副主任薛焰、杨立、曾定石、刘俊杰、罗克明、程里、陈祖沛、方少逸、端木正出席会议。省高级人民法院、省人民检察院、省直有关单位和省辖市人大常委会负责人列席会议。

会议决定，广东省第七届人民代表大会第三次会议于1990年3月上旬在广州召开。会议听取关于县、乡两级人民代表大会换届选举若干问题的规定（草案）》的说明，关于《广东省经济特区抵押贷款规定（草案）》的初审报告，关于《广东省征兵工作规定（草案）》的初审报告及省人大常委会和省政府关于检查广东省实施《中华人民共和国全民所有制企业法》《中华人民共和国统计法》《中华人民共和国计量法》情况汇报。会议审议通过省人民政府《关于统一管理和综合治理东江流域的议案》办理情况报告和《关于加速发展广东省电力和节约用电的议案》办理情况报告。审议通过《关于县、乡两级人民代表大会换届选举若干问题的规定》《广东省征兵工作规定》。会议还通过有关人事任免事项。

（十二）第十二次会议

省七届人大常委会第十二次会议于1990年2月26—28日举行。省人大常委会主任罗天主持会议，副主任薛焰、杨立、曾定石、蚁美厚、曾昭科、刘俊杰、程里、陈祖沛、方少逸、端木正及委员共44人出席会议。省高级人民法院、省人民检察院，省直有关单位和省辖市人大常委会负责人列席会议。

会议决定，原定于3月上旬在广州召开的省第七届人民代表大会第三次会议，改在5月上旬召开。省人大常委会代表资格审查委员会主任罗克明在会上作了关于代表出缺情况和补选代表的代表资格审查报告。会议经过审议，确认有关选举单位依法补选的5名省七届人大代表的代表资格有效。会议听取省人大常委会副秘书长兼法律委员会副主任何碧关于《广东省经济特区抵押贷款管理规定（草案）》的说明及省环境保护局（简称省环保局）局长强炳寰受省政府委托作关于广东省环境保护工作的报告。会议还听取并通过省水利电力厅厅长关宗枝关于解决全省农村96万人饮水困难问题议案的结案报告。会议审议通过《广东省渔业管理实施办法》《广东省经济特区抵押贷款管理规定》。会议还通过有关人事任免事项。

（十三）第十三次会议

省七届人大常委会第十三次会议于1990年5月3—5日举行。省人大常委会主任罗天主持会议，副主任薛焰、杨立、曾定石、曾昭科、刘俊杰、罗克明、程里、方少逸等出席会议。

会议决定1990年5月9日召开省七届人大三次会议，并提出建议议程。会议审议通过省七届人大三次会议主席团、秘书长名单和省七届人大议案审查委员会组成人员名单；听取并审议省人大常委会代表资格审查委员会关于补选代表的代表资格审查报告；审议通过《省七届人大二次会议代表提出的议案办理情况报告》《广东省人大常委会工作报告》《广东省实施〈中华人民共和国游行示威法〉办法》；审议并批准《广州市游行示威若干规定》，听取省人大常委会访泰代表团关于回访泰国的报告；并通过有关人事任免事项。

（十四）第十四次会议

省七届人大常委会第十四次会议于1990年7月3—5日举行。省人大常委会主任林若主持会议，副主任薛焰、杨立、曾定石、蚁美厚、曾昭科、刘俊杰、罗克明、程里、陈祖沛、方少逸、端木正以及委员共61人出席会议。副省长张高丽，省高级人民法院院长麦崇楷、省人民检察院检察长肖扬，以及省直有关单位和省辖市人大常委会负责人列席会议。

会议听取副省长张高丽关于广东省实施矿产资源法的情况汇报。会议还听取省工商行政管理局（简称省工商局）局长刘春亭关于广东省清理整顿公司的情况汇报。广州市人大常委会副主任纪瑞生在会上作关于制定《广州市农村集体经济承包合同管理规定》的说明。会议经过审议，批准《广州市农村集体经济承包合同管理规定》，由广州市人大常委会公布施行。会议还通过有关人事任命事项。

（十五）第十五次会议

省七届人大常委会第十五次会议于1990年9月4—7日举行。省人大常委会主任林若主持会议，副主任薛焰、杨立、曾定石、曾昭科、刘俊杰、罗克明、程里、陈祖沛、方少逸，秘书长王彻和委员共53人出席会议。副省长刘维明，省高级人民法院、省人民检察院、省直有关单位及省辖市人大常委会（筹备组）负责人列席会议。

会议听取和审议省计委主任王桂英和省财政厅厅长林登云受省政府委托，分别在会上所作关于广东省1990年1—7月国民经济发展和计划执行，以及预算执行情况的汇报。省民政厅厅长孙克杰代表省政府在会议上作关于修改《广东省社会团体登记管理规定》的报告，省人大常委会法律委员会副主任王立山对这一报告作了初审的说明。会议还审议省政府关于广东省当前公安工作和社会治安情况的汇报，以及省人民检察院反贪局一年间工作情况的汇报。会议决定任命梁星权为省林业厅厅长、袁征为省国土厅厅长；免去李展的省林业厅厅长、钟基年的省国土厅厅长职务；还通过其他人事任免事项。

（十六）第十六次会议

省七届人大常委会第十六次会议于1990年11月8—10日举行。省人大常委会主任林若主持会议，副主任薛焰、曾定石、蚁美厚、曾昭科、刘俊杰、罗克明、程里、陈祖沛、方少逸，秘书长王彻和委员共56人出席会议。副省长凌伯棠，省高级人民法院、省人民检察院、省直有关单位及省辖市人大常委会（筹备组）的负责人列席会议。

会议听取省司法厅厅长曾洪代表省政府所作关于广东省第一个五年普法规划执行情况和第二个五年普法规划情况的汇报，省经委副主任胡朝懿代表省政府所作关于省七届人大三次会议代表提出有关治理高速双体船涌浪冲坏内河堤防的议案办理情况报告，以及省人大常委会农村委员会副主任李国对这一报告的初审报告。省劳动局局长孔令渊代表省政府对将拟订的《广东省维护老年人合法权益若干规定（草案）》作了说明。会议审议并同意省人大常委会法律委员会副主任王立山受省人大常委会主任会议的委托所作关于暂缓审议修改《广东省社会团体登记管理规定》的意见。会议还对省政府关于清理整顿“三乱”的情况汇报进行审议。

会议审议并决定接受端木正辞去省七届人大常委会副主任职务、肖扬辞去省人民检察院检察长职务的请求。会议还通过有关人事任免事项。

（十七）第十七次会议

省七届人大常委会第十七次会议于1991年1月7—10日举行。省人大常委会主任林若主持会议，副主任杨立、曾定石、蚁美厚、曾昭科、刘俊杰、罗克明、程里、陈祖沛、方少逸，秘书长王彻和委员共54人出席会议。副省长凌伯棠，省高级人民法院、省人民检察院、省直有关单位和直辖市人大常委会的负责人列席会议。

会议决定，省第七届人民代表大会第四次会议于1991年3月上旬在广州召开。会议审议通过《广东省维护老年人合法权益条例》《广东省东江水系水质保护条例》，会议听取省政府关于广东省贯彻执行《中华人民共和国义务教育法》情况的汇报。会议决定批准《广州市社会文化市场管理暂行条例》，由广州市人大常委会公布施行。

鉴于省人大常委会已接受肖扬辞去省人民检察院检察长职务的请求，根据省人大常委会主任会议提名，会议审议决定：现任省人民检察院副检察长张培宇为省人民检察院代理检察长。会议任命刘文乔为省人大常委会副秘书长，肖启贵为省人大常委会法律工作委员会副主任，徐丹华为省人大常委会华侨民族宗教工作委员会副主任；免去林国雄的省人大常委会副秘书长职务；还通过其他人事任免事项。

（十八）第十八次会议

省七届人大常委会第十八次会议于1991年2月19日举行。省人大常委会主任林若主持会议，副主任薛焰、曾定石、蚁美厚、曾昭科、罗克明、程里、陈祖沛、方少逸，秘书长王彻和委员共54人出席会议。副省长卢钟鹤，省高级人民法院副院长张耀威，省人民检察院副检察长陆成景列席会议。

会议指出：经广东省七届人大第一次会议选举的第七届全国人大代表许家屯自行离境出走国外，至今不归，已丧失了作为全国人民代表大会代表的基本条件。据此，会议根据《选举法》第四十条规定，决定罢免许家屯的第七届全国人民代表大会代表职务，并报全国人民代表大会常务委员会备案。

（十九）第十九次会议

省七届人大常委会第十九次会议于1991年3月3—5日举行。省人大常委会主任林若主持会议，副主任杨立、曾定石、曾昭科、刘俊杰、罗克明、程里、陈祖沛、方少逸，秘书长王彻和委员共58人出席会议。副省长卢钟鹤，省高级人民法院、省人民检察院、省直有关单位和省辖市人大常委会负责人列席会议。

会议决定，省第七届人民代表大会第四次会议于3月7日在广州召开。会议审议并通过自1990年5月省七届人大常委会第十三次会议以后，有关选举单位依法补选的6名省七届人大代表的代表资格有效。会议听取省民族事务委员会主任唐辉代表省政府所作关于省七届人大三次会议第59号和第23号议案（即扶持少数民族地区建设的议案）办理情况报告，以及省人大常委会华侨民族宗教委员会副主任许士鉴对上述报告所作的初审报告。会议还听取了省政府关于《广东省经济特区土地管理条例（草案）》的说明，并审议通过拟提交省七届人大四次会议预备会议审议的有关事项草案。会议审议并通过省政府关于省七届人大三次会议扶持少数民族地区建设的议案办理情况报告。会议依法补选曾宪梓为第七届全国人民代表大会代表。

会议决定任命黄柱良为省乡镇企业管理局局长；免去何永坚的省乡镇企业管理局局长职务；还通过其他人事任免事项。

（二十）第二十次会议

省七届人大常委会第二十次会议于1991年5月8—10日举行。省人大常委会主任林若主持会议，副主任薛焰、杨立、曾定石、曾昭科、刘俊杰、程里、陈祖沛、方少逸，秘书长王彻和委员共55人出席会议。副省长卢钟鹤，省人民检察院检察长王骏，省高级人民法院副院长周统平，以及省直有关单位和省辖市人大常委会负责人列席会议。

会议听取省财政厅厅长林登云代表省政府所作关于广东省1990年决算的报告及省人大常委会财经委员会副主任林克受省人大常委会主任会议委托所作的初审报告。会议听取省国土厅厅长袁征关于《广东省经济特区土地管理条例（草案）》修改说明和省人大常委会副秘书长、法律委员会副主任何碧对该“条例（草案）”的初审报告；听取省人大常委会教科文卫委员会副主任胡庆勋所作提请审议《关于修改〈广东省普及九年制义务教育实施办法〉第二条的决定（草案）》的说明和省人大常委会法律委员会副主任王立山所作提请审议《关于实施普法第二个五年计划，深入开展法制宣传教育的决议（草案）》的说明，以及省林业厅厅长梁星权代表省政府所作关于广东省造林绿化工作的汇报。会议审议通过关于批准广东省1990年决算的决议。审议通过《广东省经济特区土地管理条例》、关于修改《广东省普及九年制义务教育实施办法》第二条规定，以及《关于深入开展法制宣传教育的决议》。

会议决定接受叶选平辞去省长职务；决定任命朱森林为副省长、代省长，陈绍基为省公安厅厅长、李纯昆为省民政厅厅长、陈应球为省石油化学工业厅厅长、奚志伟为省机械工业厅厅长、郑泽才为省文化厅厅长、周无忌为省广播电视厅厅长、孙平波为省审计局局长、周圣英为省新闻出版局局长；决定免去文广智的省公安厅厅长、孙克杰的省民政厅厅长、陈应球的省机械工业厅厅长、唐瑜的省文化厅厅长、蔡辉的省广播电视厅厅长、朱源江的省石油化学工业厅厅长、严省的省审计局局长、罗宗海的省新闻出版局局长职务；任命林国雄为省人大常委会农村工作委员会副主任；免去侯任城的省人大常委会选举工作委员会副主任职务；还通过了其他人事任免事项。

（二十一）第二十一次会议

省七届人大常委会第二十一次会议于1991年7月26—29日举行。省人大常委会主任林若主持会议，省人大常委会副主任杨立、曾定石、曾昭科、刘俊杰、罗克明、程里、陈祖沛、方少逸、谢颂凯等出席会议。省长朱森林、副省长凌伯棠等列席会议。

会议审议并通过《广东省土地管理实施办法》；听取并审议《广东省交通基础设施征用土地办法》《广东省实施水法办法》，省政府关于上半年广东省国民经济和社会发展计划执行情况、关于广东省计划生育工作情况、《广东省计划生育条例补充规定》的汇报；审议批准《广州市社会治安综合治理条例》。

会议决定任命卢瑞华、李兰芳为副省长，免去于飞、匡吉的副省长职务；任命许天祥为省人民检察院副检察长，免去张培宇的省人民检察院副检察长职务；还通过其他人事任免事项。

（二十二）第二十二次会议

省七届人大常委会第二十二次会议于1991年9月17—20日举行。省人大常委会主任林若主持会议，副主任薛焰、杨立、曾定石、蚁美厚、曾昭科、刘俊杰、程里、陈祖沛、方少逸和委员共43人出席会议。副省长凌伯棠、省高级人民法院院长麦崇楷、省人民检察院检察长王骏，省直有关单位和省辖市人大常委会负责人列席会议。

会议听取省经委副主任杨开茂受省政府委托作的关于广东省“质量、品种、效益年”活动情况和今后工作的汇报，听取省人大常委会农村工作委员会副主任李国关于《广东省实施中华人民共和国水法办法（草案）》的初审报告、省计划生育委员会主任方刚关于修订《广东省计划生育条例》的说明、省物价局副局长朱县基关于《广东省行政事业性收费管理条例（草案）》的说明、省财政厅副厅长林汉枢关于《广东省罚没财物管理条例（草案）》的说明、省公安厅副厅长张圣钦和省人大常委会法律工作委员会副主任梁冀分别所作关于《广东省禁止赌博条例》的说明和初审报告。会议审议通过《广东省实施〈中华人民共和国水法〉办法》及关于修改《广东省人民政府关于禁止赌博的处理条例》。

会议决定任命钟启权为省计划委员会主任，免去王桂英的省计划委员会主任职务；还通过其他人事任免事项。

（二十三）第二十三次会议

省七届人大常委会第二十三次会议于1991年11月18—22日举行。省人大常委会主任林若主持会议，副主任薛焰、杨立、曾定石、蚁美厚、曾昭科、刘俊杰、罗克明、程里、陈祖沛、方少逸、谢颂凯和委员共52人出席会议。副省长张高丽，省高级人民法院、省人民检察院、省直有关单位和省辖市人大常委会负责人列席会议。

会议听取省人民政府《关于摆脱乡镇卫生院困境问题的议案》《关于要求加快全省山区公路建设问题的议案》《关于恢复发展盐业生产问题的议案》办理情况的报告，听取了省人大常委会科教文卫工作委员会副主任刘百秀关于《广东省计划生育条例（修订草案）》和省人大常委会财经工作委员会副主任刘振本关于《广东省行政事业性收费管理条例（草案）》的初审报告。会议审议并通过《广东省行政事业性收费管理条例》以及《关于摆脱乡、镇卫生院困境问题的议案》《关于要求加快全省山区公路建设问题的议案》《关于恢复发展盐业生产问题的议案》办理情况的报告。

会议审议决定接受江海燕辞去省七届人大常委会委员职务。会议决定任命卢法泉为省人民政府侨务办公室主任、徐德志为省对外经济贸易委员会主任、翟锦云为省统计局局长、黄绪荣为省工商行政管理局局长、梁益华为省粮食局局长；决定免去司徒戎生的省人民政府侨务办公室主任、陈克炫的省统计局局长、刘春亭的省工商行政管理局局长、张挑的省粮食局局长、廖达生的省人大常委会财政经济委员会副主任职务；任命许亮东为广东省高级人民法院副院长；还通过了其他人事任免事项。

（二十四）第二十四次会议

省七届人大常委会第二十四次会议于1992年1月3日举行。省人大常委会主任林若主持会议，副主任薛焰、杨立、曾定石、蚁美厚、曾昭科、程里、陈祖沛、方少逸、谢颂凯和委员共55人出席会议。副省长凌伯棠、省高级人民法院院长麦崇楷、省人民检察院副检察长秦醒民等列席会议。

会议决定，省七届人大第五次会议定于1月8日在广州召开。会议审议将提交省七届人大五次会议预备会议审议的省七届人大五次会议议程（草案），省七届人大五次会议主席团、秘书长名单（草案）和议案审查委员会组成人员名单（草案）。会议听取省人大常委会财经工作委员会副主任刘振本所作关于暂缓审议通过《广东省罚没财物管理条例（草案）》的说明，广州市人大常委会副主任邵源堃所作广州市人大常委会关于提请批准《广州市禁止销售燃放烟花鞭炮规定》的说明，省政府关于提请审议《广东省合作经济承包合同管理条例（草案）》的说明。会议审议并通过省七届人大常委会代表资格审查委员会关于代表出缺情况和补选代表的资格审查报告。根据代表出缺情况，有关选举单位已依法补选14名代表。经对14名代表资格审查，确认代表资格有效。

（二十五）第二十五次会议

省七届人大常委会第二十五次会议于1992年3月10—13日举行。省人大常委会主任林若主持会议，副主任杨立、蚁美厚、曾昭科、刘俊杰、程里、陈祖沛、方少逸、于飞、张汉青和委员共57人出席会议。副省长卢瑞华，省高级人民法院院长麦崇楷、省人民检察院副检察长许天祥，省直有关单位以及省辖市人大常委会负责人列席会议。

会议听取省人大常委会财经工作委员会副主任施芝华关于检查《中华人民共和国全民所有制工业企业法》实施情况的汇报。听取省人大常委会副秘书长兼法律工作委员会副主任何碧所作关于《广东省广州市销售燃放烟花爆竹管理规定》的审查报告，省人大常委会农村工作委员会副主任林国雄关于《广东省农村社区合作经济承包合同管理条例（草案）》的初审报告，广州市人大常委会副主任吕刚关于《广东省广州市实施〈中华人民共和国水法〉办法》的说明和省人大常委会农村工作委员会副主任张斌所作初审报告，省财贸办公室副主任纪力清关于蔗糖生产、销售情况的汇报，以及省人大常委会法律工作委员会副主任王立山关于《揭阳市、潮州市中级人民法院和人民检察院在筹建期间案件管辖问题的决定（草案）》的说明。会议通过关于进一步贯彻落实《中华人民共和国全民所有制工业企业法》的决议。会议还通过《广东省农村社区合作经济承包合同管理条例》，批准《广州市销售燃放烟花爆竹管理条例》《广东省广州市实施〈中华人民共和国水法〉办法》。

会议任命何碧为省人大常委会法律工作委员会主任，施芝华为省人大常委会财政经济工作委员会主任，胡庆勋为省人大常委会教育科学文化卫生工作委员会主任，许士鉴为省人大常委会华侨民族宗教工作委员会主任，王彻为省人大常委会选举工作委员会主任，蔡萍、龚鉴尧为省人大常委会财政经济工作委员会副主任；免去薛焰兼任的省人大常委会法律工作委员会主任、曾定石兼任的省人大常委会财政经济工作委员会主任、罗克明兼任的省人大常委会华侨民族宗教工作委员会主任、程里兼任的省人大常委会教育科学文化卫生工作委员会主任、何文的省人大常委会选举委员会主任、何碧的省人大常委会副秘书长、杨震的省人大常委会财政经济工作委员会副主任职务；决定任命李配武为省交通厅厅长、许学强为省高等教育局局长；决定免去陈白的省农业委员会主任、李谷的省交通厅厅长、李修宏的省高等教育局局长职务。还通过其他人事任免事项。

（二十六）第二十六次会议

省七届人大常委会第二十六次会议于1992年5月11—16日举行。省人大常委会主任林若主持会议，副主任杨立、蚁美厚、曾昭科、刘俊杰、程里、陈祖沛、方少逸、于飞、张汉青和委员共56人出席会议。副省长卢瑞华，省高级人民法院院长麦崇楷、省人民检察院副检察长许天祥，省直有关单位和省辖市人大常委会负责人列席会议。

会议听取省政府关于广东省1991年决算和1992年省级预算草案的报告，省统计局局长翟锦云关于《广东省统计管理条例（草案）》的说明，省建设委员会（简称省建委）副主任陈之泉关于《广东省城市规划法实施办法（草案）》的说明，广州市人大常委会副主任吕刚关于《广州市大气污染防治规定》的说明，深圳市副市长李广镇关于《深圳经济特区公司条例（草案）》《深圳经济特区破产条例（草案）》的说明，以及省人大常委会副主任兼秘书长张汉青关于《广东省第八届人民代表大会代表名额和选举问题的决定（草案）》的说明等。会议审议省政府《关于广东省1991年决算和1992年省级预算（草案）的报告》，决定批准广东省1991年决算和1992年省级预算。会议讨论了中国科学院学部委员蒲蛰龙、赵善欢，省科协主席伍尚忠等108名专家、教授和有关方面负责人《关于建立社会性、群众性自然保护小区的倡议》。会议通过《关于省第八届人民代表大会代表名额和选举问题的决定》；批准《广州市大气污染防治规定》，并交由广州市人大常委会修改后公布施行。

会议任命张汉青为省人大常委会代表资格审查委员会主任委员、邓星枢为省人大常委会副秘书长；免去罗克明的省人大常委会代表资格审查委员会主任委员、陈兆中的省人大常委会法律委员会副主任职务；还通过其他人事任免事项。

（二十七）第二十七次会议

省七届人大常委会第二十七次会议于1992年7月14—18日举行。省人大常委会主任林若主持会议，副主任曾昭科、刘俊杰、程里、陈祖沛、方少逸、谢颂凯、于飞、张汉青和委员共50人出席会议。省高级人民法院院长麦崇楷、省人民检察院副检察长张学军，省直有关单位和省辖市人大常委会负责人列席会议。

会议听取副省长卢瑞华所作关于《广东力争20年赶上亚洲“四小龙”的构想》的汇报。听取省人大常委会财经工作委员会副主任何宪关于《广东省实施〈中华人民共和国城市规划法〉办法（草案）》的初审报告，广州市人大常委会副主任宋恕忠关于《广州市禁止生产和经销假冒伪劣商品条例》的说明，省人大常委会法律工作委员会副主任屠葆华关于《广东省人大常委会制定和批准地方性法规规定（修改草案）》的说明，以及省人大常委会选举工作委员会副主任杨钧关于《广东省各级人民代表大会选举实施细则（修订草案）》的说明，省人大常委会办公厅副主任侯任城关于《广东省乡、镇人民代表大会主席团工作条例（草案）》的说明等。会议审议并通过《广东省实施〈中华人民共和国城市规划法〉办法》《广东省乡、镇人民代表大会主席团工作条例》《广东省各级人民代表大会选举实施细则》，决定批准《广州市禁止生产和经销假冒伪劣商品条例》。会议通过《关于解决连南、连山、乳源三个民族自治县小水电负债问题的意见》，要求省政府采取措施，尽快帮助解决这一问题。

会议决定任命冯灼锋为省农业委员会主任、洪绍宏为省农业厅厅长、陈长清为省第一轻工业厅厅长。决定免去郝向前的省农业厅厅长、李胜洲的省第一轻工业厅厅长、周统平的省高级人民法院副院长职务；还通过其他人事任免事项。

（二十八）第二十八次会议

省七届人大常委会第二十八次会议于1992年9月21—26日举行。省人大常委会主任林若主持会议，副主任杨立、蚁美厚、曾昭科、刘俊杰、程里、陈祖沛、方少逸、谢颂凯、张汉青和委员共48人出席会议。

会议听取和审议《广东省归侨侨眷权益保护实施办法（草案）》《广东省统计管理条例（草案）》《关于全省参照执行〈广州市禁止生产和经销假冒伪劣商品条例〉的决定（草案）》，以及审议省政府关于食糖生产、销售问题的议案办理情况报告等；听取并审议省政府关于1992年1—8月国民经济计划与财政预算执行情况的汇报，关于打击取缔卖淫嫖娼、深入除“七害”（卖淫嫖娼活动，制作贩卖传播淫秽物品，贩卖妇女儿童，制作贩卖、私种吸食毒品，赌博，封建、迷信，社会黑势力犯罪团伙）情况汇报等。会议通过《广东省归侨侨眷权益保护实施办法》、关于修改《广东省东江水系水质保护条例》第二十一条的决定，以及《关于全省参照执行广州市禁止生产和经销假冒伪劣商品条例》的决定。会议批准《广州市野生动物保护管理若干规定》，由广州市人大常委会公布施行。

会议决定任命游国经为省人事局局长、彭书宝为省经济委员会主任、曾炳生为省财政厅厅长、黄庆道为省卫生厅厅长；决定免去李作铭的省人事局局长、欧阳述乾的省经济委员会主任、林登云的省财政厅厅长、郑泽才的省文化厅厅长、黄光华的省卫生厅厅长职务；还通过其他人事任免事项。

（二十九）第二十九次会议

省七届人大常委会第二十九次会议于1992年11月23—28日举行。省人大常委会主任林若主持会议，副主任杨立、曾昭科、程里、陈祖沛、方少逸、谢颂凯、张汉青等出席会议。省长朱森林、副省长凌伯棠，省高级人民法院副院长张耀威、省人民检察院副检察长张学军等列席会议。

会议学习讨论了中共第十四次全国代表大会文件和中共广东省委六届八次全体（扩大）会议精神。会议通过决定：省第八届人民代表大会第一次会议于1993年1月29日在广州举行；会议审议通过《广东省抵押贷款管理条例》《广东省计划生育条例》《广东省珠海经济特区房地产经营管理条例》；审议批准《广州市人大常委会对〈广州市饮用水源污染防治条例〉所作修改的决定》。

会议听取和审议省政府关于对省七届人大五次会议第35号等10个议案（关于解决水库移民遗留问题）办理情况的补充报告，审议通过《关于进一步解决水库移民遗留问题的决议》；听取和审议省政府关于对省七届人大五次会议关于珠江口滩涂围垦议案（第1、4号议案）办理情况的报告，审议通过《关于审议省人民政府办理省七届人大五次会议珠江口滩涂围垦议案（第1、4号议案）情况报告的决议》；听取和审议省人大常委会法律工作委员会关于检查社会治安综合治理的决定执行情况的报告；听取省政府关于广东省贯彻执行《中华人民共和国全民所有制企业法》和国务院《全民所有制工业企业转换经营机制条例》情况的汇报和省高级人民法院关于广东省法院开展行政审判工作的情况报告。

会议决定任命张高丽兼任省计划委员会主任、钟启权为省政府秘书长、曾兵为省司法厅厅长、蒋善利为省物价局局长；决定免去邸长云的省政府秘书长、钟启权的省计划委员会主任、曾洪的省司法厅厅长、刘世静的省物价局局长职务；免去秦醒民的省人民检察院副检察长职务；还通过了其他人事任免事项。

（三十）第三十次会议

省七届人大常委会第三十次会议于1993年1月8—9日举行。省人大常委会主任林若主持会议，副主任杨立、蚁美厚、曾昭科、刘俊杰、程里、陈祖沛、方少逸、谢颂凯、于飞、张汉青和委员共57人出席会议。副省长卢钟鹤、省人民检察院检察长王骏、省高级人民法院副院长彭春庭等列席会议。

会议审议通过将提交省八届人大一次会议审议的《广东省第七届人民代表大会常务委员会工作报告（稿）》，以及省八届人大一次会议主席团、秘书长名单（草案）。审议通过代表资格的审查报告，确认新选出的809名省八届人大代表的代表资格有效。会议任命徐惟凯为省人大常委会财政经济工作委员会副主任、黄观华为省国家安全厅厅长；决定免去叶进美的省国家安全厅厅长职务；还通过其他人事任免事项。

四、省八届人大常委会历次会议

（一）第一次会议

省八届人大常委会第一次会议于1993年3月2—4日举行。省人大常委会主任林若主持会议。副主任于飞、方苞、凌伯棠、曾昭科、谢颂凯、张汉青、欧阳德、程誌青出席会议。

会议听取副省长欧广源代表省政府所作关于农业生产情况的汇报；听取主任林若提请任命省八届人大常委会各办事机构组成人员事项所作的说明；听取省长朱森林提请任命省政府序列委、办、厅、局38名负责人事项所作的说明。

会议审议通过关于进一步加强农业的决议；审议通过省八届人大常委会代表资格审查委员会组成人员名单，张汉青任主任委员，曾昭科、程誌青、王彻、曾东汉任副主任委员；审议通过了省八届人大常委会副秘书长和各办事机构成员的任命事项，其中，刘文乔、邓星枢、屠葆华任副秘书长；王彻为选举联络人事任免工作委员会主任，曾东汉、李作铭、曲福寿、侯任城为副主任；何碧为法制工作委员会主任，曾洪、叶进美、卢荻、唐顶立、钟国慈为副主任；王桂英为财政经济工作委员会主任，欧阳述乾、林登云、刘世静、陈克炫、张挑、徐惟凯为副主任；陈白为农村农业工作委员会主任，林国雄、李国荣、郝向前、黄荣新为副主任；杜联坚为教育科学文化卫生工作委员会主任，李修宏、关国栋、黄家驹、郑泽才、霍剑文为副主任；司徒戎生为华侨民族宗教外事工作委员会主任。审议通过省政府序列委、办、厅、局主要负责人的任命事项，决定任命钟启权为省政府秘书长、张高丽兼任省计划委员会主任、彭书宝为省经济委员会主任、冯灼锋为省农业委员会主任、徐德志为省对外经济贸易委员会主任、刘凤仪为省建设委员会主任、梁湘为省科学技术委员会主任、董良田为省体育运动委员会主任、方刚为省计划生育委员会主任、唐辉为省民族事务委员会主任、卢法泉为省政府侨务办公室主任、陈绍基为省公安厅厅长、黄观华为省国家安全厅厅长、曾兵为省司法厅厅长、李纯昆为省民政厅厅长、李配武为省交通厅厅长、奚志伟为省机械工业厅厅长、陈应球为省石油化学工业厅厅长、陈长清为省第一轻工业厅厅长、黄光才为省第二轻工业厅厅长、洪绍宏为省农业厅厅长、梁星权为省林业厅厅长、关宗枝为省水利电力厅厅长、袁征为省国土厅厅长、曾炳生为省财政厅厅长、许任之为省教育厅厅长、周无忌为省广播电视厅厅长、黄庆道为省卫生厅厅长、游国经为省人事局局长、孔令渊为省劳动局局长、翟锦云为省统计局局长、蒋善利为省物价局局长、黄绪荣为省工商行政管理局局长、孙平波为省审计局局长、杨永汉为省水产局局长、黄柱良为省乡镇企业管理局局长、许学强为省高等教育局局长、周圣英为省新闻出版局局长。

（二）第二次会议

省八届人大常委会第二次会议于1993年5月6—14日举行。省人大常委会主任林若主持会议。

会议听取《广东省制定地方性法规规定（草案）》《广东省建设工种招标投标管理条例（草案）》《广东省对外加工装配业务条例（草案）》《广州市社会力量办学管理条例》《广东省湛江经济技术开发区条例（草案）》的说明及其初审报告；听取关于《广东省公司条例（草案）》《广东省公司破产条例（草案）》的说明；听取省公安厅厅长陈绍基代表省政府所作的关于开展以禁毒、禁赌为重点的社会治安综合治理情况的汇报；听取主任林若所作的关于提请任免省人大常委会办事机构组成人员的说明；听取副省长卢钟鹤受省长朱森林委托所作的关于提请任命省政府有关组成人员的说明；听取省高级人民法院院长麦崇楷和省人民检察院副检察长许天祥代表检察长王骏分别所作的关于提请批准任命法院、检察院人员的说明。

会议通过《关于在全省继续深入开展禁毒、禁赌工作的决议》《广东省制定地方性法规规定》《广东省对外加工装配业务条例》《广东省湛江经济技术开发区条例》《广东省公司破产条例》，批准了《广州市社会力量办学管理条例》。

会议任命霍剑文为省人大常委会副秘书长、杨俊声为省人大常委会财政经济工作委员会副主任、凌昆祥为省人大常委会农村农业工作委员会副主任、蔡垂义为省人大常委会教育科学文化卫生工作委员会副主任、周向明为省人大常委会华侨民族宗教外事工作委员会副主任；免去霍剑文的省人大常委会教育科学文化卫生工作委员会副主任职务；决定任命巢振威为省政府外事办公室主任、朱树屏为省监察厅厅长、余万宁为省人民检察院副检察长；还通过其他人事任免事项。

（三）第三次会议

省八届人大常委会第三次会议于1993年7月8—15日举行。省人大常委会主任林若主持会议。

会议听取关于《广东省禁止赌博条例（修改草案）》、关于《广东省惩处放贷资赌规定（草案）》的说明；听取关于《广东省建设工程招标投标管理条例（草案）》的审议报告；听取关于《广东省经济特区城市市容环境卫生管理条例（草案）》、关于《乳源瑶族自治县水资源管理条例》、关于《广东省野生动物保护管理规定（草案）》、关于《广东省科学技术人员继续教育条例（草案）》、关于《广东省营业性电子游戏机室的管理规定（草案）》的说明及其初审报告；听取关于制定《广东省人大常委会组成人员守则（草案）》的说明；听取副省长李兰芳所作的关于广东省文化工作情况的汇报；听取省高级人民法院副院长彭春庭代表院长麦崇楷和省人民检察院检察长王骏分别所作的关于提请任免法院、检察院人员的说明；审议省政府关于广东省文化工作情况的汇报。

会议通过《广东省禁止赌博条例》《广东省惩处为赌博放贷非法索债的规定》《广东省建设工程招标投标管理条例》《乳源瑶族自治县水资源管理条例》《广东省野生动物保护管理规定》《广东省科学技术人员继续教育规定》《广东省人大常委会组成人员守则》；通过《关于促进广东省文化事业发展的决议》。

会议任命肖万侯为省高级人民法院副院长，免去张耀威的省高级人民法院副院长职务；还通过其他人事任免事项。

（四）第四次会议

省八届人大常委会第四次会议于1993年9月6—16日举行。省人大常委会主任林若主持会议。

会议听取关于《广东省经济特区城市市容和环境卫生管理规定（草案修改二稿）》的修改说明；听取关于《广东省基本农田保护区管理条例（草案）》、关于《广东省实施〈中华人民共和国水土保持法〉办法（草案）》、关于提请审议批准《广州市义务兵征集优待和退伍安置规定》的说明及其初审报告；听取关于《广东省营业性电子游戏机室管理规定（草案）》的修改说明；听取关于省八届人大一次会议有关加强渔港建设的第1、76、115、135、154号议案的办理方案的汇报及其初审报告；听取了主任林若对提请任命省人大常委会办事机构个别人员所作的说明和省人民检察院副检察长张学军代表检察长王骏所作的关于提请批准任免检察人员的说明；听取副省长兼省计委主任张高丽所作的关于广东省1993年1—7月国民经济和社会发展计划执行情况的报告；听取关于广东省1992年财政决算的报告及其审查报告；听取关于广东省1993年1—7月财政预算执行情况的报告；听取关于打击生产和经销假冒伪劣商品违法行为、关于广东省环境保护工作的情况汇报；听取关于《广东省房地产开展经营管理条例（草案）》、关于《广东省高等教育发展条例（草案）》的说明及其初审报告；听取关于《广东省产品质量监督条例（草案）》、关于《广东省邮电通信管理条例（草案）》、关于《广东省珠海经济特区职工社会保险条例（草案）》的说明；听取关于《广东省实施〈中华人民共和国全国人民代表大会和地方各级人民代表大会代表法〉办法（草案）》的说明。

会议通过《广东省经济特区城市市容和环境卫生管理规定》《广东省基本农田保护区管理条例》《广东省实施〈中华人民共和国水土保持法〉办法》《广东省行政事业性收费管理条例（修正案）》《广东省营业性电子游戏机室管理规定》《广东省人大常委会关于进一步加强渔港建设的决议》；通过《广东省人民代表大会常务委员会关于批准广东省1992年决算的决议》《广东省人大常委会关于严厉打击生产和经销假冒伪劣商品违法行为

的决议》《广东省人大常委会关于进一步加强环境保护工作的决议》；批准《广州市义务兵征集优待和退伍安置规定》。会议通过有关人事任免事项。

（五）第五次会议

省八届人大常委会第五次会议于1993年11月8—16日举行。省人大常委会主任林若主持会议。

会议听取关于《广东省房地产开发经营管理条例（草案）》、关于《广东省高等教育管理条例（草案）》、关于《广东省珠海经济特区职工社会保险条例（草案）》的修改说明；听取关于《广东省产品质量监督条例（草案）》的初审报告；听取关于《广东省邮电通信管理条例（草案）》、关于《广东省惩处黑社会活动规定（草案）》、关于《广东省安置帮教刑满释放和解除劳动教养人员规定（草案）》的说明及其初审报告；听取关于《广东省经纪人管理条例（草案）》、关于《广东省财产拍卖条例（草案）》、关于《广东省文化市场管理条例（草案）》的说明；听取关于对省八届人大常委会第一次会议通过的《关于进一步加强农业的决议》执行情况的汇报；听取林若主任对提请任免省人大常委会办事机构个别人员所作的说明，省高级人民法院院长麦崇楷、省人民检察院副检察长张学军代表检察长王骏分别所作的提请任免法院、检察院人员的说明。

会议通过《广东省房地产开发经营管理条例》《广东省产品质量监督条例》《广东省邮电通信管理条例》《广东省高等教育管理条例》《广东省珠海经济特区职工社会保险条例》《广东省惩处黑社会活动规定》《广东省经纪人管理条例》。

会议任命曲福寿为省人大常委会法制工作委员副主任，并免去其省人大常委会选举联络人事任免工作委员会副主任职务；还通过其他人事任免事项。

（六）第六次会议

省八届人大常委会第六次会议于1994年1月10—18日举行。省人大常委会主任林若主持会议。

会议听取和审议关于《广东省财产拍卖条例（草案）》的初审报告、关于《广东省安置刑满释放和解除劳动教养人员的规定（草案修改二稿）》的修改说明、关于《广东省企业职工劳动权益保障若干规定（草案）》的说明和初审报告、关于《广东省营业性歌厅、舞厅、卡拉OK厅管理规定（草案）》的说明、关于《广东省各级人民代表大会常务委员会监督条例（修改草案）》的修改说明、关于《广东省实施〈中华人民共和国全国人民代表大会和地方各级人民代表大会代表法〉办法（草案）》的修改说明、关于《广东省城镇房地产权登记条例（草案）》的说明、关于《广东省城镇房屋租赁条例（草案）》的说明、关于《广东省城镇房地产转让条例（草案）》的说明、关于《广东省建设项目环境保护管理条例（草案）》的说明、关于《广东省民营科技型企业管理条例（草案）》的说明，听取省政府关于全省反腐败工作的情况汇报、省检察院检察长王骏作关于广东省检察机关配合反腐败斗争查处贪污贿赂案件的情况汇报。会议还分别听取省法院院长麦崇楷、省检察院检察长王骏作的关于提请人事任免事项的说明。

会议审议通过关于召开广东省第八届人民代表大会第二次会议的决定，通过省八届人大常委会代表资格审查委员会关于代表出缺情况和补选代表的代表资格审查报告；会议审议通过《广东省财产拍卖条例》《广东省安置刑满释放和解除劳动教养人员的规定》《广东省企业职工劳动权益保障规定》《广东省营业性歌舞娱乐场所管理条例》《广东省城镇房地产转让条例》《广东省民营科技企业管理条例》以及关于在全省继续深入开展反腐败斗争的决议。会议还通过本会、省法院和省检察院提请的人事任免事项。

（七）第七次会议

省八届人大常委会第七次会议于1994年2月17日举行。会议由省人大常委会主任林若主持。

会议审议通过省人大常委会代表资格审查委员会关于代表出缺情况和增补代表的代表资格审查报告，通过省八届人大二次会议主席团、秘书长名单（草案）和法案委员会组成人员名单（草案），提交省八届人大二次会议预备会议审议。

会议批准任命陈之泉为广东省建设委员会主任，刘清海、邓基联为省高级人民法院副院长，还通过省人民检察院提请审议决定的人事任免事项。

（八）第八次会议

省八届人大常委会第八次会议于1994年4月25—30日举行。会议由省人大常委会主任林若主持。

会议听取和审议关于《广东省城镇房屋租赁条例（草案修改稿）》的修改说明、关于《广东省建设项目环境保护管理条例（草案修改稿）》的初审报告、关于《广东省森林保护管理条例（草案）》的说明和初审报告、关于《广东省基金管理条例（草案）》、关于《广东省实施〈中华人民共和国妇女权益保障法〉规定（草案）》、关于修改《广东省企业职工劳动权益保障规定》第十二条的决定（草案）的说明，听取关于提请审议批准《广州市公路路政管理条例》的说明和初审报告、关于广东省基本农田保护区规划的初审报告、关于全省人大法律监督工作情况和意见的汇报。会议还听取了省政府、省高级人民法院院长和省人民检察院提请人事任免的说明。

会议决定任命钟启权为副省长，会议通过《广东省城镇房屋租赁条例》《广东省森林保护管理条例》、关于修改《广东省企业职工劳动权益保障规定》第十二条的决定和关于进一步强化法律监督职能、健全监督机制的决议；审议批准《广州市公路路政管理条例》；还通过有关人事任免事项。

（九）第九次会议

省八届人大常委会第九次会议于1994年6月28日至7月6日举行。会议由省人大常委会主任林若主持。

会议听取和审议关于《广东省房地产权登记条例（草案）》的修改说明，关于《广东省基金会管理条例（草案）》的修改说明，关于《广东省建设项目环境保护管理条例（修改二稿）的修改说明，关于《广东省房地产评估条例（草案）》《广东省渔港管理条例（草案）》的说明和初审报告，关于《广东省实施〈中华人民共和国妇女权益保障法〉规定（草案）》的修改说明及关于《广东省实施〈中华人民共和国残疾人保障法〉办法（草案）》《广东省实施〈中华人民共和国工会法〉办法（草案）》《广东省道路运输管理条例（草案）》的说明。听取广州市人大常委会关于提请审议批准的《广州市公民义务献血和血液管理条例》的说明和初审报告。听取关于南海石化项目海域排污点选择问题调查情况的报告、关于省八届人大二次会议代表提出的保护耕地的议案的办理方案和初审报告、关于广东省本级1993年预算执行情况和1994年预算草案报告和初审报告。还听取了省高级人民法院、省人民检察院提请人事任免的说明。

会议通过《广东省房地产权登记条例》《广东省基金会管理条例》《广东省建设项目环境保护管理条例》《广东省实施〈中华人民共和国妇女权益保障法〉规定》《广东省渔港管理条例》《广东省房地产评估条例》及关于批准广东省省本级1994年预算的决议，关于调整大亚湾水产资源自然保护区范围的决议和有关人事任免事项。

（十）第十次会议

省八届人大常委会第十次会议于1994年9月5—15日举行。会议由省人大常委会主任林若主持。

会议听取关于《广东省实施〈中华人民共和国残疾人保障法〉办法（草案）》《广东省道路运输管理条例（草案）》的初审报告，关于《广东省农村集体土地征地补偿费管理条例（草案）》《广东省实施〈中华人民共和国农业技术推广法〉办法（草案）》的说明和初审报告，关于《广东省出租屋暂住人员治安管理规定（草案）》《广东省劳动安全卫生条例（修订草案）》《广东省实施〈中华人民共和国矿山安全法〉办法（草案）》的说明，关于《广东省书报刊市场管理条例（草案）》的说明，关于《广东省城镇华侨房屋租赁条例（草案）》的说明，关于开展“一乡一品”活动议案和设立广东省环卫工人节的议案办理方案报告和初审报告，关于《广东省人大常委会制定地方性法规五年规划（草案）》的书面说明，关于1994年1月至7月国民经济和社会发展计划执行情况、省财政预算执行情况和1993年财政决算的报告。听取关于《广州市邮政管理条例》《广州市矿产资源开发管理规定》《广州市环境噪声污染防治规定》《广州市企业治安保卫条例》《广州市文物保护管理规定》的说明和初审报告。会议还听取主任林若及省政府、省高级人民法院和省人民检察院所作的有关人事任免事项的说明。

会议审议通过《广东省实施〈中华人民共和国工会法〉办法》《广东省实施〈中华人民共和国残疾人保障法〉办法》《广东省出租屋暂住人员治安管理规定》及关于修改《广东省劳动安全卫生条例》的决定，审议批准了《广州市邮政管理条例》《广州市矿产资源开发管理规定》《广州市环境噪声污染防治规定》《广州市企业治安保卫条例》《广州市文物保护管理规定》。会议还审议通过了关于扶持山区和革命老区乡镇发展“三高”农业，开展“一乡一品”活动的决议、关于在全省种植牧草发展畜牧业议案结案报告的决议、关于批准广东省1993年财政决算的决议；审议通过有关人事任免事项。

（十一）第十一次会议

省八届人大常委会第十一次会议于1994年11月8—17日举行。会议由省人大常委会主任林若主持。

会议听取关于《广东省实施〈中华人民共和国矿山安全法〉办法（草案）》《广东省农村集体所有土地征地补偿费管理办法（草案修改四稿）》《广东省实施〈中华人民共和国农业技术推广法〉办法（草案修改二稿）》的修改说明，关于《广东省书报刊市场管理条例（草案）》《广东省城镇华侨房屋租赁规定（草案）》的初审报告，关于《广东省各级人民代表大会常务委员会人事任免条例（草案）》《广东省外务劳动管理规定（草案）》《广东省典当条例（草案）》《广东省合伙经营条例（草案）》的说明。会议还听取关于提请审议批准《广州经济技术开发区（修正案）》《广州市外商投资管理条例》《广州市经济合同管理规定（修正案）》《广州市土地管理规定》《广州市渔业管理规定》的说明和初审报告。听取关于保护耕地议案办理方案的修改说明、关于扶持革命老区和加快落实城镇侨房政策议案办理方案的报告和初审报告。听取关于《广东省城镇房地产登记条例》实施情况和关于公安机关执法情况的汇报，关于广东省八届人大代表缺额和增补情况的说明。听取省人大常委会、省政府、省高级人民法院和省人民检察院提请有关人事任免的说明。

会议审议通过《广东省实施〈中华人民共和国矿山安全法〉办法》《广东省征用农村集体所有土地各项补偿费管理办法》《广东省书报刊市场管理规定》《广东省城镇华侨房屋租赁规定》，审议批准《广州市外商投资企业管理条例》《广州市渔业管理规定》和关于修改《广州市经济技术开发区条例》《广州市经济合同管理规定》的决定。通过关于进一步加强耕地保护的决议、关于进一步扶持革命老区发展经济的决议、关于加强落实城镇侨房政策议案办理方案的决议、关于加强公安机关执法工作的决议、关于对国土厅实施《广东省城镇房地产权登记条例》中有关问题质询案的决议。通过关于补选的省八届人大代表资格审查报告和有关人事任免事项。

（十二）第十二次会议

省八届人大常委会第十二次会议于1995年1月13日举行。

会议通过人事任免事项：任命张志远为广东省人大常委会副秘书长。决定任命：刘识今为广东省重化工业厅厅长，许光辉为广东省广播电视厅厅长，刘文炎为广东省民族事务委员会（广东省宗教事务局）主任（局长），方振慰为广东省审计厅厅长，奚志伟为广东省电子机械工业厅厅长。还通过其他人事任免事项。

（十三）第十三次会议

省八届人大常委会第十三次会议于1995年2月15日举行。

会议审议通过省八届人大常委会代表资格审查委员会关于增补代表的代表资格审查报告；审议通过广东省第八届人民代表大会第三次会议主席团、秘书长等名单（草案），提交省八届人大三次会议审议；审议通过《广东省第八届人民代表大会常委会委员会工作报告（稿）》，提交省八届人大三次会议审议。会议还审议通过人事任免事项：任命唐辉为省人大常委会华侨民族宗教外事工作委员会副主任。

（十四）第十四次会议

省八届人大常委会第十四次会议于1995年3月25日举行。

会议审议最高人民检察院关于拟对广东省人大代表欧阳德因涉嫌受贿采取法律规定的强制措施的报告。根据《中华人民共和国全国人民代表大会和地方各级人民代表大会代表法》第三十条的规定，决定对最高人民检察院报告中提出的关于对欧阳德代表采取法律规定的强制措施予以许可。

（十五）第十五次会议

省八届人大常委会第十五次会议于1995年5月4—9日举行。

会议审议通过《广东省典当条例》《广东省合伙经营条例》《广东省实施〈中华人民共和国农业技术推广法〉办法》《广东省拆迁城镇华侨房屋规定》《广东省律师执业条例》和审议批准《广州市防治珠江广州河段水域饮食业污染管理规定》《广州市实施〈中华人民共和国工会法〉若干规定》，会议还审议通过关于加强维护妇女法权益工作的决议和有关人事任免事项。

（十六）第十六次会议

省八届人大常委会第十六次会议于1995年7月3—11日举行。

会议审议批准《广州市传染防治规定》《广州市社会保险条例》《广州市城乡农副产品集贸市场管理条例》《广州市农药使用管理规定》。审议批准广东省1994年省本级决算，审议通过关于加强禁毒工作的决议和有关人事任免事项。

（十七）第十七次会议

省八届人大常委会第十七次会议于1995年9月12—19日举行。

会议审议通过《广东省公路路政管理条例》《广东省土地权属纠纷处理条例》《广东省促进科学技术进步条例》《广东省各级人民代表大会选举实施细则》及关于整治韩江、北江上游和东江中上游水土流失议案办理结果报告的决议和关于加强法院执法工作的决议。审议批准《广州市人民代表大会常务委员会关于修改〈广州市销售燃放烟花爆竹管理规定〉的决定》。通过有关人事任免事项。

（十八）第十八次会议

省八届人大常委会第十八次会议于1995年11月13—21日举行。

会议审议通过《广东省航道管理条例》《广东省乡镇人民代表大会主席团和主席团工作条例》《广东省各级人民代表大会常务委员会人事任免办法》《广东省森林防火管理

规定》。审议批准《广州市人民代表大会常务委员会关于修改〈广州市禁止生产和经销假冒伪劣商品的条例〉的决定》《广州市农村集体经济审核规定》《广州市白云山风景名胜区保护条例》。会议还通过关于提请废止1995年10月以前颁布的部分地方性法规的决定，通过关于进一步发展粮食生产、完善粮食购销政策的决议，关于加强检察院执法工作的决议；审议决定依法罢免林良孝八届全国人大代表职务和有关人事任免事项。

（十九）第十九次会议

省八届人大常委会第十九次会议于1996年1月9—12日举行。

会议审议通过《广东省农村集体资产管理条例》《广东省营业演出管理条例》及关于召开广东省第八届人民代表大会第四次会议的决定，通过关于强化人才宏观管理、加大人才资源开发力度的决议和关于加快农村小水电建设的决议。会议还审议批准《广州市妇女权益保障若干规定》，审议决定有关人事任免事项。

（二十）第二十次会议

省八届人大常委会第二十次会议于1996年1月31日举行。

会议审议通过关于省八届人大三次会议主席团交付省人大常委会审议的代表提出的议案审议结果报告；通过广东省第八届人民代表大会常务委员会工作报告（稿），提交省八届人大四次会议审议；审议通过代表资格审查委员会关于代表出缺情况和增补代表的代表资格审查报告。审议通过省八届人大第四次会议主席团、秘书长名单和预算委员会组成人员调整名单，提交省八届人大第四次会议审议。会议还按照选举法和广东省各级人大选举实施细则的规定，补选卢瑞华为八届全国人大代表。

（二十一）第二十一次会议

省八届人大常委会第二十一次会议于1996年4月1—5日举行。

会议审议通过《广东省经济合同管理条例》《广东省反不正当竞争条例》《广东省珠海市饮用水源水质保护条例》《广东省实施〈中华人民共和国城市居民委员会组织法〉办法》，审议批准《广州市城市市容和环境卫生管理规定》《广州市电信管理条例》《广州市水路货物运输管理规定》《广州市蔬菜基地管理规定》《广州市公民义务献血和血液管理条例》。会议决定任命汤炳权为副省长。会议还审议决定省人大常委会各工作委员会、省人民政府和省高级人民法院、省人民检察院的部分组成人员调整、任免事项。

（二十二）第二十二次会议

省八届人大常委会第二十二次会议于1996年5月27日至6月1日举行。

会议审议通过《广东省集体合同条例》、关于修改《广东省高等教育管理条例》第三十三条第二款的决定，审议批准《广州市养犬管理规定》《广州市人民代表大会常务委员会关于修改〈广州市职工教育管理条例〉的决定》，会议还审议决定人事任免事项。

（二十三）第二十三次会议

省八届人大常委会第二十三次会议于1996年7月8—12日举行。

会议审议通过《广东省劳动监察条例》《广东省各级人民代表大会常务委员会评议工作规定》及关于批准广东省1995年省本级决算的决议、关于继续深入持久开展严惩严重危害社会治安犯罪分子斗争的决议、关于许可逮捕张建良的决定及人事任免事项。

（二十四）第二十四次会议

省八届人大常委会第二十四次会议于1996年9月16—25日举行。

会议审议通过《广东省农民负担管理条例》《广东省建设工程质量管理条例》《广东省农作物种子管理规定》《广东省专利保护条例》《广东省规章设定罚款限额规定》、关于修改《广东省书报刊市场管理条例》第七条的决定、《关于加快航道建设步伐，促进我省航运事业发展的决议》、关于批准省人民政府《关于扶持少数民族地区建设议案的办理结果报告》的决议、关于继续开展法制宣传教育的决议、关于继续加强环境保护工作的决议、关于在依法治省工作中充分发挥地方各级人大常委会作用的决议，审议批准《广州市中医管理条例》《广州市人民代表大会常务委员会关于修改〈广州市销售燃放烟花爆竹管理规定〉的决定》，并审议决定人事任免事项。

（二十五）第二十五次会议

省八届人大常委会第二十五次会议于1996年11月25日至12月3日举行。

会议审议通过省政府关于清理整顿行政执法队伍及其“三乱”问题、关于发展农用工业、关于扶持少数民族地区经济发展、关于加强打击假冒伪劣商品维护消费者生产者合法权益议案办理方案报告的决议；审议通过省政府关于进一步加强江河整治工作、关于摆脱乡镇卫生院困境问题议案办理结果报告的决议；审议通过关于修改《广东省河道堤防管理条例》的决定、关于修改《广东省禁止赌博条例》的决定、《广东省各级人民代表大会常务委员会执法检查工作规定》《广东省人民代表大会常务委员会关于委托省人大常委会主任会议对省交通厅、文化厅厅长进行述职评议的决定》；审议批准《广州市商业网点条例》《广州市城市规划条例》《广州市城市绿化条例》《广州市农业环境保护管理规定》《广州市幼儿教育管理规定》。会议还审议决定人事任免事项。

（二十六）第二十六次会议

省八届人大常委会第二十六次会议于1997年1月13—18日举行。

会议审议通过《关于召开广东省第八届人民代表大会第五次会议的决定》《关于列席、邀请列席省八届人大五次会议人员的决定》《广东省气象管理规定》，关于废止《广东省抵押贷款管理条例》《广东省公司条例》《广东省财产拍卖条例》的决定，审议通过《广东省华侨捐赠兴办公益事业管理条例》《广东省各级人民代表大会常务委员会实施个案监督工作规定》，审议批准省政府关于加快全省山区公路建设问题议案、关于加快落实城镇侨房政策工作议案的办理结果报告的决议，审议通过省政府关于大力整治污染、加强环境保护的议案办理方案报告的决议及省人大常委会代表资格审查委员会关于代表出缺情况和增选补选代表的代表资格审查报告。会议还审议决定有关人事任免事项并补选全国人大代表。

（二十七）第二十七次会议

省八届人大常委会第二十七次会议于1997年2月15日举行。

会议审议通过省八届人大五次会议主席团、秘书长名单（草案）和预算委员会委员增补名单（草案），提交省八届人大五次会议审议；审议通过《关于省八届人大四次会议主席团交付省人大常委会审议的代表提出的议案审议结果报告（稿）》，书面印发省八届人大五次会议审议；审议通过《广东省第八届人民代表大会常务委员会工作报告（稿）》，提交省八届人大五次会议审议。

（二十八）第二十八次会议

省八届人大常委会第二十八次会议于1997年3月31日至4月3日举行。

会议审议通过关于修改《广东省实施〈中华人民共和国妇女权益保障法〉规定》的决定；关于修改《广东省城镇房地产转让条例》的决定；审议批准《广州市市政设施管理条例》《广州市人民代表大会常务委员会关于修改〈广州市环境噪声污染防治规定〉的决定》《广州市人民代表大会常务委员会关于修改〈广东省大气污染防治规定〉的决定》《广州市人民代表大会常务委员会关于修改〈广州市饮用水源污染防治条例〉的决定》《广州市人民代表大会常务委员会关于修改〈广州市社会力量办学管理条例〉的决定》《广州市人民代表大会常务委员会关于修改〈广州市制止义务教育阶段学生非正常辍学的规定〉的决定》，审议通过人事任免事项。

（二十九）第二十九次会议

省八届人大常委会第二十九次会议于1997年5月26—31日举行。

会议审议通过《广东省测绘管理条例》、关于修改《广东省经纪人管理条例》的决定、关于修改《广东省典当条例的决定》、关于修改《广东省基金会管理条例》的决定、关于批准废止《广东省关于取缔卖淫、嫖宿暗娼的规定》《广东省查禁淫秽物品条例》的决定，审议批准《广州市统计管理条例》《广州市人民代表大会关于修改〈广州市渔业管理规定〉的决定》。会议还审议通过关于进一步加强禁毒工作的决议和审议决定人事任免事项。

（三十）第三十次会议

省八届人大常委会第三十次会议于1997年7月21—26日举行。

会议审议通过《广东省燃气管理条例》《广东省实施〈中华人民共和国台湾同胞投

资保护法〉办法》、关于修改《深圳经济特区与内地之间人员往来管理规定》的决定、关于修改《广东省经济特区土地管理条例》的决定，审议批准《广州市建筑条例》《广州市流溪河域管理规定》《广州市社会医疗机构管理规定》、广州市人民代表大会常务委员会关于修改《广州市经济合同管理规定》的决定、广州市人民代表大会常务委员会关于修改《广州市野生动物保护管理规定》的决定、广州市人民代表大会常务委员会关于修改《广州市实施〈中华人民共和国水法〉办法》的决定，审议通过关于省九届人民代表大会代表名额和选举问题的决定、关于批准广东省1996年省本级决算的决议、关于加强省本级预算执行和其他财政收支的审计监督的决议、关于进一步做好减轻农民负担工作的决议。

（三十一）第三十一次会议

省八届人大常委会第三十一次会议于1997年9月15—22日举行。

会议审议通过《广东省行政执法队伍管理条例》、关于修改《广东省邮电通讯管理条例》等一批法规的决定，审议批准《广州市牲畜屠宰与肉品销售管理条例》等法规和关于修改有关规定的决定，审议通过关于解决小型水库安全隐患问题的决议等有关决议和决定。

（三十二）第三十二次会议

省八届人大常委会第三十二次会议于1997年11月24日至12月1日举行。

会议审议通过省人大常委会关于学习贯彻中共十五大精神的意见、关于召开广东省第九届人民代表大会第一次会议的决定，审议通过《广东省资产评估管理条例》《广东省各级人民政府行政执法监督条例》《广东省实施〈中华人民共和国环境噪声污染防治法〉办法》《广东省民用核设施核事故预防和应急管理条例》《广东省散居少数民族权益保障条例》及关于修改《广东省劳动安全卫生条例》有关条文的决定等18项法规修改决定，审议批准《广州市科学技术协会条例》等9项法规，广州市人大常委会关于修改《广州市外商投资企业管理条例》的决定等5项法规修改决定，审议通过关于批准省人民政府《关于大力扶持山区文化建设，抓紧改变山区群众文化生活贫乏落后状况议案的办理方案报告》的决议和关于继续实施解决水库移民遗留问题议案的决议。会议还审议决定有关人事任免事项。

（三十三）第三十三次会议

省八届人大常委会第三十三次会议于1997年12月10—11日举行。

会议审议通过省八届人大常委会代表资格审查委员会关于省九届人民代表大会代表资格审查报告、关于列席和邀请列席省九届人大一次会议人员的决定，审议通过省八届人大五次会议代表建议、批评和意见办理情况报告，关于1997年人民群众来信来访办理情况的汇报，关于减轻农民负担工作情况的汇报，关于深圳市罗湖区、盐田区人民代表大会代表名额和常委会组成人员名额的决定。

（三十四）第三十四次会议

省八届人大常委会第三十四次会议于1998年1月6日举行。

会议审议通过省九届人大一次会议主席团、秘书长名单（草案），预算委员会和议案审查委员会主任委员、副主任委员、委员名单（草案），决定提交省九届人大一次会议预备会议审议，审议通过广东省第八届人大常委会工作报告（稿），决定提交省九届人大一次会议审议。

五、省九届人大常委会历次会议

（一）第一次会议

省九届人大常委会第一次会议于1998年1月23日举行。省人大常委会主任朱森林主持会议。副主任张帼英、曾昭科、王骏、程誌青、侣志广、张凯，秘书长徐德志出席会议。

会议听取并审议关于提请任免省人大常委会副秘书长、办事机构组成人员的意见，审议通过人事任免事项。任命杨希光为广东省人大常委会选举联络人事任免工作委员会主任，奚志伟为广东省人大常委会选举联络人事任免工作委员会副主任，卓毅为广东省人大常委会外事工作委员会主任，韩金波为广东省人大常委会外事工作委员会副主任。免去刘文乔、张志远的广东省人大常委会副秘书长职务，曾东汉的广东省人大常委会选举联络人事任免工作委员会主任职务，侯任城的广东省人大常委会选举联络人事任免工作委员会副主任职务，黄群的广东省人大常委会外事工作委员会主任职务。

（二）第二次会议

省九届人大常委会第二次会议于1998年3月30—31日举行。

会议传达九届全国人大一次会议精神。审议《广东省档案条例（草案）》。审议通过广东省第九届人大常委会代表资格审查委员会组成人员名单，主任委员为张帼英，副主任委员：曾昭科、程誌青、杨希光，委员为孔令渊、甘兆胜、刘远节、刘昌谋、李汉今、李配武、陈冰、林国炎、林惠俗、卓毅、罗东凯、庞正、冼为铿、徐萍华、奚志伟、黄大同、黄培鎏、谢永祥、翟锦云。审议通过省长卢瑞华提请任命的省政府新一届组成人员的任命事项，决定任命游宁丰为广东省人民政府秘书长，黄伟鸿为广东省计划委员会主任，陈善如为广东省经济委员会主任，黄子强为广东省对外经济贸易委员会主任，纪力清为广东省贸易委员会主任，劳应勋为广东省建设委员会主任，方旋为广东省科学技术委员会主任，张思平为广东省经济体制改革委员会主任，刘文炎为广东省民族事务委员会主任，董良田为广东省体育运动委员会主任，邓惠珍为广东省计划生育委员会主任，许学强为广东省高等教育厅厅长，江海燕为广东省教育厅厅长，陈绍基为广东省公安厅厅长，黄观华为广东省国家安全厅厅长，许道生为广东省民政厅厅长，王旭东为广东省司法厅厅长，陈继兴为广东省财政厅厅长，游国经为广东省人事厅厅长，甘兆炯为广东省劳动厅厅长，罗坚生为广东省电子机械工业厅厅长，刘识今为广东省重化工业厅厅长，方潮贵为广东省轻纺工业厅厅长，李珠江为广东省海洋与水产厅厅长，袁征为广东省国土厅厅长，牛和恩为广东省交通厅厅长，司徒绍为广东省农业厅厅长，关宗枝为广东省水利厅厅长，梁星权为广东省林业厅厅长，阎宪奇为广东省文化厅厅长，许光辉为广东省广播电影电视厅厅长，黄庆道为广东省卫生厅厅长，曾寿喜为广东省审计厅厅长，江青彝为广东省监察厅厅长，卜新民为广东省统计局局长，汤彤海为广东省工商行政管理局局长，吴至强为广东省新闻出版局局长，仇水旺为广东省地质矿产局局长，王荫焜为广东省环境保护局局长，葛弘毅为广东省技术监督局局长，陆惠兴为广东省医药管理局局长，张远贻为广东省政府农业办公室主任，巢振威为广东省政府外事办公室主任，陈毓铮为广东省政府侨务办公室主任。会议还通过了其他人事任免事项。

（三）第三次会议

省九届人大常委会第三次会议于1998年5月28—30日举行。

会议审议通过《广东省档案管理规定》《广东省人民代表大会常务委员会制定地方性法规规定》《广东省酒类专卖管理条例》《广东省农业环境保护条例》，审议批准《连南瑶族自治县自治条例》《广州市殡葬管理规定》，审议通过省政府关于进一步加强耕地保护议案的办理结果报告的决议、关于珠海等市新一届人民代表大会代表名额和常委会组成人员名额的决定。会议还审议通过任命黎赐锦为省人大常委会副秘书长、佟缊为省人民检察院副检察长等人事任免事项。

（四）第四次会议

省九届人大常委会第四次会议于1998年7月21—29日举行。

会议审议通过《广东省物业管理条例》《广东省商品房预售管理规定》《广东省风景名胜区条例》《广东省高速公路管理条例》《广东省母婴保健管理条例》《广东省体育场地建设和管理条例》《广东省实施〈中华人民共和国人民防空法〉办法》，审议批准《广州市举办展销会管理条例》《广州市奖励和保护见义勇为人员条例》。听取和审议省政府关于广东省1998年上半年国民经济和社会发展计划执行情况的报告和广东省1998年上半年预算执行情况的汇报，关于1998年省级预算调整的报告，审议通过关于批准广东省1997年省级决算的决议。听取和审议省公安厅、省高级人民法院、省人民检察院关于开展队伍教育整顿工作情况的报告，审议通过广东省人民代表大会常务委员会关于进一步加强政法队伍教育整顿工作的决议，批准任命广州、惠州、湛江市人民检察院的检察长及批准省人民检察院、省高级人民法院提请免职的其他人事事项。

（五）第五次会议

省九届人大常委会第五次会议于1998年9月14—15日举行。

会议审议通过《广东省计划生育条例》《广东省社会养老保险条例》《广东省社会工伤保险条例》《广东省林地保护管理条例》《广东省人民代表大会常务委员会议事规则》及关于加快营造生物防火林带工作建设议案的决议和关于批准广东省1998年省级一般预算支出调整方案的决议。会议还审议通过省高级人民法院、省人民检察院提请审议决定的人事任免事项。

（六）第六次会议

省九届人大常委会第六次会议于1998年11月18—27日举行。

会议审议通过《广东省采石取土管理规定》《广东省珠江三角洲水质保护条例》《广东省实施〈中华人民共和国村民委员会组织法〉办法》《广东省村民委员会选举办法》，审议批准《广州历史文化名城保护条例》。审议通过《广东省人民代表大会议事规则（修订草案）》，决定提请省九届人大二次会议审议。会议还审议通过关于增补广东省第九届人民代表大会代表的代表资格审查报告、关于召开省九届人大二次会议的决定。审议通过任命李为为广东省人大常委会副秘书长等人事任免事项。会议还听取农村集体资产管理条例和征用农村集体土地补偿费管理办法实施情况等四项执法检查报告，听取和评议省环保局局长、省卫生厅厅长的述职报告。

（七）第七次会议

省九届人大常委会第七次会议于1998年12月28—31日举行。

会议审议通过了《广东省股份合作企业条例》《广东省流动人口管理条例》《广东省社会救济条例》《广东省医疗器械管理条例》《广东省技术秘密保护条例》，审议通过关于列席和邀请列席省九届人大二次会议人员的决定、关于省九届人大一次会议主席团交付省人大常委会审议的代表提出的议案审议结果报告。会议还审议通过省政府、省人民检察院提请任免的有关人事任免的事项。

（八）第八次会议

省九届人大常委会第八次会议于1999年1月25日举行。

会议审议通过省九届人大二次会议主席团和秘书长等名单（草案），审议通过《广东省人民代表大会常务委员会工作报告（修改稿）》，并将提交省九届人大二次会议审议。会议还审议通过关于广东省第九届人民代表大会代表出缺情况的报告，审议并决定有关人事任免事项。

（九）第九次会议

省九届人大常委会第九次会议于1999年3月29日至4月2日举行。

会议审议通过《广东省流动人员劳动就业管理条例》《广东省保安服务管理条例》。会议还批准《广州市地名管理条例》《广州市城市快速路路政管理条例》《广州市家禽检疫条例》，还通过关于撤销批准《广州市公民义务献血和血液管理条例》的决议的决定。会议还通过关于重新确定佛山市城区人民代表大会代表名额的决定，审议决定有关人事任免事项。

（十）第十次会议

省九届人大常委会第十次会议于1999年5月18—21日举行。

会议审议通过《广东省实施〈中华人民共和国价格法〉办法》《广东省个体工商户和私营企业权益保护条例》《广东省农村集体经济审计条例》，并审议通过关于修改《广东省计划生育条例》第十条的决定。会议还审议批准《广州市按比例安排残疾人就业办法》《广州市人才市场管理条例》《广州市余泥渣土管理条例》《连山壮族瑶族自治县自治条例（修订）》《乳源瑶族自治县自治条例（修订）》等5项法规，并审议决定有关人事任免事项。

（十一）第十一次会议

省九届人大常委会第十一次会议于1999年7月29日至8月5日举行。

会议审议通过《广东省实施〈中华人民共和国消费者权益保护法〉办法》《广东省青年志愿服务条例》《广东省法律援助条例》，还审议通过关于批准广东省1998年省级决算草案的决议，并通过有关人事任免事项。

（十二）第十二次会议

省九届人大常委会第十二次会议于1999年9月16—24日举行。

会议审议通过《广东省查处生产销售假冒伪劣商品违法行为条例》《广东省建设工程招标投标管理条例》《广东省矿产资源管理条例》，还批准《广州市水上治安管理条例》《广州市地下铁道管理条例》《广州市森林公园管理条例》，并表决通过关于加强动物防疫工作的决议、关于深圳市第三届人民代表大会常务委员会组成人员名额的决定和关于深圳市第三届人民代表大会名额的决定，此外会议还决定有关人事任免事项。

（十三）第十三次会议

省九届人大常委会第十三次会议于1999年11月22—27日举行。

会议审议通过《广东省实施〈中华人民共和国土地管理法〉办法》《广东省盐业管理条例》《广东省城市绿化条例》《广东省水利工程管理条例》《广东省实施〈中华人民共和国教师法〉办法》《广东省实施〈中华人民共和国消防法〉办法》《广东省行政执法责任制条例》，会议还通过关于修改《广东省城镇房地产登记条例》的决定，决定废止《广东省合伙经营条例》《广东省经济特区土地管理条例》《广东省人民代表大会常务委员会关于全省参照执行〈广州市禁止生产和经销假冒伪劣商品条例〉的决定》《广东省营业性电子游戏机管理规定》《广东省营业性歌舞娱乐场所管理条例》。会议还批准《广州市科学技术普及条例》，作出了有关加快广东省自然保护区建设，发展“三高”农业，加强社会保险工作，加强人民法院执行工作等决议。会议决定接受王世平辞去省人大常委会委员和省人大财经委委员职务的申请。会议决定2000年1月22日在广州召开省九届人大三次会议。

（十四）第十四次会议

省九届人大常委会第十四次会议于1999年12月27—30日举行。

会议审议通过《广东省人民代表大会常务委员会工作报告（稿）》，并提交即将召开的省九届人大代表三次会议审议。会议还通过关于增补广东省第九届人大代表的资格审查报告、关于列席和邀请列席省九届人大三次会议人员的决定。

（十五）第十五次会议

省九届人大常委会第十五次会议于2000年1月20日举行。

会议审议通过另外广东省第九届人民代表大会第三次会议主席团和秘书长名单（草案），并将提交省九届人大三次会议审议。会议决定接受冼为铿、李鹏翥辞去广东省第九届人民代表大会常务委员会委员职务，接受徐萍华辞去广东省第九届人民代表大会常务委员会委员职务和广东省第九届人民代表大会常务委员会法制委员会委员职务，接受黄晓涛辞去广东省第九届人民代表大会常务委员会委员职务和广东省第九届人民代表大会常务委员会财政经济委员会委员职务。

（十六）第十六次会议

省九届人大常委会第十六次会议于2000年2月21日举行。

会议审议决定任命省政府机构改革调整后的组成人员13人，免去6人。决定任命：陈坚为广东省人民政府秘书长，黄伟鸿为广东省发展计划委员会主任，陈善如为广东省经济贸易委员会主任，郑德涛为广东省教育厅厅长，温兰子为广东省民族宗教事务委员会主任，梁国聚为广东省公安厅厅长，谭璋球为广东省人事厅厅长，方潮贵为广东省劳动和社会保障厅厅长，张远贻为广东省交通厅厅长，徐志彪为广东省信息产业厅厅长，周日方为广东省水利厅厅长，司徒绍为广东省农业厅厅长，曹淳亮为广东省文化厅厅长。决定免去：游宁丰的广东省人民政府秘书长职务，陈绍基的广东省公安厅厅长职务，游国经的广东省人事厅厅长职务，牛和恩的广东省交通厅厅长职务，关宗枝的广东省水利厅厅长职务，阎宪奇的广东省文化厅厅长职务。

（十七）第十七次会议

省九届人大常委会第十七次会议于2000年3月27—30日举行。

会议听取和审议省政府关于广东省理顺农村基层管理体制工作报告。审议通过《广东省人民代表大会常务委员会关于进一步推进村民自治工作的决议》、广东省第九届人民代表大会常务委员会代表资格审查委员会《关于澳门回归后终止澳门地区广东省第九届人民代表大会代表的代表资格的报告》《广东省职业介绍管理条例》《广东省发展中医条例》，审议批准《广州市旅游管理条例》《广州市公共汽车电车客运管理条例》。通过有关人事任免事项。常委会主任朱森林向机构调整后的省政府组成人员颁发了任命书。

（十八）第十八次会议

省九届人大常委会第十八次会议于2000年5月22—26日举行。

会议审议通过《广东省机动车排气污染防治条例》《广东省技术市场条例》《广东省宗教事务管理条例》，审查批准《广州市促进科技成果转化条例》《连山壮族瑶族自治县贯彻实施〈广东省计划生育条例〉的规定》《连南瑶族自治县实施〈广东省计划生育条例〉补充规定》《乳源瑶族自治县计划生育实施办法》。审议同意省人大内司委关于本届人大述职评议工作规划进行部分调整的意见。通过任命韩英为省人大教育科学文化卫生委员会副主任委员，决定和批准任免其他有关人事任免事项。听取省政府关于广东省国有企业改革情况汇报，审议省检察院粤检发局字〔2000〕4号的请示。

（十九）第十九次会议

省九届人大常委会第十九次会议于2000年7月26—28日举行。

会议审议通过《广东省分散按比例安排残疾人就业规定》《广东省行政机构设置和编制管理条例》《广东省流动人员租赁房屋治安管理规定》《广东省各级人民代表大会常务委员会讨论决定重大事项规定》，审查批准《广州市房地产抵押登记管理条例》，决定将《广东省预算审批监督条例（草案）》提请省九届人大四次会议审议。会议还听取和审议了省政府关于广东省1999年省级决算草案的报告、关于1999年省级预算执行和其他财政收支的审计工作报告，批准省政府提出的广东省1999年省级决算，批准省政府关于广东省1999年省级决算草案的报告；听取和审议省政府关于广东省2000年上半年国民经济和社会发展计划执行情况的报告、关于广东省2000年上半年预算执行情况的汇报；听取和审议了省人大常委会执法检查《中华人民共和国水法》等法律实施情况的报告、关于检查《广东省采石取土管理规定》实施情况的报告。审议通过有关人事任免事项。

（二十）第二十次会议

省九届人大常委会第二十次会议于2000年9月18—22日举行。

会议审议通过关于修改《广东省商品房预售管理条例》的决定、关于修改《广东省人民代表大会常务委员会议事规则》、关于修改《广东省人民代表大会常务委员会关于加强广东气象事业建设进一步提高防灾减灾能力的议案》的决议；会议决定批准《广州市教育经费投入与管理条例》《珠海市社会保险基金监督管理条例》《珠海市法制宣传教育条例》，批准广州市人大常委会关于废止《广州市土地管理规定》。会议还听取和审议省人大常委会执法检查组关于全省社会保险法规实施情况的报告，听取和审议省人民检察院关于广东省公安司法机关贯彻实施《中华人民共和国刑事诉讼法》有关羁押期限规定的情况汇报，审议决定一批人事任免事项。

（二十一）第二十一次会议

省九届人大常委会第二十一次会议于2000年11月20—24日举行。

会议审议通过《广东省建设工程监理条例》《广东省工会劳动法律监督条例》《广东省统计管理条例（修订案）》、关于将《广东省地方立法条例（草案）》提请省九届人民代表大会四次会议审议的决定、关于加强农业科技推广服务工作议案的决议、关于召开省九届人大四次会议的决定、关于列席和邀请列席省九届人大四次会议人员的决定。会议听取和审议《广东省河口滩涂管理条例（草案）》《广东省韩江流域水质保护条例（草案）》，省政府关于广东省国民经济和社会发展第十个五年计划纲要（草案）的报告、关于重大工程建设项目监督的专题报告，省公安厅关于2000年公安工作和队伍建设情况的汇报，省人大常委会执法检查组关于检查《中华人民共和国行政诉讼法》实施情况的报告。会议还听取和评议省经济贸易委员会（简称省经贸委）主任、省建设厅厅长、省民政厅厅长的述职报告。审议通过有关人事任免事项。

第三章　省人大常委会主要工作

第一节　地方立法

1979年7月1日第五届全国人民代表大会第二次会议通过、1980年1月1日起施行的《中华人民共和国地方各级人民代表大会和地方各级人民政府组织法》，授予省级地方国家权力机关享有地方性法规的制定权；1981年11月26日第五届全国人民代表大会常务委员会第二十一次会议，通过关于授权广东省、福建省人大及其常委会制定所属经济特区的各项单行经济法规的决议。省人大常委会根据地方组织法的规定和全国人大常委会的授权，认真履行职责，根据改革开放和现代化建设的需要，以经济立法为重点，制定了一大批涵盖经济建设、社会管理、环境与资源保护以及教育、科学、文化、卫生事业发展等各个方面的地方性法规，为广东省的经济发展和社会的全面进步提供了强有力的法制保障。

一、立法机制

在地方立法工作中，广东省人大常委会重视立法的公开化、民主化、科学化，努力完善立法机制，扩大公民对立法工作的参与，增强立法工作的透明度和民主性。

1993年，省人大常委会着手制定《广东省经纪人管理条例》。鉴于经纪在当时仍属比较新的职业，而且国家也没有相应的法律规范，省人大常委会决定把该条例草案委托给有关专家学者起草，由中山大学法律系讲师杨建广、黄建武和广东省社科院法学研究所助理研究员骆梅芬3人组成起草小组，这是广东省首次委托专家起草地方性法规草案。该条例在1993年11月省八届人大常委会第5次会议上通过，得到新闻界的关注和法学界的好评。

1997年，省人大常委会在报纸上公布《广东省燃器管理条例（草案）》，向社会公开征求意见，让公众参与立法，这在广东地方立法上是第一次。1998年的《广东省商品房预售管理条例》《广东省物业管理条例》两个法规草案在《羊城晚报》刊登后，600多名群众以传真、电话、信函等方式向省人大提意见，成为立法的参与者。2000年9月省九届人大常委会第二十次会议修正的《广东省人民代表大会常务委员会议事规则》第二十二条规定："重要的地方性法规草案，经主任会议决定，可以将法规草案或主要内容公布，征求社会各界的意见"，这一做法正式写入常委会议事规则，形成立法制度。

1999年9月9日，广东省人大常委会修订《广东省建设工程招标投标管理条例》时，首次公开举行听证会。这是全国首次在立法工作中引入立法听证会。8月底公布接受公众报名消息后，各界人士踊跃参加，共有60多人在听证会上发言或旁听。这次听证会还引起了全国媒体的广泛关注，有28家新闻媒体参与了现场采访报道，并誉其为"立法民主化、公开化的里程碑”。2000年3月，十届全国人大三次会议通过的立法法，吸纳了立法听证程序的新规定。

为了发挥法学、经济学等理论工作者和具有丰富立法经验的专业人士在立法工作中的参谋作用，2000年9月省人大常委会首次聘请了8位立法顾问，此后又多次聘请立法顾问，使立法顾问制度逐步建立。

二、制定地方性法规

1979年7月，中共中央、国务院决定让广东、福建两省实行特殊政策、灵活措施。根据这一决定，省委提出“对外更加开放、对内更加搞活、对下更加放权”的方针，指出：为适应改革开放的需要，必须“尽快制定必要的经济法规和规章制度。除中央统一制定颁布的外，属于地方职权范围内的，我们要抓紧制订并颁布实行”。

1980年2月2日，广东省五届人大常委会第二次会议通过了《广东省计划生育条例》，这是广东省人大常委会设立40天后通过的第一项地方性法规。

为保证广东省经济特区建设成功，1980年4月，省五届人大常委会第三次会议审议通过《广东省经济特区条例（代拟草案）》，同年8月，经国务院提请全国人大常委会批准颁布实施。其后又陆续制定经济特区企业登记管理等19个单行经济法规，使经济特区的法规逐步配套，各项建设和管理工作逐步走上法制轨道。20世纪80年代制定广东的地方性法规中，有关特区的立法占总数的30%。

广东是改革开放的前沿，经济建设发展快，新问题、新事物、新现象不断出现，经济社会的发展迫切需要法制的规范。在这种背景下，1993年起，广东省人大常委会提出“全速推进立法”的口号，加快了立法步伐。省八届人大常委会期间共立法152项，比五至七届立法总数还多42项。仅1993—1994年间，省人大常委会制定和批准的地方性法规就达60项，比七届人大常委会五年任期间的立法总数52项还多8项。立法速度为全国的省级人大和地方人大常委会立法中仅见。

22年来广东地方立法最突出的一点，是广东省人大常委会十分注重经济立法。经济立法占了立法总数的60%。先后通过了《广东省公司条例》《广东省房地产开发经营条例》《广东省公司破产条例》《建设工程招标投标管理条例》《广东省商品房预售管理条例》《广东省资产评估管理条例》《广东省个体工商户和私营企业权益保护条例》等。这些法规不少是相互配套的，体现了社会主义市场经济的公平、公开、公正、效率的原则，保障了市场主体的平等竞争，不但保证广东改革开放的顺利发展，而且也将成为今后广东社会经济进一步发展的重要保障。

在加强经济立法的同时，广东省人大常委会也重视关系社会全面发展和维护人民群众权益方面的地方性法规的制定，先后通过了《广东省禁止赌博条例》《广东省森林保护管理条例》《广东省普及九年制义务教育实施办法》《广东省青少年保护条例》《广东省社会养老保险条例》《广东省社会救济条例》《广东省行政执法责任制条例》等一大批社会发展所需的地方性法规。截至2000年12月，省人大常委会制定或批准的地方性法规（未包括规范性决议、决定）327件，其间根据经济和社会发展的情况又废止了102件（含自行失效），现行有效的225件。

三、1979—2000年省地方性法规

1979—2000年，省人大及其常委会制定地方性法规247件。

1979年

《广东省人民政府关于处理偷渡外逃的规定》

（1979年12月26日广东省第五届人民代表大会第二次会议批准1980年1月8日广东省人民政府公布施行）

1980年

《广东省计划生育条例》

（1980年2月2日广东省第五届人民代表大会常务委员会第二次会议通过1980年2月2日广东省人民代表大会常务委员会公告第一号公布施行）

《广东省经济特区条例》

（1980年4月15日广东省第五届人民代表大会常务委员会第三次会议通过1980年8月20日第五届全国人民代表大会常务委员会第十五次会议批准施行）

《广东省各级人民代表大会选举实施细则》

（1980年8月13日广东省第五届人民代表大会常务委员会第五次会议通过1980年10月3日广东省人民代表大会常务委员会公告第五号公布施行）

1981年

《广东省人民政府关于禁止贩毒、吸毒的暂行规定》

（1981年8月7日广东省第五届人民代表大会常务委员会第十一次会议批准1981年8月15日广东省人民政府公布1981年8月18日起施行）

《广东省人民政府关于取缔嫖宿、卖淫活动的暂行规定》

（1981年8月7日广东省第五届人民代表大会常务委员会第十一次会议批准1981年8月15日广东省人民政府公布1981年8月18日起施行）

《广东省经济特区入境出境人员管理暂行规定》

（1981年11月17日广东省第五届人民代表大会常务委员会第十三次会议通过1981年12月24日广东省第五届人民代表大会常务委员会公告第六号公布1982年1月1日起施行）

《广东省经济特区企业登记管理暂行规定》

（1981年11月17日广东省第五届人民代表大会常务委员会第十三次会议通过1981年12月24日广东省第五届人民代表大会常务委员会公告第六号公布1982年1月1日起施行）

《广东省经济特区企业劳动工资管理暂行规定》

（1981年11月17日广东省第五届人民代表大会常务委员会第十三次会议通过1981年12月24日广东省第五届人民代表大会常务委员会公告第六号公布1982年1月1日起实施）

《深圳经济特区土地管理暂行规定》

（1981年11月17日广东省第五届人民代表大会常务委员会第十三次会议通过1981年12月24日广东省第五届人民代表大会常务委员会公告第六号公布1982年1月1日起施行）

《广东省城市公共卫生管理暂行条例》

（1981年11月17日广东省第五届人民代表大会常务委员会第十三次会议通过1981年10月21日广东省人民政府公布1982年1月1日起施行）

1982年

《广东省人民政府关于禁止赌博的处罚条例》

（1982年5月21日广东省第五届人民代表大会常务委员会第十七次会议通过1982年6月18日广东省人民政府公布施行）

《广东省物价管理暂行条例》

（1982年5月21日广东省第五届人民代表大会常务委员会第十七次会议通过1982年6月19日广东省人民政府公布施行）

《广东省城市建设管理暂行条例》

（1982年5月21日广东省第五届人民代表大会常务委员会第十七次会议通过1982年6月19日广东省人民政府公布施行）

《广东省人民政府关于查禁淫书淫画和其他诲淫性物品暂行条例》

（1982年12月19日广东省第五届人民代表大会常务委员会第二十一次会议通过1982年12月29日广东省人民政府公布施行）

1983年

《深圳经济特区商品房产管理规定》

（1983年11月15日广东省第六届人民代表大会常务委员会第四次会议通过1983年11月22日广东省人民政府公布施行）

《广东省国家建设征用土地实施办法》

（1983年11月15日广东省第六届人民代表大会常务委员会第四次会议通过1983年12月15日广东省人民政府公布施行）

1984年

《深圳经济特区涉外经济合同规定》

（1984年1月11日广东省第六届人民代表大会常务委员会第五次会议通过1984年2月7日广东省人民政府公布施行）

《深圳经济特区技术引进暂行规定》

（1984年1月11日广东省第六届人民代表大会常务委员会第五次会议通过1984年2月8日广东省人民政府公布施行）

《广东省河道堤防管理条例》

（1984年6月16日广东省第六届人民代表大会常务委员会第八次会议通过1984年7月4日

广东省人民政府公布施行）

《广州市国家建设征用土地和拆迁房屋实施办法》

（1984年11月9日广东省第六届人民代表大会常务委员会第十次会议批准1984年11月22日广州市人民代表大会常务委员会公告第一号公布施行）

1985年

《广东省保护妇女儿童合法权益的若干规定》

（1985年1月10日广东省第六届人民代表大会常务委员会第十一次会议通过1985年1月22日广东省人民代表大会常务委员会公告第四号公布施行）

《广东省机关、团体、企业、事业单位安全保卫责任制条例》

（1985年1月10日广东省第六届人民代表大会常务委员会第十一次会议通过1985年1月28日广东省人民政府公布施行）

《广东省经济特区企业工会规定》

（1985年5月8日广东省第六届人民代表大会常务委员会第十三次会议通过1985年5月25日广东省人民代表大会常务委员会公告第六号公布施行）

《广东省人民代表大会常务委员会关于制定地方性法规程序的暂行规定》

（1985年10月30日广东省第六届人民代表大会常务委员会第十六次会议通过1985年12月1日起施行）

《广州市经济合同管理规定》

（1985年10月30日广东省第六届人民代表大会常务委员会第十六次会议批准1985年11月25日广州市人民代表大会常务委员会公告第二号公布1985年1月1日起施行）

《广东省矿产资源开发管理暂行规定》

（1985年12月25日广东省第六届人民代表大会常务委员会第十七次会议通过1986年1月25日广东省人民政府公布1986年4月1日起施行）

《深圳经济特区抵押贷款管理规定》

（1985年12月25日广东省第六届人民代表大会常务委员会第十七次会议通过1986年2月13日广东省人民政府公布施行）

《广东省经济特区涉外企业会计管理规定》

（1985年12月25日广东省第六届人民代表大会常务委员会第十七次会议通过1986年2月14日广东省人民政府公布1986年3月1日起施行）

1986年

《广东省水土保持工作管理规定》

（1986年2月22日广东省第六届人民代表大会常务委员会第十八次会议通过1986年3月11日广东省人民政府公布1986年4月1日起施行）

《深圳经济特区与内地之间人员往来管理规定》

（1986年2月22日广东省第六届人民代表大会常务委员会第十八次会议通过1986年3月12日广东省人民政府公布1986年4月1日起施行）

《广东省技术市场管理规定》

（1986年7月30日广东省第六届人民代表大会常务委员会第二十一次会议通过1986年8月10日广东省人民代表大会常务委员会公告第十一号公布1986年10月1日起施行）

《广东省普及九年制义务教育实施办法》

（1986年9月28日广东省第六届人民代表大会常务委员会第二十二次会议通过1986年10月7日广东省人民代表大会常务委员会公告第十二号公布施行）

《广东省经济特区涉外公司条例》

（1986年9月28日广东省第六届人民代表大会常务委员会第二十二次会议通过1986年10月20日广东省人民代表大会常务委员会公告第十三号公布1987年1月1日起施行）

《深圳经济特区涉外公司破产条例》

（1986年11月29日广东省第六届人民代表大会常务委员会第二十三次会议通过1986年12月7日广东省人民代表大会常务委员会公告第十四号公布1987年7月1日起施行）

《广东省土地管理实施办法》

（1986年11月29日广东省第六届人民代表大会常务委员会第二十三次会议通过1986年12月19日广东省人民代表大会常务委员会公告第十五号公布1987年1月1日起施行）

1987年

《广州经济技术开发区条例》

（1987年1月22日广东省第六届人民代表大会常务委员会第二十四次会议通过1987年2月19日广州市人民代表大会常务委员会公布施行）

《广州市饮用水源污染防治条例》

（1987年1月22日广东省第六届人民代表大会常务委员会第二十四次会议通过1987年2月19日广州市人民代表大会常务委员会公布1987年6月1日起施行）

《广东省森林管理实施办法》

（1987年3月7日广东省第六届人民代表大会常务委员会第二十五次会议通过1987年3月26日广东省人民代表大会常务委员会公告第十六号公布施行）

《广东省国家建设征用土地拆除城镇华侨房屋的规定》

（1987年3月7日广东省第六届人民代表大会常务委员会第二十五次会议通过1987年3月20日广东省人民代表大会常务委员会公告第十七号公布施行）

《广东省连南瑶族自治县自治条例》

（1987年3月7日广东省第六届人民代表大会常务委员会第二十五次会议批准施行）

《广东省关于收容处理城市流浪乞讨人员的规定》

（1987年5月8日广东省第六届人民代表大会常务委员会第二十六次会议通过1987年5月15日广东省人民代表大会常务委员会公告第十八号公布1987年7月1日起施行）

《广东省关于取缔卖淫、嫖宿暗娼的规定》

（1987年6月19日广东省第六届人民代表大会常务委员会第二十七次会议通过1987年6月20日广东省人民代表大会常务委员会公告第十九号公布施行）

《广东省关于律师执行职务的若干规定》

（1987年8月27日广东省第六届人民代表大会常务委员会第二十八次会议通过1987年9月3日广东省人民代表大会常务委员会公告第二十号公布施行）

《深圳经济特区土地管理规定》

（1987年12月29日广东省第六届人民代表大会常务委员会第三十次会议通过1988年1月3日广东省人民代表大会常务委员会公告第二十一号公布施行）

《广东省社会团体登记管理规定》

（1987年12月29日广东省第六届人民代表大会常务委员会第三十次会议通过1988年1月20日广东省人民代表大会常务委员会公告第二十三号公布1988年4月1日起施行）

1988年

《广东省劳动安全卫生条例》

（1988年1月16日广东省第六届人民代表大会常务委员会第三十一次会议通过1988年2月25日广东省人民代表大会常务委员会公告第二十四号公布1988年5月1日起施行）

《广州市食品商贩和城乡集市食品经营者食品卫生管理规定》

（1988年3月17日广东省第七届人民代表大会常务委员会第一次会议批准1988年3月31日广州市人民代表大会常务委员会公告第五号公布1988年6月1日起施行）

《广东省人民代表大会常务委员会议事规则（试行）》

（1988年6月18日广东省第七届人民代表大会常务委员会第二次会议通过）

《广东省查禁淫秽物品条例》

（1988年6月18日广东省第七届人民代表大会常务委员会第二次会议通过1988年6月23日广东省人民代表大会常务委员会公告第一号公布1988年7月1日起施行）

《广东省连山壮族瑶族自治县自治条例》

（1988年3月16日连山壮族瑶族自治县第四届人民代表大会第二次会议通过1988年6月18日广东省第七届人民代表大会常务委员会第二次会议批准施行）

《广东省乳源瑶族自治县自治条例》

（1988年3月27日乳源瑶族自治县第五届人民代表大会第二次会议通过1988年6月18日广东省第七届人民代表大会常务委员会第二次会议批准施行）

《广东省集会游行示威规定》

（1988年8月12日广东省第七届人民代表大会常务委员会第三次会议通过1988年8月28日广东省人民代表大会常务委员会公告第二号公布施行）

《广东省经济特区劳动条例》

（1988年8月12日广东省第七届人民代表大会常务委员会第三次会议通过1988年8月19日广东省人民代表大会常务委员会公告第三号公布施行）

1989年

《广东省青少年保护条例》

（1989年2月24日广东省第七届人民代表大会常务委员会第六次会议通过1989年3月2日广东省人民代表大会常务委员会公告第五号公布1989年5月4日起施行）

《广东省人民代表大会议事规则（试行）》

（1989年3月9日广东省第七届人民代表大会第二次会议通过1989年3月16日公布施行）

《广东省各级人民代表大会常务委员会法律监督工作条例》

（1989年3月9日广东省第七届人民代表大会第二次会议通过1989年3月16日公布1989年6月1日起施行）

《广东省保护公民举报条例》

（1989年6月29日广东省第七届人民代表大会常务委员会第八次会议通过1989年7月6日广东省人民代表大会常务委员会公告第六号施行）

《广东省保护消费者合法权益条例》

（1989年6月29日广东省第七届人民代表大会常务委员会第八次会议通过1989年7月17日广东省人民代表大会常务委员会公告第七号公布1989年9月1日起施行）

《广州市职工教育管理条例》

（1989年11月3日广东省第七届人民代表大会常务委员会第十次会议通过1989年11月13日广州市人民代表大会常务委员会公告第六号公布施行）

1990年

《广东省征兵工作规定》

（1990年1月7日广东省第七届人民代表大会常务委员会第十一次会议通过1990年1月15日广东省人民代表大会常务委员会公告第九号公布1990年2月1日起施行）

《广东省人民代表大会常务委员会关于县、乡两级人民代表大会换届选举若干问题的规定》

（1990年1月7日广东省第七届人民代表大会常务委员会第十一次会议通过）

《广东省经济特区抵押贷款管理规定》

（1990年2月28日广东省第七届人民代表大会常务委员会第十二次会议通过1990年3月19日广东省人民代表大会常务委员会公告第十号公布施行）

《广东省渔业管理实施办法》

（1990年2月28日广东省第七届人民代表大会常务委员会第十二次会议通过1990年3月23日广东省人民代表大会常务委员会公告第十一号公布1990年4月1日起施行）

《广东省实施〈中华人民共和国集会游行示威法〉办法》

（1990年5月5日广东省第七届人民代表大会常务委员会第十三次会议通过1990年5月9日广东省人民代表大会常务委员会公告第十二号公布施行）

《广州市集会游行示威若干规定》

（1990年5月5日广东省第七届人民代表大会常务委员会第十三次会议批准1990年5月15日广州市第九届人民代表大会常务委员会公告第七号公布施行）

《广州市农村集体经济承包合同管理规定》

（1990年7月5日广东省第七届人民代表大会常务委员会第十四次会议批准1990年7月28日广州市第九届人民代表大会常务委员会公告第九号公布施行）

1991年

《广东省维护老年人合法权益条例》

（1991年1月10日广东省第七届人民代表大会常务委员会第十七次会议通过1991年1月23日广东省第七届人民代表大会常务委员会公告第十三号公布1991年2月1日起施行）

《广东省东江水系水质保护条例》

（1991年1月10日广东省第七届人民代表大会常务委员会第十七次会议通过1991年2月18日广东省第七届人民代表大会常务委员会公告第十四号公布施行）

《广州市社会文化市场管理暂行条例》

（1991年1月10日广东省第七届人民代表大会常务委员会第十七次会议批准1991年2月5日广州市第九届人民代表大会常务委员会公告第十号公布施行）

《广东省经济特区土地管理条例》

（1991年5月10日广东省第七届人民代表大会常务委员会第二十次会议通过1991年5月22日广东省第七届人民代表大会常务委员会公告第十五号公布施行）

《广州市社会治安综合治理条例》

（1991年7月30日广东省第七届人民代表大会常务委员会第二十一次会议批准1991年8月15日广州市第九届人民代表大会常务委员会公告第十一号公布施行）

《广东省土地管理实施办法》

（1986年11月29日广东省第六届人民代表大会常务委员会第二十三次会议通过1991年7月30日广东省第七届人民代表大会常务委员会第二十一次会议通过修正1991年8月23日广东省第七届人民代表大会常务委员会公告第十六号重新公布施行）

《广东省禁止赌博条例》

（1991年9月20日广东省第七届人民代表大会常务委员会第二十二次会议通过1991年10月9日广东省第七届人民代表大会常务委员会公告第十七号公布施行）

《广东省实施〈中华人民共和国水法〉办法》

（1991年9月20日广东省第七届人民代表大会常务委员会第二十二次会议通过1991年10月13日广东省第七届人民代表大会常务委员会公告第十八号公布1991年12月1日起施行）

《广东省行政事业性收费管理条例》

（1991年11月22日广东省第七届人民代表大会常务委员会第二十三次会议通过1991年12月7日广东省第七届人民代表大会常务委员会公告第十九号公布1992年1月1日起施行

1992年

《广州市实施〈中华人民共和国水法〉办法》

（1992年3月13日广东省第七届人民代表大会常务委员会第二十五次会议批准1992年5月20日广州市第九届人民代表大会常务委员会公告第十三号公布施行）

《广东省农村社区合作经济承包合同管理条例》

（1992年3月13日广东省第七届人民代表大会常务委员会第二十五次会议通过1992年5月2日广东省第七届人民代表大会常务委员会公告第二十号公布1992年6月1日起施行）

《广州市销售燃放烟花爆竹管理规定》

（1992年3月13日广东省第七届人民代表大会常务委员会第二十五次会议批准1992年3月19日广州市第九届人民代表大会常务委员会公告第十二号公布1992年6月1日起施行）

《广州市大气污染防治规定》

（1992年5月16日广东省第七届人民代表大会常务委员会第二十六次会议批准1992年7月7日广州市第九届人民代表大会常务委员会公告第十四号公布施行）

《广东省乡、镇人民代表大会主席团工作条例》

（1992年7月18日广东省第七届人民代表大会常务委员会第二十七次会议通过1992年8月5日广东省第七届人民代表大会常务委员会公告第二十二号公布施行）

《广州市禁止生产和经销假冒伪劣商品条例》

（1992年7月18日广东省第七届人民代表大会常务委员会第二十七次会议批准1992年8月8日广州市第九届人民代表大会常务委员会公告第十五号公布施行）

《广东省实施〈中华人民共和国城市规划法〉办法》

（1992年7月18日广东省第七届人民代表大会常务委员会第二十七次会议通过1992年8月15日广东省第七届人民代表大会常务委员会公告第二十三号公布施行）

《广东省各级人民代表大会选举实施细则》

（1992年7月18日广东省第七届人民代表大会常务委员会第二十七次会议通过1992年8月22日广东省第七届人民代表大会常务委员会公告第二十一号公布施行）

《广东省归侨侨眷权益保护实施办法》

（1992年9月26日广东省第七届人民代表大会常务委员会第二十八次会议通过1992年10月10日广东省第七届人民代表大会常务委员会公告第二十四号公布施行）

《广东省统计管理条例》

（1992年9月26日广东省第七届人民代表大会常务委员会第二十八次会议通过1992年10月27日广东省第七届人民代表大会常务委员会公告第二十五号公布施行）

《广州市野生动物保护管理若干规定》

（1991年12月7日广州市第九届人民代表大会常务委员会第十九次会议通过修正草案1992年9月26日广东省第七届人民代表大会常务委员会第二十八次会议批准1992年11月16日广州市第九届人民代表大会常务委员会公告第十六号公布施行）

《广东省计划生育条例》

（1992年11月28日广东省第七届人民代表大会常务委员会第二十九次会议通过1992年12月24日广东省第七届人民代表大会常务委员会公告第三十号公布施行）

《广东省抵押贷款管理条例》

（1992年11月28日广东省第七届人民代表大会常务委员会第二十九次会议通过1992年12月20日广东省第七届人民代表大会常务委员会公告第二十八号公布施行）

《广东省珠海经济特区房地产管理条例》

（1992年11月28日广东省第七届人民代表大会常务委员会第二十九次会议通过1992年12月13日广东省第七届人民代表大会常务委员会公告第二十九号公布施行）

《广州市饮用水源污染防治条例》

（1987年1月17日广州市第八届人民代表大会常务委员会第二十五次会议通过1987年1月22日广东省第六届人民代表大会常务委员会第二十四次会议批准1992年9月24日广州市第九届人民代表大会常务委员会第三十五次会议通过1992年11月28日广东省第七届人民代表大会常务委员会第二十九次会议批准的《关于修改〈广州市饮用水源污染防治条例〉》的修正1992年12月29日广州市第九届人民代表大会常务委员会公告第十七号公布施行）

1993年

《广东省制定地方性法规规定》

（1993年5月14日广东省第八届人民代表大会常务委员会第二次会议通过1993年6月8日广东省第八届人民代表大会常务委员会公告第六号公布施行）

《广东省公司条例》

（1993年5月14日广东省第八届人民代表大会常务委员会第二次会议通过1993年6月4日广东省第八届人民代表大会常务委员会公告第七号公布1993年8月1日施行）

《广东省公司破产条例》

（1993年5月14日广东省第八届人民代表大会常务委员会第二次会议通过1993年6月13日广东省第八届人民代表大会常务委员会公告第八号公布1993年8月1日施行）

《广东省对外加工装配业务条例》

（1993年5月14日广东省第八届人民代表大会常务委员会第二次会议通过1993年6月1日广东省第八届人民代表大会常务委员会公告第九号公布施行）

《湛江经济技术开发区条例》

（1993年5月14日广东省第八届人民代表大会常务委员会第二次会议通过1993年6月2日广东省第八届人民代表大会常务委员会公告第十号公布施行）

《广州市社会力量办学管理条例》

（1992年12月26日广州市第九届人民代表大会常务委员会第三十七次会议通过1993年5月14日广东省第八届人民代表大会常务委员会第二次会议批准1993年7月15日广州市人民代表大会常务委员会公告第十八号公布实施）

《广东省禁止赌博条例》

（1993年7月15日广东省第八届人民代表大会常务委员会第三次会议通过1993年7月31日广东省第八届人民代表大会常务委员会公告第十三号公布施行）

《广东省惩处为赌博放贷非法索债的规定》

（1993年7月15日广东省第八届人民代表大会常务委员会第三次会议通过1993年7月31日广东省第八届人民代表大会常务委员会公告第十四号公布施行）

《广东省科学技术人员继续教育规定》

（1993年7月15日广东省第八届人民代表大会常务委员会第三次会议通过1993年7月29日广东省第八届人民代表大会常务委员会公告第十五号公布施行）

《广东省乳源瑶族自治县水资源管理条例》

（1993年3月11日乳源瑶族自治县第七次人民代表大会第一次会议通过1993年7月15日广东省第八届人民代表大会常务委员会第三次会议批准1993年8月5日广东省第八届人民代

表大会常务委员会公告第十六号公布施行）

《广东省建设工程招标投标管理条例》

（1993年7月15日广东省第八届人民代表大会常务委员会第三次会议通过1993年8月22日广东省第八届人民代表大会常务委员会公告第十七号公布施行）

《广东省野生动物保护管理规定》

（1993年7月15日广东省第八届人民代表大会常务委员会第三次会议通过1993年8月30日广东省第八届人民代表大会常务委员会公告第十八号公布施行）

《广东省经济特区城市市容和环境卫生管理规定》

（1993年9月16日广东省第八届人民代表大会常务委员会第四次会议通过1993年10月16日广东省第八届人民代表大会常务委员会公告第二十一号公布1994年1月1日施行）

《广东省基本农田保护区管理条例》

（1993年9月16日广东省第八届人民代表大会常务委员会第四次会议通过1993年10月13日广东省第八届人民代表大会常务委员会公告第二十二号公布施行）

《广东省实施〈中华人民共和国水土保持法〉办法》

（1993年9月16日广东省第八届人民代表大会常务委员会第四次会议通过1993年10月13日广东省第八届人民代表大会常务委员会公告第二十三号公布施行）

《广州市义务兵征集优待和退伍安置规定》

（1993年5月18日广州市第九届人民代表大会常务委员会第四十次会议通过1993年9月16日广东省第八届人民代表大会常务委员会第四次会议批准1993年10月15日广州市人民代表大会常务委员会公告第十九号公布实施）

《广东省营业性电子游戏机室管理规定》

（1993年9月16日广东省第八届人民代表大会常务委员会第四次会议通过1993年10月5日广东省第八届人民代表大会常务委员会公告第二十四号公布施行）

《广东省高等教育管理条例》

（1993年11月16日广东省第八届人民代表大会常务委员会第五次会议通过1993年11月22日广东省第八届人民代表大会常务委员会公告第二十七号公布施行）

《广东省惩处黑社会组织活动规定》

（1993年11月16日广东省第八届人民代表大会常务委员会第五次会议通过1993年11月26日广东省第八届人民代表大会常务委员会公告第二十八号公布1993年12月1日起施行）

《广东省邮电通信管理条例》

（1993年11月16日广东省第八届人民代表大会常务委员会第五次会议通过1993年11月29日广东省第八届人民代表大会常务委员会公告第二十九号公布施行）

《广东省产品质量监督条例》

（1993年11月16日广东省第八届人民代表大会常务委员会第五次会议通过1993年11月29日广东省第八届人民代表大会常务委员会公告第三十号公布施行）

《广东省珠海经济特区职工社会保险条例》

（1993年11月16日广东省第八届人民代表大会常务委员会第五次会议通过1993年12月6日广东省第八届人民代表大会常务委员会公告第三十一号公布1994年1月1日起施行）

《广东省经纪人管理条例》

（1993年11月16日广东省第八届人民代表大会常务委员会第五次会议通过1993年11月24日广东省第八届人民代表大会常务委员会公告第三十二号公布施行）

《广东省房地产开发经营条例》

（1993年11月16日广东省第八届人民代表大会常务委员会第五次会议通过1993年12月20日广东省第八届人民代表大会常务委员会公告第三十三号公布施行）

1994年

《广东省城镇房地产转让条例》

（1994年1月18日广东省第八届人民代表大会常务委员会第六次会议通过）

《广东省民营科技企业权利条例》

（1994年1月18日广东省第八届人民代表大会常务委员会第六次会议通过1994年2月6日广东省第八届人民代表大会常务委员会公告第四十号公布施行）

《广东省企业职工劳动权益保障规定》

（1994年1月18日广东省第八届人民代表大会常务委员会第六次会议通过根据1994年4月30日广东省第八届人民代表大会常务委员会第八次会议《关于修改〈广东省企业职工劳动权益保障规定〉第十二条的决定》第一次修正）

《广东省安置刑满释放和解除劳动教养人员的规定》

（1994年1月18日广东省第八届人民代表大会常务委员会第六次会议通过1994年2月4日广东省第八届人民代表大会常务委员会公告第三十八号公布1994年3月1日起施行）

《广东省各级人民代表大会常务委员会监督条例》

（1994年2月26日广东省第八届人民代表大会常务委员会第二次会议通过1994年2月26日广东省人民代表大会公告第四号公布施行）

《广东省实施〈中华人民共和国全国人民代表大会和地方各级人民代表大会代表法〉办法》

（1994年2月26日广东省第八届人民代表大会常务委员会第二次会议通过1994年2月26日广东省第八届人民代表大会常务委员会公告第五号公布施行）

《广东省城镇房屋租赁条例》

（1994年4月30日广东省第八届人民代表大会常务委员会第八次会议通过）

《广东省森林保护管理条例》

（1994年2月26日广东省第八届人民代表大会常务委员会第二次会议通过）

《广东省城镇房地产权登记条例》

（1994年7月6日广东省第八届人民代表大会常务委员会第九次会议通过根据1999年11月27日广东省人民代表大会常务委员会第十三次会议《关于修改〈广东省城镇房地产权登记条例〉的决定》修订）

《广东省房地产评估条例》

（1994年7月6日广东省第八届人民代表大会常务委员会第九次会议通过）

《广东省渔港管理条例》

（1994年7月6日广东省第八届人民代表大会常务委员会第九次会议通过）

《广东省建设项目环境保护管理条例》

（1994年7月6日广东省第八届人民代表大会常务委员会第九次会议通过根据1997年9月22日广东省第八届人民代表大会常务委员会第三十一次会议《关于修改〈广东省建设项目环境保护管理条例〉的决定》修正）

《广东省实施〈中华人民共和国妇女权益保障法〉规定》

（1994年7月6日广东省第八届人民代表大会常务委员会第九次会议通过根据1997年4月3日广东省第八届人民代表大会常务委员会第二十八次会议关于修改《广东省实施〈中华人民共和国妇女权益保障法〉规定》的决定修正）

《广东省基金会管理条例》

（1994年7月6日广东省第八届人民代表大会常务委员会第九次会议通过）

《广东省出租屋暂住人员治安管理规定》

（1994年9月15日广东省第八届人民代表大会常务委员会第十次会议通过）

《广东省实施〈中华人民共和国工会法〉办法》

（1994年9月15日广东省第八届人民代表大会常务委员会第十次会议通过）

《广东省城镇华侨房屋租赁规定》

（1994年11月17日广东省第八届人民代表大会常务委员会第十一次会议通过）

《广东省书报刊市场管理条例》

（1994年11月17日广东省第八届人民代表大会常务委员会第十一次会议通过）

《广东省征用农村集体所有土地各项补偿费管理办法》

（1994年11月17日广东省第八届人民代表大会常务委员会第十一次会议通过）

《广东省实施〈中华人民共和国矿山安全法〉办法》

（1994年11月17日广东省第八届人民代表大会常务委员会第十一次会议通过）

1995年

《广东省道路运输管理条例》

（1995年1月13日广东省第八届人民代表大会常务委员会第十二次会议通过）

《广东省典当条例》

（1995年5月9日广东省第八届人民代表大会常务委员会第十五次会议通过）

《广东省实施〈中华人民共和国农业技术推广法〉办法》

（1995年5月9日广东省第八届人民代表大会常务委员会第十五次会议通过）

《广东省拆迁城镇华侨房屋规定》

（1995年5月9日广东省第八届人民代表大会常务委员会第十五次会议通过1995年5月18日广东省第八届人民代表大会常务委员会公告第七十九号公布施行）

《广东省公路路政管理条例》

（1995年9月19日广东省第八届人民代表大会常务委员会第十七次会议通过）

《广东省土地权属纠纷处理条例》

（1995年9月19日广东省第八届人民代表大会常务委员会第十七次会议通过）

《广东省促进科学技术进步条例》

（1995年9月19日广东省第八届人民代表大会常务委员会第十七次会议通过）

《广东省森林防火管理规定》

（1995年11月21日广东省第八届人民代表大会常务委员会第十八次会议通过1995年12月6日广东省第八届人民代表大会常务委员会公告92号公布施行）

《广东省航道管理条例》

（1995年11月21日广东省第八届人民代表大会常务委员会第十八次会议通过）

《广东省乡镇人民代表大会主席和主席团工作条例》

（1995年11月21日广东省第八届人民代表大会常务委员会第十八次会议通过1995年12月25日广东省第八届人民代表大会常务委员会公告94号公布施行）

《广东省各级人民代表大会常务委员会人事任免办法》

（1995年11月21日广东省第八届人民代表大会常务委员会第十八次会议通过1995年11月25日广东省第八届人民代表大会常务委员会公告第91号公布施行）

1996年

《广东省农村集体资产管理条例》

（1996年1月12日广东省第八届人民代表大会常务委员会第十九次会议通过）

《广东省经济合同管理条例》

（1996年4月5日广东省第八届人民代表大会常务委员会第二十一次会议通过）

《广东省实施〈中华人民共和国反不正当竞争法〉办法》

（1996年4月5日广东省第八届人民代表大会常务委员会第二十一次会议通过1997年5月18日广东省第八届人民代表大会常务委员会公告第102号公布施行）

《广东省珠海市饮用水源水质保护条例》

（1996年4月5日广东省第八届人民代表大会常务委员会第二十一次会议通过）

《广东省实施〈中华人民共和国城市居民会组织法〉办法》

（1996年4月5日广东省第八届人民代表大会常务委员会第二十一次会议通过1997年5月27日广东省第八届人民代表大会常务委员会公告第104号公布施行）

《广东省企业集体合同条例》

（1996年6月1日广东省第八届人民代表大会常务委员会第二十二次会议通过）

《广东省各级人民代表大会常务委员会评议工作规定》

（1996年7月12日广东省第八届人民代表大会常务委员会第二十三次会议通过）

《广东省劳动监察条例》

（1996年7月12日广东省第八届人民代表大会常务委员会第二十三次会议通过）

《广东省规章设定罚款限额规定》

（1996年9月25日广东省第八届人民代表大会常务委员会第二十四次会议通过）

《广东省专利保护条例》

（1996年9月25日广东省第八届人民代表大会常务委员会第二十四次会议通过1996年10月9日广东省第八届人民代表大会常务委员会公告第119号公布施行）

《广东省农民负担管理条例》

（1996年9月25日广东省第八届人民代表大会常务委员会第二十四次会议通过1996年10月14日广东省第八届人民代表大会常务委员会公告第120号公布施行）

《广东省农作物种子管理条例》

（1996年9月25日广东省第八届人民代表大会常务委员会第二十四次会议通过1996年10月14日广东省第八届人民代表大会常务委员会公告第121号公布施行）

《广东省建设工程质量管理条例》

（1996年9月25日广东省第八届人民代表大会常务委员会第二十四次会议通过）

《广东省书报刊市场管理条例》

（1994年11月17日广东省第八届人民代表大会常务委员会第十一次会议通过根据1996年9月25日广东省第八届人民代表大会常务委员会第二十四次会议关于修改《广东省书报刊市场管理条例》第七条的决定第一次修正）

《广东省各级人民代表大会常务委员会执法检查工作规定》

（1996年12月3日广东省第八届人民代表大会常务委员会第二十五次会议通过1996年12月15日广东省人民代表大会常务委员会公告第126号公布施行）

1997年

《广东省气象管理规定》

（1997年1月18日广东省第八届人民代表大会常务委员会第二十六次会议通过）

《广东省华侨捐赠兴办公益事业管理条例》

（1997年1月18日广东省第八届人民代表大会常务委员会第二十六次会议通过1997年2月4日广东省人民代表大会常务委员会公告第131号公布施行）

《广东省各级人民代表大会常务委员会实施个案监督工作规定》

（1997年1月18日广东省第八届人民代表大会常务委员会第二十六次会议通过1997年2月13日广东省第八届人民代表大会常务委员会公布施行）

《广东省城镇房地产转让条例》

（1994年1月18日广东省第八届人民代表大会常务委员会第六次会议通过根据1997年4月3日广东省第八届人民代表大会常务委员会第二十八次会议关于修改《广东省城镇房地产转让条例的决定》修正）

《广东省实施〈中华人民共和国妇女权益保障法〉规定》

（1994年7月6日广东省第八届人民代表大会常务委员会第九次会议通过根据1997年4月3日广东省第八届人民代表大会常务委员会第二十八次会议关于修改《广东省实施〈中华人民共和国妇女权益保障法〉规定》的决定修正）

《广东省基金会管理条例》

（1994年7月6日广东省第八届人民代表大会常务委员会第九次会议通过根据1997年5月31日广东省人民代表大会常务委员会第二十八次会议《关于修改〈广东省基金会管理条例〉的决定》修正）

《广东省测绘管理条例》

（1997年5月31日广东省第八届人民代表大会常务委员会第二十九次会议通过）

《广东省典当条例》

（1995年5月9日广东省第八届人民代表大会常务委员会第十五次会议通过根据1997年5月31日广东省第八届人民代表大会常务委员会第二十九次会议《关于修改〈广东省典当条例〉的决定》修正）

《广东省燃气管理条例》

（1997年7月26日广东省第八届人民代表大会常务委员会第三十次会议通过）

《广东省实施〈中华人民共和国台湾同胞投资保护法〉办法》

（1997年7月26日广东省第八届人民代表大会常务委员会第三十次会议通过1997年9月7日广东省第八届人民代表大会常务委员会公告第145号公布施行）

《广东省行政执法队伍管理条例》

（1997年9月22日广东省第八届人民代表大会常务委员会第三十一次会议通过）

《广东省企业职工劳动权益保障规定》

（1994年1月18日广东省第八届人民代表大会常务委员会第六次会议通过根据1994年4月30日广东省第八届人民代表大会常务委员会第八次会议《关于修改〈广东省企业职工劳动权益保障规定〉第十二条的决定》第一次修正根据1997年9月22日广东省第八届人民代表大会常务委员会第三十一次会议《关于修改〈广东省企业职工劳动权益保障规定〉的决定》第二次修正）

《广东省建设项目环境保护管理条例》

（1994年7月6日广东省第八届人民代表大会常务委员会第九次会议通过根据1997年9月22日广东省第八届人民代表大会常务委员会第三十一次会议《关于修改〈广东省建设项目环境保护管理条例〉的决定》修正）

《广东省征用农村集体所有土地各项补偿费管理办法》

（1994年11月17日广东省第八届人民代表大会常务委员会第十一次会议通过根据1997年9月22日广东省人民代表大会常务委员会第三十一次会议《关于修改〈广东省征用农村集体所有土地各项补偿费管理办法〉第十一条的决定》修正）

《广东省公路路政管理条例》

（1995年9月19日广东省第八届人民代表大会常务委员会第十七次会议通过根据1997年9月22日广东省第八届人民代表大会常务委员会第三十一次会议《关于修改〈广东省公路路政管理条例〉的决定》修正）

《广东省森林防火管理规定》

（1995年11月21日广东省第八届人民代表大会常务委员会第十八次会议通过1995年12月6日广东省第八届人民代表大会常务委员会公告92号公布实施根据1997年9月22日广东省第八届人民代表大会常务委员会第三十一次会议《关于修改〈广东省森林防火管理规定〉第十八条的决定》修正）

《广东省各级人民政府行政执法监督条例》

（1997年12月1日广东省第八届人民代表大会常务委员会第三十二次会议通过）

《广东省资产评估管理条例》

（1997年12月1日广东省第八届人民代表大会常务委员会第三十二次会议通过1998年1

月10日公布1998年1月19日起施行）

《广东省实施〈中华人民共和国环境噪声污染防治法〉办法》

（1997年12月1日广东省第八届人民代表大会常务委员会第三十二次会议通过1998年1月2日广东省第八届人民代表大会常务委员会公告第169号公布施行）

《广东省民用核设施事故防治和应急管理条例》

（1997年12月1日广东省第八届人民代表大会常务委员会第三十二次会议通过）

《广东省散居少数民族权益保障条例》

（1997年12月1日广东省第八届人民代表大会常务委员会第三十二次会议通过1998年1月2日广东省第八届人民代表大会常务委员会公告第174号公布施行）

《广东省森林保护管理条例》

（1994年2月26日广东省第八届人民代表大会常务委员会第二次会议通过根据1997年12月1日广东省第八届人民代表大会常务委员会第三十二次会议《关于修改〈广东省森林保护管理条例〉第二十五条的决定》修正）

《广东省书报刊市场管理条例》

（1994年11月17日广东省第八届人民代表大会常务委员会第十一次会议通过根据1996年9月25日广东省第八届人民代表大会常务委员会第二十四次会议关于修改《广东省书报刊市场管理条例》第七条的决定第一次修正根据1997年12月1日广东省第八届人民代表大会常务委员会第三十二次会议关于修改《广东省书报刊市场管理条例》有关条文的决定第二次修正）

《广东省实施〈中华人民共和国矿山安全法〉办法》

（1994年11月17日广东省第八届人民代表大会常务委员会第十一次会议通过根据1997年12月1日广东省第八届人民代表大会常务委员会第三十二次会议关于修改《广东省实施〈中华人民共和国矿山安全办法〉办法》有关条文的决定修正）

《广东省道路运输管理条例》

（1995年1月13日广东省第八届人民代表大会常务委员会第十二次会议通过根据1997年12月1日广东省第八届人民代表大会常务委员会第三十二次会议《关于修改〈广东省道路运输管理条例〉有关条文的决定》修正）

《广东省经济合同管理条例》

（1996年4月5日广东省第八届人民代表大会常务委员会第二十一次会议通过根据1997年12月1日广东省第八届人民代表大会常务委员会第三十二次会议《关于修改〈广东省经济合同管理条例〉有关条文的决定》修正）

《广东省实施〈中华人民共和国反不正当竞争法〉办法》

（1996年4月5日广东省第八届人民代表大会常务委员会第二十一次会议通过1997年5月18日广东省第八届人民代表大会常务委员会公告第102号公布施行根据1997年12月1日广东省第八届人民代表大会常务委员会第三十二次会议关于修改《广东省实施〈中华人民共和国反不正当竞争发〉办法》第二十一条的决定修正）

1998年

《广东省人民代表大会常务委员会制定地方性法规规定》

（1998年6月1日广东省第九届人民代表大会常务委员会第三次会议通过1998年7月18日广东省第九届人民代表大会常务委员会公告第8号公布施行）

《广东省档案管理规定》

（1998年6月1日广东省第九届人民代表大会常务委员会第三次会议通过1998年6月30日公布1998年7月1日起施行）

《广东省农业环境保护条例》

（1998年6月1日广东省第九届人民代表大会常务委员会第三次会议通过1998年6月22日公布1998年10月1日起施行）

《广东省酒类专卖管理条例》

（1998年6月1日广东省第九届人民代表大会常务委员会第三次会议通过1998年6月22日公布1998年10月1日起施行）

《广东省物业管理条例》

（1998年7月29日广东省第九届人民代表大会常务委员会第四次会议通过1998年8月16日公布1998年10月1日起施行）

《广东省风景名胜区条例》

（1998年7月29日广东省第九届人民代表大会常务委员会第四次会议通过1998年8月22日公布1998年10月1日起施行）

《广东省商品房预售管理条例》

（1998年7月29日广东省第九届人民代表大会常务委员会第四次会议通过1998年8月22日公布1998年10月1日起施行）

《广东省实施〈中华人民共和国人民防空法〉办法》

（1998年7月29日广东省第九届人民代表大会常务委员会第四次会议通过1998年8月13日公布施行）

《广东省高速公路管理条例》

（1998年7月29日广东省第九届人民代表大会常务委员会第四次会议通过1998年8月16日公布1998年10月1日起施行）

《广东省体育设施建设和管理条例》

（1998年7月29日广东省第九届人民代表大会常务委员会第四次会议通过1998年9月16日公布1998年10月1日起施行）

《广东省母婴保健管理条例》

（1998年7月29日广东省第九届人民代表大会常务委员会第四次会议通过1998年9月7日公布1998年10月1日起施行）

《广东省人民代表大会常务委员会议事规则》

（1998年9月18日广东省第九届人民代表大会常务委员会第五次会议通过1998年10月7日公布施行）

《广东省社会养老保险条例》

（1998年9月18日广东省第九届人民代表大会常务委员会第五次会议通过）

《广东省社会工伤保险条例》

（1998年9月18日广东省第九届人民代表大会常务委员会第五次会议通过）

《广东省林地保护管理条例》

（1998年9月18日广东省第九届人民代表大会常务委员会第五次会议通过1998年9月27日公布1998年10月18日起施行）

《广东省采石取土管理规定》

（1998年11月27日广东省第九届人民代表大会常务委员会第六次会议通过）

《广东省珠江三角洲水质保护条例》

（1998年11月27日广东省第九届人民代表大会常务委员会第六次会议通过1998年12月22日公布1999年1月1日起施行）

《广东省施行〈中华人民共和国村民委员会组织法〉办法》

（1998年11月27日广东省第九届人民代表大会常务委员会第六次会议通过1998年12月22日公布1999年1月1日起施行）

《广东省村民委员会选举办法》

（1998年11月27日广东省第九届人民代表大会常务委员会第六次会议通过）

《广东省股份合作企业条例》

（1998年12月31日广东省第九届人民代表大会常务委员会第七次会议通过1999年1月25日公布1999年3月1日起施行）

《广东省流动人员管理条例》

（1998年12月31日广东省第九届人民代表大会常务委员会第七次会议通过1999年1月15日公布1999年3月1日起施行）

《广东省社会救济条例》

（1998年12月31日广东省第九届人民代表大会常务委员会第七次会议通过1999年3月1日公布1999年3月1日起施行）

《广东省医疗器械管理条例》

（1998年12月31日广东省第九届人民代表大会常务委员会第七次会议通过1999年3月1日公布1999年3月1日起施行）

《广东省技术秘密保护条例》

（1998年12月31日广东省第九届人民代表大会常务委员会第七次会议通过1999年3月7日公布施行）

1999年

《广东省人民代表大会议事规则》

（1999年2月2日广东省第九届人民代表大会常务委员会第二次会议通过1999年2月26日公布施行）

《广东省流动人员劳动就业管理条例》

（1999年4月2日广东省第九届人民代表大会常务委员会第九次会议通过1999年4月6日公布1999年5月1日起施行）

《广东省保安服务管理条例》

（1999年4月2日广东省第九届人民代表大会常务委员会第九次会议通过1999年4月12日公布1999年7月1日起施行）

《广东省实施〈中华人民共和国价格法〉办法》

（1999年5月21日广东省第九届人民代表大会常务委员会第十次会议通过1999年6月15日公布1999年7月1日起施行）

《广东省个体工商户和私营企业权益保护条例》

（1999年5月21日广东省第九届人民代表大会常务委员会第十次会议通过）

《广东省农村集体经济审计条例》

（1999年5月21日广东省第九届人民代表大会常务委员会第十次会议通过1999年6月11日广东省第九届人民代表大会常务委员会公告第50号公布施行）

《广东省实施〈中华人民共和国消费者权益保护法〉办法》

（1999年8月5日广东省第九届人民代表大会常务委员会第十一次会议通过1999年8月30日广东省第九届人民代表大会常务委员会公告第54号公布施行）

《广东省青年志愿服务条例》

（1999年8月5日广东省第九届人民代表大会常务委员会第十一次会议通过1999年9月3日广东省第九届人民代表大会常务委员会公告第55号公布施行自1999年9月20日起施行）

《广东省法律援助条例》

（1999年8月5日广东省第九届人民代表大会常务委员会第十一次会议通过1999年8月20日广东省第九届人民代表大会常务委员会公告第53号公布施行自1999年9月1日起施行）

《广东省查处生产销售假冒伪劣商品违法行为条例》

（1999年9月24日广东省第九届人民代表大会常务委员会第十二次会议通过自1999年11月1日起施行）

《广东省矿产资源管理条例》

（1999年9月24日广东省第九届人民代表大会常务委员会第十二次会议通过1999年10月30日广东省第九届人民代表大会常务委员会公告第58号公布施行）

《广东省实施〈中华人民共和国土地管理法〉办法》

（1999年11月27日广东省第九届人民代表大会常务委员会第十三次会议通过2000年1月8日广东省第九届人民代表大会常务委员会公告第70号公布施行）

《广东省实施〈中华人民共和国教师法〉办法》

（1999年11月27日广东省第九届人民代表大会常务委员会第十三次会议通过2000年1月4日广东省第九届人民代表大会常务委员会公告第69号公布自2000年2月1日起施行）

《广东省实施〈中华人民共和国消防法〉办法》

（1999年11月27日广东省第九届人民代表大会常务委员会第十三次会议通过1999年12月22日公布1999年12月22日起施行）

《广东省盐业管理条例》

（1999年11月27日广东省第九届人民代表大会常务委员会第十三次会议通过自2000年1月1日起公布施行）

《广东省城市绿化条例》

（1999年11月27日广东省第九届人民代表大会常务委员会第十三次会议通过自2000年1月1日公布起施行）

《广东省行政执法责任制条例》

（1999年11月27日广东省第九届人民代表大会常务委员会第十三次会议通过1999年12月4日公布2000年1月1日公布起施行）

《广东省城镇房地产权登记条例》

（1994年7月6日广东省第八届人民代表大会常务委员会第九次会议通过1999年11月27日广东省人民代表大会第十三次会议《关于修改〈广东省城镇房地产权登记条例〉的决定》修订）

2000年

《广东省职业介绍管理条例》

（2000年3月30日广东省第九届人民代表大会常务委员会第十七次会议通过2000年5月9日公布2000年9月1日起施行）

《广东省发展中医条例》

（2000年3月30日广东省第九届人民代表大会常务委员会第十七次会议通过2000年4月24日公布2000年5月1日起施行）

《广东省宗教事务管理条例》

（2000年5月26日广东省第九届人民代表大会常务委员会第十八次会议通过2000年6月30日公布施行）

《广东省机动车排气污染防治条例》

（2000年5月26日广东省第九届人民代表大会常务委员会第十八次会议通过2000年7月28日公布2000年9月1日起施行）

《广东省技术市场条例》

（2000年5月26日广东省第九届人民代表大会常务委员会第十八次会议通过2000年7月27日公布2000年7月30日起施行）

《连山壮族瑶族自治县实施〈广东省计划生育条例〉第十条的规定》

（2000年3月4日连山壮族瑶族自治县第七届人民代表大会第十四次会议通过2000年5月26日广东省第九届人民代表大会常务委员会第十八次会议批准2000年7月18日公布施行）

《连南瑶族自治县实施〈广东省计划生育条例〉第十条的规定》

（2000年3月11日连南瑶族自治县第十一届人民代表大会第十四次会议通过2000年5月26日广东省第九届人民代表大会常务委员会第十八次会议批准2000年6月27日公布2000年7月1日起施行）

《乳源瑶族自治县实施〈广东省计划生育条例〉第十条的规定》

（2000年2月25日乳源瑶族自治县第八届人民代表大会第三次会议通过2000年5月26日广东省第九届人民代表大会常务委员会第十八次会议批准2000年6月20日公布2000年7月1日起施行）

《广东省分散按比例安排残疾人就业办法》

（2000年7月28日广东省第九届人民代表大会常务委员会第十九次会议通过2000年9月24日公布2000年10月1日起施行）

《广东省行政机构设置和编制管理条例》

（2000年7月28日广东省第九届人民代表大会常务委员会第十九次会议通过2000年8月31日公布2000年11月1日起施行）

《广东省流动人员租赁房屋治安管理规定》

（1994年9月15日广东省第八届人民代表大会常务委员会第十次会议通过2000年7月28日广东省第九届人民代表大会常务委员会第十九次会议修订2000年8月19日公布2000年9月1日起施行）

《广东省各级人民代表大会常务委员会讨论决定重大事项规定》

（2000年7月28日广东省第九届人民代表大会常务委员会第十九次会议通过2000年9月12日公布2000年10月1日起施行）

《广东省商品房预售管理条例》

（1998年7月29日广东省第九届人民代表大会常务委员会第四次会议通过根据2000年9月22日广东省第九届人民代表大会常务委员会第二十次会议《关于修改〈广东省商品房预售管理条例〉的决定》修正）

《广东省人民代表大会常务委员会议事规则》

（1998年9月18日广东省第九届人民代表大会常务委员会第五次会议通过根据2000年9月22日广东省第九届人民代表大会常务委员会第二十次会议《关于修改〈广东省人民代表大会常务委员会议事规则〉的决定》修正）

《广东省统计管理条例》

（1992年9月26日广东省第七届人民代表大会常务委员会第二十八次会议通过根据1997年12月1日广东省第八届人民代表大会常务委员会第三十二次会议《关于修改〈广东省统计管理条例〉有关条文的决定》第一次修正根据2000年11月24日广东省第九届人民代表大会常务委员会第二十一次会议《关于修改〈广东省统计管理条例〉的决定》第二次修正）

《广东省工会劳动法律监督条例》

（2000年11月24日广东省第九届人民代表大会常务委员会第二十一次会议通过2000年12月13日公布2001年1月1日起施行）

《广东省建设工程监督条例》

（2000年11月24日广东省第九届人民代表大会常务委员会第二十一次会议通过2000年12月24日公布2001年1月1日起施行）

第二节　监督“一府两院”

监督权是人大常委会的一项重要职权。广东省人大常委会把监督工作摆到突出位置，从20世纪80年代开始，积极探索执法检查、工作评议、述职评议、个案监督等监督形式，并与代表视察、调查研究、听取和审议工作汇报有机结合，围绕经济建设这个中心，针对人民群众反映强烈的重点和热点问题开展监督，督促政府和两院依法行政、公正司法，确保法律法规在本行政区域内的正确实施和维护人民群众的合法权益。

一、监督和保证法律法规实施

保证宪法和法律在本行政区域内的正确实施，是宪法和法律赋予省人大常委会一项职责。从20世纪80年代中期开始，广东省人大常委会就积极开展执法检查工作，每年都有计划、有重点地在全省范围内检查几个法律、法规的实施情况，促进纠正违法现象。对一些重要的法律法规的实施情况，连续多年进行跟踪检查监督。

1994年开始，省人大常委会组织了为期5年的环保执法检查和为期4年的“广东环保千里行”活动，推动了各级政府解决当时在水质保护、大气污染防治、水土保持等环保工作中存在的问题。

针对群众反映强烈的一些地方和部门受小团体利益的驱动，利用手中的权力乱收费、乱摊派、乱罚款的问题，早在1990年年初，根据省七届人大三次会议提出的议案，省政府曾在全省组织了一次全面清理，“三乱”现象得到一定程度的遏制。但1994年以后，“三乱”行为又有大幅度增加，广大群众怨声载道。省人大常委会十分关注这个问题，于1996年组织了针对“三乱”问题的执法检查，将检查中发现的农村电价、中小学收费、农民负担等问题交省政府逐项解决，跟踪监督，并在1996年7月召开的省八届人大常委会第二十三次会议听取省政府《关于我省清理整顿“三乱”工作情况的汇报》，推动全省治理“三乱”工作取得比较显著的成果。

根据一些地方吸毒蔓延、贩毒犯罪猖獗的情况，自1993年起省人大常委会连续4年进行全面、深入的禁毒执法检查。1993年4月，省人大常委会组织部分委员和人大代表，检查全国人大常委会关于禁毒的决定的实施情况。在1993年5月省八届人大常委会第二次会议上，听取和审议省政府《关于广东省开展禁毒禁赌全民行动月的情况报告》，作出关于在全省继续深入开展禁毒禁赌工作的决议。1995年6月的禁毒执法检查，督促审判机关依法对普宁市谢楚亮等贩毒2万多克和汕尾市翁泳等贩毒7千克两案的主犯改判死刑，推动司法机关加大对毒品犯罪活动的打击工作。1997年，省八届人大常委会第十六次会议听取和审议省政府和省法院、省检察院关于禁毒工作的情况汇报，作出《关于加强禁毒工作的决议》，有力推动禁毒法律法规的实施和全省的禁毒工作。

到2000年，省人大常委会先后对涉外经济合同法、合资企业法、外资企业法、经济合同法、土地管理法、义务教育法、保护消费者合法权益条例、合伙企业法、《全国人大常委会关于加强社会治安综合治理的决定》、行政处罚法、行政诉讼法、劳动法、省有关社会保险的地方性法规等几十部法律法规的实施情况进行执法检查，监督和保证有关法律法规在本行政区域内的正确实施。

二、督促和推动“一府两院”工作

对“一府两院”的工作进行监督，督促和推动“一府两院”依法行政、公正司法，是人大常委会监督工作的一个主要方面。广东省人大常委会积极探索有效的监督方式，提高监督实效，通过听取和审议工作汇报、评议、个案监督、受理人民群众的来信来访等方式，积极开展对“一府两院”的工作监督。

1989年9月，省七届人大常委会第九次会议审议省政府关于上半年计划、预算执行情况报告时，把压缩固定资产投资规模作为审议重点，对当时压缩工作进展缓慢问题提出批评和建议。省政府及时采取建设许可证的办法，规定新建项目一律报省审批，扭转了投资规模持续增长的势头。到1989年年底，累计停建缓建项目1790个，压缩投资105.7亿元，比上年下降20%。

90年代开始，广东省人大常委会开始开展评议工作，通过评议“一府两院”及其负责人的工作，推动有关工作的开展。1993年，省人大常委会部署在全省范围内铺开评议“乡镇所站”的工作和评议县级公检法司机关工作试点。开展评议工作的有1500多个乡镇，25个县和2个市，受评议单位有乡镇所站1万多个，县（区）执法机关46个。1994年全面铺开评议县级公检法司机关。1995年全面铺开评议地级市的公安司法机关和行政执法机关。在省人大常委会的推动下，1995年以来，广东省各市、县人大常委会逐步开展对常委会任命的国家工作人员的述职评议。省人大常委会也于1996年起，每年都对由常委会任命的省政府部门主要负责人进行述职评议或工作评议，先后对省文化厅、省交通厅、省劳动厅、省人事厅、省环保局、省卫生厅等政府部门主要负责人进行了述职评议。通过述职评议，加强和改进对国家机关及其工作人员的监督，增强了被任命干部的法制意识和公仆意识。

开展个案监督，是广东省人大常委会探索的一种有效监督形式。1993年，省人大常委会选择十几宗典型案件，由省人大常委会或者指导有关的市人大常委会进行监督，取得较好的效果，引起社会的强烈反映，带动全省个案监督工作的开展。到1996年，个案监督已成为全省各级人大常委会一项重要工作。

省人大常委会在开展个案监督中，重点盯住那些严重侵犯公民人身权利的冤假错案和徇私枉法的案件，通过个案监督纠正的案件中，相当一部分是错处错判或判处不当的案件，也有一部分是严重超过法定时限、久拖不决的疑难案件，还有一些是严重侵犯人身权益的冤案、错案。通过纠正这些案件，不仅维护了公民的合法权益，同时也推动公安司法机关及其工作人员公正司法，维护了法律的尊严。

1994年11月，省人大常委会对省国土厅进行了质询。这是省人大常委会首次使用质询这种刚性监督方式进行监督。1994年7月6日，省八届人大常委会第九次会议审议通过《广东省城镇房地产登记条例》，当年9月1日实施。该条例规定，在取得城镇国有土地使用权的前提下，改变原来的一幢房屋必须由土地、房产两个部门分别登记、分别发证的办法，实行由一个部门登记发一个房地产权证的新办法。然而，8月10日和8月31日，省国土厅先后两次向全省各市、县国土局发出传真电话和情况通报，说条例与国家法律“不尽一致”，要求各级国土部门向当地人大、政府“阐明实施两证合发的弊端及其将造成的严重后果”。电报发出后，在广大干部群众中产生了消极的影响，致使条例不能如期在全省实施。在11月召开的省八届人大常委会第十一次会议上，21名省人大常委会组成人员联名对省国土厅实施《广东省城镇房地产登记条例》中有关问题提出质询。审议时，常委会组成人员对省国土厅将自身凌驾于立法机关和地方法规之上的做法，提出严厉的批评。会议通过决议，要求省政府迅速纠正省国土厅的违法行为，责成省国土厅撤销下发的情况通报和紧急通知，在全省范围内立即全面实施《广东省城镇房地产登记条例》。

三、推进监督工作规范化

在监督工作中，省人大常委会既坚持依法监督的原则，又尊重和支持“一府两院”依法行使职权，使监督者与被监督者之间的关系统一到依法办事中来。每次省人大常委会会议确定的有关“一府两院”工作的议题，都事前协商并尽早告诉“一府两院”作准备。对一些重大问题，省人大常委会对“一府两院”既监督又支持。对代表议案的办理，凡内容涉及政府职权或要求政府执行的，都会同省政府进行调查研究，制定办理方案。对“两院”处理的大案要案，坚决依法办事，该监督纠正的监督纠正，该支持的支持。

加强监督立法，是依法监督的需要，省人大常委会把完善制度，健全监督法规作为监督工作的重要工作。到2000年，省人大先后制定《广东省各级人民代表大会常务委员会监督条例》《广东省各级人民代表大会常务委员会评议工作规定》《广东省各级人民代表大会常务委员会执法检查工作规定》《广东省各级人民代表大会常务委员会实施个案监督工作规定》等4项规范人大常委会监督工作的地方性法规。

第三节　讨论和决定重大事项

讨论决定本行政区域内的重大事项，是宪法和法律赋予县级以上地方各级人大及其常委会的一项重要职权。多年来，广东省人大常委会把行使重大事项讨论决定权放在重要的位置，积极探索，认真实践，大力推进广东省地方决策的民主化、科学化。到2000年12月止，省人大常委会共作出决议、决定341项。

省人大常委会围绕全省的中心工作，经常性地就经济、社会发展和民主法制建设中的重大问题听取本级政府的报告，就相关的问题作出决议、决定，有力地推进改革开放的不断深化和政治经济社会的不断发展。1988年10月中旬，省七届人大常委会召开第四次会议时，把听取和审议省政府对贯彻执行中共十一届三中全会精神和中共广东省委部署作为主要议题，会议作出《关于在治理经济环境、整顿经济秩序中加强监督工作的决议》，对全省计划、预算，压缩固定资产投资，清理整顿公司等方面提出要求，并在贯彻中进行监督。1989年，省人大常委会配合中共广东省委，把惩治腐败、加强廉政建设作为重大事项来抓，在省七届人大常委会第九次会议上作出《关于加强监督惩治腐败促进廉政建设的决议》。1991年春，中共中央、国务院授予广东省为“全国荒山造林绿化第一省”的光荣称号，为了进一步绿化广东大地，巩固、发展造林种果的成果，省人大常委会作出《关于继续奋战绿化广东大地的决议》。1993年3月，省八届人大常委会第一次会议听取省政府关于农业生产情况的专题汇报，作出《关于进一步加强农业的决议》，交省人民政府贯彻执行。1998—1999年间，由于亚洲金融危机的影响，广东省社会经济发展受到不同程度的冲击。省政府当机立断，采取措施，把影响降到最低。对于省政府处理金融风波的过程和效果，省人大常委会十分关注，不仅在审议当年的预决算时提出意见，还在1999年专门听取审议省政府关于全省金融秩序的专题汇报。

省人大常委会就社会关注的热点难点问题和突发的重大事件，听取和审议“一府两院”的专项报告，在有必要的时候作出决定决议，推动问题的解决和工作的顺利开展。针对群众反映强烈的有法不依、执法不严的情况，1988年省人大常委会作出《关于加强执法监督工作的决议》；为支持检察机关发动群众搞好对贪污贿赂案件的举报工作，1988年省人大常委会作出《加强对贪污贿赂罪案举报工作的决定》；针对广东省农业，特别是粮食生产形势严峻的问题，1988年省人大常委会作出《关于加强农业、搞好粮食生产的决议》。针对全省社会保险工作存在的覆盖面窄、社保基金征缴率低等问题，1999年省人大常委会先后3次组织代表对全省社会保险工作进行专题调查，掌握了大量材料，同年11月省九届人大常委会第十三次会议审议通过《关于加强社会保险工作的决议》，要求各级政府高度重视社保工作，推动全省社保工作的有效开展。针对1999年常委会组织刑事诉讼法的执法检查中发现的超期羁押问题，省人大常委会要求省检察院就此作出专项报告，2000年省人民检察院向省人大常委会作出关于在贯彻执行刑事诉讼法中存在的超期羁押问题的情况报告，汇报了存在问题和解决的措施。

省人大常委会还把围绕人民代表大会交付审议的议案，作出决议决定，解决人民群众普遍关注的重大问题，作为行使重大事项决定权的一个重要方面。每年在省政府提出人代会交付审议的议案的办理方案报告后，针对有关问题作出决议。先后通过《关于加强革命老区建设的决议》《关于认真解决水库移民遗留问题的意见》等多项有关方案的决议。

在积极行使重大事项决定权的同时，省人大常委会积极着手有关重大事项决定权行使方面的法规的立法工作，推进重大事项决定权行使的规范化。省人大常委会从1995年就着手进行立法调研、论证和起草工作。经过广泛征求意见和反复的研究修改，2000年7月28日，省九届人大常委会第十九次会议通过《广东省各级人民代表大会常务委员会讨论决定重大事项规定》，并于当年10月1日施行。对重大事项进行了界定，并就重大事项决定的程序、办理和跟踪监督等方面作了规定。这项法规的制定和实施，为广东省各级人大常委会行使重大事项决定权提供有效的法律保障，较好地推进全省各级人大常委会讨论决定重大事项工作的开展。

第四节　办理代表提出的议案和建议

代表依法向人民代表大会提出议案，是人大代表代表人民群众利益行使管理国家事务的重要途径。1982年修正地方组织法将人大提案改议案，这是人大制度的一项重大改革。从1984年开始，每年人代会期间，代表都提出大量议案，大会主席团每年从代表提出的议案中选择若干具有普遍影响的议案作为大会议案，交付省人大常委会审议和办理。每次人代会结束后，省人大常委会和省政府都要联合召开办理方案的协调会议，落实主办单位和协办单位，确定办理期限，并由省政府或有关单位提出办理方案，提交省人大常委会审议通过后，交付省政府或有关单位实施。在议案实施过程中，省人大常委会经常组织常委会组成人员或省人大代表进行检查监督，确保议案按期按质完成。

广东粤北石灰岩地区和沿海一些海岛，由于地理和历史的因素，长期严重缺水，群众饮水困难。1984年6月，在省六届人大二次会议上，163名代表联名提出了《解决全省96万人饮水困难问题的议案》，大会主席团在审议时一致通过，列为“第1号议案”，决定交由省人大常委会审议和监督办理。同年10月，省六届人大常委会第九次会议审议通过省政府提出的办理方案，交由省政府组织实施。经过五年的办理，全省解决了153万多人的饮水困难，相当于中华人民共和国成立后至1984年前的34年累计解决80多万人饮水困难的1.9倍。解决了饮水困难的当地群众非常高兴，争相燃放鞭炮，高呼“共产党万岁！”

到2000年，省人大常委会经过审议，交给省政府办理或由常委会直接办理的代表在人代会提出的议案共203件（合并为62个问题）。省人大常委会认真审议办理代表议案，有力地促进了全省改革开放和现代化建设的发展，取得了显著的经济和社会效益。

推动了地方立法进程。《广东省拆迁城镇华侨房屋规定》《广东省征兵工作规定》《广东省青少年保护条例》《广东省老年人正当权益保护条例》等，都是人大代表提出议案后由省人大常委会组织起草制定的。

推动了法律法规的监督实施。1988年关于在全省开展执法再检查、1990年关于加强法制、坚决纠正“三乱”行为、1994年关于加强保护耕地、1996年关于进一步治理“三乱”，整顿执法队伍等议案的办理实施，都推动了全省执法检查工作，监督和保证了有关法律法规的正确实施，取得了十分明显的社会效果。

促进了水利建设，改善了生态环境，保障了农业和国民经济稳定发展。1986年关于加强江河整治的议案，办理时间长达10年，列入整治范围的有10条江河和珠江三角洲大堤围。经过十年整治，各条江河和珠江三角洲大堤围的防洪能力大大提高。1994年六七月间遭遇中华人民共和国成立以来最大洪水，其他江河绝大多数堤围也确保不溃决，捍卫了人民的生命财产安全。1987年关于加强环境保护工作，1995年关于完善粮食购销政策、增加粮食生产投入，2000年关于加强农业科学推广服务工作等议案的办理工作，也取得了较好的效果，促进了环境保护和农业的稳定发展。

此外，1985年和1989年省人大代表先后两次提出的加快全省电力建设、1991年关于加快全省山区公路建设、1996年关于加快航道整治建设步伐等议案的办理，促进了能源、交通基础设施建设；1984年关于加快改革与发展广东省教育事业、1986年关于进一步重视加强贯彻《中华人民共和国食品卫生法》、1986年关于落实广东省科学城建设计划、1997年关于扶持山区文化建设等议案的办理推动了广东教育、科学、文化、卫生事业的发展；1994年关于扶持山区和革命老区发展“三高”农业，开展“一乡一品”活动，1996年关于扶持少数民族地区发展经济等议案的实施，扶持、帮助“老、少、边、穷”地区发展经济，加快了这些地区脱贫致富的步伐。这些议案的办理，都取得很好的社会效益和经济效益，得到人民群众的拥护和好评。

对代表在会议期间和闭会期间提出的建议、批评和意见，省人大常委会也认真办理，每年召开代表建议交办会。加强代表建议的督办工作，每年选择几个比较重要的建议，作为重点建议与省政府共同重点跟踪督办。1998年4月，省人大常委会办公厅与省委办公厅、省政府办公厅联合发出《关于快速办理人大代表提出的重要建议的意见》，规定代表在闭会期间提出的涉及面广、群众关心、政策性强的重要建议，可以直接向同级党委、人大、政府负责人反映，快速办理，开通代表“直通快车”。从1984年省六届人大二次会议将代表提案改为分别提出议案及建议、批评和意见起至2000年12月，代表在历次人代会上提出的建议、批评和意见共5231件，全部交付办理并答复。其中已解决或列入计划解决的3282件，因各种原因暂不能解决1534件，供有关部门研究参考的415件。1993年至2000年12月，代表在闭会期间提出的建议、批评和意见共592件，全部交付办理并答复。

第五节　依法行使人事任免权

依法行使对国家工作人员的人事任免权，对由人大选举或任命的“一府两院”组成人员加强考察监督，是宪法赋予人大常委会的一项重要职权。广东省人大常委会坚持把党管干部的原则与依法办事有机统一起来，在坚持党管干部原则的前提下，认真依法行使好任免权，积极有序地开展工作，确保把党委推荐的德才兼备、群众公认的优秀人才通过人大的任免程序选拔到国家机关中。在审议中对拟任的人选分歧意见较大时，不付诸表决；确实存在足以影响任命的事实根据和理由的，建议有关机关予以研究，重新考虑人选；对已任命的干部发现有不称职或有违法违纪行为的，依法予以免职或撤职。

1988年6月，在省七届人大常委会第二次会议上，对拟任命的省政府43名组成人员进行表决时就有两人未获通过。

1989年8月，有12名省人大常委会委员写信给常委会主任、副主任，要求省政府就省外经贸委主任违反廉洁纪律的查处情况向省人大常委会汇报。省七届人大常委会第九次会议听取汇报后经过表决，决定撤销其职务。1989年11月，第七届人大常委会第十次会议听取省政府关于省第二轻工业厅厅长违反外事、财经纪律的汇报，经过表决，决定免去其职务。1991年1月，省七届人大常委会第十七次会议批准撤销有违法行为的中山市人民检察院检察长的职务。

2000年2月21日，省九届人大常委会第十六次会议任命机构改革后的省政府组成人员，在表决中，拟任命的15位省政府组成人员仅有13人通过任命，省国土资源厅和省对外贸易合作厅的人选未获通过。

1995年11月21日，省八届人大常委会第十八次会议通过《广东省各级人民代表大会常务委员会人事任免办法》，使人事任免工作进一步规范化、法制化。

1998年3月20日，省人大常委会组织对拟任命的新一届省政府组成人员进行法律知识考试。考试前，省人大常委会用4天时间组织这批拟任命干部进行培训，并进行集中辅导。学习宪法、地方组织法、行政处罚法以及广东省人大常委会制定的监督条例、执法检查工作规定、个案监督工作规定、评议工作规定、人事任免办法等法律法规。44名拟任命人选参加了考试，平均成绩为88.6分，于3月底召开的省九届人大常委会第二次会议上顺利通过任命。这是广东省人大常委会首次组织国家工作人员进行任命前的法律知识学习和考试，通过考试，提高了拟任命干部的法律意识和依法办事的自觉性。在省人大常委会的推动下，各级地方人大常委会普遍实行对拟任命的国家工作人员进行培训、考试的制度。

截至2000年年底，省人大常委会先后任免本会及其办事机构人员559人；决定任免省人民政府组成人员440人；决定任免广东省法院系统人员746人；决定任免和批准任免省检察院系统人员2368人，合计4113人。

第六节　联系代表和人民群众

人大代表是国家权力机关的主体，是人大常委会与人民群众密切联系的桥梁和纽带。广东省人大常委会一直都非常重视代表工作，密切联系人大代表，并通过人大代表密切联系人民群众，努力为代表履行职责营造良好的环境，力求更好地发挥代表的作用。

积极组织代表开展闭会期间的活动，是省人大常委会密切联系人大代表，积极发挥人大代表作用的主要内容。省人大常委会每年都就一些事关全省经济社会发展的重大问题或人民群众关心的热点难点问题，组织人大代表进行集中视察或专题调查。2000年5月31日，首次开展全省人大代表活动日，在全省范围内组织人大代表广泛参加活动，此乃在全国都产生了积极的影响。为了拓宽代表对常委会工作的参与，每次常委会会议有全国和省的人大代表列席，听取人大代表的意见，常委会的立法调研、执法检查、评议等工作，也积极组织人大代表参加。还就省人大代表关注的问题，约见省政府负责人。如1999年1月，组织南海市6位省人大代表就广州大坦沙资源电厂选址问题约见了副省长汤炳权，促进了有关问题的解决。

认真做好代表建议、批评、意见和来信来访的办理工作。省人大常委会办公厅设有专门机构和指定专人主管代表信访工作。为了使代表能在大会闭会后及时反映群众呼声，省人大常委会办公厅印发了代表建议、批评和意见专用纸，办理邮资总付专用信封。对代表的批评、意见、建议和申诉，制定了管理程序，做到认真办理，件件有结果有答复。1998年4月，省人大常委会办公厅与省委办公厅、省政府办公厅联合发文，开通代表“直通快车”，促进代表重要建议的办理工作。

1998年12月25日，省人大常委会主任朱森林在省人大常委会主任会议室约见10位工作在农村基层的全国人大代表和省人大代表，听取代表有关农村工作的建议、意见，以及代表转达的人民群众的心声。这是省人大常委会领导首次约见人大代表。当年8月，经常委会主任会议同意，省人大常委会制定《省人大常委会领导同志接待和约见人大代表工作暂行规定》，使这一密切联系人大代表的工作逐步规范化、制度化。

省人大常委会重视加强与人民群众的联系。常委会的执法检查、视察、调研等活动都深入基层，听取群众意见。在开展评议等监督工作时，积极召开群众座谈会，听取群众对被评议对象的意见和建议。认真做好群众的来信来访工作，把做好信访工作作为密切联系群众，了解社情民意的重要渠道，依法受理人民群众的申诉、控告和检举。1980年1月至2000年12月，省人大常委会受理、接待群众信访共计145300件次；立案处理的群众信访3522件，结案2513件。

附录

一、广东省出席全国人民代表大会代表名单

（均为出席各届全国人大第一次会议的代表）

广东省出席第五届全国人民代表大会代表（161人）

（1977年12月12—17日省五届人大一次会议选出）

丁庞文	王叙伦	王首道	王宽诚	王越丰
王鉴明	王　燕（女）	文春梅（女）	方君壮	方善桂
尹林平	邓　方	邓炎棠	甘义娣（女）	石　慧（女）
卢振森	冯秉铨	冯栋良	朱寿全	伍觉天
伍银鉴	伍　禅	庄世平	刘田夫	刘存谨
刘秋容（女）	刘耀曾	关山月	江汉武	江裕英（女）
汤秉达	许如音（女）	许丽华（女）	许涤新	许　嘉
麦容辉	严运来	劳　森	苏　友	杜长天
李广权	李宇兴	李运英（女）	李　灶	李妙兰（女）
李明珍（女）	李忠兴	李树柏	李洲昌	李菊生
李　崧	李盛鹏	李淑芳（女）	杨　光	杨启荣
杨德元	肖永久	肖隽英	吴先锋	吴均祥
吴康民	岑　柏	何　乔	何运招（女）	何　贤
何　周	何　保	何敬真	张庆君	张和畅
张金水	张　泉	陆达兼	陈永凤（女）	陈伊林
陈　勋	陈碧芳（女）	陈镜开	林小群（女）	林进友（女）
林　良	林桂女（女）	林桂芳（女）	林　渡	欧阳山
欧阳德	罗元恺	罗征祥	罗梓清	罗雄才
罗慕贞（女）	金基凤（女）	金淑仪（女）	周凤萍（女）	周　铮
冼为铿	赵更生	赵淑英（女）	胡　九	胡希明
柯　平	蚁美厚	钟玉钦	钟伯滔	钟　明
钟　麟	费彝民	姚锦钟	袁湘兰（女）	莫秀英（女）
莫　珣	莫鼎禄	郭棣活	郭增恺	黄友谋
贾大水	徐大木	徐绍初	高玉兰（女）	郭汝铭
黄长水	黄民兴	黄明海	黄明德	黄河清

黄复康	黄桢权	黄菊香（女）	黄燕芳（女）	黄耀祥
梅日新	梅　骅	崔凤堂	康汉生	梁　广
梁尚农	梁建明	梁洪英（女）	梁祥胜	梁　培
梁渠芳	寇庆延	覃争光	程杨波	焦林义
曾　生	曾伟明	曾定石	曾　燕（女）	谢荣山
蓝安华	蒲蛰龙	赖桂美（女）	雍文涛	蔡凤美（女）
臧振华	廖承志	黎会田	黎荣炬	黎　镜
魏南金				

说明：届中广东省补选的代表有习仲勋、李坚真（女）、杨尚昆、梁灵光、梁湘。

广东省出席第六届全国人民代表大会代表（163人）

（1983年4月3—10日省六届人大一次会议选出）

丁庞文	于　飞	马德光	王月金（女）	王叙伦
王鉴明	卢钟鹤	毛文书（女）	方善桂	邓汉光
甘素娥（女）	石　慧（女）	叶树滋	叶选平	叶道明
邝秉仁	邝健廉（女）	司徒慧敏	伍尚忠	伍觉天
伍　禅	任仲夷	庄世平	刘秋容（女）	刘振群
刘景忠	关山月	关宝玲（女）	关富胤	江银欢（女）
汤秉达	许士杰	许广汉	许丽华（女）	许涤新
麦容辉	李　花（女）	李连生	李坚真（女）	李　灶
李怡森	李建安	李春花（女）	李泉隆	李振权
李菊生	李耀祺	杨云芳	杨　光	杨其华
杨惠英（女）	吴　文	吴文通（黎族）	吴丽素（女）	吴柏森
吴秋菊（女）	吴桓兴	吴健民	吴康民	吴章圣
何　文	何文端	何　英	何　贤	余　燊
沈永椿	张　广	张仕骞	张和畅	张桂英（女）
张超崇	陆达兼	陆希声	陈书凤	陈光保
陈伊林	陈肖霞（女）	陈　鈜	陈林裕	陈国凯
陈昌骏	陈俊棠	陈祖意（女）	陈植桂	陈燕发
陈壁光	范扬宣	范兴登	林启鸿	林锦儒（女）
罗　天	罗元恺	罗征祥	罗雄才	金基凤（女）
金淑仪（女）	周月英（女）	周宜妙（女）	周　铮	郑佛标
郑国雄	孟昭兴	赵崇铎	胡绍和	柯　平
蚁美厚	钟　明	钟　震	钟　麟	费彝民
姚锦钟	骆运倖	秦柏强	秦　晖	莫淦钦
徐代流	徐　弗	殷细宽（女）	郭汝铭	郭俊彦
郭硕鸿	唐治安	唐星樵	陶　涛（女）	黄开昺

黄友谋	黄玉梅（女）	黄坚英（女）	黄秀华（女）	黄国胜
黄秉维	黄桢权	黄猛忠	黄燕芳（女）	梅日新
梅　骅	梅　益	盘八一	盘明昌	梁　广
梁灵光	梁建明	梁　峰	梁渠芳	梁　湘
梁　燊	寇庆延	程扬波	曾庆存	曾定石
曾　鹏	温义莲（女）	温惠珍（女）	谢楠柱	蒲蛰龙
雷　宇	蔡赛花（女）	廖承志	谭葆宪	熊　恒
黎克强	黎　铿	潘炯华		

说明：届中广东省补选代表有马万祺、廖晖、杨汉光（回族）、何流成、刘欢源、陈荫棠、孟庆平、谭盈科8名代表。另外，雷宇被罢免代表资格。

广东省出席第七届全国人民代表大会代表（163人）

（1988年1月20—30日省七届人大一次会议选出）

于　飞	马万祺	区棠亮（女）	区鉴泉	毛文书（女）
文水权	方少逸	方善桂	邓耀辉	卢钟鹤
卢瑞华	叶丽群（女）	叶佩英（女）	叶　钦	叶选平
叶雄干	邝健廉（女）	司徒戎生	吉亚球（黎族）	朱友植
朱森林	伍圣英（女）	伍尚忠	伍觉天	伍雪琼（女）
伍　禅	任仲夷	刘志平	刘秋容（女）	刘复之
刘振群	关山月	关淑萍（女）	江丽芳（女）	江嘉良
汤秉达	许士杰	许小华（女）	许家屯	苏　萍（女）
杜月坚	李连生	李坚真（女）	李招燕（女）	李金云
李金培	李育煌	李科生	李瑞源	李　灏
杨文贵（黎族）	杨　立	杨汉光（回族）	杨应群	杨其华
杨德元	吴礼珍（女）	吴康民	邱观钰	何　英
何厚铧	汪仲英	汪明荃（女）	汪　斌	沈永椿
沈四妹（女，瑶族）		张化祥	张仕骞	张福年
张建华	张　琮	张燕凤（女）	陆达兼	陈昌骏
陈子彬	陈有庆	陈远睦	陈　鈜	陈燕发
陈景垣	陈碧霞（女）	范兴登	范美英（女）	林　若
林凤仙（女）	林志厚	林国强	林焕馨（女）	欧　初
欧阳德	罗　天	罗元恺	罗征祥	罗桥年
周　铮	郑耀棠	赵汝能	胡　楷（女）	柯　平
柯居涯	蚁美厚	钟良英（女，瑶族）		费彝民
姚锦钟	姚嘉华	秦　牧	莫新银（壮族）	袁伟时
徐　弗	徐成仁	徐是雄	徐雪宾（女）	郭俊彦
郭硕鸿	唐治安	唐星樵	唐　鑫	容柏生

陶驷驹	黄玉梅（女，黎族）		黄光才	黄柱良
黄光汉	黄国胜	符儒海（黎族）	梅日新	梅　骅
梁广大	梁日沛	梁伟成	梁灵光	梁　湘
梁茂寰	梁振元	蒋新荣（苗族）	曾定石	曾昭科
温惠珍（女）	谢玉妹（女，黎族）		谢　非	谢强华
谢楠柱	蓝水妹（女，畲族）		蓝钟胜	蒲蛰龙
雷洁琼（女）	詹伯慧	蔡体远	蔡赛花（女）	蔡森林
廖平寅（壮族）	廖　晖	廖瑶珠（女）	端木正（回族）	谭盈科
谭维汝	熊转好（女）	黎国新（女）	霍英东	戴作霖
戴　杰	魏振兰	魏鉴贤		

说明：届中广东省补选的代表有李绍珍（女）、曾德成、钱永善、曾宪梓；许家屯被罢免代表资格。

广东省出席第八届全国人民代表大会代表（162人）

（1993年1月29日至2月8日省八届人大一次会议选出）

于　飞	马万祺	王　进	王佛松	王　钰（女）
王敏刚	韦基舜	文炮田	方少逸	方　苞
尹　林	古华民	厉有为	卢钟鹤	叶丽群（女）
叶　钦	叶雄干	叶　耀	丘传英	吕建明（女）
吕　钦	朱万里	朱　良	朱森林	伍尚忠
刘观送	刘志平	刘瑞强	关山月	汤炳权
许　雁（女）	红线女（女）	李文卿（女）	李兰芳（女，满族）	
李伟庭	李连生	李近维	李国桥	李泽均
李泽添	李宝群（女）	李绍珍（女）	李泰谦	李瑞源
李维新（满族）	李楚珠（女）	李　灏	杨俊声（回族）	杨泰芳
吴月金（女）	吴　平	吴　波	吴顺洪	吴康民
何化万	何厚铧	何德强	何耀棣	侣志广
汪仲英	汪明荃（女）	沈永椿	张天送	张汉青
张伟基	张远贻	张铭熙	张惠忠	张　磊
张暹坤	陆达权	陆达兼	陆炽然	陆培炎
陆耀宝（壮族）	陈永棋	陈邦清	陈有庆	陈同庆
陈伟光	陈妙珍（女）	陈　鈜	陈昌骏	陈健才
陈雪华（女）	陈碧霞（女）	林良孝	林　若	林金汉
林素华（女）	林维明	林曙光	罗寿棉	罗富和
周　南	郑红朵（女）	郑耀棠	房亚水（瑶族）	赵汝能
赵钟鸣	柯正平	柯　岩（女，满族）		柯居涯
柳锦洲	蚁美厚	钟光超	姚嘉华	袁镜焕

聂永强	徐是雄	徐起超	奚顺娣（女）	唐广安
唐治安	唐星樵	唐海英（女，瑶族）		凌伯棠
容柏生	黄广尧	黄文柬	黄东潮	黄光汉
黄华柱	黄国胜	黄忠勇	黄建立	黄涤岩
梁广大	梁戈文	梁昆浩	梁金城	梁爱诗（女）
梁鉴蓬（女）	彭士禄	覃自兴（壮族）	曾茂朝	曾昭科
曾宪松	曾宪梓	曾德成	温玉华（女）	游景玉（女）
谢先德	谢　非	谢颂凯	谢强华	蒲蛰龙
赖秀娟（女）	简福饴	蔡体远	蔡　诚	蔡渭衡
廖　晖	廖瑶珠（女）	端木正（回族）	谭光荣	谭盈科
黎子流	潘子怡	薛凤旋	霍英东	戴　杰

广东省出席第九届全国人民代表大会代表（165人）

（1998年1月8—19日省九届人大一次会议选出）

王竹梅（女）	王兆成	王兆林	王岐山	王佛松
王桂珍（女）	王　骏	王启人	毛宇峨	方　苞
邓祖选	古华民	古兆圣	古　威	卢钟鹤
卢瑞华	叶雄干	申　丹（女）	田纪云	史小予
吕雪亮	朱添华	朱森林	庄礼祥	刘之券
刘文杰	刘　宁	刘会冲	刘观送	刘容森
刘耀玲	江东海	许　雁	孙稚雏	红线女（女）
麦　红	苏子锐	苏志刚	苏泽群	杜元流
李　力（女）	李子彬	李元元	李长春	李玉娟（女）
李兰芳（女，满族）		李志华	李沛然	李国杰
李国强	李宝群（女）	李绍珍（女）	李经纬	李孟陆
李晓方（女）	李银霞（女）	李鸿忠	李瑞源	李新家
杨华维	杨秀雯（女）	杨钦欢	肖　扬	肖　钢
吴广球	吴华南	邱健行	何厚铧	何宏铭
何武全	何俭强	何美仪（女）	何德先	侣志广
佟　星	余尚林	张汉青	张伟基	张志萍（女）
张明彪	张春林	张　亮	张梅颖（女）	张帼英（女）
张铭熙	张超球	张湘伟	陆百甫	陈平乐（女）
陈伟忠	陈伟荣	陈　冰	陈丽妮（女）	陈妙珍（女）
陈国强	陈明德	陈学希	陈建辉	陈　玲（女）
陈雪英（女）	陈紫芸（女）	陈善云	陈滋英	林树森
林振中	林　墉	林曙光	欧绍燕（女）	罗英发
罗富和	周日方	周励群（女）	郑玉书	郑卓辉
赵秀珍（女）	胡炳榴	柯　岩（女）	柯正平	柳传志

钟光超	钟学义	钟慧萍	凌伯棠	凌　艳（女）
唐海英（女，瑶族）		唐淑蓉	唐星樵	黄子强
黄龙云	黄伟光	黄观华	黄丽辉	黄国胜
黄忠勇	黄炳章	黄福永	黄德明	崔　勋
梁广大	梁戈文	梁伟发	梁绍棠	梁添胜
梁煦宏	彭文星	蒋海鹰（女）	覃卫东	程誌青（女）
傅汉洵	曾庆申	曾昭科	温鹏程	温耀深
游景玉（女）	谢　非	谢小银（女）	谢太俭	谢先德
谢颂凯	谢强华	廖耀宪	谭国荣	霍应波
霍福华	戴　杰			

二、广东省人民代表大会代表名单

第五届人民代表大会代表（1582人）

（1977年12月至1983年4月）

广州市（251人）：

韦国清	王首道	焦林义	梁秀珍	何　文
张泊泉	黄　康	耿振林	顾　循	黄焕秋
金　阳	王凤云	张　进	郑　希	李　才
何　军	李嘉人	舒光才	李进阶	吕　白
丁为民	卫少珊	曾银娣	邓振贵	陈伊林
江　平	吴仲禧	张力田	曾如阜	余安迪
李祥玲	钟耀奎	沈育民	吴秀荣	查树兰
李祖资	黄铭楷	黄庆云	林小群	罗品超
乔　毅	廖翔华	陈国桢	容志行	伍毅仁
钟功甫	李岳生	黄锡九	余仕超	段克缄
梁　湘	钟　明	杜祯祥	钟　非	孙伽俐
谭启明	李庆林	陈润茂	马文云	马锦文
马尔骎	梁根祥	李志恩	罗　杰	张梅耀
李　民	钟一凡	黄渡江	王亚明	薛民轩
张惠钦	刘绍文	木　萍	韩　英	何　明
张冠生	张太沂	卢　超	陈权金	江　鉴
林广栈	宋兴桅	李　育	贾少欢	麦　月
张祖荣	黄　滔	何　丹	孔宪华	马梅珍
张钦华	周自治	张金榜	颜炯新	梁朝昱
麦秀琼	袁醒宪	吴公炎	甘　乐	徐淑芬
杨慕贤	吴耀寰	谢国新	邓保文	甘金生

黄海涛	梁福球	吴 恩	游谏英	叶宝铁
陈志雄	黎 泳	罗脐口	何树祥	梁成炳
黄柏然	叶浩章	李宗太	郑子权	钟鸿章
林启华	郭玉坤	梁 光	蔡 标	苏顺维
林炳贤	蔡绍合	吴金荣	谭 彬	陈容娣
陈 炳	陈克炎	黎 锦	李艳娟	王信基
区达汉	谭 开	黄钜灼	谭锦富	司徒仲婵
陈国安	徐少华	曾水清	贾海英	林始平
李德记	张 广	廖 妹	朱少兰	麦礼和
何灼根	陈 容	黄玉英	卢永广	周鉴开
黎会田	邹凤娣	赖灶林	廖滋波	路月娥
李万谷	龙张华	罗福荫	潘桂清	杨石容
黄细勤	黄进明	朱江涛	郭 林	周宝娣
卢鉴泉	邓曼贤	黄玉媏	陈 银	苏甜翕
谭 鸣	陈四女	李 当	周汉辉	朱东威
刘淑琴	谢永纶	郭秀冰	邹冠英	陈天俊
刘其华	陈泽瑜	张雪云	李家裕	何保康
邓汉芳	刘乃铨	颜荣光	王乐之	谢小韫
张家声	邱文忠	容耀荣	何威仪	邓锡衡
莫 党	陈锦炤	邝华生	郑忠庆	金泽光
黄可赞	吴威亮	佘畯南	刘伟权	廖焰国
蒋汝根	杨爱莲	曾雅荷	张颖仪	陈笑风
周树桥	杜应秀	马先觉	吴仕恩	霍梓瑜
陈安良	陈宝星	徐楚生	温德民	杨奎章
白燕仔（女）	张绍景	李郁文	蔡文瑛	朱云峰
阮宝欢	马德光	李 仪	罗伯华	朱英南
俞乐山	黎国全	宋启林	邝洛元	聂叔香
沈保庵	林树平	陈 景	李士英	陆丽娇
彭君娇	饶福兰	方纯坚	邓 锐	苏锦培
白修成				

海南行政区（160人）：

吴先锋	朱寿全	丁庞文	李宇兴	冯世富
黄惠进	吴盛隆	张科銮	李邦祥	王业富
张文照	吴斯荀	韩江元	李光新	朱秀兰
何家巨	邹美琳	曾献孝	蔡 华	林明保
黄传杰	陈琼珍	吉大新	林开海	梁定兰
韩亚雅	陈宋齐	李桂颜	李中英	陈凤胜
林桂芳	林资民	陈兰花	符有修	符启强

王宏刚	林爱莲	何花兰	黎运雄	王　燕
黄桂鸾	徐光玖	王爱莲	王秀娃	吴清江
沈淑玉	潘金容	吴维弟	黄绍淇	王瑞莲
陈积善	郭明笃	羊桃养	高二才	符玉坤
黄菊香	朱老文	黄奷大	王亚壮	杨有明
陈罗安	卢爱球	刘清曹	李凤娥	吉亚伍
何排核	符秋琼	李忠兴	黄隆华	陈飞燕
马启章	王奷英	邓文良	谢荣山	许月娥
薛锡初	王惠群	邢廷豪	谢玉琴	王茀川
钟秀霞	黄惠莲	罗　天	张日和	魏南金
肖焕辉	王越丰	陆　荧	李黎明	李　门
胡一川	郭曼果	李清万	魏震东	刘铁平
王昌虎	李鸣呵	艾宏恭	邢诒桥	林树松
王春辉	周芝美	陈齐安	李玉堂	张　奋
黄世杨	惠明耀	林鸿琼	于宗文	田一民
黄文忠	符景光	丁　乙	李遵元	吴爱英
刘亲先	林尤芳	周德天	林　诚	王心钝
刘连捷	罗蔚茵	吴显华	黄鸿枢	梁栋材
彭其福	何敬真	卢仕邦	欧学传	钟少彪
罗伯诚	王志久	杨志高	程佛辉	林茂桂
蒋虹玉	林日能	梁洪文	江　山	邵柏松
陈文鸭	李学富	蔡演雄	江　穆	何宝松
温峻岭	刘家俊	周　铮	黄开吉	邱宏模
许录丰	云锦卿	姚炳祺	许崇德	许丽华
黄朝中	邝荣禄	许世桓	钟之平	林树枢

湛江地区（177人）：

苏如壮	林成强	郑宏东	黄肖英	关　保
张燕成	胡秀敏	李广崇	冯　来	陈玉英
邹旭海	赖玉芳	金云芳	梁建明	李迪星
蔡秀兰	李上康	黄彩燕	黄淑芳	刘开梅
陈　二	吴甜基	何东业	曾传芳	郭世光
关　华	陈德充	何秀芬	古庆松	孔丽华
徐　新	梁仲胜	全　民	彭友强	朱兰坤
黄永珍	童以杰	李月芳	黄宜祯	赖智金
梁火新	梁胜章	何　祥	王秋大	张惠琴
陈朝珠	袁传玉	欧华海	李那增	吴亚一
陈卓强	黄亚秀	阮秀礼	黄炳华	刘胜华
招居英	李秀英	朱宝祥	朱其海	伍颐云

李秀林	王美季	阮朝发	敖　水	蔡　祥
许杏芳	严运来	梁信通	黄秀华	肖明汉
韦如志	赖师琼	邓柏贤	张耀才	邱沛新
李淑芳	颜锡佐	陈华均	王　珍	王卓英
王丽清	江裕英	戚少凤	刘傅玉珍	谢明章
薛成忠	卢娟英	吴振廉	赖　有	吴流沙
陈佐玲	彭汉华	冯妃方	吴秀太	贺　洁
曹邦梁	许邦成	成凤英	梁世英	梁永乐
吴显荣	李恭兴	林淑珍	杨秀珍	赖凤秀
卢文秀	莫　珣	林　若	黄明德	车金铭
张　勤	李匡乙	方　华	张汉俊	赵守桐
宋来春	张小波	郑树秀	梁　甫	宁　雄
刘任信	李　炎	暴　林	陈光保	王天才
孟宪德	洪　遒	俞　薇	于一山	孙　毅
李乐圣	徐林汉	韩学增	李凤五	郑重文
冯志仁	谢永宽	吴振刚	钟　云	卢光启
李加惠	李宗耀	何焕姿	高启照	韦德安
黄　东	李继宏	李振海	丁镇泰	陈伯坚
邓绍球	张文光	李增富	梁之汤	吴　流
欧阳瑞文	陈信始	叶树滋	黄承达	徐和德
李丽英	欧阳山	关山月	汤小铭	熊大仁
黄学海	袁俊元	陈淑平	王纯如	罗润庆
黄则炎	周庆岳	黄士能	云　汉	劳元熙
秦咢生	张宏达			

肇庆地区（116人）：

吴桂章	潘凤莲	马德生	冼　泉	卢翠仪
张国强	岑瑞生	李　锦	黎雪珍	赖祥进
黄荷英	蓝安华	彭美媛	张国盛	刘镜辉
曾　燕	黎朝西	梁　女	范　金	董　华
梁惠玲	黄炳杨	罗注群	蔡均棠	梁　四
陈垣彬	陈瑞棋	李明珍	吴可金	简可权
梁瑞兰	程扬波	陈泽礼	郑盆金	莫培棣
伍银鉴	曾高年	赵洪混	陶来妹	谢妹扶
孔宪荣	侯少莲	陈学荣	李友梅	罗兴让
姚远英	郑乐民	钟兆凤	罗在惠	谭国有
唐金水	谭可进	黎荣泰	孔　六	苏少英
甘国庆	顾秋庆	邓培权	麦秀金	杜全兴
欧妹仔	王东兰	辛佩辉	何　森	黄月华

范希贤	罗克明	陈慧清	梁　冀	宋迪民
樊金保	张　斌	林智敏	阎文海	张兆林
许士杰	李茂萱	梁永红	陈启荣	林和声
李　牛	王　志	陆　文	张庆君	李顺兴
覃楚然	高长祥	高初商	陈国光	杨树槐
伍　添	王康廷	陆发熹	郭杰克	卢钟鹤
梁　伦	王为一	朱志淞	麦以芳	黄富祥
何克志	莫进莲	张庆智	冼礼光	钱智林
廖家昌	梁英三	朱兴汉	梁灏怀	曾天节
黄和春	谭沃心	张伯权	梁贵尚	黄陶钧
涂国煦				

佛山地区（170人）：

梁中红	林　荣	梁树海	劳　森	李　印
李淑群	郝秀兰	林靖海	梁　莲	唐　端
黄　就	王妙容	余瑶卿	吴月桂	梁权根
赵少芬	李自好	梁根来	甄月匀	徐　荣
吴秀芹	李桂芳	梁万益	吕艳平	刘　池
邓耀海	谭玉莲	郑建国	陈　协	陈少妹
叶　二	梁惠莲	傅一来	彭秀荣	余项聪
黄买返	张华进	司徒国汉	罗定家	何秋林
杨周华	关昭菱	陈波六	谢池仔	钟植三
谢润森	黎金瑞	胡锡富	乐永福	陈润琼
苏骚妹	朱盛波	曹荫傍	何　炳	陈锡林
冯栋良	黎　清	邓炎棠	吴乞胜	谭北治
陈杏元	高　月	林北添	梁炳妹	黄锦昌
梁伍体	陈玉英	张广燮	黄河清	罗珍桐
卢少颜	卢　根	雷洽祥	曾焕林	伍英华
陈超娟	邝宝年	陈有彩	吴卫棠	胡奕好
苏　悦	余景锐	梁祥胜	吴美胜	苏永财
卢顺娣	幸金砖	潘倩碧	阮容爱	马　顺
徐如玉	霍　爱	叶礼荣	罗艳娟	陈素庆
温巧方	谢玉心	邓景珍	林　明	陈能兴
梁　广	邓惠强	方　兰	李　超	杨　奇
严尚民	欧　初	梁奇达	刘振本	郑少康
杜瑞芝	杨康华	杨德元	吕金湖	任成秀
周溪舞	孙　仁	张文学	侯国达	张伯良
吕　根	宰永庆	刘德云	何　海	陈　衡
叶　松	廖正年	李墨田	谢明仁	高桥发

何敬举	霍美瑜	黎福俊	黄新波	陈残云
余　本	钟　麟	李真光	梁忠文	李梓儒
冯宋榴	卢瑞华	马镇松	骆润鸿	陈曾贤
李丽娟	赵华新	何雅强	林品生	黄国显
黄　远	冯庆潘	谭炳才	李　郁	张凤鸣
孙具瞻	阮华玉	林夏泉	李介民	王应杰
雷　佳	李本立	陈锦源	梁　佳	叶惠南
吴述扶	蒋安理	李龙沾	周开旭	陈茂垣

韶关地区（123人）：

马一品	袁炳焕	张帼英	潘　强	谭炳麟
李就业	王广居	郑锡泉	孙玉明	胡斯训
黄开昺	卢　蒿	沈忠祥	韩福聚	石俊标
彭耀新	邱润生	缄振华	杜硕三	何　乔
周祖胜	罗月英	蔡凤美	吕道源	李枳标
刘添荣	罗世权	魏巧卿	朱辉和	钟质彬
黄　尧	黄鉴明	范其善	黄景荣	肖桂林
甘庆隆	祝　贱	黄志华	张义祥	李巧森
盘　就	管志坚	杨政保	刘金龙	麦容辉
向延均	陈凤娣	刘杵友	房六斤一釜	王长娣
吴汉华	张日娇	余桂凤	阙　玲	刘大根
李家优	林庆贻	徐维德	刘恩带	莫鼎禄
赵淑英	蒋爱英	邓财金	宋新娥	李步福
陈道建	陈玉英	林秀娇	雷著辉	陈朝英
丘北妹	罗堂通	李雪荣	甘定福	刘伯妹
梁省东	陈亚桂	梁成养	甘新妹	欧观娣
潘国昌	张金好	黄　养	陈汉平	黄腾骧
奚明声	关绍华	杨子兰	甘云桂	廖河洲
陈绍林	谭坚创	曾宪庭	张椿海	向重贤
黄　峰	梁社民	何湛桐	刘维明	郑星燕
马　甫	秦德夫	戚德煜	魏　骥	郑　群
祁振荃	李祥麟	鹿益三	李文华	罗　挺
胡广恩	师北祥	姜起清	贾大水	张绍莲
余潘鉴	覃慕陶	潘炯华	陈封怀	陈琰文
沈永椿	曾　理	何逢康		

韶关市（56人）：

刘田夫	李建安	李海涛	樊志刚	马　芳
陈东秋	赵更生	唐学逵	范太成	卢建华
袁福荀	卢振石	李捷棠	丁长国	彭怀元

成明勤	梁　相	毛正云	王向东	符儒高
李倩根	黄子韶	袁湘兰	冯南生	张振文
黄义交	杨义孝	向均全	何见山	甘义娣
姜德云	何香苟	卢四妹	黄　坚	邹玉莲
邱粉甘	许绍新	承乃中	吕钟瑜	桂诗春
查永如	郭汝铭	卓观培	黎柏洪	徐贤恭
苏　怡	陈又平	关崇振	郭善欢	李名生
强炳寰	许良芳	黄宝荣	李培林	陈炎武
张和畅				

惠阳地区（126人）：

龙卫育	陈树勋	邓启成	王　存	叶远聪
黄丽菊	邓　青	李　灶	叶　华	黄　棠
曹石稳	吴　泉	文春梅	梁　芳	王茂源
张玉英	何锦桃	罗顺娣	邓宝生	许火照
叶呈恩	刘振城	钟月珍	钟细进	吴美三
叶　珠	李桂珍	梁　卿	尹星尧	黄民兴
王仁桃	刘容胜	叶瑞珍	余华佑	吴玉兰
刘　赛	黄九奴	唐　淦	钟见培	叶皮锦
蔡凤云	张洪娇	梁德明	李云金	戴意友
田华贵	林进友	李自醒	张义华	傅振兴
陈育池	凌玉鸾	廖荣凤	曾坚业	黄子莲
林亚开	江炳环	钟昌金	吴均祥	黄奎珍
黄集传	谢有传	赖美兰	曾宪宽	徐长玉
林春松	梁洪英	庾　善	黄　兴	罗恩珍
黄　俊	李富林	赵德斌	黄炳乾	郑友生
欧阳德	刘　斌	李　回	李兆周	梁在明
黄奇光	苏锡培	刘　向	张水安	尚树森
王　宁	梁威林	尹林平	陈越平	谭桂明
郭佩珍	刘　宣	叶卧波	洪向东	古周全
杜长天	何俊才	李友能	李卓符	罗秋云
张晚兴	李　正	刘兆华	蓝元商	杨元珍
徐致祥	陈德邵	肖家楷	程奇香	叶启青
高文达	施明新	黎雄才	万长寿	文介峰
廖　钺	莫　雄	张仲明	沈灿燊	陈汝琛
林　强	张任骞	楼同茂	蓝培炎	陈振杨
麦慕平				

汕头地区（170人）：

寇庆延	薛　辉	苏汉华	程　里	张孝长

张汉青	李雪光	王致远	方维新	吴东江
吴健民	梁集祥	严亦峻	顾　杰	曾定石
罗晋琛	刘　斌	李　恩	孙庭玉	陈　坚
王连杰	梁　有	许忠文	陈财源	林世志
许　加	冯年强	黄继藩	吴　钦	黄松江
郑祖先	王文娟	李盛鹏	罗木命	郑振达
林　存	蔡舜英	肖耀忠	蒋六妹	肖秀英
林鸿禧	许照南	黄英健	吴秋菊	刘建忠
江汉武	刘映芝	王美春	林创坤	肖善基
吴巧英	郭汉敦	朱娘茂	许冬妹	秦贞泉
张七强	苏清水	张细兰	陈来周	黄妈集
陈其昌	彭自庆	马宝贞	陈　真	徐亚时
戎光葵	谢振勇	郑木强	陈碧芳	朱舜火
翁瑞珍	陈图修	黄语深	林幼奴	陈玩为
蓝照青	许如音	孙婉文	洪绍强	倪烈音
刘双水	魏逢林	林刘英	吴苏微	陈亚粗
卢振森	林宝如	李惠珍	郑月珠	陈戊庚
连开振	郭婵贞	陈恩旺	赖桂美	黄婵妆
房仲柱	黄怡丛	林惠兰	王小兰	张孝木
吴赐日	吴腾蕊	陈秀英	吕士纪	刘　蜜
林　友	赖国贵	江吴木	彭秀兰	林　渡
陈兰叶	卢祖叠	陈　炳	林美卿	方惠娥
林　瑞	吴彦辉	谢惠娟	黄名伍	王偏来
麦赛琴	谢伟初	黄明海	吴　槌	陈友兰
许如卿	周细妹	罗永德	郭淑琼	郑水铃
张金水	林小英	秦　牧	伊　琳	金应熙
黄耀祥	李时清	罗婵娟	童道炎	李有存
陈玉香	曾光华	吴树平	张景仪	蔡荫庭
杨惠华	罗美光	刘昌炎	周昭健	张伯色
苏戴欣	吴申钊	杨志成	陈子彬	胡伟夫
叶少梅	郭宗泽	杨木樾	汤传篪	郭湘萍
王育群	李春泽	陈纯英	郑则韬	陈礼辉
陈孝仁	许　杰	谢宝升	范杨宣	张启南

梅县地区（90人）：

罗伟其	钟玉钦	薛坤朋	林佛全	肖永良
陈顺华	管文友	叶银华	徐凤兰	谢石发
张我成	曾佛朋	林道雄	张乐中	曾广源
曾庆尧	江仰杰	丘良益	吴贤明	潘秀锦

叶光华	吴耀文	郑端云	林春芬	陈深友
罗金英	王世文	陈名祥	蓝富英	钟惠娟
王春梅	李运英	曾桂娣	江细庭	罗荳娇
黄雪香	廖志勇	杨琼珍	严奖标	谢森祥
何运招	王万生	杨兰玉	徐裕元	徐群英
刘兴梅	李坚真	杨应彬	刘祥庆	赵文元
尤　淇	何世庸	王财元	李又华	黄维礼
李　诚	刘兆伦	刘　茵	原　鲁	田　心
刘玉山	李　荣	杨　旭	张　彦	刘顶光
徐　良	王忠亭	罗梓清	杨泰芳	黄声洪
杜　埃	翁奕钦	梁素珍	吴慧翘	陈菲村
古苏婵	田福恒	高毓峰	吴锦丽	黄缘庆
钟建忠	秦元邦	廖周行	李振权	王　越
李文华	廖士锷	刘耀增	王　才	古　伍

港澳地区（31人）：

潘江伟	欧阳维	黎永培	陈　润	龙　裕
陈　侠	李洁贞	唐星樵	俞庚秀	吴锦泉
周　妹	张　彬	曾　谷	蓝　真	周士华
何德明	李述龙	马廷栋	任意之	陈　鋐
田嘉谷	饶不辱	司徒辉	苏务滋	郭宜兴
高振东	孙城曾	许东亮	邱成章	方志勇
徐湛星				

解放军驻广东部队（68人）：

庄　田	刘远生	黎菊林	陈青山	王金友
高俊生	高先贵	郭奕吟	张友明	李万余
冯镜桥	张世英	段志清	刘梅村	钱安良
邓卓山	丁禄英	魏土贵	徐振峰	张志飞
刘　英	阳恒修	崔金锡	符　路	陈盘荣
叶松盛	王许生	杨文武	张景耀	熊　飞
苏克之	毛和发	邬　强	江　明	曾　韬
李正题	宋文郁	李耀中	黄良韩	刘盛云
李　元	刘玉江	王凤岐	李炳聪	黄如强
董自立	肖昌繁	林志宽	金　瑛	杨贵生
穆贵斌	黄承道	黄　斌	孙玉璞	唐荣兴
吕　云	李俊宝	何　沛	姜吉田	李立柱
罗俊年	廖　璞	吴铨景	朱子兵	杨　煜
曾灶荣	刘汉旺	关美漾		

说明：1．本名单未标明性别。2．本届代表名额共1582名，缺44名增补代表名单。

第六届人民代表大会代表（1181人）

（1983年4月至1988年1月）

广州市（197人）：

丁希凌	马先觉	马惠国	马椿民	王乐之（女）
王建新（女）	王德泉	区达汉	区梦觉（女）	毛承恩
方绪模	孔宪华	邓　六	邓汉芳（女）	邓锡衡
古燕媚（女）	卢永广	卢华埠	卢锦荣	叶选平
叶荣基	丘土生	丘晨波	白修成	白燕仔（女）
邝华生	邝洛元	冯淑仪（女）	冯嘉贤（女）	朱江涛（女）
朱桂芳（女）	朱嘉燊	任仲夷	庄楚玲（女）	刘世荣（女）
刘金石	刘其华	刘样女（女）	刘　照	关伟文
关伟耀	关相生	江　平（女）	许士杰	许永炬
李宗太	李郁文	李金满	李洲昌	李　海
杜应秀	杜襟南	巫天送	李广权	李　民
李家裕	李祥玲（女）	李浩然	李绮玲（女）	李敬纪（女）
杨家俊	杨奎章	吴金荣	吴威亮	吴秋容（女）
吴展华	岑　充	何　文	何火盛	何威仪
何保康	何素兰（女）	余仕超	邹　华（女）	邹冠英
沈育民（女）	沈保庵	宋启林	张力田	张凤仪（女）
张育琦	张兆林	张　良	张金铎	张绍景
张金榜	张家声	张祖荣	张雪云（女）	张爱玲（女）
张惠贤（女）	张耀芝（女）	陈四女（女）	陈矢云	陈多富
陈宝星	陈　勋	陈笑风	陈容娣（女）	陈润桂（女）
陈锦农	招　源	林　西	林炳贤	林桂女（女）
林毓豪	欧灼林	欧　初	欧阳波	欧阳树
卓　超	罗银燕（女）	罗伯华	罗杰新	罗品超
罗慕贞（女）	周守儒	周锡朋	郑祖良	练德来
赵则龙	胡克明	钟一凡	钟功甫	钟　明
钟惠华	钟景阳	钟耀奎	段克诚	俞乐山
姚嘉华	秦成业	聂叔香	凌　璎	高新丁
郭少屏（女）	郭少澂（女）	郭秀冰（女）	郭焕之（女）	容志行
容耀荣	黄日生	黄可赞	黄　成	黄庆云（女）
黄　杕	黄征帆	黄细勤	黄荣业	黄流沙
黄焕秋	黄渡江	黄燕怀（女）	黄　巍	盘松年
盛意萍（女）	梁伟苏	梁延铁	梁灵光	梁尚农
梁　焕（女）	覃争光	韩　英	释云峰	曾庆申
曾利华	曾雅荷（女）	游国屏	温德民	谢小韫（女）

谢凤华　谢　旺　谢　峰　谢家彦　赖大超
赖灶林　蔡文炯　蔡文瑛（女）　蔡长俊　蔡若明
廖翔华　廖焰国　谭小玲（女）　谭　鸣　谭燮刚
黎凤齐（女）　黎国全　黎　锦　潘玉冰（女）　潘坤清
薛　焰　戴　伦　阮宝欢　麦礼和　麦　扬
苏　青　苏顺维（女）

海南行政区（68人）：

韦泽芳　王玉尧　王明鼎　王政蓉（女）　王健民
邓英凤（女）　邓建芳　艾宏恭　古雨兰（女）　卢仕邦
叶德昌　冯　廉　伍宣池　江喜端　许连桂（女）
许录丰　孙新知　劳王章　杜瑞芝　李　林
李现林　李桂琴（女）　杨庆禧　杨志高　杨家荣
杨瑞龙　肖焕辉　吴世柏　吴佑福　吴祥征
何宝松　张海济　陈齐安　陈明镜　林鸿琼
林鸿藻　林维明　林润霞（女）　罗　天　罗兴秀
罗伯诚　罗绪川　罗蔚茵（女）　金　谦　周玉琼（女）
郑冠标　郑留荣（女）　胡一川　胡玉珠（女）　胡光烈
洪冠英　骆　助　莫壮奇　郭幼莹（女）　黄鸿枢
黄爱珠（女）　符气鸿　梁振鹏　彭其福　曾仕丰
曾令平　曾宪明　温峻岭　谢荫根　蓝元顺
雷　宇　黎新国　魏震东

海南黎族苗族自治州（37人）：

丁原章　王家养　王德英　云　翔　文崖莲（女）
邝荣禄　吉开全　刘国新　羊大权　李　门
李头宏　李家运　杨　洪　吴乃昌　张　景
陈书凤　陈清潮　欧光英（女）　卓进勤　胡广恩
徐进星　徐祥浩　高日清　涂彪梁　海金豪
黄文忠　黄中强　黄光华　黄声兰（女）　黄国玺
黄菊香（女）　黄朝中　符秀英（女）　符振清　盘明精
蔡秀兰（女）　谭仁生

深圳市（28人）：

王俊生　卢钢荣　叶卧波　叶澄海　朱劭天
刘福安　许　实　阮克明　孙凯风　李广镇
李　英（女）　李岳山　张友恒　陈家钧　陈　海
陈　锡　陈德邵　林　墉　欧阳山　周溪舞
周　鼎　周德仔　赵　练　袁　庚　黄瑞平（女）
梁　湘　曾昭科　谢鸿惠

珠海市（23人）：

孔　雯（女）	吕少西	刘巨南	杜长天	李炳熙
李祖资	杨　钧	杨　锟	吴南生	吴健民
何三妹（女）	何　海	陈国桢	林小群（女）	林旭初
林　克	林娴宽（女）	欧　培	冼十五	凌伯棠
梁福智	曾如阜	蔡　高		

韶关地区（67人）：

王昌浩	王颂天	孔丽霞（女）	冯双胜	毕国恒
师兆祥	向延均	向重贤	刘田夫	刘琳发
汤光礼	李冬娥（女）	李宗模	李祥麟	李培秋
李耀福	肖天山	肖桂林	何逢康	何　碧
余泮铿	张月琴（女）	张玉祥	张惠星	张博经
张路生	陈少梅（女）	陈省花（女）	陈贻泽	陈爱群（女）
陈赞昌	陈廉洁（女）	林运璧	欧良超	欧阳英
罗水钦	罗凤翔	周细告	郑方略	赵玉兰（女）
赵志明	赵伯杰	赵焕宝	侯茂新	聂四妹（女）
莫金秀（女）	夏竹君（女）	钱　虹	唐川流	唐石金
唐　辉	黄立夫	黄　兴	黄奋鸷	黄帝才
黄　锋	黄琼珠（女）	鹿益三	梁时坚	曾伙光
曾昭丰	曾宪庭	温国桥	温顺能	赖书亮
蔡　军	蔡森林			

韶关市（31人）：

王　焕	司徒桥（女）	华惠芳（女）	刘金玉（女）	许良芳
苏　陶	李玉媚（女）	李建安	李雪光	李培林
余之德	张作松	张勋甫	陈又平	陈传广
陈鱼术	陈炎武	邵文彬	罗爱兰（女）	赵更生
胡怀默	钟金焕（女）	秦德夫	桂诗春	徐贤恭
黄华华	黄雅胜	梁庆邦	彭子美	葛弘毅
韩晓萍（女）				

惠阳地区（78人）：

王　宁	王炳文	王　祝	王德珠（女）	尹林平
石春华	卢月梅	叶启青	叶桂姝（女）	吕振生
朱凯和	刘　文	刘　来	关曼青（女）	巫燕玲（女）
李　回	李庆芬	李荣华（女）	李桂珍（女）	杨水生
肖英豪	肖树棠	吴丽娥（女）	何俊才	何婉然（女）
余汉强	余继民	沈灿燊	张水安	张仲明
张华明	张焕棠	陈远廷	陈　坤	陈越平
陈耀辉	范美英（女）	林树森	林　强	林翠贤（女）

欧阳泽	欧阳德	罗思珍（女）	周锡辉	周潭如（女）
郑世明	郑茹香（女）	郑　群	钟诗心（女）	钟钦祥
侯国忠	施明新	袁富林	莫福枝	徐哲明
徐致祥	凌锡澄	高文达	黄习传	黄民兴
黄宏中	黄菊华（女）	曹丽云（女）	梁凤岐（女）	梁威林
曾定中	曾潘光	蓝水妹（女）	蓝元商	楼同茂
赖佩燧	赖燕枢	詹英光	廖　钺	黎沛林
魏龙延	魏南金	魏彛基		

梅县地区（62人）：

丁　望	王汕平	王屏山	王树闳	王　维
邓昌明	甘尧德	古维栋	叶少梅	叶作舟
叶金元	田福恒	丘志中	刘顶光	刘　因
严蕴开	李坚真（女）	李国瑶	李洁之	李复康
李联开（女）	杨应彬	杨珍珠（女）	杨　震	肖隽英
何运林	何坤祥	何彩君	余福贤	沈士炎
张伟乔	陈文枢	陈　建	陈彬宗	林　勉
林朝钦	罗　伦	罗全英（女）	罗雄才	郑国雄
钟秀媚（女）	钟晨光	姚明卿	秦元邦	黄友谋
黄金英（女）	黄焕昌	黄雪荣（女）	黄雪香（女）	黄菊祥（女）
黄缘庆	梁素珍（女）	梁集祥	梁福寰	曾献宜
蓝瑞华	詹益锦	蔡松琦	廖蔼玲（女）	熊伟元
黎元宗	薛坤朋			

汕头地区（149人）：

丁有宽	丁海岳	丁道福	马　友	王兰若
王丽华（女）	王茹金（女）	王育群	王泽毅	王贯一
王祖堃	王显群	王致远	王著生	方振波
方锦明	冯二根	朱娘茂	庄明瑞	刘巧兰（女）
刘昌炎	刘　萍	许　东	许惠芝（女）	许景茂
严亦峻	李大林	李少居	李科生	李春泽
李瑞英（女）	杨兵响	杨惠芝（女）	杨　樾	肖正光
肖玉英（女）	肖巧珍（女）	肖景祥	肖耀忠	吴木兴
吴宗泽	吴树平	吴秋菊（女）	余巧娥（女）	余秀兰（女）
余利合	余　荣	余　想	丘　光	张汉青
张金水	张丽君（女）	张景仪	陈子彬	陈少敏（女）
陈仰国	陈传明	陈妈响	陈　坚	陈孝修
陈远高	陈财源	陈秉夔	陈昌映	陈美利（女）
陈祝欣	陈恩旺	陈淑钦	陈铭锋	陈铿华（女）

林　风　林创坤　林邦杰　林　英（女）　林建州
林赛娥（女）　林　渡　林惠兰（女）　林楚君（女）　林舜辉（女）
欧瑞木　卓粉心（女）　卓积基　罗　列　罗晋琛
罗浩辉　罗　强　罗道琛　金应熙　周修进
郑月珠（女）　郑立仰　郑光声　郑锡荣　郑定容
郑婵喜　蚁美厚　施碧莲（女）　洪萱辉　洪爵光
祝启珠（女）　姚璇秋（女）　秦　牧　秦婵卿（女）　倪宏毅
徐映星（女）　郭汉敦　郭　伟　郭宗泽　郭洁娥（女）
郭淑琼（女）　郭源钟　黄庆华　黄伍弟　黄传克
黄来泉　黄宏昌　黄庚贤　黄惠生　黄潮江
黄耀祥　寇庆延　梁荣合　彭士禄　彭自庆
程　里（女）　程春耕　曾定石　曾　洪　曾雁翎
谢伟初　谢　非　谢宝昇　谢明珍（女）　谢昭筠（女）
谢振勇　谢德建　蓝照青　詹荣福　詹益总
蔡一诚　蔡荫庭　蔡　烈　黎宗尚　潘佩芬（女）
潘　骥　薛碧吟（女）　戴耀龙　魏逢林

佛山地区（111人）：

于　飞　王立山　王应杰　区枝伟　方宝珍（女）
邓云开（女）　古日新　叶妙嫦（女）　邝兆明　冯庆潘
冯　青　冯祖明　冯顺楼　冯惠贞（女）　司徒国汉
朱　敏　伍尚忠　伍思本　伍星耀　刘俊杰
关荣焯　许伟庭　麦牛添　麦自强　荣　森
李介民　李本立　李世衍　李成华　李庆年
李志华　李真光　李继红（女）　李艳宝（女）　李爱珍（女）
李哲翘　李梓儒　李　超　李耀池　杨　立
杨康华　杨德元　吴有恒　吴秀荣（女）　吴锦林
岑　柏　余仲谋　余丽华（女）　邹必奎　宋　标
张令虹（女）　张凤鸣　陈达新　陈杏元（女）　陈　炎
陈残云　陈爱玲（女）　陈　富　陈　辉　陈斯忠
罗连好（女）　罗艳娟（女）　罗畹芸（女）　周日方　周树汉
冼以尊　冼　垣　庞德牛　郑少康　郑庆锦
侯国达　姚锡娟（女）　郭文开　郭　凌　郭棣活
黄冬年　黄栽华　黄海流　黄　静　梅彼得
曹荫傍　康　棉（女）　阎迺堂　梁　广　梁日沛
梁洁瑜（女）　梁桂好（女）　梁根来　梁润珍（女）　韩　英
韩焯然　童孟清　曾仕任　温　坤　谢明仁
谢泳裳（女）　雷仍仓　雷　佳　蔡金球（女）　端木正

谭少华（女） 谭玉英（女） 黎子流 黎坚强 黎福俊
颜森明 潘驭州 潘　恒 霍美瑜（女） 薛剑虹
魏奉盘

湛江地区（164人）：

丁镇泰 马文林 王仁俊 王有芝 王纯如
王　杰 王国荣 王秋大 叶　钦 叶瑚森（女）
田小立 白成芳（女） 冯承彦 冯尊学 朱兰坤（女）
朱励予 朱祖石 朱保祥 伍伟机 刘德志（女）
关　伯 关锡琪 汤小铭 许汝彦 许　航
许钦贵 阮桂珍（女） 孙　冰（女） 孙敬宽（女） 苏昌凤（女）
杜绍永 李小平（女） 李小英（女） 李土基 李文坚（女）
李　生 李伟新 李良英（女） 李志荣 李国荣
李家盛 李树柏 李恩荣 李振海 李康年
李　富 杨志华 杨秀珍（女） 杨贵英（女） 肖启贵
肖　锋 吴目娣（女） 吴亚一 吴光智 吴委爱（女）
吴素萍（女） 吴瑞玉（女） 利素霞（女） 何业强 何国强
余尚林 邹文海 邸长云 沈丽珊（女） 沈景池
张小波 张仁俊 张再和 张雨田 张宏达
张志惠（女） 张惠民 张善平 张翰华 陈　文
陈文开 陈木娣（女） 陈玉英（女） 陈信始 陈廷盛
陈汝棠 陈连超 陈建奇 陈丽英（女） 陈扬钊
陈浩凤（女） 陈爱莲（女） 陈淑莲（女） 陈铿侨（女） 范绍集
林才贤 林　良 林励华 林　若 林　通
欧永群 罗绍英（女） 罗裔能 周　才 周业茂
周仪荣 周华润 周宏益 周美娟（女） 周岳庆
郑静君（女） 官乔柏 赵文庆 柯亚娣（女） 钟　云
钟世顺 钟秀林（女） 钟荣光 侯仁甫 洪少容（女）
洪恩福 洪　遒 姚文绪 秦咢生 敖景诚
袁俊元 莫玉芳（女） 莫　昇 莫喜华 莫　懈
徐和德 唐秀宏（女） 唐饮世 唐　鑫 黄少侠
黄则炎 黄学海 黄美匀（女） 黄炳华 黄荣彬
黄春藻 黄振良 黄士能 梅瑞芳（女） 崔星才
符瑞新 梁士伦 梁之汤 梁　劲 梁伯熙
梁帝河 彭　四 程梅英（女） 童以杰 温　戈
谢汉华 谢钊雄 蔡素云（女） 蔡智文 廖连华
谭启同 谭国业 谭国侃 黎　江 黎伟芳（女）
黎　焱 潘桂英（女） 戴天赐 戴克平

肇庆地区（71人）：

王　彻	邓森玲	叶东红（女）	冯玄秋	冯永新
匡　吉	吕家驹	朱志淞	刘　木	刘水群（女）
刘汉绍	刘卓荣	刘镜辉	杜清泉	李玉尧
李时清	李丽环（女）	李　展	李裕明	李誉成
李福彝	吴必安	吴龙昌	吴驹贤	吴家显
吴洪彬	何明行	宋志英	张业湘	张江明
张彩云（女）	陆子兰（女）	陆发熹	陈少玲（女）	陈本能
陈启开	陈德光	范希贤	林冠华（女）	罗为喜
金泽国	郑国湘	郎逊尧	聂枝章	翁绍练
徐灌纬	高祖其	郭奉勋	郭荣昌	黄月华（女）
黄月薇（女）	黄连好（女）	黄承达	黄　荣	黄　响
黄炳扬	黄家兆	黄美容（女）	梁二娣	梁　中
梁何妹（女）	梁作钲（女）	梁贵尚（女）	梁鸿举	覃自醒
覃楚然	谢月彩（女）	廖家昌	黎其昌	滕毓椿
戴良生				

解放军驻广东部队（50人）：

于鸣兴	马来云	马光辉	王友华	王明刚
王德臣	牛文敏	邓汉民	石　韧（女）	边贵祥
任春维	刘文耀	孙志诚	李子忠	李兆垣
李桂春（女）	杨文武	杨仲环	吴　琦	何远赤
何致峰	汪小平	汪秋瑞	张巨惠	张明远
张柏年	张宪章	张秋颜（女）	张浪真	张景耀
陈　刚	陈邦平	陈志忠	陈寿康	陈泽安
陈家华（女）	陈稳耀	陈　德	罗文华	罗长波
郑大进	郑　波	赵守先	徐延年	符永建
梁格才	智德经	蓝永锡	雷娅婷（女）	黎进波

港澳地区（45人）：

马廷栋	方志勇	邓泽棠	邓　焜	甘巨廷
叶若林	毕漪汶（女）	朱毅荣	刘庆祺	刘明新
刘锦庆	孙羽侯	杜　岚（女）	李述龙	李洁贞（女）
杨　奇	杨耀忠	吴锦泉	沈日昌	张中畊
陈　松	陈　侠	陈素昭（女）	罗克明	罗焕昌
周士华	郑　巩	俞庚秀	饶不辱	洪　龙
徐湛星	凌宏仁	高振东	高振权	郭宜兴
黄永刚	黄　坚	黄佩球	黄家权	曾钰成
曾　彬	蓝　真	黎永培	颜同珍	潘玉兰（女）

第七届人民代表大会代表（787人）

（1988年1月至1993年2月）

广州市（121人）：

马惠国（回族）	王家春	毛承恩	方少逸	邓绍深
古和基	古燕媚（女）	卢友煌	卢伟国	卢秋萍（女）
叶志盛	田启昌（回族）	丘传英	丘晨波	冯洁贞（女）
冯容根（女）	朱文峰	朱森林	伍连康	任仲夷
庄梅玉	刘乃铨	刘百秀	刘材炜	刘颂豪
刘　斌	刘锦湘	刘煜伟	许永炬	许伟光
许志诚	孙华策	纪瑞生	苏　杰	杜应秀
杜绍暖	李中流	李兰芳（女，满族）		李江涛
李郁文	李沛凤（女，满族）		李亮高	李炳熙
李　根	李浩然	杨宜珍（女）	肖娅燕（女）	肖捷明
吴国权	吴　昌	邱卓涛	何　文	何火盛
何素恒（女）	张广宁	张汉青	张金铎	张金甜
张桂芳	张爱玲（女）	张斯平（女）	陈矢云	陈细虾
陈斯骥	邵源堃	林肖松	林　若	林荣茂
林锦儒（女）	欧　初	欧阳定贤	卓　超	易伟明
罗永佳	罗杏梅（女）	罗献棠	周衍流	周美芳（女）
周锡朋	郑可仪（女）	胡庆勋	钟　明	钟洪枢
侯　恕	洪汉媛（女）	秦成业	袁润兰（女）	桂诗春
徐祥浩	郭少屏（女）	郭少瀓（女）	郭焕之（女）	郭　祺
凌月恒	黄立勤	黄扩英	黄凯聪	黄秉佳
黄家骅	黄振华	黄燕怀（女）	盛薏萍（女）	梁广德（女）
梁　丛	梁廷铁	梁灵光	梁惠仪（女）	巢心爱（女）
嵇志勇	释云峰	曾文江	游国屏	谢凤华
谢　非	谢培山	谭仕梁	谭良德	黎国全
潘希线（女）	薛　焰	戴良生		

深圳市（18人）：

王全国	卢钢荣	李　灏	杨　立	杨　钧
吴有忠	张伟基	林　江	罗昌仁	周溪舞
徐满昌	黄清渠	曾桂芬（女）	游东柏	路　光
廖运桃	熊秉权	黎顺兰（女）		

珠海市（14人）：

方　苞	麦庚安	杜瑞芝	李阐道	何仲云
何　碧	周英尧	贺　忠	唐文亮	容宝奕

梁执娣	梁　湘（女）	梁福泉	曾昭科	

汕头市（97人）：

丁有宽	丁绍舟	王有道	王祖堃	王著生
王绮年（女）	元宝珍（女）	方书远	方仰群	卢岳耀
庄草花（女）	庄惠君（女）	刘文杰	刘秀添	许士鉴
许木河	许昭平	许炳崇	纪传坝	纪传英
李大林	李大祯	李明智	李焕然	李淑芳（女）
李锡浩	杨师杰	杨启昭	杨洲发	杨　铎
杨　樾	肖景祥	吴大纶	吴南生	何振池
余友仁	张景仪	陈　白	陈仰国	陈孝修
陈宋娟	陈妙珍（女）	陈英正	陈秉夔	陈绍卿（女）
陈政明	陈廷刚	陈喜臣	陈铿华（女）	林正波
林传骓	林秀昌	林学锦	林雪芳（女）	林楚君（女）
卓积基	罗　天	罗道琛	罗　强	蚁美厚
姚璇秋（女）	袁碧音（女）	徐国良	徐映星（女）	徐裕年
翁曼莉（女）	郭　春	黄礼生	黄光华	黄志鹏
黄美云（女）	黄维业	黄瑞明	黄镇华	章振贵
梁俊明	彭启安	彭宗财	傅老铁	释定根
曾定石	曾　洪	曾燕祥	谢允兴	谢绍贤
谢继明	谢德建	雷汉镇（畲族）	詹炳丰	蔡少民
蔡仰颜	蔡贤贞（女）	蔡　定	蔡　平	蔡稳生
蔡慧敏（女）	潘　骥			

湛江市（54人）：

万传敩	文广智	冯兆平	伍钻兴	任松辉
全中年（壮族）	许钦贵	许　敏	麦关德	麦　惠
苏碧玲（女）	巫扬辉	李伟新	李运发	吴爱萍（女）
吴基国	何开农	邸长云	张孝慈（女）	张均林
张建中	陈少清（女）	陈光保	林才贤	林文芳
林田友	林　胜	林康元	林康金	林　辉
欧永良	郑观志（女）	郑志辉	林学盈	郑侯远
郑　强	柯景仁	钟　广	钟世顺	段均陶
施芝华	姚立尹	秦咢生	莫梓江	郭琼玉（女）
栾国俊（壮族）	寇庆延	黄士能	龚鉴尧	释成妙（女）
温雪英（女）	谭　笑	翟红莲（女）	黎德强	

佛山市（55人）：

于　飞	王为汉	王立山	王保兰（女）	区枝伟
丘基瑶	冯　青	吕国存	任成秀	刘二颜（女）
刘汝琪（女）	刘泽棉	刘俊杰	刘振本	刘倩影（女）

关巧兰（女）	汤炳权	汤爱菊（女）	麦炳洪	李今石
李伟文	李护法	李怡森	杨炯谦	杨德元
何国英	余丽华（女）	余　杰	张伯良	张肇达
陆意玲（女）	陈用志	陈　炎	陈绍泰	范希贤
周日方	周伟根	周闻一	庞德牛	郑国雄
郑家润	高荣叶	郭修仁	郭辉玉	黄　明
曹兴宁	梁凤岐（女）	梁　江	梁昆浩	潘伟雄
傅学森	童孟清	曾妙玲（女）	谢实华	雷　佳

江门市（61人）：

邓柏禧	卢兆光	叶英昌	叶瑚森（女）	冯定一
冯　拿	冯献民	朱健民	关宝玲（女）	苏金伟
李伟璋	李　国	李佩兰（女）	李学仪	李泽伟
李耀池	杨树畅	杨　耀	吴三妹（女）	吴家华
余瓦玲（女）	张小波	张玉德	张　厚	张惠萍（女）
张德娟（女）	陈子万	陈元坤	陈贤芳	陈祖沛
陈冠俦	陈清潮	陈毓铮	林文棪	林国炎
林　通	罗　杰	郑伟豪	郑丽君（女）	郑贵培
郑敏仉	郑　稳	冼宾虹	赵区信	钟楚芳（女）
聂永强	唐　奇	凌伯棠	黄添根	梁伯进
梁伯恩	梁洁渝（女）	梁彩湖	曾仕任	甄鸿佐
廖若莲（女）	端木正（回族）	谭永爵	潘驭洲	霍丽娟（女）
魏佑海				

茂名市（47人）：

龙江流	匡　吉	伍南清	伍宣池	刘彩英（女）
汤小铭	严　省	苏小红（女）	李达权	李冠群
李清娥（女）	杨惠英（女）	肖启贵	何凤珍（女）	何流成
余尚林	张力田	张仁俊	张　良	张雨田
张段汉	张高丽	陈文昭	陈庆云	陈扬钊
陈海云	范祖福	周仲伟	周华昌	郑树秀
钟华洲	钟森荣	席都陵（女）	黄少侠	黄光才
黄锡英	梅瑞芳（女）	梁代尧	梁　莹（女）	程　坚（女）
赖兰喜（女）	詹燕基	蔡昌洲	蔡忠盛	廖鲜裕
黎任燊	戴永诗			

韶关市（60人）：

王凤珍（女）	王　佑	孔罗永	石家森	龙中芬
毕国恒	朱志斌	朱道兰（女）	刘业程	刘清涌
刘维明	刘惠球（女）	江海燕（女）	陈群英（女，壮族）	
麦崇楷	李天平	李建安	李素雯（女）	肖　扬

吴拔翠	吴翠莲（女）	何　宪	张乐民	张岳强
张建良	张炳生	张路生	陈小翠（女）	陈俊明
陈策书	陈德华	罗广旋	郑逢敏（女）	赵耕源
赵木发（瑶族）	赵玉英（女，瑶族）		胡庆余	胡炎洪
钟精英	袁炳焕	唐辉（瑶族）	唐晚计（瑶族）	郭丹青
黄大卫	黄　兴	黄迟彝	黄珊兰（女）	梁庆邦
梁秉英	韩尚坤	程　里（女）	释德修	温　戈
温国桥	赖书亮	赖坤荣	蔡传仗	蔡森林
熊德星	戴　滢（女）			

惠阳地区（82人）：

王　宁	王美兰（女）	王职武	邓华轩	卢万英
卢　女（女）	卢日梅	卢建中	叶秀梅（女）	叶灼华
叶步浪	叶家声	叶道明	田选青	吕顺喜
吕振生	朱锦祥	庄胜概	刘品谋	刘荣亮
刘碧娟（女）	关曼青（女）	许龙全	孙克杰（满族）	李包暖
李育光	李梅玉（女）	李景涛	杨声循	吴玉清（女）
吴石牛	吴顺洪	何玉婵（女）	何石堃	何立民
何永谦	何藻芬（女）	余继民	邹月云（女）	张天送
张权沐	张旭森	张茂儒	张顺彩（女）	陈白希
陈妈响	陈来香（女）	陈　坤	陈建生	陈　桥
陈淑钦	陈　燃	陈辉中	林友心	林　克
林树森	林　崇	欧阳波	欧阳德	罗克明
周文伟	郑锦滔	钟定环	钟良榜	洪树明
袁柱成	莫始妹	徐致祥	郭宗泽	黄中强
黄建康	黄慕昌	曹桂雄	崔树英（女）	梁　冀
彭荫根	曾东汉	曾铁元	谢观万	赖保荣
简兴泉	黎建安			

梅县地区（48人）：

王世浩	王汕平	王丽莉（女）	王荣光	王屏山
王　维	邓超基	叶选平	叶碧云（女）	刘绍聪
刘琼梅（女）	李伟华	李坚真	李秀中（女）	杨应彬
杨珍珠（女）	杨　震	肖希明	何云光	张凤楷
张　斌	张德宏	陈子娇（女）	陈　建	陈焕南
陈槐珍	林敬岳	林登云	罗汉明	罗蔚茵（女）
郑先源	郑就英（女）	房善煌	胡辰祥	钟秀媚（女）
徐丹华	黄友谋	梁素珍（女）	梁通发	梁普卿
梁福寰	董高斌	曾庆崇	谢耀文	蔡绍荣

蓝凤介（畲族）	廖静兰（女）	魏伟略		

肇庆地区（53人）：

于　波	王　彻	王聪郎	邓乃伦	邓间开（女）
石湛珍	卢　成	叶树棱	冯其源	朱超群
伍沛林	刘伟铿	纪锦钗（女）	李福麟	李少花（女）
李凤君（女）	李桂珍（女）	李彬传	李誉成	宋志英
张江明	张荣初	张超崇	陈大恒	陈有信
陈祥光	林小洁（女）	林小群（女）	罗为喜	罗邦民
罗毅刚	金桂祥	周金扬	周慧东（女）	孟进鳌
徐三珠	郭松伙	梁廷中	郭荣昌	黄明度
黄梓洪	黄鸿枢	黄增麟	梁东旺	梁泽源
梁鸿举	梁崇成（女）	释洪慈	谭锦莲（女）	黎楚田
滕毓椿	色玉成	潘歧瑞		

港澳地区（42人）：

叶若林	马廷林（回族）	方志勇	邓泽棠	邓　焜
甘巨廷	冯嘉鋈	毕漪汶（女）	朱莲芬（女）	刘庆祺
刘明新	刘佩琼（女）	刘森波	刘锦庆	孙羽侯
李成俊	杨　奇	杨耀忠	陈植桂	吴锦泉
何耀棣	沈日昌	张中畊	陈淑芳（女）	罗叔清
罗焕昌	俞唐生	饶不辱	袁棨燐	高振东
高振权	郭宜兴	凌宏仁	黄永刚	黄枫桦
黄佩球	曾　彬	温彦举	谢英榛	蓝　真
颜同珍	高开贤			

解放军驻广东部队（35人）：

马光辉	王建元	王裕信	邓吉趋	朱星祥
庄根南	刘国钧	刘喜中	孙志诚	严集兴
李玉贵	李汉林	李晓勤（女）	李慕梨（女）	余治国
邹霞英（女）	张巨惠	张扬元	张洪运	陈民选
陈添林	陈德怡	周元生	周金喜	周荣桂
周福贤	赵中为	赵资贤	钟渭贤	修向辉
徐　铃	黄计明	彭德才	鲁玉昆	黎宇同

第八届人民代表大会代表（809人）

（1993年2月至1998年2月）

广州市（108人）：

丁　枫	马惠国（回族）	马惠霞（女，满族）		王凤珍（女）
王良平	贝远娥（女）	方亦祥	古和基	古燕媚（女）

卢伟国　卢秋萍（女）　冯思义　冯容根（女）　司徒戎生
朱振中　朱森林　伍乐园（女）　伍连康　任仲夷
邬梦兆　刘乃铨　刘汉明　刘　武　刘铁儿
关国栋　江国亮　许永钜　麦礼和　麦秀琼（女）
苏　杰　苏　锐（回族）　李兰芳（女，满族）　李江涛
李沛凤（女，满族）　李治元　李　树　李亮高
李素雯（女）　李彩琼（女）　李浩然　杨俊声（回族）　杨光誉
杨　棠（回族）　吴尧楚　吴国权　何惠珍（女）　张广宁
张学铭　张建好（女）　张焕林　陈安薇（女）　陈绍基
陈钢荣　陈健珍（女）　陈焕良　陈景舒　林兆璋
林丽卿（女）　林荣茂　林亮明　林锦儒（女）　林意祥
罗永佳　罗兆能　罗杏梅（女）　罗献棠　周锡朋
郑可仪（女）　冼若瑶（女）　侯　恕　洪志铭　姚蓉宾（女）
秦锦霞（女）　高祀仁　高润梅（女）　郭德昌　黄丁仁
黄永光　黄　武　黄秀容（女）　黄海雄　黄家骅
黄梅兰（女）　黄锦祺　梁执好（女）　梁廷铁　梁伟苏
梁伟坤　梁志坚　梁克诚　梁　抗（女）　傅汉洵
释云峰　释光明　曾文江　曾维炳　温少山
温祈福　谢　非　谢家彦　谢培山　强炳寰
赖竹岩　雷锐琼（女）　谭维芳（女）　黎子流　黎可仪（女）
黎樵燊

深圳市（20人）：

王翠芬（女）　厉有为　冉伟国　许　杨　麦庆泉
李海东　李　灏　杨　立　杨淑雯（女）　何国娣（女）
宋　亮　陈国泉　钟国慈　徐瑞祺（女）　容志行
屠葆华　傅　锐　廖运桃　黎顺兰（女）　潘强恩

珠海市（16人）：

王纪三　方　苞　邓祖选　李阐道　何　碧
张亚树（女）　陈大标　陈荣高　林淑珍（女）　徐庆中
郭硕鸿　康启汉　黄国琛　梁广大　曾昭科
曾德锋

汕头市（44人）：

丁添明　老洪端　刘世静　刘　周　江　娥（女）
许学强　纪传英　杨惠如（女）　杜联坚　李邦磐
李绍泉　李蓝翎　李德炮　吴　波　吴南生
邱陶奎　邱德河　余巧娥（女）　陈廷刚　陈绍卿（女）
陈莉芬（女）　陈瑞芝　范扬玲（女）　林一娜（女）　林伦伦
林吟香（女）　林惠俗（女）　林智美（女）　欧阳述乾　罗　滨

郑修国	孟紫芝（女）	蚁美厚	洪庆耀	姚璇秋（女）
徐瑶河	郭享铭	郭顺德	黄岱端（女）	彭灯亮
彭启安	辜敬德	释心印	蔡文华	

韶关市（34人）：

王宗春	王桂英（女）	邓瑞湘	卢定周	叶进美
丘德纲	刘钦文	刘海燕（女）	刘维明	关少萍（女）
汤彤海	李子明	李天平	李雪才	杨丽花（女）
杨　筠	吴树生	余煌章	张建泉	张　宣
陈策书	林秀莲（女）	赵良德（瑶族）	钟五常（畲族）	钟伟成
侯秀兰（女）	姚继森	黄茂林	释坚悟	谭惠仙（女）
雷国云（女、畲族）		熊兆瑞	黎丽娟（女）	黎　敏（女）

河源市（24人）：

王建祥	邝维芳	朱深寿	刘仕贤	关金河
李作铭	张明东	张金陵	张鉴林	范美英（女）
欧阳东	罗炳娣（女）	郑运添（女）	赵耕源	黄佛铭
黄启邦	梁戈文	曾炳生	谢宕邦	谢锦明
蓝秀媚（女、畲族）		裴李宣	管基新	魏运才

梅州市（40人）：

王丽莉（女）	古利安	叶幼珍（女）	叶碧云（女）	丘福厚
朱胜腾	李伟华	李向良	李国荣	李炎兴
肖希明	肖倩菲（女）	吴泽悦	吴照文	张乃萍（女）
张玉良	张鹏龄	陈达权	陈丽霞（女）	范　梅（女）
林佛全	林苑秀（女）	罗蔚茵（女）	周闻一	房善煌
胡惠英（女）	侯任城	郭继添	黄大同	黄吉旺
黄华华	彭南康	程文强	曾　洪	曾宪潭
谢惠明（女）	谢强华	谢耀文	管金华	戴妙贤

惠州市（29人）：

王　宁	王　泽	邓星枢	叶东强	朱友植
刘佩珍（女）	刘耀辉	苏水木	李近维	李美霞（女）
杨汉朋	杨　森	邱俊强	余汉强	苗理正（女）
林友信	林惠纯（女）	周容觉	钟玉萱（女）	姜　琰（女）
聂国贵	徐志达	黄仕芳	黄舜玲（女）	程誌青（女）
曾凡谋	赖保荣	廖桥初	颜美桃（女）	

汕尾市（20人）：

马红妹（女）	王　骏	孔德奖	叶瑞宗	田新德
许龙全	李纯昆	李　桃（女）	张如琴（女）	陈天球
陈本坑	陈汉儒	范汉英	林良孝	钟　尼
洪东成	黄美予（女）	彭文晋	彭秀芳（女）	傅胜金

东莞市（19人）：

邓耀辉	卢　女（女）	叶　耀	祁锦添	李学东
李毓全	肖如川	吴也成	吴泽荫	何环珠（女）
张齐明	张旭森	张顺彩（女）	张帼英（女）	欧阳德
胡茂元	黄　群	崔燕薇（女）	谢太俭	

中山市（16人）：

甘国维	吕国存	刘倩影（女）	关标培	汤炳权
许继海	李护法	杨炯谦	陈惠贞（女）	郑泽才
徐文泽	郭修仁	凌伯棠	黄　彦	梁小琴（女）
曾东汉				

江门市（43人）：

于　飞	马铁坚	文仕南	卢兆光	卢秀娟（女）
司徒彩媚（女）	朱伟申	朱锦华	关曼青（女）	许罗女（女）
苏金伟	李洪英（女）	李举荣	李熊光	杨成吉
吴今培	吴家华	邹时广	张创禄	陆永唛
陈坤璞	陈卓俊	陈锦俊	林国炎	郁云龙
罗共鸣	周松镇	郑忆华（女）	郑福林	冼宾虹
胡乃辉	郭振仪（女）	唐顶立	黄秀霞（女）	黄明度
黄帼清（女）	程铭晖	温明珠（女）	甄锡焕	谭圣剑
谭爱红（女）	黎力行	黎景堂		

佛山市（40人）：

王达中	王保兰（女）	元日成	区鉴泉	邓德炯
卢瑞华	刘泽棉	杜乃冲	杜瑞冰（女）	李杏婵（女）
李拾恩	李修宏	李惠芳（女）	杨业广	岑三根
何有金（女）	何俭宽	何艳雯（女）	佘霏红（女）	张伯良
陈杏瑜（女）	陈波六	陈祖沛	陈智亮	陈景垣
欧阳冬（女）	钟光超	钟信才	莫均全	黄绍强
黄家驹	曹巧慧（女）	崔文安	康力成	梁志耀
韩　英	谢颂恺	雷　佳	潘伟雄	戴喜源

阳江市（24人）：

王宏伟	文炮田	冯秀群（女）	朱　乔（女）	刘昌谋
麦崇楷	李凤君（女）	李代文	邹鸿铨	张逢新
张惠萍（女）	张瑞莲（女）	林文棪	林国生	林国华
敖大普	翁木英（女）	黄齐基	黄荣新	梁振元
彭　崇	曾雪影	蔡结璋	谭昌桥	

湛江市（56人）：

王泽华	韦玉山（壮族）	冯兆平	任松辉	
全中年（壮族）	刘文乔	刘春亭	刘锡泉	江均明

阮允茂	阮兰英（女）	阮承浩	麦　劲	李太兴
李莲花（女）	吴成泰	吴　荣（女）	吴梅妹（女）	何佩均
陈一岳	陈玉珍（女）	陈亚汗	陈同庆	陈克炫
陈南洲	陈真有	陈　倩（女）	陈清潮	陈福瑜
林才贤	林月明（女）	林文芳	林　若	林彦举
罗　平	周建文	庞汉强	郑凤英（女）	郑田生
郑　秀（女）	胡家彬	茹　克	柯科杰	钟燕明（女）
袁观卿（女）	徐进星	徐佛山	栾国俊（壮族）	康　胜
梁中枢	梁　湘（女）	彭玉权（女）	慕容荣	蔡汉才
蔡裕行	黎德强			

茂名市（45人）：

车伯权	卢　获	卢婵君（女）	朱初辉	刘道心
刘颜羡（女）	汤小铭	李秀峰（壮族）	李　胜	李希光
杨荣光	杨淑怡（女）	杨　富	余尚林	张政宇
张段汉	张高丽	张惠忠	陈永年	陈扬钊
陈沃培	陈政绍	陈海云	林国雄	林柏珍（女）
罗荫国	周华昌	周惠娟（女）	柯如真	钟华洲
徐本刚	席都陵（女）	唐超世	黄　统	黄锡英
梁　莹（女）	董超林	程　坚（女）	曾华坤	蓝锡祺
赖桂澄	蔡忠盛	谭坤英（女）	潘教熙	薛怡梅（女）

肇庆市（53人）：

王　彻	王聪郎	韦日辉（壮族）	韦海华（壮族）	孔锡泉
石为业	卢钟鹤	叶树棱	邝元杰	伍剑华
刘伟铿	刘植兴	苏庆桃（女）	李永英（女）	李誉成
李耀成	何　森	余平修	陆定敏	陈邦贵
陈国柱	陈婉飞（女）	陈燕芳（女）	林美娣（女）	罗太泉
罗家璘	赵汝强	赵金喜（女）	赵　焕	郝向前
钟启权	侯沃庆（女）	侯瑞英（女）	高敬萍（女）	郭荣昌
郭素芳（女）	唐广安	容　醒	黄国仙	黄　荣
梁一鸾	梁亚梅（女）	梁其源	梁学锋	彭书宝
彭敏瑜（女）	韩大建（女）	释洪慈	曾共乐	曾　慧（女）
温远霞（女）	廖乐华	缪桂子（女）		

清远市（31人）：

王敬华	方　刚	甘少瑜	古弼良	叶晶昌
冯桂申	曲福寿	李金成	宋志英	陈乃煌
陈世洪	陈达玉	陈伙荣	陈淑英（女）	林登云
房共产贵（瑶族）		赵成建（女，瑶族）		钟精英
骆雁秋	唐　辉（瑶族）	黄月仙（女）	黄兆固（壮族）	黄迟彝

黄卓林　曹爱琴（女）　盘　石　舒昌文　曾观金
蔡森林　黎金莲（女，壮族）　潘洁贞（女）

潮州市（25人）：

李春阳　吴荣文　邱少波　余炳安　沈继路
沈清俭（女）　张仁守　张汉青　陈远睦　陈孝修
陈惠卿（女）　陈锦霞（女）　郑丹宜（女）　饶芃子（女）　翁明翰
黄金松　黄海桐　黄福永　梁沛然（女）　詹炳丰
詹益铼　蓝俊杰（畲族）　蔡潮荣　裴文彬　潘春青

揭阳市（40人）：

马怀祖　方书添　方素兰（女）　方惠香（女）　艾　禹
卢永兵　庄绍徐　刘之券　李汉明　李华梅（女）
李雪芳（女）　杨文辉　杨启昭　吴松梅　吴培伟
吴精湃　张金美（女）　张珂福　张　挑　张素香（女）
陈　白　陈贞凤（女）　陈作宏　陈宋娟（女）　陈　招（女）
陈金华　陈喜臣　林苏荣　林锡芝　卓圣泰
罗　天　罗廷波　罗丽音（女）　郑庆昌　郑建明
黄文彬　黄祯辉　黄敦文　谢继明　谢瑞雄

香港地区（36人）：

王如登　韦子刚　邓　焜　甘钜廷　叶若林
叶顺兴（女）　刘庆祺　刘佩琼（女）　刘森波　刘锦庆
许长青　孙羽侯　杨耀忠　吴锦泉　余润兴
沈日昌　沈本瑛　张晴云　陈伟南　陈淑芳（女）
陈植桂　罗叔清　罗焕昌　俞唐生　高振东
凌宏仁　黄永刚　黄佩球　梅岭昌　梁华济
曾　彬　温彦举　温嘉旋　谢　浪　蓝　真
颜同珍

澳门地区（12人）：

冯嘉鋈　毕漪汶（女）　孙　仁　李明基　李鹏翥
吴仕明　冼为铿　饶不辱　姚汝祥　高开贤
黄枫桦　潘玉兰（女）

解放军驻广东部队（34人）：

王国英（女）　韦学锋　向任华（土家族）　刘桂楠　刘敬业
孙寿君　孙秀银（土家族）　孙诗煌　孙桂华（女）　麦东富
李友烈　杨正刚　吴正慈　余培耀　余　敏
邹四杏（女）　张小嬿（女）　张火营　张建国　张洪运
张福奎　陈伟文　陈环芬（女）　周金喜　赵资贤
姜宜资　徐振忠　高存亮　黄迪之　黄胜华
黄耀池　程良洲　温玉柱　赖永光

第九届人民代表大会代表（794人）

（1998年3月—）

广州市（101人）：

马卫东（回族） 马惠霞（女，满族）
王世平 王世基 王宁生 王居力（女） 方亦祥
邓岱青 邓锡贵 石安海 龙建安 卢光熹
叶立谦（女） 史　红（女） 朱士范 朱素兰（女，满族）
朱森林 朱慧莉（女） 任荣江 刘　玒（女） 刘乃铨
刘小明 刘子林 刘希贤 刘建平 刘铁儿
刘　辉（女） 江志明 麦秀琼（女） 麦静惠（女） 严志隆
苏　锐（回族） 李兰芳（女，满族） 李江涛 李卓彬
李　树 李素菊（女） 李振山 李　菱（女） 李婉芬（女）
李善培 杨红东（女） 杨　棠（回族） 杨丽华（女） 吴颖民
邱影屏（女） 邱穗雄（女） 辛　瀑 张丹丹（女） 张凤仪（女）
张玉良 张　立（女） 张招兴 张建好（女） 张桂芳
张　钺 陈汉君 陈光松 陈伟平 陈兴武
陈安薇（女） 陈运森 林沛勋 林树森 欧小胡
罗永佳 罗兆华 罗兆能 罗爱萍（女） 庞真华（女）
赵自强 钟奋强 洪志铭 莫艳兰（女） 凌昆祥
郭向阳 郭德昌 容向东 黄石养 黄永光
黄永峰 黄华华 黄　武 黄家骅 黄锦洲
黄群芳（女） 梁志坚 梁国维 梁宝煜 程国辉
释云峰 释光明 曾庆丰 曾庆申 温祈福
谢倩明（女） 谢道贤（女） 廖婉娴（女） 谭巨添 谭启明
黎可仪（女）

深圳市（25人）：

于幼军 麦庆泉 厉有为 乐　正 庄礼祥
刘凤仪 孙彩云（女） 李广镇 李友烈 李晓兰（女）
李容根 杨柏生（回族） 杨　桂 吴江影（女） 邱新华
宋　亮 张余庆 张　宝 陈喜鹏 郑宝用
巢振威 傅天省 黎柏其 黎顺兰（女） 戴北方

珠海市（17人）：

万洪富 方　旋 冯进生 冯建华（女） 朱江洪
刘维明 李南华 李胜飞 吴　军 吴泽耀
张明彪 陈洁薇（女） 黄龙云 梁广大 韩金波
游海燕（女） 鲍当洪

汕头市（45人）：

王少清	邢珣斐（女）	许学强	许俊浩	许德立
纪传英	李春洪	李统书	李配武	李蓝翎
李德炮	杨映琴（女）	吴立华	吴淑卿（女）	吴鹏仁
邱华水	余素娜（女）	余健明（女）	张美妆（女）	陈　宏
林尤顺	林伟智	林庆源	罗秀珠（女）	罗修武
罗　滨	周日方	郑汉彝	郑钟基	郑爱明（女）
郑婵枝（女）	段小玲（女）	徐小虎	黄国雄	黄荣章
黄德武	章光生	章钦炳	曾晓风（女）	谢永祥
蔡东士	蔡声和	蔡垂义	蔡绍华（女）	蔡　淼

韶关市（33人）：

王宗春	王剑兰（女）	邓金荣（女）	叶红英（女）	丘德纲
白勇强	朱兰高	刘　丽（女）	汤维英	纪是安
李子明	杨　筠	吴正光	余喜山	张朝凤（女）
陈长清	陈来春	陈佩花（女）	林平杰	林桥莲（女）
罗佩昌（女）	赵及坤（女，瑶族）		赵志发（瑶族）	顾雪球
徐建华	黄道忠	梁丁强	覃卫东	释佛源
曾德新	赖汉标	翟锦云	潘光湾	

河源市（29人）：

马凤敏（女）	丘钦城	吕伯涛	刘玉浦	刘煌添
池瑞荣	李万源	李正浓	李汉今（女）	李纪友
李惠娟（女）	杨华维	吴俊强	张水兰（女）	张　凯
张难生	陈桂林	卓正恩	周庆正	骆礼初
骆胜安	黄作辉	黄煜祯	程火胜	曾庆瑞
曾远珍（女）	蓝恒娇（女，畲族）		廖振南	潘树权

梅州市（37人）：

石志浩	丘柳凡（女）	朱春梅（女）	李卓伍	李金平
李炎兴	李钿荣	李　斌	李肇展	杨钦欢
肖曰生	肖如川	吴自兴	吴庆洲	邱万浩
余伟方	宋书香	张乃萍（女）	张天兆	张利容（女）
张沛和	张映琼（女）	陈志明	陈丽霞（女）	林苑秀（女）
欧庆国	胡广嫦（女）	徐历靠	涂麟清	黄开龙
黄长安	黄丽满（女）	曾炳生	谢强华	赖利娜（女）
廖凤英（女）	魏潘尧			

惠州市（33人）：

叶东强	田业如	朱友植	严文宽	严德和
杜惠芝（女）	李向良	李鸿忠	李惠仙（女）	李赖炳
肖志恒	何玉兰（女）	陈顺利	苗理正（女）	欧阳光辉

卓　毅	周卫平（女）	庞启民	柳锦州	施　忠
徐志达	徐惟凯	黄石连	黄茂春	黄国光
梁玉英（女）	程誌青（女）	游宁丰	游秀强	赖建辉
赖保荣	谭璋球	潘犇古		

汕尾市（25人）：

丁富华	王　骏	卢大力	叶　耀	杜华福
李纯昆	吴华南	张孝坚	陈伟学	陈佛枝
陈腾芳	钟　叶（女）	钟福炎	姚英谋	徐　保
彭国新	彭禹贤	彭就妹（女）	谢心源（女）	谢明权
谢献妹（女）	蓝　波	蓝素兰（女）	赖德梅	薛　昌

东莞市（16人）：

王华元	王钧圻	邓耀辉	叶志坚	邬友良
李汉松	李近维	吴润贵（女）	佟　星	张玉其
张旭森	张帼英（女）	张群炎	陈文敏（女）	谢太俭
黎桂康				

中山市（15人）：

关卷文	关家义	汤炳权	许继海	李泽均
吴志坚（女）	陈根楷	林　浩	罗坚红（女）	郑小微（女）
郑泳航	黄子强	黄丽雅（女）	崔国潮	简国森

江门市（44人）：

王尤杰	方振慰	卢绮霞（女）	吕实阳	朱伟申
伍启明	刘棉春（女）	许小燕（女）	李本钧	李　加
李卓南	李赋鹏	吴东成	余丽新（女）	邹时广
张创禄	张宏远	张坤尧（女）	张建国	陆永唛
陈宁初	陈宁欣（女）	陈绍基	陈敏标	陈慧娟（女）
林进荣	林国炎	罗海滨	冼宾虹	赵瑞彰
钟阳胜	夏关镭	黄永球	黄旭征	黄镇国
梁光泽	蒋　进	谢国均	甄秀兰（女）	甄锡焕
雷于蓝（女）	蔡红珍（女）	谭锦泉	黎有富	

佛山市（42人）：

王文跃	甘兆胜	卢瑞华	叶佩文（女）	冯润胜
冯锡良	刘　英（女）	关润尧	阮巨源	麦爱萍（女）
杜泽华	李玉娇（女）	李惠芳（女）	李燕薇（女）	杨旭东
杨军辉	何兆恒	沈　锋	陈师道	陈仲元
陈晶敏（女）	陈景流	林文红（女）	林浩坤	罗东凯
周小刚	周志烽	冼国樑	钟信才	徐萍华（女）
徐德志	高溥铿	黄小池（女）	曹秀琴（女）	梁绍棠
梁柏尧	韩　英	谢庆煌	廖家全	谭金顺

谭剑雄　　魏　伟

阳江市（28人）：

万庆良　王宏伟　王英刚　孔令人　邓梦柏
石启仁　龙丽璇（女）　叶　昶　冯秀群（女）　刘昌谋
关纪芬　关秀芳（女）　江　泓　李建芬（女）　余宏亮
陈计祥　陈新盛　林华景　林　炳　胡伟钊
茹仕进　姚小云（女）　容显伟　黄开叠　黄齐基
黄河英（女）　梁向阳　谭基明

湛江市（60人）：

马进保　王泽华　孔令渊　乐茂华　冯　伟
朱树屏　全　平　刘里生　刘罗寿　许五妹（女）
许光辉　阮日生　孙稚雏　麦东富　苏卫国
苏任军　李华盛　李安静　李金莲（女）　李绪宣
杨　海　杨　景　肖亚娣（女）　吴希荣　张圣钦
张国娟（女）　张洪珍（女）　陈小毅（女）　陈亚汗　陈同群
陈爱蓉（女）　陈培林　陈康新　陈锦秀（女）　陈　鹰
武捷思　林才贤　林文芳　欧广源　罗国民
周明理　周镇宏　庞　正　郑　锋　赵　茂
胡　异　洪秀花（女）　姚皇明　高　瑜（女）　黄少强（女）
黄晓涛　梁志鹏　梁念慈　董青泓（女）　释融观（女）
谢　智　詹土贵（女）　谭国荣　黎观祥　颜色清（女）

茂名市（47人）：

文杰方　邓维龙　卢定强　叶秀峰　吕国存
朱有兰（女）　刘树球　阮琼贵　杜伟森　李　文
李亚秀　李秀峰（壮族）　杨希光　杨　球　肖贤成
何祖千　余正勇　陈为龙　陈光炜　陈昌茂
陈海珍（女）　林　洪　林　营　林　雄　林景珍
欧兰芳（女）　欧辉成　罗　娟（女）　赵　立（女）　秦洪哲
徐春莲（女）　凌伯超　黄文辉　黄忠诚（壮族）　黄　涛
黄康伶（女）　梁学海　梁　莹（女）　梁　清（女）　董超林
释妙恩（女）　曾华坤　蓝锡祺　廖奇芳（女）　潘教熙
潘　华（女，满族）　潘新明

肇庆市（38人）：

马焕莲（女）　韦利文（壮族）　邓亦威　卢秀珍（女）　叶峥嵘
冯肖林　刘伟铿　关　羿　江海燕（女）　李焕新
李嘉芳　李肇明　李毅成　杨锦光　吴家仿
吴森全　宋伟容（女）　陈小莉（女）　陈均伦　陈彩花（女）
陈婉飞（女）　周汉城　胡世杰　侯培银　高敬萍（女）

郭荣昌　黄培鎏　梁力平　梁伟发　梁沛芳（女）
梁承强　梁瑞文　童　真　曾共乐　曾昭科
温志刚　黎炳强　潘珩琍（女）

清远市（33人）：

王　波　邓远天（壮族）　朱群英（女）　江绍约　祁达才
李功志　李桂娣（女）　肖慧贞（女）　吴美玉（女）　吴娘菊（女）
邹亚义　张仁敏　张训诚　陈之泉　陈用志
陈　权　陈淑英（女）　范少英（女）　林群娣（女）　钟启权
房卫党（瑶族）　赵东英（女，瑶族）　骆雁秋　黄荣细
莫雪兰（女，壮族）　盘　石　梁戈文　梁洁珍（女）
彭楚幼　温思美　蔡桂明　廖明彬　黎赐锦

潮州市（26人）：

刘金香（女）　刘俊忠　李　清　杨祖泽　肖固耀
吴克府　余　嵘　张义武　张旭强　张利钿
张学军　陈书燕　陈　冰　陈香白　林　若
林瑞珠（女）　林　墉　洪绍宏　黄玉峰　黄金松
黄福永　梁银英（女）　曾亦军（女）　谢灿生　詹　羡
雷财铭（畲族）

揭阳市（45人）：

王志英（女）　卢永兵　卢庆华　卢法泉　朱乃兵
江东海　江灿坤　许巧婵（女）　侣志广　杜镇辉
李洁玲（女）　杨启昭　吴少玲（女）　吴仰藩　吴培伟
吴景祝　何惠婵（女）　张壮项　张淑荣（女）　张景新
张新喜　陈　正　陈坚林　陈作宏　陈培龙
陈喜臣　林木声　林团明　林惠俗（女）　林锡芝
卓圣泰　罗丽音（女）　郑瑞香（女）　屈良鹄　袁芝林
唐　豪　黄大同　黄文彬　黄玉训　黄华亮
黄金水　彭雪茹（女）　曾杨慧（女）　温俊义　蔡文阶

云浮市（26人）：

邓克英（女）　邓锦清　卢秀媛（女）　卢钟鹤　冯国仁
冯衍伟　刘植兴　严瑞佳　李俊瑄　杨东凯（女）
吴驹贤　余冠华　张国权　陈大恒　陈建平
陈　捷（女）　罗远芳（女）　周明锁　郑利平　练翠婷（女）
侯沃庆（女）　奚志伟　黄庆添　黄德荣　曾新初
温耀深

解放军（29人）：

于明初　马新民　宁晓喻　刘远节　刘国裕
孙寿君　严尔益　杜春富　李德忠　杨星球

吴亚明	吴新源	余艳红（女）	余培耀	张福奎
张谭旺	林少玉	林伯成	林荣城	钱民乐
黄礼华	黄德华	梁秀英（女）	覃醒荣（壮族）	覃佐堂
舒刚毅	曾志军	温玉柱	谢金平	

三、1980—2000年省人大常委会决议和决定

1980—2000年，省人大常委会通过决定和决议341项。

1980年

广东省人民代表大会常务委员会关于设立法制委员会的决定

（1980年7月5日广东省第五届人民代表大会常务委员会第四次会议通过）

广东省人民代表大会常务委员会关于实施《中华人民共和国刑法》《中华人民共和国刑事诉讼法》问题的决议

（1980年7月5日广东省第五届人民代表大会常务委员会第四次会议通过）

广东省人民代表大会常务委员会关于部分变更广东省1980年财政预算的决议

（1980年11月17日广东省第五届人民代表大会常务委员会第七次会议通过）

广东省人民代表大会常务委员会关于召开省第五届人民代表大会第二次会议的决定

（1980年12月29日广东省第五届人民代表大会常务委员会第八次会议通过）

1981年

广东省人民代表大会常务委员会关于号召全省人民坚决制止走私违法活动的决议

（1981年4月29日广东省第五届人民代表大会常务委员会第十次会议通过）

广东省人民代表大会常务委员会关于加强广东省普通教育工作的决议

（1981年8月7日广东省第五届人民代表大会常务委员会第十一次会议通过）

广东省人民代表大会常务委员会批准广东省人民政府《关于禁止贩毒、吸毒的暂行规定》《关于取缔嫖宿、卖淫活动的暂行规定》的决议

（1981年8月7日广东省第五届人民代表大会常务委员会第十一次会议通过）

广东省人民代表大会常务委员会关于省人民政府提请任命名单的决定

（1981年8月7日广东省第五届人民代表大会常务委员会第十一次会议通过）

广东省人民代表大会常务委员会《关于全省县级直接选举工作总结报告的决议》

（1981年9月17日广东省第五届人民代表大会常务委员会第十二次会议通过）

广东省人民代表大会常务委员会关于延长刑事案件办案期限的决定

（1981年11月17日广东省第五届人民代表大会常务委员会第十三次会议通过）

1982年

广东省人民代表大会常务委员会关于省第五届人民代表大会第四次会议召开日期的决定

（1982年1月15日广东省第五届人民代表大会常务委员会第十四次会议通过）

广东省人民代表大会常务委员会修改《关于延长刑事案件办案期限的决定》的决议

（1982年1月15日广东省第五届人民代表大会常务委员会第十四次会议通过）

广东省人民代表大会常务委员会《关于坚决贯彻全国人大常委会〈关于严惩严重破坏经济的罪犯的决定〉的决议》

（1982年3月13日广东省第五届人民代表大会常务委员会第十六次会议通过）

广东省人民代表大会常务委员会关于组织讨论《中华人民共和国宪法修改草案》的决议

（1982年5月19日广东省第五届人民代表大会常务委员会第十七次会议通过）

广东省人民代表大会常务委员会批准广东省人民政府《关于禁止赌博的处罚条例》的决议

（1982年5月21日广东省第五届人民代表大会常务委员会第十七次会议通过）

广东省人民代表大会常务委员会关于批准《广东省城市建设管理暂行条例》的决议

（1982年5月21日广东省第五届人民代表大会常务委员会第十七次会议通过）

广东省人民代表大会常务委员会关于批准《广东省物价管理暂行条例》的决议

（1982年5月21日广东省第五届人民代表大会常务委员会第十七次会议通过）

广东省人民代表大会常务委员会批准《省人民政府关于委托海南行政区公署、各地区行政公署依法办理所辖县、市人民政府组成人员任免工作的建议》的决议

（1982年5月21日广东省第五届人民代表大会常务委员会第十七次会议通过）

广东省人民代表大会常务委员会关于深入进行打击经济领域中严重犯罪活动的决议

（1982年8月21日广东省第五届人民代表大会常务委员会第十八次会议通过）

广东省人民代表大会常务委员会关于授予148人为广东省劳动模范荣誉称号的决定

（1982年9月21日广东省第五届人民代表大会常务委员会第十九次会议通过）

广东省人民代表大会常务委员会关于加强控告和检举犯罪问题的决定

（1982年9月21日广东省第五届人民代表大会常务委员会第十九次会议通过）

广东省人民代表大会常务委员会批准广东省人民政府《关于查禁淫书淫画和其他诲淫性物品的暂行条例》的决议

（1982年12月19日广东省第五届人民代表大会常务委员会第二十一次会议通过）

1983年

广东省人民代表大会常务委员会关于设立工作委员会的决定

（1983年5月18日广东省第六届人民代表大会常务委员会第一次会议通过）

广东省人民代表大会常务委员会关于海南行政区和汕头、佛山、韶关地区的中级人民法院、省人民检察院分院继续行使职权的决定

（1983年5月18日广东省第六届人民代表大会常务委员会第一次会议通过）

广东省人民代表大会常务委员会关于批准1982年决算的决议

（1983年8月26日广东省第六届人民代表大会常务委员会第三次会议通过）

广东省人民代表大会常务委员会关于市人民代表大会换届和选举问题的决议

（1983年8月26日广东省第六届人民代表大会常务委员会第三次会议通过）

广东省人民代表大会常务委员会关于修改《广东省各级人民代表大会选举实施细则》

的决议

（1983年11月15日广东省第六届人民代表大会常务委员会第四次会议通过）

广东省人民代表大会常务委员会关于批准《广东省国家建设征用土地实施办法》的决议

（1983年11月15日广东省第六届人民代表大会常务委员会第四次会议通过）

广东省人民代表大会常务委员会关于批准《深圳经济特区商品房产管理规定》的决议

（1983年11月15日广东省第六届人民代表大会常务委员会第四次会议通过）

广东省人民代表大会常务委员会关于县、乡两级人民代表大会代表选举时间的决定

（1983年11月15日广东省第六届人民代表大会常务委员会第四次会议通过）

广东省人民代表大会常务委员会关于授权省人民政府批准深圳经济特区调整土地使用费收费标准的决定

（1983年11月15日广东省第六届人民代表大会常务委员会第四次会议通过）

1984年

广东省人民代表大会常务委员会关于批准《深圳经济特区涉外经济合同规定》《深圳经济特区技术引进暂行规定》的决定

（1984年1月11日广东省第六届人民代表大会常务委员会第五次会议通过）

广东省人民代表大会常务委员会关于召开广东省第六届人民代表大会第二次会议的决定

（1984年3月22日广东省第六届人民代表大会常务委员会第六次会议通过）

广东省人民代表大会关于调整广东省1983年财政收入预算的决议

（1984年4月27日广东省第六届人民代表大会常务委员会第七次会议通过）

广东省人民代表大会常务委员会关于广东省第六届人民代表大会第二次会议召开日期的决定

（1984年6月15日广东省第六届人民代表大会常务委员会第八次会议通过）

广东省人民代表大会常务委员会关于批准《广东省河道堤防管理条例》的决定

（1984年6月16日广东省第六届人民代表大会常务委员会第八次会议通过）

广东省人民代表大会常务委员会关于授予崔忠广东省劳动模范的荣誉称号的决定

（1984年6月16日广东省第六届人民代表大会常务委员会第八次会议通过）

广东省人民代表大会常务委员会关于通过《广州市国家建设征用土地和拆迁房屋实施办法》的决定

（1984年11月9日广东省第六届人民代表大会常务委员会第十次会议通过）

广东省人民代表大会常务委员会关于授权深圳市人民政府自行决定调整深圳经济特区土地使用费收费标准的决定

（1984年11月9日广东省第六届人民代表大会常务委员会第十次会议通过）

广东省人民代表大会常务委员会关于继续深入进行严厉打击刑事犯罪活动的决议

（1984年11月9日广东省第六届人民代表大会常务委员会第十次会议通过）

1985年

广东省人民代表大会常务委员会关于批准《广东省机关、团体企业、事业单位安全保

卫责任制条例》的决议

（1985年1月10日广东省第六届人民代表大会常务委员会第十一次会议通过）

广东省人民代表大会常务委员会关于在全省加速推广普通话的决定

（1985年1月12日广东省第六届人民代表大会常务委员会第十一次会议通过）

广东省人民代表大会常务委员会关于召开广东省第六届人民代表大会第三次会议的决定

（1985年3月14日广东省第六届人民代表大会常务委员会第十二次会议通过）

广东省人民代表大会常务委员会关于审议《广东省普及初等义务教育暂行条例（草案）》的决议

（1985年3月14日广东省第六届人民代表大会常务委员会第十二次会议通过）

广东省人民代表大会常务委员会关于广东省第六届人民代表大会第三次会议召开日期的决定

（1985年5月7日广东省第六届人民代表大会常务委员会第十三次会议通过）

广东省人民代表大会常务委员会关于执行《广东省物价管理暂行条例》第二十五条有关罚款问题的决定

（1985年5月8日广东省第六届人民代表大会常务委员会第十三次会议通过）

广东省人民代表大会常务委员会关于召开广东省第六届人民代表大会第四次会议的决定

（1985年7月17日广东省第六届人民代表大会常务委员会第十四次会议通过）

广东省人民代表大会常务委员会关于省第六届人民代表大会第四次会议召开日期的决定

（1985年8月22日广东省第六届人民代表大会常务委员会第十五次会议通过）

广东省人民代表大会常务委员会关于向全省公民普及法律常识的决议

（1985年8月24日广东省第六届人民代表大会常务委员会第十五次会议通过）

广东省人民代表大会常务委员会关于批准《广州市经济合同管理规定》的决议

（1985年10月30日广东省第六届人民代表大会常务委员会第十六次会议通过）

广东省人民代表大会常务委员会关于整治韩江、北江上游水土流失问题的决议

（1985年10月31日广东省第六届人民代表大会常务委员会第十六次会议通过）

广东省人民代表大会常务委员会关于在全省广泛深入开展社会治安综合治理的决议

（1985年12月25日广东省第六届人民代表大会常务委员会第十七次会议通过）

广东省人民代表大会常务委员会关于批准《广东省矿产资源开发管理暂行条例》的决议

（1985年12月25日广东省第六届人民代表大会常务委员会第十七次会议通过）

广东省人民代表大会常务委员会关于批准《广东省经济特区涉外企业会计管理规定》的决议

（1985年12月25日广东省第六届人民代表大会常务委员会第十七次会议通过）

广东省人民代表大会常务委员会关于批准《深圳经济特区抵押贷款管理规定》的决议

（1985年12月25日广东省第六届人民代表大会常务委员会第十七次会议通过）

1986年

广东省人民代表大会常务委员会关于批准《深圳经济特区与内地之间人员往来管理规定》的决议

（1986年2月22日广东省第六届人民代表大会常务委员会第十八次会议通过）

广东省人民代表大会常务委员会关于批准《广东省水土保持工作管理规定》的决议

（1986年2月22日广东省第六届人民代表大会常务委员会第十八次会议通过）

广东省人民代表大会常务委员会关于加强对罚款、收费的监督管理的决议

（1986年2月22日广东省第六届人民代表大会常务委员会第十八次会议通过）

广东省人民代表大会常务委员会关于加快广东省电力建设的决议

（1986年2月22日广东省第六届人民代表大会常务委员会第十八次会议通过）

广东省人民代表大会常务委员会关于省第六届人民代表大会第五次会议召开日期的决定

（1986年4月28日广东省第六届人民代表大会常务委员会第十九次会议通过）

广东省人民代表大会常务委员会关于任免人大代表资格审查委员会个别成员的决定

（1986年4月28日广东省第六届人民代表大会常务委员会第十九次会议通过）

广东省人民代表大会常务委员会关于修改《广东省计划生育条例》的若干规定的决议

（1986年5月17日广东省第六届人民代表大会常务委员会第二十次会议通过）

广东省人民代表大会常务委员会关于加强审计工作的决议

（1986年7月30日广东省第六届人民代表大会常务委员会第二十一次会议通过）

广东省人民代表大会常务委员会关于县、乡（镇）两级人民代表大会换届选举时间和设立乡（镇）选举委员会的决定

（1986年9月28日广东省第六届人民代表大会常务委员会第二十二次会议通过）

广东省人民代表大会常务委员会关于设立惠阳、肇庆、梅县地区联络处的决定

（1986年11月29日广东省第六届人民代表大会常务委员会第二十三次会议通过）

1987年

广东省人民代表大会常务委员会关于发展体育事业的决议

（1987年1月22日广东省第六届人民代表大会常务委员会第二十四次会议通过）

广东省人民代表大会常务委员会关于批准《广州经济技术开发区条例》的决定

（1987年1月22日广东省第六届人民代表大会常务委员会第二十四次会议通过）

广东省人民代表大会常务委员会关于批准《广东省连南瑶族自治县自治条例》的决议

（1987年3月7日广东省第六届人民代表大会常务委员会第二十五次会议通过）

广东省第六届人民代表大会常务委员会关于整治江河的决议

（1987年5月8日广东省第六届人民代表大会常务委员会第二十六次会议通过）

广东省人民代表大会常务委员会关于省第六届人民代表大会第六次会议召开日期的决定

（1987年6月17日广东省第六届人民代表大会常务委员会第二十七次会议通过）

广东省人民代表大会常务委员会关于宝安县七届人大第一次会议选举县长的结果无效的决定

（1987年6月17日广东省第六届人民代表大会常务委员会第二十七次会议通过）

广东省人民代表大会常务委员会关于召开广东省第七届人民代表大会第一次会议的决定

（1987年12月26日广东省第六届人民代表大会常务委员会第三十次会议通过）

广东省人民代表大会常务委员会关于海南行政区不再选举出席省第七届人民代表大会

的代表的决定

（1987年12月26日广东省第六届人民代表大会常务委员会第三十次会议通过）

广东省人民代表大会常务委员会关于加强环境保护工作的决议

（1987年12月29日广东省第六届人民代表大会常务委员会第三十次会议通过）

1988年

广东省人民代表大会常务委员会关于广东省实施调整部分行政区划有关选举事项的决定

（1988年3月17日广东省第七届人民代表大会常务委员会第一次会议通过）

广东省人民代表大会常务委员会关于广东省调整部分行政区划期间有关市县的人民法院和人民检察院行使职权的决定

（1988年3月17日广东省第七届人民代表大会常务委员会第一次会议通过）

广东省人民代表大会常务委员会关于批准《广州市食品商贩和城乡集市食品经营者食品卫生管理规定》的决议

（1988年3月17日广东省第七届人民代表大会常务委员会第一次会议通过）

广东省人民代表大会常务委员会关于批准广东省1987年决算的决议

（1988年6月18日广东省第七届人民代表大会常务委员会第二次会议通过）

广东省人民代表大会常务委员会关于批准《广东省连山壮族瑶族自治县自治条例》的决议

（1988年6月18日广东省第七届人民代表大会常务委员会第二次会议通过）

广东省人民代表大会常务委员会关于批准《广东省乳源瑶族自治县自治条例》的决议

（1988年6月18日广东省第七届人民代表大会常务委员会第二次会议通过）

广东省人民代表大会常务委员会关于加强对贪污、贿赂罪案举报工作的决定

（1988年8月12日广东省第七届人民代表大会常务委员会第三次会议通过）

广东省人民代表大会常务委员会关于在治理经济环境、整顿经济秩序中加强监督工作的决定

（1988年10月16日广东省第七届人民代表大会常务委员会第四次会议通过）

广东省人民代表大会常务委员会关于修改《广东省河道堤防管理条例》第十四条的决定

（1988年10月16日广东省第七届人民代表大会常务委员会第四次会议通过）

广东省人民代表大会常务委员会关于召开广东省第七届人民代表大会第二次会议的决定

（1988年12月12日广东省第七届人民代表大会常务委员会第五次会议通过）

广东省人民代表大会常务委员会关于加强林业，搞好粮食生产的决议

（1988年12月15日广东省第七届人民代表大会常务委员会第五次会议通过）

广东省人民代表大会常务委员会关于加强执法监督工作的决议

（1988年12月15日广东省第七届人民代表大会常务委员会第五次会议通过）

1989年

广东省人民代表大会常务委员会关于批准广东省1988年决算的决议

（1989年4月28日广东省第七届人民代表大会常务委员会第七次会议通过）

广东省人民代表大会常务委员会关于将农历九月初九定为“广东省老人节”的决定

（1989年4月28日广东省第七届人民代表大会常务委员会第七次会议通过）

广东省人民代表大会常务委员会关于加强监督惩治腐败促进廉政建设的决议

（1989年9月3日广东省第七届人民代表大会常务委员会第九次会议通过）

广东省人民代表大会常务委员会关于不设区的市、市辖区、县、自治县、乡、民族乡、镇人民代表大会代表名额的决定

（1989年11月3日广东省第七届人民代表大会常务委员会第十次会议通过）

广东省人民代表大会常务委员会关于批准《广州市职工教育管理条例》的决定

（1989年11月3日广东省第七届人民代表大会常务委员会第十次会议通过）

广东省人民代表大会常务委员会关于加强革命老区建设的决议

（1989年11月3日广东省第七届人民代表大会常务委员会第十次会议通过）

1990年

广东省人民代表大会常务委员会关于召开广东省第七届人民代表大会第三次会议日期和建议议程的决定

（1990年1月3日广东省第七届人民代表大会常务委员会第十一次会议通过）

广东省人民代表大会常务委员会关于改期召开广东省第七届人民代表大会第三次会议的决定

（1990年2月28日广东省第七届人民代表大会常务委员会第十二次会议通过）

广东省人民代表大会常务委员会关于批准《广州市集会游行示威若干规定》的决定

（1990年5月5日广东省第七届人民代表大会常务委员会第十三次会议通过）

广东省人民代表大会常务委员会关于批准《广州市农村集体经济承包合同管理规定》的决定

（1990年7月5日广东省第七届人民代表大会常务委员会第十四次会议通过）

1991年

广东省人民代表大会常务委员会关于召开广东省第七届人民代表大会第四次会议日期和建议议程的决定

（1991年1月7日广东省第七届人民代表大会常务委员会第十七次会议通过）

广东省人民代表大会常务委员会关于批准《广州市社会文化市场管理暂行条例》的决议

（1991年1月10日广东省第七届人民代表大会常务委员会第十七次会议通过）

广东省人民代表大会常务委员会关于召开广东省第七届人民代表大会第四次会议日期的决定

（1991年3月3日广东省第七届人民代表大会常务委员会第十九次会议通过）

广东省人民代表大会常务委员会关于批准广东省1990年决算的决议

（1991年5月10日广东省第七届人民代表大会常务委员会第二十次会议通过）

广东省人民代表大会常务委员会关于修改《广东省普及九年制义务教育实施办法》第二条的决定

（1991年5月10日广东省第七届人民代表大会常务委员会第二十次会议通过）

广东省人民代表大会常务委员会关于深入开展法制宣传教育的决议

（1991年5月10日广东省第七届人民代表大会常务委员会第二十次会议通过）

广东省人民代表大会常务委员会关于批准《广州市社会治安综合治理条例》的决定

（1991年7月30日广东省第七届人民代表大会常务委员会第二十一次会议通过）

广东省人民代表大会常务委员会修改《关于禁止赌博的处罚条例》的决定

（1991年9月20日广东省第七届人民代表大会常务委员会第二十二次会议通过）

广东省人民代表大会常务委员会关于召开广东省第七届人民代表大会第五次会议的决定

（1991年11月18日广东省第七届人民代表大会常务委员会第二十三次会议通过）

1992年

广东省人民代表大会常务委员会关于揭阳市、潮州市中级人民法院和人民检察院及其县（区）人民法院和人民检察院在筹建期间案件管辖问题的决定

（1992年3月13日广东省第七届人民代表大会常务委员会第二十五次会议通过）

广东省人民代表大会常务委员会关于进一步贯彻落实《中华人民共和国全民所有制工业企业法》的决议

（1992年3月13日广东省第七届人民代表大会常务委员会第二十五次会议通过）

广东省人民代表大会常务委员会关于批准《广州市销售燃放烟花爆竹管理规定》的决定

（1992年3月13日广东省第七届人民代表大会常务委员会第二十五次会议通过）

广东省人民代表大会常务委员会关于批准广东省1991年决算和1992年省级预算的决议

（1992年5月16日广东省第七届人民代表大会常务委员会第二十六次会议通过）

广东省人民代表大会常务委员会关于省八届人大代表名额和选举问题的决定

（1992年5月16日广东省第七届人民代表大会常务委员会第二十六次会议通过）

广东省人民代表大会常务委员会关于建立社会性、群众性自然保护小区的决议

（1992年5月16日广东省第七届人民代表大会常务委员会第二十六次会议通过）

广东省人民代表大会常务委员会关于批准《广州市大气污染防治规定》的决定

（1992年5月16日广东省第七届人民代表大会常务委员会第二十六次会议通过）

广东省人民代表大会常务委员会关于批准《广州市禁止生产和经销假冒伪劣商品条例》的决定

（1992年7月18日广东省第七届人民代表大会常务委员会第二十七次会议通过）

广东省人民代表大会常务委员会关于修改《广东省东江水系水质保护条例》第二十一条的决定

（1992年9月26日广东省第七届人民代表大会常务委员会第二十八次会议通过）

广东省人民代表大会常务委员会关于全省参照执行《广州市禁止生产和经销假冒伪劣商品条例》的决定

（1992年9月26日广东省第七届人民代表大会常务委员会第二十八次会议通过）

广东省人民代表大会常务委员会关于批准《广州市野生动物保护管理若干规定》的决议

（1992年9月26日广东省第七届人民代表大会常务委员会第二十八次会议通过）

广东省人民代表大会常务委员会关于召开广东省第八届人民代表大会第一次会议的决定

（1992年11月28日广东省第七届人民代表大会常务委员会第二十九次会议通过）

广东省人民代表大会常务委员会关于批准广州市人民代表大会常务委员会对《广州市饮用水源污染防治条例》所作修改的决定

（1992年11月28日广东省第七届人民代表大会常务委员会第二十九次会议通过）

广东省人民代表大会常务委员会关于进一步解决水库移民遗留问题的决议

（1992年11月28日广东省第七届人民代表大会常务委员会第二十九次会议通过）

广东省人民代表大会常务委员会关于珠江口滩涂围垦议案（第2、4号议案）办理意见的决议

（1992年11月28日广东省第七届人民代表大会常务委员会第二十九次会议通过）

1993年

广东省人民代表大会常务委员会关于进一步加强农业的决议

（1993年3月4日广东省第八届人民代表大会常务委员会第一次会议通过）

广东省人民代表大会常务委员会关于批准《广州市社会力量办学管理条例》的决议

（1993年5月14日广东省第八届人民代表大会常务委员会第二次会议通过）

广东省人民代表大会常务委员会关于在全省继续深入开展禁毒禁赌工作的决议

（1993年5月14日广东省第八届人民代表大会常务委员会第二次会议通过）

广东省人民代表大会常务委员会关于发展文化事业的决议

（1993年7月15日广东省第八届人民代表大会常务委员会第三次会议通过）

广东省人民代表大会常务委员会关于修改《广东省行政事业性收费管理条例》第二条的决定

（1993年9月16日广东省第八届人民代表大会常务委员会第四次会议通过）

广东省人民代表大会常务委员会关于批准《广州市义务兵征集优待和退伍安置规定》的决议

（1993年9月16日广东省第八届人民代表大会常务委员会第四次会议通过）

广东省人民代表大会常务委员会关于严厉打击生产和经销假冒伪劣商品违法行为的决议

（1993年9月16日广东省第八届人民代表大会常务委员会第四次会议通过）

广东省人民代表大会常务委员会关于进一步加强环境保护工作的决议

（1993年9月16日广东省第八届人民代表大会常务委员会第四次会议通过）

广东省人民代表大会常务委员会关于批准广东省1992年决算的决议

（1993年9月16日广东省第八届人民代表大会常务委员会第四次会议通过）

广东省人民代表大会常务委员会关于进一步加强渔港建设的决议

（1993年9月16日广东省第八届人民代表大会常务委员会第四次会议通过）

1994年

广东省人民代表大会常务委员会关于召开广东省第八届人民代表大会第二次会议的决定

（1994年1月18日广东省第八届人民代表大会常务委员会第六次会议通过）

广东省人民代表大会常务委员会关于在全省继续深入开展反腐败斗争的决议

（1994年1月18日广东省第八届人民代表大会常务委员会第六次会议通过）

广东省人民代表大会常务委员会关于修改《广东省企业职工劳动权益保障规定》第十二条的决定

（1994年4月30日广东省第八届人民代表大会常务委员会第八次会议通过）

广东省人民代表大会常务委员会关于批准《广州市公路路政管理条例》的决议

（1994年4月30日广东省第八届人民代表大会常务委员会第八次会议通过）

广东省人民代表大会常务委员会关于进一步强化法律监督职能健全监督机制的决议

（1994年4月30日广东省第八届人民代表大会常务委员会第八次会议通过）

广东省人民代表大会常务委员会关于批准广东省省本级1994年预算的决议

（1994年7月6日广东省第八届人民代表大会常务委员会第九次会议通过）

广东省人民代表大会常务委员会关于调整大亚湾水产资源自然保护区范围的决议

（1994年7月6日广东省第八届人民代表大会常务委员会第九次会议通过）

广东省人民代表大会常务委员会关于修改《广东省劳动安全卫生条例》的决定

（1994年9月15日广东省第八届人民代表大会常务委员会第十次会议通过）

广东省人民代表大会常务委员会关于修改《广东省劳动安全卫生条例》的决定

（1994年9月15日广东省第八届人民代表大会常务委员会第十次会议通过）

广东省人民代表大会常务委员会关于批准《广州市邮政管理条例》的决议

（1994年9月15日广东省第八届人民代表大会常务委员会第十次会议通过）

广东省人民代表大会常务委员会关于批准《广州市矿产资源开发管理规定》的决议

（1994年9月15日广东省第八届人民代表大会常务委员会第十次会议通过）

广东省人民代表大会常务委员会关于批准《广州市环境噪声污染防治规定》的决议

（1994年9月15日广东省第八届人民代表大会常务委员会第十次会议通过）

广东省人民代表大会常务委员会关于批准《广州市文物保护管理规定》的决议

（1994年9月15日广东省第八届人民代表大会常务委员会第十次会议通过）

广东省人民代表大会常务委员会关于扶持山区和革命老区乡镇发展“三高”农业，开展“一乡一品”活动议案的决议

（1994年9月15日广东省第八届人民代表大会常务委员会第十次会议通过）

广东省人民代表大会常务委员会关于批准省人民政府办理种植牧草发展畜牧业议案结案报告的决议

（1994年9月15日广东省第八届人民代表大会常务委员会第十次会议通过）

广东省人民代表大会常务委员会关于批准广东省1993年决算的决议

（1994年9月15日广东省第八届人民代表大会常务委员会第十次会议通过）

广东省人民代表大会常务委员会关于进一步加强耕地保护的决议

（1994年11月17日广东省第八届人民代表大会常务委员会第十一次会议通过）

广东省人民代表大会常务委员会关于进一步扶持革命老区发展经济的决议

（1994年11月17日广东省第八届人民代表大会常务委员会第十一次会议通过）

广东省人民代表大会常务委员会关于加强落实城镇侨房政策工作的决议

（1994年11月17日广东省第八届人民代表大会常务委员会第十一次会议通过）

广东省人民代表大会常务委员会关于加强公安机关执法工作的决议

（1994年11月17日广东省第八届人民代表大会常务委员会第十一次会议通过）

广东省人民代表大会常务委员会关于对省国土厅实施《广东省城镇房地产权登记条例》中有关问题质询案的决议

（1994年11月17日广东省第八届人民代表大会常务委员会第十一次会议通过）

广东省人民代表大会常务委员会关于批准《广州市企业治安保卫条例》的决议

（1994年11月17日广东省第八届人民代表大会常务委员会第十一次会议通过）

广东省人民代表大会常务委员会关于批准《广州市外商投资企业管理条例》的决议

（1994年11月17日广东省第八届人民代表大会常务委员会第十一次会议通过）

广东省人民代表大会常务委员会关于批准《广州市人民代表大会常务委员会关于修改〈广州市经济技术开发区条例〉的决定》的决议

（1994年11月17日广东省第八届人民代表大会常务委员会第十一次会议通过）

广东省人民代表大会常务委员会关于批准《广州市人民代表大会常务委员会关于修改〈广州市经济合同规定〉的决定》的决议

（1994年11月17日广东省第八届人民代表大会常务委员会第十一次会议通过）

广东省人民代表大会常务委员会关于批准《广州市渔业管理规定》的决议

（1994年11月17日广东省第八届人民代表大会常务委员会第十一次会议通过）

1995年

广东省人民代表大会常务委员会关于召开广东省第八届人民代表大会第三次会议的决定

（1995年1月13日广东省第八届人民代表大会常务委员会第十二次会议通过）

广东省人民代表大会常务委员会关于批准《广州市土地管理规定》的决议

（1995年1月13日广东省第八届人民代表大会常务委员会第十二次会议通过）

广东省人民代表大会常务委员会关于批准《广州市制止义务教育阶段学生非正常辍学的规定》的决议

（1995年1月13日广东省第八届人民代表大会常务委员会第十二次会议通过）

广东省人民代表大会常务委员会关于许可对欧阳德采取法律规定的强制措施的决定

（1995年1月13日广东省第八届人民代表大会常务委员会第十二次会议通过）

广东省人民代表大会常务委员会关于批准《广州市防治珠江广州河段饮食业污染管理规定》的决议

（1995年5月9日广东省第八届人民代表大会常务委员会第十五次会议通过）

广东省人民代表大会常务委员会关于加强维护妇女合法权益工作的决议

（1995年5月9日广东省第八届人民代表大会常务委员会第十五次会议通过）

广东省人民代表大会常务委员会关于批准《广州市社会保险条例》的决议

（1995年7月11日广东省第八届人民代表大会常务委员会第十六次会议通过）

广东省人民代表大会常务委员会关于批准《广州市农药使用管理规定》的决议

（1995年7月11日广东省第八届人民代表大会常务委员会第十六次会议通过）

广东省人民代表大会常务委员会关于批准《广州市城乡农副产品集贸市场管理条例》的决议

（1995年7月11日广东省第八届人民代表大会常务委员会第十六次会议通过）

广东省人民代表大会常务委员会关于批准《广州市传染病防治规定》的决议

（1995年7月11日广东省第八届人民代表大会常务委员会第十六次会议通过）

广东省人民代表大会常务委员会关于批准广东省1994年省本级决算的决议

（1995年7月11日广东省第八届人民代表大会常务委员会第十六次会议通过）

广东省人民代表大会常务委员会关于加强禁毒工作的决议

（1995年7月11日广东省第八届人民代表大会常务委员会第十六次会议通过）

广东省人民代表大会常务委员会关于批准《广州市人民代表大会常务委员会关于修改〈广州市销售燃放烟花爆竹管理规定〉的决定》的决议

（1995年9月19日广东省第八届人民代表大会常务委员会第十七次会议通过）

广东省人民代表大会常务委员会关于加强法院执法工作的决议

（1995年9月19日广东省第八届人民代表大会常务委员会第十七次会议通过）

广东省人民代表大会常务委员会关于批准省人民政府整治韩江、北江上游和东江中上游水土流失议案办理结果报告的决议

（1995年9月19日广东省第八届人民代表大会常务委员会第十七次会议通过）

广东省人民代表大会常务委员会关于批准《广州市白云山风景名胜区保护条例》的决议

（1995年11月21日广东省第八届人民代表大会常务委员会第十八次会议通过）

广东省人民代表大会常务委员会关于批准《广州市人民代表大会常务委员会关于修改〈广州市禁止生产和经销假冒伪劣商品条例〉的决定》的决议

（1995年11月21日广东省第八届人民代表大会常务委员会第十八次会议通过）

广东省人民代表大会常务委员会关于批准《广州市农村集体经济审核规定》的决议

（1995年11月21日广东省第八届人民代表大会常务委员会第十八次会议通过）

广东省人民代表大会常务委员会关于废止1995年10月以前广东省颁布的部分地方性法规的决定

（1995年11月21日广东省第八届人民代表大会常务委员会第十八次会议通过）

广东省人民代表大会常务委员会关于进一步发展粮食生产、完善粮食购销政策的决议

（1995年11月21日广东省第八届人民代表大会常务委员会第十八次会议通过）

广东省人民代表大会常务委员会关于加强检察院执法工作的决议

（1995年11月21日广东省第八届人民代表大会常务委员会第十八次会议通过）

1996年

广东省人民代表大会常务委员会关于批准《广州市妇女权益保障若干规定》的决议

（1996年1月12日广东省第八届人民代表大会常务委员会第十九次会议通过）

广东省人民代表大会常务委员会关于强化人才宏观管理、加大人才资源开发力度的决议

（1996年1月12日广东省第八届人民代表大会常务委员会第十九次会议通过）

广东省人民代表大会常务委员会关于加快农村小水电建设的决议

（1996年1月12日广东省第八届人民代表大会常务委员会第十九次会议通过）

广东省人民代表大会常务委员会关于邀请列席省八届人大四次会议人员的决定

（1996年1月12日广东省第八届人民代表大会常务委员会第十九次会议通过）

广东省人民代表大会常务委员会关于批准《广州市电信管理条例》的决议

（1996年4月5日广东省第八届人民代表大会常务委员会第二十一次会议通过）

广东省人民代表大会常务委员会关于批准《广州市蔬菜基地管理规定》的决议

（1996年4月5日广东省第八届人民代表大会常务委员会第二十一次会议通过）

广东省人民代表大会常务委员会关于批准《广州市水路货物运输管理规定》的决议

（1996年4月5日广东省第八届人民代表大会常务委员会第二十一次会议通过）

广东省人民代表大会常务委员会关于批准《广州市城市市容和环境卫生管理规定》的决议

（1996年4月5日广东省第八届人民代表大会常务委员会第二十一次会议通过）

广东省人民代表大会常务委员会关于修改《广东省高等教育管理条例》第三十二条第二款的决定

（1996年6月1日广东省第八届人民代表大会常务委员会第二十二次会议通过）

广东省人民代表大会常务委员会关于批准《广州市牲畜检疫规定》的决议

（1996年6月1日广东省第八届人民代表大会常务委员会第二十二次会议通过）

广东省人民代表大会常务委员会关于批准《广州市社会急救医疗管理条例》的决议

（1996年6月1日广东省第八届人民代表大会常务委员会第二十二次会议通过）

广东省人民代表大会常务委员会关于批准《广州市养犬管理规定》的决议

（1996年6月1日广东省第八届人民代表大会常务委员会第二十二次会议通过）

广东省人民代表大会常务委员会关于批准《广州市人民代表大会常务委员会关于修改〈广州市职工教育管理条例〉的决定》的决议

（1996年6月1日广东省第八届人民代表大会常务委员会第二十二次会议通过）

广东省人民代表大会常务委员会关于批准省人民政府关于加强革命老区建设议案的办理方案结果报告的决议

（1996年6月1日广东省第八届人民代表大会常务委员会第二十二次会议通过）

广东省人民代表大会常务委员会关于批准广东省1995年省本级决算的决议

（1996年7月12日广东省第八届人民代表大会常务委员会第二十三次会议通过）

广东省人民代表大会常务委员会关于继续深入持久开展严惩严重危害社会治安犯罪分子斗争的决议

（1996年7月12日广东省第八届人民代表大会常务委员会第二十三次会议通过）

广东省人民代表大会常务委员会关于许可逮捕张建良的决定

（1996年7月12日广东省第八届人民代表大会常务委员会第二十三次会议通过）

广东省人民代表大会常务委员会关于修改《广东省书报刊市场管理条例》第七条的决定

（1996年9月25日广东省第八届人民代表大会常务委员会第二十四次会议通过）

广东省人民代表大会常务委员会关于批准《广州市人民代表大会常务委员会关于修改〈广州市销售燃放烟花爆竹管理规定〉的决定》的决议

（1996年9月25日广东省第八届人民代表大会常务委员会第二十四次会议通过）

广东省人民代表大会常务委员会关于加快航道建设步伐，促进我省航运事业发展的决议

（1996年9月25日广东省第八届人民代表大会常务委员会第二十四次会议通过）

广东省人民代表大会常务委员会关于继续开展法制宣传教育的决议

（1996年9月25日广东省第八届人民代表大会常务委员会第二十四次会议通过）

广东省人民代表大会常务委员会关于在依法治省工作中充分发挥地方各级人大常委会作用的决议

（1996年9月25日广东省第八届人民代表大会常务委员会第二十四次会议通过）

广东省人民代表大会常务委员会关于修改《广东省河道堤防管理条例》的决定

（1996年12月3日广东省第八届人民代表大会常务委员会第二十五次会议通过）

广东省人民代表大会常务委员会关于批准省人民政府关于发展农用工作的议案办理方案报告的决议

（1996年12月3日广东省第八届人民代表大会常务委员会第二十五次会议通过）

广东省人民代表大会常务委员会关于批准省人民政府关于清理整顿行政执法队伍及其“三乱”问题议案办理方案报告的决议

（1996年12月3日广东省第八届人民代表大会常务委员会第二十五次会议通过）

广东省人民代表大会常务委员会关于批准省人民政府关于扶持少数民族地区发展的议案办理方案报告的决议

（1996年12月3日广东省第八届人民代表大会常务委员会第二十五次会议通过）

广东省人民代表大会常务委员会关于批准省人民政府关于加强打击假冒伪劣商品，维护消费者、生产者合法权益的议案办理方案报告的决议

（1996年12月3日广东省第八届人民代表大会常务委员会第二十五次会议通过）

广东省人民代表大会常务委员会关于批准省人民政府关于摆脱乡镇卫生院困境问题议案办理方案报告的决议

（1996年12月3日广东省第八届人民代表大会常务委员会第二十五次会议通过）

广东省人民代表大会常务委员会关于批准省人民政府关于进一步加强江河整治工作的议案办理方案报告的决议

（1996年12月3日广东省第八届人民代表大会常务委员会第二十五次会议通过）

广东省人民代表大会常务委员会关于批准《广州市城市规划条例》的决议

（1996年12月3日广东省第八届人民代表大会常务委员会第二十五次会议通过）

广东省人民代表大会常务委员会关于批准《广州市城市绿化管理条例》的决议

（1996年12月3日广东省第八届人民代表大会常务委员会第二十五次会议通过）

广东省人民代表大会常务委员会关于批准《广州市幼儿教育管理规定》的决议

（1996年12月3日广东省第八届人民代表大会常务委员会第二十五次会议通过）

广东省人民代表大会常务委员会关于批准《广州市商业网点条例》的决议

（1996年12月3日广东省第八届人民代表大会常务委员会第二十五次会议通过）

广东省人民代表大会常务委员会关于委托省人大常委会主任会议对省交通厅、文化厅厅长进行述职评议的决定

（1996年12月3日广东省第八届人民代表大会常务委员会第二十五次会议通过）

1997年

广东省人民代表大会常务委员会关于召开广东省第八届人民代表大会第五次会议的决定

（1997年1月18日广东省第八届人民代表大会常务委员会第二十六次会议通过）

广东省人民代表大会常务委员会关于废止《广东省抵押贷款管理条例》《广东省公司条例》《广东省财产拍卖条例》的决定

（1997年1月18日广东省第八届人民代表大会常务委员会第二十六次会议通过）

广东省人民代表大会常务委员会关于列席和邀请列席省八届人大五次会议人员的决定

（1997年1月18日广东省第八届人民代表大会常务委员会第二十六次会议通过）

广东省人民代表大会常务委员会关于批准省人民政府关于加快全省山区公路建设问题议案的办理结果报告的决议

（1997年1月18日广东省第八届人民代表大会常务委员会第二十六次会议通过）

广东省人民代表大会常务委员会关于批准省人民政府关于加快落实城镇侨房政策工作议案的办理结果报告的决议

（1997年1月18日广东省第八届人民代表大会常务委员会第二十六次会议通过）

广东省人民代表大会常务委员会关于批准省人民政府关于大力整治污染、加强环境保护的议案办理结果报告的决议

（1997年1月18日广东省第八届人民代表大会常务委员会第二十六次会议通过）

广东省人民代表大会常务委员会关于修改《广东省实施〈中华人民共和国妇女权益保障法〉规定》的决定

（1997年4月3日广东省第八届人民代表大会常务委员会第二十八次会议通过）

广东省人民代表大会常务委员会关于修改《广东省城镇房地产转让条例》的决定

（1997年4月3日广东省第八届人民代表大会常务委员会第二十八次会议通过）

广东省人民代表大会常务委员会关于批准《广州市人民代表大会关于修改〈广州市饮用水源污染防治条例〉的决定》的决议

（1997年4月3日广东省第八届人民代表大会常务委员会第二十八次会议通过）

广东省人民代表大会常务委员会关于批准《广州市人民代表大会关于修改〈广州市大气污染防治规定〉的决定》的决议

（1997年4月3日广东省第八届人民代表大会常务委员会第二十八次会议通过）

广东省人民代表大会常务委员会关于批准《广州市人民代表大会关于修改〈广州市环境噪声污染防治规定〉的决定》的决议

（1997年4月3日广东省第八届人民代表大会常务委员会第二十八次会议通过）

广东省人民代表大会常务委员会关于批准《广州市人民代表大会关于修改〈广州市防治珠江广州河段水域饮食业污染管理规定〉的决定》的决议

（1997年4月3日广东省第八届人民代表大会常务委员会第二十八次会议通过）

广东省人民代表大会常务委员会关于批准《广州市市政设施管理条例》的决议

（1997年4月3日广东省第八届人民代表大会常务委员会第二十八次会议通过）

广东省人民代表大会常务委员会关于批准《广州市人民代表大会关于修改〈广州市社会力量办学管理条例〉的决定》的决议

（1997年4月3日广东省第八届人民代表大会常务委员会第二十八次会议通过）

广东省人民代表大会常务委员会关于批准《广州市人民代表大会关于修改〈广州市制止义务教育阶段学生非正常辍学的规定〉的决定》的决议

（1997年4月3日广东省第八届人民代表大会常务委员会第二十八次会议通过）

广东省人民代表大会常务委员会关于修改《广东省基金会管理条例》的决定

（1997年5月31日广东省第八届人民代表大会常务委员会第二十九次会议通过）

广东省人民代表大会常务委员会关于修改《广东省经纪人管理条例》的决定

（1997年5月31日广东省第八届人民代表大会常务委员会第二十九次会议通过）

广东省人民代表大会常务委员会关于修改《广东省典当条例》的决定

（1997年5月31日广东省第八届人民代表大会常务委员会第二十九次会议通过）

广东省人民代表大会常务委员会关于废止《广东省关于取缔卖淫、嫖宿暗娼的规定》《广东省查禁淫秽物品条例》的决定

（1997年5月31日广东省第八届人民代表大会常务委员会第二十九次会议通过）

广东省人民代表大会常务委员会关于进一步加强禁毒工作的决议

（1997年5月31日广东省第八届人民代表大会常务委员会第二十九次会议通过）

广东省人民代表大会常务委员会关于批准《广州市城市房屋拆迁管理条例》的决议

（1997年5月31日广东省第八届人民代表大会常务委员会第二十九次会议通过）

广东省人民代表大会常务委员会关于批准《广州市统计管理条例》的决议

（1997年5月31日广东省第八届人民代表大会常务委员会第二十九次会议通过）

广东省人民代表大会常务委员会关于批准《广州市人民代表大会关于修改〈广州市渔业管理规定〉的决定》的决议

（1997年5月31日广东省第八届人民代表大会常务委员会第二十九次会议通过）

广东省人民代表大会常务委员会关于批准《广州市统计管理条例》的决议

（1997年5月31日广东省第八届人民代表大会常务委员会第二十九次会议通过）

广东省人民代表大会常务委员会关于修改《深圳经济特区与内地之间人员往来管理规定》第十三条的决定

（1997年7月26日广东省第八届人民代表大会常务委员会第三十次会议通过）

广东省人民代表大会常务委员会关于修改《广东省经济特区土地管理条例》第四十七条、第四十八条的决定

（1997年7月26日广东省第八届人民代表大会常务委员会第三十次会议通过）

广东省人民代表大会常务委员会关于修改《广东省青少年保护条例》的决定

（1997年7月26日广东省第八届人民代表大会常务委员会第三十次会议通过）

广东省人民代表大会常务委员会关于批准广东省1996年省本级决算的决议

（1997年7月26日广东省第八届人民代表大会常务委员会第三十次会议通过）

广东省人民代表大会常务委员会关于加强省本级预算执行和其他财政收支的审计监督的决议

（1997年7月26日广东省第八届人民代表大会常务委员会第三十次会议通过）

广东省人民代表大会常务委员会关于进一步做好减轻农民负担工作的决议

（1997年7月26日广东省第八届人民代表大会常务委员会第三十次会议通过）

广东省人民代表大会常务委员会关于省第九届人民代表大会代表名额分配和选举问题的决定

（1997年7月26日广东省第八届人民代表大会常务委员会第三十次会议通过）

广东省人民代表大会常务委员会关于批准《广州市人民代表大会关于修改〈广州市经济合同管理规定〉的决定》的决议

（1997年7月26日广东省第八届人民代表大会常务委员会第三十次会议通过）

广东省人民代表大会常务委员会关于修改《广东省惩处为赌博放贷非法索债的规定》的决定

（1997年9月22日广东省第八届人民代表大会常务委员会第三十一次会议通过）

广东省人民代表大会常务委员会关于修改《广东省公路路政管理条例》的决定

（1997年9月22日广东省第八届人民代表大会常务委员会第三十一次会议通过）

广东省人民代表大会常务委员会关于修改《广东省邮政通信管理条例》的决定

（1997年9月22日广东省第八届人民代表大会常务委员会第三十一次会议通过）

广东省人民代表大会常务委员会关于修改《广东省房地产开发经营条例》的决定

（1997年9月22日广东省第八届人民代表大会常务委员会第三十一次会议通）

广东省人民代表大会常务委员会关于修改《广东省实施〈中华人民共和国城市规划法〉办法》的决定

（1997年9月22日广东省第八届人民代表大会常务委员会第三十一次会议通过）

广东省人民代表大会常务委员会关于修改《广东省建设项目环境保护管理条例》的决定

（1997年9月22日广东省第八届人民代表大会常务委员会第三十一次会议通过）

广东省人民代表大会常务委员会关于修改《广东省实施〈中华人民共和国水土保持法〉办法》第十四条第一款的决定

（1997年9月22日广东省第八届人民代表大会常务委员会第三十一次会议通过）

广东省人民代表大会常务委员会关于修改《广东省征用农村集体所有土地各项补偿费管理办法》第十一条的决定

（1997年9月22日广东省第八届人民代表大会常务委员会第三十一次会议通过）

广东省人民代表大会常务委员会关于修改《广东省森林防火管理规定》第十八条的决定

（1997年9月22日广东省第八届人民代表大会常务委员会第三十一次会议通过）

广东省人民代表大会常务委员会关于修改《广东省野生动物保护管理规定》的决定

（1997年9月22日广东省第八届人民代表大会常务委员会第三十一次会议通过）

广东省人民代表大会常务委员会关于修改《广东省营业性电子游戏机室管理规定》的决定

（1997年9月22日广东省第八届人民代表大会常务委员会第三十一次会议通过）

广东省人民代表大会常务委员会关于修改《广东省营业性歌舞娱乐场所管理条例》有关条款的决定

（1997年9月22日广东省第八届人民代表大会常务委员会第三十一次会议通过）

广东省人民代表大会常务委员会关于委托主任会议对省劳动厅厅长、省人事厅厅长进行述职评议的决定

（1997年9月22日广东省第八届人民代表大会常务委员会第三十一次会议通过）

广东省人民代表大会常务委员会关于市县区新一届人民代表大会名额和常委会组成人员名额的决定

（1997年9月22日广东省第八届人民代表大会常务委员会第三十一次会议通过）

广东省人民代表大会常务委员会关于扶持贫困华侨农场经济发展的决议

（1997年9月22日广东省第八届人民代表大会常务委员会第三十一次会议通过）

广东省人民代表大会常务委员会关于批准《广州市环境保护条例》的决议

（1997年9月22日广东省第八届人民代表大会常务委员会第三十一次会议通过）

广东省人民代表大会常务委员会关于批准《广州市私营企业权益保护条例》的决议

（1997年9月22日广东省第八届人民代表大会常务委员会第三十一次会议通过）

广东省人民代表大会常务委员会关于批准《广州市人民代表大会常务委员会关于修改〈广州市禁止生产和销售假冒伪劣商品〉条例的决定》的决议

（1997年9月22日广东省第八届人民代表大会常务委员会第三十一次会议通过）

广东省人民代表大会常务委员会关于批准《广州市牲畜屠宰和肉品销售管理条例》的决议

（1997年9月22日广东省第八届人民代表大会常务委员会第三十一次会议通过）

广东省人民代表大会常务委员会关于批准《广州市住房公积金条例》的决议

（1997年9月22日广东省第八届人民代表大会常务委员会第三十一次会议通过）

广东省人民代表大会常务委员会关于废止《广东省经济特区劳动条例》的决定

（1997年12月1日广东省第八届人民代表大会常务委员会第三十二次会议通过）

广东省人民代表大会常务委员会关于废止《广东省营业演出管理条例》的决定

（1997年12月1日广东省第八届人民代表大会常务委员会第三十二次会议通过）

广东省人民代表大会常务委员会关于废止《广东省律师执业条例》的决定

（1997年12月1日广东省第八届人民代表大会常务委员会第三十二次会议通过）

广东省人民代表大会常务委员会关于修改《广东省统计管理条例》有关条文的决定

（1997年12月1日广东省第八届人民代表大会常务委员会第三十二次会议通过）

广东省人民代表大会常务委员会关于修改《广东省书报刊市场管理条例》有关条文的决定

（1997年12月1日广东省第八届人民代表大会常务委员会第三十二次会议通过）

广东省人民代表大会常务委员会关于修改《广东省经济合同管理条例》有关条文的决定

（1997年12月1日广东省第八届人民代表大会常务委员会第三十二次会议通过）

广东省人民代表大会常务委员会关于修改《广东省道路运输管理条例》有关条文的决定

（1997年12月1日广东省第八届人民代表大会常务委员会第三十二次会议通过）

广东省人民代表大会常务委员会关于珠海市执行《广东省珠海经济特区职工社会保险条例》中有关医疗保险、养老保险规定的决定

（1997年12月1日广东省第八届人民代表大会常务委员会第三十二次会议通过）

广东省人民代表大会常务委员会关于修改《广东省物价管理暂行条例》有关条文的决定

（1997年12月1日广东省第八届人民代表大会常务委员会第三十二次会议通过）

广东省人民代表大会常务委员会关于修改《广东省劳动安全卫生条例》有关条文的决定

（1997年12月1日广东省第八届人民代表大会常务委员会第三十二次会议通过）

广东省人民代表大会常务委员会关于继续实施解决水库移民遗留问题议案的决议

（1997年12月1日广东省第八届人民代表大会常务委员会第三十二次会议通过）

广东省人民代表大会常务委员会关于批准《广州市劳动合同管理规定》的决议

（1997年12月1日广东省第八届人民代表大会常务委员会第三十二次会议通过）

广东省人民代表大会常务委员会关于批准《广州市人民代表大会常务委员会关于修改〈广州市传染病防治规定〉的决定》的决议

（1997年12月1日广东省第八届人民代表大会常务委员会第三十二次会议通过）

广东省人民代表大会常务委员会关于批准《广州市宗教事务管理规定》的决议

（1997年12月1日广东省第八届人民代表大会常务委员会第三十二次会议通过）

广东省人民代表大会常务委员会关于批准《广州市人民代表大会常务委员会关于修改〈广州市外商企业投资管理〉的决定》的决议

（1997年12月1日广东省第八届人民代表大会常务委员会第三十二次会议通过）

广东省人民代表大会常务委员会关于批准《广州市科学技术协会规定》的决议

（1997年12月1日广东省第八届人民代表大会常务委员会第三十二次会议通过）

广东省人民代表大会常务委员会关于批准《广州市科学技术经费投入与管理规定》的决议

（1997年12月1日广东省第八届人民代表大会常务委员会第三十二次会议通过）

1998年

广东省人民代表大会常务委员会关于批准《广州市殡葬管理规定》的决议

（1998年6月1日广东省第九届人民代表大会常务委员会第三次会议通过）

广东省人民代表大会常务委员会关于批准《连南瑶族自治县自治条例》（修订）的决议

（1998年6月1日广东省第九届人民代表大会常务委员会第三次会议通过）

广东省人民代表大会常务委员会关于珠海等市新一届人民代表大会代表名额和常委会组成人员名额的决定

（1998年6月1日广东省第九届人民代表大会常务委员会第三次会议通过）

广东省人民代表大会常务委员批准省人民政府关于进一步加强耕地保护议案的办理结果报告的决议

（1998年6月1日广东省第九届人民代表大会常务委员会第三次会议通过）

广东省人民代表大会常务委员会关于批准《广州市奖励和保护见义勇为人员条例》的决议

（1998年7月29日广东省第九届人民代表大会常务委员会第四次会议通过）

广东省人民代表大会常务委员会关于批准广东省1997年省级决算的决议

（1998年7月29日广东省第九届人民代表大会常务委员会第四次会议通过）

广东省人民代表大会常务委员会关于进一步加强政法队伍教育整顿工作的决议

（1998年7月29日广东省第九届人民代表大会常务委员会第四次会议通过）

广东省人民代表大会常务委员会关于加快营造生物防火林带工程建设议案的决议

（1998年9月18日广东省第九届人民代表大会常务委员会第五次会议通过）

广东省人民代表大会常务委员会关于批准广东省1998年省级一般预算支出调整方案的决议

（1998年9月18日广东省第九届人民代表大会常务委员会第五次会议通过）

省人大常委会关于召开省九届人大二次会议的决定

（1998年11月27日广东省第九届人民代表大会常务委员会第六次会议通过）

广东省人民代表大会常务委员会关于批准《广州历史文化名城保护条例》的决议

（1998年11月27日广东省第九届人民代表大会常务委员会第六次会议通过）

省人大常委会关于列席和邀请列席省九届人大二次会议人员的决定

（1998年12月31日广东省第九届人民代表大会常务委员会第七次会议通过）

1999年

广东省人民代表大会常务委员会关于批准《广州市城市快速路路政管理条例》的决议

（1999年4月2日广东省第九届人民代表大会常务委员会第九次会议通过）

广东省人民代表大会常务委员会关于批准《广州市地名管理条例》的决议

（1999年4月2日广东省第九届人民代表大会常务委员会第九次会议通过）

广东省人民代表大会常务委员会关于批准《广州市家禽检疫条例》的决议

（1999年4月2日广东省第九届人民代表大会常务委员会第九次会议通过）

广东省人民代表大会常务委员会关于撤销《关于批准〈广州市公民义务献血和血液管理条例〉的决议》的决定

（1999年4月2日广东省第九届人民代表大会常务委员会第九次会议通过）

广东省人民代表大会常务委员会关于修改《广东省计划生育条例》第十条的决定

（1999年5月21日广东省第八届人民代表大会常务委员会第十次会议通过）

广东省人民代表大会常务委员会关于批准《广州市按比例安排残疾人就业办法》的决议

（1999年5月21日广东省第八届人民代表大会常务委员会第十次会议通过）

广东省人民代表大会常务委员会关于批准《广州市人才市场管理条例》的决议

（1999年5月21日广东省第八届人民代表大会常务委员会第十次会议通过）

广东省人民代表大会常务委员会关于批准《连山壮族瑶族自治县自治条例（修订）》的决议

（1999年5月21日广东省第八届人民代表大会常务委员会第十次会议通过）

广东省人民代表大会常务委员会关于批准《广州市余泥渣土管理条例》的决议

（1999年5月21日广东省第八届人民代表大会常务委员会第十次会议通过）

广东省人民代表大会常务委员会关于批准《乳源瑶族自治县自治条例》的决议

（1999年5月21日广东省第八届人民代表大会常务委员会第十次会议通过）

广东省人民代表大会常务委员会关于批准广东省1998年省级决算草案的决议

（1999年8月5日广东省第九届人民代表大会常务委员会第十一次会议通过）

广东省人民代表大会常务委员会关于加强动物防疫工作的决议

（1999年9月24日广东省第九届人民代表大会常务委员会第十二次会议通过）

广东省人民代表大会常务委员会关于批准《广州市地下铁道管理条例》的决议

（1999年9月24日广东省第九届人民代表大会常务委员会第十二次会议通过）

广东省人民代表大会常务委员会关于批准《广州市水上治安管理条例》的决议

（1999年9月24日广东省第九届人民代表大会常务委员会第十二次会议通过）

广东省人民代表大会常务委员会关于批准《广州市森林公园管理条例》的决议

（1999年9月24日广东省第九届人民代表大会常务委员会第十二次会议通过）

广东省人民代表大会常务委员会关于深圳市第三届人民代表大会代表名额的决定

（1999年9月24日广东省第九届人民代表大会常务委员会第十二次会议通过）

广东省人民代表大会常务委员会关于深圳市第三届人民代表大会常务委员会组成人员名额的决定

（1999年9月24日广东省第九届人民代表大会常务委员会第十二次会议通过）

广东省人民代表大会常务委员会关于废止《广东省营业性电子游戏机室管理规定》《广东省营业性歌舞娱乐场所管理条例》的决定

（1999年11月27日广东省第九届人民代表大会常务委员会第十三次会议通过）

广东省人民代表大会常务委员会关于废止《广东省合伙经营条例》《广东省经济特区土地管理条例》《广东省人民代表大会常务委员会关于全省参照执行〈广州市禁止生产和经销假冒伪劣商品条例〉的决定》的决定

（1999年11月27日广东省第九届人民代表大会常务委员会第十三次会议通过）

广东省人民代表大会常务委员会关于修改《广东省城镇房地产权登记条例》的决定

（1999年11月27日广东省第九届人民代表大会常务委员会第十三次会议通过）

广东省人民代表大会常务委员会关于加快自然保护区建设的决议

（1999年11月27日广东省第九届人民代表大会常务委员会第十三次会议通过）

广东省人民代表大会常务委员会关于继续实施扶持山区和革命老区乡镇发展“三高”农业，开展“一乡一品”活动议案的决议

（1999年11月27日广东省第九届人民代表大会常务委员会第十三次会议通过）

广东省人民代表大会常务委员会关于加强社会保险工作的决议

（1999年11月27日广东省第九届人民代表大会常务委员会第十三次会议通过）

广东省人民代表大会常务委员会关于加强人民法院执行工作的决议

（1999年11月27日广东省第九届人民代表大会常务委员会第十三次会议通过）

广东省人民代表大会常务委员会关于召开省九届人大三次会议的决议

（1999年11月27日广东省第九届人民代表大会常务委员会第十三次会议通过）

广东省人民代表大会常务委员会关于批准《广州市安全生产监察条例》的决议

（1999年12月30日广东省第九届人民代表大会常务委员会第十四次会议通过）

广东省人民代表大会常务委员会关于批准《广州市劳动力市场管理条例》的决议

（1999年12月30日广东省第九届人民代表大会常务委员会第十四次会议通过）

广东省人民代表大会常务委员会关于列席和邀请列席省九届人大三次会议人员的决定

（1999年12月30日广东省第九届人民代表大会常务委员会第十四次会议通过）

2000年

广东省人民代表大会常务委员会关于接受冼为铿等四人辞去职务的决定

（2000年1月20日广东省第九届人民代表大会常务委员会第十五次会议通过）

广东省人民代表大会常务委员会关于批准《广州市旅游管理条例》的决议

（2000年3月30日广东省第九届人民代表大会常务委员会第十七次会议通过）

广东省人民代表大会常务委员会关于批准《广州市公共汽车电车客运管理条例》的决议

（2000年3月30日广东省第九届人民代表大会常务委员会第十七次会议通过）

广东省人民代表大会常务委员会关于进一步推进村民自治工作的决议

（2000年3月30日广东省第九届人民代表大会常务委员会第十七次会议通过）

广东省人民代表大会常务委员会关于批准《广州市促进科技成果转化条例》的决议

（2000年5月26日广东省第九届人民代表大会常务委员会第十八次会议通过）

广东省人民代表大会常务委员会关于批准《连山壮族瑶族自治县贯彻实施〈广东省计划生育条例〉的规定》的决议

（2000年5月26日广东省第九届人民代表大会常务委员会第十八次会议通过）

广东省人民代表大会常务委员会关于批准《连南瑶族自治县实施〈广东省计划生育条例〉补充规定》的决议

（2000年5月26日广东省第九届人民代表大会常务委员会第十八次会议通过）

广东省人民代表大会常务委员会关于批准《广东省乳源瑶族自治县计划生育实施办法》的决议

（2000年5月26日广东省第九届人民代表大会常务委员会第十八次会议通过）

广东省第九届人民代表大会常务委员会关于批准《广州市房地产抵押登记管理条例》的决议

（2000年7月28日广东省第九届人民代表大会常务委员会第十九次会议通过）

广东省人民代表大会常务委员会关于批准广东省1999年省级决算的决议

（2000年7月28日广东省第九届人民代表大会常务委员会第十九次会议通过）

广东省人民代表大会常务委员会关于修改《广东省商品房预售管理条例》的决定

（2000年9月22日广东省第九届人民代表大会常务委员会第二十次会议通过）

广东省人民代表大会常务委员会关于批准《广州市教育经费投入与管理条例》的决定

（2000年9月22日广东省第九届人民代表大会常务委员会第二十次会议通过）

广东省人民代表大会常务委员会关于批准《珠海市法制宣传教育条例》的决定

（2000年9月22日广东省第九届人民代表大会常务委员会第二十次会议通过）

广东省人民代表大会常务委员会关于批准《珠海市社会保险基金监督条例》的决定

（2000年9月22日广东省第九届人民代表大会常务委员会第二十次会议通过）

广东省人民代表大会常务委员会关于批准广州市人民代表大会常务委员会废止《广州

市土地管理规定》的决定

（2000年9月22日广东省第九届人民代表大会常务委员会第二十次会议通过）

广东省人民代表大会常务委员会关于加强广东气象事业建设进一步提高防灾减灾能力议案的决议

（2000年9月22日广东省第九届人民代表大会常务委员会第二十次会议通过）

广东省人民代表大会常务委员会关于修改《广东省统计管理条例》的决定

（2000年11月24日广东省第九届人民代表大会常务委员会第二十一次会议通过2000年12月31日起公布施行）

广东省人民代表大会常务委员会关于加强农业科技推广服务工作议案的决议

（2000年11月24日广东省第九届人民代表大会常务委员会第二十一次会议通过）

广东省人民代表大会常务委员会关于召开省九届人大四次会议的决定

（2000年11月24日广东省第九届人民代表大会常务委员会第二十一次会议通过）

广东省人民代表大会常务委员会关于列席和邀请列席省九届人大四次会议人员的决定

（2000年11月24日广东省第九届人民代表大会常务委员会第二十一次会议通过）

第二篇

政　府

第一章　省政府组成及其机构

第一节　省政府沿革及主要职能

一、省政府沿革

根据1979年7月第五届全国人民代表大会第二次会议通过的《中华人民共和国地方各级人民代表大会和地方各级人民政府组织法》和同年9月第五届全国人大常务委员会第十一次会议通过的《关于省、自治区、直辖市可在今年设立人大常委会和将革命委员会改为人民政府的决议》的精神，同年12月，广东省第五届人民代表大会第二次会议，决定将广东省革命委员会改为广东省人民政府（简称省政府），自1980年1月1日起施行。

1979年12月，省五届人大二次会议选举习仲勋为第五届广东省省长，副省长12人。中共广东省委和省政府所属机构分开。省政府下设71个直属机构。1981年3月，省五届人大三次会议改选刘田夫为省长。1983年年底，省政府按照中共中央、国务院的部署进行改革开放后第一次省直机构改革，撤并了一部分行政机构，将一部分专业经济管理部门改为经济实体。1983年4月，省六届人大一次会议选举梁灵光为第六届广东省省长，副省长7人。省政府下设40个委、办、厅、局。1985年8月，省六届人大四次会议改选叶选平为省长。1988年1月，省七届人大一次会议选举叶选平为第七届广东省省长，副省长6人。1989年，由于治理整顿工作的需要，原定展开的第二次省直机构改革暂缓进行。1992年1月，省七届人大五次会议改选朱森林为省长。1993年2月，省八届人大一次会议选举朱森林为第八届广东省省长，副省长6人。省政府下设49个直属机构。1994年2月，根据中央有关精神，省级机构进行第三次的改革，全面推行国家公务员制度。1996年2月，省八届人大四次会议改选卢瑞华为省长。1998年1月，省九届人大一次会议选举卢瑞华为第九届广东省省长，副省长8人。2000年2月，开始第四次省政府机构改革，至2000年年底，省政府工作部门41个，部门管理机构3个，议事协调机构的常设办事机构1个。

二、省政府主要职能

省政府是国务院统一领导下的广东省人民代表大会的执行机关，对国务院和省人民代表大会及其常务委员会负责并报告工作。省政府每届任期5年，实行省长负责制。省政府组成人员为：省长、副省长、秘书长、厅长、局长、委员会主任等。省长、副省长由省人民代表大会选举产生；在省人民代表大会闭会期间，个别副省长可由省人大常务委员会决定任免；根据省长提名决定省政府组成人员的任免，并报国务院备案。

省政府的主要职权是：执行国务院的决定和命令，以及广东省人民代表大会及其常务委员会的决议。根据法律和国务院的行政法规，规定行政措施，发布决定和命令，制定、发布行政规章。领导省政府各工作部门和下级人民政府的工作；改变或者撤销所属各工作部门不适当的命令、指示和下级人民政府不适当的决定、命令。依照法律的规定任免、培训、考核和奖惩国家行政机关工作人员。编制和执行国民经济和社会发展计划、预算，领导和管理全省的经济、教育、科学、文化、卫生、体育、环境和资源保护、城乡建设事业和财政、民政、公安、民族事务、司法行政、监察、计划生育等行政工作。省政府依法接受省人大和省政协的监督。在省人民代表大会每年举行会议时，省政府向会议报告工作和国民经济、社会发展计划、预算以及执行情况。按照省人大常委会有关工作计划，就关系改革发展与稳定大局、群众切身利益和社会普遍关注的重大问题作专项报告；每年6月至9月，提请省人大常委会审查和批准上一年度的决算草案。健全政府工作民主决策程序，支持省政协履行政治协商、民主监督、参政议政的职能。省政府在省政协每年举行全体会议或召开常务委员会时，向省政协通报政府工作情况。每半年向省政协通报一次全省国民经济和社会发展的基本状况。

第二节　第五届至第九届省政府组成

一、省政府领导构成

1980年1月至2000年，省政府共经历了五至九届。2000年年底，第九届政府任期尚未届满（至2003年1月）。

（一）第五届省政府

1979年12月，广东省第五届人民代表大会第二次会议选举习仲勋为省长，杨尚昆、刘田夫、王全国、孟宪德、王宁、李建安、黄静波、范希贤、梁威林、郭棣活、杨康华、曾定石为副省长，组成第五届省政府。1980年4月，省五届人大常委会第三次会议任命叶选平为副省长；1981年3月，省五届人大三次会议改选刘田夫为省长，增补梁湘、杨德元、刘俊杰为副省长。1981年8月，省五届人大常委会第十一次会议任命薛光军为副省长。黄静波、杨德元先后兼任秘书长。省政府下设71个直属机构。

（二）第六届省政府

1983年4月，广东省第六届人民代表大会第一次会议选举梁灵光为省长，李建安、梁湘、杨德元、刘俊杰、王屏山、匡吉、杨立为副省长，组成第六届省政府。1984年7月，省六届人大二次会议补选黄清渠为副省长。1985年8月，省六届人大四次会议接受梁灵光辞去省长职务和李建安、梁湘、刘俊杰辞去副省长职务，选举叶选平为省长，补选凌伯棠、于飞、李灏为副省长。李祥麟、邸长云先后任秘书长。省政府下设40个直属机构，其主要负责人为省政府组成人员。

（三）第七届省政府

1988 年 1 月，广东省第七届人民代表大会第一次会议选举叶选平为省长，于飞、凌伯棠、匡吉、刘维明、卢钟鹤、张高丽为副省长，组成第七届省政府。1991 年 5 月，省七届人大常委会第二十次会议接受叶选平辞去省长职务，任命朱森林为副省长、代省长。1991 年 7 月，省七届人大常委会第二十一次会议任命卢瑞华、李兰芳为副省长，免去于飞、匡吉副省长职务。1992 年 1 月，省七届人大五次会议选举朱森林为省长。邸长云、钟启权先后任秘书长。

（四）第八届省政府

1993年2月，广东省第八届人民代表大会第一次会议选举朱森林为省长，卢瑞华、刘维明、卢钟鹤、张高丽、李兰芳、欧广源为副省长，组成第八届省政府。1994年4月，省八届人大常委会第八次会议任命钟启权为副省长。1996年2月，省八届人大四次会议接受朱森林辞去省长职务，选举卢瑞华为省长。1996年4月，省八届人大常委会第二十一次会议任命汤炳权为副省长。1995年8月，省委任命吕伯涛为省长助理。钟启权兼任秘书长，其后游宁丰任秘书长。省政府下设49个直属机构。

（五）第九届省政府

1998 年 1 月，广东省第九届人民代表大会第一次会议选举卢瑞华为省长，王岐山、卢钟鹤、欧广源、李兰芳、钟启权、汤炳权、许德立、游宁丰为副省长，组成第九届省政府。1998 年 6 月，省委任命武捷思为省长助理。游宁丰兼任秘书长，其后陈坚任秘书长。省政府由 24 个组成部门及 17 个直属机构组成，另设部门管理机构 3 个，议事协调机构的常设办事机构 2 个。

二、省政府组成人员

（一）第五届省政府组成人员

1980年1月至1983年4月

省　　长：习仲勋（1980年1月至1981年3月）

　　　　　刘田夫（1981年3月改选至1983年4月）

副 省 长：杨尚昆（1980年1月至1980年12月，兼任广州市市长）

　　　　　刘田夫（1980年1月改选至1981年3月）

王全国（1980年1月至1982年10月）
孟宪德（1980年1月至1983年4月）
王　宁（1980年1月至1983年4月）
李建安（1980年1月至1983年4月）
黄静波（1980年1月至1982年9月）
范希贤（1980年1月至1983年4月）
梁威林（1980年1月至1983年4月）
郭棣活（1980年1月至1983年4月）
杨康华（1980年1月至1983年4月）
曾定石（1980年1月至1983年4月）
叶选平（1980年4月任至1982年12月）
梁　湘（1981年3月增补至1983年4月）
杨德元（1981年3月增补至1983年4月）
刘俊杰（1981年3月增补至1983年4月）
薛光军（1981年8月任至1983年4月）

秘 书 长：黄静波（副省长兼，1980年1月至1981年12月）
杨德元（副省长兼，1981年12月至1982年10月）
李祥麟（1982年10月至1983年4月）

副秘书长：蓝祥辉（1980年1月至1983年4月）
李祥麟（1980年1月至1982年10月）
陆　荧（1980年1月至1983年4月）
何　文（1980年1月至1983年4月）
朱明达（1980年1月至1983年4月）
马哲武（1980年1月至1983年4月）
郭曼果（1980年1月至1983年4月）
王　琢（1982年7月至1983年4月）
杨　立（1982年7月至1983年4月）

（二）第六届省政府组成人员

1983年4月至1988年1月

省　　长：梁灵光（1983年4月至1985年8月）
叶选平（1985年8月改选至1988年1月）

副 省 长：李建安（1983年4月至1985年8月）
梁　湘（1983年4月至1985年8月）
杨德元（1983年4月至1988年1月）
刘俊杰（1983年4月至1985年8月）
王屏山（1983年4月至1988年1月）
匡　吉（1983年4月至1988年1月）

杨　立（1983年4月至1988年1月）
黄清渠（1984年7月补选至1988年1月）
凌伯棠（1985年8月补选至1988年1月）
于　飞（1985年8月补选至1988年1月）
李　灏（1985年8月补选至1988年1月）
秘 书 长：李祥麟（1983年4月至1986年1月）
邸长云（1986年1月至1988年1月）
副秘书长：陆　荧（1983年4月至1988年1月）
朱明达（1983年4月至1988年1月）
王　琢（1983年4月至1988年1月）
仇作华（1983年4月至1988年1月）
吕　白（1983年7月至1986年1月）
丁励松（1984年9月至1988年1月）
罗共鸣（1986年1月至1988年1月）
朱一明（1986年1月至1988年1月）
省政府顾问（1985年增设）：胡广恩　王　焕　曲殿魁

（三）第七届省政府组成人员

1988年1月至1993年2月
省　　长：叶选平（1988年1月至1991年5月）
朱森林（1991年5月代省长，1992年1月至1993年2月任省长）
副 省 长：于　飞（1988年1月至1991年7月）
凌伯棠（1988年1月至1993年2月）
匡　吉（1988年1月至1991年7月）
刘维明（1988年1月至1993年2月）
卢钟鹤（1988年1月至1993年2月）
张高丽（1988年1月至1993年2月）
卢瑞华（1991年7月任至1993年2月）
李兰芳（女，1991年7月任至1993年2月）
秘 书 长：邸长云（1988年1月至1992年11月）
钟启权（1992年11月至1993年2月）
副秘书长：仇作华（1988年1月至1991年3月）
丁励松（1988年1月至1991年3月）
罗共鸣（1988年1月至1993年12月）
朱一明（1988年1月至1992年11月）
蒋月明（1989年3月至1993年2月）
许德立（1990年4月至1993年2月）
林树森（1992年9月至1993年2月）
马　凌（1992年11月至1993年2月）

（四）第八届省政府组成人员

1993年2月至1998年1月

省　　长：朱森林（1993年2月至1996年2月）

　　　　　卢瑞华（1996年2月补选至1998年1月）

副 省 长：卢瑞华（1993年2月至1996年2月）

　　　　　刘维明（1993年2月至1998年1月）

　　　　　卢钟鹤（1993年2月至1998年1月）

　　　　　张高丽（1993年2月至1998年1月）

　　　　　李兰芳（女，1993年2月至1998年1月）

　　　　　欧广源（1993年2月至1998年1月）

　　　　　钟启权（1994年4月补选至1998年1月）

　　　　　汤炳权（1996年4月补选至1998年1月）

省长助理：吕伯涛（1995年8月增设）

秘 书 长：钟启权（1993年2月至1997年1月，1994年任副省长，兼）

　　　　　游宁丰（1997年1月至1998年1月）

副秘书长：罗共鸣（1993年2月至1993年12月）

　　　　　蒋月明（1993年2月至1997年9月）

　　　　　许德立（1993年2月至1993年4月）

　　　　　林树森（1993年2月至1994年3月）

　　　　　马　凌（1993年2月至1993年12月）

　　　　　吴锡源（1993年3月至1995年1月）

　　　　　游宁丰（1993年4月至1997年1月）

　　　　　巢振威（1993年4月至1998年1月）

　　　　　陈　坚（1993年7月至1998年1月）

　　　　　李文岳（1994年9月至1998年1月）

　　　　　黄伟鸿（1994年9月至1998年1月）

　　　　　程良洲（1994年11月至1998年1月）

　　　　　黄观华（1996年9月至1998年1月）

　　　　　周炳南（1997年6月至1998年1月）

　　　　　罗　越（1997年9月至1998年1月）

　　　　　李春洪（1997年9月至1998年1月）

（五）第九届省政府组成人员

1998年1月—

省　　长：卢瑞华（1998年1月—）

副 省 长：王岐山（1998年1月至2000年12月）

　　　　　卢钟鹤（1998年1月—）

　　　　　欧广源（1998年1月—）

李兰芳（女，1998年1月—）
钟启权（1998年1月—）
汤炳权（1998年1月—）
许德立（1998年1月—）
游宁丰（1998年1月—）
省长助理：武捷思（1998年6月—）
秘 书 长：游宁丰（1998年1月至2000年2月，副省长兼）
陈　坚（2000年2月—）
副秘书长：陈　坚（1998年1月至2000年2月）
巢振威（1998年1月至2000年3月）
李文岳（1998年1月至2000年3月）
黄伟鸿（1998年1月—）
程良洲（1998年1月—）
黄观华（1998年1月至2000年3月）
周炳南（1998年1月—）
罗　越（1998年1月至2000年3月）
李春洪（1998年1月至2000年3月）
陈喜臣（1998年5月至1999年3月）
时述花（女，1999年10月—）
徐尚武（2000年2月—）
董　宏（2000年2月—）
张思平（2000年3月—）

三、省长、副省长分工

（一）第五届省政府省长、副省长分工

省　　长：习仲勋（1980年1月至1981年3月，后调回中央工作），主持省政府全面工作。
刘田夫（1981年3月至1983年4月），主持省政府全面工作。
常务副省长：杨尚昆（1980年1月至1980年12月，兼任广州市市长，后调中央工作），协助省长管全面工作。
刘田夫（1980年1月至1981年3月），协助省长主持省政府全面工作。1980年11月调整为，协助省长管经济工作。
王全国（至1982年10月调动工作），分管工交、计划、基建工作。1981年8月任常务副省长，协助省长主持省政府全面工作，并分管计划、经济工作。
李建安　分管工交、基建、物价工作。1981年8月任常务副省长，分管工交、基建工作，并协助省长主持省政府日常工作。
杨德元（1981年3月增补），兼秘书长，1981年8月任常务副省长，协助

省长主持省政府日常工作，并分管财贸、物价工作。

副　省　长：孟宪德　分管农业、计划生育、知青工作。

王　宁　分管公安、司法、民政、口岸工作。

黄静波（至1982年9月调动工作），兼秘书长，协助省长、常务副省长处理省政府日常工作，并分管办公厅、人事、机关事务工作。1981年8月调整为，分管统战、民族、宗教事务工作。

范希贤　分管财贸工作。1981 年 8 月调整为，分管人事、编制、机关工作。

梁威林　分管外事、侨务、旅游工作。

郭棣活　分管信托投资方面工作。

杨康华　分管科技、文教、卫生、体育工作。1981年8月调整为，分管文教、卫生、体育工作。

曾定石　分管对外经济工作。1981年8月调整为，分管对外经济工作和经济特区工作。

叶选平（1980年4月至1982年12月），分管科技、计划生育工作。

刘俊杰（1981年3月增补），分管工交、基建工作，侧重管理基建工作。

薛光军（1981年8月任），分管农业工作。

梁　湘（1981年3月增补），主要工作在深圳。

（二）第六届省政府省长、副省长分工

省　　　长：梁灵光（1983年4月至1985年8月），主持省政府全面工作，并兼管特区与海南岛开发工作。1984年9月工作调整为兼管外经、特区工作。

叶选平（1985年8月改选至1988年1月），主持省政府全面工作，并兼管特区工作。

常务副省长：李建安（1985年8月），协助省长主持省政府日常工作，侧重管理工业、交通、科学技术工作。

杨德元　协助省长主持省政府日常工作，侧重管理计划（包括劳动工资）、财政、金融、商业、物价工作。1984 年 9 月调整为，协助省长主持省政府日常工作，侧重管理计划、劳动、物价、统计、财贸工作。1985 年 9 月调整为，协助省长主持省政府日常工作，侧重管理计划、劳动、物价、统计、财贸、审计工作。1987 年 6 月调整为，协助省长主持省政府日常工作，侧重管理计划、财政、粮食、审计、物价、发展研究中心工作。

于　飞（1985年8月补选），分管对外经贸工作，并协助省长管理特区工作。1987年6月任常务副省长，分管外经、外贸、商业、供销、工商行政管理工作，并协助省长主持省政府日常工作和管理经济特区工作。

副　省　长：刘俊杰（1985年8月），分管基本建设、人民防空工作。1984年9月调整为，分管基本建设、政法、民族、人民防空工作。

王屏山　分管教育、体育、卫生工作，并协助管理科学技术工作。1984年9月调整为，分管教育、体育、卫生、文化工作。1985年9月调整为，分管教育、体育、卫生、文化，并协同抓计划生育工作。

匡　吉　分管经委工作，协助管理工业、商业、交通生产指挥调度，以及年度计划执行中有关农、工、商、内、外贸协调和口岸工作。1984年9月调整为，分管经委、口岸工作。1985年9月调整为，分管工业、交通、口岸、基本建设和人民防空工作。

杨　立　分管外事、侨务、旅游、政法、统战、民族、宗教、人事、编制和机关工作，协助省长管理一些日常工作。1984年9月调整为，分管外事、旅游、统战、宗教、人事、编制和机关工作，协助省长管理一些日常工作。1987年6月调整为，分管外事、旅游、统战、宗教、人事、劳动、编制、统计和机关工作，并协助省长管理一些日常工作。

黄清渠（1984年7月补选），分管科学技术、侨务工作。

凌伯棠（1985年8月补选），分管农业、政法、民族、国土和计划生育工作。

梁　湘（1985年8月），主要工作在深圳，不作分工。

李　灏（1985年8月补选），主要工作在深圳，不作分工。

1983年4月，省委决定，为加强政府工作，省委常委叶澄海参加省政府党组，主管外经工作，协助省长管理特区与海南岛开发工作；省委常委凌伯棠参加省政府党组，主管农业工作。

（三）第七届省政府省长、副省长分工

省　　长：叶选平（1988年1月至1991年5月），主持省政府全面工作。

朱森林（1991年5月代省长，1992年1月至1993年2月任省长），主持省政府全面工作。

常务副省长：于　飞（至1991年7月），协助省长主持省政府日常工作，侧重管理计划、财政、审计、金融、物价、外经、外贸、打私、经济协作、经济特区、发展研究中心工作。

卢瑞华（1991年7月任），协助省长主持省政府日常工作，分管计划、财税、统计、审计、金融、外经、外贸、经济特区、发展研究中心、省政府机关工作。

副 省 长：凌伯棠　分管农业、乡镇企业、计划生育、国土、政法、民政、人民武装、民族、侨务、经济法规工作。1991年8月调整为，分管农业、政法、民政、侨务、乡镇企业、国土、计划生育、人民武装、法制工作。

匡　吉（至1991年7月），分管重点基础设施和基础工业建设、统战、宗教、人事、编制、劳动工资、监察、外事、旅游、省政府机关工作。

刘维明　分管经济体制改革、财贸（侧重商业、粮食、供销）、工商管

理、统计，并协助于飞分管外经、外贸工作。1991年8月调整为，分管经济体制改革、财贸、商业、供销、粮食、物价、工商管理、经济协作、打私工作。

卢钟鹤　分管科技、教育、文化、卫生、体育、新闻出版、广播电视工作。1991年8月调整为，分管科技、教育、外事、旅游、人事、编制、监察、对台、参事、文史工作。

张高丽　分管工业、交通、基建、口岸、人民防空工作。1991年8月调整为，分管工业、交通、通信、基本建设、重点项目、劳动、物资、口岸、人民防空、环境保护工作。

李兰芳（女，1991年7月任），分管文化、体育、卫生、新闻出版、广播电视、民族、宗教工作。

（四）第八届省政府省长、副省长分工

省　　长：朱森林（1993年2月至1996年2月），主持省政府全面工作。

卢瑞华（1996年2月改选至1998年1月），主持省政府全面工作。

常务副省长：卢瑞华（1993年2月至1996年2月），协助省长主持省政府日常工作，并分管经济体制改革、财政、税收、审计、金融、外经贸、经济特区、外事、人事、编制、监察、发展研究中心、省政府机关工作。

张高丽　分管计划、工业、交通、通信、城乡建设、重点项目、劳动、统计、人民防空、环境保护工作。1996 年 4 月任常务副省长，协助省长主持省政府日常工作，分管财政、税收、金融、证券期货、经济体制改革、经济特区、审计、监察、人民防空、发展研究中心、省政府机关工作。

副　省　长：刘维明　分管商业、供销、粮食、工商管理、物价、打私、口岸、物资、经济协作、旅游工作。1996 年 4 月调整为，分管商业、粮食、工商管理、物价、打私、口岸、物资、经济协作、旅游工作。

卢钟鹤　分管科技、教育、侨务、对台、文史、参事工作。1995年11月调整为，分管外事工作。1996年4月调整为，分管科技、教育、外事、侨务、对台、文史、参事、档案工作。

李兰芳　分管文化、体育、卫生、新闻出版、广播电视、民族、宗教工作。

欧广源　分管农业、乡镇企业、国土、政法、民政、计划生育、人民武装、法制工作。1996 年 4 月调整为，分管农业、供销社、乡镇企业、国土、公安、司法、民政、计划生育、人民武装、法制工作。

钟启权（1994年4月补选），分管工业、交通、通信、经济体制改革、外事、人事、编制工作。1995年11月调整为，外事工作由卢钟鹤分管。1996年4月兼秘书长，分管工业、交通、通信、人事、编制、劳动、社会保险、信息基础建设、安全生产工作。

汤炳权（1996年4月补选），分管外经贸、重点项目、计划、统计、城乡建设、环境保护工作。

省长助理：吕伯涛（1995年8月任），协助省长、副省长分管公安、司法、民政、法制、发展研究中心、安全生产工作。

（五）第九届省政府省长、副省长分工

省　　长：卢瑞华（1998年1月—），主持省政府全面工作。

常务副省长：王岐山（2000年12月调中央工作），协助省长主持省政府日常工作，并分管财政、税务、金融、证券、期货、经济体制改革、经济特区、审计、监察、发展研究中心工作。2000年2月调整为，协助省长主持省政府日常工作，并分管省政府机关、计划、财政、审计、税务、金融、物价、粮食、发展研究中心工作。

欧广源　分管农业、供销社、乡镇企业、国土、公安、司法、民政、计划生育、人民武装工作。2000年2月调整为，分管农业、供销社、公安、司法、民政、计划生育、人民武装工作。2000年12月调整为，原由王岐山分管的工作由欧广源接替。

副 省 长：卢钟鹤　分管科技、教育、侨务、对台、信息化工作。2000年2月调整为，分管科技、教育、信息化、知识产权工作。

李兰芳　分管文化、卫生、新闻出版、广播影视、民族、宗教工作。

钟启权　分管计划、统计、工业、交通、通信、劳动、社会保险、安全生产工作。1999年1月调整为，原分管的劳动、社会保险工作改由游宁丰负责，游宁丰原分管的人民防空工作改由钟启权负责。2000年2月调整为，分管工业、交通、通信、内贸、统计、人防、安全生产工作。

汤炳权　分管外经贸、打私、口岸、利用外资重点项目、城乡建设、环境保护工作。2000年2月调整为，分管外经贸、打私、口岸、旅游、侨务、对台工作。

许德立　分管内贸、商业、粮食、物资、工商管理、物价、经济协作、旅游、体育工作。2000年2月调整为，分管城乡建设、环境保护、国土、工商管理、体育工作。

游宁丰　兼秘书长，分管省政府机关、人事、编制、外事、法制、人民防空、文史、参事、档案工作。1999 年 1 月调整为，分管劳动、社会保险工作，人民防空工作改由副省长钟启权负责。2000 年 2 月调整为，分管人事、编制、监察、劳动、社会保险、外事、法制、文史、参事、档案工作。

省长助理：武捷思（1998年6月任），协助省长处理事务，着重协调处理金融、证券、期货工作；具体处理香港粤海企业（集团）有限公司、澳

门南粤（集团）有限公司、广东发展银行、广东国际信托投资公司、广东华侨信托投资公司、广东粤财信托投资公司等单位需要政府出面协调处理的有关事项。

第三节　省政府机构

一、直属机构设置

中共十一届三中全会后，1980年1月，根据广东省第五届人民代表大会第二次会议决议，广东省革命委员会改为广东省人民政府，中共广东省委和省政府所属机构分开。4月1日，省政府颁发《关于广东省人民政府机构设置和组成人员的通知》，省政府下设71个直属机构。

1980年4月省政府直属机构

- 省政府办公厅
- 省计划委员会
- 省农业委员会
- 省经济委员会
- 省对外经济工作委员会
- 省基本建设委员会
- 省科学技术委员会
- 省体育运动委员会
- 省民族事务委员会
- 省政府财贸办公室
- 省政府文教办公室
- 省政府外事办公室
- 省政府侨务办公室
- 省政府计划生育办公室
- 省口岸办公室
- 省人民防空办公室
- 省国防工业办公室
- 省科学院
- 省公安厅
- 省民政厅
- 省司法厅
- 省财政厅
- 省商业厅
- 省粮食厅
- 省机械工业厅
- 省冶金工业厅
- 省煤炭工业厅
- 省石油化学工业厅
- 省第一轻工业厅
- 省第二轻工业厅
- 省交通厅
- 省航运厅
- 省农业厅
- 省农垦厅
- 省林业厅
- 省水产厅
- 省农业机械厅
- 省水利电力厅
- 省教育厅
- 省卫生厅
- 省人事局
- 省档案局（省档案馆）
- 省华侨农场管理局
- 省旅行游览事业管理局
- 省物资局
- 省统计局
- 省物价局
- 省劳动局（省知识青年上山下乡办公室）
- 省电力工业局
- 省电子工业局
- 省医药管理局
- 省对外贸易局
- 省建筑工程局
- 省建筑材料工业局
- 省测绘局
- 省环境保护局
- 省城市建设局
- 省人民公社企业管理局
- 省气象局
- 省工商行政管理局
- 省科技干部管理局
- 省地震局
- 省计量局
- 省高等教育局
- 省文化局
- 省广播事业管理局
- 省出版事业管理局
- 省政府机关事务管理局
- 省供销合作社
- 省文史研究馆
- 省政府参事室

图2-1　1980年4月广东省政府直属机构示意图

（一）第一次机构改革

1. 改革的指导思想

第一次机构改革从1983年下半年开始。这次改革的指导思想是按照中共十二大精神，调整和加强各级领导核心，精简机构，选拔优秀的中青年干部，克服官僚主义，提高工作效率。按照“四化”（革命化、年轻化、知识化、专业化）要求，调整和配备各级领导班子。1983年8月21日，中共中央办公厅、国务院办公厅下发《关于批复广东省省级党政机关机构改革方案的通知》，批准省政府直属机构从71个减为40个。

2. 改革后的机构设置

省政府工作部门设：办公厅（保留经济体制改革办公室名义）、计划委员会、经济委员会（保留口岸办公室名义）、建设委员会（保留人民防空办公室名义）、对外经济工作委员会（保留省经济特区管理委员会名义）、外事办公室、公安厅、司法厅、民政厅、劳动局、统计局、物价局、第一轻工业厅、第二轻工业厅、机械工业厅（保留国防科学技术工业办公室名义）、石油化学工业厅、重工业厅、农业厅、水利电力厅、林业厅、水产局、农村集体企业管理局、财政厅、审计局、商业厅、粮食局、工商行政管理局、对外贸易局、高等教育局、教育厅、卫生厅、体育运动委员会、计划生育办公室、侨务办公室、文化局、广播电视厅、人事局、民族事务委员会、参事室。

另设 5 个二级机构：档案局、标准计量管理局、建筑材料工业局、测绘局、环境保护局。

之后，陆续对省政府机构进行调整：

成立华侨农场管理局。

劳改局升格为副厅级。

恢复电力工业局名称，与电力工业总公司一个机构两块牌子。

对外经济工作委员会改称对外经济贸易委员会。

撤销农垦农工商联合企业总公司，保留农垦总局。

经济体制改革办公室从办公厅分出，单独设置。

撤销旅游总公司，组建旅游局。

设立科技干部局（二级局）。

人民防空办公室从建委中划出，单独建制。

环境保护局由二级局改为一级局。

外贸局改为对外贸易总公司，作为对外经济工作委员会领导下的经济组织，其行政管理职能划归对外经贸委。

撤销重工业厅，分别成立煤炭工业总公司和冶金工业总公司，作为企业单位。

农村集体企业管理局改称乡镇企业管理局。

农业区划办公室、测绘局、地名办公室、计委国土处、征地办公室、农业厅土壤科、土壤普查办公室、土壤研究所等合并组建国土厅。

撤销电子工业总公司，恢复电子工业局。

恢复政府财贸办公室。

成立畜牧局（二级局）。

成立新闻出版局，撤销出版事业管理局。

成立监察厅。

成立法制局（二级局）。

成立反贪污受贿工作局（二级局）。

3. 改革成效

（1）领导班子精干。省委、省政府各部委办厅局的领导班子成员调整后，人数减少53.1%；12个市、地党政领导班子成员调整后减少28%。

（2）机构精简。省级机关采取撤、并、改的办法，精简机构35个（其中撤、并18个，改为二级局7个，改为经济组织10个），精简45%。市级机关精简30%左右。地级机关精简33%左右。

（3）省级机关编制比1982年年底实有人数（不含政法部门）精简47%。

（4）调整地市行政区划，部分地市合并，实行市领导县的体制。初步解决了部分地区在一个城市内存在地、市两套领导机构，造成层次重叠、部门过多，城乡分割、条块分割的局面，建立了以城市带动农村的领导体制和经济网络，有利于促进城乡经济和文化事业的发展。

1983年8月省政府直属机构

- 省政府办公厅
- 省计划委员会
- 省经济委员会
- 省建设委员会
- 省对外经济工作委员会
- 省科学技术委员会
- 省政府外事办公室
- 省公安厅
- 省司法厅
- 省民政厅
- 省劳动局
- 省统计局
- 省物价局
- 省第一轻工业厅
- 省第二轻工业厅
- 省机械工业厅
- 省交通厅
- 省石油化学工业厅
- 省重工业厅
- 省农业厅
- 省水产局
- 省水利电力厅
- 省林业厅
- 省农村集体企业管理局
- 省财政厅
- 省审计局
- 省商业厅
- 省粮食局
- 省工商行政管理局
- 省对外贸易局
- 省高等教育局
- 省教育厅
- 省卫生厅
- 省体育运动委员会
- 省计划生育委员会
- 省政府侨务办公室
- 省文化厅
- 省广播电视厅
- 省人事局
- 省民族事务委员会

图2-2 1983年8月广东省政府直属机构示意图

（二）第二次机构改革

1989年，根据中共十三大提出机构改革的任务，中央部署第二次机构改革，这次改革要求实行党政分开，改革党政领导体制，按照政企分开的原则调整机构，转变职能，建立和健全正确的决策执行、监督、咨询、信息系统，推进决策的民主化、科学化。但这次的机构改革只在中央进行，没有在地方铺开。广东省这方面的主要工作是继续对省直单位的机构编制、职能职位情况进行调查摸底，在中央和省确定的有关改革试点市、县进行探索和实践，为下一次机构改革做好准备工作。

（三）第三次机构改革

1. 改革的指导思想

1993年8月，中央机构编制委员会提出《关于地方各级党政机构改革的意见》。根据文件精神，结合全省实际，省政府制定《广东省省级党政机构改革方案》上报中央。1994年2月，经中共中央、国务院批准，省直机关开始进行第三次机构改革。按照政企分开和精简、统一、效能的原则，着重转变职能、理顺关系、精兵简政、提高效率。重点是在转变政府职能的基础上，减少管理层次，撤并设置过细、职能交叉重复、业务相近的机构。政府专业经济管理部门大部分改为经济实体或服务实体，并适当加强经济综合、监督部门。

2. 政府机构的调整设置

机构改革后，省政府共设49个直属机构。

保留办公厅、计划委员会、经济委员会、对外经济贸易委员会、建设委员会、科学技术委员会、体育运动委员会、经济体制改革委员会、计划生育委员会、国土厅、交通厅、林业厅、财政厅、教育厅、文化厅、广播电视厅、卫生厅、公安厅、国家安全厅、司法厅、民政厅、统计局、技术监督局、工商行政管理局、新闻出版局（挂版权局牌子）、环境保护局、人民防空办公室、外事办公室、侨务办公室、参事室（文史馆）。

组建轻纺工业厅。撤销第一轻工业厅、第二轻工业厅、盐务局、食品工业办公室，以上厅局（办）及陶瓷公司、纺织工业总公司、丝绸公司的行政管理职能划归轻纺工业厅。

组建重化工业厅。撤销石油化学工业厅，原石油化学工业厅及煤炭工业总公司、冶金工业总公司、有色金属工业总公司的行政管理职能划归重化工业厅。

组建电子机械工业厅。撤销机械工业厅、电子工业局，其行政管理职能划归电子机械工业厅。

组建新的农业委员会。撤销农委（农村工作部）、农业厅、乡镇企业管理局、畜牧局，其行政管理职能划归新组建的农业委员会。

组建海洋与水产厅，负责广东省海洋资源的开发利用以及水产行政管理工作。撤销水产局、海洋局。

水利电力厅改称水利厅。农村小水电行政职能仍归水利厅。撤销东江流域管理局、北江流域管理局。

组建贸易委员会（挂粮食储备局牌子）。撤销政府财贸办公室、商业厅、粮食局、粮食储备局、饲料工业办公室，以上厅（局）室及物资总公司的行政管理职能划归贸易委员会。

民族事务委员会与宗教事务局一个机构两块牌子。

审计局改称审计厅。

高等教育局改称高等教育厅，高等学校工作委员会与高等教育厅一个机构两块牌子。

人事局改称人事厅。机构编制委员会办公室参照中编办的形式设置。

劳动局改称劳动厅。

监察厅与纪律检查委员会机关合署办公，一个机构两块牌子。

地质矿产局改由省政府管理。

组建医药管理局，医药联合总公司行政管理职能划归医药管理局。

撤销航务管理局、公路运输管理局，其行政管理职能归交通厅。

旅游局改为事业单位。

法制局、研究室、口岸办公室由省政府办公厅管理。

物价局由计委管理。

经济特区办公室改为经济体制改革委员会内设处，对外保留经济特区办公室牌子。

税务局改称地方税务局，由财政厅管理。

组建国有资产管理局，由财政厅管理。

撤销科技干部局，其行政管理职能划归人事厅。

中医药管理局由卫生厅管理。

劳动改造工作管理局由司法厅管理。

档案局和档案馆实行局馆合一体制，为事业单位。

专利局改为事业单位，赋予专利纠纷仲裁职能。

电力集团公司暂保留电力工业局牌子，作为过渡。

农垦总局改农垦总公司，为保持与国务院有关部门渠道畅通，暂保留农垦总局牌子。

撤销建材工业局，成立经济实体，其行政职能归建设委员会。

此后，中央批复将农委分设为农业厅和农业办公室；省政府和省政府办公厅陆续发文对政府机构进行调整：改革地税体制，国税、地税分家，地税实行省垂直管理。

恢复乡镇企业管理局（副厅级），归口农业办公室管理。

广播电视厅改名为广播电影电视厅。

3. 改革成效

（1）政府转变职能有实质性进展。各部门在“三定”过程中，注意将本部门职能从过去主要抓微观管理、直接管理或部门管理转移到主要抓宏观规划、政策引导、提供服务和检查监督上来。其中，综合经济管理部门强化了宏观规划和调控、经济发展预测等职能，减少分钱分物、批指标、批项目等微观管理职能和具体审批事项。专业经济管理部门注意实行政企分开，将属于企业职权坚决还给企业，实现由原来偏重部门管理向全行业管理、由单纯管理型向管理服务型转变。社会文化管理部门则结合本行业的特点，按照政事、政企分开的要求，简政放权，加强宏观管理和服务职能。行政、经济监督部门也积极转变职能。

（2）工作关系得到初步理顺。一是外部关系，如部门之间的职能交叉。二是内部关系，如单位内设机构之间的职责进行调整和合理界定职能。

（3）机构和编制有较大幅度的精简。改革后，省政府工作部门共设48个，比改革前68个精简20个，精简比例为29.4%；非常设机构也大幅度精简，从原来的142个减为57个，减幅为59.9%。

（4）机关人员结构得到明显改善。这次改革，各部门均结合公务员过渡，认真抓好人员结构的调整与优化：一是调整了年龄结构；二是改善了知识结构；三是优化了组合结构。

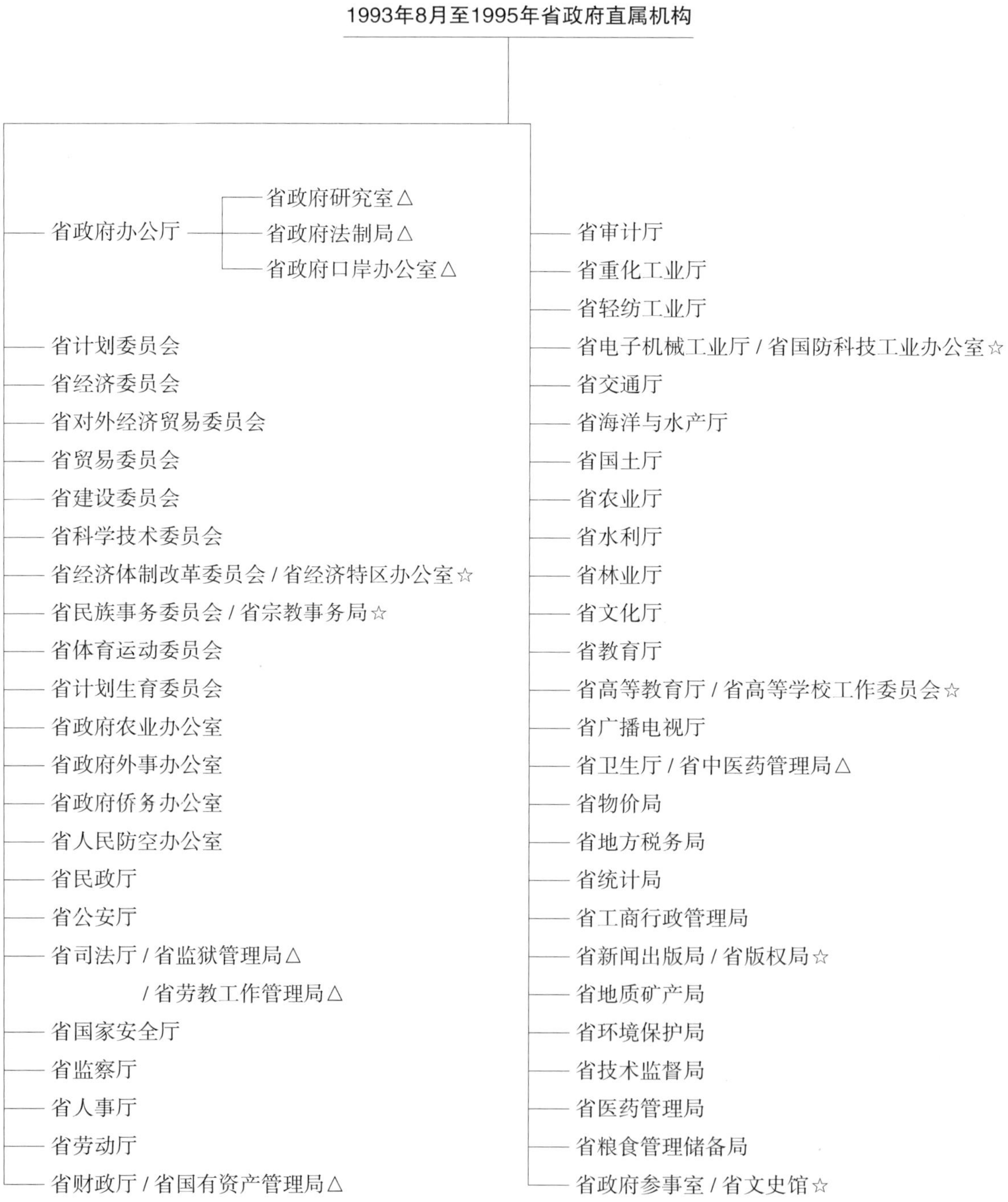

图2-3 1993年8月至1995年广东省政府直属机构示意图

说明：△为归厅、局管理机构，☆为合并保留牌子机构

（四）第四次机构改革

1. 改革指导思想

2000年2月，省委、省政府印发《广东省人民政府机构改革方案》的通知，开始进行第四次机构改革。改革的指导思想是转变政府职能，调整组织机构，实行精兵简政，完善运行机制和公务员制度，建设高素质的专业化行政管理干部队伍，逐步建立适应社会主义市场经济体制的办事高效、运转协调、行为规范的行政管理体制。改革的原则是：转变职能，政企分开；划分事权，理顺关系；调整结构，精兵简政；规范行为，依法行政。这次改革，省政府工作部门原则上对应国务院机构进行调整和设置，重点是加强综合经济和执法监督部门，精简撤并专业经济部门，适当调整社会管理部门和政务部门。经过调整，至2000年年底，省政府共设41个工作部门，另设部门管理机构3个，议事协调机构的常设办事机构1个。

2. 省政府机构的调整设置

计划委员会更名为发展计划委员会。

不再保留经济委员会、贸易委员会，组建经济贸易委员会，并挂国防科学技术工业办公室牌子。经济贸易委员会的主要职能是：实施国家产业政策，制定经济运行调控目标和政策，指导产业结构调整、技术创新和安全生产，研究和规划行业布局，对各种经济成分的企业实行宏观管理和指导。不再保留经济体制改革委员会，国有企业改革、股份公司设立、上市公司的审核及推荐职能划归经济贸易委员会，其余职能并入发展计划委员会。保留财政厅，不再保留国有资产管理局，其职能并入财政厅。

对外经济贸易委员会更名为对外贸易经济合作厅；建设委员会更名为建设厅。

林业厅改为林业局，列入省政府直属机构序列，其主要职能是：保护和发展森林资源，封山育林，植树造林，绿化国土，护林防火，加强林木行业管理。

海洋与水产厅改为海洋与渔业局，列入省政府直属机构序列，其主要职能是：拟订和实施海洋与渔业产业政策，规划协调海洋资源的开发利用，实行海洋综合管理，监督保护海洋环境，发展外海和远洋捕捞，进行渔政海监综合执法，加强渔业行业管理。

保留交通厅、水利厅。

组建信息产业厅。不再保留无线电管理委员会及其办公室、信息化工作领导小组办公室，其职能并入信息产业厅。

不再保留农业办公室、农业厅、乡镇企业管理局，重新组建农业厅。

不再保留电子机械工业厅、重化工业厅、轻纺工业厅。除电子机械工业厅农业机械化管理职能划归农业厅外，三部门其他行政管理职能分别划归经济贸易委员会和信息产业厅。

不再保留粮食管理储备局，其行政管理职能并入发展计划委员会，对外挂粮食局的牌子。

不再保留经济技术协作办公室，其行政管理职能划归经济贸易委员会。

不再保留电力集团公司所挂的电力工业局牌子，电力工业行政管理职能划归经济贸易委员会。

技术监督局更名为质量技术监督局。

保留地方税务局、环境保护局、物价局、工商行政管理局。

不再保留医药管理局，组建药品监督管理局。将药政、药检和药品生产流通监管职能划入药品监督管理局。

地方税务、工商行政管理、质量技术监督部门实行省以下垂直管理体制。环境保护部门的管理体制改为双重领导，以市、县（市）政府为主，加强省对市、县（市）环境保护部门的业务指导。

科学技术委员会更名为科学技术厅；民族事务委员会（宗教事务局）更名为民族宗教事务委员会。广播电影电视厅更名为广播电影电视局，体育运动委员会更名为体育局，列入省政府直属机构序列。

保留政府办公厅、公安厅、国家安全厅、监察厅（与省纪委机关合署办公）、民政厅、司法厅、人事厅、文化厅、卫生厅、计划生育委员会、审计厅、统计局、新闻出版局（版权局）、外事办公室、侨务办公室。

不再保留劳动厅、社会保险管理局，组建劳动和社会保障厅。原社会保险管理局负责的城镇职工、机关事业单位社会保险、卫生厅管理的机关事业单位公费医疗等管理职能统一归劳动和社会保障厅。

不再保留国土厅、地质矿产局，组建国土资源厅。其主要职能是：负责土地资源、矿产资源规划、管理、保护和合理利用。

不再保留高等教育厅、教育厅，重新组建教育厅（省委高等学校工作委员会与其合署办公）。

不再保留专利局，组建知识产权局。

旅游局由事业单位改为省政府直属机构，实行政事、政企分开，其主要职能是：负责旅游资源的规划、管理和开发利用，培育发展旅游市场，加强全省旅游行业管理。

政府参事室（文史研究馆）改组为省政府直属事业单位。档案局与档案馆仍实行局馆合一体制，为省政府直属事业单位。

法制局改为法制办公室。

不再保留研究室，其职能并入政府办公厅。

不再保留口岸办公室，其职能并入对外贸易经济合作厅。

此外，中医药管理局更名为中医药局，副厅级，由卫生厅管理。保留监狱管理局、劳动教养工作管理局，副厅级，由司法厅管理。

保留人民防空办公室，为省国防动员委员会的常设办事机构，也是省政府人民防空工作的主管部门。

3. 改革成效

（1）转变职能有新的突破。这次改革，紧紧抓住转变职能这一关键推进。一是改革行政审批制度。对各部门现有的审批事项进行认真审查清理，通过清理，审批、核准事项由1972项减为1205项，减幅39%。其中审批事项由1392项减为514项，减幅63%。在全省、全国都引起了很大反响。二是改革政府与企业的关系，为政企分开迈出了坚实一步。这次机构改革之前，省直各部门均与所办企业和经济实体彻底脱钩。部门“三定”规定都明确政府部门今后不再直接兴办和管理企业，不再干预企业生产经营和投资决策，对企业的管理从以行政审批、行政管理为主转向以法律和经济手段管理为主。三是改革工业经济部门和行政性公司。工业经济部门机构全部撤销，也不再设行业管理办公室或行政性协会；行政性公司不再承担行政职能和挂政府机构的牌子。四是实行政事分开。各部门认真对现有职能进行分解，将辅助性、技术性、服务性的职能转移出去。据初步统计，省政府各部门共有108项工作交给事业单位和中介组织，8项工作下放给市以下政府。转变职能改善政府管理经济和社会的方式与手段，受到企业和基层的普遍欢迎。

（2）理顺关系有实质性进展。这次省政府机构改革，坚决按照适应社会主义市场经济发展需要、符合法律法规规定、上下对口以及“一件事由一个部门主管”的原则，采取“上管下”（以国务院机构的职能划分为依据，广东省的实际情况以及兄弟省市的做法为参考）、“大管小”（以国家的法律法规为依据，部门规章、规范性文件为参考）、“新管旧”（以近期国家的法律、法规、规章、规范性文件为依据，过去的文件为参考）等办法，合理界定省政府各部门之间的职能分工，将相同或相近的职能交由一个部门承担。通过“三定”，省政府各部门大部分交叉职能得到理顺，据初步统计，共理顺各部门交叉职责3项，较好地克服政出多门、多头管理、相互扯皮的弊端，为建立办事高效、运转协调的行政运行机制奠定了良好基础。在部门理顺职责关系的同时，各部门内设机构也明确了责任，减少了扯皮，提高了内部运转效率。

（3）精简机构编制实现了预期目标。对确定不再保留的部门，坚决摘牌收印，不搞过渡；对合并的单位，真正合到一起，尽量不搞一个机构多块牌子，避免造成事实上的分灶吃饭、分摊办公；对议事协调和临时机构，多数不再保留，少数保留的，一般不设实体办事机构，日常工作由有关职能部门承担；各部门内设机构也进行大幅度精简，非业务处室综合设置。改革后，省政府工作部门由改革前的57个减为44个（其中部门管理机构3个）。各部门内设机构精简24.5%。省政府机关行政编制精简49.4%，省级政法机关专项编制则精简26.5%。部门领导职数和内设机构领导职数也分别精简约27.3%和20.7%，达到了预期目标。

（4）规范行政行为取得明显效果。这次改革，明确省政府办公厅原则上不再承担具体的协调任务，各部门在职权范围内开展工作，各司其职、各负其责，该谁主管的事要真正负起责任，需要由省政府解决的问题，首先由各主管部门做好协调工作，提出处理意见。审批制度改革后，对各部门依法保留的审批、核准事项，改进审批方式，规范程序，简化环节，建立审批责任追究制度和审批检查监督制度，加强对审批行为的监管。各部门还进一步加强行政首长负责制，健全决策机制完善决策程序，建立重大问题集体决策制度，完善民主集中制，提高决策的科学化、民主化，并着手修订完善各项规章制度，进一步公开办事程序，规范政府行政行为，提高机关服务质量、服务效率和服务水平，树立政府新形象。

（5）改革干部人事制度进行了有效探索。这次改革大力推行竞争上岗，竞争上岗涉及面之广，推行力度之大，前所未有，省政府各部门共有1235人正副处长职位实行竞争上岗，占处级领导职数的94.3%，有2490人符合条件的机关干部参与竞争。通过竞争上岗，一批优秀人才脱颖而出，干部的知识化、专业化、年轻化程度得到加强。省政府各部门中层领导干部年龄平均下降了4.6岁，40岁以下的正处长由26人增至88人，增长238%，35岁以下的副处长则由55人增至131人，增长138%。各部门均选拔了一批高学历、高素质的人才进入中层领导干部队伍，改革后大学本科以上文化程度的正副处长占58.8%，比原来提高了9个百分点，整体素质进一步提高。

- 省政府组成部门（24个）
  - 省政府办公厅
  - 省发展计划委员会（省粮食局）
  - 省经济贸易委员会（省国防科学技术工业办公室）
  - 省教育厅（省委教育工作委员会）
  - 省科学技术厅
  - 省民族宗教事务委员会
  - 省公安厅
  - 省国家安全厅
  - 省监察厅
  - 省民政厅
  - 省司法厅
  - 省财政厅
  - 省人事厅
  - 省劳动和社会保障厅
  - 省国土资源厅
  - 省建设厅
  - 省交通厅
  - 省信息产业厅
  - 省水利厅
  - 省农业厅
  - 省对外贸易经济合作厅
  - 省文化厅
  - 省卫生厅
  - 省计划生育委员会
  - 省审计厅
- 省政府直属机构（17个）
  - 省地方税务局
  - 省环境保护局
  - 省广播电影电视局
  - 省体育局（省体育总会）
  - 省统计局
  - 省物价局
  - 省工商行政管理局
  - 省新闻出版局（省版权局）
  - 省林业局
  - 省海洋与渔业局
  - 省质量技术监督局
  - 省药品监督管理局
  - 省知识产权局
  - 省旅游局
  - 省政府法制办公室
  - 省政府外事办公室
  - 省政府侨务办公室
- 部门管理机构（3个）
  - 省监狱管理局
  - 省劳动教养工作管理局
  - 省中医药局
- 议事协调机构（1个）
  - 省人民防空办公室

图2-4　2000年广东省政府机构示意图

二、直属机构及主要负责人

（一）省政府办公厅

省政府办公厅是省政府直接领导的办事机构和综合部门，其主要任务是通过参与政务、管理事务，为省政府领导服务，为机关服务，为基层服务。省政府办公厅日常工作任务，主要是会议组织、公文处理、政策研究、信息综合、人民来信来访、公共突发事件处理、领导的其他政务活动组织安排及后勤保障等。1979年称为省革命委员会办公厅。1980年1月，省革命委员会改为省人民政府，省革命委员会办公厅改为省人民政府办公厅。

省政府办公厅设主任1人（省政府秘书长兼），副主任若干人。至2000年年底，省政府办公厅下设秘书处、综合一处、综合二处、调研室、建议提案处、信息处、小汽车定编处、人事处、保卫处、行政处、交际处、监察室等12个处室。同时归口管理参事室、治理公路“三乱”督察队办公室、省政府驻北京办事处、省政府驻上海办事处、打击走私综合治理办公室。

省政府办公厅的主要职责是：

（1）检查、督促省政府各项决议、决定、重要工作部署和省政府领导重要批示的贯彻执行情况，并向省政府领导报告。

（2）处理各级政府、各部门报送省政府和省政府办公厅的文电，草拟、审核以省政府、省政府办公厅名义发布的文件，负责省政府重大活动的组织安排。

（3）负责起草《政府工作报告》。

（4）根据省政府的工作部署和省政府领导的指示，组织相关的调查研究，及时反映情况，提出建议。

（5）组织办理人大代表议案、建议、批评和意见（简称代表建议）及政协委员提案。

（6）收集、编辑、报送国务院、省政府领导参阅的信息资料。

（7）协助省政府领导组织处理需由省政府直接处理的突发事件和重大事故。

（8）根据省政府领导指示，组织协调省政府有关部门、中央驻粤单位、驻军等关系，对有关问题提出处理意见。

（9）负责全省党政群机关、企事业单位小汽车定编工作。

（10）做好行政事务工作，为省政府领导服务，管理省政府大院。

（11）管理省政府办公厅直属单位和挂靠单位。

（12）办理省政府领导交办的其他事项。

根据上述职责，省政府办公厅设12个职能处（室）和3个其他职能机构：

（1）秘书处

负责省政府、省政府办公厅文电收发、分送、校对、立卷、归档、印鉴、保密工作；负责省政府、省政府办公厅大型会议的会务组织、突发性事件处理及救助的组织联络，省政府领导内外事活动安排、日常值班等工作；负责办公厅督办事项的综合协调工作；编辑出版《广东政报》，编修《广东省志·政权志》。

（2）综合一处

负责办理发展计划、财政、国有资产管理、金融、税务、证券、审计、统计、建设、经济贸易、交通、邮电、口岸、物价、劳动和社会保障、人事、编制、安全生产、交通安全管理、信息产业、经济技术协作、质量技术监督、科技、知识产权、地震、环保、人防、体制改革、发展研究中心、档案、地方志等方面的文电和省政府工作会议、常务会议、省长办公会议的会务工作，负责《政务动态通报》编辑工作。

（3）综合二处

负责办理外经贸、外事、侨务、台务、海关、商检、公安、国家安全、司法、监察、打私、农业、林业、水利、海洋与渔业、粮食、国土资源、农垦、气象、民政、民族、宗教、卫生、计生、华侨农场、旅游、工商管理、文化、体育、新闻出版、广播电影电视、教育、商业、物资、供销、石油、民主党派、工、青、妇、救灾、军队、驻外机构、粤港澳合作、捐赠等方面的文电和工作会议会务工作。

（4）调研室

负责起草《政府工作报告》和以省政府名义上报中央、国务院的重大事项的有关请示、报告，起草省政府主要领导重要讲话文稿；围绕省政府的中心工作，组织调查研究、提出意见和建议。

（5）建议提案处

负责处理人大代表建议和政协委员提案，协调、检查、督促代表建议和委员提案的办理工作，承办省人大常委会、政协常委会例会应由省政府办理的有关工作。

（6）信息处

负责综合整理政府政务信息；负责向国务院报送有关信息；指导政府系统政务信息工作；协调新闻单位对省政府重大措施、重要政务活动的宣传工作。

（7）小汽车定编处（挂省小汽车定编办公室牌子）

负责办理全省党政群机关、企事业单位小汽车定编的审核、审批工作。

（8）人事处

负责厅机关和指导直属单位、挂靠单位的机构编制、调配录用、政审、考核、任免、工资福利、专业技术职务评聘、社会保险、培训及学历教育、公务出国、档案等有关工作。

（9）保卫处

负责省政府机关大院、政府办公厅及指导大院各单位治安保卫、综合治理及消防工作；负责省政府机关大院突发事件的应急工作；负责省领导在省政府院内的外事活动、重要会议及办公场所的安全保卫工作；协助做好省领导住宅区的安全保卫工作；管理省政府机关大院传达室，指导警卫中队的工作。

（10）行政处

负责制订机关行政事务的管理制度，指导省政府系统的行政事务管理工作；负责省政府直属单位行政经费预算、决算和财务开支的审核、呈批工作，检查监督执行财务、财产管理制度情况；负责本厅基建、国有资产管理和厅机关的经费管理、内部审计；负责省政府大院各单位办公用房的调配管理工作。

（11）交际处

负责接待来粤的国务院领导和兄弟省（市）政府系统副省级以上负责人；管理省政府接待宾馆；承担省政府交办的其他接待任务。

（12）监察室（与直属机关党委办公室合署）

负责厅机关及指导直属单位、挂靠单位的监察、纪检工作；负责厅机关及指导直属单位、挂靠单位的党务、政治思想教育、精神文明建设、计划生育及工、青、妇工作。

其他职能机构：

（1）省政府参事室（文史研究馆）

参事室（文史研究馆）是具有统战性、咨询性、荣誉性的工作机构。其主要职责是：承办省政府选聘参事、馆员的有关工作；贯彻执行党的统一战线政策，支持参事、馆员参加爱国统一战线工作；组织参事对政府工作的方针、政策、决策等实施情况和某些法规草案进行调查研究，提出意见；组织馆员撰写和整理文史资料，进行文史研究和诗、书、画创作等活动。

（2）省政府治理公路“三乱”督察队办公室，正处级，承担省政府治理公路“三乱”督察队的日常工作，负责组织、协调、监督、指导全省公路“三乱”治理工作。

（3）省政府驻北京办事处、省政府驻上海办事处、省政府打击走私综合治理办公室（边防委员会办公室），为省政府办公厅的挂靠单位。

1979—2000年广东省政府办公厅负责人任职表

表2-1

机构名称	姓　名	性别	籍　贯	职　务	任职时间
省革命委员会办公厅（1978年7月至1979年12月）	杨　立	男	浙　江	主　任	1978.7—1979.12
	李玉山	男	河　北	副主任	1978.7—1979.12
	杨青山	男	黑龙江	副主任	1978.7—1979.12
	苏瑞光	男	河　北	副主任	1978.6—1979.12
	孙胜云	男	山　东	顾　问	1978.7—1979.12
	邓望林	男	福　建	顾　问	1978.7—1979.12
省政府办公厅（1980年1月至2000年12月）	杨　立	男	浙　江	主　任（副秘书长兼）	1980.1—1983.7
	吴群继	男	福　建	主　任	1983.6—1992.11
	许德立	男	广　东	主　任（副秘书长兼）	1992.11—1993.4
	蒋月明	男	江　苏	主　任（副秘书长兼）	1993.4—1997.9
	陈　坚	男	广　东	主　任	1997.9—
	李玉山	男	河　北	副主任（1983年7月至1988年4月改任办公厅顾问）	1980.1—1983.7
	杨青山	男	黑龙江	副主任	1980.1—1988.12
	苏瑞光	男	河　北	副主任	1980.1—1983.7
	罗　涛	男	广　东	副主任	1980.1—1983.7
	仇作华	男	辽　宁	副主任	1981.1—1983.7
	吴群继	男	福　建	副主任	1981.8—1983.6
	谢权勋	男	广　东	副主任	1981.8—1982.3
	李景山	男	吉　林	副主任	1982.9—1988.12
	罗共鸣	男	广　东	副主任	1983.7—1986.1

续表2-1

机构名称	姓　名	性别	籍　贯	职　务	任职时间
省政府办公厅（1980年1月至2000年12月）	巢文萃	男	广　东	副主任	1983.7—1992.3
	赵淑琴	女	山　东	副主任	1986.1—1998.6
	吴锡源	男	广　东	副主任	1986.1—1993.3
	曾炳庆	男	广　东	副主任	1986.4—1993.12
	梁可森	男	广　东	副主任	1988.4—1998.6
	黄观华	男	广　东	副主任	1989.7—1996.9
	罗　越	男	广　东	副主任	1991.2—1997.9
	马　凌	男	广　东	副主任	1991.2—1992.12
	雷海敏	男	江　西	副主任	1991.2—1992.12
	吕成贤	男	广　东	副主任	1992.3—2000.2
	李春洪	男	河　南	副主任	1993.3—1997.9
	陈俊凤	男	广　东	副主任	1993.3—
	黎赐锦	男	广　东	副主任（兼研究室主任）	1994.7—1998.5
	卢炳辉	男	广　东	副主任	1997.3—
	刘　昆	男	福　建	副主任	1997.7—
	林　英	男	广　东	副主任	2000.2—
	林少春	男	广　东	副主任	2000.2—

（二）1979—2000年省政府组成部门及主要负责人任职表

广东省发展计划委员会负责人任职表

表2-2

机构名称	姓　名	性别	籍　贯	职　务	任职时间
广东省计划委员会	曾定石	男	广　东	主　任	1978.2—1979.11
	杨　震	男	广　东	主　任	1979.11—1983.5
	何　宪	男	广　东	主　任	1983.5—1988.3
	王桂英	女	天　津	主　任	1988.3—1990.12
	钟启权	男	广　东	主　任	1990.12—1992.11
	张高丽	男	福　建	主　任（副省长兼）	1992.11—1994.5
	林树森	男	广　东	主　任	1994.5—1996.9
广东省粮食局	顾　杰	男	江　苏	局　长	1979.4—1980.4
广东省粮食厅	顾　杰	男	江　苏	厅　长	1980.4—1983.8
	张　挑	男	广　东	厅　长	1983.8—1983.11
广东省粮食局	张　挑	男	广　东	局　长	1983.11—1991.11
	梁盖华	男	广　东	局　长	1991.11—1992.12

续表2-2

机构名称	姓　名	性别	籍　贯	职　务	任职时间
广东省粮食企业集团公司（原粮食局改制，正厅级）	董富胜	男	广　东	总　裁	1992.8—1994.11
广东省粮食储备局（原粮食局改制，副厅级）	刘冠华	男	广　东	局　长	1992.8—1994.11
广东省粮食管理储备局（2000年2月机构改革并入省发展计划委员会）	董富胜	男	广　东	局　长	1994.11—2000.2
广东省发展计划委员会	黄伟鸿	男	广　东	主　任	1996.9—

广东省经济贸易委员会负责人任职表

表2-3

机构名称	姓　名	性别	籍　贯	职　务	任职时间
广东省经济委员会	王　焕	男	河　北	主　任	1979.1—1983.4
	匡　吉	男	广　西	主　任（副省长兼）	1983.4—1985.5
	张高丽	男	福　建	主　任	1985.5—1988.1
	欧阳述乾	男	湖　南	主　任	1988.1—1992.8
	彭书宝	男	广　东	主　任	1992.8—1998.3
	陈善如	男	湖　南	主　任	1998.3—2000.2
广东省革命委员会财贸办公室	胡广思	男	河　南	主　任	1978.2—1983.5
广东省人民政府财贸办公室（1995年1月改为广东省贸易委员会）	何永谦	男	广　东	主　任	1984.7—1988.6
	蒋月明	男	江　苏	主　任	1988.6—1990.9
	刘春亭	男	山　东	主　任	1990.9—1992.12
	纪力清	男	广　东	主　任	1992.12—1995.5
广东省贸易委员会	纪力清	男	广　东	主　任	1995.5—2000.2
广东省经济贸易委员会（2000年2月撤销省经济委员会、省贸易委员会组建）	陈善如	男	湖　南	主　任	2000.2—

广东省教育厅负责人任职表

表2-4

机构名称	姓　名	性别	籍　贯	职　务	任职时间
广东省教育局	梁集祥	男	广　东	局　长	1977.11—1979.9
	杨子江	男	广　东	局　长	1979.9—1980.8
广东省教育厅	杨子江	男	广　东	厅　长 党组书记	1980.8—1983.8 1983.8—1985.8
	许任之	男	广　东	厅　长	1985.8—1997.8
	江海燕	女	广　东	厅　长	1997.8—2000.1

续表2-4

机构名称	姓　名	性别	籍　贯	职　务	任职时间
广东省高等教育局（1978年2月恢复，1995年5月改为省高等教育厅）	李又华	男	广　东	局　长	1978.2—1979.12
	林　川	男	广　东	局　长	1979.12—1983.9
	李修宏	男	广　东	局　长	1983.9—1992.3
	许学强	男	湖　北	局　长	1992.3—2000.2
中共广东省委高等学校工作委员会（1995年1月并入省高等教育厅，保留牌子）	杜联坚	男	广　东	书　记	1989.9—1992.4
	庞　正	男	广　东	书　记	1992.4—1996.2
	许学强	男	湖　北	书　记	1996.2—2000.2
广东省教育厅（2000年2月广东省教育厅与广东省高等教育厅合并，挂中共广东省委教育工作委员会牌子）	郑德涛	男	广　东	厅　长	2000.2—

广东省科学技术厅负责人任职表

表2-5

机构名称	姓　名	性别	籍　贯	职　务	任职时间
广东省科学技术委员会	杨康华	男	广　东	主　任（副省长兼）	1978.5—1980.5
	叶选平	男	广　东	主　任（副省长兼）	1980.5—1983.7
	罗　杰	男	广　东	主　任	1983.7—1986.2
	卢钟鹤	男	广　东	主任（1988年1月任副省长）	1986.2—1988.3
	梁　湘	女	广　东	主　任	1988.3—1998.3
	方　旋	男	广　东	主　任	1998.3—2000.2
广东省科学技术厅	方　旋	男	广　东	厅　长	2000.2—

广东省民族宗教事务委员会负责人任职表

表2-6

机构名称	姓　名	性别	籍　贯	职　务	任职时间
广东省民族事务委员会	赵文元	男	河　北	主　任	1979.2—1979.5
	黄　康	男	海　南	主　任	1979.5—1983.9
	唐　辉	男	广　东	主　任	1983.9—1995.1
	刘文炎	男	广　东	主　任	1995.1—2000.1
广东省政府宗教局（1983年8月成立，1995年1月与省民族事务委员会合并，保留省宗教事务局牌子）	陈　冬	男	广　东	局　长	1985.5—1989.6
	刘文炎	男	广　东	局　长	1989.6—1995.1
	刘文炎	男	广　东	局　长（兼）	1995.1—2000.1

续表2-6

机构名称	姓　名	性别	籍　贯	职　务	任职时间
广东省民族宗教事务委员会（2000年1月，省民族事务委员会、宗教事务局更名）	温兰子	女	广　东	主　任	2000.1—

广东省公安厅负责人任职表

表2-7

机构名称	姓　名	性别	籍　贯	职　务	任职时间
广东省公安局	王　宁	男	山　西	局　长	1979.11—1980.5
广东省公安厅	王　宁	男	山　西	厅　长	1980.5—1982.11
	宋志英	男	河　北	厅　长	1982.11—1986.2
	文广智	男	山　东	厅　长	1986.2—1991.5
	陈绍基	男	广　东	厅　长	1991.5—2000.2
	梁国聚	男	河　北	厅　长	2000.2—

广东省国家安全厅负责人任职表

表2-8

机构名称	姓　名	性别	籍　贯	职　务	任职时间
广东省国家安全厅（1983年9月成立）	张友恒	男	河　北	厅　长	1983.9—1987.1
	叶进美	男	广　东	厅　长	1987.1—1993.1
	黄观华	男	广　东	厅　长	1993.1—2000.3
	徐　安	男	江　苏	厅　长	2000.3—

广东省监察厅负责人任职表

表2-9

机构名称	姓　名	性别	籍　贯	职　务	任职时间
广东省监察厅（1987年9月恢复。1994年1月与省纪委合署办公，一个机构两块牌子）	杨　洪	男	广　东	党组书记	1987.10—1988.11
广东省监察厅	于　波	男	吉　林	厅　长	1988.11—1993.4
	朱树屏	男	江　苏	厅　长	1993.4—1998.3
	江青彝	男	广　东	厅　长	1998.3—

广东省民政厅负责人任职表

表2-10

机构名称	姓　名	性别	籍　贯	职　务	任职时间
广东省民政局革命委员会	郭曼果	男	海　南	主　任	1973.6—1978.7

续表2-10

机构名称	姓　名	性别	籍　贯	职　务	任职时间
广东省民政厅	李茂萱	男	河　北	厅　长	1980.2—1986.2
	孙克杰	男	黑龙江	厅　长	1986.2—1991.6
	李纯昆	男	广　东	厅　长	1991.6—1996.12
	许道生	男	安　徽	厅　长	1996.12—

广东省司法厅负责人任职表

表2-11

机构名称	姓　名	性别	籍　贯	职　务	任职时间
广东省司法厅（1980年2月重新设立）	马　芳	男	山　西	厅　长	1979.12—1983.8
	曾　洪	男	广　东	厅　长	1983.8—1992.11
	曾　兵	男	广　东	厅　长	1992.11—1996.6
	王旭东	男	重　庆	厅　长	1996.6—

广东省财政厅负责人任职表

表2-12

机构名称	姓　名	性别	籍　贯	职　务	任职时间
广东省财政厅革命委员会	艾宏恭	男	北　京	主　任	1973.11—1980.5
广东省财政厅	艾宏恭	男	北　京	厅　长	1980.5—1983.5
	邸长云	男	吉　林	厅　长	1983.5—1986.1
	林登云	男	广　东	厅　长	1986.1—1992.10
	曾炳生	男	广　东	厅　长	1992.10—1998.3
	陈继兴	男	广　东	厅　长	1998.3—

广东省人事厅负责人任职表

表2-13

机构名称	姓　名	性别	籍　贯	职　务	任职时间
广东省人事局（1979年5月恢复成立）	张　忠	男	河　南	副局长（主持全面作）	1979.3—1983.7
	方　骏	男	广　东	局　长	1983.7—1984.10
	李作铭	男	辽　宁	局　长	1985.7—1992.9
	游国经	男	福　建	局　长	1992.9—1995.4
广东省人事厅	游国经	男	福　建	厅　长	1995.4—2000.2
	谭璋球	男	广　东	厅　长	2000.2—

广东省劳动和社会保障厅负责人任职表

表2-14

机构名称	姓　名	性别	籍　贯	职　务	任职时间
广东省劳动局	张兆林	男	广　东	局　长	1973.11—1980.4
	程　里	女	河　南	局　长	1980.4—1982.7
	安清明	男	河　北	局　长	1982.7—1985.8
	孙　仁	男	辽　宁	局　长	1985.8—1988.3
	孔令渊	男	江　苏	局　长	1988.7—1994.8
广东省劳动厅（1994年5月）	孔令渊	男	江　苏	厅　长	1994.8—1996.12
	甘兆炯	男	广　东	厅　长	1996.12—2000.2
广东省劳动和社会保障厅	方潮贵	男	福　建	厅　长	2000.2—

广东省国土资源厅负责人任职表

表2-15

机构名称	姓　名	性别	籍　贯	职　务	任职时间
广东省测绘局（1974年成立）	罗　挺	男	四　川	局　长	1975.2—1983.6
	袁　征	男	江　苏	局　长	1983.6—1985.8
广东省国土厅	钟基年	男	广　东	厅　长	1985.8—1990.9
	袁　征	男	江　苏	厅　长	1990.9—2000.2
广东省国土资源厅	江东海	男	广　东	厅　长	2000.2—

广东省建设厅负责人任职表

表2-16

机构名称	姓　名	性别	籍　贯	职　务	任职时间
广东省基本建设委员会（1983年9月改称省建设委员会）	刘兆伦	男	广　东	主　任	1975.7—1979.10
	杨国庆	男	河　北	主　任	1979.10—1985.8
广东省建设委员会	刘凤仪	男	河　北	主　任	1985.8—1994.2
	陈之泉	男	山　西	主　任	1994.2—1998.3
	劳应勋	男	广　东	主　任	1998.3—2000.2
广东省建设厅	劳应勋	男	广　东	厅　长	2000.2—

广东省交通厅负责人任职表

表2-17

机构名称	姓　名	性别	籍　贯	职　务	任职时间
广东省交通局	王才元	男	河　北	局　长	1977.2—1981.3

续表2-17

机构名称	姓　名	性别	籍　贯	职　务	任职时间
广东省交通厅（1983年7月省航运厅并入省交通厅）	李　牧	男	广　东	厅　长	1981.3—1983.6
	李　谷	男	广　东	厅　长	1983.6—1992.2
	李配武	男	江　西	厅　长	1992.2—1996.4
	牛和恩	男	安　徽	厅　长	1996.4—2000.4
	张远贻	男	广　东	厅　长	2000.4—

广东省信息产业厅负责人任职表

表2-18

机构名称	姓　名	性别	籍　贯	职　务	任职时间
广东省信息产业厅	徐志彪	男	湖　北	厅　长	2000.2—

广东省水利厅负责人任职表

表2-19

机构名称	姓　名	性别	籍　贯	职　务	任职时间
广东省水利电力局（1978年2月至1980年4月省水利电力厅改为省水利电力局）	冯志仁	男	山　西	局　长	1978.2—1979.5
	申　田	男	陕　西	局　长	1979.5—1980.4
广东省水利电力厅（1995年5月改为省水利厅）	魏麟基	男	广　东	厅　长	1980.4—1983.5
	李德成	男	广　东	厅　长	1983.5—1987.7
	关宗枝	男	广　东	厅　长	1987.7—1995.7
广东省水利厅	关宗枝	男	广　东	厅　长	1995.7—2000.2
	周日方	男	广　东	厅　长	2000.2—

广东省农业厅负责人任职表

表2-20

机构名称	姓　名	性别	籍　贯	职　务	任职时间
广东省农业局	曲殿魁	男	山　东	局　长	1979.4—1980.3
广东省农业厅	曲殿魁	男	山　东	厅　长	1980.3—1982.12
	许士鉴	男	广　东	厅　长	1982.12—1988.5
	郝向前	男	黑龙江	厅　长	1988.5—1992.6
	洪绍宏	男	广　东	厅　长	1992.6—1996.6
	司徒绍	男	广　东	厅　长	1996.6—

广东省对外贸易经济合作厅负责人任职表

表2-21

机构名称	姓　名	性别	籍　贯	职　务	任职时间
广东省对外贸易局	冯学彦	男	山　西	局　长	1978—1984

续表2-21

机构名称	姓　名	性别	籍　贯	职　务	任职时间
广东省对外经济工作委员会	曾定石	男	广　东	主　任（副省长兼）	1979.9—1982
	魏南金	男	广　东	代主任	1982—1983.4
	叶澄海	男	广　东	主　任	1983.4—1984.8
广东省对外经济贸易委员会（1984年8月成立，省对外经济工作委员会与对外贸易局合并）	于　飞	男	江　苏	主　任	1984.8—1987.6
	徐裕年	男	广　东	主　任	1987.6—1989.10
	罗共鸣	男	广　东	党组书记（主持工作）	1989.10—1992.12
	徐德志	男	广　东	主　任	1993.2—1997.12
	黄子强	男	广　东	主　任	1997.12—2000.1
广东省对外贸易经济合作厅（2000年省口岸办撤销并入省外经贸厅）	梁伟发	男	广　东	厅　长	2000.1—

广东省文化厅负责人任职表

表2-22

机构名称	姓　名	性别	籍　贯	职　务	任职时间
广东省文化局革命委员会	李雪光	男	广　东	主　任	1974.1—1979.2
广东省文化局	李雪光	男	广　东	局　长	1979.2—1983.6
广东省文化厅	唐　瑜	男	广　东	厅　长	1983.6—1991.5
	郑泽才	男	广　东	厅　长	1991.5—1994.5
	阎宪奇	男	山　东	厅　长	1994.5—2000.2
	曹淳亮	男	广　东	厅　长	2000.2—

广东省卫生厅负责人任职表

表2-23

机构名称	姓　名	性别	籍　贯	职　务	任职时间
广东省卫生局革命委员会	何俊才	男	广　东	主　任	1972.5—1979.2
广东省卫生局	张　勤	男	江　苏	局　长	1979.2—1980.4
广东省卫生厅	张　勤	男	江　苏	厅　长	1980.4—1985.9
	黄光华	男	福　建	厅　长	1985.9—1992.9
	黄庆道	男	广　东	厅　长	1992.9—

广东省计划生育委员会负责人任职表

表2-24

机构名称	姓　名	性别	籍　贯	职　务	任职时间
广东省革委会计划生育办公室（1979年3月）	李美林	女	山　东	副主任	1979.3—1980.8

续表2-24

机构名称	姓　名	性别	籍　贯	职　务	任职时间
广东省计划生育办公室（1979年6月）	李美林	女	山　东	副主任	1979.6—1980.8
	余　珍	女	广　东	主　任	1980.8—1983.7
广东省计划生育委员会（1983年9月）	张建勋	男	广　东	主　任	1984.1—1986.10
	黎良瑞	女	海　南	副主任	1986.10—1988.5
	肖郁文	男	广　东	党组书记	1988.5—1989.6
	方　刚	男	广　东	主　任	1989.6—1994.10
	邓惠珍	女	广　东	主　任	1994.10—1998.12
	时述花	女	山　东	主　任	1998.12—

广东省审计厅负责人任职表

表2-25

机构名称	姓　名	性别	籍　贯	职　务	任职时间
广东省审计局（1983年3月成立）	严　省	男	广　东	局　长	1983.7—1991.5
	孙平波	男	广　东	局　长	1991.5—1995.1
广东省审计厅（1994年8月）	方振慰	男	广　东	厅　长	1995.1—1998.3
	曾寿喜	男	海　南	厅　长	1998.3—

（三）1979—2000年省政府直属机构及主要负责人任职表

广东省地方税务局负责人任职表

表2-26

机构名称	姓　名	性别	籍　贯	职　务	任职时间
广东省地方税务局（1994年成立）	林良孝	男	广　东	党组书记	1994.5—1995.8
	曾炳生	男	广　东	局　长（省财政厅厅长兼）	1995.8—1998.6
	黄炎光	男	广　东	副局长（主持全面工作）	1995.9—1998.6
	吴昇文	男	广　东	局　长	1998.6—

广东省环境保护局负责人任职表

表2-27

机构名称	姓　名	性别	籍　贯	职　务	任职时间
广东省革委会环境保护办公室	金　阳	男	安　徽	主　任	1979.4—1980.4
广东省环境保护局	金　阳	男	安　徽	局　长	1980.4—1983.5
	强炳寰	男	江　苏	局　长	1983.5—1994.2
	王荫焜	男	云　南	局　长	1994.2—2000.2
	袁　征	男	江　苏	局　长	2000.2—

广东省广播电影电视局负责人任职表

表2-28

机构名称	姓　名	性别	籍　贯	职　务	任职时间
广东省广播事业管理局革命委员会	张岳强	男	广　东	主　任	1979.2—1981.5
广东省广播事业局	张岳强	男	广　东	局　长	1981.5—1982.4
	蔡　辉	男	广　东	局　长	1982.4—1983.2
广东省广播电视局	蔡　辉	男	广　东	局　长	1983.2—1983.9
广东省广播电视厅	蔡　辉	男	广　东	厅　长	1983.9—1991.6
	周无忌	男	广　东	厅　长	1991.6—1995.1
广东省广播电影电视厅	许光辉	男	广　东	厅　长	1995.1—1997.4
广东省广播电影电视局	许光辉	男	广　东	局　长	1997.4—2000.2
	阎宪奇	男	山　东	局　长	2000.2—

广东省体育局负责人任职表

表2-29

机构名称	姓　名	性别	籍　贯	职　务	任职时间
广东省体育运动委员会	杨康华	男	广　东	主　任（副省长兼）	1977.11—1980.4
	陈远高	男	广　东	主　任	1980.4—1983.6
	魏振兰	男	广　东	主　任	1983.6—1993.3
	董良田	男	山　东	主　任	1993.3—2000.2
广东省体育局	董良田	男	山　东	局　长	2000.2—

广东省统计局负责人任职表

表2-30

机构名称	姓　名	性别	籍　贯	职　务	任职时间
广东省计划委员会统计局	罗湘林	男	广　东	局　长	1978.11—1980.5
广东省统计局	郭　凌	男	广　东	局　长	1980.5—1983.5
	龚鉴尧	男	四　川	局　长	1983.5—1988.3
	陈克炫	男	广　西	局　长	1988.3—1991.11
	翟锦云	男	广　东	局　长	1991.11—1998.3
	卜新民	男	广　东	局　长	1998.3—

广东省物价局负责人任职表

表2-31

机构名称	姓　名	性别	籍　贯	职　务	任职时间
广东省物价局	廖荣铿	男	广　东	副局长	1978.11—1980.1
	蔡子培	男	广　东	副局长	1980.1—1983.6

续表2-31

机构名称	姓　名	性别	籍　贯	职　务	任职时间
广东省物价局	何　杰	男	广　东	局　长	1983.6—1985.10
	刘世静	男	广　东	局　长	1985.10—1992.12
	蒋善利	男	江　苏	局　长	1992.12—2000.3
	陈小川	女	广　东	局　长	2000.3—

广东省工商行政管理局负责人任职表

表2-32

机构名称	姓　名	性别	籍　贯	职　务	任职时间
广东省工商行政管理局	郑树森	男	北　京	副局长	1979.4—1981.5
	叶佐平	男	广　东	局　长	1981.5—1983.8
	叶松林	男	河　北	局　长	1983.8—1986.8
	刘春亭	男	黑龙江	局　长	1986.8—1991.12
	黄绪荣	男	广　东	局　长	1991.12—1998.4
	汤彤海	男	湖　北	局　长	1998.4—2000.2
	吕成贤	男	广　东	局　长	2000.2—

广东省新闻出版局（省版权局）负责人任职表

表2-33

机构名称	姓　名	性别	籍　贯	职　务	任职时间
广东省出版事业管理局	黄文俞	男	广　东	局　长	1978.12—1983.3
广东省出版总社	罗宗海	男	广　东	社　长	1983.9—1986.1
广东省出版事业管理局	罗宗海	男	广　东	局　长	1986.1—1987.1
广东省新闻出版局（1990年4月，同时挂省版权局牌子）	罗宗海	男	广　东	局　长	1987.3—1987.12
	罗宗海	男	广　东	局　长	1987.12—1991.5
	周圣英	男	海　南	局　长	1991.5—1997.4
广东省新闻出版局（广东省版权局）	吴至强	男	广　东	局　长	1997.4—1998.4
广东省新闻出版局（广东省版权局）	吴至强	男	广　东	局　长	1998.4—

广东省林业局负责人任职表

表2-34

机构名称	姓　名	性别	籍　贯	职　务	任职时间
广东省林业局革命委员会	郑　群	男	广　东	主　任	1975.8—1979.6
广东省林业局	郑　群	男	广　东	局　长	1979.6—1980.5
广东省林业厅	郑　群	男	广　东	厅　长	1980.5—1981.8
	郑　希	男	广　东	厅　长	1981.8—1983.7
	李　展	男	安　徽	厅　长	1983.7—1990.9

续表2-34

机构名称	姓　名	性别	籍　贯	职　务	任职时间
广东省林业厅	梁星权	男	广　东	厅　长	1990.9—1999.4
	邓惠珍	女	广　东	厅　长	1999.4—2000.2
广东省林业局	邓惠珍	女	广　东	局　长	2000.2—

广东省海洋与渔业局负责人任职表

表2-35

机构名称	姓　名	性别	籍　贯	职　务	任职时间
广东省水产厅	谢永宽	男	广　东	厅　长	1973.5—1980.4
	谢永宽	男	广　东	厅　长	1980.4—1983.7
	于　波	男	吉　林	厅　长	1983.7—1983.11
广东省水产局	于　波	男	吉　林	局　长	1983.11—1986.11
	杨永汉	男	湖　北	局　长	1986.11—1994.11
广东省海洋与水产厅	杨永汉	男	湖　北	厅　长	1994.11—1998.3
	李珠江	男	广　东	厅　长	1998.3—2000.3
广东省海洋与渔业局	李珠江	男	广　东	局　长	2000.3—

广东省质量技术监督局负责人任职表

表2-36

机构名称	姓　名	性别	籍　贯	职　务	任职时间
广东省标准计量局（1978年成立）	韩　健	男	海　南	副局长	1978.2—1980
广东省标准局	林金枫	男	广　东	副局长	1980—1983.7
广东省计量局	韩　健	男	海　南	副局长	1980—1983.7
广东省标准计量管理局	黎　湘	男	广　东	局　长	1983.7—1990.5
广东省技术监督局（二级局）	黎　湘	男	广　东	局　长	1990.5—1994.7
广东省技术监督局（一级局）	陈善如	男	湖　南	局　长	1994.7—1995.6
广东省技术监督局	葛弘毅	男	广　东	局　长	1995.6—2000.1
广东省质量技术监督局	仇水旺	男	江　西	局　长	2000.1—

广东省药品监督管理局负责人任职表

表2-37

机构名称	姓　名	性别	籍　贯	职　务	任职时间
广东省医药管理局（1979.3成立）	田育民	男	山　东	局　长	1979.2—1984.6

续表2-37

机构名称	姓　名	性别	籍　贯	职　务	任职时间
广东省医药联合总公司（1983.10成立，1990.3恢复省医药管理局）	刘　斌	男	河　北	总经理	1984.6—1990.4
	张训诚	男	广　东	总经理	1990.4—1995.1
广东省医药管理局（1995年4月）	张训诚	男	广　东	局　长	1995.1—1997.4
	陆惠兴	男	浙　江	局　长	1997.4—2000.2
广东省药品监督管理局	陆惠兴	男	浙　江	局　长	2000.2—

广东省知识产权局负责人任职表

表2-38

机构名称	姓　名	性别	籍　贯	职　务	任职时间
广东省知识产权局	郭喜泉	男	山　东	局　长	2000.3—2000.12

广东省旅游局负责人任职表

表2-39

机构名称	姓　名	性别	籍　贯	职　务	任职时间
广东省旅行游览事业管理局（1978年7月成立）	杨可忠	男	山　东	局　长	1978.8—1982.4
	崔振青	男	山　东	副局长（主持工作）	1982.4—1984.1
广东省旅游局、广东省旅游总公司（1984年1月改革，两个牌子，一套人马）	李耀祺	男	广　东	局长　总经理	1984.1—1985.8
	龚恩光	男	广　东	局长　总经理	1985.8—1989.6
广东省旅游局（1986年9月撤销总公司，1995年5月改为省政府直属事业单位）	黄　继	男	广　东	局　长	1989.6—1993.2
	吕伟雄	男	广　东	局　长	1993.2—2000.3
广东省旅游局（由省政府直属事业单位改为省政府主管旅游业的直属机构）	郑通扬	男	河　北	局　长	2000.3—

广东省政府法制办公室负责人任职表

表2-40

机构名称	姓　名	性别	籍　贯	职　务	任职时间
广东省政府办公厅法制处（1981年7月成立）	柯义林	男	广　东	处　长	1981.7—1987.12
	张　帆	男	广　东	处　长	1987.12—1988.5
广东省政府法制局（1988年5月升格为副厅级机构）	张　帆	男	广　东	局　长	1988.5—1992.3
	张　斌	男	广　东	局　长	1992.3—2000.5
广东省政府法制办公室（2000年5月升格为正厅级机构）	李炳余	男	广　东	主　任	2000.5—

广东省政府外事办公室负责人任职表

表2-41

机构名称	姓　名	性别	籍　贯	职　务	任职时间
广东省革命委员会外事办公室	马　甫	男	陕　西	主　任	1974.12—1980.1
广东省政府外事办公室	马　甫	男	陕　西	主　任	1980.1—1982.1
	杨可忠	男	山　东	主　任	1982.1—1983.7
	张清平	男	福　建	主　任	1983.7—1987.5
	黄　群	男	广　东	主　任	1987.5—1993.5
广东省政府外事办公室	巢振威	男	江　苏	主　任	1993.5—2000.3
	黄子强	男	广　东	主　任	2000.3—

广东省政府侨务办公室负责人任职表

表2-42

机构名称	姓　名	性别	籍　贯	职　务	任职时间
广东省革命委员会侨务办公室	徐绳周	男	河　北	主　任	1978.3—1979.12
广东省政府侨务办公室	徐绳周	男	河　北	主　任	1979.12—1982.6
	曹兴宁	男	广　东	主　任	1982.8—1986.9
	司徒戎生	男	广　东	主　任	1986.9—1991.11
	卢法泉	男	广　东	主　任	1991.11—1995.12
	陈毓铮	男	广　东	主　任	1995.12—2000.3
	吕伟雄	男	广　东	主　任	2000.3—

（四）1979—2000年省政府部门管理机构及主要负责人任职表

广东省监狱管理局负责人任职表

表2-43

机构名称	姓　名	性别	籍　贯	职　务	任职时间
广东省公安厅劳改工作局（1955年4月成立）	白云起	男	山　东	局　长	1972.9—1980.11
	王　英	男	山　东	局　长	1980.11—1983.7
广东省司法厅劳改工作局（1983年7月划归省司法厅管理）	王　英	男	山　东	局　长	1983.7—1984.3
	杨关林	男	广　东	局　长	1984.3—1988.5
	孔庆扬	男	广　东	局　长	1988.5—1992.11
广东省监狱管理局（归口省司法厅管理）	周仕良	男	湖　南	局　长	1992.11—1996.2
	陈伟雄	男	广　东	局　长	1996.2—2000.3
	于保忠	男	河　北	局　长	2000.3—

广东省劳动教养工作管理局负责人任职表

表2-44

机构名称	姓 名	性别	籍 贯	职 务	任职时间
广东省公安厅劳教工作管理处	宋修颜	男	山 东	政 委	1982.10—1983.6
广东省司法厅劳教工作处	叶国忠	男	广 东	处 长	1983.1—1989.1
广东省司法厅劳教工作局	叶国忠	男	广 东	局 长	1989.1—1990.9
	李荣文	男	广 东	局 长	1990.9—1993.9
广东省劳教工作局	李荣文	男	广 东	局 长	1993.9—1996.2
广东省劳动教养工作管理局	李荣文	男	广 东	局 长	1996.2—2000.2
	向和启	男	湖 北	政 委	2000.2—

广东省中医药局负责人任职表

表2-45

机构名称	姓 名	性别	籍 贯	职 务	任职时间
广东省中医药管理局（1988年8月成立，归口省卫生厅管理）	张孝娟	女	江 苏	局 长	1989.11—2000.2
广东省中医药局	彭 炜	女	陕 西	局 长	2000.2—

（五）1979—2000年省政府议事协调机构及主要负责人任职表

广东省人民防空办公室负责人任职表

表2-46

机构名称	姓 名	性别	籍 贯	职 务	任职时间
广东省人民防空办公室	邬 强	男	广 东	主 任	1979—1980
	杨海水	男	河 北	主 任	1980—1983.4
	张孝长	男	安 徽	副主任	1983.4—1985.11
	李 锐	男	黑龙江	副主任	1985.11—1989.6
	郑先干	男	广 东	副主任	1989.6—1994.12
	郑先干	男	广 东	主 任	1994.12—1998.10
	孙守仪	男	吉 林	副主任	1998.10—

（六）1979—2000年省政府直属事业单位及主要负责人任职表

广东省科学院负责人任职表

表2-47

机构名称	姓 名	性别	籍 贯	职 务	任职时间
广东省科学院	梁 嘉	男	广 东	院 长	1978.1—1984.1
	吴 文	男	安 徽	院 长	1984.1—1986.9

续表2-47

机构名称	姓　名	性别	籍　贯	职　务	任职时间
广东省科学院	卢钟鹤	男	广　东	院　长	1986.9—1988.4
	谢先德	男	江　苏	院　长	1988.4—1997.12
	耿安松	男	安　徽	院　长	1997.12—

广东省社会科学院负责人任职表

表2-48

机构名称	姓　名	性别	籍　贯	职　务	任职时间
广东省社会科学院（1980年10月成立）	陈越平	男	广　东	院　长	1980.10—1983.8
	王致远	男	广　东	院　长	1983.8—1988.5
	林　洪	男	海　南	院　长	1988.5—1989.11
	张　磊	男	天　津	院　长	1989.11—1998.10
	李本均	男	广　东	院　长	1998.10—2000.12

广东省农业科学院负责人任职表

表2-49

机构名称	姓　名	性别	籍　贯	职　务	任职时间
广东省农业科学院	张　斌	男	广　东	院　长	1979.8—1983.7
	伍尚忠	男	广　东	院　长	1983.7—1992.2
	刘仕贤	男	江　苏	院　长	1992.2—1995.8
	谢明权	男	广　东	院　长	1995.8—

广东省政府发展研究中心负责人任职表

表2-50

机构名称	姓　名	性别	籍　贯	职　务	任职时间
广东省人民政府发展研究中心（1984年4月成立广东省经济社会发展研究中心，1986年改为广东省人民政府发展研究中心）	杨德元	男	江　苏	主　任（副省长兼）	1986.4—1988.9
	窦英俊	男	河　北	副主任（主持全面工作）	1988.9—1993.6
	张柏鉴	男	广　东	副主任（主持全面工作）	1993.6—1995.4
	张柏鉴	男	广　东	主　任	1995.4—1998.6
	董　宏	男	辽　宁	主　任	1998.6—

广东省档案局负责人任职表

表2-51

机构名称	姓　名	性别	籍　贯	职　务	任职时间
广东省档案局（1979年8月恢复；1985年6月由原来归省委办公厅管理改为省政府直接领导；1995年1月改为事业单位）	张朝贤	男	山　东	副局长	1980.4—1983.7
	李玉山	男	河　北	副局长	1980.4—1983.7
	董　燕	男	黑龙江	副局长	1982.5—1983.7
	黄勋拔	男	广　东	局　长	1983.7—1986.2
	柯义林	男	广　东	局　长	1986.2—1991.11
	杨友秀	男	湖　南	局　长	1991.11—1998.2
	徐大章	男	浙　江	局　长	1998.2—

广东省地方史志办公室负责人任职表

表2-52

机构名称	姓　名	性别	籍　贯	职　务	任职时间
广东省地方史志办公室（1984年3月成立广东省地方史志编纂委员会办公室，1992年3月改为广东省地方志办公室）	黄勋拔	男	广　东	主　任	1984.3—1997.10
	陈　强	男	海　南	主　任	1997.10—

广东省政府参事室（文史研究馆）负责人任职表

表2-53

机构名称	姓　名	性别	籍　贯	职　务	任职时间
广东省政府参事室（文史研究馆）（1995年7月省政府参事室、文史研究馆合署办公，保留省文史研究馆牌子）	胡希明	男	河　北	馆　长	1979—1993
	李洁之	男	广　东	主　任	1980—1984
	程一鸣	男	广　东	主　任	1984—1986
	张伯权	男	湖　北	主　任	1986—1994
	王铁文	男	广　东	主任（馆长）	1995.12—2000.2
	陈毓铮	男	广　东	主任（馆长）	2000.2—

以上省政府机构，排序是按2000年机构改革后正式公布的行政序列为标准。

三、非常设机构

（一）第五届省政府非常设机构

1983年3月，根据中共中央、国务院关于机构改革、精兵简政的部署和要求，省政府办公厅下发通知，对省政府机关现设的85个临时、虚设机构进行清理，撤销34个，合并6个，保留45个。

1. **撤销机构名单（34个）**

省战备支前领导小组（工作归省政府办公厅）

省整顿小汽车领导小组

省政府招收飞行学员办公室

省控制社会集团购买力领导小组（工作归省财政厅）

省文物普查领导小组（工作归省文化局）

省农田基本建设指挥部（工作归省水利电力厅）

省政府农业科学技术顾问小组（工作归省农业厅）

省引进彩色感光材料领导小组

省土壤普查委员会（工作归省农业厅）

省棉布统购统销办公室（工作归省纺织品公司）

省反偷渡外逃领导小组（工作归省公安厅）

省劳动教养管理委员会（工作归省公安厅）

省宽释安置工作领导小组

省政府征兵办公室

省选举委员会（工作归省民政厅选举工作办公室）

省除害灭病领导小组（工作归省卫生厅）

省食品卫生领导小组（工作归省卫生厅）

省能源委员会（工作归省经委）

省涉外海事处理领导小组（工作归省经委）

省电影、电视办公室（工作归省经委）

省日用电机产品临时领导小组

省工业普查调查领导小组

省乙烯工程规划小组

省三电办公室（工作归省电力工业局）

省清查在建项目领导小组

黄埔港疏港领导小组

省库存机电产品报废处理领导小组（工作归省物资局）

省奖金工作办公室（工作归省劳动局）

省商业交通运输企业普查登记工作临时小组（工作归省工商行政管理局）

省旅游工程领导小组

省农业科研协调小组（工作归省科委）

省转业干部安置工作小组（工作归省人事局）

省农业自然资源调查和农业区划委员会（机构改革后工作归省计委）

省退伍军人和军队退休干部安置领导小组（工作归省民政厅）

2. **合并机构名单（6个）**

合并省铁路建设指挥部和省铁路建设领导小组（改称为广东省铁路建设指挥部）

合并广深公路改建工程指挥部和广珠公路改建工程指挥部（改称为广深珠公路改建工

程指挥部）

省交通安全委员会和省海上安全指挥部合署办公）

3. 保留机构名单（45个）

省从化温泉风景区协调小组（工作归省政府办公厅）

省工农教育委员会

省职工教育委员会

省旅游领导小组（国旅和中旅体制问题解决后再定）

广深珠高速公路领导小组（工作归省交通厅）

省接待安置印支难民领导小组（工作归省政府侨务办公室）

省国库券推销领导小组（工作归省财政厅）

省文物管理委员会（工作归省文化局）

省护林防火指挥部（工作归省林业厅）

暂保留省地方部队交接工作领导小组（任务完成后撤销）

省边境会晤领导小组（工作归省公安厅和省政府外事办公室）

省革命老根据地建设委员会

暂保留省军队离休住房建设领导小组（完成任务后撤销）

暂保留省中、西德合作能源调研办公室（完成任务后撤销）

暂保留省海岸带和海涂资源综合调查领导小组（完成任务后撤销）

省文字改革委员会（工作归省教育厅）

省高等、中专学校招生委员会

省交通战备领导小组（工作归省经委）

省无线电管理委员会

省地名领导小组（工作归省测绘局）

省物价委员会改称为省物价领导小组（工作归省物价局）

省鲁迅研究小组（工作归鲁迅纪念馆）

省防空委员会与省城乡建设委员会合署办公

省政府打击走私临时领导小组（改称为省政府打击走私领导小组）

省农作物品种审定委员会

省绿化委员会（工作归省林业厅）

省政府四人小组办公室

省编制委员会

暂保留省第三次人口普查领导小组（完成任务后撤销）

省爱国卫生运动委员会（工作归省卫生厅）

省革命委员会计划生育领导小组（改称为省政府计划生育领导小组）

暂保留省第六届运动会暨参加第五届全国运动会筹委会（完成任务后撤销）

省交通运输指挥部

省筹建核电站领导小组办公室

省矿储量委员会

暂保留广州氮肥厂扩建工程验收委员会（验收后撤销）
省防汛防旱防风总指挥部
省外语翻译干部业务职称评定委员会
省科学研究人员技术职称评定委员会
省工程技术干部职称评定委员会
省统计干部技术职称评定委员会
省文物博物馆工作科学研究人员职称评定委员会
省社会科学研究人员学术职称评定委员会
省农业技术干部职称评定委员会
省会计干部技术职称评定委员会

（二）第六届省政府非常设机构

1987年10月，为贯彻落实中共中央、国务院关于制止机构、编制和干部队伍膨胀的通知精神，省委、省政府对再度膨胀的省直机关非常设机构进行了清理整顿，共撤销非常设机构70个。

撤销非常设机构名单（70个）

省委贯彻中央紧急通知六人小组
省端正机关作风领导小组
省整顿社会治安办公室
省从化温泉风景区协调小组
省政府四人小组办公室
省交通运输指挥部
省筹建核电站领导小组办公室
省核电建设工作小组
省经委、建委系统经济专业干部业务职称评定委员会
省交通安全委员会
省计划经济干部业务职称评定委员会
省补亏用汇协调办公室
省清理固定资产投资规模领导小组
省支援西藏建设领导小组
省重点建设领导小组
省建筑业和基本建设管理体制改革领导小组
省中、西德合作能源调研办公室
省技术市场协调指导小组
省对外经济贸易经济专业干部业务职称评定委员会
省物价领导小组
省清理整顿乱涨价、乱收费、乱罚款办公室

省第三次人口普查领导小组
省统计干部技术职称评定委员会
省工人文化技术考核委员会
省企业工资改革研究小组
广深珠公路改建工程指挥部
广深珠高速公路领导小组
九江大桥筹建小组
省蔗糖生产建设指挥部
海南天然气开发利用协调小组
汕头彩色感光材料引进工程建设领导小组
省机械工业体制改革领导小组
省工程技术干部职称评定委员会
省工业污染源调查领导小组
省会计干部技术职称评定委员会
省农业技术干部职称评定委员会
省南繁基地建设领导小组
省农村饮水工程领导小组
珠江磨刀门治理开发委员会
磨刀门鹤州北片治理开发工程指挥部
省华侨农场经济体制改革领导小组
省政府计划生育领导小组
省工农教育委员会
省学生体质健康调查研究工作领导小组
省中等教育结构改革领导小组
省成人高等（中专）学校招生领导小组
省第六届运动会暨参加第五届全国运动会筹委会
省第七届运动会筹备委员会
省旅游领导小组
省旅游协调小组
省外语翻译干部业务职称评定委员会
省地市机构体制改革领导小组
省精简机构领导小组
省军队离休干部住房建设领导小组
省颁发居民身份证工作领导小组
省调遣犯人领导小组
省文物博物馆工作科学研究人员职称评定委员会
省国外科技情报工作领导小组
省专利工作筹备领导小组

深圳经济特区管理线工作协调小组
省科学研究人员技术职称评定委员会
省社会科学研究人员学术职称评定委员会
省社会科学规划小组
广州氮肥厂扩建工程验收委员会
省航空安全领导小组
广州白云机场管理委员会
省地方部队交接工作领导小组
省人武部交接工作领导小组
汕头机场扩建工程领导小组
汕头机场扩建工程指挥部

（三）第七届省政府非常设机构

1991年9月，根据中共中央、国务院有关清理和整顿非常设机构的规定，省人民政府发出了《关于撤销一批省政府系统非常设机构的通知》，决定撤销省政府系统非常设机构（42个）。

撤销非常设机构名单（42个）

省经济杠杆协调小组
广州生物工程研究开发基地领导小组
省制止向企业摊派办公室
第六届全国运动会筹委会
第十一届亚运会“亚运之光”火炬接力广东指导委员会
省口岸车辆观察协调小组
省评选全国劳动模范和先进工作者筹备委员会
省投入产出调查协调小组
省儿童情况抽样调查领导小组
省1987年1%人口抽样调查领导小组
省工业普查领导小组
省企业调整工资领导小组
省清产挖潜、清理拖欠、清理贷款和清查“小金库”工作领导小组
省专门人才规划协调领导小组
中国艺术节（中南）组织委员会
省残疾人抽样调查领导小组
省划定河段行洪控制线领导小组
省边境会晤领导小组
省国土总体规划土地资源详查领导小组
省工交生产调度协调小组

广东发展银行筹备小组
《中国工业产品大辞典广东分册》编委会
制定广东省产业政策实施办法领导小组
省贸工农生产体系领导小组
省加强企业管理领导小组财贸办公室
省高等学校毕业生就业指导委员会
省学生军训试点工作领导小组
省清查进口、拼装汽车领导小组
省控制基本建设规模清理在建项目临时领导小组
省城市雕塑规划组
省实施“燎原计划”指导小组
省青少年科技活动领导小组
省处理停工待工人员问题领导小组
省粮食工作领导小组
省水资源管理委员会
省首届民间艺术欢乐节组织委员会
省老旧汽车报废更新领导小组
《当代中国的广东》编审委员会
省第四次人口普查领导小组
省蔗糖生产建设指挥部
省中等教育结构改革领导小组
省蘑菇罐头工作领导小组

（四）第八届省政府非常设机构

1993年10月，根据中共中央的文件精神，省委、省政府发出了《关于清理省级非常设机构的通知》，对省级非常设机构进行清理。决定保留省级政府非常设机构48个，撤销70个。

1. 保留省级非常设机构名单（48个）

省无线电管理委员会
省打击走私领导小组
省证券委员会
省海上搜寻救助中心
省铁路建设指挥部
省住房制度改革领导小组
广深珠高速公路工程建设指挥部
省核电站安全应急委员会
省水库移民工作领导小组

省防汛防旱防风指挥部
省绿化委员会
省农业利用世界银行贷款项目领导小组
省安全生产委员会
省公费医疗委员会
省爱国卫生运动委员会
省双拥工作领导小组
省劳动教养委员会
省禁毒工作领导小组
省国外科技情报工作领导小组
省军队转业干部安置工作领导小组
省推行国家公务员制度领导小组
省社会保险委员会
省港澳工作协调领导小组
省人民防空委员会
省军事设施保护委员会
省防震抗震救灾工作领导小组
省贫困地区山区工作领导小组
省科学技术咨询委员会
省北江大堤管理委员会
省计划生育领导小组
省严厉查处假冒伪劣商品工作领导小组
省环境保护委员会
省高等中专学校招生委员会
省政府纠正行业不正之风办公室
省友城交流委员会
省对口支援三峡库区工作领导小组
省第三产业普查协调小组
省地方金融工作领导小组
省期货市场管理领导小组
省飞来峡水利工程建设领导小组
省重点项目建设领导小组
省清理整顿乱收费、乱罚款、乱摊派领导小组
省共建社会主义精神文明口岸领导小组
省社会文化管理委员会
省文物管理委员会
省语言文字工作委员会
省妇女儿童工作委员会

省交通备战工作领导小组

2. 撤销非常设机构名单（70个）

珠江三角洲经济开发区规划领导小组

广东发展银行改革试验领导小组

省经济管理干部考试领导小组

省清理三角债务委员会

省稀土领导小组

省加强企业管理领导小组

省开展“质量、品种、效益年”活动领导小组

省职工教育管理委员会

省机电产品出口领导小组

省黄金领导小组

省清理固定资产投资项目领导小组

省农民技术人员职称评定工作领导小组

省教育工作领导小组

省农业基金管理委员会

省境外企业工作领导小组

省对外经济工作领导小组

省清理整顿驻港澳企业领导小组

省天然气利用领导小组

省科学技术领导小组

省珠江三角洲高技术产业带指导委员会

省海岸带和海涂资源综合调查领导小组

省职称改革领导小组

省科学技术突出贡献奖评审委员会

省企业工资改革领导小组

广东省、广州军区军地共育两用人才领导小组

省治理整顿交通市场办公室

省农作物品种审定委员会

省防治牲畜五号病指挥部

省水土保持工作领导小组

省农村饮水工程领导小组

省集资办电管理协调委员会

省飞来峡水利枢纽移民安置规划领导小组

省国土工作领导小组

省农业区划委员会

省调处土地、山林、边界纠纷工作领导小组

省地名委员会

省地名志编纂委员会
省菜篮子工程领导小组
省税收、财务、物价大检查领导小组
省国家债务推销委员会
省控制社会集团购买力领导小组
省财经纪律大检查两个办公室
深圳经济特区管理线工作协调小组
《广东省志·人物志》编审委员会
省高等学校自学考试指导委员会
第一届世界女子足球锦标赛中国筹委会
省政府直属机关干部保健领导小组
省地方病防治领导小组
省振兴中医工作领导小组
省初级卫生保健委员会
省普及法律常识领导小组
省清理整顿社会团体工作办公室
省革命老根据地建设委员会
省勘定行政区域界线工作领导小组
省企业股份制试点联审小组
广东新洲经济委员会
省工资制度改革领导小组
省矿产资源管理委员会
省保护通讯线路领导小组
省航空安全领导小组
省清仓挖潜领导小组
省金融协调小组
省划定工作领导小组
省警民联防领导小组
省引进国外人才领导小组
省高速公路建设领导小组
省退伍军人和军队离退休干部安置领导小组
省残疾人事业领导小组
省接待安置印支难民领导小组
省护林防火指挥部

（五）第九届省政府非常设机构

2000年2月，根据党中央、国务院有关机构改革的精神，为配合省级党政机构改革，省委、省政府决定对省级非常设机构进行清理，决定保留和新设立省直议事协调临时机构33

个，撤销80个，保留名义不列入议事协调机构10个。

1. 保留和新设立的机构名单（33个）

省打击走私综合治理领导小组（在省政府办公厅设办事机构）

省边防委员会（工作由省政府办公厅承担）

珠江三角洲经济区现代化建设协调领导小组（工作由省发展计划委员会承担）

省国有企业改革领导小组（由省优化资本结构试点工作领导小组、省国有大中型企业3年改革与脱困工作领导小组、省加强国有企业领导班子建设协调小组、省减轻企业负担工作领导小组、省解决企业职工生活困难工作领导小组、珠江三角洲经济区组建大型企业集团工作协调小组、省属企业国有资产监管体制改革协调小组合并组建，工作由省经济贸易委员会承担）

省政府纠正行业不正之风办公室（工作由省监察厅承担）

省科教领导小组（工作由省科学技术厅承担）

省拥军优属拥政爱民工作领导小组（工作由省民政厅承担）

省老龄工作委员会（工作由省民政厅承担）

省国有资产监督管理领导小组（工作由省财政厅承担）

省军队转业干部安置工作领导小组（工作由省人事厅承担）

省安全生产委员会（工作由省经济贸易委员会承担）

省再就业工作领导小组（工作由省劳动和社会保障厅承担）

省信息化工作领导小组（工作由省信息产业厅承担）

省防汛防旱防风指挥部（工作由省水利厅承担）

省绿化委员会（工作由省林业局承担）

省森林防火指挥部（工作由省林业局承担）

省社会文化管理委员会、省扫黄打非领导小组（两块牌子，一套机构，工作由设在省文化厅的省社会文化管理委员会办公室承担）

省爱国卫生运动委员会（工作由省卫生厅承担）

省计划生育领导小组暨计划生育“三结合”协调小组（工作由省计划生育委员会承担）

东深水质保护领导小组（工作由省环境保护局承担）

省民用核设施核事故预防和应急管理委员会（工作由省人民防空办公室承担）

省扶贫开发领导小组（其办事机构并入省农业厅作为内设机构，对外保留牌子）

省港澳工作协调领导小组（工作由省政府外事办公室承担）

鼎湖山管理协调领导小组（工作由鼎湖山风景区管理局承担）

省防震抗震救灾工作领导小组（工作由省地震局承担）

省“十五”规划和2015年远景目标纲要编制工作领导小组（工作由省发展计划委员会承担，任务完成后撤销）

省住房制度改革领导小组（工作由省建设厅承担，任务完成后撤销）

省整顿农村合作基金会领导小组（工作由省农业厅承担，任务完成后撤销）

省农村税费改革工作领导小组（工作由省农业厅承担，任务完成后撤销）

省计算机2000年问题工作领导小组（工作由省信息中心承担，任务完成后撤销）

第九届全国运动会筹备委员会（工作由省体育局承担，任务完成后撤销）

省第五次人口普查领导小组（工作由省统计局承担，任务完成后撤销）

省城镇职工基本医疗保险制度改革工作领导小组（工作由省劳动和社会保障厅承担，任务完成后撤销）

2. 撤销非常设机构名单（80个）

省无线电管理委员会（工作由省信息产业厅承担）

省政府直属机关住房制度改革领导小组（工作由省建设厅承担）

省清理整顿乱收费、乱罚款、乱摊派领导小组（职能并入省政府纠正行业不正之风办公室）

省中央财经领导小组办公室联系点领导小组（工作由省政府办公厅承担）

省粤港澳直通车管理领导小组（改为联席会议制度）

省农村小康达标验收小组（工作由省发展计划委员会承担）

省人才资源开发领导小组（职能并入省委知识分子工作领导小组）

省东西两翼规划协调领导小组

省中央直属粮库建设领导小组（工作由省发展计划委员会承担）

省国有大中型企业3年改革与脱困工作领导小组（职能并入省国有企业改革领导小组）

珠江三角洲经济区组建大型企业集团工作协调小组（职能并入省国有企业改革领导小组）

省减轻企业负担工作领导小组（职能并入省国有企业改革领导小组）

省优化资本结构试点工作领导小组（职能并入省国有企业改革领导小组）

省解决企业职工困难工作领导小组（职能并入省国有企业改革领导小组）

省属企业国有资产监管体制改革协调小组（职能并入省国有企业改革领导小组）

省军队、武警部队、政法机关企业交接办公室综合协调小组（余下任务由省经贸委承担）

省国有企业干部廉洁自律工作领导小组（工作由省纪委承担）

省重点项目建设领导小组（工作由省建设厅承担）

省建设工程项目执法监察工作协调小组（工作由省建设厅承担）

省清理房地产、开发区资金领导小组（工作由省建设厅承担）

省墙体材料革新领导小组（工作由省建设厅承担）

省科学中心筹建领导小组（工作由省科学技术厅承担）

省电动汽车项目协调领导小组（工作由省科学技术厅承担）

省参加第六届全国少数民族传统体育运动会筹备工作领导小组（余下任务由省民族宗教事务委员会承担）

省流动人口管理领导小组（职能并入省维护稳定及社会治安综合治理委员会，工作由省公安厅承担）

省国外科技情报工作领导小组（工作由省国家安全厅承担）

省综治委刑满释放、解除劳教人员的安置帮教工作协调小组（工作由省委政法委员会承担）

省普及法律常识领导小组（工作由省司法厅承担）
省勘界工作领导小组（工作由省民政厅承担）
省理顺农村基层管理体制工作指导小组（工作由省民政厅承担）
省世界银行贷款项目领导小组（办事机构改为事业单位，不列入议事协调机构管理）
省清理检查预算外资金领导小组（余下任务由省财政厅承担）
省粮食自给工程领导小组（工作由省财政厅承担）
省清产核资领导小组（工作由省财政厅承担）
省粮食财务挂账清查审计工作协调小组
省推行国家公务员制度领导小组（工作由省人事厅承担）
省机关事业单位工作人员年度考核委员会（工作由省人事厅承担）
省组织民工有序流动工作领导小组（工作由省劳动和社会保障厅承担）
省清理整顿路桥收费站领导小组（工作由省物价局承担）
省飞来峡水利工程建设领导小组（余下工作由省水利厅承担）
省水库移民工作领导小组（工作由省农业厅承担）
省海域开发利用总体规划编制领导小组（工作由省海洋与渔业局承担）
省’98国际海洋年宣传活动组织委员会
省实施南粤锦绣工程文化先进县评选领导小组（工作由省文化厅负责）
省文物管理委员会职能并入省文化厅（对外保留省文物管理委员会牌子）
中国第七届中学生运动会组织委员会
省参加全国第七届中学生运动会各项目集训领导小组
省语言文字工作委员会职能并入省教育厅（对外保留省语言文字工作委员会牌子）
第六届广东省中学生运动会组织委员会
省公费医疗管理委员会（工作由省劳动和社会保障厅承担）
省加强药品管理工作协调小组（工作由省药品监督管理局承担）
省中医研究院筹建工作领导小组（工作由省卫生厅承担）
省振兴中医工作协调委员会（工作由省中医药局承担）
1999年世界青年女子手球锦标赛筹备委员会
省实施全民健身计划委员会（工作由省体育局承担）
省第十届运动会筹资委员会
省第十届运动会筹备委员会
第十一届亚洲女子足球锦标赛组织委员会
省第三产业普查协调小组
省基本单位普查协调领导小组（余下工作由省统计局承担）
省第一次农业普查领导小组（余下工作由省统计局承担）
省物价调控领导小组（工作由省物价局承担）
省矿产资源委员会（工作由省国土资源厅承担）
省打击生产和经销假冒伪劣商品违法行为领导小组（工作由省质量技术监督局承担）
省酸雨污染防治工作领导小组（工作由省环境保护局承担）

省推广使用无铅汽油工作领导小组（工作由省环境保护局承担）
省环境保护委员会（工作由省环境保护局承担）
省农村集体资产清产核资工作领导小组（工作由省农业厅承担）
中国’99昆明世界园艺博览会广东省筹备领导小组
广东帮扶广西领导小组〔工作由省农业厅（省扶贫办）承担〕
第三届中国农业博览会广东省筹备委员会
省友好城市交流委员会（工作由省政府外事办公室承担）
广东华侨博物馆筹建委员会（工作由省政府侨务办公室承担）
省共建社会主义精神文明口岸领导小组（工作由省对外贸易经济合作厅承担）
省政府对口支援三峡库区工作领导小组（工作由省经济贸易委员会承担）
省企业产品信息库和信息咨询网工程领导小组（余下工作由省信息中心承担）
省社会保险行业统筹接收工作小组（工作由省劳动和社会保障厅承担）
广州证券交易中心协调领导小组
省清理整顿期货交易所工作领导小组
省证券委员会

3. 保留名义、不列入议事协调机构名单（10个）

省劳动鉴定委员会（根据法律规定设置，不列入议事协调机构管理）
省劳动争议仲裁委员会（根据法律规定设置，不列入议事协调机构管理）
省海上搜寻救助中心（保留名义，作为省经贸委内设机构对外挂牌）
省科学技术咨询委员会（咨询机构，不列入议事协调机构管理）
省学位委员会（不列入议事协调机构管理）
省高等中专学校招生委员会（不列入议事协调机构管理）
省自学考试委员会（不列入议事协调机构管理）
省劳动教养委员会（根据法律规定设置，不列入议事协调机构管理）
省社会保险监督委员会（不列入议事协调机构管理）
省北江大堤管理委员会（不列入议事协调机构管理）

第二章　省政府工作制度和办公信息化

第一节　会议制度

一、省政府会议制度

1980年1月，省革命委员会改为省人民政府，进一步健全会议制度，根据《中华人民共和国宪法》的规定，各级人民政府实行首长负责制。同时，为了保障重大问题由集体讨论决定和加强各方面工作的相互沟通，根据地方各级人民政府组织法的规定，政府工作中的重大问题，须经政府常务会议或者全体会议讨论决定。

1981年6月，省政府发布《省人民政府几项工作制度》。其规定：

（1）建立省政府常务会议制度。常务会议由省长或常务副省长主持，各副省长、秘书长参加，副秘书长列席，必要时请有关委、办、厅、局的主要负责人列席有关会议。常务会议的议题，由秘书长或指定的副秘书长汇集提出初步意见，报请省长或常务副省长审定后印发各副省长审阅准备意见。

（2）建立全体会议制度。全体会议由省长或常务副省长主持，各副省长、秘书长，各委、办主任，厅、局长参加，有关负责人列席。会议主要内容是讨论部署重要工作，传达中共中央、国务院重要指示，通报重要政治经济情况，协调各部门工作。

1991年8月，省政府颁布《省政府几项工作制度》；1993年省政府印发《广东省人民政府会议、公文、公务活动运作制度》的通知，对省政府会议制度进一步作明确规定：

（1）省政府全体会议。议题由省长确定并主持召开。会议主要内容：传达贯彻执行中共中央、国务院、省委、省人大及其常委会的重要指示、决定和决议，研究向省人大提交“政府工作报告”；研究广东的重要工作部署；讨论通过按照法律规定需要由省政府全体会议决定的事项。

（2）省政府常务会议。每周举行一次。会议由省长主持，省长不在时委托常务副省长主持。省长、副省长、秘书长参加会议，必要时，请有关部门的主要负责人列席。会议内容：贯彻中共中央、国务院和省委的重要指示和决定；讨论报请国务院、省委、省人大及其常委会审议的议案及其他重要事项，以省政府名义发布的重要指示、决定、行政规章和政策性文件，省政府日常工作重要事项，以及省长认为有必要集体讨论决定的事项。

（3）省政府工作会议。凡属各副省长分管的工作，或省委、省政府已有原则规定，需要召集有关部门研究落实措施或协调解决的工作问题，由各副省长召集工作会议解决；必要时，也可委托秘书长或副秘书长召集会议协调解决。涉及其他副省长分管的工作，可共同召开工作会议解决。会议决定的事项，根据需要整理成《工作会议纪要》，经分管副省长审批后，印发有关单位知照执行。

1998年10月，省政府发出《广东省人民政府工作规则》的通知。1999年1月，根据《广东省人民政府工作规则》，重新修订了省政府会议工作制度：

（1）省政府全体会议。省政府全体组成人员参加，省政府直属有关办事机构、中央驻粤有关单位主要负责人固定列席，必要时可增加省政府直接管理的大型企业、其他有关单位负责人列席。会议每半年举行一次。会议议题由省长或常务副省长审定。会议主要内容是：通报省政府全面工作情况或就某重大事项作出决定。

（2）省政府常务会议。每周举行一次。省长、副省长、省长助理、秘书长参加会议，相关单位负责人固定列席，必要时可增加有关部门负责人列席。会议议题由省长或省长委托常务副省长确定。每次会议决定的事项，整理成《省政府常务会议纪要》；会议决定事项中需要有关部门和地方政府办理的事项，发出《省政府常务会议决定事项交办通知》，发有关单位知照执行。

（3）省长办公会议。省政府的专项工作和重要问题，需要由两位及以上有关副省长和秘书长共同讨论决定的，召开省长办公会议。会议由省长或常务副省长主持，不定期召开，参加人员为省长、副省长、秘书长，可以增加列席人员。会议形成《省长办公会议纪要》。

（4）省政府工作会议。会议由省长、副省长、省长助理，或受其委托的正副秘书长、办公厅正副主任主持，会议参加人员与会议议题由主持人确定。会议议定的事项，整理成《工作会议纪要》，经省长、副省长、省长助理或主持会议的正副秘书长、办公厅正副主任审批后，印发有关单位知照执行。

二、省政府系统召开全省性会议审批制度

1999年10月，省政府制定《省政府系统召开全省性会议审批办法》，对全省性会议召开作明确规定：

（1）省政府召开的会议。由省长、常务副省长审批或由省政府常务会议审定。

（2）省政府工作部门召开的会议。由省政府办公厅审核，报常务副省长和分管副省长批准后下发各单位按计划执行。

第二节　公文处理制度

1987 年 2 月，国务院办公厅颁布《国家行政机关公文处理办法》，这是中华人民共和国成立后第一部正式的国家行政机关公文处理办法，标志着国家公文处理工作进一步规范化、制度化。1988 年 3 月，省政府根据国务院的规定，颁布《广东省行政机关公文处理实施细则》。

1993年11月，国务院办公厅重新修订并发布《国家行政机关公文处理办法》。“处理办法”新增议案一种，并将报告单列为一个文种。议案适用于各级政府按照法律程序向同级人民代表大会或人民代表大会常务委员会提请审议事项。报告适用于提出意见、答复上

级机关的询问。将报告单列为一类文种主要是为了避免报告与请示不分的弊病。“处理办法”同时还删减了指令、决议、布告等3个文种。调整后，公文分12类、13种，即命令、议案、决定、指示、公告、通告、通知、通报、报告、请示、批复、函、会议纪要。国务院于2000年8月24日又分别修订发布《国家行政机关公文处理办法》。主要内容有：

一、公文种类

（1）命令（令）、指令。依照有关法律公布行政法规和规章，宣布施行重大强制性行政性措施，奖惩有关单位及人员，用“命令（令）”；发布指示性和规定性相结合的措施或要求，用“指令”。

（2）决定、决议。对重要事项或者重大行动做出安排，奖惩有关单位及人员，变更或者撤销下级机关不适当的决定事项，用“决定”；经会议讨论通过并要求贯彻执行事项，用“决议”。

（3）布告、公告、通告。公布应当普遍遵守或周知的事项，用“布告”；向国内外宣布重要事项，用“公告”；在一定范围内公布应当遵守或周知的事项，用“通告”。

（4）通知。批转下级机关的公文，转发上级机关和不相隶属机关的公文，传达要求下级机关办理和需要有关单位周知或者执行的事项，任免人员。

（5）通报。表彰先进、批评错误，传达重要精神或者情况。

（6）议案。各级政府按照法律程序向同级人民代表大会或人民代表大会常务委员会提请审议事项。

（7）报告。向上级机关汇报工作，反映情况，答复上级机关的询问。

（8）请示。向上级机关请求指示、批准事项。

（9）批复。用于答复请示事项。

（10）意见。对重要问题提出见解和处理办法。

（11）函。不相隶属机关之间商洽工作，询问和答复问题，请求批准和答复审批事项。

（12）会议纪要。记载、传达会议情况和议定事项，要求与会单位共同遵守、执行。

二、行文规则

（1）行文关系根据隶属关系和职权范围确定，一般不得越级请示和报告。

（2）政府各部门依据部门职权可以相互行文和向下一级政府的相关业务部门行文；除以函的形式商洽工作、询问和答复问题、审批事项外，一般不得向下一级政府正式行文。部门内设机构除办公厅（室）外不得对外正式行文。

（3）同级政府、同级政府部门、上级政府部门与下一级政府可以联合行文；政府与同级党委和军队机关可以联合行文；政府部门与相应的党组织和军队机关可以联合行文；政府部门与同级人民团体和具有行政职能的事业单位也可以联合行文。

（4）属于部门职权范围内的事务，应当由部门自行行文或联合行文；联合行文应当明确主办部门。须经政府审批的事项，经政府同意也可以由部门行文，文中应当注明经政府同意。

（5）属于主管部门职权范围内的具体问题，应当直接报送主管部门处理。

（6）部门之间对有关问题未经协商一致，不得各自向下行文。如擅自行文，上级机关应当责令纠正或撤销。

（7）向下级机关或者本系统的重要行文，应当同时抄送直接上级机关。

（8）请示的公文，应一文一事，主送一个机关，需要同时送其他机关的，应当用抄送形式，但不得抄送其下级机关。“报告”不得夹带请示事项。

（9）除上级机关负责人直接交办的事项外，不得以机关名义向上级机关负责人报送“请示”“意见”“报告”。

（10）受双重领导的机关向上级机关行文，应当写明主送机关和抄送机关。上级机关向受双重领导的下级机关行文，必要时应当抄送其另一上级机关。

三、公文格式和办理程序

规定公文一般由秘密等级和保密期限、紧急程度、发文机关标识、发文字号、签发人、标题、主送机关、正文、附件说明、成文日期、印章、附注、附件、主题词、抄送机关、印发机关和印发日期等部分组成。发文一般包括草拟、审核、签发、复核、缮印、用印、登记、分发等程序。收文一般包括签收、登记、审核、拟办、批办、承办、催办等程序。公文办理完毕后，机关文书部门应根据《中华人民共和国档案法》和文书立卷、归档的有关规定，及时整理立卷归档。

公文由文秘部门或专职人员统一收发、审核、用印、归档和销毁。上级机关的公文，除绝密级和注明不准翻印的以外，可以翻印。经批准公开发布的公文，同发文机关正式印发的公文具有同等效力。

随着互联网的应用，各级政府之间传递公文出现电子化。2000年9月开始，省政府向国务院报送的机密级以下请示性公文，均通过全国政府系统办公业务资源网传输。向国务院报送的报告性公文和绝密级请示性公文，通过机要通信渠道报送。

第三节　公务活动制度

一、省政府外事及港、澳 、台事务活动运作制度

（一）省政府外事办公室的主要职责

省政府外事活动由省政府外事办公室（简称省外事办）、省政府办公厅负责统筹安排。省外事办的主要职责是：

（1）贯彻执行国家对外方针、政策和法规；拟订地方性外事规章制度，研究制订外事工作发展规划和年度计划并组织实施。

（2）研究外事工作的重大问题，了解和掌握外事工作的动态，了解和掌握国际重大动态，了解和掌握外国驻粤领事馆及其他官方、半官方机构的动态。

（3）组织接待外国访粤的国宾、党宾、议会外宾、友好人士以及其他重要来宾，接待和管理来粤从事公务活动的各国外交人员和外国记者；管理外国驻广州领事机构和其他官方、半官方机构、外国驻粤新闻机构；承办省领导的对外交往事宜。

（4）负责因公临时出访管理工作，承办审批中央授权范围内的因公派遣团（组）出国和邀请外国人到粤访问的有关事项；承办省级领导出访报批工作；办理因公出国人员的护照颁发、签证工作。

（5）协调指导各市、省直各部门的重要外事活动，指导外事业务，监督执行外事纪律。

（二）省政府外事办公室机构设置

根据上述职责，省外事办内设秘书处、礼宾处、领事处、新闻处、出国管理处、护照签证处、国际交流处、人事处、监察室。

（三）外事及港、澳 、台事务活动运作制度主要内容

1998年6月，《广东省人民政府工作规则》规定：

（1）省长、副省长出访，按规定报国务院审批。各地级以上市、省直各部门领导出访，经省外事办审核后，由省政府办公厅呈报分管外事工作的副省长审批。

（2）省长、副省长、省长助理会见来访的外宾，由接待单位报省外事办审核后，由省政府办公厅呈报省政府有关领导批准后安排。

1999年1月，省政府办公厅重新修订了省政府公务活动运作制度。其中，外事活动运作制度主要内容有：

（1）省政府外事活动安排应按内事服从外事、对口负责接待、对等安排的原则办理。

（2）外国的国家元首、总理、副总理或相当规格的外宾对广东正式访问，省政府邀请来访的外国友好省、州、县（省级）的省长、州长或知事，由省长或一位副省长出面会见和宴请，或出席其中的重要活动。副总理级以上（含副总理级）外宾访粤，按中央、国家机关的要求安排出面主人迎、送或陪同。

（3）外国驻华大使到粤正式访问，一般由省长或一位副省长出面会见。

（4）国家有关部门邀请来访的正部级外宾、驻穗总领事馆总领事，原则上由对口接待部门领导出面；特殊情况要求拜会省政府领导的，一般按分工由分管副省长、省长助理或秘书长、副秘书长出面。

（5）各国驻穗总领事馆为本国举办的庆典活动（含招待会、宴会），总领事到、离任，国际性大型活动，可安排一位副省长或省长助理出席或会见；外国及中国港、澳、台地区文化、体育的友好往来，视情况安排秘书长或副秘书长出面。

（6）国际友人、华侨侨领及知名人士中国港、澳、台地区的知名人士等非官方来访，如确有需要，可安排一位副省长、省长助理或秘书长、副秘书长出面会见、宴请。

（7）省政府工作部门以省政府名义对外举办的活动，可安排一位副省长、省长助理或

秘书长、副秘书长出席；确有必要也可安排省长出席。

（8）外国及中国港、澳、台地区的新闻记者办理了入境采访手续，要求采访省政府负责人的，原则上由秘书长或副秘书长出面接受采访；记者提出要采访省长、副省长、省长助理的，经报告省长、副省长、省长助理本人同意后安排。省政府领导一般不接受电话采访。

（9）国际组织、区域性国际组织在广东召开的国际性会议（含学术研讨会），除少数特别重要或规格特别高的会议外，一般不安排省政府负责人出席，也不以省政府名义发贺信、贺电。

（10）省政府领导外事活动的新闻报道，由外事部门或主办单位通知新闻单位按规定安排见报。省长重大外事活动的新闻报道由省外事办提出报道方案，报省政府办公厅同意，并送秘书长审定后组织实施。

二、省政府内事活动运作制度

（一）内事活动运作制度主要内容

省政府内事活动由省政府办公厅负责统筹安排。1998年6月，《广东省人民政府工作规则》规定：

（1）省政府领导在省内考察工作，要减少随行和陪同人员。

（2）除省委、省政府统一组织安排的活动外，省政府领导一般不出席各市、各部门召开的会议。

（3）省政府领导不为各地、各部门的工作会议和各类活动发贺信、贺电等。

1999年1月，省政府办公厅重新修订了省政府公务活动运作制度。其中，内事活动运作制度主要内容有：

（1）省政府领导在省内考察和调研，只安排与考察、调研内容相关的部门及所在市、县各1～2位领导陪同。

（2）重要的节日和省委、省政府统一组织安排的活动，要安排省政府领导出席。

（3）国务院各部委副部以上领导、兄弟省（市、区）副省以上政府领导到粤考察，要相应安排省政府领导会见，必要时可安排陪同有关活动。

（4）省直部门经批准召开有市、县政府参加的全省性重要会议（含表彰会、电视电话会议），可请一位主管的副省长出席和讲话。部门召开的工作会议、业务会议，各民主党派、人民团体的工作例会，一般不安排省政府领导出席。

（5）特殊情况需省政府领导题词、题字的，必须事前书面报告省政府办公厅，省政府办公厅按从严掌握的原则提出意见报批。省政府领导题词、题字，应专题专用，一般不公开发表。对省政府领导的题词、题字需要雕刻（印制）在建筑物作永久标志或出版物上的，在报请批准时应说明用途和理由。

（6）省政府领导重要的内事活动需要作新闻报道的，报道内容由省政府办公厅负责审核，并呈领导本人审定。

（二）政务新闻发布管理规定

1996年，省政府办公厅颁布《关于加强政务新闻发布管理的通知》，对省政府重要政务活动和会议的宣传报道作出规范。省政府领导参加的重要政务活动，充分报道。省政府领导陪同国务院领导人或工作组在省内考察，需要全国范围内报道的，由新华社发通稿；需在全省范围内报道的，仅邀请《南方日报》、省电视台派记者随行采访。新闻稿须经陪同考察的省政府有关负责人审核，并须在领导人离开本省后方可报道。省政府领导外事活动的宣传报道工作由省外办负责。省政府领导出席涉及台务工作的公务活动，其新闻报道工作由省政府台湾事务办公室（简称省台办）负责落实并审核把关。

1998年6月，《广东省人民政府工作规则》规定：省政府组织或经省政府批准的有重大影响的会议和活动，要按经审定批准的方案进行新闻报道。

1999年1月，《广东省人民政府会议、公文、公务活动运作制度》规定：境内外新闻记者采访省政府领导的联系、协调、安排工作由省政府办公厅负责。其中，境外记者入境采访，归口省外事办、省政府新闻办公室、省台办按有关规定把关，提出意见送省政府办公厅协调、安排。

（三）庆典活动审批办法

对政府各级机关召开庆典活动，省政府办公厅制定庆典活动审批原则、权限和程序。

（四）表彰奖励审批办法

2000年4月，省政府办公厅发布《省政府系统全省性各类表彰奖励审批办法》，对全省性表彰奖励活动作出规范。“审批办法”明确表彰奖励分类和规格、表彰奖励事项报批和审批程序、原则。

第四节　廉政制度

一、机构设置

1987年8月，国务院发出《关于在县以上地方各级人民政府设立行政监察机关的通知》。据此，同年9月5日，省委常委会议决定组建广东省监察厅。1987年11月，省监察厅开始筹建。

为适应改革开放新形势下反腐败斗争和加强党风廉政建设的需要，中共十四大后，党中央决定党的纪律检查机关和国家行政监察机关合署办公。根据党中央的决定，经省委和省政府批准，中共广东省纪律检查委员会和广东省监察厅于1994年1月合署办公。省纪委与省监察厅合署办公，实行一套人马两块牌子，履行党的纪律检查和政府行政监察两种职能，对省委全面负责。省监察厅仍属省政府机构序列，受省政府领导。省纪委、监察厅合署办公后，仍实行在中央纪委、监察部领导下和省委、省政府领导下进行工作的双重领导体制。

省纪律检查委员会机关、省监察厅内设办公厅、监察综合室、政策法规研究室、党风廉政建设室、纠正部门和行业不正之风室（挂省人民政府纠正部门和行业不正之风办公室牌子）、执法监察室、第一纪检监察室、第二纪检监察室、第三纪检监察室、第四纪检监察室、案件审理室、信访室（举报中心）、宣传教育室、干部室（与机关党委办公室合署办公）、案件管理室。

二、主要职责

（1）维护党的章程和其他党内法规，检查党的路线、方针、政策和决议的执行情况；贯彻落实党中央、国务院、中央纪委和省委、省政府关于加强党风廉政建设和有关行政监察工作的决定；协助省委抓好党风建设，组织协调全省的党风廉政建设和反腐败斗争；监督检查省政府各部门及其工作人员和各地级以上市政府及其领导成员执行国家政策和法律法规、国民经济和社会发展计划及省政府颁发的决议和命令的情况。

（2）负责检查并处理省委、省政府各部门，各地级以上市党的组织和省管的党员领导干部违反党的章程及其他党内法规的案件，决定或取消对这些案件中的党员的处分；受理党员的控告和申诉，必要时直接查处下级党的纪律检查机关管辖范围内的比较重要或复杂的案件。

（3）负责查处省政府各部门及其工作人员和广州、深圳市政府及其省管的领导成员，各地级市政府及其领导成员违反国家政策、法律法规以及政纪的行为；受理监察对象不服政纪处分的申诉和个人或单位对监察对象违纪行为的检举、控告。

（4）负责作出维护党纪的决定，制定党风党纪政纪教育规划；会同有关部门做好纪检、行政监察工作方针、政策的宣传工作和对党员、国家工作人员遵纪守法、为政清廉的教育工作。

（5）负责纪检监察工作理论及有关问题的调查研究；拟定党纪条规和政策规定，参与制定党内法规。

（6）调查研究省政府各部门和各地级以上市政府制定有关政策、法规的情况，对其违反国家法律和有损国家利益的条款，提出修改、补充建议；变更或撤销下级行政监察机关不适当的决定和规定。

（7）会同有关部门抓好纠正部门和行业不正之风工作、执法监察工作以及综合治理工作。

（8）会同省直有关部门以及各地级以上市党委、政府管理纪检、监察干部，审核各地级以上市纪检监察部门领导班子和省纪委、监察厅各派驻（出）机构以及省直单位纪检、监察机构主要领导干部人选；组织和指导纪检、监察系统干部的培训工作。

三、制度建设

为促进廉政建设，保持国家机关工作人员廉洁从政，改革开放22年来，省政府制定了一系列的规章制度。例如：

1992年6月，省政府发出《关于清理整顿道路检查站的决定》，并多次组织力量对全省各地道路检查站进行检查清理。1995年4月，省政府办公厅发出《关于组建省人民政府查禁公路“三乱”督察队的通知》。1995年9月，省政府颁布《治理公路“三乱”督察队调查处理案件施行办法》，规范公路治理工作，调查处理公路乱收费、乱设站卡、乱罚款行为。

1995年9月省委办公厅、省政府办公厅制定《关于对党和国家机关工作人员在国内交往中收受礼品实行登记制度的办法》，规定党和国家工作人员在国内交往中，对可能影响公正执行公务的礼品馈赠必须登记上缴；对超过一定价值的礼品也必须登记上缴。1999年9月，省政府办公厅修订《省政府办公厅党风廉政建设责任制》，明确廉政建设责任分工，实施责任考核和责任追究。责任考核实行民主评议、民意测验、综合评定，对考核成绩不合格人员不得提拔任用。

2000年3月，省委办公厅、省政府办公厅发布《关于严格控制各类检查评比表彰活动的意见》，对各类政府机关开展检查、评比、表彰活动进行规范，杜绝借检查、评比、表彰活动之际向企业和基层单位乱收费、乱摊派、乱要赞助等问题。

第五节　接受人大法律监督和政协民主监督

省政府作为地方国家行政机关，既要接受省人民代表大会及其常务委员会的法律监督、工作监督，也要接受政协广东省委员会及其常务委员会的民主监督。接受监督的内容和形式广泛，主要包括向省人民代表大会及其常务委员会报告工作，接受对法律执行情况的检查，办理代表议案、建议和委员提案，接待代表、委员视察、询问等。

一、向省人大及其常委会报告工作

1979年12月，省五届人大二次会议决定设立广东省人民代表大会常务委员会和将广东省革命委员会改为广东省人民政府。按照《中华人民共和国宪法》《中华人民共和国地方各级人民代表大会和地方各级人民政府组织法》等法律的规定，省政府向省大及其常委会报告工作。1981年2—3月，省五届人大三次会议举行，会议听取和审议省政府的《政府工作报告》《关于广东省1981年国民经济安排的报告》《关于1979年财政决算、1980年预算执行结果和1981年预算草案的报告》。从此，省政府向省人大及其常委会报告工作形成制度。1981年6月《省人民政府几项工作制度》规定，省政府应根据组织法的有关规定向省人大及其常委会报告工作和报批审议事项。

（一）向省人大报告工作

1999年2月，省第九届人民大会第二次会议通过《广东省人民代表大会议事规则》，规定：

（1）省人大每年举行会议时，省政府应当向会议提出工作报告；

（2）代表大会会议举行的一个月前，省政府有关部门应当就本省国民经济和社会发展计划草案及计划执行情况、预算草案及预算执行情况的主要内容，向代表大会的财政经济委员会和有关的专门委员会汇报，由财政经济委员会和有关专门委员会进行研究，提出建议；

（3）代表大会举行会议时，省政府应当向会议提出关于国民经济和社会发展计划草案及执行情况的报告、关于预算草案和预算执行情况的报告，由各代表团和财政经济委员会及有关专门委员会进行审查。

报告的主要内容：

（1）年度《政府工作报告》。一般由省长或副省长向大会报告，主要内容包括上一年度全省国民经济和社会发展计划及其执行情况，财政预算执行情况和本年度财政预算草案，下一年度的工作安排等。

（2）专题报告。一般由副省长、秘书长或省政府职能部门的主管领导向大会报告。专题报告主要涉及政府的各项职能工作，如文教、卫生、治安、经济、交通等方面。

（二）向省人大常委会报告工作

1998年9月18日，省第九届人民代表大会常务委员会第五次会议通过《广东省人民代表大会常务委员会议事规则》，规定：在省人民代表大会闭会期间，常委会全体会议听取省政府及其所属部门的工作报告。

二、办理人大代表议案、建议和政协委员提案工作制度

1979年12月，省五届人大二次会议和省政协四届二次会议恢复提案工作，人大代表和政协委员提案的协调办理工作由省政府办公厅综合处负责。1982年3月，国务院发出《关于认真办理全国人民代表大会代表提案的通知》，要求各级人民政府“要切实加强领导，把办理提案的工作摆到议事日程，落实到计划和工作安排上”。1982年12月，五届全国人大第五次会议决定将人大代表提案改为议案和建议、批评和意见两类，每届省人民代表大会代表提出的议案，一经大会审议通过，即具有法律约束力，由省人大常委会负责督促办理。代表建议、批评和意见，则直接由人大办事机构交由政府有关部门研究办理并负责答复代表。广东省政协委员仍沿用原来“政协提案”形式。

为进一步规范政府办理建议提案工作程序，1988年3月，省政府办公厅下达《关于办理人大代表建议和政协委员提案的规定的通知》，明确省政府各承办单位都要建立包括接办、办理、答复、上报、总结、检查的办理制度。1988年4月，省政府办公厅法制处升格为法制局，办理议案、建议和提案的协调工作，具体事务由法制局办公室承办。1989年6月，省政府办公厅增设建议提案处，由省政府法制局代管，专门负责协调办理人大代表议案、建议和政协委员提案工作。1990年4月，省政府办公厅发出《关于落实办理人大代表建议、政协委员提案的人员名单的通知》，进一步强调办理建议、提案的办理工作，建立或确定办理工作机构，配备专（兼）职承办人员。规范了办理建议、提案的程序。1991年1月，政协第七届全国委员会常务委员会第二次会议通过《全国政协提案工作条例》规定，除政协委员可以以个人和联名提出提案外，各民主党派和参加政协的人民团体、政协各专门委员

会均可提出提案。

1995年5月4日，为进一步办好人大代表建议和政协委员提案，省政府颁发《广东省办理人大代表建议和政协委员提案办法》的通知。其主要内容有：

（1）交接。在人大和政协大会期间提出的建议、提案，由本级人大、政协和政府办公厅（室）联合召开有各承办部门主管领导参加的交办会议具体落实办理任务。闭会期间提出的建议、提案，由人大、政协办公厅（室）直接交给有关部门办理。

（2）办理。要求建议、提案承办部门应制订办理方案，由主管领导审核并部署办理工作。强调各级政府、各部门办理建议、提案要讲求质量，注重求真务实，提高效率，认真解决实际问题。对建议、提案中提出的问题，凡应该解决而且有条件解决的，要抓紧解决；应该解决但因条件限制暂不能解决的，要纳入规划，创造条件逐步解决；涉及上级部门职权范围的事项，应积极反映情况，争取上级支持解决；因各种原因一时难以解决或不可行的，应实事求是地向提建议、提案者解释清楚。同时强调在办理期间，各级人民政府及其工作部门应做好催办和通报办理情况的工作，并定期向交办机关报告办理进度。

（3）答复。"通知"要求承办部门对接到的建议、提案，应件件有书面答复。对建议、提案的答复意见，主管领导要认真审查，严格把好质量关。向提建议、提案者发送答复意见时，应附上征求意见表。提建议、提案者对答复不满意的，承办部门应重新办理，重新答复。

（4）奖惩。"通知"规定，对办理建议、提案工作成绩显著的承办部门及其主管人员和承办人员，给予表彰和奖励。对办理工作不重视、办复工作质量差以及不负责、互相推诿、贻误工作的，应视情节分别给予通报批评或追究有关部门领导和有关人员的责任。

对于由10名以上省人大代表联名提出，并由大会主席团审定的议案，按下列程序办理：

（1）接办。在省人代会闭会后，省人大常委会召开会议，进行议案交办。

（2）制订工作方案。接办议案后，建议提案处及时召集议案主办单位研究，制订议案办理工作计划。

（3）调查研究。 由省政府组织议案调研工作。调研结束后，建议提案处起草调研报告。

（4）撰写调研报告。主办单位将议案方案报告报省政府办公厅，经征求意见修改后，将报告送审。

（5）呈批报审。议案报告按程序报送有关部门、省政府领导审批。报批后，报送省人大常委会。

（6）组织实施。议案报告经省人大常委会审议通过后，由省政府行文实施。

（7）结案。议案实施最后一年，建议提案处组织相关单位对议案实施情况进行检查验收，由主办单位代省政府起草向省人大常委会的议案办理情况报告。

2000年5月省政府法制局升格为省政府法制办公室，为省政府直属机构，建议提案处由省政府办公厅直接领导。

1997—2000年承办省人大代表提案（建议）、政协委员提案数量统计表

表2-54　　　　单位：件

年份	会议名称	承办人大代表提案（建议）	承办人大代表议案	承办政协委员提案
1977—1982	省五届人大第一至五次会议	3953	—	—
1983—1987	省六届人大第一至五次会议 省五届政协第一至五次会议	286	18	1292
1988—1992	省七届人大第一至五次会议 省六届政协第一至五次会议	782	18	1437
1993—1997	省八届人大第一至五次会议 省七届政协第一至五次会议	1222	18	2036
1998—2000	省九届人大第一至五次会议 省八届政协第一至五次会议	1866	5	2132

说明：1984年6月，省六届人大二次会议代表提案改为代表议案和建议，省五届政协二次会议政协委员提案改为政协提案

1984—2000年省政府办理省人大代表议案一览表

表2-55

提出议案的会议及时间	序号	议案名称
省六届人大二次会议（1984年）	1	关于解决全省农村96万人饮水困难问题的议案
	2	关于制定华侨、港澳同胞捐赠兴建公益事业奖励优待条件的议案
	3	关于改进供应城镇居民大米的储存方式的议案
	4	关于加速改革与发展全省教育事业，改变教育落后现状的议案
	5	关于放宽政策、开发山区原材料和能源资源，充分发挥山区优势的议案
省六届人大三次会议（1985年）	6	关于向全省公民普及法律常识的议案
省六届人大三次会议（1985年）	7	关于整治韩江、北江上游水土流失的议案
	8	关于对贫困山区实行特殊优惠政策的议案
	9	关于加强法制，纠正乱罚款、乱收费现象的议案
	10	关于加强发展我省电力工业，保证国民经济发展需要的议案
	11	关于进一步重视加强贯彻食品卫生法的议案
	12	关于扶持水库移民生产，摆脱贫困的议案
	13	关于彻底解决省属六大水库移民安置遗留问题的议案
	14	关于制订维护华侨合法权益，妥善处理城镇征拆侨房法规的议案
	15	关于保障民族自治地方享有宪法和民族区域自治法规定的自治权的议案
省六届人大四次会议（1986年）	16	关于进一步加强江河整治工作的议案
	17	关于加速广东省五山科学技术开发区建设，落实广东省科学城建设规划的议案
省六届人大五次会议（1987年）	18	关于加强我省环境保护工作的议案

续表2-55

提出议案的会议及时间	序号	议案名称
省七届人大一次会议（1988年）	19	关于我省发展牧草生产的议案
	20	关于尽快解决退休职工生活困难和管理问题的议案
	21	关于进一步支持山区、老区、少数民族地区和贫困地区发展经济的议案
	22	关于制定和发布广东省兵役、民兵工作法规的议案
	23	关于尽快制定《广东省青少年保护条例》的议案
省七届人大二次会议（1989年）	24	关于革命老区建设的议案
	25	关于制定广东保护老年人正当权益的法规的议案
	26	关于统一管理和综合治理、开发东江流域的议案
	27	关于加速发展我省电力和节约用电的议案
省七届人大三次会议（1990年）	28	关于治理高速双体船涌浪冲坏内河堤防的议案
	29	关于全面清理整顿“三乱”问题的议案
	30	关于支持少数民族地区建设的议案
省七届人大四次会议（1991年）	31	关于加快全省山区公路建设的议案
	32	关于恢复、发展盐业生产的议案
	33	关于摆脱乡镇卫生院困境问题的议案
省七届人大五次会议（1992年）	34	关于解决蔗糖生产和经营问题的议案
	35	关于加强珠江口滩涂围垦开发利用的领导和管理的议案
	36	关于解决水库移民遗留问题的议案
省八届人大一次会议（1993年）	37	关于加强渔港建设的议案
	38	关于扶持山区和革命老区乡镇发展“三高”农业，开展“一乡一品”活动的议案
	39	关于扶持革命老区发展经济的议案
省八届人大二次会议（1994年）	40	关于加强土地管理，保护耕地工作的议案
	41	关于加快落实城镇侨房政策的议案
	42	关于设立广东省环卫工人节的议案
省八届人大三次会议（1995年）	43	关于调整粮食购销政策，增加粮食生产投入的议案
	44	关于加快我省小水电建设的议案
	45	关于强化人才宏观管理，加大人才资源开发力度的议案
	46	关于加强打击假冒伪劣商品，维护消费者、生产者合法权益的议案
	47	关于大力整治污染，加强环境保护的议案
省八届人大四次会议（1996年）	48	关于清理整顿行政执法队伍及其“三乱”问题的议案
	49	关于发展农用工业的议案
	50	关于加快航道整治建设步伐，促进我省航运事业发展的议案
	51	关于扶持少数民族地区发展经济的议案

续表2-55

提出议案的会议及时间	序号	议案名称
省八届人大五次会议（1997年）	52	关于大力扶持山区文化建设，抓紧改变群众文化生活贫乏落后状况的议案
	53	关于扶持贫困华侨农场经济发展的议案
	54	关于解决小型水库安全隐患问题的议案
省九届人大一次会议（1998年）	55	关于加快营造生物防火林带建设步伐的议案
省九届人大二次会议（1999年）	56	关于加快我省自然保护区建设步伐的议案
	57	关于加强动物防疫工作的议案
省九届人大三次会议（2000年）	58	关于加强广东气象事业建设，进一步提高防灾减灾能力的议案
	59	关于加强农业科技推广服务工作的议案

第六节　人民来信来访工作制度

一、机构设置

省、市、县各级政府均设立了处理信访工作的专门工作机构，并逐步建立、健全信访工作中的各项制度。

1978年7月，省委、省革命委员会办公厅分设信访办公室；1980年，省革命委员会办公厅信访办公室随革命委员会的易名而改为省政府办公厅信访办公室。其主要职责是：负责省政府和省政府主要领导授权处理的人民群众来信来访；定期综合研究人民群众来信来访的情况和问题，及时反映重要的信访信息；对交由有关市、县等各级行政机关承办的信访问题进行督促、检查，协调处理行政机关之间的信访案件；指导广东省信访工作，组织交流经验。

1979年后，省政府办公厅信访机构每月编写《信访情况反映》，就重要信访事项报送省政府领导。1981年省委办公厅、省人大常委会办公厅、省政府办公厅联合发出《关于省直各部门归口分工接待和处理群众来访的暂行办法的通知》。1984年3月，省委办公厅、省政府办公厅发出《关于认真加强信访工作的通知》，要求各级重视和加强对信访工作的领导，建立和健全信访工作机构。

1986年6月，省委办公厅、省人大办公厅、省政府办公厅在广州召开广东省信访工作会议，授予信访部门5项权力：接待处理权、向上反映权、交办权、调查核实权、协调权和一定的仲裁权。1987年9月，省委办公厅、省政府办公厅发出《关于做好涉外信访工作的几点意见》，要求各地提高对涉外信访工作的认识，明确分工和处理方法。

1989年7月，省政府办公厅对处理检举揭发的信访发布专门的通知，要求各级政府和相关部门查办检举揭发的案件，必须认真调查研究，以事实为依据，以法律为准绳，秉公处理。各级机关和各个部门的负责人有责任保护检举揭发人员。受理人民群众来信来访工作，一般依照分级负责、归口办理，谁主管、谁负责，及时、就地依法解决问题与思想疏导教育相结合的原则进行。在工作过程中，省政府办公厅信访办公室逐步形成了办理群众来信来访工作制度。

1995年，省政府办公厅信访办公室改为省政府办公厅信访处，内设办信组、接访组、调研组、综合组、港澳组。

1996年10月，省政府发布《广东省实施〈信访条例〉办法》。其主要内容有：（1）信访工作机构设立。规定县级以上各级政府应设立信访工作机构，配备相应工作人员。（2）信访人的权利和义务。（3）办理程序。（4）信访秩序。各级行政机关及其信访工作人员以及信访人应共同维护信访秩序。

2000年，信访处划归广东省信访局，由省委办公厅管理。

二、制度建设

对人民群众的信访，《广东省实施〈信访条例〉办法》对办理程序作下列规定：

（1）登记、转办。对信访人的书信、电话、电传、走访和上级行政机关、有关部门转办、交办的信访事项，信访工作机构应当完善各项登记手续；及时转交给有关责任单位办理。

（2）呈批、立案。对上级行政机关或本级行政机关负责人交办的信访事项，信访机构应当立案处理；对信访人提出的重要信访事项，信访工作机构认为需要经本级行政机关负责人阅批的，应当及时呈批，并根据阅批意见，转办或将此案交有关责任单位办理。

（3）催办。对交办的信访案件，信访工作机构应当及时催办，对大案、要案、难案可以派人下去协调处理，或者通知有关职能部门派人处理，也可以责成下级行政机关协调处理。

（4）上报。对上级行政机关和本级机关负责人交办的信访事项，承办的行政机关应当自收到之日起90日内办结，并将办理结果报告交办的行政机关；不能按期办结的应当向交办的行政机关说明情况。

（5）答复。对信访人提出的信访事项，直接办理的行政机关应当按期办理完毕，并视情况将办理结果答复信访人；情况复杂的，经本级行政机关负责人同意可以适当延长。

（6）复查。信访人对行政机关做出的信访事项处理决定不服的，除依照法律、法规的规定申请复议或者提起行政诉讼外，可向办理的行政机关提出复查要求，办理的行政机关应当予以答复；信访人对复查意见不服的，可请求上级行政机关复查。经复查，信访事项处理正确的，不再处理。

（7）结案、归档。信访案件经审核可以结案的，信访工作机构应当及时办理结案手续，并按照档案管理的有关规定，整理归档。

为保护信访人的合法权益，规范信访人的上访行为和信访机构办理信访事项的行为，1996年10月，省政府发布实施《广东省实施〈信访条例〉办法》，进一步将信访工作纳入法制化轨道。同年12月，省政府办公厅发布《广东省实行群众逐级上访和分级受理制度的暂行办法》，该暂行办法要求省、市、县、乡镇各级受理信访事项的部门、单位及其工作人员，依照规定处理群众的信访事项，对应属于本级部门受理的群众上访事项不受理造成后果的给予党纪政纪处分。

1997年1月，省政府办公厅发出《关于落实贯彻全省处理群众集体上访工作会议的通知》，提出建立全省处理群众集体上访情况通报制度，采取措施处理好群众集体上访问题。

1998年12月，对信访大要案的信访处理，省政府办公厅发布《广东省实行领导包案责任制处理信访大要案暂行办法》，要求各级行政机构落实大要案包案领导，明确办结期限。

2000年12月，省政府法制办公室发布《广东省各级人民政府受理行政执法投诉办法》，要求各级政府法制机构受理行政执法投诉，查处违法行政行为。一般情况下，对县级以上人民政府行政执法行为的投诉，由其上一级人民政府法制机构受理。行政执法投诉按以下程序办理：（1）登记立案；（2）调查取证；（3）作出行政执法督察决定；（4）送到。

三、省政府信访部门信访情况

1978—2000年省政府信访部门信访情况简表

表2-56

年份	来信量（件）	来访量（人次）	立案（件）	反映主要问题
1978年7—12月	16537	3202	83	要求复查冤、假、错案，解决复工、工资福利、就业、户口问题
1979	39246	6433	—	要求复查历次政治运动案件，以及解决复工、移民安置、社队纠纷问题
1980	32342	3293	—	—
1981	22939	1845	220	要求解决住房、复工就业、工资福利等问题
1982	23194	1643	170	要求解决住房、工资福利、揭发干部违纪问题
1983	24542	1737	228	要求解决复工就业、调动、户口粮食、地界纠纷问题
1984	26370	2081	266	要求解决住房、复工就业、工资福利问题
1985	27125	2153	362	要求解决住房、复工就业、工资福利问题
1986	28026	2966	432	要求解决工作、生活问题
1987	25566	2493	308	要求解决工作、生活问题，检举干部不正之风问题
1988	19519	2493	467	检举干部经济问题，解决滥征耕地问题
1989	17126	1798	425	检举干部以权谋私问题，要求解决土地山林纠纷问题
1990	17430	2369	310	要求解决房屋、土地纠纷问题
1991	14078	2369	516	要求解决房屋、土地纠纷问题
1992	12820	3302	348	要求解决山林土地纠纷、征地问题，以及检举干部以权谋私问题
1993	14525	4365	295	要求解决征地遗留问题，离退休人员生活困难问题，以及揭发干部以权谋私问题
1994	15438	3843	430	要求解决征地纠纷、水库移民安置、干部腐败

续表2-56

年份	来信量（件）	来访量（人次）	立案（件）	反映主要问题
1995	20948	5213	602	反映企业债券到期不能兑付、烂尾楼纠纷、干部腐败
1996	21790	6346	736	反映违法征地、补偿不合理和补偿款使用不当、干部腐败问题
1997	24937	7538	624	反映煤炭企业离退休人员待遇问题、干部以权谋私问题
1998	21810	17815	405	反映集资债券到期不兑付及干部腐败问题
1999	22472	25693	423	反映征地补偿不合理、集资债券到期不兑付及干部腐败问题
2000	26640	24360	480	反映征地补偿、拆迁补偿不合理、干部腐败问题

第七节　政务信息

一、政务信息公开制度

为更好地向各级干部和人民群众传达贯彻党和政府的政策法令，省政府定期向社会公布各项重要法令、规章、指示、决定及其他重大情况。1980年1月，省政府决定复办《广东政报》，定为季刊，作为省政府政策法令汇编性质的刊物。1984年，《广东政报》改为月刊，除刊载省政府发布的重要决定、指示、通知外，还陆续增加省政府领导人的重要讲话，省政府工作动态、人事任免事项，各市政务简讯，统计资料等栏目。

1986年4月省政府办公厅发出《关于新闻报道工作的通知》，实行政务新闻发布制度，建立新闻界座谈会制度和省政府办公厅与新闻媒体的沟通合作机制。

1990年，经省政府领导批准，《广东政报》由内部发行改为公开发行，使《广东政报》从内部文件汇编性质的刊物成为“传达政令，宣传政策，指导工作，服务社会”的媒体。

1993年3月，省政府为改革文件发送办法，强化《广东政报》传达公布政策、法令的作用，决定此后省政府、省政府办公厅颁发的条例、规定、办法等规范性文件，以及省政府领导人的讲话，除印少量分送省政府领导和各部门、各级政府存档外，由《广东政报》全文刊登的，不再另行发文。国务院、国务院办公厅普发到各省、市、自治区的非秘密文件，也刊登《广东政报》，不再翻印。在《广东政报》刊登的文件与正式文件具有同等效力。

1994年，《广东政报》由月刊改为半月刊。1995年，《广东政报》改为旬刊。

1996年3月省政府办公厅发出《关于加强政务新闻发布管理的通知》，建立省政府工作情况通报会制度。通过召开新闻发布会、早茶通气会、迎春座谈会等形式向社会通报省政府工作情况。

1999年省政府建立并开通政府网站，向社会各界公布政务信息。

2000年，《广东政报》由省报刊发行局发行改由南方日报报业集团广东省南方报刊发行总公司发行。

二、政务信息报送制度

1985年，国务院发出通知，要求各省、市政府办公部门建立信息系统，随时向国务院报送当地发生的重大信息。1985年5月，省政府办公厅成立信息处，负责搜集、整理政务信息，出版内部信息刊物，为省政府领导提供信息服务，为国务院报送有关重要政务信息。1986年，省政府办公厅信息处开始每月编写《信息快报》，重点刊登全省社会、经济发展最新动态，重要工作部署及各地区、部门先进做法、经验等信息。

1986年，省政府办公厅发出《关于新闻报道工作的通知》，规定信息处负责协调省政府新闻采访、报道工作。

1995年国务院办公厅发布《政务信息工作暂行办法》，对政务信息工作的开展进行规定。

1996年，省政府办公厅颁布《省政府系统政务信息网络建设制度》，明确建立政务信息网络工作机构和配备政务信息工作人员。各级政务信息工作机构坚持分层次服务原则，以为本级政府服务为重点，努力为上级和下级政府服务。"制度"规范信息的采集、筛选、加工、传送、反馈和存储的工作程序。

1997年，省政府办公厅制定《省政府系统政务信息报送制度》，规范向国务院办公厅上报政务信息制度和向省政府办公厅报送政务信息制度。

向国务院办公厅上报政务信息制度的主要内容：

（1）落实上报内容。本省贯彻落实国务院重大决策、重要政策性文件、重要会议精神的情况；本省经济运行情况及重要经济指标完成情况、经济运行态势；本省发生的重大突发事件及重大事故、灾情；本省各地、各部门在经济建设、社会发展和精神文明建设等方面的主要情况，以及在全国较为先进的经验和做法；省政府领导、省政府职能部门负责人在推进改革中的新思路、新做法、新经验和新建议。

（2）上报方式。省政府的政务信息通过《粤府信息》上报，国务院办公厅在广东省的8个信息联系点广州、深圳、珠海、汕头、韶关、佛山、湛江、江门通过《粤府信息》上报，一事一报。

（3）审核、签发。省政府办公厅向国务院办公厅上报政务信息，必须由分管信息处的办公厅副主任审核、签发。8个信息联系点向国务院办公厅上报信息工作须参照省政府办公厅的做法，严格审核、签发程序。

（4）传输渠道。机密以下密级内容的信息通过计算机远程工作站向国务院办公厅报送；机密以上密级内容的信息按保密制度规定，通过机要途径报送。特急的平件，可用传真机传送。

向省政府办公厅报送政务信息制度的主要内容：

（1）上报内容。省属各部门和直属机构、各市、县贯彻中央和国务院、省委、省政府各项决策的情况；各地、各部门贯彻落实省政府召开的重要会议部署事项的情况；以各市政府名义召开的重要会议的主要内容；重要社会动态、干部群众的呼声和反映，以及带有倾向性、苗头性的问题和建议；重大事件、事故、灾情；各市领导在实际工作中的新思路、新做法、新经验。

（2）上报要求。各市、省政府各部门和直属机构、省政府驻外省办事处原则上每周上报2至3条信息，县每周上报1条以上信息，紧急、重要的情况，应在发生后6小时内上报，并及时跟踪报道；上报政务信息须经领导审核、签发，并加盖印章；上报信息可以是书面、传真、电话、电报或通过计算机网络等形式；向省政府办公厅报送全国性、全省性行业政策、法规信息时，附上原文。

第八节　办公信息化

省政府于1984年引入计算机进入政府工作后，一直致力于实现办公信息化。

1986年省政府制定《省政府办公信息系统总体设计》规划，将省政府各主要工作部门的办公信息化建设纳入统一规划。1986年开始使用电脑排版和印刷政务文件。1987年，国务院建立计算机远程站，在广东、福建和上海三地试验，国务院正式文件、省政府上报国务院的信息都在远程站上通过加密发送和接收。省与各地市之间，先在佛山、东莞等地试用计算机传送信息。

1988年建立省政府和18个市政府之间传真机通讯网络，快速传递图文资料。1990年，省政府给全省各市和主要厅局配备使用加密传真机，加快重要信息的传送速度。

1992年国务院办公厅《关于建设全国行政首脑机关办公决策服务系统的通知》对政府系统办公自动化的建设工作提出明确的要求和发展目标。从1994年开始，省政府向国务院报送的请示文件根据规定通过计算机远程站传输到国务院办公厅秘书局。

1995年国务院办公厅发布《政务信息工作暂行办法》，要求建立覆盖全国各级政府的政务信息网络系统。同年，省政府办公厅制定《省政府系统政务信息网络建设制度》，规划省政府政务信息网络系统建设。省政府政务信息网络系统上联国务院办公厅秘书局，下联全省21个地级市、省政府直属部门以及省政府驻外省办事处。为提高政府工作效率，省政府于1995年引入电视电话会议系统。

1999年省政府开始使用第二代电子邮件系统，通过互联网进行全国行政机关电子邮件交换。

2000年6月省政府办公厅制定《涉密计算机信息系统建设资质审查和管理暂行办法》，加强涉密计算机信息系统建设工作的规范管理，保证涉密计算机信息系统的安全保密性和工作质量。

第三章　法制工作与行政复议工作

第一节　法制工作

一、机构与人员

（一）机构

1979年7月1日第五届全国人大第二次会议通过的《中华人民共和国地方各级人民代表大会和地方各级人民政府组织法》规定："省、自治区、直辖市的人民代表大会及其常务委员会根据本行政区域的具体情况和实际需要，在和国家宪法、法律、政策、法令、政令不抵触的前提下，可以制定和颁布地方性法规，并报全国人民代表大会常务委员会和国务院备案。"这是全国立法体制的第一次重大改革，地方立法权从此产生。此后，地方组织法又先后经历了4次修正，不断扩大地方立法的权限。2000年3月，《中华人民共和国立法法》出台，根据这部法律和最新修订的地方组织法，不仅省一级人大及其常委会具有地方立法权，省级政府所在地的市、经济特区所在地的市和经国务院批准的较大的市的人大及其常委会，省级政府及其所在地的市、经济特区所在地的市和经国务院批准的较大的市的人民政府都拥有地方立法权，可以分别制定在本辖区内通行的地方性法规和地方政府规章。

1981年5月，省政府办公厅设立法制处，负责承办省政府有关法制方面的行政工作。省人大常委会与省政府联合召开了地方立法工作会议。

1984年8月，成立广东省人民政府经济法规研究中心，属省政府领导下的一个研究、咨询机构，中心下设办公室，配备事业编制15人，负责对省政府所属各有关部门拟订、修改经济法规、规章的工作进行规划、指导、组织和协调。中心总干事为丁励松，中心办公室与法制处合署办公，常务副总干事兼办公室负责人由法制处领导兼任，办公室日常工作由法制处负责。

1985年12月，成立广东省经济法研究会，会长为王致远。研究会发展集体会员140多个，吸收个人会员1500多人。研究会属社团组织，其主要任务是开展立法论证、经济法规研究和法制理论与经验交流工作。研究会下设秘书处，与法制处合署办公。

1988年5月，经省政府批准，法制处升格为省政府法制局，副厅级建制，行政归口办公厅管理。法制局内设经济法规处、行政法规处、研究室和办公室。法规研究中心办公室与法制局合署办公。1989年6月，办公厅成立建议提案处；1990年4月，办公厅成立行政复议处，均由法制局代管。

1992年5月，经省政府批准，法制局成立广东省行政经济法规咨询服务中心，由法制局长张帆兼任中心主任。主要为机关、社会团体、公民提供法律、法规、规章以及其他法律事务的咨询服务。

1995年8月，省级党政机构改革中，保留法制局，作为省政府负责法制工作的副厅级行政机构，由办公厅管理，内设办公室、经济法规处、行政法规处和行政执法监督处。办公厅建议提案处、行政复议处（对外称省政府行政复议办公室）仍由省政府法制局代管。

1996年12月，经省政府批准，设立省政府行政执法督察办公室，作为省政府的行政执法监督检查机构，与省政府法制局行政执法监督处合署办公。

2000年省政府机构改革中，法制局升格为省政府法制办公室，成为省政府的直属机构，正厅级建制。原法制局组织有关法律、法规、规章执行情况检查的职能，划归政府各有关职能部门；原由省政府办公厅承担的行政复议、行政应诉、行政赔偿工作职能和行政复议处人员编制成建制划归省政府法制办公室；原建议提案处由省政府办公厅直接管理。

2000年12月19日，经省编委批准，将省政府经济法规研究中心和省行政经济法规咨询服务中心合并，组建省政府法制研究所，为正处级事业单位，归口省政府法制办公室管理。

（二）编制与人员

法制处刚成立时，并未核定编制名额。省政府经济法规研究中心成立时，明确法制处配备行政编制11人，法规研究中心配备事业编制15人。1988年法制处升格为法制局，核定行政编制37人，其中正、副局长4人，正、副处长11人。1988年5月至1992年3月，张帆任局长，1992年3月，张斌任局长。1995年省级党政机构改革时保留法制局，行政编制不变，但建制从小局小处改为小局大处，局长为副厅级，副局长和处长均为正处级，副处长为副处级。

二、法制建设

（一）规范政府立法制度

省政府办公厅法制处成立初期，完成以下两项主要工作：一是组建法制工作干部队伍。在组织建设一支精干的法制工作专职干部队伍的同时，还通过组建省政府经济法规研究中心，组织和聘请一批在广州地区的法律、经济专家学者，省直机关经济工作部门、政法机关政策研究单位、省人大常委会法制委员会有关领导，参加省政府的行政、经济立法工作，形成了一支法律工作者与经济工作者、理论工作者与实际工作者、专职工作者与义务工作者相结合的法制工作队伍。二是拟订法制工作规章制度。

1985年5月省政府颁布《关于拟订地方性法规程序的规定》后，省政府和省人大常委会又颁布了几个相关制度：即1993年8月省政府颁布的《广东省人民政府制定规章规定》，1994年12月省政府颁布的《广东省人民政府规章和法规草案审批程序》，1998年6月省人大常委会通过的《广东省人民代表大会常务委员会制定地方性法规规定》。这些规定对地方性法规议案和制定规章的程序进一步作了明确规范。

（1）编制年度立法计划。各市政府、省政府直属各委、办、厅、局于每年10月底前提出下一年度拟订法规、规章的计划项目报送法制局（1993年以前规定，应于当年2月底前上报。省各经济主管部门，送省政府经济法规研究中心，其余部门报送省政府办公厅）；经综合研究后分别提出地方性法规制订计划和省政府规章制订计划草案，其中省政府规章制订计划草案经报省政府审批后下发执行，地方性法规制订计划草案经省政府同意后报省人大常委会批准下发执行。

（2）组织起草。列入年度立法计划的法规和规章，由省政府有关部门或相关地区负责起草；内容涉及多个行政部门业务范围的，由牵头部门会同有关部门组成专门小组起草，或者由主办部门提出草案后分别征求相关部门的意见并修改完善后上报。

（3）协调修改。法规、规章起草单位在草拟过程中，首先征求本系统所属有关单位的意见，再主动向其他有关地区、部门征求意见，搞好协调修改；经协调后仍有分歧的，上报时说明情况，由法制局进一步协调（1993年以前规定，由省政府经济法规研究中心召开会议进一步协调）后报省政府审定。

（4）送审。法制局根据立法计划，对送审的法规、规章草案进行审核、协调、修改后，报送省政府审批。

（5）审定。省政府提请省人大或省人大常委会审议的地方性法规草案，由法制局报省政府秘书长、副秘书长或省政府办公厅主任、副主任审核，再报分管副省长或常务副省长审批后报送省人大常委会；涉及重大决策或对法规草案意见分歧较大的，须经省政府常务会议讨论通过后报送。省政府规章送审稿一般按所涉及的内容分别报省政府秘书长、副秘书长或办公厅主任、副主任审核，经分管副省长同意后提交省政府常务会议讨论，获通过后由常务副省长或分管副省长审批；只涉及一个部门或一个行业的规章，经省长或常务副省长同意，可不经省政府常务会议讨论，由分管副省长及常务副省长审批；省政府批准由部门颁布的规章，由主管副省长审核后报常务副省长审批。

（6）颁布。地方性法规经省人大或省人大常委会审议通过后，由省人大常委会公布，或授权省政府颁布。省政府规章经批准后，由省政府颁布，或者由省政府主管部门颁布。为适应行政处罚法实施的需要，自1996年10月1日起，省政府规章统一由省政府以粤府令形式颁布，并在《广东政报》《南方日报》上全文公布，其中《广东政报》上刊登的规章文本为标准文本。

（二）立法组织与协调

广东地方立法的起步阶段，主要是适应创办深圳经济特区的需要，开展经济特区立法。20世纪80年代初，《广东省经济特区条例》（经全国人大常委会审议批准）和深圳经济特区土地管理暂行规定、企业登记管理暂行规定、企业劳动工资管理暂行规定等法律、法规和规章相继出台。同时，省人大常委会和省政府在教育、科技、文化和社会管理等方面也先后制定一批法规和规章。为适应形势发展需要，办公厅法制处和经济法规研究中心办公室除重点承办经济特区、对外经贸的法规、规章草案以外，还先后办理一批工业、农业、财税、物价、工商以及科技、卫生、侨务、政法等方面的地方性法规和规章。1988—1998年，10年间制定（含批准和修订）的地方性法规和规章共计299项，其中法规61项，规章238项，年均出台法规和规章近30项。

进入20世纪90年代，特别是1992年邓小平发表南方谈话以后，中国进入建立社会主义市场经济体制的新时期。形势迫切要求加快市场经济立法。1993年年初，全国人大常委会委员长乔石视察广东时提出“在探索建立社会主义市场经济法规体系方面，改革开放前沿的广东可以先走一步，成为国家立法的试验田”。据此，省人大常委会和省政府提出“开足马力、全速推进”广东地方立法的要求，使广东的地方立法步伐大大加快。1990—1999年，广东省人大及其常委会和省政府制定（含批准、修订）的地方性法规和规章达963项，占广东改革开放20年立法总数的76.3%，年均出台96项，立法速度、数量和质量都有很大的提高。省政府制定的规章，都由法制局具体负责办理；省人大及其常委会审议通过的地方性法规，绝大部分也是由法制局先协调办理。

1979—2000年，经过22年的改革开放和发展，广东的地方立法取得明显的成效，政治、经济、文化和社会生活等各个方面基本上都已经有法可依，逐步形成与国家法律体系相配套、与广东改革开放和经济社会发展相适应的一系列地方性法规规章。

一是立法决策与改革决策相统一，立法进程与改革进程相适应。一方面，注意通过立法，为各项改革提供依据并扫清障碍，推动体制改革的纵深发展；另一方面，注意总结改革中的成功经验，通过立法，把这些成功经验固定化、法制化，从而促进体制改革的进一步深化和发展。为推进科技和教育体制改革，先后制定广东省国家高新技术产业开发区若干政策的实施办法、高等教育管理条例、民营科技企业管理条例、促进科学技术进步条例、民办高等学校设置实施办法、私立高等学校管理办法、专利保护条例、自学考试社会助学管理办法、基础教育民办学校管理规定等一系列法规和规章。为推动和深化企业制度改革，建立现代企业制度，出台广东省公司条例、企业破产条例、期货市场管理规定、经纪人管理条例、合伙经营条例、典当条例、财产拍卖条例等法规和规章。

二是以市场经济立法为重点，兼顾社会管理和精神文明建设等方面的立法。为适应广东率先建立社会主义市场经济体制的需要，广东省有关方面明确把市场经济立法摆在突出位置，有关调节市场主体、维护市场秩序、规范市场中介组织及其活动、健全社会保障、加强宏观调控等方面的立法占立法总数的1/3以上。其中1993年至1999年，省人大及其常委会每年制定和批准的地方性法规，市场经济项目都占50%以上。在突出市场经济立法的同时，有关加强社会管理、推进精神文明建设等方面的立法亦占相当比重，如省人大常委会通过了广东省禁止赌博条例、惩处黑社会性质组织活动规定、惩处为赌博放贷非法索债的规定、出租屋暂住人员治安管理规定等法规，省政府制定了广东省群众治安联防组织的规定、流动人口管理规定、禁毒通告等规章，此外书报刊市场、音像市场、文艺演出市场、歌舞娱乐场所、电子游戏机室、文物市场、版权市场等方面的一系列法规和规章也相继出台。

三是强调自主性、先行性、试验性立法。广东作为全国改革开放的综合试验区，充分运用地方立法权，在维护国家法制统一的前提下，以改革的精神，大胆开展自主性、先行性、试验性立法，理顺改革与发展中的种种关系，适时地解决各种矛盾和问题。例如，适应广东市场经济建设先行一步的需要，在调节市场主体方面，率先出台了有关公司、个人合伙、股份合作企业、期货市场和劳务市场管理等法规和规章；在规范市场中介组织方面，率先在经纪人管理、房地产业管理、典当业管理、拍卖业管理和劳务中介机构管理等领域进行了立法；在维护市场秩序方面，率先就农村社区合作经济承包合同管理、农村承包合同纠纷仲裁、国有土地使用权公开招标拍卖、建设工程造价管理、房地产出让转让及开发经营、个体工商户和私营企业权益保护等进行了立法；在加强宏观调控方面，率先出台了基金会、农村电价、经营服务性收费、房地产增值费征收、土地增值税征收、资产评估、股份有限公司审计等一系列法规和规章；在健全社会保障方面，率先制定民办社会福利机构、归侨侨眷权益保护、国有企业富余职工安置、流动人员劳动就业、残疾人就业保障、企业职工劳动权益保障、企业职工最低工资和失业保险、社会养老保险、社会工伤保险以及法律援助等法规和规章。这些立法，既满足了广东改革开放和经济社会率先发展的需要，又填补了国家立法空白，为全国立法提供了经验。据统计，在广东地方立法中，属于自主性、先行性、试验性方面的项目约占60%。

四是突出广东的地方特色。一方面，把立法重点放在国家尚未制定法律、行政法规，而广东的经济社会发展又迫切需要通过立法加以规范的领域，突出广东的地方特色；另一方面，确实需要对国家有关法律、行政法规制定实施细则的，也不搞简单的条文重复，而是针对最需要解决的问题，该写几条就写几条，重在增强可操作性。

五是创新立法机制，加快立法步伐。一方面积极开辟法规起草工作新渠道，在保持省政府作为报送法规草案主渠道的同时，采取委托法律科研机构、法学专家起草法规草案，省人大有关专业委员会提前介入等方式，加快立法进程。另一方面按照“只要管用，成熟一条立一条”的立法思路，不搞“大而全”，只求简单实用。对于制定综合性法规的条件还不太成熟、立法难度较大的问题，采取“化整为零”的办法，实行分解立法。1992年邓小平视察南方以后，广东的房地产业发展很快，亟须通过立法加以规范，但要制定一部综合性的房地产管理法规，条件一时并不具备。广东省立法机关认真总结房地产改革的成功经验，实行单项立法，就产权登记、开发经营、出让、转让、租赁、评估以及拆迁、物业管理、商品房预售等方面出台一系列互相配套的房地产管理法规，把房地产业逐步引向法治轨道。

六是立、改、废并举。由于广东的地方立法带有很强的探索性、试验性，广东省立法机关很注意总结实践经验，对有关法规和规章及时进行修改或者废止，以适应体制改革和经济社会不断发展变化的要求。1996年行政处罚法颁布后，法制局组织有关部门，用一年多的时间，对本省地方性法规、省政府规章和规范性文件进行全面清理，提请省政府修改规章97项，废止规章及规范性文件94项；通过省政府提请省人大常委会修订地方性法规33项，废止地方性法规8项。为推进立法公开化，1996年，省政府常务会议决定，从1996年10月起，省政府制定的规章都在《广东政报》全文刊登，其中含有行政处罚内容的规章还在《南方日报》全文刊登。

1981—1999年省立法状况表

表2-57

年份	地方性法规			省政府规章			法规、规章合计		
	制定（含批准）	修订	废止	制定	修订	废止	制定（含批准）	修订	废止
1981	6	—	—	1	—	—	7	—	—
1982	3	—	—	4	—	—	7	—	—
1983	1	—	—	13	—	—	14	—	—
1984	4	—	—	19	—	—	23	—	—
1985	7	—	—	15	—	—	22	—	—
1986	11	—	—	49	—	—	60	—	—
1987	7	—	—	38	5	—	45	5	—
1988	4	—	—	47	—	—	51	—	—
1989	1	—	—	50	—	—	51	—	—
1990	3	—	—	24	—	—	27	—	—
1991	11	—	—	37	—	—	48	—	—
1992	6	1	—	39	5	—	45	6	—
1993	15	1	—	33	—	—	48	1	—
1994	18	1	—	32	1	—	50	2	—
1995	9	—	—	38	—	—	47	—	—
1996	28	6	—	26	2	54	8	—	—
1997	32	55	6	32	51	—	64	106	6
1998	29	1	—	21	50	76	50	51	76
1999	30	5	2	12	3	18	42	8	20

（三）清理不适用法规规章

在制定新的法规规章的同时，广东省也注意适应经济社会的发展变化，对不适应形势发展需要的法规、规章和规范性文件及时进行清理。其中比较大的几次清理工作都由政府法制部门具体组织实施。

1983年12月，省政府办公厅发出《关于认真做好我省过去颁布的法规、规章清理工作的通知》，1984—1985年，法制处首次组织开展对法规、规章和规范性文件清理工作，清理出1949年至1984年上半年广东省制定、颁布的法规、规章、规范性文件1116件，报请省人大和省政府废止807件，建议修订65件。1986年1月13日，省政府办公厅发出《关于废止我省颁布的部分法规、规章的通知》，废止中华人民共和国成立以来省政府、省人委、省革委等颁布的法规、规章及规范性文件807项。

1988年，为适应改革开放的需要，受省政府委托，法制局组织省经委、经贸委、财政厅和办公厅综合处成立清理涉外经济法规领导小组办公室，对国务院和省政府自1979年以后颁布的300多件涉外法规、规章和规范性文件进行清理，对国务院颁布的53件法规分别提出废止和修改意见，对省政府颁布的55件规章和规范性文件提出了废止意见。1988年，省政府发出《关于废止一批涉外经济规章、规范性文件的通知》。

1990年，适应贯彻实施行政诉讼法的需要，法制局对省政府颁布或批准颁布的规章进行清理。1991年2月8日，省政府发出《关于废止部分规章的通知》，对第一批17件规章予以废止。

根据办公厅《关于做好法规规章清理工作的通知》，1991年，法制局对1979年以后广东省出台的法规、规章再次进行清理，报请省人大和省政府废止了30件。

1992年，法制局对治理整顿期间省人大、省政府及其办公厅颁发的文件进行全面清理，共清理出文件974件，报请废止21件，建议修订31件。

1996—1998年，适应行政处罚法实施的需要，经省政府同意，法制局从公安、交通、财政、卫生、工商部门抽调人员组成清理工作小组，对本省涉及行政处罚的68件地方性法规、401件省政府规章及规范性文件进行全面清理，报请省人大常委会修订地方性法规33件，废止6件；报请省政府修订规章96件，废止规章及规范性文件116件。

三、其他工作

（一）行政执法监督

1. 监督职能演变

1988年4月，省政府批准成立省法制局，明确其主要任务之一就是“检查法规执行情况，研究法制建设中存在的问题并提出建议”，执法检查的具体工作由法制局研究室承担。1995年年初，省委常委会议决定由省法制局牵头，成立广东省清理公路“三乱”办公室，负责全省清理公路“三乱”工作的组织、协调、督促、检查；省政府授权省政府法制局、省监察厅牵头组建省政府查禁公路“三乱”督察队，并在全省主要干道上设立了15个查禁公路“三乱”举报督察站（后增至18个），专门查处公路上的“三乱”行为，日常工作由省政府法制局负责（1997年督察队办公室正式定编，归口省政府办公厅直接管理，督察队名称改为广东省人民政府治理公路“三乱”督察队）。1995年8月，省政府办公厅印发的《广东省人民政府法制局职能配置、内设机构和人员编制方案》，规定法制局的主要职责包括行政执法监督，并明确法制局设立行政执法监督处，“负责对重大行政执法活动的协调督察，依法纠正违法或不当的行政执法行为；协调部门之间在执行有关法律、行政法规、规章过程中产生的争议和矛盾；办理法规性文件和重大行政处罚决定的备案工作”。1996年12月，省政府批准成立广东省人民政府行政执法督察办公室，与法制局行政执法监督处合署办公，作为查处各级各类行政执法违法行为的专门机构。

2. 监督制度建设

1992年，省法制局报请省政府制定《广东省规范性文件备案规定》《广东省行政复议实施办法》。1996年行政处罚法出台后，法制局加快了监督制度建设的步伐，先后组织起草一系列与行政处罚法相配套的法规和规章，其中，《广东省规章设定罚款限额规定》于1996年9月获省人大常委会审议通过；《广东省行政复议实施办法补充规定》于1997年1月由省政府发布；《广东省〈行政执法证〉管理办法》于1997年6月由省政府发布；《广东省地方各级人民政府实施行政处罚规定》于1997年7月由省政府发布；《广东省行政执法队伍管理条例》于1997年9月获省人大常委会审议通过；《广东省各级人民政府行政执法监督条例》于1997年12月经省人大常委会审议通过；《广东省行政执法责任制条例》于1999年11月经省人大常委会审议通过，《广东省行政处罚听证程序实施办法》于同年由省政府发布。

3. 履行行政执法监督职能

（1）组织开展行政执法监督检查。这是省政府法制机构早期的主要监督方式。1988年法制局成立后，每年都专门发文征求省政府各部门关于开展行政执法检查工作的意见，经综合协调后报请省政府下发年度行政执法检查计划，并直接代表省政府组织开展五至十项重要法律、法规、规章执行情况的检查活动。同时，配合省人大常委会，参与或协同组织若干项重要法律法规执行情况的检查工作；还根据省政府有关部门的要求，派员参与或直接指导有关部门组织行政执法检查工作。据统计，从1988—1999年，法制局组织、参与的行政执法检查活动达200多项，检查的法律、法规和规章涉及交通、公安、工商、财税、金融、国土、规划、建设、农业、林业、水利、渔业、气象、地震、环保、劳动、文化、卫生、科教、档案和消费者权益保护等众多领域。

（2）开展规范性文件备案审查。1992年6月6日《广东省规范性文件备案规定》颁布实施，规范性文件备案工作正式启动。此后，各地级市政府和省政府各部门基本上都按要求将本市政府或本部门制定的规范性文件向省政府报送备案（一式10份，径送省法制局），其中，各市政府每年上报备案的规范性文件约300件，省政府各部门每年上报备案的规范性文件约500件。这些备案件都由法制局直接办理。省法制局着重就上报备案的规范性文件的合法性与适当性进行审查，发现有违反上位法规定或者与有关行政机关的规范性文件互相矛盾的，依法进行协调，督促报备机关自行纠正，或者提请省政府责令改正或直接撤销。据不完全统计，至1999年年底，法制局通过备案审查，督促有关报备机关自行纠正的规范性文件20多件。

（3）开展行政执法协调。1988年省法制局成立后，根据省政府领导的指示，承办了大量行政执法协调工作。至1999年，省法制局负责协调或参与协调的行政执法纠纷案件达40多件，如协调处理劳动部门与电力部门关于电工考核发证问题，水利部门与地矿部门关于河道采沙、取水等问题，建设部门与物价部门关于房地产评估问题，劳动部门与技术监督部门关于电梯安装使用问题等方面产生的矛盾和争议。

（4）建立行政执法监督检查窗口企业制度。1994年，法制局报请办公厅发出《关于建立行政执法监督检查窗口企业制度有关问题的通知》，开始推行行政执法监督检查窗口企业制度，通过这些有代表性的窗口企业，了解企业的负担状况，遏制行政机关向企业乱要赞助、乱摊派、乱收费等违法行为。具体做法是，由法制局与有关企业友好协商，双方自愿签订合作协议，法制局免费向这些企业授予“行政执法监督检查窗口企业”牌匾，并义务提供监督服务；窗口企业则负责将本企业所遇到的“三乱”行为及时报告法制局，由法制局对有关情况进行调查处理。至1996年，法制局共与13家不同类型的企业签订了合作协议。

（5）受理群众投诉。1996年年初，根据省政府《关于规范政府行为简化国有企业办事程序的通知》精神，法制局在《南方日报》上公开投诉举报电话和地址，确定专人负责受理国有企业对政府机关行政行为的投诉，监督各级行政机关简化办事程序，落实国有企业经营自主权，全年共收到书面投诉130宗，电话投诉100多宗，接待来访投诉50人次；转有关地方或部门办理31件，办结27件。省政府行政执法督察办公室挂牌成立后，正式受理公民、法人和其他组织对政府行政行为的投诉举报，再次对外公布了投诉举报电话和地址。1997年，省政府行政执法督察办公室共接待群众来访投诉200多人次，收到投诉信件200多件，其中转办100多件，直接办复40多件；1998年，共处理群众信访案件500多件，接待群众来访100多人次，立案查处重大投诉案件52宗；1999年，受理群众投诉举报案件300宗，立案查处60宗，处理行政执法引发的矛盾5宗。

（6）清理整顿行政执法队伍。1996年，省八届人大四次会议代表向省政府提出《关于清理整顿行政执法队伍及其"三乱"行为的议案》《关于清理整顿全省路桥收费站（点）的议案》，省政府交由法制局办理。法制局提请省政府发出《关于全面清理整顿行政执法队伍及其"三乱"问题的通知》《关于清理整顿全省路桥收费站点的通知》，组织省建委、科委、公安厅、交通厅、财政厅、人事厅等33个单位，邀请省人大内司委、财经委参加，对全省行政执法队伍和路桥收费站（点）分别进行抽查、检查，并组织全省各级政府法制机构对本地区的行政执法队伍进行了全面清理，共清出行政执法队伍2582支、路桥收费站点352个。通过清理整顿，行政执法队伍中的合同工、临时工基本上都被依法清退，一批未经依法批准设立的路桥收费站点被责令撤销，许多不具备行政执法主体资格的行政执法队伍和行政机关内设机构违法以自己名义实施行政处罚的行为被依法制止和纠正，全省收费站点得到有效规范，行政执法队伍乱设立、乱收费、乱处罚等"三乱"行为得到了初步遏制。1997年9月，省法制局通过省政府报请省人大常委会审议通过了广东省行政执法队伍管理条例，明确规定全省行政执法队伍都必须报经省政府批准方能设立，从而把行政执法队伍的审批和管理纳入法治轨道。

（7）推行行政执法人员持证上岗制度。1997年，为落实行政处罚法关于亮证执法的要求，省法制局报请省政府制定《广东省〈行政执法证〉管理办法》，明确规定全省行政执法人员实行持证上岗。申领执法证的人员都必须经过行政诉讼法、国家赔偿法、行政处罚法和行政复议法（原行政复议条例）培训并经考核合格。根据省政府的部署和要求，法制局把代省政府核发行政执法证工作与清理整顿各类行政执法组织有机地结合起来，对全省申领执法证单位的执法主体资格以及执法依据、执法类别、具体职权来源和人员编制等方面严格进行审查，对不具备行政执法资格的单位、不符合执法条件的人员，一律不发给行政执法证。通过发证工作，全省未经法律、法规授权成立或者未经省政府审批的行政执法队伍全部被取消执法资格，各级各类没有法定依据、不具备执法资格的执法组织被一律取缔，近4万名不符合执法条件的人员被停止上岗，各种未依法办理委托执法手续的受委托组织均按要求补办了委托手续，全省行政执法主体得到有效规范。

结合省政府行政执法证的核发工作，省法制局组织各级政府法制机构，对全省申领执法证的执法人员进行了系统的"四法"培训考核。至1999年年底，全省接受"四法"培训的行政执法人员近20万人次。通过培训考核，全省行政执法人员的执法素质、执法水平有较大提高。

（8）推行行政执法责任制。1994年8月，省人大常委会和省政府联合召开省直国家行政机关建立执法责任制动员大会。随后，省法制局会同省人大常委会办公厅和省普法办，联合编印省直国家行政机关《执法责任制手册》。1995年，省法制局提请省政府发出《关于加强执法责任制建设和执法监督工作的通知》，就行政执法责任制建设提出了具体要求。1997年，法制局配合省依法治省办公室和省人大常委会办公厅，对省经委、外经贸委、劳动厅、交通厅等10个省直行政机关建立行政执法责任制的情况进行了检查，并联合筹办了广东省行政机关执法责任制经验交流会，总结推广一些地方和部门建立健全行政执法责任制的做法和经验。1998年，省法制局与省人大常委会办公厅、省依法治省办公室又组织联合检查组，对部分省直行政机关建立健全行政执法责任制的情况再次进行检查；联合举办省政府直属各部门法规（法制）处处长行政执法责任制工作培训班。同年，省法制局会同省人大常委会研究室、省依法治省办公室联合编印旨在指导基层开展行政执法责任制建设的《行政执法责任制问答》一书；配合省人大法委拟订广东省行政执法责任制条例草案并获省人大常委会审议通过，使广东的行政执法责任制建设迈上规范化、制度化、法制化的轨道。

（9）开展城市管理综合执法试点工作。行政处罚法确立的相对集中行政处罚权制度，是对现行行政执法体制的重大改革，有利于解决行政执法中普遍存在的多头管理、职权交叉、重复处罚、执法机构膨胀、执法扯皮等问题，降低行政执法成本，强化执法力度，提高执法效率。1997年10月和2000年1月，根据广州、深圳市政府的请求，省法制局通过省政府向国务院提出关于在广州、深圳开展城市管理综合执法试点工作的请示，分别获得批准。广州、深圳两市以城市管理综合执法为核心的相对集中行政处罚权试点工作均正式启动。

（二）承办省政府相关法律事务

1988年省政府《关于成立省政府法制局的通知》和1989年《关于建立和健全政府法制工作机构的通知》明确指出，各级政府法制机构是同级政府法制工作的专门机构，也是同级政府及行政机关领导在处理法律事务方面的参谋、助手和顾问。1992年5月5日，省政府办公厅发出《关于充分发挥政府法制机构的法律顾问作用的通知》，重申政府法制机构作为政府机关法律顾问的职能作用，要求各级政府法制工作机构和法规咨询服务中心要切实担负起政府机关法律事务的顾问和助手的职责，并明确此后各级政府及其工作部门不必另外再聘请律师担任本单位的常年法律顾问。

省法制局成立后，承办省政府及办公厅领导交办的各类法律事务，如根据省政府领导指示，参与协调解决省食品进出口集团公司与佛山市石湾酒厂关于米酒商标权纠纷案；根据省政府办公厅领导指示，代理北京岭南饭店出庭应诉华夏银行和中国工商银行起诉北京岭南饭店拖欠债务、催交购车款等民事经济诉讼案，均获胜诉，为北京岭南饭店免责约2000多万元。1998年10月至1999年3月，根据省政府领导指示，派员参与广东国际信托投资公司关闭清算工作，处理大量有关清算方面的法律事务。此外，根据省政府办公厅领导的要求，省法制局还协助省政府办公厅机关服务处、行政管理处、交际处等处室审核、修改了一批经济合同。

（三）法制工作的业务指导

1. 组织法制培训

1991年，为适应行政复议条例颁布实施的新形势，经省政府同意，法制局举办两期行政复议培训班，对全省各级政府法制机构担负行政复议工作的人员进行培训，培训行政复议工作骨干近500名。

1992年，省法制局与省高级人民法院联合举办3期行政复议和应诉人员培训班（每期1个月），为省直有关单位和各市县政府法制机构培训干部306人。

1990—1995年，省法制局先后组织了行政诉讼法、行政复议条例、国家赔偿法、仲裁法等一系列法律、法规培训班，对全省各级政府及其部门的有关人员分期分批进行培训，受训人员数以万计。

1996年，省法制局直接举办9个行政处罚法培训班，对全省各级政府法制机构的干部和各级行政机关的行政执法骨干进行培训，并派出人员或安排有关专家为各地、各部门授课。全省受训人员逾10万人次，其中4万多人经考核合格，发给广东省行政处罚法培训合格证。

1999年6月中旬，省法制局又举办立法法培训班，全省各级政府法制机构和省政府直属各部门共130多名干部参加。同年召开的全省政府法制局局长会议还以会代训，集中学习立法法。

2. 编印法制工作书刊

（1）编印法制工作刊物。1986年办公厅法制处组织省内的专家、学者撰写经济法研究论文26篇，编印成《经济法研究》丛刊。1986年开始编辑出版《经济法制工作》月刊；同时不定期编辑出版《经济法研究会通讯》。1990年开始定期编辑出版《政府法制工作》简报（每月1期）。

（2）编纂法规汇编。1989年、1992年和1994年，省法制局分别编纂《广东省法规规章汇编》各一册；1989年编纂《地方政府法制工作手册》；1989年和1992年分别编纂《广东涉外法规》（中英文对照）各一册；1994年，编纂《广东省最新法规汇编》，编印《广东涉外投资指南》，与省高级人民法院联合编印《广东法规全书》（编至1993年）；1999年，编辑出版《广东法规规章全书（1979—1998）》，约230万字。

（3）编写法制工作培训教材。1989年，省法制局编写出版《办理人大代表建议和政协委员提案问答》。1992—1999年，先后编写出版《行政复议工作手册》和行政诉讼法、行政处罚法、国家赔偿法、行政复议法等系列培训教材，及时为全省行政机关法制培训工作提供学习资料。

3. 开展调研活动

1998年4月至7月，法制局参与广东省增创新优势专题调研活动，牵头负责第九专题“贯彻依法治省方针，进一步加强民主法制建设”专题调研活动，在深入基层调查研究的基础上，提出13条对策或建议。

1998年，省法制局在各地级市政府法制局和省政府直属各单位法制机构中开展“增创政府法制工作新优势”调研活动。

（四）法制研究和宣传

1985年12月10—13日，由省政府办公厅和省经济法规研究中心承办的全国第二次经济法理论研究工作会议在广州召开。国务院经济法规研究中心总干事、全国经济法研究会会长顾明主持会议。出席会议的有中央、各省（市）区有关部门代表和全国经济学专家学者代表。省人大常委会和省政府领导出席会议并作讲话。

1991年，配合行政复议条例的出台，省法制局组织编写了8万多字的《行政复议工作手册》，成为全省普法教材。

1992年及1995年10月，省法制局先后两次与省高院联合举办庆祝行政诉讼法和行政复议条例颁布实施大型电视文艺晚会，在全省现场直播。

1997年，省法制局组织筹备“广东法制建设十八周年回顾与展望”系列宣传活动，系统地总结改革开放以后广东法制建设取得的成就。

1998年，省法制局与省依法治省办公室、广东电视台联合拍摄系列电视片《法治的呼唤》，该片分《辉煌成就》《顺时应势》《市场经济与法制》《法治：初见成效》《展望篇》5集，从不同侧面反映改革开放近20年广东省民主法制建设的成就以及对法制建设的展望。广东卫视台于6月25—29日连续5天播出。该片后制作成VCD，赠送各市县政府法制机构、依法治市（县）办公室。

1999年省法制局配合行政复议法出台，与省电视台《公民与法制》节目组合作编写有关行政复议内容的节目，为《南方日报》等报刊撰写文章，通过多种形式、多种渠道宣传贯彻行政复议法规。同年，省法制局与省依法治省办公室、省电视台等单位联合开办法制宣传电视栏目《与法同行》。该栏目在1999年全国电视法制栏目评比中获得第三名。

（五）重组仲裁机构

1994年8月31日，第八届全国人大常委会第九次会议通过《中华人民共和国仲裁法》。1994年、1995年国务院办公厅先后发出通知，要求各省、自治区力争在1995年9月1日前将省、自治区人民政府所在地的市和列入计划第一批重新组建仲裁机构的其他设区的市的仲裁机构组建起来。省政府办公厅先后转发了国务院上述通知，明确全省仲裁机构的重新组建工作由省政府法制局负责，并相应成立仲裁机构工作小组。其主要职责是：（1）协助国务院法制局抓好广东省试点城市仲裁机构的重组工作；（2）指导全省符合条件的市仲裁委员会的重组、发展工作；（3）组织或参与各地仲裁委员会的业务拓展及仲裁队伍建设；（4）协调处理开展仲裁工作中遇到的问题和困难。省政府还召开全省仲裁工作会议，就做好全省仲裁机构的重新组建工作作出具体部署。

1995年8月，广州、深圳两市仲裁委员会正式成立。至2000年，已相继成立仲裁委员会的有广州、深圳、珠海、汕头、佛山、韶关、惠州、江门、肇庆、清远等10个市。

第二节　行政复议工作

一、机构与人员

1990年4月24日，省编委发出《关于省政府办公厅增设行政复议处的批复》，批准省政府办公厅设立行政复议处。

1993年4月，经省政府同意，省政府办公厅发出文件，决定行政复议处对外称广东省人民政府行政复议办公室。行政复议办公室与行政复议处一套人马两块牌子，合署办公。省政府还挂牌成立广东省人民政府行政复议委员会，委员会主任为省政府机关法定代表人，成员是省政府所属职能部门的机关法定代表人。

按业务归口，行政复议处受法制局的直接领导与管理。有关行政复议的重要业务活动及案件处理，一般都报经法制局领导审核后再呈批。2000年省政府机构改革中，将原由省政府办公厅承担的行政复议、行政应诉、行政赔偿工作职能和行政复议处人员编制成建制划归新组建的省政府法制办公室。

行政复议处成立时确定编制6名。1995年省级党政机构改革中再次核定行政复议处行政编制6名。

二、制度建设

（一）拟订规章和操作规则

根据国家先后颁布的《中华人民共和国行政复议法实施条例》（简称《行政复议条例》）和《中华人民共和国行政复议法》（简称《行政复议法》），行政复议处先后草拟并经省政府批准出台的有《广东省行政复议实施办法》《广东省行政复议实施办法补充规定》《广东省人民政府行政复议办公室工作制度及办案程序》（1993年4月起实行）、《广东省人民政府行政复议案件审理制度及复议决定书审核程序》（1996年9月起实行）、《广东省人民政府行政复议办公室办理行政复议案件工作规则（暂行）》（2000年1月起实行）、《广东省人民政府行政应诉工作规则》（2000年10月起实行）等。

1998年年底至1999年，行政复议处被邀请参加国务院法制办公室先后在江苏无锡、安徽马鞍山召开的专门会议，征询起草《行政复议法》意见。1999年年初，国务院法制办和全国人大常委会法工委又专门到广东进一步征询对该草案的意见，其中广东提出的不少意见被吸纳到《行政复议法》中。如“当事人依法提出行政复议申请，行政复议机关无正当理由不予受理的，必要时，上级行政机关也可以直接受理”“将部分抽象行政行为列入行政复议范围并加以限制性规定”“对历史遗留问题造成的山林土地权属纠纷的行政复议案件的处理可以采用调解的办法”等建议、意见，均被采纳或体现在1999年4月颁布的《行政复议法》中。

（二）行政复议工作程序

行政复议制度作为一种行政相对人权利救济的途径，其立法宗旨是纠正违法和不当的具体行政行为，监督行政机关依法行使职权，保护公民、法人和其他组织的合法权益。同时，行政复议又是一种依行政管理相对人申请的法律行为，没有申请人的申请，复议机关不能主动进行行政复议；受理审查行政争议时必须严格遵循法定程序，既要保护老百姓的合法权益，也要保障行政机关依法行政，必须做好申请人和被申请人居中裁判工作，秉公执法，力求作出的行政复议决定认定事实清楚，适用法律准确，审查程序合法，从而公正解决行政争议，保证在行政应诉中经得起司法审查。一旦违法办案，行政复议机关及其工作人员必须承担法律责任。根据国家《行政复议条例》《行政复议法》的规定，结合工作实际，行政复议处在办理行政复议案件时，坚持遵循严格的工作程序。

1. 受理

按规定及时受理行政复议申请。对口头申请的必须作记录，然后务必审查申请的基本内容和有关材料，包括申请人的身份证明，是否符合行政复议法规规定的条件；是否有明确的被申请人；申请复议的事项是否属于具体行政行为，是否属于行政复议法规规定的行政复议范围；是否有具体的复议请求和事实依据；是否符合法定申请期限；是否属于本行政机关受理；是否存在第三人；是否已向人民法院提起行政诉讼。然后再根据审核意见作出是否受理的决定，在5日内书面告知申请人，要求申请人在送达回证上签收。

2. 审理

对决定受理的行政复议申请，要落实专人负责审理。并在法定期限内处理好几个环节工作：（1）在受理行政复议申请之日起7日内，制作被申请人答辩通知书，与行政复议申请书副本一并发送被申请人，要求被申请人接到通知书后10日内提出答辩材料。（2）原则上采取书面审查的办法，着重审查被申请行政复议的具体行政行为是否合法与适当。（3）必要时进行调查取证和听取意见，并制作调查、询问笔录。涉及产权争议的，一般应进行现场勘验，通过法定机关鉴定，严格审查有关证据的真实性与合法性。（4）认为申请人在复议期间申请停止执行具体行政行为的要求合理，报经批准后发出决定停止执行的通知。（5）在法定期限内审查申请人依法提出的请求审查行政机关作出具体行政行为所依据的规范性文件，包括审查省政府制定的规范性文件和下级行政机关制定的规范性文件。对认定不合法的规范性文件，属省一级行政机关制定的，提请省政府在30日内予以废止或者作出修订；对属于下级行政机关制定的，应当在30日内予以撤销或者责令其在30日内予以废止或者作出修订。对无权审查处理的规范性文件，按行政复议法的有关规定制作行政复议规范性文件转送处理函，在7日内转送有权处理的机关依法处理。处理期间，中止对具体行政行为的审查。（6）在案件审查中发现符合国家赔偿法的有关规定应当给予赔偿的，作出撤销、变更具体行政行为或者确认具体行政行为违法的决定时，应当同时决定被申请人依法给予赔偿。

3. 拟订行政复议决定

案件主办人员在受理复议申请之日起60日内，根据审理情况拟订出行政复议决定，并告知诉权。对案情复杂的，可依法申请延长30日。制定行政复议结论都要经办公室集体讨论，报法制局领导审核后，在法定期限届满一周前按程序向省政府领导呈批。

4. 呈批

按法律规定，向省政府申请复议的案件，行政复议决定由省政府领导批准。行政复议结论可以决定维持；决定被申请人在一定期限内履行；决定撤销、变更或者确认该具体行政行为违法。拟订的《行政复议决定书》要根据结论的不同分别呈批：

（1）复议决定属维持原具体行政行为的，依次送主管副秘书长、秘书长审核，由秘书长签发。

（2）复议决定属撤销、变更原具体行政行为，或决定被申请人在一定期限内履行的，或确认该具体行政行为违法的，依次送主管副秘书长、秘书长审核后，呈分管副省长签发。如属重大涉外案件或在国内、省内影响重大的案件，呈省长签发。

（3）署名盖章。按照《行政复议条例》规定，经省政府领导签发的《行政复议决定书》，都必须由省政府复议机关法定代表人——省长署名，加盖省政府印章。《行政复议法》施行后，简化程序，从1999年10月1日起审理的行政复议案，减少了由省长署名的环节。

5. 送达

经省政府领导签发的《行政复议决定书》，加盖省政府印章后，送达申请人和被申请人，并要求申请人和被申请人在送达回证上签收。直接送达或委托有关行政机关送达有困难时，要使用挂号信通过邮寄送达。

6. 归档

结案后对在办理过程中形成的材料，办案人员负责按顺序整理案卷，按文书处理规定送办公厅秘书处档案科，供存档备查。并要求注意做好有关保密工作。

此外，对案件经办人员及有关领导，凡与受理的复议案件有直接或间接关系的，都实行回避制度，保证案件的公正审理；对办案人员有徇私舞弊和渎职行为的，要依法追究行政责任或其他法律责任。

（三）应诉准备

行政复议机关作出复议决定，是一种具体行政行为，具有强制执行力，直接影响公民、法人和其他组织的合法权益，具有可诉性。申请人对行政复议决定不服的，有权依法向法院提起诉讼（行政复议决定为法定终局裁决的除外）。对因不服行政复议决定提起行政诉讼的应诉事项，复议处要依职责承担应诉工作，做好应诉的充分准备。负责应诉的工作人员，出庭时要出示加盖省政府印章的《法定代表人（省长）证明书》，以及省长的《授权委托书》。

三、其他工作

（一）处理行政争议

1990—2000年，行政复议处依法受理并审查向省政府提出的行政复议申请数量呈逐年递增的趋势，但各阶段情况有所不同。

第一阶段：1990—1993年，行政复议机构建立初期，案件较少。公民对行政复议制度较陌生，这个阶段主要工作着力于宣传、培训业务骨干。1991年10月8日，行政复议处受理了首宗行政复议案——和平县土厘村因不服河源市政府作出的有关具体行政行为，向省政府申请行政复议，省政府经审理依法维持了河源市政府《处理山林纠纷决定书》。1992—1993年每年省政府收到的复议申请约30宗，经审核后必须立案办理的案件约占一半。

第二阶段：1994—1998年，《中华人民共和国行政处罚法》实施后，由于该法对执法主体权限和程序进一步加强规范，公民对行政执法机关的具体行政行为提出异议的问题相应增加，行政复议案件的数量有所上升，其中省政府每年立案受理的案件20～25宗。

1995年8月，省长朱森林主持会议讨论重大行政复议案件。为有利于指导、协调省政府各部门、各市、县行政复议机构的业务工作，减少不必要的环节，规范行政复议工作程序。

第三阶段：1999—2000年，《行政复议法》出台前后，由于媒体等各方面广泛宣传，行政复议申请范围扩大，简化了申请程序，申请行政复议的案件成倍增长。每年省政府收到的申请案件上百宗，经审查必须立案受理的50多宗。

申请行政复议的案件，主要涉及行政处罚和山林土地权属纠纷，少数涉及行政强制措施、行政许可以及知识产权等方面。其中涉及行政处罚的约占60%，主要发生在公安、工商、物价、林业、卫生、劳动、城建等职能部门；山林土地权属纠纷多为历史遗留问题，多发生在粤北和粤西地区，由于纠纷时间长，争议利益大，并因涉及重大的历史变迁，使采证不易而造成案情复杂，调处难度大。每年度案件审理结果，维持率约占50%～65%，撤销和变更的约占15%，而通过调解等其他方式处理的约占20%。

涉及重大的行政复议决定，省政府有关领导很重视。1995年处理广州轻工集团与省农垦总局关于土地争议案，省长朱森林亲自过问，省长助理吕伯涛带队到有关部门做协调工作，指导办案人员制订处理方案；1997年副秘书长周炳南多次主持会议协调案件，如解决久拖未决的湛江赤坎中山街道办事处的土地权属纠纷，调处广东米酒商标问题的知识产权争议；2000年年初，副秘书长李春洪主持会议协调珠海市政府不依法答辩、不提交作出具体行政行为的依据材料而被撤销原具体行政行为等案件，使一批行政争议通过法律程序得到公正、合理解决。

（二）代理行政应诉事务

行政复议处代理省政府出庭应诉的事务，主要包括省政府作出的具体行政行为引起争议被直接诉诸法院和省政府作出的行政复议决定，申请人不服而向法院起诉的案件。此外，省政府作出的行政复议决定维持下级行政机关的行政行为，申请人不服而向法院起诉的，虽然被告是下级行政机关，但下级行政机关可以要求省政府复议机构协助出庭应诉。1991年10月8日，广州市中级法院正式开庭审理原告广州市白云区同和村因与南湖宾馆土地纠纷争议告省政府一案，这是《中华人民共和国行政诉讼法》颁布后首次由省政府当被告的行政诉讼案。行政复议处在省政府办公厅和法制局的领导下，第一次出庭应诉。法院经审判，依法维持了省政府作出的相关行政处理决定。每年行政复议处承办省政府的行政应诉案件为3～5宗，行政复议处在办公厅和法制局的领导下，严格依法履行行政应诉职责，认真做好应诉准备并积极出庭应诉，10年中未出现过败诉案件或重大失误。

（三）法规宣传

行政复议处采取多种形式开展宣传活动，推动行政复议法规的实施：

一是举办大型电视文艺晚会，寓法制教育于文化娱乐之中。如纪念《行政复议条例》实施两周年和五周年，行政复议处以“搞好行政复议、行政诉讼工作，推进依法行政”为主题，具体组织并以法制局的名义，于1992年10月、1995年10月先后两次与广东省高级人民法院、广东电视台联合举办了两场专题电视文艺晚会，在全省范围内现场直播，向广大群众进行宣传。

二是通过媒体宣传和举办咨询活动。1999年9月27日，行政复议处与省高级人民法院行政庭联合，在广州天河城广场举办了行政复议与行政诉讼法大型宣传咨询活动。1999年9月28日，在《南方日报》大篇幅刊登《教你依法“民告官”》的系列宣传报道。1999年11月，与广东电视台合作，制作宣传行政复议法专题公益广告，在广东卫视、珠江台频道连续播放一个月。

（四）业务和队伍建设

1. 培训业务骨干

1990年至1993年年底，行政复议处会同有关部门先后举办多期行政复议条例和行政诉讼法培训班，培训各级行政干部1700多人，并取得由省高级人民法院和省人民政府法制局联合颁发的“诉讼复议工作执照”。之后每年都根据工作人员变动情况，统一举办培训班。编写《行政复议工作手册》，编制了一套行政复议文书。还参与行政处罚法、行政诉讼法和国家赔偿法等培训教材的编写工作。

2. 创办《广东行政复议》刊物

省政府行政复议办公室主办的《广东行政复议》期刊。1993年下半年开始，不定期出版《广东行政复议》刊物，至1995年成为固定季刊。国务院法制局有关领导曾经多次将该刊物作为业务指导园地，发表专题文章，解疑析难，指导全国行政复议工作中有关司法见解、业务争议等问题。

3. 组织全省行政复议工作会议

第一次会议于1992年11月24—26日在肇庆市召开。会议要求各级行政复议机关建立健全行政复议机构，配备合适工作人员，完善工作制度，加强行政复议业务骨干的培训。

第二次会议于1995年11月14—17日在汕头市召开。办公厅副主任李春洪出席会议并讲话，要求全省行政复议机关大胆办案，进一步落实行政复议制度。国务院法制局应邀派代表莅临会议指导，并就拟订《行政复议法》草案召开专场会议征询意见。

第三次会议于1996年12月17—19日在中山市召开。省长助理吕伯涛出席会议并讲话，要求全省行政复议机关依法办案，提高办案质量，提高工作效率。国务院法制局应邀派代表出席会议指导，并通报了全国执行行政复议制度的基本情况，以及《行政复议法》草案起草的进展情况。

第四次会议于1999年4月12—14日在揭阳市召开。副秘书长周炳南出席会议并对1997年以后全省行政复议工作进行分析总结，要求以《行政复议法》即将颁布为契机，加强力量，健全制度，促进工作再上新台阶。会议特别邀请国务院法制办公室负责行政复议工作的同志，对即将颁布的《行政复议法》作辅导报告。

行政复议处每年都为基层行政复议机构解答一批有关行政复议大案、难案相关法律问题的请示，并负责复议案件的统计、分析工作。

1994年11月19日，《法制日报》刊登《越秀山下木棉红》一文，高度赞扬省政府办公厅行政复议处的工作。1997年，行政复议处被办公厅评为精神文明先进单位。广东的行政复议工作，从工作制度的创新完善，到案件的受理办结数量，均走在全国同行前列。但每年也有个别悬案难以解决；有些案件虽然作出行政复议决定，但由于行政争议的终局决定权不在行政单位，因而不服一方都会争取诉权，反复起诉、上诉，造成“讼累”。

第四章　施政纪要

第一节　第五届省政府施政纪要

本届省政府（1977年12月至1983年4月）是在“文化大革命”结束后，于1977年12月举行的省第五届人民代表大会第一次会议上选举产生。

省政府认真贯彻中共十一届三中全会精神，把工作重点转移到社会主义现代化建设上，经济形势一年比一年好。

1979年7月，中共中央、国务院批准广东、福建两省实行特殊政策和灵活措施，试办经济特区。在中共中央、国务院和省委的领导下，省政府推进经济体制改革和对外开放，充分运用“先走一步”的政策优势，利用广东毗邻港澳、华侨众多的独特优势，迈开向现代化进军的步伐。从1979年到1982年，经过全省人民的共同努力，经济社会发展发生一系列根本性的变化。工农业的发展速度，突破了1978年以前14年广东低于全国平均水平的状况，工农业总产值递增8.6%，高于全国同期年增长水平。初步改变了国民经济比例严重失调的状况，工农业内部的比例关系得到明显的改善。对外贸易出口翻一番，为国家创汇收入累计增加45亿美元，相当于1978年前四年总和的两倍多。财政收入平均每年递增7.6%，收支基本平衡。广东省经济上的优势初步得到发挥，人民群众得到休养生息，国民经济走上稳定健康发展的道路，在此基础上，人民政权建设和精神文明建设得到加强。

一、实行特殊政策和灵活措施

广东省毗邻港澳，华侨众多，历来是中国对外贸易、对外交流的重要门户，有发展外向型经济的极有利的条件。但是过去由于实行集中统一的计划经济体制，加上政治上“左”的思想的影响，这些优势得不到重视和发挥。1978年，广东全省国民生产总值仅为184.73亿元，国民收入160.78亿元，财政收入39.46亿元，城镇居民人均生活费收入401.88元，农民人均纯收入77.4元，农产品商品率停留在40%，农民商品性消费停滞于50%的水平。

（一）特殊政策和灵活措施的提出

1979年年初，省委、省革命委员会按照中共十一届三中全会关于解放思想，开动机器，发扬民主，实事求是，团结一致向前看的方针，在拨乱反正的基础上，敏锐地抓住全党工作重点转移的大好时机，在邓小平等中央领导的指导下，根据广东毗邻港澳、华侨众多，历史上是对外重要通商口岸等特点，认真进行调查研究，开始酝酿建立大规模出口基地。1979年1月，省革命委员会向国务院提出：要求将宝安、珠海县分别改为深圳市和珠海市。3月5日国务院批复省革命委员会，同意两县改设为市。其后，经过反复思考讨论，决定向党中央和国务院请示，提出给广东以更大自主权，以适应广东经济迅速发展的要求。1979年4月5—28日，中央工作会议在北京举行，广东省领导习仲勋、王全国出席此次会议。4月8日，省委第一书记习仲勋在会上发言："广东在对外经济技术交流方面有许多有利条件，这方面希望中央给点权，让广东先走一步。"4月10日，省委书记王全国也在中央工作会议上发言，要求国家"能给广东必要的自主权"，"让广东先走一步，多干一点"，"建议运用国际惯例，将深圳、珠海和汕头划为对外加工贸易区"。中央工作会议赞成广东先走一步的提议，邓小平希望广东"杀出一条血路来"。在这次会议上，根据邓小平的倡议，中央在会议文件《关于大力发展对外贸易增加外汇收入若干问题的规定》中，首次正式提出"试办出口特区"和对广东、福建两省实行"特殊政策和灵活措施，加速发展地方经济"的问题。

正当广东酝酿如何在改革开放中先走一步的时候，国家交通部也在考虑如何利用香港招商局，加快经济发展问题。1978年10月9日，交通部向中共中央和国务院上报《关于充分利用香港招商局问题的请示》，中央很快作出批示，同意招商局"立足港澳，依靠内地，面向海外，多种经营"。交通部和广东省革命委员会经充分协商和调查研究，于1979年1月6日联名写报告上报国务院，要求在宝安蛇口，建立中国内地的第一个出口加工区，国务院在1月31日批准了这一建议，蛇口工业区的开发随即开始。

1979年5月，中央派出以国务院副总理谷牧为首的工作组到广东，与省委、省革命委员会一起研究关于在广东实行特殊政策和灵活措施的问题并起草文件。

（二）特殊政策和灵活措施的内涵

1979年6月6日，省委、省政府向中共中央、国务院报送《关于发挥广东优越条件，扩大对外贸易，加快经济发展的报告》。报告的主要内容：一是计划体制根据国家方针政策由广东自主制定；二是在对外贸易、物价、劳动工资、企业管理方面扩大地方权限；三是利用外资，除了一些大项目，其他的由省市审批；四是财政和外汇收入实行定额包干，一定5年不变，即财政收入以1979年为基数，从1980年开始，广东每年上缴10亿元，其余由省支配，外汇收入以1978年为基数，超基数部分，国家和省实行三七分成；五是物资调配和商业活动适当利用市场调节，扩大地方管理物价权限；六是试办深圳、珠海、汕头3个经济特区。1979年7月15日，中共中央、国务院批准省委、省政府的报告，同意广东省对外经济活动实行特殊政策和灵活措施，在深圳、珠海、汕头划出区域试办出口特区。

中央对广东在对外经济活动中实行特殊政策和灵活措施，是改革经济体制的一种试验。考虑到在实行特殊政策和灵活措施过程中难免出现一些复杂情况，中共中央，国务院决定组织一个协调小组，随时了解执行情况，适时协调有关方面的关系。随后，明确由新建立的国家进出口管理委员会负责此项工作。

（三）特殊政策和灵活措施的实施

为扩大对外经济活动，发展对外贸易和经济合作，1979年9月29日，省委、省革命委员会决定成立广东省对外经济工作委员会。同年10月3日，省委、省革命委员会决定成立广东省驻香港办事处和驻澳门办事处（对外称粤海公司和南粤公司）。

1979年12月17—26日，广东省第五届人民代表大会第二次会议在广州召开。会议审议并批准习仲勋所作《政府工作报告》；审议并原则通过《广东省经济特区条例》；通过关于设立省人大常务委员会的决议，同时决定从1980年1月起，将广东省革命委员会改为广东省人民政府。

1980年，省政府按照中央有关文件精神，在抓好改革和发展规划的同时，从五个方面抓特殊政策和灵活措施的实施：一是发挥优势，调整经济结构。二是在国家计划指导下，扩大市场调节范围。三是积极发展对外贸易和对外经济合作。四是通过财政包干和外汇分成制度，调动各地增加财政收入和发展对外贸易的积极性。五是积极进行经济特区的筹建工作。

省委、省政府在贯彻特殊政策和灵活措施过程中，强调“三个更加”，即：（1）对外更加开放。放宽利用外资的审批权限，改革外贸体制，落实华侨政策，发挥华侨、港澳同胞在经济建设中的重要作用，打开对外开放的新局面。（2）对内更加放宽。进行计划体制改革，减少指令性计划，扩大指导性计划，增加市场调节比重。与此同时，扩大企业自主权，增强企业活力；进行物价、流通体制、财政、税收、金融体制改革，劳动制度改革和农业结构调整。（3）对下更加放权。在一定范围内对市（地）、县和企业下放计划权、基本建设审批权、对外贸易权以及人财物管理权限。减少指令性计划，因地制宜地调整物价，实行各种形式的经济责任制。

广东实行特殊政策和灵活措施，经济发展速度明显加快。但在经济迅速发展的同时，也出现一些新情况和新问题。由于受计划经济思想和传统观念的影响，经济工作的被动局面还没有从根本上扭转过来。国民经济比例失调的状况仍然严重存在，特别是物价上涨，供需矛盾突出。1980年12月，中央召开工作会议，提出对国民经济进行一次大的调整，强调要“退够”。要稳定经济，要压缩基本建设项目，关、停、并、转部分企业，强化中央的集中统一和行政干预经济的力度。中央提出的大调整，就全国而言，是非常及时、非常正确的。但对广东来说，既要继续贯彻执行特殊政策和灵活措施，又要贯彻执行中央大调整的方针，是一个严峻的考验。1981年开始，省委、省政府坚决贯彻执行中共中央、国务院关于经济上实行进一步调整，在政治上实行进一步安定的方针，并把经济调整和实施中央对广东实行特殊政策、灵活措施紧密结合起来，正确处理好调整与改革的关系；处理好加强集中统一和把经济搞活的关系；处理好国民经济比例失调的某些方面退够和某些方面要前进的关系。做到特殊政策真特殊，灵活措施真灵活，先走一步真先走。提出在七个方面要更快更好地发展前进，即狠抓农业；狠抓能源、交通和轻工业；狠抓经营管理，提高经济效益；狠抓外资的引进与利用；狠抓劳动就业，广开生产门路；狠抓教育、科技、文化、卫生工作；狠抓市场和人民生活。通过调整，退够站稳，扬长避短，使广东经济更稳定，更健康，更活跃，做到收支平衡、物价稳定、经济增长、生活提高，使广东经济在全国经济下降的状况下，保持上升的趋势。

实行特殊政策灵活措施的头三年，经济发展迅速，工农业总产值年平均递增7.93%。农林牧副渔业全面发展。工业发展速度改变10多年来低于全国平均水平的状况，工业结构逐步趋于合理协调，经济效益好转，工业企业所有制由全民、集体两种发展为全民、集体、个体、中外合资、中外合作、外商独资等多种。商品经济活跃，市场调节范围扩大。人民生活水平提高，到1980年基本解决了城镇待业青年的就业问题。科技、文化、教育、体育也得到相应发展。但是，在经济迅速发展的同时，由于管理工作跟不上，防范措施不健全，出现了党政机关经商现象，走私贩运比较猖獗，经济领域的犯罪活动增多的问题。

1980年7月13日，省委、省政府发出《关于坚决打击走私和投机倒把活动的指示》，要求全省各地坚决打击走私贩私活动。1980年12月26日，省委、省政府制定《关于对外开放中加强反腐蚀斗争的决定》，并于1981年组织两次打击走私贩私行动高潮。

1981年12月22日，中共中央政治局常委陈云在中共各省市（区）委第一书记座谈会上指出，特区的“第一位的任务是认真总结经验”。1982年1月11日，中共中央发出《紧急通知》，指出广东省的一些干部走私贩私严重，要求立即查处经济领域中的违法犯罪行为。同年2月11—13日，中共中央、国务院在北京召开广东、福建两省工作座谈会。讨论两省贯彻中央“紧急通知”，有效地打击走私贩私、贪污受贿等问题。2月23日至3月1日，广东省第五届人民代表大会第四次会议在广州召开，会议通过决议，号召全省人民紧密团结在党中央周围，坚决同经济领域的违法犯罪活动作斗争，使本省经济更健康地发展。1982年3月1日，中共中央批转《广东、福建两省座谈会纪要》的通知，在肯定实行特殊政策和灵活措施取得显著成绩的同时，也指出存在的问题，要求认真总结经验。省委、省政府根据中央的指示，从广东的实际情况出发，认真总结经验。

1982年3月20日至4月3日，省委、省政府召开省、地、县三级党政主要领导干部会议，传达了两省座谈会精神，要求各级领导要清醒地认识经济犯罪的严重性，又要清醒地看到执行特殊政策灵活措施的成就。提出“三个坚定不移”，即打击经济领域中的严重犯罪活动坚定不移；实行对外开放和搞活经济坚定不移；执行让人民群众富裕起来的政策坚定不移。并针对过去的“一放就活，一活就乱，一乱就管，一管就死”的恶性循环，把过去提出的“对外开放，对内搞活，越活越管，越管越活”的十六字方针改为“对外开放，对内搞活，思想先行，管要跟上，越管越活，越活越管”的二十四字方针，使广大干部群众既保持改革开放的锐气，坚决执行改革开放政策，又坚决地落实中央的指示，狠狠地打击严重经济犯罪活动，从而稳定了大局。同年4月27日，省政府发出《关于取缔非法经商和加强市场管理若干问题的决定》，严禁国家机关、团体、部队、学校和事业单位从事商业活动或经营进口业务，并严禁上述单位的工作人员个人经商。同年8月16—21日，省第五届人大常委会第十八次会议通过了《关于深入进行打击经济领域中严重犯罪活动的决议》，大张旗鼓地开展了打击经济领域严重犯罪活动的斗争。截至1982年11月，全省揭露出经济犯罪案件6800多宗，其中大案要案622宗。在反走私斗争中截获走私船只693艘，罚没走私款物总值9700多万元，并依法严肃处理中共海丰县委原书记王仲、中共海丰县委原副书记叶妈坎等重大案件。同时，针对经济工作中出现的新情况、新问题，采取一系列加强计划指导和管理监督的措施，包括加强进出口和外汇管理，加强市场管理，调整部分农副产品收购和奖售政策，加强基建计划管理等。并通过各种形式和渠道，向港澳同胞、华侨和国外投资者说明，广东实行特殊政策和灵活措施不变，打击经济犯罪，正是为了保护商人和投资者的正当利益，有利于促进经济贸易交流，并以重合同、守信用的事实，解除外商和港商的疑虑。在具体做法上，强调严格划清政策界限，明确打击重点，把走私贩私、投机诈骗同正当的经济交流协作、正常贸易往来严格区分开来。注意保持政策的稳定性和连续性，保护干部和群众的积极性。因而使广东国民经济继续保持健康快速发展。

（四）创办经济特区

1979年7月15日，中共中央、国务院批准广东、福建两省在对外经济活动中实行特殊政策和灵活措施，在深圳、珠海、汕头、厦门划出区域试办出口特区之后，1979年12月17—26日广东省第五届人民代表大会第二次会议召开，审议和原则通过了《广东省经济特区条例》。1980年5月，省委决定成立广东省经济特区管理委员会，吴南生兼任主任。

1980年8月20日，第五届全国人民代表大会常委会第十五次会议批准《广东省经济特区条例》和相关法规，正式批准深圳、珠海、汕头三市为经济特区。在进出口贸易、关税、外汇留成等方面，给特区较大的自主权和优惠政策。制定利用外资、吸引侨资和港澳资金的政策，放宽使用贷款的限制。在特区内，允许华侨、港澳商人直接投资办厂；简化人员出入境手续；特区内的中国银行机构可以同中国银行香港分行直接往来，开立账户；特区需用的进口物资和生产的出口商品，实行优惠税制。特区的工资可以高于全国和广东省的平均水平。深圳经济特区在原宝安县破旧、人烟稀少的小县城的基础上，扩大土地范围，按照自然山脉走向划出特区范围，即东从大鹏湾的背仔角起，西北面沿着梧桐山、羊台山脉，一直延伸到蛇口和南头区的一甲村为止，成为东西长49公里，南北宽7公里的狭长地带，总面积为327.5平方公里。珠海经济特区位于珠江出海口两岸，原划定面积为6.82平方公里，地形为半月形的狭长地带，靠山面海，港湾较多，陆地从东到西直线长12.6公里，南北最宽处2.37公里，分为东、中、西三个不相连的部分。1980年11月，珠海市人民政府成立，吴健民任市长。1983年7月，经国务院批准，将珠海特区的范围扩大为15.16平方公里，使原来的3个小片连成一片，便于统一规划、统一管理、合理布局。汕头经济特区在1980年上半年，经过地质勘探，现场考察，反复比较研究，最后选址定在龙湖村，将西北角1.6平方公里的沙丘地带，辟为出口加工区，1981年10月，为方便龙湖出口加工区进出口物资运输，将紧靠加工区南端1.7平方公里的低洼地稍加改造，辟为经营花果、蔬菜等经济作物和发展水产、畜牧业的农业区。

深圳、珠海、汕头三个经济特区，原来都是经济比较落后的地方。三个经济特区在起步之初，首先有计划地抓了土地开发，搞好“五通一平”（通道路、通水、通电、通电讯、通排污排洪和平整土地）的基础工程建设，为外商投资办企业提供生产、生活服务设施。土地开发、进行基础设施建设所需的大量资金主要是通过给政策，靠特区自力更生、自己筹措。1979年1月，国务院批准交通部香港招商局经营蛇口工业区。蛇口工业区利用企业留成利润，先行开发1平方公里的荒坡，建设了变电站和供电线路、自来水厂与引水工程、通往香港的客货运码头、直拨香港的微波电话系统、商业服务设施、商品住宅和职工宿舍等。在施工过程中，率先引进国外通行的竞争机制，提出“时间就是金钱，效率就是生命”的口号，创造“蛇口模式”和“深圳速度”，取得显著的经济效益。深圳经济特区吸取了蛇口工业区和国外一些工业土地开发的经验，利用3000万元银行贷款和部分地方财政收入，在罗湖小区进行商业服务性的基础建设，提供土地给外商兴建金融、商业、旅游、住宅等设施，特区向外商收取土地使用费。特区将开发土地赚得的钱用来搞罗湖小区的基础设施建设，同时开辟上步等工业区。这种边投资、边收益，再投下去扩大收益的“滚雪球”办法，是深圳特区解决资金的一个有效方法。深圳特区十分重视城市建设规划。经过调查研究，在1982年年底制定《深圳经济特区社会经济发展规划大纲》。深圳经济特区按照“规划大纲”，有计划、有步骤地进行土地开发建设，到1982年，累计基建投资10.78亿元，建成一大批基础设施。深圳的实践，给起步较慢的珠海、汕头两个经济特区提供了经验。创办珠海经济特区经历了一个从以旅游为重点到全面开发的过程。汕头经济特区采取“量力而行，开发一片，建设一片，获益一片”的方针搞基础设施建设。1982年完成龙湖出口加工区的总体规划，并开始该区首期0.2平方公里的“五通一平”基础建设，接着动工兴建轻工业通用厂房和各项配套设施。1983年9月，龙湖出口加工业的第一幢通用厂房竣工交付使用，外商独资的工厂、企业陆续投入生产，特区生产的产品开始进入国际市场。

其次，抓立法。广东省经济特区管理委员会从1979年8月开始起草《广东省经济特区条例》，一年后国务院正式提请全国人大常委会审核批准。《广东省经济特区条例》集中反映经济特区在经济上对外开放的程度和发展经济的特殊办法，概括起来主要有：（1）在维护中国主权和利益的前提下，鼓励外商投资，坚持平等互利原则，保障投资者的合法权益；（2）对投资者给予特殊优惠；（3）实行一套适应特区性质和要求的管理体制。这个条例的批准、公布，完成了设置三个经济特区的立法手续，奠定三个经济特区的法律地位。此后，经过全国人大常委会的授权，广东省人大常委会通过和颁布《广东省经济特区出入境人员管理暂行规定》《广东省经济特区劳动工资管理暂行规定》《深圳特区土地管理暂行规定》等法规。接着，三个经济特区还就商品房产管理、涉外经济合同、技术引进、企业登记、土地使用费等，发布了一系列政府规章。

三个经济特区在体制上，按照精简、高效的原则，设置特区的管理机构，并赋予充分的权力，使之能独立自主地处理问题，协调各方面关系，在精简、定编的基础上，明确职责分工，调整和配备干部。深圳经济特区初创时期，制定“立足深圳、依托内地，面向海外，走向世界”的方针。一方面，通过引进资金、技术、设备、人才和科学管理方法，与国外和港澳地区发展经济技术合作关系。采用中外合资、中外合作、来料加工（包括来件装配、来样加工、来料种养）、补偿贸易、外资独资等多种形式引进外资，逐步发展以自产产品为主的“三资”企业。另一方面，通过与内地单位联人才、联技术、联资金、联资源，与内地发展经济技术协作关系。在深圳经济特区创业的前三年，先后批准内地150多家施工企业、90多家勘察设计单位，共13万人参加特区建设，承担90%以上基建工程的设计和施工任务。1979年电子工业部创办深圳电子工业总公司，这是内地在深圳办的第一家大公司。此后，全国各地到深圳办企业越来越多。到1983年年底，已经有14个中央部（局），20个省、市、自治区，80多个地、市、县与深圳市签订了497项横向经济合作协议，有457项已付诸实施，实际投入使用资金1.68亿元。

中共中央、国务院非常关心经济特区建设。1981年5月，国务院召开广东、福建两省经济特区工作会议，会议讨论了两省实行特殊政策、灵活措施和设置经济特区的理论、体制、政策和管理的问题，提出要继续办好经济特区。1981年10月，深圳市经济特区人民政府成立，同年12月改为深圳市人民政府，梁湘任市长。1982年1月，邓小平到广州视察工作，听取任仲夷、刘田夫的工作汇报，并指示试办经济特区“你们觉得好就继续办下去”。中央不少领导先后到经济特区视察并指导工作，国务院有关主管部门也给予大力支持，从全国选调两千多名专业技术干部充实特区经济部门工作。

经济特区利用国家给予的优惠政策和地缘、人缘的优势，大胆探索创新，特事特办，放开手脚发展经济搞建设。到1983年年底，深圳经济特区的建设取得了巨大成就。基本建设总投资完成19.13亿元，竣工面积328万平方米，新建扩建道路55条，总长80公里；建立18层以上高楼18幢，城市已初具规模。全市工业总产值7.2亿元，与1979年比，增长11倍，农业总产值增长32%，社会商品零售额增长69%，引进外资工业项目2506项，协议投资16.79亿美元，实际利用外资3.79亿美元，引进设备2万多台（套），金融业、外贸业、旅游业蓬勃发展，人民生活明显提高，文化、教育、卫生事业都有很大发展。1983年，深圳大学开学招生。精神文明建设和社会各项事业全面进步。1980—1982年，珠海经济特区完成基建投资1.94亿元，基础工程建设逐步展开。首先抓好东部2.63平方公里的基础工程建设，重点抓好九州港及其配套工程的建设，并于1982年9月实现与香港的客运通航。引进外资项目10多项，其中石景山旅游中心第一期工程1980年竣工并开业，并与香港佳豪有限公司签订兴建中部、东部工业区和银坑度假村的协议（投资10亿美元）。截至1982年年底，实际利用外资1988万美元。1982年工农业总产值1.71亿元。汕头经济特区起步较晚，但特区范围的基础设施和工程项目也初步展开。该区第一个中外合资企业汕头地毯厂有限公司于1980年11月开业。

1981年11月，省委、省政府决定，加快海南岛开发建设，实行对外开放，对内放宽，充分发挥海南岛优势，把经济搞活，使海南岛尽快富裕起来。省委、省政府作出《关于加快海南岛开发建设几个问题的决定》，明确海南岛开发建设的方针、方向，下放审批权限，放宽政策，实行外贸财政包干，外贸自主经营，出口创汇除上缴中央三成外，全部留给海南行署和通什黎族苗族自治州等一系列优惠措施。

1983年2月，中共中央总书记胡耀邦视察韶关、深圳、海南、湛江等地。在深圳视察时提出，特区工作要“特事特办，新事新办，立场不变，方法全新”。在视察海南时强调，要进一步解放思想，加快海南岛的开发建设步伐。1983年4月1日，中共中央、国务院发出《关于批转〈加快海南岛开发建设问题讨论纪要〉的通知》，决定对海南岛实行类似经济特区的政策，以对外开放促进海南岛的开发。

广东省试办经济特区的巨大成就，对全国的改革开放起了重要的借鉴和推动作用，对广东的改革开放更是产生了巨大的影响，充分显示了改革开放的窗口和排头兵的作用。

二、推进经济体制改革和对外开放

（一）在农业和农村方面，逐步推行家庭联产承包责任制

广东的经济体制改革首先从农村开始，并取得成功。粉碎江青反革命集团后，农村政策的拨乱反正进程开始，《人民公社工作条例》（六十条）部分地恢复贯彻执行，其中

较受农民欢迎的主要有：减轻农民负担；恢复农民自留地；允许农民发展家庭副业；停止推行“政治评分”；强调恢复生产责任制，强调尊重生产队的自主权等。在这个时期，汕头、惠阳、韶关、湛江等地比较边远贫困的农村农民，开始自发地秘密地搞“包产到户”“大包干”“包上缴”，并且都获得大幅度增产。1978年夏，广东省少数的生产队，自发地把土地、劳动力、耕畜、农具固定到作业组，实行“三定一奖”（即定人工、定产量、定成本、超产奖励）的生产责任制。1978年冬，省委决定在冬种中推广“三定一奖”到作业组的生产责任制。1979年2月，省委批转了省委农村工作部《关于建立“五定一奖”生产责任制问题的意见》。“五定一奖”指定劳动力、定地段、定产量、定成本、定工分，超产奖励。

1979年，高要县沙浦公社沙一大队社员陈志雄带头承包鱼塘0.53公顷，获利3100元。翌年，他承包鱼塘超过10.07公顷（其中6.20公顷是跨生产队的），请临工9个，获利7250元。1981年，他承包鱼塘22.34公顷（绝大部分是跨生产队、跨大队的），在社会上引起很大争论。《人民日报》就这件事从1981年5月29日开始，专门组织讨论，至1981年8月30日止，先后发表21篇来稿，绝大部分支持陈志雄的做法，这对农村的改革和农民的专业承包都起了很大的促进作用。

1980年9月27日，中共中央印发《关于进一步加强和完善农业生产责任制的几个问题》，提出边远地区和贫困落后地区可以包产到户，也可以包干到户。这样，许多过去搞了包产到户、包干到户不敢公开的社队，纷纷化暗为明；许多过去想搞不敢搞的社队也很快地搞起来。因此，实行包产到户、包干到户的社队在短短的三四个月内大幅度增加。1981年6月25日，省委、省政府作出关于切实加强对包干到户社队的领导的八条规定。1982年上半年农村实行家庭承包责任制“双包到户”的生产队达92%。凡是实行包产到户，特别是包干到户的队，都大大地调动了农民生产积极性，获得了较大幅度的增产增收。据1983年5月统计，全省包干到户的队占全省总队数的96%，包产到户的占2%，两项合计占总队数的98%。

1983年以后，农村实行的包产、包干到户责任制，统称为家庭联产承包责任制。与此同时，在林业、渔业和“五荒地”（荒山、荒地、荒水、荒滩、荒涂）的开发中，也推行了家庭联产承包为主的各种承包制。国营农场、华侨农场也分别创办了家庭农场和职工农场，凡实行这种责任制的，都提高了经济效益。

在推行家庭联产承包责任制的同时，调整农村产业结构。中共十一届三中全会前，广东省片面强调种植粮食，荒了经济作物，挤了副业。粮食产量又提不高，造成恶性循环。中共十一届三中全会后，广东调整农村产业结构起步较早。1979年1月提出：省下达的农业计划只下达产量任务，各地可因地制宜安排种植计划和增产措施，省下达的种植计划只作参考，不强制执行；珠江三角洲要走农工副相结合的道路，要充分利用毗邻港澳的有利条件，引进先进技术、外资，大搞加工装配、补偿贸易和发展旅游事业。以后，省委、省政府又先后提出，各地、县要建立农业商品基地，特别要加速珠江三角洲27个县（市）农业商品基地建设；要充分利用广东地处亚热带、山区辽阔、河流多、海岸线长和中央批准广东实行特殊政策、灵活措施的优势，大力发展多种经营和乡镇企业。由于突破了“以粮为纲”的老框框，因地制宜安排农业生产布局，农业内部比例结构有明显的改善，农林牧副渔全面发展。农业总产值4年增加38.5亿多元，林业、牧业、副业、渔业产值占农业总产值的比重从1978年的37.8%，上升为1982年44%。省委、省政府相继实行一系列有利于乡镇企业发展的政策。

广东的乡镇企业，发展壮大于改革开放之后。1980年，提倡公社、大队、生产队三级办企业，突破了原来不准生产队办企业的限制。乡镇企业在南粤大地异军突起，蓬勃发展。1983年与1978年对比，企业数从8.09万个，增加到12.68万个；从业人数从194.56万人增加247.37万人；总收入从29.36亿元增加到80.08亿元；上缴税金从1.34亿元增加到3.3亿元；纯利润从4.34亿元增加到8.28亿元；创汇从0.5亿美元增加到1.24亿美元。分别是1978年的1.2倍、2.7倍、2.4倍、1.9倍、2.5倍。

为了加快山区治穷致富的步伐，省委、省政府于1982年5月制定了发展山区经济的政策：一是增加营林补助，增加育林基金的征收标准和扩大育林基金的征收范围。实施飞机播种和封山育林。二是山区要“以林为主，长短结合、多种经营、全面发展”。加快发展见效快、收益大的山区特有经济作物竹、茶、药材等，并适当提高其收购价格。三是林粮挂钩，对林业基地和社队营林给予粮食补助或粮食定销。四是发展山区小水电，实行“谁建、谁管、谁受益”的政策，扶持全省43个山区县发展经济。

（二）扩大工业企业自主权

1978年4月，中共中央作出《关于加快工业发展若干问题的决定》（简称“三十条”），对企业整顿提出了明确要求。省委、省革命委员会认真贯彻执行中央的指示，抓紧企业整顿工作，同时按照专业化、系列化、标准化、通用化、提高成套水平的要求，改组工业，重点是调整机械厂、汽车制造厂和小氮肥厂，压缩与大厂争原料的小糖厂、小肥皂厂、小卷烟厂。在生产上，突出抓电力、燃料、原材料等基础工业，要求初步建立工业体系。同时积极发展社队企业。在分配上，主要是实行计时工资加奖励，对少数笨重体力劳动和手工操作的工种，进行有限制的计件工资试点，推广计时工资加奖金制度和黄埔港装卸工实行计件工资的经验。

1978年10月，清远县国营工业企业实行超计划利润提成奖，扩大了企业的自主权，把企业搞活了，次年4月，又改革了工交管理体制，撤销各工业局，充实专业公司，赋予县经委统一领导全县企业经济活动的改革。对职工采取“记分算奖”的办法，普遍建立岗位责任制，收到较好的经济效果。1978年10月至1980年6月，推行21个月，比试行前的21个月，产值增长22.3%，利润增长36倍多，提供税金增长15%。1980年8月，省委、省政府批转清远县委的报告，在全省扩大清远地方国营工业企业试行超计划利润提成奖励，扩大企业自主权，减少对企业的管理层次。从1980年起，全省各地都逐步推行了扩大企业自主权、以税代利的改革。1980年11月，省政府发出《关于在国营工业企业中进行自负盈亏试点的通知》，推行以承包为主要内容的多种形式的经济责任制。地方国营工业企业实行“独立核算、国家征税、自负盈亏”。特别是冶金、航运、邮电等部门，实行了全行业盈亏递增递减或定额包干，效果显著。不少企业实现了国家多收、企业多留、个人多得的目的。韶关钢铁厂和广州钢铁厂，原来是两个亏损大户，实行“核定亏损、超亏不补，减亏增盈留用”改革后，两年扭亏为盈，跨进了“百万利润厂”行列。据统计，全省国营工交企业，四年按规定留成10多亿元，增强了企业的经济活力，使企业能够运用自有资金，扩大生产和提供社会服务。

（三）扩大和适当下放对外经济贸易经营权限及利用外资审批权限

1980年开始，国家对广东、福建两省实行贸易外汇超基数不减，以省为主编制对外贸易计划，对不涉及国家综合平衡的引进技术、合资经营、合作生产、来料加工装配、补偿贸易等项目，由省按国家规定自行审批。广东省对地市县实行外贸财务包干，外汇按比例留成，并下放一部分利用外资审批权。对外来料加工装配、补偿贸易和生产性经营项目，利用外资在300万美元以下，原材料、燃料、电力、运输、配套资金、产品销售，不涉及全省综合平衡和不属综合补偿的中、小型项目，由各地（市）根据中央和省有关规定，自行审批。制定《以进养出试行办法》，允许生产出口商品所需的原材料、辅材料国内供应不足需要进口的，进口元器件或零配件加工装配成品出口的，国内不能供应的先进机械设备和仪器用于出口商品生产的，引进种子、种苗、种畜、种禽和进口粮食、化肥、农药等用于种植、养殖农副土特产品出口的，可以使用地方留成外汇或中、短期贷款。对“以进养出”方式生产的出口商品，给予税收、利润、作价等方面的优惠待遇。同时试行工贸、农贸、技贸结合的外贸体制改革。对外贸企业试行经济责任制。核定出口创汇指标、换汇成本、盈亏额度，试行增盈减亏分成办法，确定省统筹外汇与外贸公司外汇分成比例。积极发展“三来一补”“三资”企业，扩大对外经济合作。广东省利用留成外汇购置了运行港澳的船只，开办港口集装箱中转业务，促进了外贸出口。

（四）在以计划经济为主前提下发挥市场调节的辅助作用

1980年9月，省政府印发《关于疏通商品流通渠道，促进商品生产，搞活市场的十二项措施》，打破国营商业独家经营，统得过死的局面。同时对农副产品和日用工业品的管理范围分类进行了较大的调整，放宽农副产品的购销政策。除对关系国计民生的重要产品和需要保护生产、资源的产品列为一、二类产品，实行统购、派购政策外，其余列为三类产品，允许在完成国家任务后多余部分实行议购议销。为调动生产者积极性，满足市场需要，把原属于一、二类的36种产品调整为21种，扩大三类产品范围，促进了商品流通。扩大国营商业、供销社企业自主权。商业企业有权根据市场和出口需要提出经济计划，有权自由选择进货地点和进货数量，超计划利润实行国家和企业分成，亏损企业减亏部分视利润计算分成。在核定资金范围内，有权申请计划外临时贷款。在计划额度内，对生产的购置和中小维修项目，企业有权决定开支。有权组织职工加班加点和发放加班费，对特殊岗位发给适当岗位补贴。省内生产的三类商品除省统一收购、调拨、出口外，由市、县公司根据国家政策和产销情况自行定价；省外生产的三类商品全部由市、县公司自主定价。企业有权自主择优录取职工，有权给予职工奖励或处罚。在国营商业、供销社试行经营责任制，划分国家和企业的利润分配，进行“以税代利”试点，经济责任下放到基层商业店铺，定额到人，按额计分，按分计奖。放手发展合作商业，适当发展个体商业。在城乡建立多种经济形式、多种经营方式、多种流通渠道、减少流转环节的日用工业品市场。改革日用工业品城乡分割的流通体制，允许按商品合理流向，不受批发层次和地区限制，推销日用工业品。打破地区封锁、城乡分割和条块分割。允许货物流动、资金流动、劳力流动、人才流动，允许跨地区远销、投资、承包工程和输出劳务。1982年比1979年各种类型的商业零售网点增长两倍多，从业人员增加四成多。商业、供销系统的基层店已有六成以上实行各种形式的经营责任制。全省每千个居民平均拥有商业网点的数量，从2个增至6个，开放了三类工业品市场317处，农贸市场2300多个。在加强市场和物价管理的同时，打破封锁，城乡通开，搞活市场。

（五）实行财政大包干和税收改革

1980年8月，省政府决定试行“划分收支，分级包干”的财政体制。克服了统收统支、财政集中过多，统得过死的一些弊病。1981年2月，省政府决定，从1981年起实行“划分收支、分级包干，权责结合”新的财政体制。省政府根据各地不同情况，实行多种形式“分灶吃饭”的财政体制，并规定了提留一定比例的超收分成奖励。实行财政包干后，多数县、市的财力逐年有所增加，能够在向国家多上缴的同时，还有余力保证重点建设和改善人民生活。此外，对深圳、珠海经济特区，实行“财政收入在规定年限内不上缴”的办法，两市的财政收入倍增，加快了特区建设的步伐。国营农场实行企业财务包干体制，摘掉了多年来全行业亏损的帽子。在税收方面，按照国家给予广东、福建两省可以自行确定对某些行业或企业减免税照顾的规定，从1981年开始，省政府将城镇集体企业的八级超额累进所得税，改为比例税率，并对利润在3万元以内的企业给予免征3000元的照顾，使企业得到了实惠，调动了内在活力。同年在广州、佛山、江门等大中城市选择8户轻工企业试行“以税代利”，按不同基础条件，规定不同的所得税率，试点效果很好，国家和企业都从中受益，扶植、促进生产的发展。

（六）改革物价、信贷体制

省政府按照国家给予广东、福建两省“适当扩大地方定价产品的范围”和对地方产品调价的自主权。从1980年开始，把省管的100多种一、二类产品改为三类产品，并将部分产品的调价权下放给地方政府。省政府先后调整提高了稻谷、生猪、糖蔗、黄麻、白茧、茶叶、木材等7种农产品价格。对本省地产地销的工业品，自行确定购销价格；鼓励农民进城销售产品，放开价格。逐步形成了多种渠道和多种价格形式并存的结构。对调动农民和企业积极性，缩小工农产品不合理差价，活跃城乡经济起到很大作用。物价上涨是人民群众普遍关心的一个大问题。1980年比1979年，全省零售物价总指数上升8.5%，1981年比1980年又上升9.3%。为了保持人民生活必需品价格的基本稳定，省政府于1981年10月制定稳定或基本稳定人民生活必需品价格的商品目录，一方面保证牌价商品供应，另一方面整顿农副产品的议购议销和工业产品的计划外经营，进一步加强物价管理。对议购议销的农副产品实行最高限价和最低保护价。并于1981年的元旦前、春节前进行了两次全省范围内的物价大检查。省委在1981年9月召开的三级干部会议上，对物价问题进行了讨论，会后以省委、省政府的名义发出《关于努力稳定物价的指示》，从历史上和客观上分析广东物价高的原因，肯定对一些产品调高或放开价格对发展生产是有利的，物价上涨的根本原因是生产发展赶不上购买力的增长，提出发展生产稳定物价的重要措施。1982年6月，在总结三年来坚持改革，放宽政策，加强物价管理经验的基础上，省政府颁发《广东省物价管理暂行条例》。1982年全省物价基本稳定，零售物价总指数比上年只升2.3%，接近全国的平均水平。

在信贷方面，由于实行特殊政策灵活措施，实行“存贷挂钩、信贷收支差额包干，一定三年”的办法，代替了原来的“统存统贷”，使银行有一定的经营自主权。银行“多存多贷”，根据本省的实际，银行中短期贷款额增加，有力地支持了轻纺工业、交通、能源、企业技术改造、改善城市住房等事业的发展。

三、政权建设和社会文化建设

（一）政权建设

1. 拨乱反正，正本清源

粉碎江青反革命集团后，广东加强落实干部政策、知识分子政策、民族政策、侨务政策和冤假错案的平反工作。解决了大约20万人的遗留问题。复查“文化大革命”的遗留问题；复查平反“地方主义”案件；复查其他历史遗留案件。改正了被错判“右派分子”的干部3万多人；彻底纠正在反地方主义对原华南分局第三书记方方，原副省长古大存、冯白驹以及一大批地方干部的错误的批判和处分，恢复了他们的名誉。完成为“地富分子”摘帽和为地富子女划定个人出身工作，以及把小商、小贩、小手工业者从原工商业者中区别出来的工作。并依法严肃处理了一批“文化大革命”中严重违法犯罪分子。通过复查、平反冤假错案，落实党的政策，分清了是非，增强党和人民的团结，提高党在群众中的威信，团结一切可以团结的人，调动各方面的积极因素，为实现党的工作重点转移到经济建设上来，齐心协力进行“四化”建设，创造了重要条件。

1977年12月，广东省第五届人民代表大会第一次会议召开，选举产生省革命委员会。1978年6月11日，省委决定，省直单位不再设“革委会”。此后省内各级机构、单位陆续撤销“革委会”称谓，恢复原有名称。同月30日，广东省革命委员会经济办公室改名为广东省革命委员会办公厅。7月1日，党政分设信访机构，省革命委员会办公厅设立信访办公室。1979年7月1日，海南行政区、汕头、梅县、惠阳、韶关、佛山、肇庆、湛江地区革命委员会改为行政公署，作为省革命委员会的派出机构。12月11日，中共中央任命习仲勋为中共广东省委第一书记、省革命委员会主任，杨尚昆为省委第二书记、省革命委员会副主任。

1979年12月，广东省第五届人民代表大会第二次会议召开，选举产生以李坚真为主任的广东省人民代表大会常务委员会，会议还通过将省革命委员会改为省人民政府的决议。各地区革命委员会亦改为各地区行政公署，各市、县革命委员会改为市、县人民政府。1980年2月，省第五届人大常委会第二次会议，根据《中华人民共和国人民代表大会和地方各级人民代表大会选举法》，决定成立选举委员会，设立办事机构。同年8月，省第五届人大常委会第五次会议通过《广东省各级人民代表大会选举实施细则》。至此，广东县级直接选举工作全面铺开。全省114个市、县和广州市的市辖区，1981年上半年结束选举工作，分别选出人大常委会和政府领导班子，这次直接选举，选民参选率一般达到90%左右，高的达95%以上。1981年11月6日，国务院批准撤销西沙群岛、南沙群岛、中沙群岛革命委员会，改为省政府派出的相当于县级的办事处，并委托海南行政公署直接领导。1982年通过的《中华人民共和国宪法》，改变了农村人民公社政社合一的体制，恢复了乡、镇人民政府建制，保留人民公社作为集体经济的一种组织形式。政社分开后，农村基层政权建设得到加强。乡、镇政府行使一级政权职能，逐步建立各种规章制度，实行轮流值班，联系群众，方便群众办事。乡镇的重大事情经乡人民代表大会讨论、审议和决定。1983年2月24日，经国务院批准，撤销了佛山、汕头、韶关、湛江4个地区行政公署，省政府决定在全省范围内实行市管县的新体制。

中共十一届三中全会后，国家对国民经济的管理由直接管理逐步转向间接管理。为了适应这种转变，省政府改进管理职能，对部分行政机构作了相应的调整：（1）建立科学的决策机构。从1981年开始，逐步选拔一批具有较高理论水平和富有实践经验的经济专家和技术骨干充实到领导机构内。同时建立决策服务的咨询、信息、反馈等机构，以加强宏观指导。（2）加强计划、财政、银行等综合部门，对这些部门的管理体制进行改革，使之从直接管理转移到间接管理，即强化经济杠杆的调节作用、计划指导作用和业务监督作用。精简各级专业性行政机构，把其大部分职权交给企业公司或联合公司。行政和企业、行政和事业分不开的机构，改为经济实体或事业单位。政府经济部门的职能从过去放在订指标、批项目、分资金、分物资方面转到主要搞统筹规划，开始注意运用经济政策和价格、税收、利率等经济杠杆对宏观经济进行全面管理和调节。（3）建立经济监督体系。从上到下建立和健全各级经济立法、财政监察、审计、税务、统计、物价、金融银行、工商行政管理等经济监督部门，在全省范围内形成了一个不同层次的经济监督网络，从监督部门到基层单位，形成一套经济监督体系；从审计、工商行政管理、劳动监察等部门到基层组织，形成一套行政监督体系。

1981年6月8日，省政府印发《省人民政府几项工作制度》，重申省政府的领导班子坚持民主集中制以及规范文件审批，各部门请示报告等制度。

2. 开展机构改革工作，逐步恢复和发扬社会主义民主

在人事工作方面。1979年5月26日，省委决定成立广东省人事局。1980年3月，广东省科学技术干部局成立。1980年10月13日，省人事局发出《关于干部调配工作暂行规定的通知》，对干部调配审批权问题作了明确规定。1981年4月9日，省委、省政府发出文件，欢迎已出国或去港澳定居的知识分子回来工作。1982年11月6日，省政府颁布《广东省行政机关工作人员守则》。广东省人事工作制度逐步进行改革：一是开展人才交流。1983年1月，广东省在全国率先成立了人才交流服务中心，开始实行以计划为主，人才交流、社会调节为辅的双轨制干部调配制度。二是改革吸收、录用、任用干部办法，不拘一格起用人才。1983年深圳蛇口工业区率先对干部任用制度进行改革，实行厂长经理制、干部聘用制、经济责任制。

中共十一届三中全会后，省委、省政府按照中共中央和国务院的部署，开展机构改革工作。1980年3月4日，省委决定撤销广东省编制领导小组，恢复广东省编制委员会建制，副省长刘田夫兼主任。1981年7月21日，省委、省政府批转省编制委员会制定的《广东省

机构编制管理暂行规定》。1983年2月4日，省委、省政府发出《关于实施〈广东省省级机关机构改革方案〉的通知》。改革重点是减少层次，提高效能，领导干部年轻化。省政府委、办、厅、局领导，减少副职、虚职，一般只配备2～4人。对原有机构，撤销重叠的，合并业务相近的。到1983年，省和地（市）两级的机构改革基本完成，省政府的工作部门减少到41个。对省级临时机构和虚设机构也相应地进行了清理。1979年2月，将省革命委员会系统的65个临时机构、虚设机构撤减为28个；1983年2月，又将省政府直属的89个临时机构、虚设机构撤销、合并为49个。

社会主义民主得到逐步恢复和发展，并从制度上进行了一些改革。1977年12月12日，广东省在人民代表大会中断十年之后，召开了第五届省人民代表大会第一次会议。与此同时，召开广东省政协第四届委员会第一次全体会议，各民主党派和人民团体的工作逐步恢复。1978年年底，中共中央重申侨务是国家的一项重要工作。广东省各级侨务机构先后得到恢复和加强。华侨政策逐步落实。在改革开放中，华侨发挥了极其重要的作用。社会主义民主扩大到政治生活、经济生活、文化生活和社会生活的各个方面。1982年12月，广东省第一届佛教代表大会在广州召开。舆论监督有所加强。报刊、电台、电视经常反映人民意见，开展批评，沟通共产党、人民政府和人民群众的联系，人民参政意识逐渐增强。各级人民政府逐步建立和扩大同人民群众联系的渠道，一些市、县建立了市、县长专线电话，实行接访日制度，为人民参与政治、解决各种问题、维护自身合法权益提供条件。

3. 制定地方性法规、健全社会主义法制

1980年2月2日，省第五届人大常委会第二次会议，审议和通过《广东省计划生育条例》。这是广东省人大常委会制定的第一个地方性法规。1981年8月7日，省人大常委会批准省政府《关于禁止贩毒吸毒，取缔嫖宿卖淫的规定》。1983年1月4日，省政府颁布《广东省城镇个体商业户管理试行办法》等一批地方性法规。检察、司法机关和政法队伍得到加强。公安部门、检察院、法院通力合作，复查、纠正“文化大革命”中的冤假错案和“文化大革命”前有申诉的案件。逐步走上依法办事的轨道。从1980年开始，实施刑法、刑事诉讼法，使刑事审判进入既有实体法可依、又有程序法可循的新阶段。1980年后，经济犯罪案件增多。公安部门、检察院和法院加强对经济犯罪的打击，保护了社会主义经济建设和改革开放的顺利进行。1983年开展严惩严重刑事犯罪活动，维护社会治安秩序。法院加强了民事审判与经济审判，维护国家、集体、公民的合法权益和社会主义经济秩序。重建和发展了律师、公证制度，改善了执法活动，保证司法机关能依法独立行使职能，依法办事。

（二）社会文化建设

1. 思想道德建设

在实施特殊政策和灵活措施过程中，省委、省政府在进行物质文明建设的同时，加强精神文明建设。在思想道德建设方面，对干部和群众进行坚持“四项基本原则”的教育，加强爱国、理想、道德、纪律、法制教育。着眼于培养“四有”（有理想、有道德、有文化、有纪律）新人，在全省广泛开展“五讲四美”活动以及建设文明村、文明街、文明单位、文明家庭活动。抓社会公德、职业道德、思想品德、家庭美德等社会新风尚建设，形成新的社会风尚。在思想建设中，一方面注意帮助人们摆脱旧观念，培养积极进取，勇于开拓精神；另一方面，明确提出“有所引进，有所抵制”“排污不排外”的原则，帮助人们提高鉴别能力，防止和抵制资本主义、封建主义腐朽思想、作风的影响和侵蚀，增强免疫力和战斗力，把改革开放中可能出现的各种消极现象减少到最低限度。

为使思想建设工作更有成效，更符合时代精神，在求实、求活、求新上下功夫，使思想政治工作发生了根本性的转变。主要是：一是从过去思想政治工作与经济工作往往相分离甚至相对立的状况，转变为保证经济建设任务的实现，为经济建设服务，“两个文明”建设一起抓；二是从过去动不动扣帽子、打棍子、无限上纲的做法，转变为和风细雨“教育人”，并着重“帮助人”“培育人”；三是从空洞说教转变为生动活泼、润物无声，改变那种单纯灌输、强人适从的简单做法；四是坚持正确的物质利益原则，把思想政治工作同关心人们正当的物质利益结合起来。

2. 科技、教育、文化、卫生、体育等建设

科技工作方面：1978年1月5日，省委决定调整省文教领导机构，撤销省科技局和省革命委员会科技办公室，成立省科委、省科学院和省委文教政治部、省革命委员会文教办公室。各地、市、县一级科技局和一些科研机构陆续恢复。到1980年，全省科研机构已恢复和重建350个，全省106个县建立了农科所，1500个公社建立了农科站。到1978年6月，全省自然科学人员总数为21.94万人，其中全民所有制科技人员18.27万人，在全国名列第十。1978年全省科研成果486项，作为重大科研成果推荐给国家的有32项。杂交水稻和生物防治虫害的推广取得显著成绩。1978年全省推广杂交水稻20.2万公顷。1978年，省社会科学联合会恢复活动。1980年，广东省哲学社会科学研究所升格为广东省社会科学院。

教育方面：1977年恢复了高考统一招生。1978年录取新生1万多名。1978年6月，省政府召开全省教育会议，批判江青反革命集团炮制的“两个估计”（即中华人民共和国成立后17年“毛主席的无产阶级教育路线基本上没有得到贯彻执行”“资产阶级专了无产阶级的政”；大多数教师的“世界观基本上是资产阶级的”），否定屯昌和佛山兽医“教育革命”的错误经验，使教育工作回到正确的道路上来，停办8年之久的暨南大学复办。各级学校贯彻教育部1978年重新颁布的学校暂行工作条例（草案），省教育厅颁布了一些必要的规章制度，恢复和建立正常的教育秩序，并重新举办重点学校，收回被占的大部分校园校舍。从1978年开始，广东的教育事业着手进行全面调整，减少学校数量，基本消除了教育事业的“虚肿”现象；同时，开始把初中两年制和高中两年制逐步恢复为三年制。教育经费也逐年增加。

文化方面：1977年12月，广东在全国率先恢复省文联及其所属协会、学会，一些过去受江青反革命集团压制的作家、艺术家、演员恢复了名誉，重新走上工作岗位。1978年12月，广东召开文学座谈会，明确批判“文艺黑线专政论”，号召作家放下思想包袱，大胆创作。新闻、出版、电视、电影事业都开始复苏，出现了发展的好势头。音乐、舞蹈、戏剧出现繁荣景象。电影单位发展很快。1979年全省电影放映单位达到7600多个，当年全省电影观众超过16亿人次，达到历史的最高峰。群众文化事业开始恢复和发展，出现可喜的局面。1980年年初，《羊城晚报》复刊。文化工作从“以阶级斗争为纲”，转移到为经济

服务上来。加强文化建设，努力繁荣文学艺术，特别重视戏剧、电影、电视创作的发展，以质取胜，在思想性、艺术水平上有新的突破。积极吸收一切国外好的文化、艺术，取其精华、弃其糟粕，为我所用，坚决排除外来的精神污染。

卫生事业方面：粉碎江青反革命集团后，重新组建防疫、妇幼保健、慢性病防治等机构，整顿工作秩序，恢复和健全各项规章制度，使医疗卫生工作走上正轨。各级政府加大对医疗卫生事业的投入，不断改善医疗设施和设备，提高医疗卫生水平，人民健康水平逐年提高。

1982年3月，省政府召开第三次人口普查工作会议，部署人口普查工作。

体育事业方面：经过拨乱反正，调动了体育工作者、教练员、运动员的积极性，体育事业得到全面的恢复和发展。群众性体育活动在城乡广泛开展，竞技体育不断地恢复和提高。在1979年第四届全国运动会上，广东代表团获得金牌44枚、银牌41枚、铜牌39枚，打破23项全国纪录，总成绩名列全国第二。1982年7月8日，省政府决定在广州天河机场旧址筹建体育中心，建设全国一流的现代化的体育场馆。

第二节　第六届省政府施政纪要

本届政府是1983年4月举行的省第六届人民代表大会第一次会议上选举产生（至1988年1月）。五年的任期，经历了第六个五年计划的后三年和第七个五年计划的头两年。

本届政府在中共中央、国务院和省委的领导下，在省人民代表大会及其常务委员会监督下，坚决贯彻执行中共十一届三中全会以后的路线、方针、政策，坚定不移地以经济建设为中心，把坚持四项基本原则同坚持改革开放的总方针结合起来，继续实行特殊政策和灵活措施，全面推进经济体制改革，加快经济特区建设，推进多层次开放地带建设，加强精神文明和政权建设，提前实现工农业总产值比1980年翻一番的要求，为提前实现“七五”计划和提前翻两番的经济发展目标，奠定坚实的基础。

本届政府施政五年，经济发展速度显著加快，社会总产值、工农业总产值和财政收入都比1982年翻了一番多，国民生产总值、国民收入分别比1982年增长90%和81%，递增速度均高于本省前几个五年计划和全国同期的发展速度，实现持续稳定增长，国民经济重大比例关系趋于协调。5年完成固定资产投资626亿元，新增固定资产420亿多元，分别相当于前30年同期总和的一倍多，投资结构得到合理调整，电力、交通、通信等重点建设得到加强。一大批工业企业通过技术改造，提高了生产能力和经济效益，出口贸易大幅度增长，1987年出口总值突破50亿美元，比1982年增长一倍多。实际利用外资五年累计达44亿多美元，相当于同期固定资产投资总额的1/5左右，给国民经济注入活力。城乡市场日益活跃，商品越来越丰富，1987年社会商品零售总额460亿元，城乡集市贸易成交额120亿元，五年分别递增17.8%和26.7%，居全国首位。人民生活水平有了新的提高，这五年是当时历史上广东经济发展较快的五年，也是人民生活水平改善最大的五年，农民人均纯收入和城镇居民人均生活费收入，扣除物价因素，五年分别增长38.2%和35.7%。城乡居民储蓄存款增加4倍多，住宅竣工面积相当于前30年总和的八成。全省人口出生率五年下降2.3‰，人口素质有所提高。在加快经济建设的同时，各项社会事业蓬勃发展，精神文明建设和政权建设得到进一步的加强。

一、全面推进经济体制改革

1983年以后，特别是1984年1月邓小平视察特区后，广东省继续实行特殊政策和灵活措施，继续推进改革开放，国民经济更快地发展。1984年6月，广东省第六届人民代表大会第二次会议在广州召开。会议讨论通过了省政府关于《开放、改革，努力开创社会主义现代化建设新局面》的报告。1984年全省社会总产值775亿元，比上年增长16.4%；国民收入352.8亿元，比上年增长14.3%；工农业总产值535.5亿元，比上年增长17.7%，提前一年超额完成了“六五”计划工农业总产值指标。工农业生产经过调整，取得比较稳定、协调的发展。农业生产进一步向商品经济转化。林牧副渔产值占农业总产值的比重，从1978年的39%上升到49.6%，农产品的商品率已由1978年的四成多提高到六成左右。工业技术改造加快，产品升级换代加快，产品的适应性和竞争能力有所增强，初步形成了适应广东特点的轻型工业结构。第三产业发展加速，1984年全省第三产业总产值已达128亿元，比上年增长21.6%。人民生活水平进一步提高。但是，这一年从第四季度开始，出现了信贷控制不严、投资规模偏大的问题。为了刹住乱占耕地问题，省政府于1983年4月6日颁布《广东省村镇建房用地管理办法》，强调加强村镇建房用地管理。从1985年起，省政府认真采取措施，加强宏观调控：一是严格控制固定资产投资规模；二是严格控制货币投放，大力组织货币回笼；三是严格控制消费基金的增长；四是严格控制物价，紧缩财政开支，严格控制社会集团购买力。但在加强宏观调控的同时，也注意促进微观经济搞活。1984年下半年，一些地方急功近利，发生了党政机关经商、倒卖进口商品、炒卖外汇的情况，尤以海南倒卖汽车最为突出。广东省委、省政府一方面严肃处理了有关的人和事，打击了歪风邪气，教育了干部群众，另一方面，反复强调改革开放政策不变，及时制止了这股不正之风，使广东的工作沿着深化改革、扩大开放的正确轨道前进。

（一）逐步完善农村双层经营体制

实行家庭联产承包责任制后，农村经济体制实行双层经营体制①，有利于调动农民积极性发展生产。省政府采取有力措施，不断稳定完善发展以家庭承包经营为基础、集体与家庭相结合的双层经营体制。兼顾国家、集体、个人三者利益，以合同形式，把集体与承包户的责、权、利关系确定下来，做到有统有分，统分结合。1984年2月，省委、省政府针对承包土地时限短而且普遍过于分散的情况，在全省开展调整土地、延长承包期工作。把土地承包期延长为15年，并注意连片承包经营。1985年9月，省委、省政府在番禺召开全省农业合作经济经营管理工作会议，着重研究解决社区合作经济的组建问题。会后，各地合作经济有较大发展。合作经济组织以经营土地为中心，提供产前、产中、产后服务，据不完全统计，到1987年，全省以村委会一级设置的经济联合社占村委会一级总数的66%；以自然

① 双层经营体制：指中国农村实行联产承包制以后形成的家庭分散经营和集体统一经营相结合的经营形式。

村或联队、生产队为单位设置的经济合作社，占原有生产队总数的80%，有的还有乡（镇）一级设置了经济联合总社。

从1984年开始，省委、省政府在深入调查研究的基础上，作出稳定现有粮田面积，大搞农业开发的决定。并于1985年冬召开第一次山区工作会议，以后每年召开一次，不断总结治山致富的经验，解决新的问题，把造林种果、保护和利用资源、脱贫致富作为山区工作的主要任务，逐步引导山区发挥资源优势，走资源、技术、市场相结合的路子，发展有山区特色的商品生产。1986年和1987年，召开沿海水产工作会议和两次县委书记会议，进行三次大发动，提出“耕山致富”“耕海致富”“加快发展外向型农业”“加快发展乡镇企业”及“一、二、三产业一齐上，大中小项目一齐上，集体联户家庭企业一齐上”的方针。综合利用农业资源，加快农村商品经济发展。

大搞农业开发。第一，各级政府加强对农业的领导，采取分类指导的办法，在重点发展珠江三角洲的同时，大力扶持贫困地区，大搞开发性农业生产。开发荒山、荒坡、滩涂和水面，采用新技术及新品种，从广度和深度上加快农业的发展。山区大搞造林种果，沿海发展“两水一牧”（水产、水果、畜牧业）。据不完全统计，1985年至1987年上半年，全省新造林205万公顷，新种水果42.1万公顷，新增海水养殖面积3.4万公顷，新增淡水养殖面积3.5万公顷。五年来水果总产量由51万吨增至266万吨，水产品由83万吨增至160万吨，家禽和生猪上市量都有增加。其次是开发了农业生产的新技术、新品种和新设备。如全封闭猪鸡饲养、海产品人工养殖、野生动物家养、无土蔬菜栽培、全天候花卉生产、农副产品保鲜和深度加工，还引进外省、外国大批果菜、禽畜、鱼类等优良品种，推动创汇型农业发展，同时为大量富余劳动力提供了施展才干的天地，又为农业的适度规模经营创造了条件。第二，促进商品农业和外向型农业的发展。广东的开发性农业突破传统农业的格局，从小规模生产逐步向大规模生产发展；从“小而全”逐步向专业户、专业村发展；从粗放经营、传统技术逐步向集约化经营、现代科技发展；从单家独户经营逐步向社会化协作发展；从就地销售逐步转向省外、国外市场。据不完全统计，到1987年，全省已建有水果、海水养殖、禽畜、蔬菜、经济林、用材林、南药、花卉等基地4000多个。1987年农产品商品率达64.1%，比1985年提高5.2%，农产品及其加工品出口创汇16亿美元，比1985年增长53.9%。广东的“南果北运”“塘鱼北调”“蔬菜北上”正显示其商品优势。第三，推动了第二、三产业的发展。农副产品加工和为农业服务的企业迅速兴起。如湛江市仅为1.3万公顷精养虾塘配套服务的混合饲料加工厂和冷冻厂就达几十间，其工业产值1亿多元。东莞市从事柑橙保鲜的有1170家，从事荔枝加工的有1100多家。第四，改善了农业生态环境。大规模造林种果扩大了植被面积。广东是个“七山一水二分田”的省份，山坡丘陵很多，但树林很少。中华人民共和国成立前留下来的树林本来就不多，中华人民共和国成立后又经历了三次乱砍滥伐的大破坏，森林蓄积量更是越来越少。到20世纪80年代初，全省0.1亿公顷山地中，有林面积仅460多万公顷，占不到一半，而荒山荒坡却有333多万公顷，剩下来的却是疏残林。省委、省政府经过深入调查研究，于1985年11月于作出《关于加快造林步伐，尽快绿化广东的决定》，提出了“治山致富”的方针和“五年消灭荒山，十年绿化广东”的目标。省委书记林若和分管农业工作的副省长凌伯棠亲自办造林绿化点，并责成各级领导去办造林绿化点，通过办点实践，提高认识，增强信心，摸索经验，以点带面去推动群众性的造林运动。“七五”期间，31个贫困县贯彻上述方针和决定，200多万公顷荒山基本上种了树，治理水土流失面积2000多平方公里，建设果、茶、药、杂商品生产基地33万多公顷，还兴办了一大批资源型工业企业。山区发展，“优势在山、出路在山、希望在山、致富在山”。

乡镇企业快速发展。1984年年初，中共中央1号文件提出，在兴办社队企业的同时，鼓励农民个人兴办或联户办各类企业。同年3月，中共中央、国务院批转农牧渔业部《关于开创社队企业新局面的报告》。为加快全省乡镇企业发展的步伐，省委、省政府分别于1984年和1986年派出考察团，到江苏、浙江学习借鉴“苏南模式”与“温州模式”的经验。同时，认真总结了本省各地从实际出发，大力发展乡镇企业的典型经验，主要有：以“三个为主”（公有制为主、大型企业为主、工业为主）为特色的“顺德模式”；以“六个轮子一起转”（县、镇、管理区、村、个体、私营一起上）为特色的“南海模式”；以利用毗邻香港的地理优势，多层次发展外向型经济为特色的“东莞模式”；以市属企业带动乡镇企业的“中山模式”；以发展家庭、联户加工为特色的“吴川模式”；以充分利用本地资源，放开资源、放开经营、放开流通渠道为特色的“云浮模式”。全省实行了发展乡镇企业“三个一齐上”的方针，即第一、二、三产业一齐上，大、中、小企业一齐上，集体、联户、个体一齐上，突破了乡镇企业发展的各种禁锢。全省乡镇企业进入快速发展的黄金时代。到1988年，乡镇企业数发展到115.83万个，企业人数645万人，总产值476.32亿元，并出现了一批产值超10亿元的镇，一大批超亿元的村和企业，顺德的广东电饭煲厂、蚬华风扇厂、广东神州燃气具联合实业公司等分别成为该行业全国最大的企业。乡镇企业的发展为农村的改革开放奠定了物质基础，大大加快了农村工业化、农业现代化和城镇化进程，缩小了城乡差距，增加了农民收入，提高农民的素质，对城市经济体制改革也具有很大的推动作用。

（二）逐步开展城市经济体制改革

在深化农村改革的同时，改革的重点从农村转向城市。城市经济体制改革贯彻“巩固、消化、补充、改善”的方针，围绕搞活全民所有制企业，全面推进经济体制改革，加强和改善宏观管理。为了搞活经济，增强企业的活力，省政府对企业进行了多方面的改革，在改革中坚持扩大企业自主权，全面推行企业承包经营责任制。省政府根据财政包干的实际情况，逐步建立和健全社会主义物质利益机制，在生产建设中，采取“养鸡生蛋”“放水养鱼”等一套搞活企业和培养财源的办法，按照所有权与经营权分开的原则，在落实国家和省关于扩大企业自主权政策的基础上，省和部分地、市先后在一些行业和企业实行多种形式的承包经营责任制。1983年5月，省政府决定，在全省范围内改革企业用工制度，对新招收工人实行劳动合同制。1983年6月，省政府决定对国营企业实行利改税的第一步改革。用所得税和其他税种提留形式代替上缴利润，并实行“税前还贷”和“减税让利”的政策，进一步调整国家与企业的关系。1984年3月，省政府决定，对部分县办工业实行放开经营，全民所有，集体经营，国家收税，自负盈亏。1984年6月，省政府制定《关于改革企业干部、人事制度的若干暂行规定》，规定国有企业逐步实行厂长（经理）负责制。

1984年8月，国务院颁布《关于进一步扩大国营工业企业自主权的暂行规定》，省政府积极贯彻国务院的规定，并联系广东的实际情况，决定进一步扩大国营工业企业的自主权，在生产经营计划、产品销售、产品价格、物资选购、资金使用、资产处理、机构设置、劳动人事、工资奖金、联合经营等10个方面扩大了企业的自主权，并多次进行检查和落实，使企业自主经营程度日益提高。1985年1月，省政府发出通知，要求全省国营企业实行厂长（经理）任期目标责任制。1986年5月，省政府决定在全省企业广泛推行厂长（经理）任期目标责任制。至1987年全省国营工业企业普遍实行了厂长（经理）责任制和厂长（经理）任期目标责任制。强化企业指挥管理工作，促进了企业创优活动和经营机制的转换。通过从各方面对企业的放权，改变了企业与政府过去那种行政依附和直接干预的关系，同时使企业改变了过去单纯地、被动地生产运行模式，朝着自主经营、自负盈亏的方向发展。1986年以后，广东的企业承包责任制有了很大发展。据1986年9月统计，全省预算内国营工业企业实行承包的已达1931户，占企业总数的85.8%。1987年以来，各地认真执行国务院和省的部署，把“双增双节”运动和深化企业改革结合起来，又有新的进展。结合改革，全面整顿企业，推行现代化管理，企业经济效益逐年提高，亏损面缩小，亏损额下降。1987年，韶关市开始向社会公开招标，把竞争机制引入承包，改变了过去承包方与发包方“讨价还价”的局面。茂名市则把风险机制引入承包，实行全员抵押承包，收到了良好效果。

广州铁路局于1984年1月成立广深铁路公司，是全国第一个实行投包管理体制的路铁企业，该公司运用自身积累和贷款对全长147公里的广深铁路进行复线技术改造，于1986年12月完成全部复线铺轨，1987年1月全线通车。

在搞活企业的基础上积极推进横向经济联合。按照互利的原则，采取相互参股、联合经营的形式，开展经济、技术等优势联合，取长补短，共同发展。至1987年，全省形成各种经济联合体7318个，出现一批跨所有制、跨地区、跨部门、跨行业的企业集团。1985—1987年，实际执行经济技术协作项目9167项，投资总额30.9亿元，完成物资协作合同金额28.97亿元。各种优势的横向联合，激发了城乡经济活力，促进了社会主义商品经济的发展。

在微观放开搞活的同时，省政府还注意加强和改善宏观调控，放中有管，促进、保障和指导改革开放的顺利进行。由于采取了上述措施，企业活了，一些善于经营、勇于创新的企业和企业家脱颖而出，出现了白云山制药总厂、中山洗衣机厂、广东健力宝有限公司等闻名全国的企业集团。

（三）继续进行计划、流通和价格等配套改革

根据中央、国务院给予广东的特殊政策和灵活措施，计划制订以省为主，缩小指令性计划指标，扩大指导性计划和市场调节。农业生产计划改为指导性计划，并逐步缩小农副产品统购、派购范围。放开大部分工业品生产的指令性计划和价格。对粮食、糖料、油料等主要农产品，实行合同订购与市场收购并行的“双轨制”，生产资料也部分实行市场调节。地方基建所需水泥、钢材靠市场调节。在下放生产计划权方面，根据不同情况，划定

不同限额，把利用外资、自筹基建和技术改造的项目审批权逐级下放给地市、县和有关部门。实行创汇与用汇挂钩，按不同比例分级留成。加强和改善宏观管理，政府管理经济的职能，逐步从行政管理为主向以经济手段为主转变。

在流通领域，积极拓展和培育社会主义市场体系，从商品市场向生产要素市场扩展，逐步扩大市场调节范围，调整和放宽购销政策。1984年8月，省政府决定再次放宽农副产品购销政策，缩小统购派购产品的管理范围。1985年1月，省政府决定取消生猪派购，放开生猪价格；全省城镇居民猪肉供应实行议价购销，并给予定额补贴差价款。1985年4月，省政府决定，从4月1日起，调整农村粮油购销价格；从1985年度起，广东只对稻谷和主要产区的小麦、玉米实行合同定购，其他粮食品种自由购销。1986年4月，省政府颁布《广东省木材市场管理暂行办法》，决定在全省范围内开放木材市场。陆续放开生猪、塘鱼、蔬菜等主要农副产品和部分消费工业品，以及部分生产资料价格。至1987年年底，广东国家管理价格与市场调节的比重，农副产品收购额为25：75，社会商品零售额为20：80，生产资料成交额为30：70。并且，相继拉开和理顺一些商品的地区差价、季节差价和质量差价，运用价值规律调节市场供求。国营商业打破行政调拨批发体制，搞活流通。在坚持对部分重要商品实行合同定购的同时，积极参与议价议销，通过兴办生产基地，增加货源，在商品流通中发挥主渠道作用。价格放开初期，农副产品价格上升幅度比较大，随着生产的发展和流通的畅通，价格逐步稳定下来。由于价格与价值严重背离的状况有所改观，各种产品的比价渐趋合理，企业在生产资料供销上有一定回旋余地，改善企业作为独立的商品生产者的地位，从而调动了他们的生产积极性，减轻了国家的补贴支出，丰富了商品的供应，为经济改革的深化创造了有利条件。

（四）开展金融体制改革

在总结前段经验的基础上，1985年1月，省政府召开全省财政税务工作会议，决定省对各市、地、县全面实行“划分税种，核定收支，分级包干，一定五年”的新财政管理制度。进一步完善财政分级包干的办法，形成了省对市、市对县、县对乡镇层层包到干的财政管理体制，调动了各级增收节支的积极性。全省各级预算内可支配财力上升，贫困县的财力明显增加，为各级自主安排改革与建设提供了财政支持。

1984年10月，《中共中央关于经济体制改革的决定》确立了社会主义有计划的商品经济，广东金融界解放思想，开始在金融领域引入市场机制，并多次向国务院及中国人民银行提出广东金融改革方案，要求进行试点。1984年国务院批复深圳市银行体制改革的请示，同意进行有关信贷资金管理、改进经营方式、实行与内地不同的利率政策以及建立联席会议等改革意见。1985年，银行信贷资金管理，改“统一计划、分级管理，存贷挂钩，差额包干”为“统一计划、划分资金、实贷实存、相互融通”的办法，使各银行更能积极搞活资金融通。1986年年底，广东被确定为全国金融体制改革试点省。1987年1月省政府在广州市召开全省金融改革会议，制定相应措施。广州市的金融体制改革走在全国试点城市的前头，率先开办短期资金拆借市场，成立被称为“民间银行”的城市信用合作社，开办外汇调剂中心和外汇存款业务。改革主要围绕三个方面展开：一是发展和开拓资金市场；

二是探索专业银行企业化改革的路子；三是发展多种金融机构。由于加快了资金市场的形成和发展，加上各级自筹资金和企业自有资金的投入，使建设资金由财政渠道为主转向信用渠道为主，投资主体由政府逐步转向企业，改财政拨款为贷款，有偿使用资金，并运用税收的调节功能，支持兴办效益好的企业和项目，抑制盲目发展和效益差的项目。这对调整产业结构和产品结构起到了良好的作用。

（五）改革基建投资机制

广东在改革开放初期资金有限，国家对广东地方基建基本不投资。因此，在各项改革初见成效的同时，基建投资改革迫在眉睫。省政府采取改革措施：一是简政放权，扩大地、市、县统配外资的批准权；二是利用外资进行基建投资；三是采取增强企业自我积累能力多种渠道筹集资金的办法，走“以电养电”“以路养路”“以桥养桥”的路子，以解决建设资金不足的问题。1984年11月24日，经省政府批准，引进外资建设的广珠公路容奇大桥举行通车典礼。在中国首开引进外资进行交通基础设施建设和“以路养路”“以桥养桥”之先河。对电力建设，改变全部由省财政投资的办法，1984年年底以后，省政府鼓励各级、多家集资办电，实行电网统一管理和“谁投资、谁受益”的政策，加快了电力发展步伐，取得显著成效。1987年又对电力实行全行业投入产出目标承包责任制，把电力建设和体制改革结合起来，使电力建设管理企业化，电力生产经营商品化，增强了全行业自我积累、自我改造、自我发展的能力。省电力主管部门按照“七五”电力建设计划项目承包，政府给予免税优惠政策和加收电力建设费的支持，增加的收入用于电力建设。至1987年年底共集资11亿多元，相当于近五年广东电力建设投资总和的近1/4。1987年发电量达226亿千瓦时，比上年增长19%，电力建设的加快，使电力供应走出“谷底”，改善了生产条件和投资环境。通过引进外资、利用贷款、地方自筹和民办公助等形式筹集资金，五年间，道路、桥梁、电力、邮电建设改造成果累累，令人瞩目。

在加快基础设施建设的同时，利用国内外资金加强企业技术改造，并且把企业技术改造同技术引进结合起来，产生明显的经济效益。五年全省工交系统用于技术改造的资金达137亿元，使用外汇16亿多美元，改造项目765项，引进生产线787条和各种设备60万台（套）。有近半数国营工业企业和一批二轻、乡镇骨干企业，进行了不同程度的技术改造，有些项目起点比较高，企业技术水平和技术能力得到加强。轻纺、食品、电子、塑料、建材、机械等经过全行业技术改造，有的进入全国领先行列。五年间全省开发新产品19.6万个，优秀新产品443项，获得国家和省优质产品奖1921项，一批传统产品得到更新换代，提高了“广货”的声誉。在新上项目和企业技术改造中，注意做好环境保护工作。

（六）按照“贸工农”方针推动外贸体制改革

1984年10月21日，国务院总理赵紫阳视察广东后提出：“全国不能讲贸易立国，但珠江三角洲可以讲贸易起飞，以进入国际市场为主要目标。为此，珠江三角洲的生产方针，应当是贸、工、农，而不是农、工、贸。不是你种什么就加工什么，加工什么就出口什么，而是倒过来，由外贸牵头，看国际市场最需要什么，然后考虑加工什么，再考虑种养什么。”“贸工农”方针的确定，使珠江三角洲乃至整个广东省的外向型经济向前跨出了一大步，推动了外贸体制的改革。省政府按照“贸工农”的方针，对外贸体制改革进行了探索，把外经同外贸结合起来，实行了工贸、农贸、技贸结合，建立一批工贸、农贸、技贸结合企业，促进了产销结合，建立和完善了出口生产体系，保证出口产品有稳定的货源，提高了产品出口的竞争能力。五年创办和纳入出口生产项目1248个，其中已投产项目835个，年出口12.86亿美元。1987年3月，省政府颁布《广东省鼓励外商投资实施办法》，改善投资环境，积极利用外资，为扩大出口，增加创汇能力服务。同时，下放出口经营权，对年自营出口达到200万美元或每年提供当地出口货源1000万元以上的市（地）、县，增设一批支公司，并且允许支公司直接对外出口，初步形成了多渠道、多层次、多形式、多元化的外贸经营格局。至1987年，市（地）、县支公司出口值占全省出口总值的7成。实行鼓励出口创汇的政策及奖励办法，逐步理顺内外销价格，提高外贸企业综合运筹、灵活应变能力，运用灵活贸易方式，开拓远洋市场，在13个国家和地区，建立了155个海外企业，沟通了内外联系，扩大了贸易范围。

二、加快经济特区建设和多层次开放地带的建设

（一）加快经济特区建设

经济特区建立之后在试验中不断前进和发展，引起国内外的密切关注。1984年1月，邓小平等中央领导视察深圳、珠海、厦门三个经济特区，看到深圳的建设速度相当快，蛇口更快。邓小平指出：“搞特区，不仅经济方面、培养人才方面有好处，还有一个对外影响的问题。搞好特区，先不讲对台湾的影响，至少对解决香港问题有利，对安定香港人心有利。”并亲笔题词“珠海经济特区好”及“深圳的发展和经验证明，我们建立经济特区的政策是正确的”，充分肯定经济特区的成就，统一全国干部群众的思想，鼓励特区人的斗志，对继续推进全国的改革起很大的作用。三个特区的建设继续在改革开放中阔步前进，推动了中国沿海地区的对外开放热潮。

1. 调整发展战略

1984年，深圳经济特区调整了发展战略，把特区发展的战略目标概括为：把深圳建设成为外向型的，以先进工业为主的，工贸并举，工贸技结合，兼营金融、旅游、服务、房地产和农牧渔等业的综合性经济特区；建设成为产业结构合理，科学技术先进，人民生活富裕的，具有高度的物质文明和精神文明的新型城市，为内地和全国的社会主义建设做出越来越大的贡献。

这一年，珠海经济特区也进一步明确了以工业为主、各业综合发展的方向，引导珠海经济转型，大规模的基础设施建设正式展开，1984年年底，基建竣工面积达38万平方米。

汕头经济特区起步时面积仅1.6平方公里。采取大环境依托汕头市，小环境自行配套的办法。1984年11月，国务院正式批复汕头经济特区，把区域范围调整为52.6平方公里。

2. 大搞基础设施建设、完善投资环境

经济特区按照“三个为主”的要求，大搞基础设施建设、完善投资环境：

一是经济结构以“三资”企业（中外合资、中外合作、外商独资）为主。深圳、珠海、汕头在办特区之前的所有制结构，主要是社会主义公有制（全民所有制和集体所有制）。创办特区之后，吸收外资投资兴办中外合资、合作和外商独资企业，发展其他经济成分，使原来的所有制结构发生了变化：公有制经济比例下降；外资投资企业比例不断增大；其他经济成分有适当发展。

二是建设资金以利用外资、贷款和集资为主。经济特区对市政和基础设施建设需要巨额投资，在国家改变基本建设由财政拨款改向银行贷款的情况下，探索多渠道筹集资金的路子。一方面，积极吸收和利用外资；另一方面，积极利用国家给予特区优惠的金融政策，争取各家银行支持，大胆地使用银行贷款和集资。据深圳特区的统计，基本建设累计投资中，利用外资、贷款和集资的就占85%左右。投资体制的改革带动了基建体制的改革，引入竞争机制，推行设计搞评选，施工搞招标，对建筑施工队伍实行包工期、包造价、包质量的承包责任制，有效地推进了特区市政和基础设施建设，并引发了劳务、基建物资市场的发育。

三是经济活动在国家计划指导下，以市场调节为主：（1）从特区成立开始，逐步开放生活资料市场，取消了农副产品的统购、派购和工业品的计划定量分配和供应体制；缩小计划价格，扩大国家指导价和市场调节价，到1987年年底，国家指导价和市场调节价的商品已占各特区社会商品零售的95%～97%。消费品价格全面放开，由企业依据市场需求，自行定价，搞活流通。基本形成在国家宏观调控下，全面放开生活资料市场。（2）逐步开放生产资料市场。除了对重要物资（钢材、水泥、木材）等一小部分实行指令性计划（约占25%）外，其余全部放开，实行市场调节。建立各种生产资料市场，价格放开、随行就市；建立多种渠道，多种经营，内外流通网络相结合的市场体系；首先在深圳特区试点试办保税生产资料市场。（3）建立活跃的劳务市场。打破固定工制，实行固定工、合同工和临时工三种用工形式并存，并由劳动服务公司和劳动管理站负责调节劳动力的供求，促进劳动力的优化配置，建立良好的劳务市场秩序，形成一个对劳动力实行宏观调控的劳务市场管理网络，企业可以自主招聘职工，劳动者自由选择企业。（4）逐步建立房地产市场。1987年12月1日，深圳经济特区首次公开拍卖土地使用权，实行土地有偿使用。在全国率先建立以土地使用权有偿转让为核心的土地租赁市场。（5）开辟多层次、多样化的金融市场。包括建立总量控制的金融管理体制，国家对特区分别实行“多存多贷、差额包干、适当递增、允许拆借资金”或信贷资金“切块”下达信贷制度。搞活资金市场。逐步开放外汇调剂市场。试办证券和股票市场。1987年6月试业的深圳发展银行，是中国大陆首家拥有个人股份的股份制商业银行，也是中华人民共和国成立后中国大陆第一家股票公开挂牌上市的银行。

广东三个经济特区通过各种渠道积累资金，进行水、电、路、通讯、交通设施等基础设施建设，形成了良好的投资硬环境。同时，省政府和特区政府在全国人大通过《广东经济特区管理条例》之后，制定配套的规章，设立了外商投资管理机构或服务机构等，改善了投资的软环境。

广东三个经济特区按照国家规定的特区的产业结构以工业为主、建设资金以外商为主、产品以外销为主和经济活动以市场为主的方针，积极引进海外的资金、技术，广泛地与内地进行经济联合，使经济特区的发展日新月异，特别是深圳特区，经济迅速发展，对外商的吸引力越来越强，已建立起外向型经济基础。至1987年，深圳经济特区已引进外资18.3亿多美元，兴办了大批工业企业和创汇农业，国民生产总值达47.5亿元，比1979年增长15.3倍；国民收入30.3亿元，比1979年增长15.4倍；出口创汇14亿美元，比1979年增长150.9倍。

3. 建立了有效的宏观调控体系

通过实践与摸索，经济特区建立了有效的宏观调控体系。其中包括国家对特区的宏观调控体系和特区自身宏观调控体系。

国家对特区的宏观调控，主要从两个方面进行：一是政策调控。依据国家实行对外开放的大政方针，确定经济特区的发展战略；根据国家的产业政策和生产力布局，引导外资投向；在国家统一的外贸政策范围内指导特区发展外向型经济。二是指标控制。国家依据国民经济全局发展情况和经济特区发展的需要，实行各项指标控制。如基本建设规模、大型建设项目，由国家审批；信贷资金和对外借款由国家核定指标控制；外贸进出口受国家外贸统一政策及配额和许可证制度管理；对替代进口和先进技术产品内销，由国家主管部门核定内销比例。

经济特区政府对自身经济发展的调控，主要是依据国家所确定的方针、政策和全国宏观经济发展的要求，统筹安排本特区的经济建设，从宏观上调控本特区的经济运行，搞好综合平衡。

经济特区宏观调控的方式，逐步从直接控制向间接控制过渡。其调控手段包括运用财政杠杆、税收杠杆、利率杠杆和必要的行政干预手段等。

为建立精简、高效的政府管理机构，经济特区政府从组建之日起，按照“小政府、大社会”的思路，建立特区政府，不断地改进政府管理经济的职能和手段。1981—1988年，深圳经济特区先后4次对政府管理机构进行改革：强化政府对社会经济发展的有效调控，实行政企职责分开，转变政府职能，提高办事效率，推进决策的科学化与民主化。

广东三个经济特区在改革开放中迅速发展，逐步创造出一个能够吸引外商、外资、引进先进技术和管理经验的良好投资环境。成为中国经济发展最快、最有活力的地区，成为中国利用外资集中的地区，成为中国外贸出口和走向国际市场的前沿基地，成为中国体制改革的排头兵，率先迈向社会主义市场经济。广东三个经济特区改革和发展的巨大成就，对全国的改革开放起重要的借鉴和推动作用，对广东的改革和发展更是产生了巨大的影响。

（二）加快多层次开放地带建设

广东省按经济和自然条件划分，大体上有五片地区。中部是以广州为中心，包括深圳、珠海等在内的珠江三角洲；东翼是以汕头、梅州为中心的粤东地区，西翼是以湛江、茂名为中心的粤西地区；南部是海南岛；北部是韶关等山区。这些不同地区的经济条件和特点都有很大的差别，要使生产力得到合理配置就要求更好地发挥各个地区各自的优势，并相互促进，协调地发展。广东省在实行特殊政策、灵活措施过程中，根据省内各地地理条件、进出口贸易的能力和外资的吸收、消化、承受能力等具体情况，正确地制定对外开放的格局。这就是首先开放沿海地区（以中部沿海地区为主体，以东部和西部沿海地区为两翼），加速这些地区外向型经济的发展，然后向内地和边远山区辐射和推进。

1983年4月1日，中共中央、国务院发出《关于批转〈加快海南岛开发建设问题讨论纪要〉的通知》，决定对海南岛实行类似经济特区的政策，以对外开放，促进海南岛的开发。并要求国家有关部门，从人、财、物上积极给予海南必要的、直接支持，这一文件下达后，海南各方面的工作都取得明显进展。

1. 开放广州市和湛江市等沿海开放城市

1984年1月24日至2月17日，邓小平等中央领导人视察深圳、珠海经济特区，肯定了特区的成就，回到北京后，于1984年2月24日，同中共中央和国务院的领导座谈，讨论进一步办好经济特区和进一步开放沿海港口城市的问题。邓小平发表了极其重要的讲话。他说："我们建立特区，实行开放政策，有个指导思想要明确，就是不是收，而是放。"除已有的4个特区之外，考虑再增加几个点，增加几个港口城市，"这些地方不叫特区，但可以实行特区的某些政策"。邓小平的倡议，得到大家的一致赞同。同年3月，中央书记处和国务院召开了沿海部分城市座谈会，会议决定天津、上海等14个城市，作为进一步实行对外开放的沿海港口城市，其中广东省有广州市和湛江市。5月4日，中共中央、国务院正式批准进一步开放广州市和湛江市等14个沿海开放城市。省委和省政府于6月召开地、市委书记会议传达中央城市座谈会精神，并研究贯彻意见。7月，省委、省政府印发《关于贯彻沿海部分城市座谈会纪要，进一步实行改革开放的意见》。

2. 进一步开放珠江三角洲经济开放区

1984年11月，国务院总理赵紫阳视察了广州、佛山、江门、珠海、深圳、顺德、南海、新会、中山、东莞等10个市县，分析了沿海地区进一步开放的新形势，提出要加快沿海开放地带经济的发展，带动内地经济的开发。1985年1月，国务院召开长江、珠江三角洲和闽南厦（门）、漳（州）、泉（州）三角地区座谈会，同年2月，党中央、国务院决定，在长江三角洲、珠江三角洲和闽南厦漳泉三角地区开辟沿海经济开放区。按照国家规划，珠江三角洲经济开放区范围，1985年2月开辟的珠江三角洲"小三角"范围包括4个市、12个县。1985年4月省政府召开珠江三角洲规划工作会议，研究了珠江三角洲发展规划以及发展鲜活商品和出口创汇问题。

1985年5月13—19日，省第六届人民代表大会第三次会议在广州召开。会议讨论坚持实行特殊政策和灵活措施，要以改革促开放，建设好经济特区、开放城市、珠江三角洲经济开放区和海南行政区。1987年9月，中共中央决定，将海南行政区列为经济特区，从广东省划出，单独建省，成立海南建省筹备组，任命许士杰为组长。1987年11月21日国务院决定广东省为综合改革试验区，要求商品经济进入更深层次，扩大市场调节。同月28日，国务院批准，珠江三角洲开放区扩大为"大三角"范围，包括28个县（市）及1个郊区，土地面积4.43万平方公里，人口1576.65万人，分别占全省的24.9%和27%。同时把沿海城市的汕头、湛江以及茂名市和惠阳地区的部分县市也列入经济开发区范围，享受优惠政策。至此，广东已形成一个多层次、多形式、多功能的开放地带。这个地带包括深圳、珠海、汕头3个经济特区，广州、湛江2个开放城市，珠江三角洲经济开放区和沿海经济开放区，共46个县（市）。据1987年统计，面积占全省49.1%，人口占74.2%，工农业总产值占84.8%，财政收入占92.1%，外贸出口占83.9%，利用外资占67.9%。

珠江三角洲开放之后，注重实干，勇于开拓，敢于一切从实际出发，灵活变通，大胆使用国内外信贷资金，引进外资和先进技术，加快发展外向型经济，改造了一批老企业，创办了一大批新企业，又大力发展乡镇企业和创汇农业，使珠江三角洲成为广东乃至全国经济发展最快的地区之一。经济开放地区抓紧一些国家和地区调整产业结构，把劳动密集型产业向外转移的机遇，加快发展外向型经济。大力发展“三进三出”，即引进外资、引进先进技术和装备、引进先进管理经验和人才智力，发展商品出口、劳务出口、“风景出口”（旅游业），采取多种形式，广泛开展外引内联，经济开放地区的经济也得到很大的发展。至1987年，全省建成出入境口岸34个，占全国1/3，货物装卸、起运点122个，占全国4/5，一个适应对外经济贸易和技术交流的网络已经基本形成。开放地带经济的迅速发展，对内地和山区的经济有很大的促进。“三资”企业逐步向内地延伸。1987年，全省47个山区县已有31个县有“三资”企业，历来比较贫困的山区罗定县，也办起60多家“三来一补”企业。

省政府逐步下放了利用外资项目的审批权，规定了经济特区、沿海开放城市、珠江三角洲经济区，以及其他市县不同层次的审批权限，减少了层层报批，公文旅行，提高了政府机关的办事效率。一些市还成立了外经工作一条街，集中各有关部门协调办公适应引进外资，改善投资环境。

三、政权建设和社会文化建设

（一）政权建设

1. 加强和完善基层政权建设

1983年8月1日，省委、省政府发出《关于政社分开、建立乡政权的通知》，进一步加强和完善基层政权建设。

1983年12月22日，经国务院批准，撤销佛山、汕头、韶关、湛江4个地区行政公署，并在广州、佛山、江门、汕头、湛江、茂名、韶关、肇庆、惠州等9个市实行市领导县的体制。1984年4月，全省完成了政社分开、设区建乡的工作。同时，进行县、乡两级直接选举及换届工作，绝大多数的县参选率达95%以上。至1985年年底，全省选举产生县级政权132个（其中27个市辖区、8个不设区的市、89个县、3个自治县、5个办事处），乡级政权19702个（其中19100个乡、92个民族乡、180个区级镇、330个乡级镇）。农村的基层政权建设得到进一步加强。

1984年5月31日，六届全国人大二次会议决定，海南行政公署改为海南行政区人民政府，作为一级地方国家政权机关，归省政府领导。

1986年5月29日，根据国务院的统一部署，省委、省政府发出《关于撤区建乡（镇），完善农村基层政权建设的通知》，撤销原有的区公所、乡、镇建制，并按照国务院的有关要求和标准，设立相应的乡、镇建制，从而减少了层次，进一步完善农村基层政权建设。至1986年年底，全省共有472个建制乡、11个民族乡、1451个建制镇（含91个县城镇）。广东省镇的总数及其在乡镇总数中所占的比例数（75%以上）均居全国首位。

1988年1月，国务院批准广东省调整部分行政区域：东莞市、中山市升格为地级市；惠州市改为地级市；梅州地区与梅州市合并改为地级市；新设汕尾、河源、清远、阳江4个地级市。调整后，全部实行市领导县体制。

2. 推进机构改革和人事制度改革

1983年8月21日，中共中央办公厅、国务院办公厅批准广东省党政机关机构改革方案。省政府工作机构从71个精简为40个。同年10月25日，省政府批转省人事局报告，决定在全省范围内建立国家行政机关工作人员岗位责任制。

1984年全省开展县级机构改革，主要内容是：进一步放权给县，充分发挥县一级政权的作用，使政权机关和企事业单位责权分开；县的政权机关带头裁减机构和人员；简化经济管理部门，加强监督部门；根据实际工作需要设置机构；改革县级行政机构，推行岗位责任制。

1984年5月10日，省政府批准从1984年起，采用聘用合同制的办法，从农村中挑选一批有一定文化水平和生产知识的优秀青年，逐步补充更新农村区（镇）干部队伍。同年，首次以考试与考核结合，择优选聘的办法，招聘乡镇干部600名。随后，又在全省企事业单位和县政府机关推开人事制度改革并逐步完善。全省乡镇机关先后4次聘用共2万名干部。同年8月16日，省政府批转《深圳经济特区国家机关、事业单位工资制度改革方案》，在全国首先打破统一标准的工资模式，建立以职务工资为主要内容的结构工资制。11月4日，省政府发出《关于录用新干部试行选聘合同制的规定》，进一步推进人事制度的改革。

1987年1月14日，省政府批转省人事局制定的《关于录用新干部实行聘任制的意见》。同年10月8日，省委、省政府决定撤销70个省级非常设机构，进一步完善省级政权机构改革。

在干部任用方面，从1985年起，深圳、珠海、肇庆等地对机关处级以上干部实行任期制。1986年，广州、深圳市以自我推荐的形式，向社会公开招聘机关和院校的领导干部。

在引进人才方面，1983年11月，广东省在全国率先成立省引进国外人才领导小组及其办公室。同年12月，首次组织人才招聘小组，分赴北京、上海、天津、武汉、西安五大城市招聘人才。1984年4月23日，省委、省政府颁发《关于做好广东省引进国外、港澳地区人才工作若干问题的规定》。1984—1987年，广东通过各种渠道、各种方式，从美国、英国、日本等20多个国家和地区，引进人才项目173项，应聘到广东的外国和港澳地区的技术和管理专家339人，跟随引进设备到广东工作的各类专家达4040人，逐步满足改革开放的人才需求。

3. 扩大人民群众的民主生活

五年来，各级政府坚持一手抓建设和改革，一手抓民主和法制，把坚持四项基本原则教育，加强民主与法制建设贯串于改革开放的全过程，保持和发展安定团结的政治局面，为改革开放和经济建设的顺利进行创造了良好的社会环境。

各级政府逐步建立和扩大同人民群众协商对话渠道。加强人民来信来访工作，注意向人民政协和群众团体及时通报情况。省政府的主要领导分别到大专院校，直接与师生对话。广州市和一些市、县，建立市、县长专线电话，实行接访日制度，及时听取群众呼声。发挥报刊、广播、电视等的社会舆论监督作用，支持群众批评政府工作中的缺点错误，同各种不正之风作斗争。

4. 加强法制建设

加强立法，改善执法活动，恢复律师制度，逐步完善司法制度。各级政府建立了专管或兼管法制工作的机构。广东实行特殊政策和灵活措施后，建立了经济特区和多层次的开放地带，经济立法任务更加繁重。省政府一直把制定地方性法规、健全社会主义法制作为一项重要工作来抓。1985年5月13日，省政府发出《关于拟订地方性法规程序的规定的通知》，使地方性法规和规章的拟订、送审工作走向制度化、规范化。至1987年年底，经省人大常委会批准颁布的地方性法规共48个。

1983年9月，根据国务院指示精神，省政府对本省地方性法规、规章进行了审查、清理工作。至1985年8月，广东省所审查、清理的1949年年底至1984年上半年颁布的1166个法规中，属于继续有效的294个，废止了807个，加以修改的有65个。还制定了一批以涉外经济立法为重点的规章。解决了政治、经济生活中出现的一些矛盾，理顺各种关系，促进了投资环境的改善。

全省广泛开展法制宣传教育，1600多万人参加了普法学习，增强了人民群众的公民意识和法律意识，提高了广大干部和群众学法、知法、守法、用法的自觉性。

5.加强社会治安综合治理

1983年开展了严厉打击刑事犯罪活动，打击了各种刑事犯罪分子。1985年对播放淫秽录像、嫖宿卖淫、利用桌球赌博和公路沿线一些“路边店”搞违法犯罪活动，又及时进行打击，取缔、整顿，把这几股歪风刹住。1983—1987年，全省检察机关批准逮捕严重刑事犯罪分子10.5万人，给予应得惩处。通过“严打”，全省社会治安明显好转，刑事犯罪案件有所下降。为巩固成绩，广东省注意抓综合治理，动员全社会齐抓共管，结合运用打击、取缔、清查、整顿、管理、防范、教育、改造等各种手段，进一步把社会治安搞好。

（二）社会文化建设

1. 重视思想道德建设

广东省在实行特殊政策、灵活措施过程中，既坚持改革开放，又坚持四项基本原则，既注意不断提高人民物质生活水平，又注意不断加强社会主义精神文明建设，并使精神文明建设紧紧围绕经济体制改革和发展社会主义商品经济来进行，为经济建设服务。

在思想道德建设方面，广东省各级政府进行了许多方面的教育，包括：对干部进行马克思主义基本理论的教育；对干部、群众进行坚持四项基本原则的教育、形势任务和改革开放的政策教育，进行爱国、理想、道德、纪律、法制教育。

在思想建设方面，一方面注意帮助人们摆脱旧观念，培养积极进取、勇于开拓的精神，增强改革开放意识，以适应改革开放和经济建设新形势；另一方面，明确提出“有所引进，有所抵制”“排污不排外”的原则，帮助人们提高鉴别能力，防止和抵制资本主义、封建主义腐朽思想、作风的影响和侵蚀，增强免疫力和战斗力，把改革开放可能出现的各种消极现象减少到最低限度。

全省各地还普遍开展了群众性的“五讲四美三热爱”活动以及建设文明村、文明街、文明单位、文明家庭活动。1984年5月，省委召开了全省精神文明建设先进单位和先进工作者表彰大会。随后又总结和推广了广州中医学院副院长李国桥和他带领的疟疾研究室的先进经验、广州市南华西街“两个文明”一起抓的经验、广州卫生处理厂“宁愿一人脏，换来万人康”的无私奉献的精神，使广大干部群众始终保持奋发向上的精神境界。

改革开放促进了广东人民思想解放和观念更新。长期以来禁锢人们思想的各种僵化、陈旧的观念正在逐步为人们所摒弃，而与社会主义商品经济相适应的工作方式、生活方式及价值观念、竞争观念、时效观念、法制观念正在形成并日益深入人心。观念更新，使人们开阔了视野，增强了改革开放意识，推动了改革开放顺利进行。

2. 文化、科技、教育、卫生、体育事业活跃

文化战线，通过调整政策，改善设施，加强文化管理，改进政治思想工作，把思想教育寓于改革开放的实践和多种形式的文化娱乐活动之中。对外文化交流日益增多，开始从封闭型走向开放型。国外文化团体纷至沓来。1985年仅广州市就接待28个国家和地区来访的文化界人士1008批共1232人。在对外文化交流中，注意区分良莠，既抵制外来文化中腐朽思想的侵蚀，又吸收外来文化的精华，坚持走自己的路，形成有中国特色、有地方特色的新文化，更好地发挥广东社会主义文化市场的窗口与辐射作用。文化事业由政府独家办转向“社会办”，初步形成国家、集体、企业、个人一齐上的局面。文化设施有很大发展，并且逐步现代化。仅1985年，全省就兴建文化馆、图书馆、博物馆346个，初步形成一个层次丰富、形式多样的文化设施网络。新闻出版事业、电影电视广播事业也日益繁荣。仅1985年，全省就兴建广播站、电视台、转播台63座，全省各种报纸杂志共有304种。“六五”期间发行报纸63.1亿份，出版各类杂志3.97亿份，图书15.14亿册。据抽样调查，广州市的家庭1984年每百户拥有电视机103部，录音机83.5部。在珠江三角洲的农村，“电视村”已非常普遍。这些都是改革开放的成果。

社会科学理论研究气氛活跃，结合改革开放和现代化建设的实践，本着“学术研究，在于应用”的原则，从经济、政治、文化、社会各方面，探索有中国特色社会主义的发展规律，研究当代世界新变化和种种思潮，吸取有益的营养，努力开拓创新，为振兴广东经济和推进社会主义事业服务。社会科学部门冲破长期自我封闭的状态，不断扩大对外交流，仅广东省社会科学院1985年就接待了国际上的社会科学工作者60多批，举行了50多场学术讨论和讲学；同时也组织了数十名社会科学工作者外出访问考察，开展广泛的学术交流。

1984年12月19—21日，广东省第一次地方志编修工作会议在广州召开，在全省启动地方志编修工作。1986年4月21日，省政府决定，从1987年起编辑出版《广东年鉴》，首部《广东年鉴》于1987年12月4日出版发行。

在科学技术方面，为发挥科技人员的专长，人尽其才，1983年6月3日，省委、省政府发出《关于积极开展科技人才交流，充分发挥科学技术人员作用的指示》。为加速科技体制改革，调动科技人员为经济建设献力的主动性，放宽放活科研单位和科技人员，1984年7月25日，省人事局、省科委联合发出《关于科研单位人事制度改革的暂行规定》。广东财政增加科学事业费和对科研的投资，五年增长1.2倍，平均每年增长17.7%。发展和完善技术市场。1985年广东在全国率先制定技术市场管理规定，至1987年，全省建立技术市场经

营机构500多家，科研联合体377个，大批科技成果投放市场，科研转化为生产力的速度加快。省有关部门组织科技力量，围绕生产建设的关键技术课题进行科技攻关和研究，取得显著成果。五年主要科研成果1500多个，评出省科技成果奖290个。组织实施以发展农村经济为宗旨的“星火计划”144项，取得了良好的经济效益。对外科技交流大大增加。1979年至1985年，广东省科委先后组织50多批科技人员出国考察，同20多个国家和地区200多个单位建立了交往联系，互派人员讲学、进修。一些国际性科研机构也在广东设立科研实验站（所）、协作中心等，对部分领域和项目进行合作开发和研究。

在教育方面，制定政策，增加财力，大力支持教育事业发展。1983年4月8日，省政府批准，从1983年开始，本省农、林、医、师范院校，实行部分定向招生。1985年3月16日，省第六届人大常委会召开第十二次会议，审议和通过省政府《关于加速改革与发展广东省教育事业，改变教育落后现状的建议的处理意见》《广东省普及初等义务教育暂行条例（草案）》。各级政府逐年增加教育经费，1987年比1982年增长1.3倍，五年平均增长18.5%。同时，鼓励社会各方面集资、捐资办学，五年集资12亿元，海外侨胞、港澳同胞捐资8亿多港元。教育投资的增加，促进了教育事业的发展，五年新办大学17所，全省大专院校达到50所。各类学校的教学设施也有较大改善。在教育事业发展的同时，全省调整教育结构，成为全国率先普及小学教育的省份之一。1986年10月7日，省人大常委会公布施行《广东省普及九年制义务教育实施办法》，要求在已普及小学教育的基础上，到1992年基本完成普及初中义务教育。新设了一批短线、缺门专业，发展了职业教育和成人教育，采取多种形式培养人才。1985年10月8日，广东省行政管理干部学院成立（1989年更名为广东省行政学院）。逐步适应广东多层次对人才的需要。逐步加强师资培养，增加师范院校招生加强在职教师培训，提高了师资素质和教学水平。落实知识分子政策，调整教师工资并进行职称评定，修建了一批教工宿舍，教师的生活待遇逐步得到改善。

卫生事业发展迅速，医疗技术水平显著提高，医疗设备明显改善。除害灭病保健工作取得很大进展，人民健康水平逐年提高。1985年，省政府宣布在全省范围内消灭了流行100多年的血吸虫病。1986年6月1日，省人大常委会公布修正后的《广东省计划生育条例》，规定干部、职工、城镇居民每对夫妇只生育一个孩子，农村提倡一对夫妇生育一个孩子，对二胎生育要有计划，按指标，够间隔，严格控制，严禁计划外二胎或多胎生育。

体育事业也取得很大成绩。1983年11月，广东省筹备第六届全国运动会领导小组建立，省长梁灵光任组长。1985年6月20日，第六届全国运动会筹委会在广州成立，省长叶选平任主任。筹委会确定，六届全运会于1987年11月在广州举行。经过两年的筹备和体育场馆的建设，第六届全运会于1987年11月在广州天河体育中心隆重举行。广东获得团体总分、金牌总数、奖牌总数、破纪录总数和精神文明奖“五个第一”。各项组织工作、服务工作普遍受到好评。国际奥委会主席萨马兰奇称赞第六届全运会有三个一流：“组织一流、设施一流、人民一流。”

第三节 第七届省政府施政纪要

本届政府是1988年1月举行的省第七届人民代表大会第一次会议选举产生（至1993年2月）。五年的任期，经历了第七个五年计划的后三年和第八个五年计划头两年。

在省委的领导和省人民代表大会及其常务委员会的支持监督下，省政府坚定不移地执行党的基本路线，认真贯彻中共中央和国务院的各项方针政策，紧紧依靠全省各族人民，治理整顿，深化改革，扶持山区发展。遵照1992年邓小平南方谈话精神，制定发展纲要，加快改革开放，巩固安定团结的政治局面，加强精神文明建设。努力克服前进中的种种困难，取得了国民经济和社会各项事业的重大成就。在1987年提前实现国内生产总值比1980年翻一番的基础上，1992年国内生产总值又比1980年翻了两番多，提前8年实现了第二步战略目标，为本世纪末实现翻三番的宏伟蓝图打下了坚实基础。1988—1992年的5年间，全省国内生产总值、人均国内生产总值年均递增分别为14%和11.9%；工农业总产值、财政收入年均递增分别为21.9%和19%。全省的综合经济实力大大增强，社会各项事业取得较大进步，人民生活明显改善。安定团结的政治局面进一步巩固，政权建设和精神文明建设不断进步。

一、治理整顿，深化改革

（一）治理经济环境，整顿经济秩序

1988年，中国经济出现全国性过热，广东经济也出现一些问题，主要是投资规模过大，经济过热。投资规模从上年的234.7亿元骤增至331.6亿元。由于投资规模过大，非生产性的基建也搞得太多，使能源交通和原材料供应重新陷入极度紧张的状态，总需求超过总供给，导致通货膨胀，拉动物价上涨，全年物价指数上升了30.2%。物价上涨过猛，超越了群众和社会的承受能力，一度出现抢购大米、食油、食盐的抢购风潮，使预定的改革措施无法出台，使生产建设不能均衡协调发展，使一部分人的实际收入下降。因此，1988年9月，中共十三届三中全会作出了治理经济环境、整顿经济秩序、全面深化改革的决定。

在治理整顿初期，广东的经济面临严峻的形势：一是全国性的市场疲软，部分商品积压，制约着广东经济的发展。二是企业负担加重，效益下降。广东省生产、建设的资金，主要依靠银行贷款，贷款利率提高后，企业债务负担明显加重，加上原材料、电力价格和工资水平较高，造成企业生产成本大幅度上升，留利水平下降，自我发展能力减弱，产品竞争力下降。三是资金紧缺，影响正常的生产、流通。四是中央有关部门在金融、外汇、计划、流通等各个方面加强了控制，对广东的特殊政策、灵活措施有所收缩，这给广东的改革开放和经济建设带来了很大困难。五是社会生活中存在某些不安定的因素，有些外商顾虑增多。

在经济紧缩的环境中，省委、省政府分析广东的实际情况，认为广东前段投入较多，外向型经济比例较大，利用外资比较多，产品绝大多数靠市场调节，已经逐步建立起适应

市场竞争的企业经营机制和一定程度的自我发展的投资机制，因此，治理整顿不应是简单的收缩、“刹车”，明确了“顾全大局，立足现实，紧中求活”的指导思想，并在1989年1月召开的省计划工作会议上，明确提出了“压基建，调结构，保生产，抓改革，求效益，上水平”的18字方针，坚持实事求是，不搞“一刀切”，较好地处理了治理整顿和改革开放、治理整顿和稳定经济、治理整顿和生产发展的关系，广东经济保持了稳定发展的势头。

1. 压缩固定资产投资，调整总需求结构

省政府认真贯彻中央、国务院治理整顿的方针、政策，为了扭转供需严重失衡的状况和通货膨胀，全面清理全社会的在建项目，采取了较为严厉的财政、金融“双紧”政策，加强对投资及需求的控制。全省银行各项新增贷款从1988年第四季度至1989年第三季度，连续4个季度负增长，比上年同期少增加20亿元。现金回笼增多，1989年、1990年每年都回笼60亿元以上，名列全国第一。全省财政支出增幅也从1988年第四季度的33.4%，下降到1989年第四季度的13.1%。随着“双紧”政策的实施，1989年第三季度末工业增长速度出现回落，固定资产投资规模收缩。1989年全社会地方项目固定资产投资260.97亿元比上年实际完成数压减9.3%，扣除深圳、广州两个单列市，预计完成投资152.60亿元，压减15%。消费需求增长开始减缓，物价总水平明显下降。但是，实施“双紧”方针在取得成效的同时，也产生了一些负效应，表现为工业生产增长速度回落过猛，企业经济效益下降，市场疲软，产成品库存增加。针对这种情况，省政府从1989年第四季度开始，在坚持总量控制、严格执行在建总规模与当年建设规模双控制办法的同时，根据启动市场和增强经济发展后劲的实际需要，及时调整了紧缩力度，实行了以增加即期需求为主的各项松动政策和启动措施，将有限的资金和规模指标集中用于对整个社会经济发展有重大影响的重点建设项目和技改项目。努力建成一批能源、交通、通信等基础设施项目。电力建设，确保黄埔电厂、沙角A厂、广州热电厂等55万千瓦机组投产，续建青溪水电站，新建云浮电厂、梅县电厂和扩建韶关电厂9号机组以及相应的输变电工程。加快交通建设。1988年10月，省政府印发《广东省集资、贷款修建桥梁、公路收取车辆通行费实施办法》。确保九江大桥、洛溪大桥、韩江大桥、东江大桥、外海大桥建成交付使用，实现主要公路干线无渡口通车。开通衡广复线，续建腰茂铁路，继续抓好黄埔、湛江、汕头等主要港口建设。抓紧完成水泥、化工、有色金属等原材料项目的建设计划。1988年8月8日，广东省第一条高速公路——广佛高速公路建成正式通车。1991年5月3日，全国首条地方集资建设的铁路——三茂铁路举行通车典礼。全省银行各项新贷款于1989年10月结束了长达13个月的负增长。随着流动资金贷款的增长，工业生产出现逐步回升态势。市场商品销售也开始出现正增长。至1990年9月，全省经济出现较为稳定的回升势头。但是，产成品积压、资金循环不畅、经济效益低下等问题仍未见明显好转。因此，省政府于1990年第四季度开始，采取了适当增加最终需求，开展“质量、品种、效益年”活动，清理“三角债”等一系列促进经济正常增长的微调措施和政策，全省经济运行质量有所改观，1991年主要经济指标恢复到正常年份水平。

2. 整顿经济秩序，加强对社会经济活动的监督管理

省政府重视清理整顿公司工作，至1990年年底全省共撤并公司13486家，占应撤并数的

82%。在清理整顿公司过程中，各地注意妥善安置富余人员，组织力量查处一批违法违纪案件，加强了公司的管理制度建设。1989年9月，省第七届人大常委会第九次会议通过《关于加强监督惩治腐败促进廉政建设的决议》。审计、物价、工商行政管理等部门加强了对经济活动的监督管理，严格执行财经纪律，加强经济检察。按照全国统一部署，在全省组织严厉查处生产经营假冒伪劣商品行动，每年开展一次税收财务物价大检查，开展清理整顿乱收费、乱罚款、乱摊派的工作。1989年5月，省政府发出《关于开展打击走私违法犯罪专项斗争的通知》，依靠基层组织，广泛发动群众，采取了“海上抓、岸边堵、陆上查、市场管”的总体作战、综合治理的方针，1990年全年共查获走私贩私案件1.7万多宗，罚没全额达10亿多元，维护了国家利益和社会经济秩序。

3. 处理好整顿与改革开放的关系

1989年春夏之交发生在北京的政治风波之后，不少到广东投资的外商一度疑虑重重，担心改革开放的政策要变，有的“三资”企业撤走，一些已同外商签约的在建项目停下来，外经贸工作受到较大的影响。1989年8月，省政府发出紧急通知，要求各级人民政府在1989年春夏之交发生在北京的政治风波后，迅速稳定大局，巩固和发展广东改革开放的成果。省委根据中央关于改革开放总方针不变的精神，明确提出改革开放政策“八个不变”：即实行家庭联产承包责任制和双层经营体制不变；粮食合同订购，鼓励开发性农业生产的政策不变；企业承包责任制、厂长负责制的政策不变；以公有制为主体，发展多种经济成分的政策不变；对个体经济和私营企业的政策不变；财政包干、外贸包干的政策不变；工资与经济效益挂钩的政策不变；发展乡镇企业的政策不变。同时组织有关人员主动走出去，采取多种形式，积极做好海外华侨、港澳同胞和外商的工作，积极开拓海外市场。经过努力工作，稳定人心，稳定经济。1989年和1990年新签利用外资合同和实际利用外资数均接近1988年的水平，外贸出口分别达到81.7亿美元和105.6亿美元，比1988年的74.8亿美元分别增长9.2%和41.2%。1990年7月5日，深圳特区创办10周年。总书记江泽民题词：“继续办好经济特区，努力探索有中国特色的社会主义路子。”总理李鹏题词：“坚持改革开放，为把深圳建成为工业为主，工贸相结合，外向型，多功能的现代化城市而努力。”同年11月28日，珠海市举行欢庆特区建立10周年大会。江泽民、杨尚昆、田纪云等中央领导出席大会。1991年11月，国务院批准，汕头经济特区范围扩大至整个汕头市区，面积共234平方公里。同年12月，国务院批准，广东省调整潮汕地区行政规划。1992年1月，国务院批准开放广州市番禺南沙港。治理整顿期间，广东省保持和发展了对外开放的态势。

（二）继续深化经济体制改革

1988年2月，中共中央、国务院批复省委、省政府《关于广东省深化改革、扩大开放、加快经济发展的请示》，同意广东省作为改革开放综合试验区，并正式批准广东实行6条政策：（1）重申对广东实行特殊政策和灵活措施；（2）扩大珠江三角洲经济开放区优惠政策在广东省的应用范围，即将经济开放区增加至7个市、21个县及1个郊区，从原来的“小三角”扩大为“大三角”；（3）放宽利用外资政策；（4）为进一步改善投资环境，加快能源、交通、原材料等基础工业的建设，下放生产性项目的投资审批权；（5）放宽利用侨资政策；（6）继续让广东省实行财政包干体制。省委、省政府根据中央、国务院对广东提出的要深入进行综合改革，在改革开放中继续先走一步，加快经济发展的要求，分析了国内外形势，研究了省情，预测了改革开放和经济发展的趋势，提出社会经济发展的基本战略构想是：以国际市场为导向，以国内市场为依托，依靠科技进步和科学管理，充分发挥三个经济特区的作用，大力发展外向型经济，加快社会经济现代化进程，使以广州市为中心的珠江三角洲成为外向型经济为主，内外辐射能力较强的经济区，促进沿海和山区经济的更大发展，把广东建设成为社会主义商品经济比较发达，对外更加开放省份。

省政府认真做好改革开放综合试验的各项起步工作。1988年10月10日，省长叶选平在省委六届二次全会上指出：“对改革和发展中出现的一些问题，还要通过改革和发展去解决。”“把治理环境整顿秩序同深化改革、稳定发展经济结合起来，把加强宏观调控同搞活微观调节结合起来，把加强集中统一同实行分类指导结合起来。”因此，治理整顿期间，广东的各项改革仍继续深化。

1. 农业和农村改革

在巩固和完善以家庭联产承包制和统分结合的双层经营体制，发展联合经营、股份经营的同时，进一步发展多种经济形式。逐步理顺政社关系。采取土地使用权有偿转让、调整，引导农村生产要素的合理流动和集中，实现耕地的适当规模经营和集约经营，组织农村社会化生产服务体系，建立健全合作经济内部的经营管理制度，抓好承包合同管理，加强农村集体土地管理，促进集体经济发展。制定鼓励创汇型农业出口政策。巩固和发展农产品出口基地和加工出口基地，并与科技部门配合，提高农产品的质量、档次的竞争力。1991年，广州市天河区成为全国第一个村级全面实行合作经济股份制的区。当年，深圳市三区一县兴办股份合作企业1411家，参股村民2.1万户，占农村总户数的30%。潮州市枫溪镇办有股份合作企业255家，占镇村集体企业总数的41%。

2. 工业企业改革

治理整顿开始后，继续实行承包责任制，并加以完善。同时，加强了对承包合同的审计监督。按照政企分开和所有权与经营权分离的原则，深化承包经营责任制、厂长（经理）负责制和任期目标责任制。深化企业内部配套改革，加强企业思想政治工作，改革分配制度，采取多种形式实行工资与经济效益挂钩，开展了岗位技能工资试点，推行劳动合同用工制度，进行合理劳动组合。组建企业集团，兼并亏损企业。珠江三角洲一些县将乡镇企业的机制引进到国营企业，给企业下放人事管理权，机构设置权、分配权、生产经营权，增强了企业的活力。

乡镇企业方面：治理整顿时期，国家对乡镇企业实行“调整、整顿、改造、提高”的方针，广东各地充分发挥人缘、地缘和对外开放先走一步的优势，加大招商引资力度，大力发展外向型乡镇企业；同时，依靠科技、调整结构、强化管理，在挖潜上求发展。在三年治理整顿期间，虽然关、停、并、转少部分污染严重或低水平重复建设的乡镇企业，但乡镇企业整体上得到调整提高，并依然保持着强劲的发展势头。1991年，全省乡镇企业个数达123.52万个，从业人数707.85万人，总收入1008.22亿元，上缴税金31.13亿元，纯利润72.58亿元，创汇34.74亿元。

国有资产管理体制改革开始起步。1991年，为了摸清全省国有资产的营运状况，省政府对部分市、县和部分省外贸企业国有资产的管理状况组织了专门调查，对国有资产管理体制改革进行了全面部署。省、市和部分县成立了专门管理机构，并为清产核资试点作了准备工作。

3. 金融体制和外贸体制改革

继续发展证券市场，初步形成了证券发行及流通网络。1988年12月，深圳率先按国际惯例向社会公开发行股票，至1991年，组建了100多家股份公司，其中上市公司由5家增加到17家，有9家发行B种股票，标志着深圳证券市场在走向国际化方面迈出重要一步。省政府批准成立“广东省企业股份制试点联审小组”，以推进全省的股份制试点工作。初步形成证券发行及流通网络。1988年7月18日，广东省第一家实行股份制的区域性商业银行，广东发展银行成立。

改革方面：从1988年起，广东全面实行外贸承包经营责任制，即实行以地方为主体的、以三项承包基数（出口收汇、上缴外汇、盈亏效益）为内容的一定三年的承包经营，增强对国际市场需求变化的适应能力。1988年3月，省政府颁布《广东鼓励开展对外装配、补偿办法》，继续改善投资环境，继续大力发展能够发挥广东优势的“三来一补”和补偿贸易，努力提高利用外资的效益，保证有偿还能力。从1991年起，实行“取消补贴，自负盈亏”的外贸新体制。

4. 建立社会主义市场经济体系

进一步放开、搞活、发展和完善各类商品市场和生产要素市场，把市场机制引入国民经济的各个领域。省政府抓住治理整顿、宏观经济环境比较稳定的有利时机，有计划地出台价格改革措施。除根据国务院的统一部署，调高若干种工农业生产资料价格以及铁路货运价格外，从1988年4月1日起，调高计划内供应粮食价格及米面制品价格。食糖价格已全面放开。在全国率先结束“票证经济”。对省管民用煤、自来水、公共汽车、学杂费、保育费等城镇居民生活费用价格，也进行了适当调整。在价格管理体制上，扩大市、县和省业务主管部门的价格管理权限。报国务院特批的商品价格和收费，1990年为13项，1991年减为5项。缩小了实行差率管理和计划外商品价格的控制范围，对仍实行价格差率管理的，原则上一年核算一次；对小商品，除国家列名管理的极少数品种外，其余放开价格，由企业自主定价；对原来实行目标管理分工负责制的部分食品和生产资料，取消考核控制指标。进一步理顺商品价格和各种生产要素价格。1988年9月，省政府批转省住房制度改革领导小组《广东省城镇住房制度改革意见》，决定从1998年起，全省城镇分期分批进行住房制度改革，推进了住房商品化进程。1991年3月，省政府召开房改工作会议。省长叶选平提出，在“八五”期间要逐步实行住房商品化。至1991年年底，全省共出售公有住房15.1万套，建筑面积1085万平方米，回收资金12.4亿元。广东的商品价格，除少数重要商品和劳务价格外，已逐步放开，由市场调节，发挥价格促进生产、指导消费的杠杆作用。

建立和健全以间接管理为主的宏观经济调控体制。在国家发展战略和宏观计划指导下，广东的国民经济和社会发展计划由省制定；省内计划管理，以指导性计划为主，重点转向制定产业政策，并通过综合运用各种经济杠杆，促进产业政策的实现。固定资产投资规模，主要通过控制资金来源进行制约。财政实行递增包干体制。在财政包干条件下，省根据社会经济发展的需要，报财政部备案后，可以开征地方新税（费）种，灵活调整税（费）率。加强市场管理，建立健全工商行政管理、审计、商检、计量、检疫等监督机构和消费者协会，逐步形成完善的市场管理体系。

5. 干部和人事制度改革

1988年4月22日，省政府颁发《广东省外商投资企业中方干部管理规定》。5月，全省县以上行政机关招收新干部，开始实行统一公开招考、择优录用的办法。8月，经省委、省政府批准，成立广东省推行国家公务员制度领导小组，全面启动政府机关干部队伍的改革。1990年3月7日，省委、省政府批转《关于加强全民所有制机关、事业单位职工队伍宏观控制和计划管理的意见》，进一步推进党政机关和事业单位的干部和人事制度的改革。

（三）扶持山区　发展经济

在治理整顿、深化改革期间，省委、省政府认真贯彻中央、国务院制定的以经济开发为主的扶贫方针，采取一系列重大政策措施，扶持贫困山区发展生产，加快脱贫步伐。

1. 优化产品结构

在大抓造林种果，发展多种经营的基础上，进一步重视科技兴农，依靠科技深化农业开发。克服过去重面积和产量，轻质量和效益的倾向，以市场为导向，大力引进和推广种养业的良种良法，优化产品结构，加快发展“名、优、特”拳头产品。

2. 创办外向型扶贫经济开发区

1991年清远市在市郊划出9.6平方公里，作为扶贫经济开发区，制定优惠政策，吸引外商投资，与贫困县和乡镇联办企业，收到较好效果。到1991年年底，完成了1.5平方公里的“三通一平”工作，有一批外商前来与市县和乡镇联办企业，签订协议25个，总投资3亿多元。重点贫困地区梅州市，为了办扶贫经济区，扩大对外开放，积极改善环境条件，1991年投放大量资金，改造境内205、206国道和部分省道，开通了梅州至汕头的数字微波光缆线路，抓紧兴建大型水电站和火力发电站。

3. 组织沿海地区扶持贫困山区

1990年年底，省委、省政府决定，由广州、深圳、佛山、江门、中山、东莞、珠海7个市，分别对口扶持清远、梅州、汕尾、韶关、阳江、河源6个市与和平县，要求本着“互助互利”原则，建立长期稳定的对口扶持关系。对口双方领导互访考察，还成立了专门班子负责项目洽谈和实施，因而对口扶持工作迅速打开了局面。此外，7个结对市县所属部门之间，开展了广泛的经济协作活动。为促进这项工作，省还组织干部双向交流，双方共派出265名县级以上干部到对方，其中沿海地区派出132人，山区派出133人。

4. 组织省直单位挂钩扶贫

1990年，省委、省政府决定，省直单位挂钩扶贫的范围，从原来的25个贫困县扩大到31个贫困县和石灰岩地区的27个乡镇，要求不脱贫不脱钩。1991年参加扶贫的省直单位及中央驻穗单位有210个，下乡扶贫的干部有234人。有关市县也加强了机关挂钩扶贫工作，重点帮助贫困乡镇发展集体经济，帮助贫困户发展“短平快”开发项目，1991年又有近8万农民解决了温饱问题，约100万农民脱了贫。

对粤北石灰岩地区实施扶贫工程。1991年，省扶持粤北石灰岩地区办三项扶贫工程。第一项是，省财政安排1000万元，扶助在石头荒山造林和为农户建节柴灶。第二项工程是，省财政安排50万元，扶持4个特困乡镇（阳山县东山乡、清远市郊区白湾镇、英德县岩背乡、乐昌县沙坪乡），转移人口，全年迁出近4000人。这些外迁家庭多数迅速解决了温饱问题。在4个乡镇的带动下，全年整个石灰岩地区转移出1万多人，输出劳务3万多人。第三项工程是，由省农业厅牵头，安排5000吨化肥和一些贷款，扶助最贫困的21个石灰岩乡镇办“温饱工程”。从1989年开始，逐年扩种杂交玉米，发展多种经营，使3年内人均年占有粮食从209公斤提高到324公斤，人均年收入从214元提高到412元。

从1985年省委、省政府作出“五年消灭宜林荒山，十年绿化广东”的决定，并随之掀起造林绿化高潮，至1990年，广东人民经过5年奋斗，全省造林338.67万公顷，种果46.67万公顷，封山育林66.67万公顷，基本消灭宜林荒山，实现森林资源的生长量超过消耗量，森林覆盖率从1985年的27.7%提高到48.9%。1991年3月，广东被中共中央、国务院授予“全国荒山造林绿化第一省”的光荣称号。广东生态环境和自然面貌明显改善，山变绿，水变清，人变富了。

至1991年，山区贫困县的经济建设取得了较好的成绩，已从解决群众的温饱为主进入以脱贫致富为主的经济发展新阶段。但是，贫困山区仍有25万人未解决温饱，有400多万人未脱贫，多数乡镇集体经济薄弱，多数县有较大的财政赤字，特别是自然条件特别恶劣的粤北石灰岩地区。山区不富，全省难富。为此，省委、省政府在1991年10月召开了全省第六次山区工作会议，作出《关于加快山区脱贫致富步伐若干问题的决定》。决定提出“八五”期间山区多数地方应达到的4项目标：县财政自给有余；乡镇一级年集体纯收入分别达到30万元、50万元和100万元；管理区一级集体年纯收入分别达到3万元、5万元和8万元；农民年人均纯收入达到1000元以上。提出实现上述目标的发展路子是：在搞好粮食生产，巩固和发展造林绿化成果的基础上，大力抓好农业深度开发，积极推进生产和流通基础设施建设，重点发展县级工业和乡镇集体经济；搞活农村商品流通；依靠科技进步，促进国家、集体和农户一起致富；严格控制人口过快增长，缩小山区与发达地区的差距，促进全省国民经济协调发展。

二、制定发展纲要

（一）制定发展纲要

在中国进行治理整顿之时，世界上发生了一系列重大事件。复杂多变的世界形势使国内一部分干部群众的思想发生困惑，有的对社会主义前途失去信心，有的对改革开放提出了姓“社”姓“资”的疑问，对党的基本路线产生了动摇。在广东，对治理整顿前出现的经济秩序混乱及完成治理整顿后如何发展经济、如何进一步改革开放的确引人思索。

在中共十四大召开前夕的1992年1月，邓小平又一次到广东。与1984年邓小平视察时相比，广东已发生了巨大的变化。对深圳、珠海的改革开放发展，邓小平发表了重要谈话，反复强调说，基本路线不能变，以经济建设为中心不能变。清楚地回答了“我们国家还要不要改革开放，要不要加快发展，党的领导和社会主义如何坚持”等一系列事关党和国家前途和命运重要问题，使中国改革开放行程的航船继续向既定目标前进。并且提出了广东力争用20年的时间赶上亚洲“四小龙”（即新加坡、韩国、中国台湾、中国香港）的要求。中共十四大明确提出建立社会主义市场经济的目标，并要求广东经过20年的努力，基本实现现代化。在1992年邓小平南方谈话后的次月，省委召开扩大到县委书记的工作会议，传达邓小平谈话精神，研究广东如何加快改革开放步伐，加快经济建设，以实现20年赶上亚洲“四小龙”的宏伟目标。为实现这个宏伟目标，省委、省政府于3月12日作出《关于进一步扩大对外开放若干问题的决定》。

1992年4—5月，国务院副总理邹家华率领国务院10个部委办联合组成的“国务院广东经济发展战略调查组”到广东调查研究，了解广东改革开放以来所取得的成就，研究探讨广东如何落实邓小平提出的20年赶超亚洲“四小龙”目标的措施。

1992年6月24日，应全国政协的邀请，省长朱森林在政协七届全国委员会常务委员会第二十次会议作《关于广东力争20年赶上亚洲“四小龙”的构想》的发言，其后广泛征求意见。1992年7月1日，省委、省政府向中共中央、国务院报送了《关于加快发展步伐，力争20年赶上亚洲“四小龙”的请示》。7月14日，副省长卢瑞华代表省政府向省人大常委会第二十七次会议作了《关于广东力争20年赶上亚洲“四小龙”的构想》的汇报。会后，此构想下发到各市、县和各部门，征求意见。经综合各市、县和各部门的意见加以修改、补充，并向省人大代表、政协委员以及专家学者征求意见，作了多次修改，形成《广东省20年经济社会发展纲要（草案）》。这一纲要草案把广东实现现代化的进程分为两个阶段：1991—2000年为第一阶段，至2000年，国内生产总值比1980年翻三番多，总体上达到中国台湾地区、韩国1990年的经济水平；2000—2010年为第二阶段，至2010年，国内生产总值达到16000亿元（1990年的不变价），总体相当于中国台湾地区、韩国当年的经济水平。与此同时，劳动生产率、技术进步贡献率、产业结构水平、人民生活富裕程度、科技教育和医疗卫生综合水平等，基本达到世界中等发达国家的水平。为提高这一发展纲要的科学性和可行性，在省内广泛征求意见的基础上，省长朱森林带领省计委等有关部门的领导人将发展纲要带到北京，广泛征求各部委的意见，争取支持，并尽量与国家的整体经济发展相衔接。

（二）加快改革开放

1. 继续深化农村改革

农村实行家庭联产承包责任制，极大地解放了农村社会生产力，促进了经济的发展。但随着社会经济的发展，农业现代化的提高，零星分散的家庭经营与大市场需求的矛盾，与农业产业化、商品化、专业化的矛盾逐渐显露出来，特别是集中在土地的使用和管理上：由于农业效益比较低，农民不愿种地，经营积极性下降；二、三产业与农业争土地，经济作物与粮食作物争地；围绕土地使用和补偿问题发生的摩擦、纠纷增多；难以开展连片种植的规模经营；集镇、村镇建设难于统一规划、统一布局；农村双层经营中统一部分的集体所有权未能得到有效的体现等。

为解决这些问题与矛盾，省委、省政府于1992年2月召开全省农业生产工作会议，研究如何进一步深化农村改革，加快发展农业生产和农村经济问题。提出：调整农村产业结构，不断完善双层经营体制；大力建立农业产前、产中、产后的社会化服务体系；大力扶持农村第二、三产业发展的同时，大力推进农村股份合作经济的发展。

1992年粮食单产再创历史最好水平；林业生产稳定发展，又有37个县（区）通过绿化达标验收；牧业、渔业及农田水利基本建设也取得较好成绩；乡镇企业总收入达1370亿元，比上年增长35.9%。农业总产值648亿元，比上年增长5.6%。

2. 推进以转换经营机制为重点的企业改革

省政府认真贯彻落实《中华人民共和国全民所有制工业企业法》和国务院颁布的《全民所有制工业企业转换经营机制条例》。1992年，省政府选择了100户工业企业、100户国合商业企业和18户农口企业进行转换经营机制综合改革试点，实行“四放开”（放开经营、放开物价、放开用工、放开分配）。试点企业在技术改造、资金筹措、留利使用、用工制度、内部分配等方面的权限进一步扩大，不少企业参照乡镇企业、“三资”企业的运行机制和国际惯例，实行新型的经营管理办法。从实施效果来看，这些企业1992年的工业总产值、销售收入、实际利润等几项经济指标的增长水平都明显高于面上其他的国有企业。为了更好地推进企业经营机制改革，省委、省政府推行首长负责制，要求各级政府主要领导亲自抓。在1992年3月份各市和省直单位自查贯彻情况的基础上，同年4月下旬至5月上旬，省政府派出朱森林等正、副省长和有关厅局领导组成10个工作组分赴20个市及省属企业，检查转制情况和调查研究，推动工作的落实。为了深入探索解决经营机制深层次的问题，1992年9月，省政府确定顺德市为综合改革试验区。

为了推动现代企业制度的建立，加快广东股份制改革的步伐，省和市都设立了企业股份制联审小组。1992年6月，广东省股份制试点联审小组办公室公布《当前我省股份制试点的若干规定》，规范试点工作。

1992年工业生产快速平稳发展，产销衔接较好。重工业发展加快，轻工业继续增长，经济效益好转。1992年工业总产值3354亿元，比上年增长31.5%；工业销售产值3217亿元，比上年增长31.8%，产销率达95.2%；乡及乡以上工业出口产值805亿元，比上年增长37%。

3. 进一步改革价格体制和培育市场

1990年上半年，广东商品市场结构性疲软的状况比较严重。1990年7月，省委，省政府召开工作会议，研究扭转市场疲软的对策。8月份，经省政府批准，省政府财贸办公室（简称省财办）发出《关于搞活市场，扩大销售的若干措施》的通知。1990年下半年，国务院和广东省对经济的微调措施陆续到位，市场销售逐步好转。

1992年4月1日，广东省抓住宏观经济比较稳定的有利时机，按照“计划指导、放开价格，加强调控、搞活经营”的原则，在多年大抓“米袋子”“菜篮子”，并取得很大成效的基础上，全面放开粮食购销价格，放开经营，结束了从1953年年底起实行了40年的粮食统购统销、凭证定量供应的体制，使广东成为中国第一个没有粮票的大陆省份。同时，对粮食收购价除公粮外实行指导性计划和指导性价格。当年还及时调整了一些生产资料价格和地方公用事业的价格与收费，并相应下放价格管理权限，把省的382种商品的定价权下放给企业，将部分商品价格和劳务费管理权下放给市、县。

1992年7月，省物价局与省有关部门决定，进一步放开省管理的282种商品价格，下放部分劳务收费管理权限。同月，省政府决定下放省管部分商品管理权限。1992年物价稳中略升，社会零售物价总指数上升6%。

为了加大流通体制改革的力度，1992年年初，省政府推广顺德经验，将全省基层供销社隶属条条管理改为块块管理，实行所有权归所有者，管理权归乡镇，经营权归企业的新体制。1992年6月，省政府批转关于国合商业企业改革试点意见，并于8月作出决定，改革国合商业体制，取消3个省级商业行政部门，分别组建广东省商业企业集团、广东省粮食企业集团、广东省供销社企业集团、广东省石油企业集团、广东省食品企业集团、广东省粮食储备局。使原来行政化的商业部门变为面向市场、相对独立、平等竞争的经济实体。

为了建立高效、通畅的商品流通体系，各地、各部门发展了一批跨地区、跨行业的流通企业集团，培育和发展各类市场。1992年全省用于市场建设的总投资达10亿元，建成各类集市234个。全年全省集市贸易成交总额408亿元，占全省社会商品零售总额的38.51%。各地还建立了57个要素市场，291个生产资料市场，开办了830个各种职业介绍所。资金市场特别是各种债券和股票等证券市场发展较好。1992年国内市场活跃，购销两旺。社会商品零售总额1044亿元，比上年增长23.5%。

4. 推进经济体制的配套改革

为推进经济体制改革与其相适应的配套改革，加强对全省社会保险制度改革的领导，省政府于1992年7月成立省社会保险委员会，并成立广东省社会保险事业局。经过调查研究，同年9月，省政府制定并颁发《广东省社会养老制度保险制度改革方案》。其主要内容包括：（1）建立全省统一的法定养老保险制度；建立社会基金与个人专户相结合的法定养老保险基金；改变养老金给付办法；建立统一的法定养老保险基金核算制度等。（2）行政机关工作人员纳入统一的法定养老制度范围。农民的养老保险实行以个人为主、多方筹资，以自愿为主、政府扶持，以自我保障和家庭互济为主、发展集体共济的方针。（3）发展多种形式的补充养老保险。（4）按照统一领导、政事分开、专业管理、加强监督的原则，建立健全全省统一、多层次的社会保险管理体制。（5）改革的步骤，从城镇和农村两个方面分三个阶段进行，用8～10年时间实现体制转换，建立起新的社会保险制度。新的保险制度，将养老保险的范围逐步扩大到城镇各种经济成分企业的职工和独立劳动者，建立统一的社会养老保险制度，将养老费用由企业、社会包揽的办法逐步调整为国家、企业和个人共同合理分担。

在进行各项改革的同时，根据企业经营机制转换和市场经济发展的要求，各级政府的职能转变改革工作也循序渐进地向前推进。1992年8月，省财贸系统率先进行改革，将原省商业厅、供销社和粮食局等厅局的行政职能统一由省财办负责，分别组建了省商业、省供销、省粮食、省石油和省食品等几个企业集团。佛山、顺德等市在转变政府职能、精简机构等方面，按照简政放权、小政府大社会的方向，进行了综合性的改革试验。这些改革都取得了较好的效果。1992年9月，省政府将顺德市作为综合改革试点市，进行政企分开、建立廉洁、高效政府的试验。同年10月10日，省政府发出《关于县级市经济管理权限的通知》。规范了县级市政府经济管理的行为。

5. 进一步扩大对外开放

1990年8月26日，广东省举行经济特区创办十周年纪念会，省委、省政府领导出席会议并讲话。深圳、珠海经济特区分别开展纪念活动。党和国家领导人江泽民、杨尚昆等参加了庆祝活动，并对经济特区的建设成就给予充分的肯定。到1990年，广东省三个经济特区创造了良好的投资环境，取得了外引内联的丰硕成果，国民经济迅速发展，外向型经济水平不断提高，精神文明建设健康发展。特区的经济体制在原来的基础上，围绕加强宏观调控，进一步发育市场体系，加快发展外向型经济步伐和继续搞活企业等改革目标，深入进行企业管理体制、财政金融体制、房地产管理体制等方面的改革。

20世纪90年代，国家继续将广东作为扩大对外开放先行一步的试验区。1991年3月，国务院决定将广州天河高新技术产业开发区、深圳科技工业园和中山火炬高科技产业开发区列为国家高新技术产业开发区。20世纪90年代，广东进入了全方位的改革时期。1991年6月，省政府发出《关于进一步深化我省外贸体制改革的通知》。改革的内容包括：承包方式、考核指标，外汇分成和留成外汇的使用，出口退税，加强和完善外贸企业的财务关系，出口商品价格管理，加强企业管理，降低费用水平，加强工农技贸结合，提高出口商品质量，加强外贸体制改革的领导与协调等。

1992年1月，国务院批准开放番禺南沙港，并列为交通、港口、能源、工业、旅游等综合经济区。

1992年邓小平南方谈话后，根据谈话精神和中共中央关于深化改革、扩大开放要求，1992年2月下旬，省委在广州召开工作会议，研究进一步扩大开放问题。会议认为，整个90年代广东经济能否有大的发展，将在很大程度上取决于全省对外开放能否迈出更大更扎实的步伐。为此，必须扩大对外开放区域，拓展对外开放形式，扩大海外市场，放宽开放政策，加强对海外华人、华侨和港澳同胞的工作，抓紧培养扩大开放所需的人才。

1992年3月12日，省委、省政府作出《关于进一步扩大对外开放若干问题的决定》，决定把惠州的大亚湾、珠海西区和横琴岛、广州的番禺南沙作为20世纪90年代扩大开放的重点区域。"决定"提出了20世纪90年代扩大开放的基本目标，是在广东省建立具有国际竞争力、高效、开放的国民经济体系和良好的外向型经济运行机制。"决定"还提出了加快推进对外经济贸易的多元战略，推动有条件的企业到海外投资、兴办跨国企业，更大胆利用外资、引进技术，努力提高利用外资水平；进一步简政放权，扩大市、县审批利用外资项目的权限和加强金融改革，创造一个更适宜于外资营运的金融环境等措施。

1992年3月，省政府印发《广东省高新技术产业开发区若干政策的实施办法》，对高新技术产业采取了进一步的扶持措施。1992年5月，韶关、清远两市12个乡镇被列为国家农业综合开发项目区。同月，国务院同意设立广州保税区，面积1.4平方公里。1992年7月，省政府批准设立阳江海陵岛经济开发试验区，设立台山市上、下川岛旅游开发综合试验区，设立湛江市东海岛经济开发试验区。同年8月，省政府批准仁化县设立丹霞旅游经济开发试验区。同年9月1日，继上海外桥、天津港保税区之后中国第三个保税区——深圳市沙头角保税区正式投入运营。

1992年9月26日，省长朱森林在省政府举行的扩大开放新闻发布会上宣布，经过10多年的逐步扩大对外开放，广东已形成经济特区—沿海开放城市—珠江三角洲开放区—粤北、粤东北部山区的多层次、多类型、多功能的全省对外开放格局，逐步发展成为探索多样梯级政策的开放地带。此后，广东继续抓紧扩大对外开放范围。1992年10月，省政府批准在紫金县古竹镇设立紫金经济开发试验区，林业部批准在韶关建立一个林业综合开发试验区。同年11月，省政府批准设立梅州经济开发试验区、潮州经济开发试验区。同月，国务院同意将清远市扶贫经济开发试验区列为全国农村改革试验区。

为适应对外开放，广东注重对人才的引进。1992年5月，深圳市派出人才招聘团到美国旧金山、华盛顿、纽约、休斯敦、洛杉矶等地招聘留学生到深圳工作，引起海外留学生强烈反响。同月，省政府颁布《关于鼓励留学人员来广东工作的若干规定》，为学有所成的人员提供多种优惠条件，到广东充分发挥其聪明才智。

为适应对外开放的需要，广东进一步扩大各市、县利用外资审批权，将原由省审批的投资总额3000万元以下的项目下放给市。对山区市在税收、信贷、设备进口等方面实行优惠政策，允许已建立海关的经济比较发达的市、县设立保税区或保税仓库。1992年4月，省政府颁布《广东省关于外商投资企业免征、减征地方所得税的规定》，进一步规范对外资企业的税收管理。1992年11月至12月，南洋商业银行广州分行（第一家香港银行）、香港东亚银行广州分行及法国兴业银行广州分行先后开业。海外金融机构开始登陆广东。

1992年广东新开通一、二类口岸5个，扩大了对外联系渠道。对外经济贸易，在巩固原有市场的基础上，重点开拓了俄罗斯、南美、东南亚和越南等国家和地区的市场，扩展了对外销售网络，多元化国际市场战略实施，促进了省对外贸易的新发展。1992年出口总额180亿美元，比上年增长31.5%。出口成本、费用水平比上年好转，资金周转加快、出口效益上升，客商到粤投资空前活跃，全年实际利用外资49亿美元，比上年增长88.5%，是改革开放14年来最多的一年。大财团和大型项目投资比例增大，巨额投资增多。投向能源、交通、技术密集型项目增加。山区利用外资开创了新的局面。试办了利用外资经营商业和房地产业。华人、华侨、港澳台同胞前来投资、办实业的人数明显增多，捐款捐物约20亿元，支援了广东的经济建设，促进了社会事业的发展。外事工作，开展各种友好活动，接待大批海外宾客，增进了友谊，推进了各方面合作。通过简化出入境手续，提高办事效率，适应了对外交往的需要。开展1992年中国友好观光年活动，掀起旅游新热潮。全年接待国际旅游者700万人次，旅游外汇收入达10.5亿美元，分别比上年增长10.2%和28%。

1992年，广东国民经济全面快速发展。国内生产总值2218亿元，比上年增长19.5%；人均国内生产总值3440元，比上年增长16.9%。财政收支基本平衡。1992年财政收入221亿元，比上年增长252%；财政支出220亿元，比上年增长31.9%，银行存贷款继续增加，资金供求矛盾缓和。山区经济建设和脱贫步伐明显加快。全省49个山区县工农业总产值650亿元，比上年增长19%；财政收入20亿元，比上年增长20.5%；农民人均年纯收入增长9.8%。人民生活水平有较大提高。据抽样调查，1992年全省城镇居民人均生活费收入3184元，农民纯收入1308元，扣除物价因素，实际收入分别比上年增长15.2%和10.4%。从收入水平看，珠江三角洲地区和沿海部分市、县已提前进入小康。全省各地把握邓小平视察南方、加快改革开放大好时机，集中人力、财力、物力投入基础设施建设之中。投资之大、开工率之高、速度之快，都是中华人民共和国成立以来少见的。1992年全社会固定资产投资额672亿元，比上年增长40.5%。全省37项重点建设，无论是新建或续建的，都取得重大进展。沙角A电厂4号机组已运行；广州抽水蓄能电站、东深供水三期扩建工程进展顺利；青溪水电站1号机组投产发电，天堂山水利枢纽工程3台主机已调试运行，50万伏核电站送出工程总架线完成90%，广梅汕铁路7月常平至惠州段开通货运，11月开通了客运，惠州至仙塘的铺轨任务已完成。延绵514公里的广汕公路改造成宽15米以上的二级标准水泥路，广花高速公路正式通车，惠深高速公路完成了惠州段工程。从南京经上海到广州的南沿海光缆工程11月底全线开通。数字微波工程已验收投产，广州电信枢纽楼工程的交换、传输设备已建成投入使用。一批基础原材料工业项目和大型建筑陆续建成。年产60万吨的云浮水泥厂7月份正式投产。各项建设所取得的成就，进一步改善了投资环境，为广东经济的蓬勃发展增强了后劲。

三、政权建设和社会文化建设

（一）政权建设

1. 加强思想政治工作和廉政建设

广东各级党委、政府认真组织广大人民群众，学习中共十三届四中全会决定等重要文件，进一步加强了对坚持四项基本原则和反对资产阶级自由化的教育，进一步加强各级人民政权建设。从各个方面，同时把改革开放以来出现多种形式的群众性精神文明建设活动推向深入，进一步充实已经开展起来的创建文明村镇、文明街道、文明单位、军民共建文明活动以及争当文明职工、文明家庭、文明市民等活动的内容。一方面，围绕贯彻中共十三届五中全会精神，加强思想政治工作，保持社会稳定、人心稳定，创造一个良好的社会环境，保证治理整顿和深化改革任务的完成。另一方面，开展树文明新风系列活动，推动思想道德建设和精神文明建设。

改革开放推动了商品经济的发展，与此同时，商品经济的消极因素所诱发的“金钱至上”的腐朽思想冲击着社会，个别干部走上经济犯罪的道路。据此，省委、省政府把抓好廉政建设放到重要地位。从1988年8月起，省委，省政府用半年左右的时间在全省各组党政机关开展以廉洁为主要内容的纪律教育。1989年8月18日，省人民检察院在全国率先成立了反贪污贿赂工作局。同年9月3日，省第七届人大常委会第九次会议通过了《关于加强监督惩治腐败促进廉政建设的决议》。严厉惩治经济犯罪，从1988年至1991年，一共查处贪污贿赂案件4657宗。1989年3月，广东省在全省乡镇以上党政机关开展查处干部以权谋房工作，查处了一批以权谋房违法违纪案件。1990年，在基本完成清理干部以权谋房工作的基础上，集中力量抓了治理乱收费、乱罚款、乱摊派和纠正行业不正之风工作。为了从制度上防止腐败现象的发生，搞好廉政建设，1988年11月和1990年4月，省委、省政府先后发出《关于加强政务工作公开性的通知》《关于进一步推行办事公开群众监督制度的决定》。省委、省政府在抓廉政制度建设时，注意做到：既要有利于制约违法乱纪行为，又要有利于改革开放和经济建设。建立规章制度要有针对性、可操作性，切实可行，要注意抓好制度的配套，以利于加强对制度的执行情况进行监督，狠抓规章制度的落实，使党风和廉政建设逐步走上制度化、规范化的轨道。

2. 重视和加强民主和法制建设

省政府重视和加强民主和法制建设。认真执行人大及其常委会的决议和决定，接受其监督。进一步加强与人民政协、各民主党派、无党派爱国人士和群众团体的联系，认真听取他们的意见和建议。加强了办理人民代表的议案、建议和政协委员的提案工作，及时向人民代表大会及其常务委员会报告工作，向人民政协通报情况。1988年1月，省人大常委会颁布《深圳经济特区土地管理条例》。1988年4月，省政府法制局成立。各级政府的法制工作机构得到进一步充实。同年4月22日，省政府颁发《广东省外商投资企业中方干部管理规定》。10月22日，省政府印发《广东省集资、货款修建桥梁、公路收取车辆通行费这施办法》。1989年，省政府提请省人大常委会审议通过的地方性法规和行政规章共51项。此后，按照“突出重点、完善配套、急需先立”的原则，加快地方立法速度。“八五”期间，平均每年立法56页。其中有：1990年6月16日，省委、省政府印发《广东省军队转业干部安置工作暂行规定》；1991年6月4日，省委、省政府颁布《关于加强计划生育工作、严格控制人口的决定》，并于8月29日决定在全省实行计划生育“一票否决权”制度；1992年5月21日，省政府颁布《关于鼓励留学人员来广东工作的若干规定》；10月10日，省政府发出《关于县级市经济管理权限的通知》等地方性行政规章。行政执法工作和司法行政管理进一步加强。律师、公正工作努力为经济建设提供法律服务。持续开展了普法宣传、教育，增强了公民的社会主义民主和法制观念。

3. 加强社会治安综合治理

1989年4月，省委，省政府决定在全省范围内开展一场广泛、深入的“扫黄”斗争，并以此为突破口，全面取缔各种丑恶行为，促进社会风气的好转。“扫黄”第一战役从4月开始，主要是打击走私、复制、贩卖、传播淫秽出版物专项斗争。

1989年8月，省委、省政府按照中共中央、国务院的统一部署，对全省的文化市场进行了清理整顿，开展了“扫黄”斗争第二战役。

1989年11月，省政府根据国务院在全国范围内开展扫除“七害”的部署，开展除“七害”斗争。各级政府把除“七害”作为维护社会治安秩序和加强精神文明建设的一项重要措施来抓。

1990年，全省先后组织了两个“严打”斗争高潮，重点打击流窜作案、持枪抢劫、车匪路霸、黑社会组织和带黑社会性质的犯罪团伙。并且，开展了除“七害”、反走私和“严打”的集中统一行动。1991年，中共中央、国务院和全国人大常委会作出《关于加强社会治安综合治理的决定》。4月23日，省委、省政府决定成立省社会治安综合治理委员会，作为全省社会治安综合治理常设机构。根据中央的决定，广东采取许多重要措施，坚持反颠覆、反敌特、反渗透、反破坏，打击刑事犯罪、经济犯罪和扫除“黄赌毒”等社会丑恶现象。

（二）社会文化建设

1. 推动树立良好社会风气

省委、省政府在抓好经济建设的同时，继续抓好精神文明建设。1989年2月，省委、省政府召开全省精神文明建设座谈会，提出广东今后要在“好学进取、团结友爱、诚实礼貌、健康文娱、卫生美化、勤俭办事、遵纪守法”七个方面树立良好的社会风气。

1990年7月19—21日，省委、省政府在南海县大沥镇召开全省各市精神文明建设办公室主任会议，交流各市树立文明新风，倡导奉献精神，推广文明建设先进经验，观摩学习大沥镇精神文明建设的经验。至1991年，全省创建文明单位的活动无论在广度和深度上都有了新的进展。在广度上，已经从户到村，从村到镇，从一个企业到整个行业，从块块到条条，从单一治理到综合整治，形成了规模。在深度上，已经从治理脏乱差转到着力提高人的综合素质上，向着“文明市民”“文明公民”，树立“四有”先进典型的方向发展。从1991年春开始，广东农村分期开展了社会主义思想教育，进一步从思想上、经济上、组织上巩固了农村的社会主义阵地。1992年，广东组织广大干部群众认真学习邓小平南方谈话精神，掀起一次新的思想解放，进一步激发强国富民热情，这成为1992年精神文明建设的显著标志。同时，通过创建文明户、文明镇和文明单位活动，把精神文明建设落实到城乡基层和千家万户。1992年4月和10月，省委、省政府先后在南海县和大沥镇召开“全省创建文明户、文明村镇经验交流会”和“全省创文明城镇座谈会”，形成了由广州市南华西街和南海县的城乡精神文明创建经验的“两南经验”。

2. 教科文卫体事业继续向前发展

科技工作在治理整顿、深化改革的环境中进行。1988年10月，中国第一届技术出口交易会在深圳开幕，与此为契机，推动科研与生产相结合，并把科技成果推进市场，走向世界。并且，围绕经济发展急需解决的关键技术课题，组织科技攻关，继续推进科技兴农“星火计划”，面向山区和乡镇企业，推广投资少、周期短、效益好的科技成果。进一步研究、开发生物工程技术和新材料技术，不断提高科技水平。1989—1991年，开始进行“八五”时期全省“科技发展纲要”的编制工作。1991年，《广东“八五”科技发展计划纲要》颁布实施。1991年1月，省委、省政府召开全省科技奖励大会，省长叶选平在会上代表省委、省政府号召各级党政领导要下大力气抓好科技成果的推广，使之尽快转化为生产力。3月16日，经省政府批准，广东省引进国外人才领导小组办公室加挂广东省外国专家局牌子，负责管理在广东长期或短期工作的外国及港澳台地区各类经济、技术、管理、文教专家的有关工作。1991年6月，广东省召开了省、市、县三级党政第一把手参加的全省科技工作会议，提出了“广东今后经济发展必须依靠科技进步”的战略决策。同年8月，经国家科委批准，广东省建立了珠江三角洲高科技产业带，范围包括深圳、东莞、广州、佛山、江门、中山、珠海、惠州等8个市和宝安、番禺、南海、顺德、新会、惠阳6个县。这一决策，有力地推动了珠江三角洲的产业向高科技、高质量、高层次发展。1992年邓小平南方谈话后，广东的干部群众，越发认识到“经济发展得快一点，必须依靠科技和教育”的重要性。1992年4月，省委召开常委会议，检查全省依靠科技进步推动经济发展战略决策的执行情况。会议提出要下更大决心抓好科技进步工作。5月21日，省政府颁布《关于鼓励留学人员来广东工作的若干规定》，以吸纳高科技人才。同年11月，省委、省政府就加快全省科技队伍建设作出11项决定，内容包括发展目标、科技人员政策、用人制度、分配及激励机制、教育体制改革、学科带头人队伍建设、博士后科研流动站建设、“复合型”人才培养、人才引进、吸引中国在外留学人员到粤的政策、科技队伍建设等方面。

为充分调动专家学者和科技人员的积极性，广东实行重奖政策。从1991年起，省政府从地方财政中拨出专项资金，表彰奖励在“科教兴粤”中做出突出贡献的科技工作者，多次召开科学技术奖励大会，并以省委、省政府的名义授予荣誉称号，激励科技人员的积极性。1991年，珠海市召开科技进步突出贡献奖励大会，重奖科技人员。迟斌元、沈定兴、徐庆中等分获奥迪牌小汽车1部、三房一厅住房1套和巨额奖金，此事在全国引起了震动。以韶钢罗东元为代表的产业工人，也积极投身技术革新运动，形成了以科技推动生产力发展的良好态势。1992年6月，全省开展了第一个“科技进步月”活动，对增强全民科技意识起到良好作用。

推进普通教育体制和高等教育体制改革。1988年5月11日，省委、省政府颁布《关于普通教育体制改革的决定》《关于高等教育体制改革的决议》。调整教育结构，加强教学设施以及师资队伍建设，提高教学质量，发展高等、中专和职业技术教育，推进普及9年义务教育。扩大高等学校办学的自主权，实行多层次、多渠道、多形式办学。逐步形成各类普通教育、职业教育、业余教育相结合的，灵活、开放的教育体系。改革普通高校统一招生、统一分配的制度，实行学生缴费上学，毕业后推荐就业，定向就业，择优录用。在经济发展的基础上，逐年增加教育经费。继续鼓励社会集资和华侨、港澳同胞捐资办学。1989年4月16日，省委决定成立省委高等学校工作委员会和省委高等学校纪律检查委员会，为稳定高校、稳定广东大局做了大量工作。1990—1991年，全省着重抓中小学危房改造工作，至1991年年底，全省18121所危房中，有18105所动工改造，占99.91%，其中有17760所已经竣工，占98.01%。

文化艺术工作者通过创作富有时代气息的作品和举办各种文化娱乐活动，涌现了一批影响较大、质量较高，受观众欢迎的新作品，丰富了人民群众的精神生活。

积极开展卫生体制改革。各级医疗单位实行院长（站长、所长）负责制和任期目标责任制。扩大医疗卫生单位的自主权，增强医疗卫生单位的自我发展能力。

7个城市进入全国卫生城市行列。1991年，佛山市在全国率先成为除“五害”城市。全省卫生系统纠正行业不正之风达到阶段性目标要求。计划生育工作，把全省人口自然增长率控制在15‰以内，继续完成国家下达的计划指标。1990年7月1日，全国第四次人口普查于是日零时举行。广东省普查结果是：全省总人口为6292.9万人，其中男性3215.1万人，占51.17%；女性3067.8万人，占48.83%。

竞技体育和群众性体育得到较大发展，竞技体育连年获国家体委颁发的体育突出贡献奖，南粤健儿在第25届奥运会上取得优异成绩。1991年还成功地承办第一届世界女子足球锦标赛。群众性文化体育活动繁荣活跃。

第四节　第八届省政府施政纪要

本届政府是1993年1月29日至2月8日举行的省第八届人民代表大会第一次会议选举产生（至1997年12月）。任期经历第八个五年计划的后三年和第九个五年计划的头两年。

省政府认真贯彻1992年邓小平南方谈话和中共十四大精神，开始全面实施广东20年基本实现现代化的宏伟规划，加快建立社会主义市场经济体制框架，在调整中求发展，在改革中增强活力，在发展中保稳定，顺利地完成了省第八届人民代表大会第一次会议确定的各项任务。国民经济进入快速平稳发展的轨道，全省经济实力明显增强，“两个文明”建设协调发展，各项社会事业全面进步，人民生活不断改善。为第九个五年计划的顺利完成和跨世纪的更大发展奠定了坚实的基础。五年间，全省国内生产总值年均增长15.4%，1996年提前实现比1980年翻三番；人均国内生产总值年均增长13.6%；地方财政收入年均增长26%；外贸进出口总额年均增长14.1%；实际利用外资年均增长23.6%；社会消费品零售总额年均增长24.4%；城镇居民人均可支配收入和农民人均纯收入年均实际分别增长6.2%和5.1%。

一、建立市场经济体制框架

1993年5月21—26日，中共广东省委第七届代表大会第一次会议举行，中共中央政治局委员、省委书记谢非在《为广东二十年基本实现现代化而奋斗》的报告中指出："广东基本实现现代化，就是全省经济发展总体上达到世界中等发达国家的水平，精神文明的水平更高。主要体现为科学技术发达，经济实力雄厚，人民生活富足，民主法制健全，社会风气良好。"会议确定总的思路是：以建设有中国特色社会主义的理论为指导，以经济建设为中心，以改革开放为动力，以四项基本原则为保证，坚持"两手抓"的方针；强化农业、交通、能源、通信和科技教育三个基础；建立社会主义市场经济、民主法制和廉政监督三个机制；实现产业结构、生态环境和人口素质三个优化；保持国民经济高速、高效、协调、持续发展，不断提高人民生活水平，促进社会全面繁荣进步。

1993年12月，国家体改委将广州市列为国家综合配套改革试点城市，以探索中心城市的配套改革。省委七届三次会议根据《中共中央关于建立社会市场经济若干问题的决定》，审议通过《中共广东省委关于建立社会主义市场经济体制若干问题的实施意见》。这一意见对国有企业改革、农村综合改革、金融体制改革、投资体制改革、价格改革、财税体制改革、建立社会保障制度、扩大开放、市场经济立法等重点问题提出目标和具体措施。

随着改革开放在全国的推进，开放格局的转变，广东原有的政策优势逐渐弱化，面临新的挑战与考验。1994年3月22日，国家主席江泽民到人民大会堂广东厅参加出席八届全国人大二次会议的广东代表团的讨论会并作重要讲话。江泽民指出，广东是中国开放最早、经济比较发达的地区，又毗邻港澳，在发展社会主义市场经济方面已创造了一些重要经验。希望广东进一步发挥这方面的优势，为落实1994年国家各项改革措施，实现中央提出的各项任务做出更大的贡献。为使广东在全国改革开放中继续发挥领头的作用，1994年6月间，江泽民考察了广州、佛山、中山、珠海、梅州等市，就经济特区如何"增创新优势、更上一层楼"问题发表讲话。他在讲话中指出，特区建设的经验，集中到一点，就是始终不渝地坚持以邓小平建设有中国特色社会主义的理论和党的基本路线为指导，解放思想，实事求是，胆子要大，步子要稳，理论与实践相结合，借鉴与独创相统一，努力形成和发展经济特区的中国特色、中国风格、中国气派。他要求广东要搞好珠江三角洲，为促进全国统一的社会主义市场经济的发展做出贡献。

1994年7月，省委、省政府召开工作会议，研究贯彻江泽民讲话精神。谢非代表省委、省政府提出，把珠江三角洲地区建设成为社会主义现代化的大经济区。珠江三角洲经济区，在地域上包括：广州、深圳、珠海、佛山、江门、东莞、中山、惠州市区和惠阳市、惠东县、博罗县、肇庆市区和高要县、四会县等地。1994年11月，中共中央政治局常委、书记处书记胡锦涛视察汕头、潮州、深圳、珠海、顺德、广州等地后，就增创新优势、经济特区建设和党建问题作了讲话。在1995年11月的中共广东省委七届四次会议上，谢非就增创新优势、抓改革促发展、依靠科技进步和加强党的建设作了报告，提出了“九五”时期广东国民经济与社会发展的目标与工作方针。

省政府按照中央和省委的部署，全面实施发展规划，稳步推进各项重大改革，加快建立社会主义市场经济体制框架。

（一）稳步推进农村综合改革

1993年2月，省委、省政府召开广东省农村工作会议，提出广东省农村深化改革要重点抓三件事：一是要抓紧建立和完善社会化服务体系；二是要逐步推行农村股份合作经济；三是要进一步扩大对外开放。同年3月，省委、省政府作出《关于进一步加快农村改革开放和农业现代化建设若干问题的决定》。在不断完善农村双层经营体制，大力建立农业产前、产中、产后的社会服务体系，大力扶持农村二、三产业的同时，大力推进农村股份合作经济的发展。1993年，全省农村股份合作企业发展到9万多家。1994年起，广东省开始县级综合改革试点。试点改革的主要做法是以农村社区合作经济组织为基本单位，将原来集体的土地、资产，以股份占有形式量化为集体股和个人股，将原社区合作经济组织改为股份合作组织，按股份制的经营方式组织运作和管理。1994年4月，省委、省政府在南海市召开珠江三角洲地区农村股份合作制改革座谈会。座谈珠江三角洲地区农村的土地股份合作制改革问题，加强对这项工作的指导。增城市被批准作为全国县级综合改革试点。顺德、罗定、英德、信宜等市作为全省县级综合改革试点。中山、南海等市也开始实施这项改革。组建农村股份合作经济组织较好地解决了零星分散的家庭经营与市场需求的矛盾，与农业产业化、商品化、专业化的矛盾，为农村经济和农业现代化增添了活力。1996年6月，省委、省政府在新兴县召开全省农业产业化工作会议，从农业体制、生产经营模式等方面，研究推进农村产业化有关政策。同年8月，省委、省政府作出《关于推进农业产业化若干问题的决定》。

全省小城镇改革也加快进行。1995年，省政府下发《关于我省小城镇综合改革试点工作的通知》，要求各地级市选择一个符合条件的建制镇开展试点。1996年，惠州小金口镇、罗定县素龙镇、湛江市麻章镇和南海市里水镇被列为全国小城镇改革试点镇。省政府又确定番禺市石楼镇等26个镇为省的试点镇。6月，省政府召开全省小城镇综合改革试点工作会议，推进各试点镇的改革工作。

1997年1月，《中华人民共和国乡镇企业法》颁布实施。1月14日国务院召开全国乡镇企业工作会议，为乡镇企业的改革和发展进一步指明了方向。广东认真贯彻执行《中华人民共和国乡镇企业法》和国务院会议精神，抓住机遇，开拓进取，克服困难，迎接挑战，坚持以改革为动力，以科技为依托，以市场需求为导向，以质量效益为中心，以加快发展为重点，不断调整优化结构，努力提高企业整体素质、运行质量和经济效益。1997年全省乡镇企业总收入达到5979.63亿元，上缴税金116.93亿元，纯利润263.76亿元，创汇172.77亿元。

（二）进行企业产权制度改革

随着市场经济的发展，企业潜在的“产权不明，责权不清、政企不分、管理欠妥”等问题，困扰政府和企业。“企业负赢、国家负亏、银行负贷、政府负债”的现象普遍存在，国有资产流失严重，债务包袱越来越重。省政府以顺德市为综合改革试验区，从1993年起，开始进行产权制度和经营机制转换的改革。在清产核资、界定产权的基础上，实行政企分开、政资分离，把国有、集体资产委托给市公有资产委员会下属的8家资产管理公司管理与营运，保证公有资产的保值和增值。与此同时，按照“抓住一批，放开一批、发展一批”的思路，根据企业规模、资产负债、技术含量、主导产品前景等不同情况，分别采取股份与股份合作制、出让股权、拍卖赎买、租赁与承包经营等多种形式进行改造。明晰了原公有制企业的产权，经营者明确了责任和利益，形成了自我约束和激励机制。经过3年多的时间，对全市镇以上企业实行以股份制和股份合作制为主的改造。

1994年1月，省长朱森林及副省长卢瑞华、张高丽邀请本省部分大中型企业的厂长、经理座谈，讨论企业在国家实施一系列改革措施后出现的新情况和新问题。1994年5月和10月，省政府先后批转了《关于加快建立现代企业的意见》《广东省现代企业制度试点工作方案》，按照“产权清晰、权责明确、政企分开、管理科学”的要求和《中华人民共和国公司法》的规范，把明晰产权、理顺国有资产产权关系、确立企业投资主体作为建立现代企业制度试点的前提和关键工作来抓。为加快广东现代企业制度试点工作，1995年2月，省政府下发现代企业制度试点工作的4个配套文件，并采取措施推进试点工作的开展。至此，广东企业改革从放权让利为主转上以明晰产权为主的结构调整、制度创新的轨道，“抓大放小”闯出新路。省政府为实施“抓大放小”的战略，作出扶优扶强、组建大型企业集团的决定，重点扶持70家大企业集团，使之成为全省经济发展的龙头。各地在管好公有资产和保证稳定、明晰产权的基础上，着眼于重建机制，通过联合、兼并、投资、参股、合资、合作、收购等形式，发展壮大企业集团和放开放活小企业。

加快企业人事、分配、用工三项制度及内部组织机制的改革。1994年9月30日，省政府发出《关于企业全面实行劳动合同制的通知》，要求到1995年年底，凡在广东省境内的各类企业、个人经济组织及其现有职工和新增职工均要按《中华人民共和国劳动合同法》的规定，在平等自愿、协商一致的基础上，以书面形式签订劳动合同。至1995年年底，企业劳动、人事和分配三项制度改革不断深化。全省劳动合同制改革基本完成。全省15279户国有企业清产核资工作基本结束，并转入产权界定阶段。50家综合性大型企业集团的初选工作也基本完成。1996年7月，省政府在顺德市召开经济改革工作会议，总结推广顺德市公有制企业改革的经验，提出集中精力抓好187家企业建立现代化企业制度试点，力求实现突破；全面推进各项配套改革，力争在两年内80%的城镇所有制职工参加社会保险。会上，省长卢瑞华对实现两个转变、加快社会主义市场经济体制的建立和“固化债务，重建机制”提出具体要求，确定深圳华强等70家重点企业集团作为现代化企业制度改革的重点。同时，省政府制定政策，加快发展大型企业集团。全省国有小企业至1996年年底已有一半以上完成了改制。

（三）深化流通体制改革

1993年3月，省政府召开深化流通体制改革会议，要求全省加快国合商业体制改革步伐。同年7月，省政府批准扩大100户国有商业企业进行综合改革试点。建立高效、通畅的商品流通体系，发展一批跨地区、跨行业的流通企业集团。1994年9月，省政府召开全省财办主任会议，决定大力发展连锁商业。这是在全省范围内推进流通体制改革的一项重大举措。

广东商品市场化程度逐年提高，到1993年，广东企业通过市场获得的各类生产资料已占全省整个生产资料消费量的98%以上。期货市场逐渐发育，全省商品期货交易所3家，期货经纪公司和期货咨询公司150多家，期货交易量也逐渐增长。为了加强对期货市场的管理，省政府设立省期货监督管理委员会，颁布《广东期货市场管理规定》。1994年8月，省政府转发省期货领导小组《关于加强我省期货市场管理的意见》。1993年，在广州建立了南方证券交易中心，4家股份有限公司的法人股挂牌上市交易。为加强对广东证券市场的监督管理，成立广东省证券委员会和广东省证券监督管理委员会。1993年，省政府为规范股票市场的健康发展，颁布《关于做好股份有限公司1992年度利润分配工作的通知》《关于律师参与企业股份制改革若干问题的通知》《关于下放定向募集股份有限公司发行新股实施细则》《广东省二轻企业股份合作制试点意见》等文件。1993年共批准股份有限公司218家，审批多家股份公司增资扩股，批准一批内部公司转为公众公司，向社会公开发股上市交易。与此同时，推荐一批股份有限公司定向募集法人股到北京NET或STAQ法人股交易系统挂牌上市。并要求各市对股份有限公司的不规范做法进行清理，对内部职工股权证实行集中托管，防止黑市交易。至1995年年底，全省已审批设立的股份有限公司580多家，各股份有限公司和有限责任公司对照公司法进行规范管理、重新登记。

（四）同步推进财政体制、社会保障体制和住房制度改革

1994年1月1日起，全国实施分税制改革。这一改革对调整广东的产业结构、企业效益的提高、第三产业的发展和转变政府职能、推进机构改革起到重要作用。1996年1月，省政府决定从1996年起实行分税分成财政管理体制，这是深化和完善财政体制改革的重大措施，调动了各地的积极性，保证了财政收入的增长。

1993年6月，省政府颁发《广东省职工社会养老保险暂行规定》，扩大社会养老保险制度的覆盖范围，改进社会养老保险基金的征集、管理和给付手段。同年还修订《广东省职工待业保险规定》《广东省社会保险基金营运暂行规定》《广东省机关事业单位工作人员社会养老保险实施办法》等规章。各市县先后建立社会保险事业局，一个政事分开、统一领导、分级管理的社会保险体制在全省逐步形成。1994年6月，省政府颁布《广东省直属单位及广州市公费医疗制度改革方案》，从7月1日起实施。1995年5月，省政府发出《关于颁布广东省企业职工最低工资标准的通知》，规定各地级市最低标准划分为五类：一类每月为320元，二类每月为280元，三类每月为250元，四类每月为220元，五类每月为190元，并从1995年1月1日起执行。至1997年，广东相继建立社会养老保险、失业保险、工伤保险等制度。医疗保险制度也在试点。

1995年6月，省政府制定的《广东省贯彻国务院关于深化城镇住房改革的决定实施意见》正式实行。要求在全省范围内实行公积金制度；公有房按成本价出售，以成本价购买的住房，产权归个人所有。

（五）多领域多渠道引进外资和先进技术

在1993年1月广东省外经贸会议上，省委书记谢非代表省委、省政府提出全省外经贸工作要在五个方面有新的较大的突破：一是建立外经贸的社会主义市场经济体制要有突破；二是引进项目要有突破；三是吸收消化创新要有突破；四是出口产品的技术档次、质量标准要有突破；五是对外经贸多元化要有突破。

1993—1997年，广东外经贸工作取得了新的突破，全省外贸出口持续高速发展，利用外资规模不断扩大，促进了全省经济水平的提高，是中华人民共和国成立以来广东外经贸发展最辉煌的时期。1997年，广东省进出口总额占全国的比重上升到40%，连续12年居全国首位。广东已与世界上180多个国家和地区建立贸易关系，出口市场走向多元化。1993—1997年，全省利用外资合同64005宗，金额1180.8亿美元，实际利用外资613.5亿美元，多年来一直居全国首位。对外加工装配业务一直保持全国领先地位。

对外经济贸易已经发展成为广东国民经济的重要支柱。全省建设资金的1/3来源于利用外资，40%的工农业产品靠外贸出口实现其价值，促进全省产业升级和产品的更新换代。全省高速公路建设资金的62%、电力建设资金的1/3来源于外资，促进能源、交通、通讯和旅游业的迅速发展。增加了财税收入和劳动就业。全国外商投资双优企业广东入选企业占三成左右。全国十大外商投资出口企业、十大外商投资人均高税利企业的前几名多为广东企业。来料加工企业数量和收益一直居全国首位，仅工缴费收入累计就达130多亿美元。自1993年起，每年工缴费收入均突破15亿美元，为地方经济建设积累了资金。

（六）推进口岸管理体制改革

1993年1月，国务院批准汕头经济特区设立保税区，面积2.34平方公里。同年2月，批准惠州仲恺高新技术开发区为国家级高新技术产业开发区，面积8.8平方公里。3月，批准珠海高新技术开发区为国家高新技术开发区，面积9.8平方公里。4月，批准惠州港正式对外籍船舶开放。5月，广州保税区正式投入营运。同月，国务院批准茂名市水东港对外籍船舶开放。6月批准番禺南沙港客运码头正式对外开放。7月批准南沙经济技术开发区、惠州大亚湾经济技术开发区为国家级经济技术开发区。1994年7月，国务院批准开放珠海港口岸，该口岸于1995年4月18日正式对外开放。深圳口岸管理体制改革取得较大成效。1996年1月，经国家海关总署批准，广州保税区海关开关运作。

二、抑制通货膨胀，调整优化结构

广东省经济持续快速发展，取得巨大成就。但在经济发展中也存在一些突出的矛盾和问题。主要是：农业基础比较脆弱的状况尚未根本改变，乱占滥用耕地现象仍有发生，农业生态环境问题日趋突出；部分国有企业和乡镇企业生产经营困难，下岗待业人员增加，社会就业压力加大，一些相关的配套改革仍然滞后；经济发展仍受结构不合理和效益不高问题的制约，过大的房地产开发、“开发区热”和由此引起无效益项目仍占压大量资金；有的地方和部门法制观念不强，违法干预金融业务，非法集资；金融监管比较薄弱，滋生隐患，重大金融违法犯罪案件时有发生；缩小地区发展差距的任务仍很艰巨。1993年，社会商品零售物价指数升幅达18.2%。1993年2月，省长朱森林在全省经济工作会议上作题为《当前经济中需要认真解决的几个问题》，指出在“抓住机遇，加快发展”的大好形势下，各级领导干部要保持清醒的头脑，要注意巩固农业的基础地位，加强政府宏观调控，转换国有企业的经营机制，加强对开发区和房地产建设的引导和管理，提高资金使用效益，着力在“有效增长”上下功夫，努力做到有效投入、有效生产、有效经营、有效增长。注重集中财力办大事，建立省级重要产业专项基金、“三高”农业发展扶持基金，扩大扶贫基金、农地开发专项资金、国有工业企业解困周转金、高新技术产业发展资金、市场开拓经费等，支持经济结构调整，推进有效增长，促进经济效益好转。

（一）努力抑制通货膨胀

1. 抓巩固农业基础

从1994年起，通过政策倾斜、法规保障、行政措施、经济手段加强对农业生产的领导和扶持。1994年4月，省政府召开全体（扩大）会议，分析研究经济运行形势，提出着重解决六个问题：一要脚踏实地解决资金供求紧张的矛盾；二要控制物价水平上涨过快；三要扭转粮食生产滑坡局面；四要认真实施财税改革，保持财政稳定增长；五要深入开展反腐败；六要搞好协调配套，积极稳妥推进改革。

1996年9月，省第八届人大常委会第二十四次会议审议和通过《广东省农民负担管理条例》。1997年2月，省委、省政府发出《关于贯彻〈中共中央、国务院关于切实做好减轻农民负担工作的决定〉的通知》，减轻农民负担，巩固农业基础。1995年4月，省政府召开全省粮食、化肥工作会议，落实中共中央、国务院关于“米袋子”行政首长负责制，层层落实粮食考评和耕地保护目标责任制，在全国率先实行粮食收购最低保护价政策。1995年1月，省第八届人大常委会第十二次会议审议和通过《广东基本农田保护区规划》，确定全省农田保护区总面积不低于200万公顷（3000万亩），建立50个粮食生产基地县，兴办5000多个“三高”农业基地，大搞农业综合开发和农田水利设施建设，推广农业科学技术。省政府抓好此规划的实施，扭转了广东一度粮食生产滑坡和耕地锐减的局面，粮食连续四年增产。水产、畜牧业持续增长，总产量位居全国前列。抓好“菜篮子”工程建设，改革和完善主要商品储备制度，搞活流通，增加有效供给。

广东是海洋大省，为建立广东发展新优势，1993年6月，省委、省政府召开全省第一次海洋工作会议。省长朱森林在会上提出要使“海洋产业真正成为我省国民经济的支柱产业之一”，将海洋开发作为建立广东经济发展新优势的重要内容。会后编制出《广东省海洋产业“九五”和2010年发展规划》。1993年9月，省第八届人大常委会第四次会议通过《关于进一步加强渔港建设的决议》后，省政府提出从1994年起连续10年，每年省、市、县、镇财政安排渔港建设专项资金8000万元左右，10年共投入8亿元，用于渔港建设，启动广东大规模的渔港整治。1994年1月，省政府召开全省“菜篮子”工程工作会议，总结广东省经过4年多的努力，肉类、禽类、水产品、蔬菜分别增长五成以上。水产、畜牧业持续增长，总产量居全国前列的经验。采取措施，进一步加强“菜篮子”工程建设。1994年7月，广东省海岛资源综合调查成果审查验收会议，肯定经历5年的海洋海岛调查成果。该项成果为广东省发展海洋经济提供了大量的资料和科学依据。1995年7月，谢非在全省第二次海洋工作会议上提出“陆海并举”，建设“海上田园”的目标。会后省委、省政府作出《加快发展海洋渔业的决定》，把发展海洋经济作为增创新优势、增强总实力的战略工程来抓，力争把广东省初步建成包括海洋渔业、海产品加工、海滨旅游、海洋矿产、海洋运输、海岛开发、海洋科学技术研究和海洋生物工程等产业多元化、大规模、高技术的海洋经济体系。“八五”期间，广东把浅海滩涂开发，发展海水养殖业作为海洋渔业的重点，有计划、有步骤地建设一批海水养殖基地，实行改造与开发并举，扩大面积与提高产量并举，养殖、增殖、护养相结合，加快海水养殖的发展步伐，海水养殖产量由1990年的14万吨上升到1995年34万吨，年递增20%。同时积极发展海洋捕捞业。在经营方面，以市场为导向，调整优化产业结构，发展规模经营，促进渔业的基地化、企业化、集约化、现代化；推进产业化、实现渔业增效渔民增收；实施“外向带动”，实现创汇渔业等措施，促进海洋渔业的发展。“九五”期间，是广东海洋事业发展壮大的重要历史时期，海洋与水产业在广东的重要地位得到进一步确立。为推进海洋综合开发，省政府批准建立珠海万山海洋综合开发实验区。1997年10月，省委、省政府在汕尾市召开第三次全省海洋工作会议，进一步研究落实海洋开发，部署海洋综合管理等工作。

2. 抓压缩建设规模和抑制物价涨幅

至1995年年底，广东境内共有各类经济开发区62个，其中国家批准的经济技术开发区4个，高新技术产业开发区6个；省政府批准的各类经济技术开发区52个。此外，新设惠州大亚湾、广州南沙两个经济开放区，使广东省对外开放由沿海延伸至北部、东部山区和粤西地区。

经国务院和省政府批准设立的开发区，成为广东摸索改革开放路子、学习国外先进管理经验、吸引外资的重要阵地和“窗口”。至1995年，各开发区开发总面积近100平方公里，累计引进外资项目2000多个，协议资额230亿美元、实际利用外资近70亿美元，分别占全省的20%和13%；投资额在1000万美元以上的项目有近百个，约有50家世界著名跨国公司、大财团进入开发区投资办厂；开发区累计投产的企业近3000个，1995年实现工业总产值281亿元，出口总值15亿美元，税收28.5亿元，其中商品出口额在5000万元以上的开发区有10多个。在这些开发区中，规模最大的是广州经济技术开发区和湛江经济技术开发区，1995年工业产值分别达116亿元和45亿元，出口总值分别达4.2亿美元和1.06亿美元，财政收入达到15亿元和3亿元。开发区在调整和优化地区产业结构方面起了重要作用，经济辐射和带动作用逐步增强，为所在地区经济发展增添了后劲，在缩短经济落后地区与发达地区的差距方面发挥了越来越重要的作用。

开发区的成就引人注目，也引发许多地方的急功近利的思想抬头，把开发区“筑巢引凤”的经验，片面理解为只要“筑”起“巢”，就能引来“凤”。一些地方在未经科学论证和未经省政府审批的情况下，不顾主客观条件是否许可，采取不规范的行为筹资和融资，大搞平整土地，自造各种“开发区”。这种“开发区”，市有，县有，一些镇有，甚至有的管理区和村也有，一时间“村村点火，户户冒烟”。但是，大片平整的土地并没有引来外资，造成“开而不发”“不开不发”的现象。“烂尾楼”在广东许多市镇举目可见。土地，特别是耕地被占用促使农村矛盾加剧，房地产投下的资金回报无期，银行贷款过多，银行备付率急剧下降，问题显得越来越严重。为扭转这种局面，从1993年7月起，全省各专业银行系统和所有金融机构，坚决贯彻全国金融工作会议精神，省级各专业银行系统经过整顿，及时刹住违法拆借现象，清收了违章拆借资金，制止各种非法集资和擅自（或变相）提高利率的行为，停止向金融单位办的经济实体流入信贷资金，并与所办的经济实体脱钩。推进金融体制改革，出台一系列改革措施。省委、省政府从1994年起对各种开发区进行清理，强令乱占耕地的要“复耕”还农。省人大先后制定颁布《广州经济技术开发区条例》《湛江经济技术开发区条例》。1996年1月，省政府颁布《广东省经济开发试验区管理暂行规定》。这些措施在一定程度上遏制了这股“开发区热”。

1994年1月，省委办公厅、省政府办公厅发出《关于严格控制财政支出和信贷、货币投放，稳定市场物价的紧急通知》。坚持做到口子不松、政策不变、力度不减、不断整顿经济秩序。5年间，固定资产投资增幅逐年回落，“开发区热”和“房地产热”得到遏制；商品零售价格总指数升幅从18.2%降至0.1%。通货膨胀得到有效抑遏，主要经济指标基本达到宏观调整的预期目标。

（二）调整优化结构

1. 把调整优化农业产业结构与发展“三高”农业相结合

按照经济效益和市场需求调整生产结构：一是调整种植业内部粮食与经济作物的关系；二是调整农业与林、牧、副、渔各业的关系；三是调整农业与二、三产业的关系。结构调整转向综合性、深层次开发，重点向荒山、荒坡、滩涂、水面进军，大力发展水产养殖业和林果业，把开发自然资源与引进资金、优良品种、先进科技、兴办商品基地，发展“三高”农业结合起来，通过综合性深层次开发，进一步优化产业结构，建立耕地、山地、海洋三大农业结构。1997年，全省已建立颇具规模的“三高”农业基地5000多个，在农业产值中，“三高”农业产值占50%以上。农业的综合性深层次开发，进一步优化生产结构，显示了多方面的优越性：发挥了广东的区位优势，办起星罗棋布的商品基地，提高产品的档次和效益，开拓国内市场，加快农业专业化、产业化、现代化的步伐。

2. 把调整优化产业产品结构与发展高新技术产业相结合

实施“发展一批支柱产业，组建一批大企业集团，开发一批名牌产品”的战略，推进技术进步和技术改造，加速科技成果商品化、产业化进程。调整一批缺乏竞争力的企业，建立100户技术创新优势企业和10户技术创新试点企业，带动开发新产品2500项，新增产值占全省新增工业产值30%以上。全省信息化发展总体规划已经制定并开始实施，信息网络建设速度加快。

1993年6月，省委、省政府在深圳召开珠江三角洲地区发展高新技术产业座谈会，对发展高新技术产业作全面布置，并颁发《关于扶持高新技术产业发展的若干规定》，从政策、资金、税收、人才等方面对高新技术产业进行扶持。创立一批高新技术产业企业和企业集团，形成一批高新技术产业群，高新技术产业保持高速健康发展的态势，成为广东省重要的、新的经济增长点。1996年，全省高新技术产品产值达900亿元，居全国各省市首位。高新技术产业群和高附加值的高新技术产品，带动了全省产业、产品结构的调整。

3. 把调整优化投资结构与强化财政和信贷资金使用管理相结合

坚持增收节支、扶优限劣，集中财力加快能源、交通、通信和水利等基础设施建设。1994年2月，广东大亚湾核电站隆重举行投产庆典仪式，国务院总理李鹏为核电站一号机组正式投入商业运行剪彩。同年7月，国务院批准成立中国广东核电集团公司，实行“以核养核，滚动发展”机制，以大亚湾核电站为基础，加快广东省第二、三核电站建设。1995年12月28日，广梅汕铁路全线通车。江泽民以及田纪云、邹家华、谢非等党和国家领导人出席典礼。1996年8月，中国最大的燃煤发电厂——沙角C电厂投产庆典在虎门沙角隆重举行。同年12月，大亚湾核电站工程正式通过国家验收。1997年5月，广东岭澳核电站主体工程开工典礼在深圳龙岗区大鹏镇举行，这是广东省内建设的第二座大型商用核电站。同年12月，省“九五”时期重点建设项目惠州至汕头输变电工程建成。1996年12月，中国首条采用股份制建设的高速公路佛（山）开（平）高速公路全线通车，深（圳）汕（头）高速公路全线通车。1997年1月，亚洲最大隧道——（北）京珠（海）高速公路靠椅山隧道正式开工，该隧道位于翁源县境内双调单线，分别长2949米、2981米。同年8月，（北）京珠（海）高速公路广（州）珠（海）段二期工程正式开工。1995年11月，京九铁路全线铺通。1996年9月，京九铁路全线开通客、货运营。1997年6月，广州地铁黄沙至芳村段通车。1996年9月，大型现代化铁路口岸——广州火车东站全面投入营运。1997年12月，国务院批准珠海至香港的伶仃洋大桥正式立项。5年间，广东新增发电装机容量1785万千瓦，新建改建公路通车里程37198公里，其中高速公路732公里，新增铁路营运里程1165公里，新增港口吞吐能力3004万吨，新增电话交换机容量952万门。1997年，广东邮电业务总量城乡电话总容量、城乡电话用户、移动电话数和移动电话用户等5项指标均排在全国各省市之首。

4. 把调整优化市场结构与搞活大流通相结合

大力开拓国内外市场。“八五”时期，广东商贸业通过采取按照价值规律进行购销体制改革；转变职能，改革机构，引导市场主体多元化发展；以市场为导向，抓大放小，推进流通改革，提高企业现代化程度等深化改革促进发展的做法，促进商贸业的发展，一个多种渠道，多种经营方式，统一、开放、竞争有序的大市场体系逐步形成。

1995年2月，省政府召开“广东省开拓国内市场战略研讨会”。1996年11月，首届中国国际航空航天博览会在珠海市举行，李鹏为航展开幕剪彩。中国国际航空航天博览会为两年一届，由珠海市永久承办。1997年5月，粤滇38项经济合作签字仪式在广州举行。推行连锁、代理、配送等现代营销方式，保持“广货”销量增长。

5. 把调整优化区域结构与搞好区域规划、发展相结合

1994年11月，珠江三角洲规划协调领导小组成立，由副省长张高丽担任组长。同日，珠三角经济规划协调领导小组第一次会议在广州举行，研究珠三角经济区的规划提纲和工

作部署。1995年9月，珠江三角洲经济规划协调领导小组第五次会议在广州召开，通过《珠江三角洲经济区现代化建设规划纲要（初稿）》，指明经济区未来15年发展方向。从1994年11月初成立珠江三角洲经济区规划协调领导小组，至1996年1月，共召开6次领导小组会议以及专家会议。珠江三角洲经济区的规划业已完成，进入实质性的组织实施阶段。1996年7月，成立广东省东西两翼规划领导小组，并成立由71名专家组成的东西两翼专家组，按产业布局、地域分工，重视生态保护和环境建设的需求，开发总体、专题、各市和重大项目的规划工作。1997年5月，《广东省东西两翼区域发展规划纲要》经省政府批准正式出台。此纲要同珠三角经济区现代化建设规划和山区“九五”发展计划相配套，体现了省委、省政府“分类指导、层次推进、梯度发展、共同富裕”的规划指导思想。1997年5月，珠江三角洲经济区组建企业集团工作协调小组成立。省政府在大抓珠江三角洲经济区建设的同时，大力推进东西两翼的发展规划和实施。实施珠江三角洲经济区和东西两翼地区经济发展规划初显成效，全省有38个县（市、区）通过农村小康达标验收。与此同时，认真抓好城市的规划建设，强调“高起点规划，高标准建设，高效能管理”，并开始举办以城市规划为主题的市长学习班，以增强建设现代化城市的理念。

6. 把调整优化地区结构与扶贫攻坚相结合

1993年9月，省政府发出《关于粤北石灰岩特困地区人口迁移有关问题的通知》，要求在3年内将长期生活在石灰岩特困地区的10万人口迁出。1994年1月，省委、省政府在清远市召开全省第九次贫困山区领导小组会议，确定广东1994年、1995年扶贫工作集中力量打脱贫攻坚战，积极扶助发展集体经济，做好石灰岩地区人口迁移任务。同年4月，省委办公厅、省政府办公厅印发《广东省沿海地区与山区对口扶持规划》。5月，全省扶贫工作会议召开，要求通过抓好种养业为主的农业开发，使全省尚未脱贫的100多万名群众早日摘掉贫困帽子。同年10月，广东省扶贫基金会成立，副省长欧广源宣布从1995年起，广东省将增拨扶贫基金，以帮助山区及贫困地区脱贫。1994年11月，全省第九次山区工作会议召开，会议着重研究山区加快发展“三高”农业问题。从1985年全省第一次山区工作会议起，经过11年的艰苦奋斗，全省50个山区县的面貌发生了很大变化，经济和社会发展实现历史性突破。1996年1月，全省第十次山区工作会议召开，总结10年山区工作经验，研究山区“九五”计划。同年3月，省委、省政府发出《关于进一步扶持山区加快经济发展的若干政策规定》。省委、省政府作出重点扶持16个特困县加快脱贫步伐的重大决策，并专门成立省特困县经济发展领导小组，加强对扶贫攻坚工作的领导。1996年6月，省委、省政府召开全省特困县经济发展工作会议，扶贫工作进一步加强。1997年1月，省委、省政府在广州召开全省扶贫攻坚工作会议，贯彻、落实中央扶贫工作会议精神，为坚决实现国家“八七”扶贫攻坚计划，积极推行省直机关挂钩、市县对口和民间扶持等多种行之有效的办法，重点扶持16个特困县。组织10万多名干部与12.6万户贫困户结对帮扶，开展“千干扶千户”活动，扶贫工作直接到户，保证资金、权利、任务、责任“四落实”。省政府在会上决定：当年拿出4亿多元专项奖金，集中力量解决60万人绝对贫困人口的温饱问题。并在会上提出在当年底基本消除绝对贫困的目标。到1997年年底，全省基本消除绝对贫困，提前3年率先实现《国家“八七”扶贫攻坚计划》确定的目标。

三、政权建设和社会文化建设

（一）政权建设

1. 进一步落实党的干部政策

省委、省政府在落实干部政策上，继续妥善处理历史遗留问题。对广东第一次反地方主义，作进一步复查。1994年4月4日，中央纪委作出《关于撤销对方方同志处分的批复》，指出："中央政治局常务委员会，已讨论同意中央纪委《关于对方方同志问题处理意见的请示》，同意撤销原给方方同志撤销华南分局第三书记、常委、省政府第一副主席等本兼各职的处分，为方方同志恢复政治名誉。"并指出："1952年对方方同志'土改右倾''地方主义'的批判，1953年对方方同志'官僚主义、分散主义'的批判，都是缺乏事实根据的，应予否定。"广东完成了在历次政治运动中冤假错案的甄别平反工作，认真做好善后工作，增强了干部之间的团结，调动一切积极因素，有力地促进社会主义建设。

2. 进一步搞好廉政建设

省委、省政府坚决反对腐败。1995年省委、省政府作出进一步加强反腐保廉工作的若干规定。1996年，广东省加强反腐保廉监督制约机制建设。首先抓中央纪委提出的"领导干部收入申报""礼品登记""国有企业业务招待费使用情况向职代会报告"三项制度的落实；其次是加强基层办事公开、岗位交流、财务管理、公开招标投标、核发牌证批文盖章和监管、用人民主考核六个方面的制度建设；再次是抓廉政法规建设。1996年6月10日，广东省首家审计举报中心在省审计厅正式挂牌成立，加强对领导干部离职实行审计的力度。1996年11月，省委、省政府发出《关于印发〈广东省党政领导干部廉政守则（试行）〉的通知》，对反腐败问题采取逐步深入的策略。通过采取一系列措施进行整治，一度为群众关注热点的吃喝玩乐歪风得到了一定程度的遏制。纠正了干部超标用车和违反使用军警、外籍车号的不正之风，加强了干部的用车定编工作，至1996年12月，全省按规定处理3034辆超标车，同时规定更换查对固定用车时，都需向省委党风办公室和省政府主管部门申请审查。1996年，广东把干部的住房、建房、购房、装修住房等方面的问题纳入廉洁自律的重要内容，逐级进行检查核实和处理。同年上半年，全省21个地级以上市、121个县（市、区）、247个省直局以上单位，成立有关机构，开展查房工作。

1997年，广东在继续抓"车子"、"房子"、"票子"（公款吃喝玩乐）问题的基础上，加上"不准利用职务为配偶、子女和亲友经商办企业提供任何优惠条件"的规定。同年，对违反规定人员进行了处分。全年共查处党员地厅级干部24人，县处级干部293人；处分地厅级违纪监察对象7人，县处级干部209人。1997年1—11月，全省各级检察机关立案侦查贪污贿赂等犯罪案件1900多件，立案查处县处级以上涉嫌犯罪人员102人。

3. 注重改善人民生活和居住环境条件

各级政府注重解决好社会热点、难点问题，在改善人民生活和居住环境条件方面多办实事。省政府建立省级再就业基金和省属企业帮困资金，全省1997年安置城镇就业43万人，登记失业率为2.3%；失业职工再就业率达67%，下岗职工分流安置率达64%，均高于全国平均水平。

增加对环境保护的投入，省政府决定设立“广东省环境保护资金”，1997—2000年省财政每年安排2000万元。同时，要求各地政府设立环境保护资金。狠抓创建卫生城市和生态环境保护工作，1996年8月，国务院下发《关于环境保护若干问题的决定》后，全省取缔、关停15种污染严重的工业企业共739家。1996年，全省共投入2.9亿元，完成污染源限期治理508项。广州市提出了“青山碧水蓝天”计划。全省各市县普遍采取了加强环境保护工作的有力措施。以江河水质和绿化为重点的自然生态环境得到改善。深圳、珠海市被评为全国环境保护模范城市。人民群众的物质生活和精神生活更加充实。

4. 大力推进依法治省

1993年4月14日，中共中央政治局常委、全国人大常委会委员长乔石视察广东时指出：“在探索建立社会主义市场经济法规体系方面，改革开放前沿的广东可以先走一步，成为国家立法的试验田。”1993年5月，中共广东省委第七届代表大会第一次会议明确提出建立社会主义市场经济体制、民主法制和廉政监督三个机制，认为民主法制是带根本性、起保障作用的机制。此后，广东省坚持“突出重点、完善配套、急需先立”的原则，加快地方立法速度。5年来，省政府提请省人大及其常委会审议通过的地方性法规、省政府颁布的规章共210多项，清理、修订地方性法规规章及规范性文件共543项，其中有：1994年1月，省第八届人大常委会第六次会议审议和通过的《广东省财产拍卖条例》；同年4月，省第八届人大常委会第八次会议审议和通过的《关于进一步强化法制监督职能健全监督机制的决议》《广东省城镇房屋租赁条例》《广东省森林保护管理条例》；同年6月，省第八届人大常委会第九次会议审议通过的《广东省城镇房地产权登记条例》《广东省基金会管理条例》《广东省建设项目环境保护管理条例》《广东省房地产评估条例》；同年11月，省第八届人大常委会第十一次会议审议通过的《广东省实施〈中华人民共和国矿山安全法〉办法》；1995年1月，省第八届人大常委会第十二次会议审议通过的《广东省道路运输管理条例》；同年4月，省政府颁布的《广东省劳动合同管理规定》《关于禁毒的通告》；同年5月，省第八届人大常委会第十五次会议审议通过的《广东典当条例（修改稿）》《广州市妇女权益保障若干条例》《广东省合伙经营条例》；同年6月，省第八届人大常委会第十六次会议审议通过的《广州市传染病防治规定》；1996年4月，省第八届人大常委会第二十一次会议审议通过的《广东省经济合同管理条例》；同年5月，省第八届人大常委会第二十二次会议审议通过的《广东省集体合同条例》；同年9月，省第八届人大常委会第二十四次会议审议通过的《广东省农民负担管理条例》；1997年3月，省第八届人大常委会第二十八次会议审议通过的《广东省实施〈中华人民共和国妇女权益保障法〉规定》；同年7月，省第八届人大常委会第三十次会议审议通过的《广东省燃气管理条例》；同年11月，省第八届人大常委会第三十二次会议审议通过的《广东省资产评估管理条例》等。

在加大立法力度的同时，用多种形式，加强执法监督。1994年8月，省人大常委会和省政府联合召开省直机关建立执法责任制大会，要求省直机关必须认真落实依法办事、依法行政、严肃执法。省政府各部门普遍建立执法责任制，依法行政，依法管理的水平进一步提高。执法和执法监督工作逐步规范。1996年8月，省委发出《关于进一步加强依法治省工作的决定》，对5年的加强地方立法、实施依法治省作了全面的安排，进一步加大法制作的力度。1996年10月，省委决定成立广东省依法治省工作领导小组，中共中央政治局委员、省委书记谢非任组长，省委副书记、省长卢瑞华，省人大常委会主任朱森林，省政协主席郭荣昌任副组长，省政法委书记、省检察院主要负责人及省委办公厅、组织部、宣传部，省人大、省政府、省政协有关方面负责人作为成员。领导小组下设办公室（设在人大机关），负责日常工作，这是在全国依法治省工作中形成的新模式。1996年11月，全国首家省级法律援助机构"广东省法律援助中心"成立，为弱势群体打官司提供法律援助。全省完成了"二五"普法计划，全面实施"三五"普法计划。各级政府向人大及常委会报告工作和向人民政协通报情况，已经形成经常性和制度化。省政府5年办理全国和省人大代表议案及建议、全国政协和省政协委员提案及建议共3325件。至1997年9月底，全省各级人大代表对公安机关和其他执法机关进行了8000次民主评议，推动了司法机关的健康发展。

5. 加快政府机构改革和实施公务员制度

1993年3月广东省扩大县级机构改革试点，新增云浮、开平、阳春、高州、澄海、廉江、增城、海丰、揭东、惠阳、大埔、阳山等县、市和河源市郊区为试点单位，加上原来的南雄县和顺德市，共有15个试点单位。同年8月，省委、省政府组织制定《广东省省级党政机关改革方案》。同年10月，省政府根据国务院关于机关和事业单位工作人员工资制度改革问题的通知，对全省机关和事业单位工作人员现行工资制度进行重大改革，并决定撤销85个省级非常设机构。同年11月，省推行国家公务员制度领导小组制订《广东省建立和推行国家公务员制度实施方案》。1994年1月，省委办公厅、省政府办公厅发出《关于省级机关机构改革分流人员问题的通知》。同年5月，省委、省政府召开省直机关机构改革和推行国家公务员制度动员大会，部署实施省级党政机关机构改革方案和推行国家公务员制度工作。同年11月，省政府颁布《广东省建立和推行国家公务员制度实施方案》。1995年7月，全省机构改革和推行公务员制度工作会议召开，部署全省市县乡镇机构改革和执行公务员制度工作。1997年4月，中共广东省委组织部发出《关于公开选拔部分省直单位副厅级领导干部的通知》，决定在当年内采取组织推荐与群众推荐（包括个人自荐）、考试与考核相结合的方式，试行公开选拔部分省直单位副厅级领导干部。

6. 加强社会治安综合治理

坚持严打、严防、严管"三管齐下"，加强社会治安综合治理。1995年4月，省政府颁发《关于禁毒的通告》，令毒品犯罪分子于4月30日前到当地公安司法部门自首，吸毒分子于5月20日前到当地公安机关登记。同日，朱森林发表电视讲话，号召全省人民动员起来，打一场禁毒的人民战争。1995年5月，针对社会治安出现的新情况，省委、省政府召开全省社会治安综合治理工作会议。谢非在会议上强调党政"一把手"要亲自抓治安。1996年3月，下发了《中共广东省委、省政府关于加强社会治安综合治理的决定》，提出14项加强社会治安综合治理的措施，强调要落实社会治安综合治理领导责任制和目标责任制，促进各项治理措施的落实。同年5月，召开全省市级综合治理办公室主任会议，提出要认真搞好"严打"，确保社会治安明显好转，扩大安全小区覆盖面，切实管好流动人口。同年的4—8月，广东连续组织三次全省的"严打"统一行动。1997年11月，举行现场销毁毒品大会，加大了禁毒的声势。同时，加大"打假""打私"力度，整治乱涨价、乱收费、乱摊派行为，认真解决农村征地纠纷、劳动纠纷，纠正部门和行业不正之风，维护了社会经济正常秩序。

（二）社会文化建设

省委、省政府在制定20年基本实现现代化的宏伟蓝图时，把建设高度的精神文明作为重要战略目标。并于1994年制定《广东省社会主义精神文明建设纲要》。随着对社会主义精神文明建设重要地位、作用的认识不断加深，全省各级党委和政府舍得花大量的精力、人力和财力抓精神文明建设，在实践中走出一条适应改革开放和社会主义市场经济发展的精神文明建设的新路子。

1. 积极探索思想道德文化建设的新路子

开展群众性精神文明创建活动，创建文明街镇、文明村和军民共建活动，推进社会文明进步，促进经济发展。1992年4月，省委在南海县召开了全省创建文明户、文明村镇经验交流会。谢非在会上要求全省各级党委和政府既要积极又要因地制宜推广南海县创建文明户和文明村镇的经验，把全省的社会主义精神文明建设提高到新的水平。1994年5月，省委、省政府、省军区作出《关于授予佛山等32个市县区双拥模范荣誉的决定》。至1997年年底，全省共评出文明村镇21. 6万多个、文明户626万户。从1995年起，广东开展了创建文明城市活动，省精神文明建设办公室确定珠江三角洲11个城市进行试点。后来一些山区市的领导主动要求参加，到1998年增加到35个。1997年中山会议后，各地均加强了领导，成立了创建领导机构，并由党政一把手亲自挂帅，创建工作成为党和政府的重要议事日程。1997年12月，省委、省政府召开全省精神文明建设表彰会，总结交流精神文明建设经验，表彰先进，树立典型。

省委、省政府重视和加强社会主义思想道德文化建设。1995年6月，省政府下发广东省到2010年基本实现现代化整体规划中文化建设的宏伟蓝图——《南粤锦绣工程——广东省文化建设发展规划》，并于1996年冬开始评选实施《南粤锦绣工程》先进市、县、乡镇活动。组织编写出版《新三字经》，把中华民族的传统美德、社会主义道德规范和现代文明融为一体，对青少年进行爱国主义、集体主义、社会主义教育。开展对珠江三角洲经济区精神文明建设的探讨，摸索“两手抓”的路子。兴办了一批爱国主义教育基地。精心组织创作了一批具有较高水平较大影响的精神产品，实施以“创作一本好书、一台好戏、一部优秀影片、一部优秀电视剧、一篇好文章”的“五个一工程”为龙头的精品战略。广泛开展以爱国主义为题的“百歌颂中华”“百书育英才”“百片扬国魂”等活动。1996年5月4日，广东省各地首次举行成人宣誓仪式，对进入成年的青年人履行社会责任起了一定的教育作用。1997年6月10日，孙中山故居纪念馆、广州起义烈士陵园、鸦片战争博物馆（虎门炮台）、三元里人民抗英纪念馆被中宣部列入全国100个爱国主义教育示范基地。1997年11月28日，广东美术馆正式开馆。

1997年是香港回归祖国之年。广东省积极学习宣传《中华人民共和国香港特别行政区基本法》，深入研究加强粤港之间合作与交流、全方位拓展合作领域等问题，在中央的领导下，配合中央圆满地完成了香港回归前后的有关各项工作。1997年7月1日凌晨，中英香港政权交接仪式在香港举行。当天，广州地区各界庆祝香港回归祖国大会在广州隆重举行。广东人民欢庆香港回归祖国的同时，受到了很好的爱国主义教育。

2. 精神文明建设成就显著

落实措施不断加大对教育的投入，教育事业得到优先发展，建设"教育强省"的步伐加快。全面推行素质教育和规范化学校工程。改善办学条件和教师待遇，大中城市基本实现"教者有其居"。

1993年1月，省委、省政府作出《关于加快高等教育改革和发展步伐的决定》，就指导思想、发展目标、办学体制改革、招生和毕业生就业制度改革、学校内部管理体制改革、深化教育与科研改革、扩大对外交流和合作、增加经费投入、改善教师待遇、全党全社会支持高教改革与发展等作出一系列决策。1994年11月，省委、省政府在广州召开全省教育工作会议，作出了《关于教育改革和发展的决定》，提出广东今后教育改革、发展目标和任务，动员全省人民为把广东建设成为教育强省而奋斗。1995年，全省普通高校招生不再区分"公费生""委派生""自费生"，新生一律缴费上学。1995年7月24日，省政府颁布了《广东省教学成果奖励办法》（1995年1月1日施行），进一步激励与促进教育工作。1996年广东省率先完成基本普及九年义务教育和基本扫除青壮年文盲任务。各级教育发展迅速，在校中专生（包括成人中专）由34.3万人增至52.7万人，在校大学生（包括成人高校）由21.3万人，增至33.7万人，在校研究生由3983人增至6900人。

全省对科技投入逐年增加，基础科学和应用科学研究水平提高，企业技术和农业开发应用迅速发展，专利申请量持续增长，知识产权保护逐步加强，科技成果加速向生产力转化。1994年6月，省委、省政府在广州召开广东省科技成果奖励大会，对获得1993年度国家和省级科技奖励的项目和人员进行颁奖和表彰。"八五"期间，获省科技成果奖1013项，获国家级科技成果奖98项。实施"星火"计划项目779个，"火炬"计划项目456项，通过专家验收的科技攻关项目170项。建立6个国家级和3个省级高新技术产业开发区及珠江三角洲高新技术产业带，认定的高新技术企业430家。科技贡献率由1990年的31%提高到1995年的39%。

1995年7月，省委、省政府作出《关于加快科学技术进步若干问题的决定》，实施科教兴国战略。围绕科技兴农、扶持工业技术创新、发展高新技术产业、广开技术资源门路，深化科技体制改革、加强科技队伍建设、扩大科技外地交流，加大科技投入等问题作出一系列的政策指引和实施措施。1995年科技进步对经济增长的贡献率达39%。从1995年起，广东的专利申请与授权量连续6年位居全国第一。广东省科技综合实力跃居全国第三位，仅次于北京和上海市。

计划生育、卫生和体育工作成绩显著。1993年7月，省政府颁布《广东省流动人口计划生育管理条例》。1996年3月，省委、省政府发出《关于进一步加强计划生育工作的决定》，层层落实人口目标责任制。全省人口出生率和自然增长率分别为16.9‰和11.5‰，比国家下达指标低2.1个和1.5个千分点，多孩率下降4个百分点。1995年10月，省政府召开广东省振兴中医工作会议，讨论"九五"规划，研究发展中医事业的有关政策和本省中医工作存在问题和解决办法。同年12月，省政府发出《关于1996年全省食盐加碘的通知》，规定从1996年1月1日起，全省供应的食盐全部加碘。1997年3月25—27日，省委、省政府召开全省卫生工作会议。同年6月，省委、省政府发出《关于贯彻〈中共中央、国务院关于卫生改革与发展的决定〉的意见》，增加对卫生事业的投入，继续深化医疗卫生事业的改革。城市职工医疗保障制度改革试点和农村合作医疗制度改革稳步推进。全省农村初级卫生保健达标或基本达标县（市、区）已达72.3%。体育工作成绩显著，竞技体育连年获国家体委颁发的突出贡献奖。1995年7月，全省少数民族运动会在广州举行，共有18个少数民族，约1000名运动员、教练员、裁判员参加。体育健儿在第八届全国运动会上取得了好成绩。群众性文化体育活动繁荣活跃，新的健康的社会精神风貌与经济建设呈现协调和发展态势。

第五节　第九届省政府施政纪要

本届政府是1998年1月举行的省第九届人民代表大会第一次会议选举产生，任期是跨世纪的五年，经历了第九个五年计划的后三年和第十个五年计划的头两年。

1998—2000年，省政府认真贯彻落实中共十五大精神和江泽民对广东提出的“增创新优势，更上一层楼，率先基本实现社会主义现代化”的重要指示，坚持以经济建设为中心，加快社会主义市场经济体制的建立，推进基本实现现代化。努力推进经济体制和经济增长方式两个根本转变，实施“外向带动、科教兴粤、可持续发展”三大战略，增创“体制、产业、开放、科技”四大优势，积极扩大内需，努力消除亚洲金融危机的影响，妥善化解广东地方金融风险。实现“稳中求进，有效增长”。全省国民经济继续保持了快速、健康发展的势头，综合实力显著增强，主要经济指标继续居全国前列，人民生活水平进一步提高，物质文明建设和精神文明建设协调发展，社会各项事业全面进步。“九五”计划的各项任务也基本完成。2000年全省国内生产总值9506亿元，人均国内生产总值为12973元，分别是1995年的1.6倍和1.5倍。财政收入907.23亿元，是1995年的2.4倍。外贸出口总额919.2亿美元，是1995年的1.6倍。吸收外商直接投资122.4亿美元，是1995年的1.2倍。全省城镇居民人均可支配收入、农民人均纯收入分别达9761元和3654元，均是1995年的1.3倍。全省基本消除了绝对贫困，有60个县（市、区）实现了小康。

一、加快建立市场经济体制

（一）增创新优势，更上一层楼

1. 增创改革开放发展新优势

1998年3月9日，江泽民在北京人民大会堂参加九届全国人大一次会议广东代表团的讨论会上，对广东提出依靠科技进步、进一步扩大对外开放，实行“两手抓”，“增创新优势，更上一层楼”的希望。24日，省人大常委会、省政府举行报告会，传达九届全国人大一次会议精神。31日，省委办公厅、省政府办公厅发出《关于开展增创新优势调研活动的通知》，展开10个专题调研工作，内容涵盖经济、政治、文化、社会和改革、发展、稳定等各个方面。从4月3日省委、省政府召开省直机关动员大会开始，调研活动历时4个月，至7月底结束。整个调研工作采取上下联动、内外结合的方式进行。整个调研活动规格之高、规模之大、内容之广、程度之深，都是广东省历来所未有。

1998年4月，新一届省政府召开第一次全体成员会议。省长卢瑞华提出，本届政府的总任务是：高举邓小平理论的伟大旗帜，全面贯彻落实中共十五大精神，紧密团结在以江泽民为核心的党中央周围，在省委的领导下，抓住机遇，增创新优势，更上一层楼，把全省改革开放和现代化建设事业推进到一个新的发展阶段。要求省政府组成人员做到团结、务实、廉洁、高效，珍惜人民赋予的权力，认真履行职责。9月，省委召开工作会议，总结增创新优势十大专题调研工作，审议通过《中共广东省委、省政府关于依靠科技进步，推动产业结构优化升级的决定》，对顺应世界科技和经济发展趋势，抓住机遇，迎接挑战，开创改革开放和现代化建设新局面工作作出部署。

1999年3月7日，江泽民出席在人民大会堂广东厅举行的九届全国人大二次会议广东团全体会议并发表讲话，鼓励广东的干部群众继续解放思想，知难而进，率先基本实现现代化。

3月10日，国务院总理朱镕基出席九届全国人大二次会议广东代表团全体会议并发表讲话，强调依法整顿和规范经济秩序，严厉打击经济犯罪活动，是实施依法治国方略的重要方面，是顺利推进改革开放和现代化建设、维护社会稳定的重要保障，必须坚持不懈地切实抓紧抓好。

2. 推进率先基本实现现代化试点工作

1999年，省委、省政府认真贯彻落实江泽民要求广东率先基本实现现代化、为全国探索新鲜经验的重要指示，对率先基本实现现代化工作进行了一系列的部署。

为推动广东现代化建设的实施，1999年2月11日，省委、省政府印发《关于进一步扩大开放的若干意见》。7月27日，省委、省政府批转省体改委《关于确定顺德市为率先基本实现现代化试点市的意见》。确定顺德市为试点市，为全省起示范带动作用。8月26日，省委、省政府在深圳召开全省经济特区和珠江三角洲改革开放工作座谈会，确定经济特区和珠江三角洲地区率先基本实现现代化的总体思路。会议提出以率先基本实现现代化为总任务、总目标统揽全局，继续解放思想，开拓创新，实施外向带动、科技兴粤、可持续发展三大战略，增创体制创新、扩大开放、产业升级、科技创新四大优势，到2010年左右率先基本实现现代化。1999年10月15日，省委、省政府印发《关于加快建立社会主义市场经济体制增创体制新优势的若干意见》，标志着广东率先实现社会主义现代化进入了实施阶段。为加强对实际工作的领导，确保率先基本实现现代化各项工作任务落到实处，省委、省政府调整、充实原珠江三角洲经济区协调领导小组，成立“经济特区和珠江三角洲率先基本实现现代化协调领导小组”，统一指导、协调率先实现现代化工作和示范市、试点市的工作。

3. 进一步推进农业和农村基本实现现代化

为进一步做好农村新一轮的土地承包工作，调动农民的生产积极性，1998年2月20日，省委办公厅、省政府办公厅印发《关于贯彻〈中共中央办公厅、国务院办公厅关于进一步稳定完善农村土地承包关系的通知〉的意见》。同时，省委、省政府还印发《关于组织林业第二次创业，优化生态环境，加快林业产业化进程的决定》，林业第二次创业工作正式铺开。

1998年11月，省委、省政府在省委八届二次全会上作出大力发展农业现代化龙头企业和创办十大农业现代化示范区的决策，以加快发展农业龙头企业，促进农业产业化向现代化建设迈进的步伐。

1998年8月，省委、省政府召开全省农村基层组织工作会议，进一步落实全省农村基层组织工作，进一步落实全省农村基层组织建设的各项任务，并对理顺全省农村基层管理体制，撤销农村管理区改设村民委员会工作作出部署。同年9月，省委、省政府发出《关于理顺我省农村基层管理体制的通知》。11月7日，省委办公厅、省政府办公厅印发《关于在全省乡镇推行政务公开的意见》。2000年3月，省九届人大常委会第十七次会议通过《广东省人民代表大会常务委员会关于进一步推进村民自治工作的决议》，从法制角度保障了村民自治。同年6月，省委、省政府在东莞市召开珠江三角洲地区农村政务、村务公开工作现场会。“两公开、一监督”在全省农村全面铺开。

为减轻农民负担，实现农业发展与农民增收同步增长，开拓市场和扩大内需。1999年3月，省政府办公厅印发《我省农电管理体制改革、农网改造和城乡用电同网同价试行方案的通知》，定出广东省农村用电改革目标：力争在三年内使全省住宅到户电价降到0.8元/千瓦时左右，每千瓦时降低0.5元，最终实现城乡用电同网同价。2000年3月，省政府召开全省农村费改税试点县工作会议，开始实行农村的费改税工作。广东省通过降低农村电价、清理生猪税费等措施减轻农民负担的做法取得实效。农村农田水利等方面的基本建设投入不断加大。1999年10月，全省最大型的水利建设项目——飞来峡水利枢纽举行试运行仪式，使珠江三角洲抵御旱涝的能力得到较大的提升。

2000年6月6日，珠江三角洲基本实现农业现代化现场会在花都市召开。农业现代化进入实际的实施阶段。

为加大对东西两翼和粤北山区发展扶持力度，对16个贫困县采取进一步的帮扶措施，加快脱贫奔康的步伐。1998年3月25日，省委办公厅、省政府办公厅发出《关于梅县等18个山区县（市）和龙川等6个特困县脱贫达标的通报》。同年3月30日，省委、省政府召开全省扶贫工作会议。会议总结全省第十次山区工作会议以来扶贫攻坚的经验，表彰先进，部署1998年及今后的扶贫开发工作。在1998年5月召开的中共广东省委第八次代表大会上，中共中央政治局委员、省委书记李长春指出，山区的农业开发要走农业产业化道路，通过产业化催生出农产品加工业来。

广东区域经济发展不平衡，经过省委、省政府带领全省人民坚持不懈的努力，取得很大成绩。但此项工作难度很大，到1998年年末，全省农村仍有24701人未解决温饱。16个贫困县中，农村人均纯收入在1000元至2000元之间的人口达154万人，与小康标准相距较远。一些已经脱贫的地区，由于种种原因，农村经济发展仍然比较缓慢。

为巩固扶贫攻坚的成果，1999年3月，省委抽调省直机关90名干部，组成30个工作队，进驻30个经济贫困、党支部软弱涣散和社会不稳定的村，将加强驻点农村基层组织建设和发展经济结合起来。针对各个基层组织的状况，开展整顿与发展生产相结合，实施“造血型”扶贫，取得一定实效。同年6月，省委、省政府在高州、梅州两地召开全省山区综合开发工作会议，对山区的二次开发创业进行研究。省委、省政府在会上提出：用5年左右的时间，大力开展山水田林路综合治理；培育农业龙头企业；认真调整山区工作思路，立足当地资源，加快二、三产业发展，壮大总体经济实力；力争到2003年，16个贫困县脱贫奔小康，其余山区县实现小康，使山区经济建设登上一个新台阶。全省山区、贫困地区开展以行政村通机动车为主的村级“四通”、贫困户人均半亩“保命田”为主的“四个一”扶贫两大会战。1999年8月16日，李长春在副省长欧广源的陪同下，到清远市考察扶贫开发“两大会战”工作。至2000年年底，已完成扶贫两大会战预定目标。

4. 创建“海洋经济强省”

为增强海洋捕捞能力，广东积极贯彻“巩固近海，发展外海，开拓远洋”的方针，把深入开展渔船技术改造和发展外海渔业有机结合起来，至2000年全省外海作业渔船，从1990年的1000艘、21万千瓦，增加到5000艘、110万千瓦。南海渔业公司先后组织4批渔船开赴斯里兰卡进行金枪鱼捕捞。

为实现海洋经济可持续发展，省政府提出南海区开展休渔管理的对策建议，获农业部批准。1999年4月23日，省政府召开全省休渔工作电视电话会议，进行部署，并在省海洋水产厅成立休渔指挥部。1999年6月1日，广东省开始实施首次休渔期，经过2个月的休渔，渔获有所改善。同年12月，省委、省政府在珠海召开第四次全省海洋工作会议，修订《中共广东省委、省政府关于大力推进海洋综合开发的若干意见》，确立了一手抓开发，一手抓管理的总体思路，并出台《关于推进海洋综合开发的意见》。1999年、2000年，广东海捕产量递减，表明广东海洋严格实现“控制捕捞强度，建人工鱼礁，调整渔业经济结构，保护海洋生态环境”方针的产业政策收到成效。通过一系列的努力，广东省海洋渔业综合实力大大增强，捕捞业加快了国际化进程。到2000年，广东海水养殖产量比1995年增长近4倍，居全国的第二位。

5. 继续加强基础设施建设

省政府继续加强基础设施建设，调整投资结构，加大对水利、交通、能源、环保及城市公共设施的投入，加快建设现代信息基础设施。1998年2月16日，中外合资项目——惠州南海石油项目框架协议签字仪式在荷兰海牙举行，投资总额40.5亿美元。同年6月3日，世界投资规模最大、长度最长、途经国家最多的国际海缆系统——亚欧国际海底光缆，在汕头市登陆。该缆西起德国，经大西洋、地中海、阿拉伯湾、印度洋、太平洋，东达日本，全长38万公里，途经33个国家和地区，共39个登陆点。作为在中国内地两个登陆点之一的汕头市，是唯一主干点。同年8月20日，全国第一条跨海铁路——粤海铁路开工。粤海铁路北起湛江市，由火车轮渡跨越琼州海峡至海南岛海口市，从海口沿海南省西部到达东方市与原有铁路接轨，直达三亚。同年12月28日，全长18.48公里的广州地铁一号线全线建成。1999年2月16日至3月2日，全线对外观光营运。广州市成为继北京、天津、香港、上海市之后，国内第五个建成地铁的城市。1999年4月18日，中国建设规模最大的公路桥梁工程——广深高速公路虎门大桥工程，通过交通部验收。同年6月28日，广州地铁一号线全线开通仪式在广州人民公园南门广场举行。

2000年，广东全省公路里程达9.7万公里，公路密度达54.5公里/百平方公里，其中高速公路里程达1185公里，分别是“八五”期末的3.3倍和2.4倍。现代信息基础设施大幅增加，邮电通信业累计完成基建和更新改造投资“九五”时期比“八五”时期增长5.5倍，长途自动交换机容量由1990年末的3.8万路增至2000年末的70.3万路。固定电话总数由155万部增至

1690万部，平均百人电话拥有量由2.45部增至35.26部，全省所有市县进入长途电话自动网和数字数据网。发电装机容量达3185万千瓦。修建、加固江海堤围2117公里。自来水供水及污水垃圾处理等公用设施建设取得较大进展。

广东基础设施建设取得突破性进展。交通、通讯、水利电力、城乡电网、生态环境等基础设施建设成效显著，制约经济发展的瓶颈进一步缓解，功能进一步提高，进一步增强了广东现代化发展的后劲，也提高了现代化的水平。

（二）加快建立社会主义市场经济体制的步伐

1. 推进经济体制改革

省政府认真贯彻落实中共十五届四中全会精神，按照国务院“国有企业改革与脱困的三年目标”，加大国有经济布局战略性调整和国有企业战略性重组的力度，煤炭、制糖、纺织三个行业脱困和重点亏损企业的扭亏工作取得明显成效，大中型骨干企业建立现代企业制度的步伐加快，初步建立起国有资产监管和营运体系。从1998年起至2000年止，全省采取“关、停、并、转”的方法，基本实现了国有企业改革与脱困的三年目标。

1998年5月，全省粮食流通体制改革工作会议在广州召开，这次粮食流通体制改革的目标是：按照“四分开一完善”和“市场导向、明确职责、加强调控、确保平衡、转换机制、搞活流通”的原则，构建适应社会主义市场经济要求，丰歉年景都能调控自如的粮食流通新体制。围绕这一目标，提出要抓好六个方面的工作：进一步明确事权，全面落实“米袋子”各级政府负责制；实行政企分开，切实转换粮食经营机制；进一步完善粮食储备体系和粮食风险基金制度，增强政府的宏观调控能力；消化粮食财务挂账，绝不允许发生新挂账；进一步完善粮食价格形成体制；健全粮食市场体系，规范流通秩序；确定按保护价敞开收购余粮，实行粮食顺价销售，实行粮食收购资金封闭运行。同年6月18日，省政府发出《关于进一步深化粮食流通体制改革的通知》，粮食流通体制改革在全省全面铺开。中华人民共和国成立以来一直存在的生产、生活资料短缺现象，到20世纪90年代末期，终于得到改变。市场物资充盈，价格走低，卖方市场逐步向买方市场转变，出现了物质的相对性和结构性过剩。

1998年11月30日，广州军区、南海舰队、广州军区空军、广东省军区、武警广东总队所属368家企业，以及北京、济南、兰州、成都军区、海军广州舰艇学院等单位22家驻粤企业与军队、武警部队脱钩，全部移交给广东省。

为推进体制的配套改革，1998年4月，省政府发出《关于贯彻国务院建立统一的企业职工基本养老保险制度的决定的通知》，要求从1998年7月1日起，全省职工保险制度与全国统一制度并轨衔接，进一步完善全省社会统筹与个人账户相结合的社会保险制度。1998年6月，省委、省政府召开全省国有企业下岗职工基本生活保障和再就业工作会议。次月，省委、省政府发出《关于进一步做好国有企业下岗职工基本生活保障和再就业工作的决定》。同年9月，省九届人大常委会第五次会议审议通过《广东省社会养老保险条例》；1998年12月31日，省九届人大常委会第七次会议通过《广东省社会救济条例》，从1999年3月1日起施行，社会养老保险进入法制保障阶段。为解决国有企业下岗人员的生活困难，

1999年春节前夕，省委、省政府组织9个“送温暖”慰问团，分赴全省各地，慰问困难企业和困难职工家庭。同年6月，省政府召开了巩固两个确保工作电视电话会议，提出要继续做好国有企业下岗职工基本生活保障和再就业工作，扩大社会保险覆盖面，加强资金征缴和城镇职工医疗保险制度改革的任务，巩固全省“两个确保”（确保下岗职工基本生活，确保养老按时足额发放）的工作成果。2000年9月，省政府召开全省城镇职工医疗保险制度和医药卫生体制改革工作会议，分步推进医疗卫生体制改革。至2000年年底，全省参加企业养老保险人数达864.67万人，参加失业保险748.48万人，企业离退休人员养老金全部实行社会化发放。

1998年12月，省政府发出《关于加快住房制度改革，实行住房货币分配的通知》。从1998年起，全省党政机关、事业单位逐步住房货币分配，从2000年1月1日起，全省统一停止按现行政策出售公有住房，企业也要参照执行。

2. 推进人事任命制度改革，转变政府职能

1998年3月20日，省人大常委会对41名拟任命的省政府组成人员（省政府各委、办、厅、局长及省政府秘书长）进行法律考试，这在全国尚属首创。3月31日，省九届人大常委会第二次会议，任命省政府秘书长、各委（办、厅、局）主任（局长）等新一届政府组成人员。2000年2月21日，根据《中华人民共和国地方各级人民代表大会和地方各级人民政府组织法》规定和省长卢瑞华的提请，省九届人大常委会第十六会议任免机构改革后的省政府组成人员13个部门正职获任命，省国土资源厅、省对外贸易经济合作厅厅长人选未获通过。同年12月24日，省公开选拔14名副厅级领导干部正式拉开帷幕，全省有754名正副处级干部在广州参加了由省统一组织的公开选拔笔试。

在转变政府职能中，各级政府从实际出发，逐步推进改革。1999年8月，省政府把改革行政审批制度作为“三讲”（讲学习、讲政治、讲正气）教育整改的一项内容，对省政府的审批项目作了清理和规范，砍掉了一批不合时宜的审批项目。深圳市委、市政府为加速职能转变，将原有737个政府审批事项砍掉了427项，减少了57.8%，对保留的项目进行了比较严格的规范，对审批对象、条件、内容、时限和程度也作了明确规定。这项“民心工程”的改革，大得人心。

在政府转变职能的探索中，省政府还注意重大决策向社会各界知名人士咨询。从1998年起省政府把每年召开“省长与专家座谈会”制度化。1999年7月，卢瑞华带领各位副省长与来自北京和省内外的20多名专家汇聚一堂，分析当前经济形势，共谋广东经济发展大计。省长还聘请著名跨国公司和科技界知名专业人士作顾问，就广东如何适应世界发展潮流，推动广东市场经济的发展定期向他们咨询，以提高政府决策的科学性。1998年6月7日，卢瑞华会见美国前国务卿基辛格博士及安然公司首席执行官霍格兰一行。同年7月，李长春、卢瑞华率领广东省学习考察团到上海市参观学习。1999年8月12日，省政府公众网正式开通，将省政府和省政府办公厅可以向社会公开最新文件发布在网上，以便公众查阅文件。2000年，省政府采取“政府搭台、企业唱戏，经贸合作开路”的办法，充分发挥市场开拓拉动经济增长的积极作用。2000年4月，卢瑞华率领广东省经贸团参加了在西安市举行的“2000年中西部投资洽谈会”，成交额居全国各省市之首。随后，考察了陕西、四川两省。同年8月，卢瑞华率领广东省经贸团参加北京举行的“2000年广东（北京）名优产品展

示暨经贸合作洽谈会”。集经贸洽谈、科技合作、人才招聘于一体，为全国之首创。贸易洽谈会总成交额达382亿元。

3. 大力发展个体私营经济

改革开放以后，广东个体私营经济异军突起，迅猛发展，已成为新的经济增长点，取得了骄人的成绩。个体私营经济规模持续发展，到1997年年底，全省个体工商户141.51万户、从业人数269.94万人，分别比1990年增长35.8%和44%；私营企业12.03万户，从业人数152.92万人，分别比1990年增长82%和80%；私营企业户数、从业人数、注册资金均居全国第一位。个体私营企业显露了向外向型、科技型企业发展的趋势。全省有2000户私营企业产品出口，年出口创汇折合人民币100亿元以上。全省科技型私营企业2800多家，每年开发新技术、新产品几千项。个体私营企业创造的生产总值由1990年的90.04亿元增加到1997的375.39亿元。仅1997年就上缴税金70多亿元，全国排名第一。

1999年年初，国家正式赋予私营企业进出口权，当年上半年广东省私营企业进出口迅速增长，比上年同期增长3.6倍。

1999年8月18日，省委、省政府发出《关于大力发展个体私营经济的决定》，将个体和私营经济成分列为现代化建设的组成部分。

到2000年，广东的社会主义市场经济体制已现雏形。

（三）增创经济特区新优势

深圳、珠海、汕头三个经济特区，着眼于提高整体素质，增创新的优势，力争20年赶上亚洲“四小龙”，基本实现现代化。在城市建设方面，三个经济特区都取得可喜的成就。经过十多年的建设，深圳市已形成了现代化、国际性的城市规模和格局。珠海市已经建成初具规模的现代化海滨城市，成为第一个以城市整体景观获得“旅游胜地十佳”的城市，1998年7月荣获联合国人居中心的“国际改善居住环境最佳范例奖”。汕头市也正在建设成为一个国际化的港口城市，到1998年，汕头市已建成面积达92.71平方公里，城市基础设施逐步完善。

2000年是经济特区建立20周年。2000年11月14日，深圳经济特区建立20周年庆祝大会在深圳举行。江泽民出席庆祝大会并发表讲话，并出席深圳莲花山公园山顶广场邓小平塑像揭幕仪式。广东三个经济特区认真总结经验，加快体制创新，大力推进科技创新，坚持两个文明一起抓，社会和经济都得到较大发展，经济实力进一步增强。

国内生产总值增加。2000年，深圳、珠海、汕头三个经济特区的国内生产总值达2473亿元，其中深圳市1665.24亿元，比上年增长14.2%；珠海市330.25亿元，比上年增长11.8%；汕头市477.90亿元，比上年增长7.3%。

工业生产稳定增长。2000年，三个经济区工业总产值4025.44亿元。其中深圳市2575.64亿元，比上年增长22.8%；珠海市634亿元，比上年增长20.1%；汕头市815.80亿元，比上年增长8.5%。整体效益明显改善，工业经济效益综合指数达110%，721家列入效益考核的工业企业，全年实现利税18.2亿元，比上年增长13%，其中利润6.46亿元。

对外经贸有新进展。三个经济特区2000年出口总额408.09亿美元。其中深圳市外贸出口自年初起一直保持20%以上的高增长速度，对经济增长产生了较大的拉动作用，全年出口总额345.63亿美元，比上年增长22.5%；珠海市36.5亿美元，比上年增长35.1%；汕头市25.96亿美元，虽然比上年下降4.3%，但近、远洋贸易出口增长27%，比上年提高11.6个百分点。

财税增收，金融运行平稳。2000年，三个经济特区预算内财政收入284.43亿元。其中深圳市221.9亿元，比上年增长16.5%；珠海市24.2亿元，比上年增长20.2%；汕头市38.33亿元，比上年增长6.9%。深圳市金融机构各项存款余额3169亿元，贷款余额2292.18亿元，分别比年初增长23.9%和28.2%；汕头市金融机构存款余额525.97亿元，比年初增长2.8%，贷款余额406.30亿元，比年初增长8.4%。

固定资产平稳增长。深圳特区全年累计固定资产投资616.25亿元，比上年增长8.2%，重点项目建设进展顺利。深圳港口货物吞吐量5697.4万吨，港口集装箱吞吐量399.3万标箱，已进入全球集装箱港口前10名行列。珠海市兴建一批大型基础设施，初步形成了四通八达、方便快捷的立体交通网络和邮电通讯、信息网络，兴建拱北口岸等8个对外开放口岸，拓宽了对外联系通道。汕头市投资结构有所改善，全社会固定资产投资112.07亿元，比上年下降15.5%。在城镇以上集体固定资产投资中，更新改造投资11.66亿元，比上年增长61%，房地产投资下降13.2%。

深圳市初步建立社会主义市场经济新体制，形成新体制的八大体系：一是以国有经济为主导，多种经济成分共同发展的多元化所有制体系；二是以资本为纽带的国有资产管理、监督和营运体系；三是以商品市场为基础、要素市场为支柱的市场体系；四是以间接为主的政府宏观调控体系；五是以按劳分配为主体、多种分配形式并存的分配体系；六是多层次的社会保障体系；七是与国际接轨的开放型国民经济体系；八是适应市场需要的法律、法规体系。

二、妥善化解地方金融风险

1997年7月，亚洲爆发金融危机。广东由于外向型经济发展比较快，外向依赖度较高，也受到了亚洲金融危机的冲击。特别是那些“两头在外”“大进大出”的加工工业大受打击。国内需求持续疲软，出口越来越难，卖价越来越低，全省外贸出口和利用外资很快便出现“双下滑”，1998年年底表现为负增长。广东省经济发展累积下来的深层次矛盾显露出来。自20世纪80年代以后，广东实行股份制改革，在解决企业资金困难、转换企业经营机制、促进企业深化改革和培育证券市场等方面都发挥了积极作用，但由于管理跟不上，很多企业运作不规范，经营不善，存在不少隐患；开发区热和房地产开发热，引发了许多地方急功近利的思想抬头，“烂尾地”“烂尾楼”在广东许多城市和农村举目可见，投放开发的资金回报无期，银行贷款过多，银行备付率下降，乱挤占资金和违规筹资融资等潜伏“金融危机”的因素。广东企业特别是乡镇企业一直走负债经营的路子，资产负债率高于80%，当时靠的是在政企不分条件下的政府信用，也正是靠着这种负债经营模式，广东抓住机遇把经济这块蛋糕做大，走在全国前头。但由于政府对企业缺乏硬约束，这样必然导致“企业负赢，政府负亏，银行负债”，最后，信用泡沫破灭，矛盾就集中体现在金融领域。

在这种形势面前，省政府对防范和化解金融风险的基本态度是：早处理，早主动。基本方针是：依法规范、从严管理、审慎处理、逐步消化、确保稳定。首先是采取措施稳住阵脚，遏制住金融风险的发展势头；对广东改革开放探索中积累的历史问题进行摸底排队，摸清了金融风险的底数，分门别类地找到一些处理办法，及时化解已经出现的金融风险。在中共中央、国务院的关心、支持下，稳妥地处理恩平金融风险，及时关闭海南发展银行广州分行，并做好善后工作，有效地控制了波及面。通过整顿地方中小金融机制和农金会，并对其支付风险实施“一揽子”处置方案，基本化解广东地方金融机构支付风险，地方金融资产的清收工作也取得初步进展。对城市信用社和各类基金会存在的内部支付问题，在人民银行的指导下，经过各级政府的努力，也化解支付风险。

广东国际信托投资公司和粤海企业（集团）有限公司是广东向海外延伸的两家企业。1998年10月6日，中国人民银行决定，关闭广东国际信托投资公司，并依法成立清算组对该公司进行关闭清算。对粤海企业（集团）有限公司则注入优质资产，实行资产重组。广东国际信托投资公司的破产，提供一个政府退出市场，让企业建立真正的企业信用，使市场经济得以健康发展的机会。广东省的干部和群众意识到，广东经济不能再停留在已有的开放格局，必须寻求市场的多元化，从固有的开放格局里跳出来，将视野拓展到欧洲、中东、美洲、非洲等地。在努力吸引侨资的同时，招商的重点应转向全球有实力的跨国公司、大财团、大商社，引资的档次也应转向技术含量高、产品附加值高、竞争力强的项目。同时，不仅要“引进来”，还要“走出去”。1998年10月5—8日，’98广东经济技术贸易洽谈会在美国洛杉矶举行，共签订外商直接投资合同123宗，金额13.9亿美元；签订协议98宗，金融33亿美元；签订进出口贸易金额7.1亿美元。这次洽谈会对树立中国和广东对外开放的形象，发展中美两国关系和广东与美国各州的经贸合作和交流，起到了积极的作用。

1999年2月，经过调查研究，以进一步提高对外开放水平，促进全省国民经济持续、快速、健康发展为主旨的广东省《关于进一步扩大对外开放的若干意见》正式出台。1999年6月，省政府在东莞市召开外贸出口和利用外资工作现场会。为渡过难关，省长、副省长亲自带队到国外广泛开展招商推介会。省政府多次组织有关部门到基层调查研究，帮助各地解决难题。经上下努力，广东外贸出口的降幅逐月减缓，各月出口额逐渐递增。至1999年6月，出口额回复到上年同期持平。2000年5月16—19日，广东经济技术贸易洽谈会在香港举行。洽谈会共签订投资项目1000多个，合同外资金额达40亿美元。

为推动企业开展境外加工贸易，国家在1999年年初出台一系列鼓励和支持企业开展境外带料加工装配业务的政策措施。省政府利用这个机会，加快了审核进度，鼓励支持有条件的企业抓住机遇“走出去”。至1999年7月底，广东省已有36家企业在世界各地投资设厂，另有48家企业的55个项目进入筹建阶段。一批具备了参与国际竞争的优势企业走出去到境外投资设厂，实现销地生产，成为扩大外贸出口的新增长点。1999年下半年起，省政府加大了国内、国外两个市场的开发力度，先后举办经贸洽谈暨工业产品展示会、首届中国国际高新科技成果交易会、经济合作洽谈会等10余场，签订一批新的投资项目，外资再次回流广东。为了做好对外开放，1999年11月13—14日，省政府举办了首届广东经济发展国际咨询会，来自世界各国20名著名科技、教育、经济专家受聘担任广东省省长经济顾问，出席咨询会，使广东的发展进一步融入世界。2000年10月2—4日，2000年世界大都市协会董事年会及特别大会暨国际研讨会在广州举行。大会的主题是信息时代与城市发展。世界上49个城市、130多名代表参加会议。

1999年7月15日，中国人民银行广东分行宣布：1999年上半年，全省各金融机构运行健康平稳。1999年7月16日，广东省统计局在《南方日报》上发文称："今年上半年广东省国民经济运行，从第一季度开始，经济增长逐步加快。至2000年年底，据宏观经济监测与预警系统的测定，粤经指数稳步回升。"

2000年年初起，广东省投资、消费、出口等需求指标变动向好。2000年年底，广东实际利用外资145.75亿美元（1990年为20.23亿美元，1995年为121.00亿美元），其中外商直接投资为122.37亿美元（1990年为14.6亿美元，1995年为101.8亿美元）；外商投资企业工商登记数49865户（1990年为12232户，1995年为59582户）；海关进出口总额1701.06亿美元（1990年为418.98亿美元，1995年为1039.72亿美元）。外商投资的产业结构得到改善，外资投向仍以制造业为主，对高新技术产业的投资大幅增加，资金技术密集度有明显提高；第三产业中的服务业投资比重上升，房地产的比重下降。外商及中国港、澳、台商投资的实际投入额前10位的国家和地区依次为：中国香港地区、维尔京群岛、中国台湾地区、美国、新加坡、日本、法国、中国澳门地区、英国、德国。

三、政权建设和社会文化建设

（一）政权建设

1. 推进依法治省

为进一步发扬民主，尊重人民代表行使职权，1998年4月10日，省委、省人大、省政府联合发出《关于快速办理人大代表提出的重要建议的意见》。为加快和完善与社会主义市场经济相适应的法规体系，省政府加大了立法力度，拟订一批法规草案提请省人大及其常委会审议通过。1998年5月28日至6月1日，省第九届人大常委会第三次会议审议和通过《广东省档案管理规定》等地方性法规。7月21—29日，省第九届人大常委会第四次会议审议和通过《广东省商品房预售管理条例》等地方性法规。9月14—18日，省第九届人大常委会第五次会议审议和通过《广东省社会养老保险条例》等地方性法规。11月18—27日，省第九届人大常委会第六次会议审议和通过《广东省采石取土管理规定》等地方性法规。12月31日，省第九届人大常委会第七次会议审议和通过《广东省股份合作企业条例》等地方性法规。1999年5月18—21日，省九届人大常委会第十次会议审议和通过《广东省实施〈中华人民共和国消费者权益保护法〉办法》《广东省青年志愿服务条例》《广东省法律援助条例》。11月22—27日，省第九届人大常委会第十三次会议审议和通过《广东省实施〈中华人民共和国土地管理法〉办法》等地方性法规。2000年3月27—30日，省九届人大常委会第十七次会议审议和通过《广东省人民代表大会常务委员会关于进一步推进村民自治工作的决议》等地方性法规。5月22—26日，省第九届人大常委会第十八次会议审议和通过《广东省机动车排气污染防治条例》等地方性法规。7月26—28日，省第九届人大常委会第十九次会议审议和通过《广东省分散按比例安排残疾人就业规定》等地方性法规。9月18—22日，省第九届人大常委会第二十二次会议审议和通过《广东省商品房预售管理条例》等地方性法规。11月20—24日，省第九届人大常委会第二十三次会议审议和通过《广东省建设工程监理条例》等地方性法规。

省政府遵循依法决策的原则、民主集中制的原则、局部服从全局的原则和下级服从上级的原则。关于地方法规和政府规章，首先由省政府法制办根据立法计划，会同主管部门起草法规、规章草案，并根据各方面提出的意见，修改定稿后提交省政府常务会议审议。经审议通过的法规草案，作为省政府议案提请省人大常委会审议，审议通过后以省人大常委会的名义公布实施；经省政府常务会议审议通过的政府规章，由省政府公布实施（1996年10月1日后以省政府令的形式发布实施）。

在建立社会主义市场经济体制，特别是依法治国，建设社会主义法治国家的新形势下，省政府把提高立法质量放在第一位。在立法选题和制订立法计划过程中，紧紧结合广东省的实际，突出重点，统筹兼顾。自1982年获得规章制定权以来，省政府出台的政府规章500多件，其中现行有效的279件，内容涉及综合、城建、环保、国土资源、交通运输、经济贸易、财税、物价、外贸、工商、劳动、人事、信息产业、农林水、科教文卫、政法、民政等方面。

2. 加大反腐败力度

1999年1月，省委、省政府印发《关于贯彻执行中共中央、国务院〈关于实行党风廉政建设责任制的规定〉的意见》，规定第一把手为本地区本单位党风廉政建设的第一责任人，从制度上增强了党风廉政建设的力度。2000年，广东完成了党政机关与所办经济实体脱钩、行政事业收费和罚没收入“收支两条线”管理的规范工作，有效地制止了党政机关和行业的不正之风。

对发生的领导干部腐败现象，省委、省政府坚决查处，依法惩治。1999年6月，经最高人民法院核准，广东湛江犯特大走私、受贿罪的李深、曹秀康等6名主犯于广东被执行死刑。其他被告的上诉被广东省高级人民法院驳回。湛江市委原书记陈同庆、原副市长杨衢清、市公安局原局长邓野、原政委陈恩、茂名市海关原关长杨洪中等被判处死缓。香港走私分子李森、张漪、邓崇安、陈励生和内地走私分子林春华、姜连生、李勇等相互勾结，1996年年初至1998年7月期间，通过贿赂收买湛江海关、边防等部门及党政机关工作人员采取少报多进、伪报品名、不经报验直接提货以及假退运、假核销等手法，大肆进行汽车、成品油、钢材等货物走私活动，偷逃关税，从中牟取非法暴利，给国家税收造成巨大损失，严重影响社会经济发展。湛江特大走私案，是中华人民共和国成立以来走私数额最大，涉及党政机关、执法人员最多的严重经济犯罪案件。1998年12月，省委、省政府在湛江召开现场办公会议，研究帮助、支持湛江市解决当前经济社会发展中遇到的突出困难和问题。

2000年7月高考前夕，群众举报电白县高考有作弊活动。省教育部门接到举报后，会同省公安部门联合行动，在考场内当场查获该案是一起由教师、考生、教育部门工作人员和BP机店主、技术人员参与的，有预谋、有组织的团伙作弊案件。随即省纪委、省监察厅和省教育厅对组织、策划的5名疑犯区天华、赖辉周、王启政、杨汉辉、杨雄业等作出处理，并移交司法机关依法惩处。14名领导干部和23名教师受处分。2000年8月，中纪委、监察部会同最高人民检察院和海关总署，严肃查处了深圳海关原关长赵玉存严重受贿案。

3. 开展行政体制和机构改革

2000年，省委、省政府集中专门力量，抓好省级机关的机构改革工作。省政府机构改革从2000年2月部署，7月中旬基本完成；省委机构改革11月正式铺开，年底基本完成中层干部竞争上岗工作。为充分做好机构改革的思想和业务准备，省机构编制委员会办公室印发机构改革的参考资料，并于1月和9月分别举办省政府和省委各部门主管人事编制工作及具体负责机构改革工作的领导参加的机构改革培训班，组织学习中央有关行政体制和机构改革的方针政策和“三定”（定职能、定机构、定编制）工作程序，介绍和学习党中央和国务院机构改革的做法和经验。

在“三定”工作中，始终注意把职能调整和理顺关系作为工作的重点。严格按照政企分开、政事分开、政社分开的要求，结合省政府审批制度改革，明确界定政府部门的职能，坚决把企业生产经营和投资决策权还给企业，把技术性、服务性工作转给事业单位，把可以由社会自我调节和管理的职能交给社会中介组织，把适宜由下级政府承担的工作下放给下级政府，切实推进政府职能转变。

通过机构改革，省政府各部门审批、核准事项清理后减少39%；机关与所办企业和经济实体脱钩，基本实现政企分开；撤销全部工业经济管理部门，行政性公司不再挂政府机构牌子和承担行政职能；推进了政事、政企分开，108项工作移交给事业单位和社会中介组织。共理顺各部门交叉职责32项，有效地解决了政出多门、推诿扯皮问题。省政府工作机构由57个减少为44个，内设机构精简24.5%，行政编制精简49.4%。省委机关编制精简20%，内设机构精简6%，至2000年年底，省直事业单位机构改革基本完成。完成了中央下放事业单位和科研机构的转制工作。

4. 深化社会治安综合治理

广东毗邻港澳，进入20世纪90年代后，跨境犯罪活动越发频繁，港、澳、台黑社会势力利用广东宽松的社会环境，加紧渗透，不断到粤流窜作案，令社会治安形势一度比较严峻。在1997年和1999年香港、澳门先后回归祖国后，广东加强了对跨境犯罪活动的打击力度。1998年，广东精心组织，成功侦破了震惊中外的张子强、叶成坚等大要案。1998年10月20日，广州市中级人民法院依法组成合议庭，开庭公开审理张子强等人重大刑事案件。同年12月5日，广东省高级人民法院对张子强等36人非法买卖、运输枪支、弹药，私藏枪支、弹药，走私武器、弹药，绑架、抢劫、窝赃的重大刑事案件作出终审判决。张子强等5名主犯被判处死刑；其他两名案犯被判处死刑，缓期两年执行；29名案犯被判处无期徒刑和有期徒刑。12月25日，广东省公安机关侦破张子强案表彰大会在广州举行。

1998年11月4日，省委、省政府发出《关于表彰社会治安先进集体和先进工作者的决定》。号召全省干部群众向“人民满意的公务员”省公安厅副厅长朱明健、“见义勇为英雄民兵”霍健敏等学习，弘扬正气，共同维护社会治安。

1999年6月，省委、省政府印发《关于坚决扫除“黄赌毒”社会丑恶现象的意见》。同年7月，广东警方侦破了全国最大的制造“冰毒”案，抓获犯罪嫌疑人11名，缴获“冰毒”1584公斤及一批制毒设备和运毒工具。

2000年4月，广东开展大规模的“两打一扫”（打击拐卖妇女儿童、打击黑社会势力，扫除“黄赌毒”）的专项斗争。李长春在同年5月全省“两打一扫”汇报会上提出要“重点治乱”。指出越是社会危害、群众反映强烈的突出犯罪，越要体现重点治乱。7月，根据省委、省政府的统一部署，省公安厅组织1100多名公安民警和武警官兵，在普宁市的燎原镇果陇村以及流沙、大坝镇，进行了一场以打击毒品犯罪为主的大规模搜捕行动，共抓获各类违法犯罪分子500余人，侦破各类刑事案60多宗，查处治安案190多宗。其中查获贩毒案29宗，捣毁毒品加工点2个。2000年8月，省委、省政府召开全省整顿娱乐场所工作会议，部署开展打击卖淫嫖娼赌博吸毒违法活动的专项斗争。会后，全省对娱乐场所进行了整顿，查封了一批无证、无牌和违章、违法经营场所，破获了一批“黄赌毒”案件，依法惩处了一批犯罪分子。2000年8月21—22日，国务委员吴仪等到广东传达国务院关于广东潮阳、普宁开展打击骗取出口退税专项斗争的指示，部署此项工作。

广东海岸线长，由于多种原因，走私活动不断。省政府不断强化机制，将打击走私和经济犯罪活动与依法整顿和规范经济秩序紧密结合起来，坚持不懈地对走私犯罪分子实施严厉打击，为外商投资广东提供了较为良好的环境，保障了改革开放和现代化建设的顺利进行。

（二）社会文化建设

1. 群众性精神文明创建活动上新水平

1998年7月，省委、省政府召开广州市城市建设现场办公会，研究帮助广州市搞好城市规划和建设管理问题。会上，李长春提出广州的城市建设要与精神文明建设相协调，要实现“一年一小变，三年一中变，到2010年一大变”的目标。会上成立了以省委副书记、广州市委书记黄华华为组长的广州市城市建设协调小组，负责协调各方面共同支持、帮助广州市搞好城市规划和建设。市长林树森代表市政府与各区、各职能部门要主要负责人签订《广州市城区整治脏乱差，实现城市环境“一年一小变”目标责任书》。会后，广州市开始了大规模的城市市容市貌整治。拆除违章建筑、违章搭建；整顿占道经营、乱停乱放、乱贴乱挂；清理道路、河涌；为北京路、上下九路等主要街道的沿街建筑“穿衣戴帽”。经过一年的紧张工作，珠江堤岸变成秀美的景观带，广州火车站绿化广场、云台花园前绿化广场、陈家祠绿化广场等处向人们展露出亮丽的现代精神风貌。1999年9月，省委、省政府召开检查，验收广州市“一年一小变”工作现场办公会，实地考察，肯定了广州市“一年一小变”的成绩，并为转入“三年一中变”的工作确定方向。2000年4月14日，全国卫生委员会公布第四次全国城市卫生检查结果，广东的中山、佛山、深圳、珠海和南海市获国家卫生城市称号。

在开展精神文明创建活动中，广东采取软件建设与硬件建设相结合的方针，增加对硬件建设的投入。1998年3月3日，省精神文明建设重点项目——星海音乐厅落成。2000年9月23日，广州市首项文化艺术标志性建筑广州艺术博物院正式开幕。1999年9月15日，中宣部第七届精神文明建设“五个一工程”评奖结果揭晓，广东作品在8个奖项中获得13个奖，还获得“组织工作奖”，成为该届全国获奖最多的省、市、区之一，也是广东历年获此奖项最多的一次。

全省广大干部群众继续解放思想，更新观念，并发出强大的精神力量。1998年6月28日，连降大雨，南海市樵桑联围丹灶镇荷村水闸堤围崩塌，造成南海、三水等地部分乡镇严重受淹。经过改革开放洗礼的1万多名广东军民连续奋战五昼夜，围堵缺口，成功合龙。这一年汛期，华中和东北部分地区遭受特大洪灾。灾情发生后，8月8日省委、省政府决定向遭受长江洪水袭击的湖南、湖北、江西省发出慰问电，并向湖北省捐赠救灾款400万元和超过100万元的救灾物资；向湖南省、江西省分别捐赠救灾款100万元。9日下午，受省委、省政府委托，省委常委、秘书长蔡东士率队紧急运送价值600多万元的救灾物资，于11日到达湖南岳阳和湖北武汉，并到武汉长江大堤险段看望守护大堤的干部群众。14日，省委、省政府分别致电遭受特大洪灾的吉林省和黑龙江省，慰问灾区人民，并向两省各捐赠救灾款100万元。18日，省委、省政府组织50支医疗队启程前往支援湖北灾区。医疗队在灾区与灾民一道艰苦奋斗，救死扶伤，受到灾区人民的称赞。

1999年9月30日，省委、省政府在广州天河体育馆举行广州地区各界庆祝中华人民共和国成立50周年大会。为迎接澳门回归祖国，做好各项工作，精心组织，迎接澳门顺利回归。1999年12月20日，省委、省政府在广州天河体育馆隆重举行广州地区各界庆祝澳门回归祖国大会。12月31日，广东各地举行迎接新千年庆祝活动。

2. 实施科教兴粤，社会各项事业同步发展

1999年7月，《广东省深化科技体制改革实施方案》正式颁布。省直科研机构重新分类定位。省直69个科研机构被重新分类为技术开发类型、咨询服务类型、体现广东优势和特色的公益类型三种。技术开发、咨询服务型科研机构由事业法人转为企业法人。引导科研机构从过去的内部小循环进入社会经济发展大循环，科技成果评价制度从注重学术评价到注重市场评价，以加快科技成果转化为生产力。1999年10月3—7日，朱镕基到深圳出席首届中国国际高新技术成果交易会。2000年7月27日，广东省信息产业厅正式挂牌。2000年10月12—17日，第二届中国国际高新技术成果交易会在深圳举行。为进一步推动科技事业的发展，2000年12月28—30日，由国家教育部、科技部、人事部和广州市政府在广州联合主办“中国留学人员广州科技交易会”，参加的有29个省、市政府代表团，40所著名大学，4个国家人才市场，2个专业人才市场，10个科研所，7个开发区，10个风险投资公司，24家企业以及800多名留学人员。“九五”期间，全省取得重大科研成果3196项，其中获国家级奖励132项，专利申请与授权量位居全国首位。1999年工业科技贡献率达到43.12%。2000年，全省经认定的高新技术企业达1137家。

2000年5月1日，经国家教育部批准，广州师范学院、广州大学、广州师范专科学院、广州教育学院和华南建设学院两院等7所院校合并，组建新的广州大学。同年8月23日至24日，省委、省政府在广州召开全省教育工作会议。10月10日，省委、省政府印发《贯彻〈中共中央、国务院关于深化教育改革全面推进素质教育的决定〉的意见》。2000年9月8日，广东省庆祝2000年教师节暨表彰优秀教师大会在广州举行。会议表彰1139名荣获“南粤尊师重教先进单位”称号单位。在实施“科教兴粤”战略中，广东十分注意基础教育实际问题的解决。至2000年，全省中小学基本消灭了危房，教育设备得到充实提高；各级政府多方筹资，建设教职工住房，基本实现了每户教师的住房达到省定的标准。

医疗卫生事业不断发展。全省已消灭天花、鼠疫、血吸虫病，基本控制碘缺乏病、白

喉、脊髓灰质炎、丝虫病、麻风病等，成为全国农村初级卫生保健普及阶段的“基本达标省”。1998年10月15日，新修订的《广东省计划生育条例》开始实施。2000年11月，全省第五次人口普查工作全面铺开。12月12—13日，全省流动人口计划生育工作会议在深圳召开。计划生育工作取得新进展，全省人口自然增长率由1995年的12.4‰降至2000年的10‰以下，基本实现了20世纪90年代广东妇女儿童发展规划的主要目标。

社会科学、文学艺术出了一批精品佳作。全民健身活动广泛开展，竞技体育取得新成绩。1999年7月23日，全国第七届中学生运动会在广州天河体育馆举行。同年7月30日，广东省第五届大学生运动会开幕式在深圳大学举行。2000年3月31日，第九届全国运动会委托承办协议书签字仪式暨会徽、吉祥物新闻发布会在广州召开，标志着九运会筹备工作进入一个新阶段。由国家体育总局主办、省政府承办的第九届全国运动会定于次年11月在广州举行。

第五章　市、县、区（乡、镇）人民政府机构

第一节　市、县（市）、市辖区人民政府

一、概况

1979年3月以后，广东省各地区的革命委员会相继撤销，成立地区行政公署。1979年12月，省五届人大二次会议决定将广东省革命委员会改为广东省人民政府。全省各市、县、区相继选举产生新一届人民政府。

从1979年至1988年年底，广东省的行政区域实行“省—地区（市）—县—区（乡镇）”的四级建制。地区行署是省级人民政府的派出机构，对地区的工作进行协调、督促、检查，不属于一级政府，但事实上起到一级政权的作用。地区和省、市、县同时存在，地区首长称行署专员。省、市、县设置省长、市长、县长。

1979年原属惠阳地区的宝安县改设深圳市，原属佛山地区的珠海县改设珠海市，均由省直辖。广东省直辖广州、汕头、佛山、韶关、海口、湛江、江门、茂名、深圳、珠海等10个市，分设湛江、韶关、汕头、肇庆、佛山、梅县、惠阳等7个地区和海南行政区及海南黎族苗族自治州，共辖14个市（4个县级）、92个县、3个自治县。1981年设立西沙、南沙、中沙群岛办事处，由海南行政区直接领导。

1984年广东省行政区划简表

表2—58

市（地区）	县（市、区）	小计
广州市	东山区、海珠区、荔湾区、越秀区、黄埔区、郊区、花县、从化县、新丰县、龙门县、增城县、番禺县、清远县、佛冈县	6区8县
韶关市	北江区、武江区、浈江区、曲江县、始兴县、南雄县、仁化县、乐昌县、连县、阳山县、英德县、翁源县、连山壮族瑶族自治区、乳源瑶族自治区、连南瑶族自治县	3区12县
深圳市	沙头角区、上步区、罗湖区、南头区等4个办事处 宝安县	4办事处1县
珠海市	香洲区、斗门县	1区1县
汕头市	同平区、安平区、公园区、金砖区、达濠区、郊区、潮州市、澄海县、饶平县、南澳县、潮阳县、揭西县、揭阳县、普宁县、惠来县	6区1市8县
佛山市	汾江区、石湾区、中山市、三水县、南海县、顺德县、高明县	2区1市4县

续表2-58

市（地区）	县（市、区）	小计
江门市	城区、郊区、新会县、台山县、恩平县、开平县、鹤山县、阳江县、阳春县	2区7县
湛江市	赤坎区、霞山区、坡头区、郊区、吴川县、廉江县、遂溪县、海康县、徐闻县	4区5县
茂名市	茂南区、信宜县、高州县、电白县、化州县	1区4县
海南行政区	海口市、琼山县、文昌县、琼海县、万宁县、定安县、屯昌县、澄迈县、临高县、儋县，西沙群岛、南沙群岛和中沙群岛办事处。 海南黎族苗族自治州：东方县、乐东县、琼中县、保亭县、陵水县、白沙县、昌江县、三亚市	2市16县1办事处
梅县地区	梅县市、大浦县、五华县、丰顺县、兴宁县、平原县、蕉岭县	1市6县
惠阳地区	惠州市、惠阳县、紫金县、和平县、连平县、河源县、博罗县、东莞县、惠东县、龙川县、陆丰县、海丰县	1市11县
肇庆地区	肇庆市、高要县、四会县、云浮县、郁南县、罗定县、新兴县、德庆县、封开县、怀集县、广宁县	1市10县
全省合计	9个地级市、1个行政区、3个地区、1个自治州、7个县级市、90个县、5个办事处、25个市辖区	

1983年以后，广东开始试行市领导县体制。经国务院批准，撤销佛山、汕头、韶关、湛江等4个地区行政公署，进行市领导县体制的试点。随后，广州、深圳、珠海、汕头、佛山、韶关、江门、湛江、茂名等9个市实行市领导县体制。1988年，广东开始取消地区设置，另设18个地级市（后增加到21个）实行地级市管县体制；取消乡镇管村体制，至2000年一直沿用。

1985年9月，高要、中山等11个县（市）进行县级行政综合改革。

1988年1月，东莞、中山升格为地级市；梅州地区与梅县市合并改为梅州市，地级建制；惠州市（原县级惠州市改为惠城区）改为地级市；撤销肇庆地区与原肇庆市，成立新的肇庆市，地级建制；新设汕尾、河源、清远、阳江等4个地级市。上述市均实行市管县体制。

1984年5月，海南行政区公署改为海南区人民政府。

1988年4月，第七届全国人民代表大会第一次会议作出设立海南省的决定，海南行政区从广东省划出，设立海南省。

1991年，潮州市升格为省辖市，新设地级揭阳市，1994年4月，云浮升格为地级市。至此，广东省内陆21个地级市全部实行市管县（含县级市）体制。同时，由于改革开放政策实施取得巨大成就，社会经济全面发展，从1992年开始，每年都有部分县级市和市辖区调整。至2000年年底，全省设广州、深圳2个副省级市，19个地级市，31个县级市、43个县，3个自治县，45个市辖区。

1992年广东省行政区划简表

表2-59

省辖行政单位	辖县、区名称	辖乡、镇、街道数
广州市（8个区3个县1个县级市）	越秀区　东山区　海珠区　荔湾区　天河区　白云区　黄埔区　芳村区　花县　从化县　增城县　番禺市	81个镇93个街道
深圳市（5个区）	福田区　罗湖区　南山区　宝安区　龙岗区	19个镇22个街道
珠海市（1个区1个县）	香洲区　斗门县	20个镇6个街道
汕头市（4个区3个县）	龙湖区　金园区　升平区　达濠区　澄海县　南澳县　潮阳县	44个镇1个乡28个街道
韶关市（3个区7个县1个自治县）	北江区　浈江区　武江区　仁化县　南雄县　始兴县　翁源县　新丰县　曲江县　乐昌县　乳源瑶族自治县	77个镇63个乡1个民族乡6个街道
河源市（2个区4个县）	源城区　郊区　和平县　龙川县　紫金县　连平县	69个镇45个乡
梅州市（1个区7个县）	梅江区　梅县　蕉岭县　大埔县　丰顺县　五华县　兴宁县　平远县	94个镇69个乡5个街道
惠州市（1个区4个县）	惠城区　惠东县　惠阳县　博罗县　龙门县	72个镇11个乡1个民族乡5个街道
汕尾市（1个区3个县）	城区　海丰县　陆河县　陆丰县	40个镇10个乡3个街道
东莞市	—	29个镇5个街道
中山市	—	24个镇10个街道
江门市（2个区3个县2个县级市）	城区　郊区　新会市　台山市　开平县　恩平县　鹤山县	94个镇5个街道
佛山市（2个区2个县2个县级市）	城区　石湾区　南海市　顺德市　高明县　三水县	49个镇9个街道
阳江市（1个区3个县）	江城区　阳东县　阳西县　阳春县	37个镇7个乡9个街道
湛江市（4个区5个县）	赤坎区　霞山区　坡头区　郊区　吴川县　徐闻县　海康县　遂溪县　廉江县	99个镇12个乡16个街道
茂名市（1个区4个县）	茂南区　高州县　信宜县　电白县　化州县	105个镇6个街道
肇庆市（2个区9个县1个县级市）	端州区　鼎湖区　高要县　广宁县　四会县　新兴县　罗定县　云浮市　德庆县　郁南县　封开县　怀集县	173个镇14个乡1个民族乡10个街道
清远市（1个区5个县2个自治县）	清城区　英德县　佛冈县　清新县　连县　阳山县　连山壮族瑶族自治县　连南瑶族自治县	83个镇53个乡2个民族乡2个街道
潮州市（1个区2个县）	湘桥区　饶平县　潮安县	41个镇7个乡9个街道
揭阳市（1个区4个县）	榕城区　普宁县　揭东县　揭西县　惠来县	71个镇10个乡5个街道
全省合计	20个地级市、69个县、6个县级市、3个自治县、41个市辖区、302个乡、5个民族乡、1321个镇、257个街道	—

说明：资料来源于省民政厅

2000年，广东省人事厅起草《广东省乡镇机构改革实施意见》，开展乡镇机构改革试点，进行了人员精简分流、综合执法队伍、开发区机构改革以及市县公安、司法、法院、地税、工商、技监等 机构改革的各项专题调研。2000年10月至12月，在韶关、深圳、湛江分别召开乡镇机构改革、综合执法和开发区机构改革研讨，12月份修改完善《广东省市县乡镇机构改革实施意见》。

2000年广东省行政区划简表

表2-60

市名称	县（市、区）名称	辖乡、镇、民族乡、街道数
广州市（10个区2个县级市）	越秀区　东山区　海珠区　荔湾区　天河区　白云区　黄埔区　芳村区　花都区　番禺区　从化市　增城市	78个镇84个街道
深圳市（6个区）	福田区　罗湖区　盐田区　南山区　宝安区　龙岗区	19个镇26个街道
珠海市（1个区1个县）	香洲区　斗门县	22个镇7个街道
汕头市（5个区1个县2个县级市）	达濠区　龙湖区　升平区　金园区　河浦区　南澳县　澄海市　潮阳市	38个镇53个街道
韶关市（3个区5个县1个自治县2个县级市）	北江区　浈江区　武江区　仁化县　始兴县　翁源县　曲江县　新丰县　乳源瑶族自治县　乐昌市　南雄市	134个镇6个乡1个民族乡7个街道
河源市（1个区5个县）	源城区　东源县　和平县　龙川县　紫金县　连平县	114个镇1个民族乡4个街道
梅州市（1个区6个县1个县级市）	梅江区　梅县　平远县　蕉岭县　大埔县　丰顺县　五华县　兴宁市	161个镇5个街道
惠州市（1个区3个县1个县级市）	惠城区　惠东县　博罗县　龙门县　惠阳市	84个镇1个民族乡5个街道
汕尾市（1个区2个县1个县级市）	城区　海丰县　陆河县　陆丰市	47个镇2个乡6个街道
东莞市	—	28个镇5个街道
中山市	—	19个镇5个街道
江门市（2个区5个县级市）	蓬江区　江海区　新会市　台山市　开平市　恩平市　鹤山市	92个镇10个街道
佛山市（2个区4个县级市）	城区　石湾区　南海市　顺德市　三水市　高明市	38个镇25个街道
阳江市（1个区2个县1个县级市）	江城区　阳东县　阳西县　阳春市	48个镇7个街道
湛江市（4个区2个县3个县级市）	赤坎区　霞山区　麻章区　坡头区　遂溪县　徐闻县　廉江市　雷州市　吴川市	98个镇5个乡23个街道
茂名市（1个区1个县3个县级市）	茂南区　电白县　信宜市　高州市　化州市	103个镇16个街道

续表2-60

市名称	县（市、区）名称	辖乡、镇、民族乡、街道数
肇庆市（2个区4个县2个县级市）	端州区　鼎湖区　广宁县　德庆县　封开县　怀集县　四会市　高要市	113个镇1个乡1个民族乡11个街道
清远市（1个区3个县2个自治县2个县级市）	清城区　佛冈县　清新县　阳山县　连山壮族瑶族自治县　连南瑶族自治县　英德市　连州市	137个镇2个乡3个民族乡8个街道
潮州市（1个区2个县）	湘桥区　饶平县　潮安县	48个镇9个街道
揭阳市（1个区3个县1个县级市）	榕城区　揭东县　揭西县　惠来县　普宁市	69个镇10个乡11个街道
云浮市（1个区3个县1个县级市）	云城区　云安县　新兴县　郁南县　罗定市	66个镇10个街道
全省合计	21个地级市、43个县、31个县级市、3个自治县、45个市辖区、26个乡、7个民族乡、1556个镇、337个街道办事处	

说明：1. 2000年5月撤销县级番禺市，设立广州市番禺区，以原县级番禺市的行政区域为番禺区的行政区域，区人民政府驻海傍西路

2. 2000年5月撤销县级花都市，设立广州市花都区，以原县级花都市的行政区域为花都区的行政区域，区人民政府驻新华镇

3. 至2000年年底，全省设广州、深圳2个副省级市，19个地级市，31个县级市、43个县，3个自治县，45个市辖区

2000年广东省市县行政区划统计表

表2-61　　单位：个

市别	地级市	县级市	县	自治县	市辖区	所辖镇	村委会	居委会
全省	21	31	43	3	45	1556	21941	6018
广州市	1	2	—	—	10	78	1279	1745
深圳市	1	—	—	—	6	19	217	438
珠海市	1	—	1	—	1	22	214	141
汕头市	1	2	1	—	5	38	601	578
韶关市	1	2	5	1	3	134	1280	229
河源市	1	—	5	—	1	114	1399	161
梅州市	1	1	6	—	1	161	2090	239
惠州市	1	1	3	—	1	84	1023	183
汕尾市	1	1	2	—	1	47	712	133
东莞市	1	—	—	—	—	28	546	132
中山市	1	—	—	—	—	19	400	102

续表2-61

市别	地级市	县级市	县	自治县	市辖区	所辖镇	村委会	居委会
江门市	1	5	—	—	2	92	1441	278
佛山市	1	4	—	—	2	38	705	336
阳江市	1	1	2	—	1	48	694	101
湛江市	1	3	2	—	4	98	1533	259
茂名市	1	3	1	—	1	103	1652	203
肇庆市	1	2	4	—	2	113	1499	206
清远市	1	2	3	2	1	137	1437	139
潮州市	1	—	2	—	1	48	889	146
揭阳市	1	1	3	—	1	69	1482	151
云浮市	1	1	3	—	1	66	848	118

二、各地级（以上）政府

（一）广州市

广州市是广东省省会，辖越秀、东山、海珠、荔湾、天河、白云、黄埔、芳村、花都、番禺10个区和从化、增城2个县级市。

1977年，广州市政权机关为广州市革命委员会，其时，广州市辖6个区6个县：越秀区、东山区、海珠区、荔湾区、郊区、黄埔区和花县、从化县、增城县、番禺县、龙门县、新丰县。

1981年9月，撤销广州市革命委员会，恢复广州市人民政府建制。

1983年7月，韶关地区的清远县、佛冈县划归广州市管辖。广州市实行市领导县体制，辖越秀区、东山区、海珠区、荔湾区、郊区、黄埔区及花县、从化县、增城县、番禺县、龙门县、新丰县、清远县、佛冈县。

1985年5月和11月，先后从广州市郊区划出部分区域设置天河区、恢复芳村区建制。

1987年1月，郊区改称为白云区。龙门县划归惠州市管辖，新丰县划归韶关市管辖。

1988年1月，撤销清远县，成立清远市（地级），将广州市佛冈县划归清远市管辖。

1992年5月，番禺县撤县建市（县级建制）。

1993年6月和12月，分别撤销花县和增城县，设立花都市（县级建制）和增城市（县级建制）。

1994年3月，从化县撤县建市（县级建制）。

至1995年止，广州市辖越秀区、东山区、海珠区、荔湾区、天河区、白云区、黄埔区、芳村区等8个市辖区和花都市、从化市、增城市、番禺市等4个代管县级市。

2000年5月，分别撤销番禺市和花都市，设立番禺区和花都区。至此，广州市共辖越秀区、东山区、海珠区、荔湾区、天河区、白云区、黄埔区、芳村区、番禺区、花都区10个市辖区和从化市、增城市2个代管县级市。

广州市在1983年被中央批准为“计划单列市”。1993年后撤销。1994年3月，广州升格为副省级市。

所辖行政区简况：

越秀区人民政府成立于1960年7月。

东山区人民政府前身为大东区人民政府，成立于1950年7月。1960年8月改称东山区。

海珠区人民政府前身为河南区人民政府，成立于1950年7月。1960年8月改称海珠区。

荔湾区人民政府前身为西区人民政府，成立于1952年9月。1960年8月改称荔湾区。

天河区人民政府成立于1985年5月。

白云区人民政府前身为郊区人民政府，成立于1956年6月。1987年1月改称白云区。

黄埔区人民政府成立于1951年12月。

芳村区人民政府成立于1949年11月。

花都区人民政府前身为花县人民政府，成立于1949年10月。1993年6月改为花都市。2000年5月，撤销花都市，设立花都区。

番禺区人民政府前身为番禺县人民政府，成立于1950年4月。1992年5月改为番禺市。2000年5月，撤销番禺市，设立番禺区。

从化市人民政府前身为从化县人民政府，成立于1949年7月。1994年3月改为从化市（县级建制）。

增城市人民政府前身为增城县人民政府，成立于1949年8月。1993年2月改为增城市（县级建制）。

（二）深圳市

深圳市原为宝安县，属惠阳地区管辖。宝安县人民政府成立于1949年9月，1979年1月，撤销宝安县设立深圳市，地级建制。1980年8月，成立深圳经济特区人民政府。1981年7月升格为副省级市。1982年1月，成立深圳市人民政府。1988年10月被国务院列入计划单列市。至2000年，深圳市管辖罗湖区、福田区、南山区、盐田区、宝安区、龙岗区。

所辖行政区简况：

罗湖区人民政府成立于1990年9月。

福田区人民政府成立于1990年10月。

南山区人民政府成立于1990年10月。

宝安区人民政府成立于1993年8月。

龙岗区人民政府成立于1993年8月。

盐田区人民政府成立于1998年3月，从罗湖区划出部分区域。

（三）珠海市

珠海市前身为珠海县，属佛山地区管辖。1979年3月，国务院批准珠海县撤县建市，同年11月，珠海市升格为地级市。1980年8月，第五届全国人大常务委员会第十五次会议批准珠海设立经济特区，同年11月，珠海市人民政府成立。至2000年，珠海市辖香洲区和斗门县。

所辖行政区简况：

香洲区人民政府成立于1984年6月，县级建制。1988年12月，拱北区并入香洲区。

斗门县，1965年7月，从中山县和新会县划出部分区域，设立斗门县。1983年7月，斗门县划归珠海市管辖。

（四）汕头市

1980年8月，国务院批准汕头建立经济特区。1981年9月，恢复汕头市人民政府，地级建制。1983年12月，汕头地区与汕头市合并，汕头市实行市领导县体制，管辖澄海、潮阳、揭西、揭阳、普宁、饶平、惠来、南澳等8个县。1984年1月，受省政府委托，汕头市代管潮州市。同年11月，汕头市区设达濠、安平、同平、公园、金砂、郊区6个县级市辖区。1991年9月，汕头市将6个市辖区调整为达濠、龙湖、金园、升平4个县级市辖区。1991年12月，潮州市（包括潮安、饶平县）、揭阳市（包括揭阳、普宁、揭西、惠来县）从汕头市析出，升格为地级市。1994年4月，潮阳市的河浦镇划归汕头市，设立河浦县级市辖区，不列入特区。经几次变动，至2000年，汕头市辖达濠区、金园区、升平区、龙湖区、河浦区，南澳县及澄海市、潮阳市两个代管市。

所辖行政区简况：

达濠区人民政府成立于1984年1月。

金园区人民政府成立于1991年11月，辖原金砂区、公园区大部分区域及郊区的岐山镇。

升平区人民政府成立于1991年11月，由原安平区、同平区合并而成。

龙湖区人民政府成立于1991年11月。

河浦区人民政府成立于1994年4月。

澄海市人民政府前身为澄海县人民政府，成立于1949年10月，1994年4月改为澄海市（县级建制）。

潮阳市人民政府前身为潮阳县人民政府，成立于1949年10月。1993年4月改为潮阳市（县级建制）。

南澳县人民政府成立于1950年6月。1958年11月，撤销南澳县建制，并入饶平县。1959年11月恢复南澳县建制。

（五）韶关市

1979年3月韶关地区革命委员会撤销，成立韶关地区行政公署。1981年7月撤销韶关市革命委员会，成立韶关市人民政府（地级建制）。

1983年6月，韶关地区与韶关市合并。韶关市实行市领导县体制，管辖曲江县、仁化县、乳源瑶族自治县、南雄县、始兴县、乐昌县、连山壮族瑶族自治县、连南瑶族自治县、连县、阳山县、英德县、翁源县、清远县、佛冈县和韶关市区。同年7月，清远县、佛冈县划归广州市管辖。9月，韶关市区分设北江区、浈江区、武江区3个县级区。

1988年1月，英德县、阳山县、连山壮族瑶族自治县、连南瑶族自治县、连县从韶关市划出，归清远市管辖。新丰县划入韶关市，至此，韶关市辖北江区、浈江区、武江区、曲江县、仁化县、乳源瑶族自治县、南雄县、始兴县、乐昌县、翁源县和新丰县。

1994年4月，国务院批准撤销乐昌县，设立乐昌市（县级建制），由韶关市代管。

1996年6月，国务院批准撤销南雄县，设立南雄市（县级建制），由韶关市代管。至2000年12月，韶关市辖北江区、浈江区、武江区、曲江县、仁化县、始兴县、翁源县、新丰县、乳源瑶族自治县和乐昌市、南雄市。

所辖行政区简况：

北江区人民政府成立于1984年9月。

浈江区人民政府成立于1984年9月。

武江区人民政府成立于1984年9月。

曲江县人民政府成立于1949年10月，1952年3月至1953年5月，曲江县与乳源县合并为曲乳县。1959—1961年，并入韶关市。

乐昌市人民政府前身为乐昌县人民政府，成立于1949年10月，1994年4月改为乐昌市（县级建制）。

南雄市人民政府前身为南雄县人民政府，成立于1949年3月，1996年6月改为南雄市（县级建制）。

仁化县人民政府成立于1949年10月，1959年1月撤销仁化县建制，并入韶关市。1961年2月恢复仁化县建制。

始兴县人民政府成立于1949年9月。1958年12月，撤销始兴县建制，并入南雄县，至1960年10月，恢复始兴县建制。

翁源县人民政府成立于1949年9月，1958年10月至1959年11月，新丰县并入翁源县。

新丰县人民政府成立于1949年8月，1958年10月至1959年11月，新丰县并入翁源县。1975年1月划入广州市，1987年12月，新丰县划归韶关市。

乳源县人民政府成立于1949年10月，1952年3月至1953年5月，乳源县与曲江县合并为曲乳县。1958—1962年，并入韶关市。1962年12月，乳源瑶族自治县成立。

（六）河源市

河源市原为河源县，属惠阳地区管辖。1988年1月国务院批准撤销河源县，设立河源市，地级建制。同年3月，河源市人民政府正式挂牌。管辖原属惠阳地区辖下的河源县、紫金县、连平县、龙川县、和平县和原河源县（分为源城区和郊区）。1993年郊区撤区设县，命名为东源县。至此，河源市管辖源城区、东源县、和平县、龙川县、紫金县、连平县5个县1个区。

所辖行政区简况：

河源县人民政府成立于1949年6月。1988年1月，撤销河源县，设立地级河源市，原河源县划分源城区和郊区。

和平县人民政府成立于1949年6月。1958年11月，连平、和平两县合并为九连县，1959年改称连平县，1960年改称和平县，1962年6月，恢复两县建制。

紫金县人民政府成立于1949年5月。

龙川县人民政府成立于1949年6月。

连平县人民政府成立于1949年6月。

源城区人民政府成立于1988年11月。

东源县人民政府成立于1993年11月。辖原郊区行政区域。

（七）梅州市

1979年4月，梅县梅州镇撤销，设立梅州市，县级建制。1983年6月，梅县、梅州市实行县市合并，合并后称梅州市（县级），同年9月改称梅县市（县级）。1988年1月，梅县地区撤销，设置梅州市，地级建制。原梅县市分设为梅县和梅江区。新成立的梅州市实行市领导县体制，辖梅江区、梅县、蕉岭县、大埔县、丰顺县、五华县、兴宁县、平远县。1994年6月，兴宁县撤销，设立兴宁市，县级建制，以原兴宁县的行政区域为兴宁市的行政区域，由梅州市代管。至此，梅州市辖梅江区、梅县、平远县、蕉岭县、大埔县、丰顺县、五华县，代管兴宁市。

所辖行政区简况：

梅江区人民政府成立于1988年1月。

兴宁市人民政府前身为兴宁县人民政府，成立于1949年6月。1958年12月至1961年1月，平远县并入兴宁县。1994年6月改为兴宁市（县级建制）。

梅县市人民政府前身为梅县人民政府，成立于1949年8月。1983年6月，梅县、梅州市实行县市合并，合并后称梅州市（县级），同年9月改称梅县市（县级建制）。

五华县人民政府成立于1949年5月。

大埔县人民政府成立于1949年5月。

平远县人民政府成立于1949年6月。

丰顺县人民政府成立于1949年8月。1958年12月，撤销丰顺县建制，其行政区域分别划入揭阳县和大埔县。1961年1月，恢复丰顺县建制。

蕉岭县人民政府成立于1949年9月。

（八）惠州市

1979年4月，惠阳地区革命委员会撤销。改为惠阳地区行政公署，辖惠州市（县级）、惠阳、惠东、东莞、博罗、河源、龙川、紫金、连平、和平等1个市9个县。1983年9月，汕头地区的海丰、陆丰县划归惠阳地区管辖。1988年1月，海丰、陆丰两县又划出惠阳地区，成立汕尾市。1988年1月，惠阳地区撤销，成立惠州市，地级建制。同年6月，惠州市人民政府正式成立。原县级惠州市改称惠城区。新成立的惠州市实行市领导县体制，下辖惠城区、惠东县、惠阳县、博罗县、龙门县等1个区4个县。1994年设立的大亚湾经济技术开发区，归惠州市管辖。1994年惠阳县改市（县级），委托惠州市代管，其他管辖范围及名称截至2000年没有变化。

所辖行政区简况：

惠城区人民政府成立于1988年1月，其前身是县级市惠州市。1958年4月，惠州市人民委员会成立。1959年8月，撤销惠州市建制，改为惠州镇。1964年10月县级惠州市建制。1988年1月，地级惠州市成立，原县级惠州市改称惠城区。

惠阳市人民政府前身为惠阳县人民政府，成立于1949年5月。1994年改为惠阳市（县级建制）。

惠东县人民政府成立于1949年5月。1949年12月，撤销惠东县建制，并入惠阳县。1958年4月，恢复惠东县建制。同年12月，再次并入惠阳县。1965年7月，再次恢复惠东县建制。

博罗县人民政府成立于1949年10月。

龙门县人民政府成立于1948年3月。1958年11月至1961年10月，龙门县曾并入增城县。

（九）汕尾市

汕尾市是新建市，市人民政府成立于1988年3月，地级建制。新成立的汕尾市实行市领导县体制，下辖海丰县、陆丰县、陆河县（从陆丰县划出部分区域）、市城区。1995年1月，陆丰撤县设市，属县级市，由汕尾市人民政府代管。

所辖行政区简况：

陆丰市人民政府前身为陆丰县人民政府，成立于1949年4月。1995年1月改为陆丰市（县级建制）。

海丰县人民政府成立于1949年7月。

城区人民政府成立于1988年3月。

陆河县人民政府成立于1988年3月。

（十）东莞市

东莞市前身为东莞县。1949年10月，东莞县人民政府成立。1955年8月，东莞县人民委员会成立。1968年2月，东莞县革命委员会成立。1980年6月，恢复东莞县人民政府。1985年9月，东莞县撤县建市，县级建制，隶属惠阳地区。1988年1月，东莞市升格为地级市，由省直辖。东莞市不设县、区，直接管镇、街。

（十一）中山市

中山市前身为中山县。1949年10月，中山县人民政府成立。1955年8月，中山县人民委员会成立。1967年4月，中山县军事管制委员会成立。1968年2月，中山县革命委员会成立。1980年9月，恢复中山县人民政府。1983年12月，中山县撤县建市，县级建制，由佛山市代管。1988年1月，中山市升格为地级市，由省直辖。中山市不设县、区，直接管镇、街。

（十二）江门市

1979年11月，江门市恢复省辖地级市。1983年6月，国务院批准江门市从佛山地区划出，实行市领导县体制，下辖新会、台山、开平、恩平、鹤山5个县。1983年9月增辖阳江县、阳春县。1988年，阳江县、阳春县从江门市划出，另设阳江市。1992年至1994年所属5个县先后撤县设市，由江门市代管。至此，江门市辖蓬江区、江海区2个县级市辖区，代管新会、台山、开平、恩平、鹤山5个县级市。

所辖行政区简况：

1984年7月，江门市区分设城区与郊区两个县级市辖区。1994年江门市区区域调整，郊区更名为蓬江区，城区更名为江海区。

新会市人民政府前身为新会县人民政府，成立于1949年5月。1992年10月改为新会市（县级建制）。

台山市人民政府前身为台山县人民政府，成立于1949年10月。1992年5月改为台山市（县级建制）。

开平县人民政府前身为开平县人民政府，成立于1949年8月。1958年11月，开平县与恩平县合并，称开恩县，次年改称开平县，至1961年3月，恢复两县建制。1993年1月改为开平市（县级建制）。

恩平市人民政府前身为恩平县人民政府，成立于1949年10月。1958年11月，恩平县与开平县合并，称开恩县，次年改称开平县，至1961年3月，恢复两县建制。1994年2月改称恩平市（县级建制）。

鹤山市人民政府前身为鹤山县人民政府，成立于1949年10月。1952年5月至1954年6月，鹤山县与高明县合署办公，称高明、鹤山县。1958年11月，鹤山县与高明县合并为高鹤县。1981年，恢复两县建制。1993年11月改称鹤山市（县级建制）。

（十三）佛山市

1979年1月，佛山市政权机关为佛山市革命委员会。1980年9月，佛山市革命委员会撤销，恢复佛山市人民政府，地级建制。1983年6月，佛山市与佛山地区合并，实行市领导县体制，辖原佛山市的行政区（1984年改为汾江区、城区）、中山县（后改市）、南海县、顺德县、高明县、三水县。1988年1月，中山市改为地级市划出，后所辖区域建制又经过一些变动，1992年3月，顺德撤县建市（县级）；同年9月，南海撤县建市（县级）；1993年4月，三水撤县建市（县级）；1994年4月，高明撤县建市（县级）。至2000年，佛山市辖城区、石湾区2个县级市辖区，代管南海市、顺德市、三水市、高明市4个县级市。

所辖行政区简况：

城区人民政府前身为汾江区人民政府，成立于1984年7月。1987年10月，汾江区更名为城区。

石湾区人民政府成立于1984年6月。

南海市人民政府前身为南海县人民政府，成立于1950年3月。1958年12月，南海县、三水县合并为南三县，次年1月改称南海县，9月恢复两县建制。1992年9月改为南海市（县级建制）。

顺德市人民政府前身为顺德县人民政府，成立于1950年3月。1958年12月至1959年6月，顺德县与番禺县合并的番顺县。1959年10月恢复两县建制。1992年3月改为顺德市（县级建制）。1999年7月，省委、省政府决定，顺德市在维持县级建制不变的前提下，赋予行使地级市的管理权，并由省直接管辖。

三水县人民政府成立于1950年3月。1958年12月，三水县与南海县合并为南三县，次年1月改称南海县，9月恢复两县建制。1993年3月改为三水市（县级建制）。

高明县人民政府成立于1949年5月。1952年5月至1954年6月，高明县与鹤山县合署办公，称高明、鹤山县。1958年11月，高明县与鹤山县合并为高鹤县。1981年12月，恢复两县建制。1994年4月改为高明市（县级建制）。

（十四）阳江市

阳江市前身为阳江县。1988年1月，国务院批准撤销阳江县设立阳江市，地级建制。原阳江县划分为江城区、阳东区和阳西县。江门市的阳春县划归阳江市。同年2月，阳江市人民政府正式挂牌成立，实行市领导县体制，下辖江城区、阳东区、阳西县、阳春县。1991年6月撤销阳东区改设阳东县，1994年5月阳春县撤县设市（县级），至2000年年底，阳江市管辖阳春市、阳东县、阳西县、江城区。

所辖行政区简况：

江城区人民政府成立于1988年4月。

阳春市人民政府前身为阳春县人民政府，成立于1949年10月。1958年11月至1961年3月，阳春县与阳江县合并为两阳县。1994年5月改为阳春市（县级建制）。

阳东县人民政府前身为阳东区人民政府，成立于1988年1月。1991年6月改为阳东县。

阳西县人民政府成立于1988年4月。

（十五）湛江市

1979年1月，湛江市政权机关为湛江市革命委员会。1981年1月27日，湛江市革命委员会撤销，恢复湛江市人民政府，地级建制。1983年9月1日，湛江地区与湛江市合并，实行市领导县体制，湛江市为省直辖的地级市。湛江市下辖赤坎、霞山、郊区3个区和吴川、徐闻、海康、遂溪、廉江5个县。1984年6月，市辖3个区均升格为县级区，同年9月增设坡头区（属县级建制）。至2000年12月，湛江市辖赤坎区、霞山区、坡头区、麻章区、徐闻县、遂溪县，代管雷州市、廉江市、吴川市。

所辖行政区简况：

赤坎区人民政府于1980年12月成立，1983年9月升格为县级建制。

霞山区人民政府于1980年12月成立，1983年9月升格为县级建制。

坡头区人民政府于1984年12月成立，为县级建制。

麻章区人民政府前身为郊区人民政府。1979年1月至1983年10月称郊区革命委员会，1983年10月成立郊区人民政府。1994年11月更名麻章区人民政府。

徐闻县人民政府于1949年4月成立，1958年11月，徐闻县和海康县南渡河以南地域合并为雷南区。1960年11月恢复徐闻县建制。

雷州市人民政府前身为海康县人民政府，成立于1949年7月。1958年11月，撤销海康县建制，其行政区域分别并入雷南县和雷北县。1961年3月恢复海康县建制。1994年4月改为雷州市（县级建制）。

遂溪县人民政府于1949年4月成立。

廉江市人民政府前身为廉江县人民政府，于1949年3月成立。1958年11月，廉江县、遂溪县与海康县南渡河以北地域合并，成立雷北县，1961年3月恢复廉江县建制，1993年12月改为廉江市（县级建制）。

吴川市人民政府前身为吴川县人民政府，于1949年11月成立。1952年5月，吴川县和梅茂县合并为吴梅县，次年4月更名为吴川县。1958年11月至1961年4个月，吴川县和化州县合并为化州县，1961年4月恢复吴川县建制，1994年5月改为吴川市（县级建制）。

（十六）茂名市

1979年1月，茂名市属湛江地区管辖，政权机关为革命委员会。1981年4月，茂名市革命委员会改为茂名市人民政府，地级建制。1983年4月，茂名市从湛江地区划出，实行市管县体制，管辖信宜、高州、电白、化州4个县。1985年4月，茂名市设立茂南区。1993年6月，高州县撤县建市，县级建制。至2000年年底茂名市辖茂南区，信宜县、电白县、化州县及代管高州市。

所辖行政区简况：

茂南区人民政府成立于1985年4月。

信宜县人民政府成立于1949年10月。1958年11月信宜县并入高州县。1961年4月恢复两县建制。

电白县人民政府成立于1949年11月。

化州县人民政府成立于1949年10月。化州县和吴川县合并为化州县，1961年4月恢复两县建制。

高州市人民政府前身为茂名县人民政府，成立于1949年10月。1958年茂名县更名为高州县。1958年11月信宜县并入高州县。1961年4月恢复两县建制。1993年6月改为高州市（县级建制），由茂名市代管。

（十七）肇庆市

1979年1月，肇庆市（县级）政权机关为革命委员会。1980年8月，肇庆市革命委员会撤销，改为肇庆市人民政府。1988年1月，肇庆地区撤销，肇庆市人民政府升格为地级市，设立端州区、鼎湖区两个市辖区，将原肇庆地区的高要、四会、广宁、怀集、德庆、封开、云浮、新兴、郁南、罗定10个县划归肇庆市管辖。1992年9月后，云浮、罗定、高要、四会先后撤县设市（县级），由省直辖，委托肇庆市代管，至1993年12月，肇庆市辖端州区、鼎湖区、新兴县、德庆县、郁南县、封开县、广宁县、怀集县和代管云浮市、罗定市、高要市、四会市。1994年4月，云浮市从肇庆划出，升格为地级市，并将新兴县、郁南县、罗定划归云浮市管辖。至2000年年底，肇庆市辖端州区、鼎湖区、德庆县、封开县、广宁县、怀集县和代管高要市、四会市。

所辖行政区简况：

端州区人民政府成立于1988年1月。

鼎湖区人民政府成立于1988年1月。

广宁县人民政府成立于1949年12月。1952年5月至1954年7月及1958年10月至1961年4月，广宁县与四会县两次合并为广四县。后又恢复两县建制。

德庆县人民政府成立于1949年10月。1958年10月至1961年4月，德庆县与封川县合并为德封县。1961年4月，封川县从德封县析出组成封开县。

封开县人民政府由封川县、开建县合并而成。原封川县人民政府成立于1949年12月，原开建县人民政府成立于1950年1月。两县曾于1952年3月至1957年4月和1958年5月至同年10月两度合署办公，称封川开建县。1958年10月，两县分署办公。随后，封川县与德庆县合并为德封县，开建县并入怀集县称怀建县（次年更名为怀集县），1961年4月，封开县从德封县、怀集县析出。

怀集县人民政府成立于1950年3月。1951年10月从广西划归广东省管辖，1958年11月，开建县并入怀集县称怀建县，次年更名为怀集县。1961年4月，开建县从怀集县析出组成封开县。

高要县人民政府前身为高要县人民政府，成立于1949年5月。1993年9月改为高要市（县级建制）。

四会市人民政府前身为四会县人民政府，成立于1949年12月。1952年5月至1954年7月及1958年10月至1961年4月，四会县与广宁县两次合并为广四县。1993年11月改为四会市（县级建制）。

（十八）清远市

清远市前身为清远县。1979年1月，清远县属韶关地区管辖。1983年7月，清远县划归广州市管辖。1988年1月，国务院批准撤销清远县，设立地级清远市，原清远县分为清城区、清郊区两个市辖区（1992年清郊区改称清新县），并划广州市属的佛冈县和韶关市属的英德县、阳山县、连县、连南瑶族自治县、连山壮族瑶族自治县为清远市所辖。同年12月，清远市人民政府成立。1991年9月，设立清远扶贫经济开发试验区，副厅级设置，后称清远经济开发试验区。1994年，原英红华侨茶场设立英红华侨管理区。1994年，英德、连县改为县级市，连县称连州市。1995年9月，设立飞来峡管理区。管辖清新县升平、英德市黎溪、连江口、水边4个镇。至2000年年底，清远市辖清城区、飞来峡管理区、英红华侨管理区、清新县、佛冈县、连山壮族瑶族自治县、连南瑶族自治县、阳山县，代管英德市、连州市。

所辖行政区简况：

清城区人民政府成立于1988年2月。

清新县人民政府前身为清郊区人民政府，成立于1988年1月，1992年5月撤销清郊区成立清新县。

佛冈县人民政府成立于1949年10月。

连山壮族瑶族自治县人民政府前身为连山县人民政府，成立于1949年12月。1953年1月，连山县与连南县合并为连南瑶族自治县，1954年1月恢复连山县建制。1958年10月，连山县与连县、连南瑶族自治县、阳山县合并为连阳各族自治县，1960年8月，改称连州各族自治县。1961年10月恢复连山县建制。1962年3月改称连山壮族瑶族自治县。

连南瑶族自治县前身为连南县人民政府，成立于1950年5月。1953年2月，连南县与连山县合并为连南瑶族自治县，1954年1月恢复连山县建制，1955年6月改称连南瑶族自治县。1958年10月，连南瑶族自治县与连山县、连县、阳山县合并为连阳各族自治县，1960年8月，改称连州各族自治县。1961年恢复连南瑶族自治县。

阳山县人民政府成立于1949年12月。1958年10月，阳山县与连县、连南瑶族自治县、连山壮族瑶族自治县合并为连阳各族自治县。1960年10月，恢复阳山县建制。

英德县人民政府成立于1949年10月，1994年改为英德市（县级建制）。

连州市人民政府前身为连县人民政府，成立于1949年12月。1958年10月，连县与连南瑶族自治县、连山壮族瑶族自治县、阳山县合并为连阳各族自治县，1960年10月，恢复阳山县建制，改称连州各族自治县。1961年10月恢复连县建制。1994年改为连州市（县级建制）。

飞来峡管理区委员会成立于1995年9月。

英红华侨管理区委员会成立于1994年。

（十九）潮州市

1979年8月，从潮安县析出潮州市（恢复潮州市建制，县级，属汕头地区管辖）。1983年6月，潮安县并入潮州市。1991年12月，经国务院批准升格为地级市，实行市领导县体制，辖湘桥区、潮安县和饶平县。

所辖行政区简况：

湘桥区人民政府成立于1991年12月。

潮安县人民政府成立于1950年3月。1983年6月，潮安县并入潮州市，1991年12月，恢复潮安县建制。

饶平县人民政府成立于1950年1月。

（二十）揭阳市

揭阳市前身为揭阳县，揭阳县人民政府成立于1949年10月，属汕头地区管辖。1991年

12月，揭阳县撤县建市，地级建制。1992年5月揭阳市人民政府正式挂牌成立。新成立的揭阳市实行市领导县体制，管辖榕城区、普宁市（代管）、揭东县、揭西县、惠来县5个建制县（市、区）和揭阳经济开发试验区、东山区、普宁华侨管理区、大南山华侨管理区4个非建制区。1992年8月，设立揭阳经济开发试验区，县级建制。1993年4月，普宁撤县建市，县级建制，由揭阳市代管。1994年5月设立东山区，1995年8月，设立普宁华侨管理区和大南山华侨管理区（县级建制）。至2000年年底，揭阳市下辖榕城区、揭阳经济开发试验区、东山区、普宁华侨管理区、大南山华侨管理区、揭东县、揭西县、惠来县和普宁市。

所辖行政区简况：

榕城区人民政府成立于1991年12月。

东山区人民政府成立于1994年5月。

揭东县人民政府成立于1992年5月。

揭西县人民政府成立于1965年7月。

惠来县人民政府成立于1949年8月。1958年12月，撤销惠来县建制，其区域分别并入潮阳县和普宁县。1961年3月，恢复惠来县建制。

普宁市人民政府前身为普宁县人民政府，成立于1949年7月。1958年12月，惠来县部分区域并入普宁县。1961年3月，恢复惠来县建制，1993年4月，改为普宁市（县级建制）。

揭阳经济开发试验区管委员会成立于1992年8月。

普宁华侨管理区委员会成立于1995年8月。

大南山华侨管理区委员会成立于1995年8月。

（二十一）云浮市

1979年1月，云浮县属肇庆地区管辖。1992年9月，云浮县撤销，设立云浮市，县级建制，由省直辖，肇庆市代管，以原云浮县的行政区域为云浮市的行政区域。1994年4月，国务院批准将原县级云浮市升格为地级市，将原属肇庆市的新兴县、郁南县划归云浮市管辖，并代管罗定市（县级），原云浮市的行政区域改设为云城区。1996年1月，云城区分设云安县。至2000年，云浮市管辖云城区、新兴县、郁南县、云安县，代管罗定市。

所辖行政区简况：

云城区人民政府成立于1994年9月。

新兴县人民政府成立于1949年10月。

郁南县人民政府成立于1949年10月。

云安县人民政府成立于1996年6月。

罗定市人民政府前身为罗定县人民政府，成立于1949年10月。1958年11月，罗定县和郁南县合并为罗南县，1961年4月恢复两县建制。1993年4月，改为罗定市（县级建制）。

第二节　基层乡（镇）人民政府

1979年7月，《中华人民共和国地方各级人民代表大会和地方各级人民政府组织法》规定，在基层政权中，人民公社设立人民代表大会和管理委员会，镇设立镇人民代表大会和镇人民政府。广东省于1979年下半年至1980年年底，进行公社、镇人民代表的直接选举，并召开公社、镇人民代表大会，选举产生了1885个人民公社管理委员会和114个镇人民政府的组成人员，人民公社管理委员会下设办公室和民政、生产、水利和经济工作委员会。

1978—2000年部分年份广东省农村基层组织情况表

表2-62

年份	乡镇个数（个）	乡镇户数（万户）	其中：农业户数（万户）	乡镇人口（万人）	其中：农业人口（万人）
1978	1577	873.0	842.9	4305.9	4136.5
1980	1629	889.2	852.7	4419.8	4217.5
1985	1673	988.5	903.2	4778.3	4370.9
1990	1654	1141.7	997.8	5241.9	4700.5
1995	1655	1283.7	1024.0	5622.3	4639.2
1999	1709	1337.3	1110.9	5772.2	4976.7
2000	1708	1419.9	1148.4	6046.6	5110.5

1983年3月，根据中央部署，广东开始进行政社分设试点工作，随后在广东省实行政社分开，改变政社合一的体制。将人民公社改为区公所，生产大队改为乡政府。一般以人民公社所辖范围设区，以生产大队所辖范围设乡，设立区、乡（镇）人民政府管理人民公社行政方面的工作。至1983年秋，广东省1892个人民公社，改设为1836个区公所，作为县人民政府派出机关；26583个生产大队，改设为19955个乡人民政府和370个镇人民政府。原人民公社里经济方面的工作，设立农工商联合总公司进行管理；原来生产大队的经济组织，有的改为农工商联合公司，有的改为农业生产合作社或联社。至此，人民公社解体。

人民公社改区、大队改乡后，作为基层政权的乡镇范围小，乡干部不脱产，不利于基层政权建设，按中央关于撤区建乡（镇）完善农村基层政权建设的规定，广东省从1986年下半年起开始撤区建乡（镇）的工作。将广东省1767个区公所改设为1456个镇人民政府和483个乡人民政府（含民族乡12个），其中广州市郊、珠江三角洲、潮汕平原以及商品经济比较发达的农村，多数设立镇人民政府；把19095个乡人民政府（小乡）改为23163个村民委员会。

为加强村民委员会的领导，除广州、深圳、珠海三市为镇领导村或乡领导村外，其余各市在镇（乡）与村之间，从1986年开始均设立管理区办事处，作为镇（乡）人民政府的派出机关。镇（乡）政府设镇（乡）长、副镇（乡）长，由镇（乡）人民代表大会选举产生，任期3年。镇（乡）人民政府设办公室和民政、司法、计划生育、文教卫生、城镇建设等机构。干部编制35～45人（其中非国家编制人员占50%左右）；管理区办事处配备主任、副主任，下设办公室和治安、民政、计划生育、文教卫生、人民调解组等，编制5～13人（为非国家编制）。镇（乡）人民政府在治安管理上，普遍设立了治安服务公司（队），配合公安派出所加强治安管理。

改革开放22年，广东省的乡镇数量呈稳步上升的态势。1978年广东全省乡镇个数为1577个，乡镇户数873万户，其中农业户数842.9万户；乡镇人口4305.9万人，其中农业人口4136.5万人；1980年乡镇个数增加到1629个；至2000年，全省乡镇个数增加到1708个，乡镇户数1419.9万户，其中农业户数1148.4万户；乡镇人口6046.6万人，其中农业人口5110.5万人。

2000年广东各市农村基层组织状况表

表2-63

市别	乡镇政府个数（个）	镇政府	乡镇户数（户）	乡镇人口（人）
全省	1719	1583	14460646	61431093
广州市	82	82	1095490	3946554
深圳市	20	18	119899	363216
珠海市	25	22	106660	390862
汕头市	63	38	787222	3701863
韶关市	141	134	523593	2231771
河源市	115	114	640252	2948800
梅州市	161	161	1010072	4310848
惠州市	85	84	530189	2345922
汕尾市	56	54	509811	2669847
东莞市	31	31	378453	1373656
中山市	24	24	305856	1156192
江门市	100	95	821434	2945867
佛山市	55	32	744476	2533997
顺　德	11	6	261503	964917
阳江市	48	48	522476	2207602
湛江市	105	98	1239399	5764299
茂名市	114	103	1200067	5387702
肇庆市	121	117	762002	3409745
清远市	142	137	757354	3268335
潮州市	51	48	490856	2119447
揭阳市	95	71	1030990	4971951
云浮市	74	66	622592	2417700

说明：1. 资料来源《广东农村统计年鉴（2001）》第9页

2. 乡镇政府个数中包括有农业生产的乡镇一级的街道、办事处等

第三篇
政协

第一章　政协委员

政协广东省委员会（简称省政协）的前身是广东省各届人民代表会议协商委员会。1950年10月1日，根据《中国人民政治协商会议共同纲领》以及中央人民政府和全国政协的有关规定，广东省第一届各届人民代表会议在广州召开。10月16日，会议选举产生广东省第一届协商委员会。协商委员会作为各界人民代表会议休会期间的常设机构，经全国政协批准，代行政协广东省委员会的职权。1950—1955年，广东省协商委员会先后成立两届委员会。1954年8月，广东省第一届人民代表大会第一次会议召开之后，广东省协商委员会不再具有广东省各界人民代表会议常设机构的职权。根据《中国人民政治协商会议章程》的规定，在协商委员会的基础上，建立中国人民政治协商会议广东省委员会。

1955年1月，政协广东省第一届委员会第一次会议在广州召开，政协广东省委员会正式成立。1955—1977年的22年，省政协经历了三届委员会。在“文化大革命”中，省政协被迫停止活动。

“文化大革命”结束后，省政协工作开始恢复。从1977年12月召开政协广东省第四届委员会第一次会议至2000年，共经历了五届委员会。

第一节　省政协委员的构成与产生办法

一、省政协委员的构成

政协章程规定：中国人民政治协商会议全国委员会由中国共产党、各民主党派、无党派民主人士、人民团体、各少数民族和各界的代表、台湾同胞、港澳同胞和归国侨胞的代表以及特别邀请的人士组成。

地方政协的组成根据当地实际情况，参照全国政协的组成决定，一般与全国政协的组织构成大体相同，但规模要小一些，参加单位要少一些，主要反映当地社会各界构成的特点。

省政协的构成由届别组成。中国共产党、各民主党派、无党派人士、人民团体、各族各界代表、台湾同胞、港澳同胞和归国侨胞的代表以及特别邀请人士共32个界别。历届政协界别随着国家形势的发展和经济社会结构的变化不断进行调整。如政协广东省第一届委员会共设28个界别，分别为：（1）中国共产党；（2）中国国民党革命委员会；（3）中国民主同盟；（4）中国民主建国会；（5）中国民主促进会；（6）中国农工民主党；（7）中国致公党；（8）台湾民主自治同盟；（9）无党派民主人士；（10）中国共产主义青年团；（11）中华全国总工会；（12）农民；（13）中华全国妇女联合会；（14）中华全国青年联合会；（15）合作社；（16）中华工商业联合会；（17）文艺界；（18）自然科学界；（19）社会科学界；（20）教育界；（21）新闻出版界；（22）医药卫生界；（23）对外友好团体；（24）社会福利团体；（25）少数民族界；（26）华侨；（27）宗教界；（28）特别邀请人士。

政协广东省第二届委员会增加一个界别为“九三学社”。改革开放后，随着国家经济社会结构的变化，省政协的界别也进行了调整。至政协广东省第八届委员会时，共设32个界别，分别为：（1）中国共产党；（2）中国国民党革命委员会；（3）中国民主同盟；（4）中国民主建国会；（5）中国民主促进会；（6）中国农工民主党；（7）中国致公党；（8）九三学社；（9）台湾民主自治同盟；（10）无党派；（11）中国共产主义青年团；（12）中华全国总工会；（13）中华全国妇女联合会；（14）中华全国青年联合会；（15）中华全国工商业联合会；（16）科学技术协会；（17）中华全国台湾同胞联谊会；（18）文化艺术界；（19）科学技术界；（20）经济界；（21）社会科学界；（22）农业界；（23）教育界；（24）体育界；（25）新闻出版界；（26）医药卫生界；（27）对外友好界；（28）社会福利界；（29）少数民族界；（30）归国华侨联合会；（31）宗教界；（32）特别邀请人士。特别邀请人士，主要是来自香港、澳门人士，省委、省政府及省直机关部委办厅局、人民解放军、各市政协的领导人及其他有代表性的人士。

二、省政协委员的产生办法

《中国人民政治协商会议章程》规定，凡赞成本章程的党派和团体，经中国人民政治协商会议全国委员会常务委员会协商同意，得参加中国人民政治协商会议全国委员会。个人经中国人民政治协商会议全国委员会常务委员会协商邀请，亦得参加中国人民政治协商会议全国委员会。参加地方委员会者，由各级地方委员会按照上述规定办理。

省政协委员以协商推荐的方式产生。每届政协委员名额和人选经上届省政协主席会议审议同意后，由常务委员会协商决定。

政协委员是广东省各个领域、各个界别有代表性和有社会影响、有参政议政能力的人物。

政协委员产生的具体运作步骤：

（1）提名推荐。推荐省政协委员名单由省各党派、无党派民主人士、各人民团体、各个界别协商提出。

（2）协商确定建议名单。各方面提出的推荐名单由中共党委组织有关部门进行综合平衡，反复同各推荐方面协商形成建议名单。

（3）政协常务委员会会议通过。建议名单提交常务委员会会议进行协商和表决，经全体常务委员过半数同意，予以通过。

（4）公布。经常务委员会会议通过的委员，由省政协办公厅分别通知推荐单位和本人，向委员发委员证书，并通过新闻媒体向社会公布。

增补政协委员的程序，也需要经过提名、协商、常务委员会会议通过和公布这几个步骤。

政协广东省委员会委员中，中共党员人数最多不超过40%，非中共党员人数不低于60%。如第八届委员会中，1997年12月18日政协广东省第七届委员会常务委员会第25次会议通过，政协广东省第八届委员会委员名额880人，其中中共党员346人，占委员人数39.32%，非中共人士534人，占委员人数60.68%；妇女委员130人，占委员人数14.77；民主党派委员180人，占委员人数的20.45%；香港委员103人，澳门委员34人，合计占委员人数的15.57%；少数民族委员22人，占委员人数的2.5%。

第二节　省政协常务委员会委员

一、第四届委员会常务委员会委员

丁 宜	刁沼芬	马 文	马景廉	云广英
王 起	王 维	王 越	王心学	王功贵
王首道	王爱香（女）	王弼庭	尹林平	方远谋
叶向荣	叶佩华	卢伟良	司徒赞	邝贺龄
安 明	刘 坚（女）	刘天一	刘田夫	刘世湘
刘祥庆	任泊生	朱明达	伍觉天	孙乐宜
孙伽俐	孙胜云	孙辉明	乔萼华	李 生
李 杰（女）	李长暐	李学先	李海东	李敦化
李锦厚	李黎明	李静阳	杜 埃	杜 雷
杜君慧（女）	苏 怡	苏翰彦	陈汉标	陈伊林
陈君冷	陈炜钦	陈夏苏	陈琰文（女）	陈蔚观
陈霞子	陈慧清（女）	肖长桃	萧隽英	肖焕辉
余仲奎	何幼琦	吴仲禧	邵良础	宋维静（女）
张 平	张 孝	张仕骞	张伯权	张泊泉

张惠钦	杨汤城	罗　明	罗　浚	周　辉
周　楠	周文茵（女）	周志飞	周钢鸣	罗雄才
林克明	林克泽	林良材	宓锡裕	冼维逊
罗培元	罗范群	罗明燏	柯　麟	蚁美厚
欧阳清	胡伟夫	胡希明	胡福保	胡楠卿
赵文元	赵善欢	费鸿年	容　庚	陶　金
莫　雄	盘天明	凌云骏（女）	梁　广	梁　嘉
梁乃津	徐民纲	徐学澥	徐绳周	秦元邦
郭尔悫	郭俊彦	郭棣活	郭翘然	莘禄钟
黄友谋	黄远强	黄伟胜	黄昌贤	黄建立
黄耀燊	景　林	谢　申	程一鸣	曾近义
曾昌明	曾昭科	温康兰	谭少佳	谭天度
谭立明	谭冬菁	谭桂明	廖似光（女）	熊真沛
黎正祥	薛两清	魏鉴贤		

（以上由省政协四届一次全体委员会议于1977年12月19日选出）

邓望林	王俊武	左洪涛	江　穆	邬　强
李　辰	李云扬	李洁之	陈一百	陈一林
陈文高	陈祖沛	林一元	林伟俦	罗　潜
罗　涛	罗开富	徐　云	袁耀鸿	黄　康
黄其江	彭　沃	曾天节	蔡演雄	

（以上由省政协四届二次全体委员会议于1979年12月26日选出）

李伯球	陈景文	张　铭（女）

（以上由省政协四届三次全体委员会议于1981年2月9日选出）

二、第五届委员会常务委员会委员

刁沼芬	马　文	马亚大	王　越	王仕钊
王宗和	王才元	云　汉	文植虞	方远谋
邓惠强	左洪涛	叶佩华	叶荫芸	田　心
田　蔚（女）	邝贺龄	朱明达	伍觉天	伍卓富
任泊生	刘天一	江　穆	许崇德	苏　怡
杜　埃	杜念祖	李　冲	李　辰	李　明
李又华	李云扬	李志初	李伯球	李洁之
李锦厚	李鸣珂	李静阳	杨家智	吴仲禧
何信泉	余　珍（女）	余仲奎	邹锡炜	沈　青（女）
张　平	张　彬	张汉明	张竞干	张显歧

陈　健	陈一百	陈一林	陈广明	陈文高
陈芦荻	陈伊林	陈炜钦	陈残云	陈祖沛
陈景文	陈琰文（女）	邵钧炎	岑泽波	林永孚
林永玖	林孔湘	林东海	欧阳清	罗　浚
罗　潜	罗开富	罗培元	罗崧发	宓锡裕
周文茵（女）	周庆均	郑　群	郑惠国	郎筠玉（女）
赵文元	胡希明	胡伟夫	钟　平	钟　英
侯　达	洪　亮	封贯之	秦元邦	袁耀鸿
莫淦明	徐民纲	徐绳周	郭永昌	郭翘然
莘禄钟	黄　康	黄大仿	黄施民	黄昌贤
黄建立	曹兴宁	符尤相	彭晓帆	韩毅之
曾　文	曾　理	曾天节	曾会奇	温康兰
梁威林	廖立民	廖似光（女）	谭立明	谭冬菁
潘汝瑶	薛两清	霍成忠	魏汉新	魏鉴贤

（以上由省政协五届一次全体委员会议于1983年4月9日选出）

陈炎武	邓　璟	谢颂凯	谭盈科	陈玉驄
曾陇梅	喻诚鸿	黄　明	翁淑美（女）	李福海
陶开裕	曹允祥	唐　伟		

（以上由省政协五届二次全体委员会议于1984年6月30日选出）

肖耀堂	陈仲言	伍谦光	汤增新	李金培
梁鼎猷	熊世远	詹伯慧	陈伟强	丘和明
蔡鸿生	陈白希	郑　宇	潘　许	孙秀章
徐裕年				

（以上由省政协五届三次全体委员会议于1985年5月19日选出）

杨子江	潘炯华	张　勤	吴南生	杨应彬
祁　烽	何宝松	黄耀燊		

（以上由省政协五届四次全体委员会议于1985年9月1日选出）

王永祥	毛绍仪	许世元	李　牧	杨可忠
杨汤城	吴　文	吴表凯	张　壁（女）	张建南
林伟俦	周天行	郑　达	曾宪梓	谭启明

（以上由省政协五届五次全体委员会议于1986年5月27日选出）

三、第六届委员会常务委员会委员

王才元	云　汉	毛绍仪	方远谋	叶荫芸
伍谦光	汤增新	祁　烽	许世元	许崇德
杜念祖	李　冲	李　辰	李　牧	李志初
李金培	李鸣珂	杨子江	杨应彬	杨汤城
肖耀堂	吴南生	吴表凯	何信泉	何宝松
沈　青（女）	张　壁（女）	张　勤	张显歧	张建南
陈一百	陈玉璁	陈仲言	陈炎武	陈芦荻
陈琰文（女）	邵钧炎	岑泽波	林永孚	林东海
郑　群	林伟俦	周天行	周庆均	郑　达
胡伟夫	钟　平	袁耀鸿	莫淦明	翁淑美（女）
黄　明	黄大仿	黄施民	黄建立	黄耀燊
曹允祥	梁鼎猷	喻诚鸿	韩毅之	曾　理
曾会奇	曾宪梓	谭启明	薛两清	魏鉴贤
于　侃	马　军	王　爽	王屏山	王建华
毛礼镭	尹　敏	邓乃炯	正宝杰	古宏荣
石　楚	邝宇同（女）	司徒梅芳（女）	吕金湖	朱一明
朱庆端	刘世仁	刘耀荃	江　森	纪汉阳
李　源	李立强	李筱菊（女）	李德成	杨　刚
杨　健（女）	杨良栋	杨奎章	何硕丰	余炳桢
余曾锡	沈永椿	张　法	张文光	张展霞（女）
张仕骞	陈　明	陈　翘（女）	陈子彬	陈开枝
陈式樛（女）	陈致中	林晓亭	欧守杼	罗声亮
周泽华	郑广柔	郑康明	赵华成	钟佩珩（女）
秦德夫	莫柱荪	徐　澍	徐进星	徐秉铮
涂其栵	黄文宽	黄成就	黄清渠	黄振邦
黄镇国	崔振青	梁丽雯（女）	梁贵尚（女）	彭文伟
曾醒时	程天富	温　戈	程春耕	傅泽南
曾子敬	窦英俊	潘　鹤	戴业平	魏均沛

（以上由省政协六届一次全体委员会议于1988年1月27日选出）

王尊祜	区德尧	杨振鄹	张传英	张岳强
曾近义	谢慈庭			

（以上由省政协六届二次全体委员会议于1989年3月8日选出）

王敏贤（女）	邓华轩	古华民	林木声	唐国俊
黄广尧	黄智超			

（以上由省政协六届三次全体委员会议于1990年3月8日选出）

肖天山	李泰谦	林秉良

（以上由省政协六届四次全体委员会议于1991年3月12日选出）

王秀柔（女）	王善荣	刘　斌	匡　吉	杜联坚
张幼峰	陈本能	郝迎春	袁　勋	梁　木

（以上由省政协六届五次全体委员会议于1992年1月12日选出）

四、第七届委员会常务委员会委员

云　汉	王　冶	王文彬	王守昌	王秀柔（女）
王敏贤（女）	王善荣	王尊祜	区德尧	毛礼镭
方积乾	古志德	卢　苇	卢菁光	邝宇同（女）
邝健全	朱一明	朱庆端	伍谦光	刘　炽
刘中燕（女）	刘世仁	刘宇新	刘希正	刘家琛
刘耀荃	许世元	许崇德	杜经国	杨　樯
杨良栋	杨应群	杨绍森	杨振鄴	李　辰
李立强	李金培	李胜洲	李筱菊（女）	李泰谦
李耀辉	严　明	肖天山	肖郁文	肖耀堂
吴群继	岑泽波	何克勤	何信泉	余其伟
余斌杰	余曾锡	邸长云	邹仁林	邹启宇
汪家钺	沈永椿	张　法	张之楚	张元元
张文光	张仕骞	张启人	张志远	张传英
张展霞（女）	张德昌	陆　昌	陈　翘（女）	陈　隽（女）
陈本能	陈式樱（女）	陈仲言	陈炎武	陈琰文（女）
陈致中	陈贤芳	陈燕发	陈毓铮	林永孚
林东海	林伟俦	林兴胜	林晓亭	林秉良
范秀远	罗桥年	罗声亮	罗景云	周泽华
郑广柔	居绍敬	郝迎春	施业辉	莫自省
徐恒彬	徐裕年	郭荣昌	唐国俊	涂其栵
黄　浩	黄　继	黄　球	黄文放	黄光华
黄自然	黄梓伦	黄绥泉	黄惠聪	黄铮人（女）
黄镇国	黄智超	黄耀燊	曹允祥	崔德祺
梁振峰	梁鼎猷	韩毅之	董兆英	蒋月明
喻诚鸿	程天富	曾近义	曾醒时	曾燕祥
谢友民	谢慈庭	赖世隆	廖鸿兴	熊曼琪（女）

黎汉材	潘　鹤	霍震寰	魏振兰	

（以上由省政协七届一次全体委员会议于1993年2月7日选出）

邬梦兆	陈邦贵	欧辉成	黄　静	傅岳荣
蔡森林				

（以上由省政协七届二次全体委员会议于1994年2月22日选出）

昝云龙	康乐书	孔令渊	甘兆胜	冯灼锋
刘　陶	许任之	李国泰	林祖基	徐萍华（女）
唐广安	温兰子（女）	谢文霖	蔡东士	王宁生
孙大中	杨　钊	黄学敏	温思美	黎振昌
潘金培				

（以上由省政协七届四次全体委员会议于1996年2月6日选出）

古日新	朱树屏	刘文炎	肖贤成	何开波
陈文冠	林森权	梁　湘（女）	王珣章	王智琼（女）
孙稚雏				

（以上由省政协七届五次全体委员会议于1997年2月20日选出）

五、第八届委员会常务委员会委员

郭荣昌	王宗春	刘维明	李金培	张展霞（女）
康乐书	彭禹贤	韩大建（女）	潘金培	王珣章
林东海	李国泰	于延恩	马介璋	马明哲
马凯梅（女）	王守昌	王秀柔（女）	王铁文	王敏贤（女）
王智琼（女）	区　鉷	区颖刚	毛宇峨（女）	毛蕰诗
牛和恩	方积乾	邓北生	古日新	石汉基
卢伟硕	卢菁光	冯灼锋	宁春岩	毕英佐
吕其炘（女）	朱正贤	朱德义	伍池新	伍谦光
华　贲	刘　陶	刘丁有	刘文炎	刘家琛
刘斯奋	关富胤	许世元	许任之	许罗丹（女）
许家瑞	许瑞生	麦智南	杨　钊	杨　樯
劳文浩	李　强	李　崴	李玉光	李伟建
李秀恒	李洪义	李泰谦	李筱菊（女）	吴希荣
吴晓峰（女）	吴湘庆	何开波	何问陶（女）	何镜堂
余其伟	余曾锡	邹仁林	邹启宇	闵锡钧
汪国强	张文光	张远贻	张启人	张志远
张桂光	陈　坚	陈开枝	陈文冠	陈成才

陈汝筑	陈步涛	陈茂辉	陈流明	陈蔚文
陈毓铮	范秀远	林兆平	林伦伦	林亚杰
林秉良	林祖基	林森权	欧阳冬（女）	罗兴华
罗景云	周丽琼（女）	周志荣	周耀明	胡品津
赵子山	钟小健	施业辉	姚本棠	姚志彬
莫自省	徐远通	衷克仁	唐广安	黄庆勇
黄学敏	黄明度	黄梓伦	黄绪荣	黄福春
黄耀荣	龚华基	龚维钊	梁　华	梁　湘（女）
梁志敏	梁栋华	梁振锋	彭正俭	彭洁开（女）
董兆英	蒋月明	蒋善利	温兰子（女）	曾燕祥
谢国涛	谢慈庭	琚立铭	答朝心	赖世隆
简探微（女）	廖鸿兴	熊曼琪（女）	黎柳莲（女）	黎振昌
潘行健	潘家栋	霍震寰		

（以上由省政协八届一次全体委员会议于1998年3月选出）

王荫焜	王继群	丘泰球	伍启中	汤彤海
纪力清	苏祖兰（女）	邱　捷	邱金用	余其铿
宋　海	张惠忠	陈　敏（女）	罗颂平（女）	钟光超
莫海鸿	黄观华	黄福永	梁星权	巢振威
葛弘毅	曾汉权	蓝　红		

（以上由省政协八届三次全体委员会议于2000年1月选出）

第三节　省政协正副主席、秘书长

一、第四届委员会正副主席、秘书长

主　席：王首道（1977年12月19日省政协四届一次会议选出）

尹林平（1979年12月26日省政协四届二次会议选出）

副主席：

刘田夫	尹林平	罗范群	郭棣活	张泊泉
梁　广	肖焕辉	周志飞	云广英	谭天度
萧隽英	蚁美厚	黄友谋	罗　明	罗　浚
王　越	罗雄才			

（1977年12月19日省政协四届一次会议选出）

周　楠	黄　康	莫　雄	邬　强	刘祥庆
廖似光（女）	曾天节	吴仲禧	郭翘然	胡希明

陈祖沛　　陈伊林　　伍觉天　　刁沼芬
（1979年12月26日省政协四届二次会议选出）

左洪涛　　李伯球
（1981年3月5日省政协四届三次会议选出）

秘书长：谭桂明（1977年12月19日省政协四届一次会议选出）
左洪涛（1979年12月26日省政协四届二次会议选出）

二、第五届委员会正副主席、秘书长

主　席：梁威林（1983年4月9日省政协五届一次会议选出）
吴南生（1985年9月1日省政协五届四次会议选出）

副主席：郑　群　　罗　浚　　王　越　　黄　康　　廖似光（女）
曾天节　　吴仲禧　　郭翘然　　胡希明　　陈祖沛
陈伊林　　伍觉天　　刁沼芬　　左洪涛　　李伯球
李洁之
（1983年4月9日省政协五届一次会议选出）

杨应彬　　祁　烽　　何宝松　　黄耀燊　　李　辰
（1985年9月1日省政协五届四次会议选出）

秘书长：黄大仿（1983年4月9日省政协五届一次会议选出）
肖耀堂（1985年5月19日省政协五届三次会议选出）

三、第六届委员会正副主席、秘书长

主　席：吴南生

副主席：杨应彬　　郑　群　　祁　烽　　何宝松　　黄耀燊
李　辰　　王屏山　　黄清渠　　陈子彬　　李金培
沈永椿
（1988年1月27日省政协六届一次会议选出）

张展霞（女）　曾近义
（1989年3月8日省政协六届二次会议选出）

杨奎章（1990年3月8日省政协六届三次会议选出）
肖耀堂（1991年3月12日省政协六届四次会议选出）

匡　吉（1992年1月12日省政协六届五次会议选出）

秘书长：肖耀堂（1988年1月27日省政协六届一次会议选出）
肖天山（1991年3月12日省政协六届四次会议选出）

四、第七届委员会正副主席、秘书长

主　席：郭荣昌
副主席：黄　浩　黄耀燊　李　辰　肖耀堂　李金培
沈永椿　张展霞（女）　曾近义　林兴胜
（1993年2月6日省政协七届一次会议选出）

昝云龙　康乐书
（1996年2月6日省政协七届四次会议选出）

秘书长：廖鸿兴（1993年2月6日省政协七届一次会议选出）

五、第八届委员会正副主席、秘书长

主　席：郭荣昌
副主席：王宗春　刘维明　李金培　张展霞（女）　康乐书
彭禹贤　韩大建（女）　潘金培　王珣章　林东海
（1998年1月14日省政协八届一次会议选出）

秘书长：李国泰（1998年1月14日省政协八届一次会议选出）

第二章　省政协工作机构及办事机构

第一节　工作机构

省政协各专门委员会是在常委会和主席会议领导下的工作机构。日常工作由主任或主任委托的副主任主持，秘书长负责协调。

一、第四届委员会专门委员会

第四届委员会设学习委员会、文史资料研究委员会、学术资料研究委员会、对台工作组为工作机构。1977年12月19日，四届委员会第一次常委会议审议通过有关工作机构领导名单。

学习委员会主任：张泊泉

副主任：郭棣活　萧隽英　蚁美厚　陈伊林　伍觉天　陈夏苏

文史资料研究委员会主任：罗　明

副主任：胡希明　王　越　张　平

学术资料研究委员会主任：黄友谋

对台工作组组长：云广英

1978年8月14日，四届委员会第三次会议决定撤销学术资料研究委员会，改设委员工作组办公室，任命张平为主任，左洪涛、胡伟夫、林务农为副主任；李光中为文史资料研究委员会副主任；增设国际、文化、教育、工商、医疗卫生、华侨、民族宗教、科学技术、妇女、法制等10个组。

1979年8月17日，四届委员会第四次会议任命胡伟夫为学习委员会副主任，免去所兼委员工作组办公室副主任职务；免去李光中文史资料研究委员会副主任职务；免去陈夏苏学习委员会副主任职务。

1980年3月1日，四届委员会第九次常委会任命郭翘然、李洁之为文史资料研究委员会副主任，魏鉴贤为学习委员会副主任，李海为委员工作组办公室主任，魏均沛为委员工作组办公室副主任。

1980年7月18日，四届委员会第十次常委会议免去林务农委员工作组办公室副主任职务。

1981年6月13日，四届委员会第十四次常委会任命李伯球兼任文史资料研究委员会主任，免去罗明的文史资料研究委员会主任职务。

1981年10月31日，四届委员会第十五次常委会任命吴仲为文史资料研究委员会副主任。

二、第五届委员会专门委员会

第五届委员会设学习委员会、文史资料研究委员会、“三胞”联络委员会，国际问题研究组、教育组、文化体育组、医卫组、科技组、农业组、城市建设组、经济建设组、工商组、政法组、华侨组、民族宗教组、妇女组。

学习委员会主任：副主席黄康兼
副主席郭翘然兼（1985年12月任）
副主任：郭翘然　黄大仿　胡伟夫　魏鉴贤

文史资料研究委员会主任：副主席李伯球兼
副主席李洁之兼（1985年12月任）
副主任：李洁之　吴　仲　丁身尊（1984年4月任）

“三胞”联络委员会主任：副主席曾天节兼
副主任：左洪涛　陈景文　李　辰　罗　涛　程一鸣

国际问题研究组组长：陈伊林
副组长：胡伟夫　黎克明

教育组组长：陈一百
副组长：李又华　饶璜湘　杨　行（女）　周文茵（女）

文化体育组组长：杜　埃
副组长：黄施民　陈翔南　魏均沛

医卫组组长：宓锡裕
副组长：唐文铭　邓铁涛　杜念祖

科技组组长：霍梓荣
副组长：伍卓富　张竞干　云　汉

农业组组长：石进明
副组长：黄昌贤　陈炜钦　徐燕千

城市建设组组长：罗崧发
副组长：李明波　唐永銮

经济建设组组长：陈祖沛
副组长：黄施民　苗田奋　卓　炯　张仕骞　江　穆

工商组组长：赵元浩
副组长：沈永椿　林晓亭　邵钧炎

政法组组长：李筱峰
副组长：陈志期　张仲绛　曾会奇

华侨组组长：伍觉天
副组长：曹兴宁　谢文思　郭建成

民族宗教组组长：黄　康
副组长：熊真沛　陈　冬　杨栋材　刘耀荃

妇女组组长：沈　青（女）

副组长：陈琰文（女）　江　平（女）

1985年12月21日，五届委员会第十四次常委会议通过增设提案工作委员会。

提案工作委员会主任：何宝松

副主任：陈志期、陈伊林

三、第六届委员会专门委员会

第六届委员会设学习委员会、文史资料研究委员会、华侨港澳台胞联络委员会、提案工作委员会。

学习委员会主任：副主席王屏山兼

副主任：黄大仿　陈炎武　林永孚　胡伟夫

文史资料研究委员会主任：副主席何宝松兼

副主任：丁身尊　李　冲　曾　理

提案工作委员会主任：副主席黄清渠兼

副主任：朱一明　魏均沛　张　壁（女）

华侨港澳台胞联络委员会主任：副主席祁烽兼

副主任：李　辰　程天富　肖天山　姚仍洲　何信泉　邝宇同（女）

1988年12月28日，六届委员会第四次常委会会议决定增设经济委员会、教育文化委员会、科学技术委员会、医药卫生体育委员会、法制委员会、民族宗教委员会、妇女青年委员会共7个委员会。

任命副主席郑群兼任学习委员会主任，张岳强、胡伟夫、陈炎武、林永孚、杨奎章为副主任。

副主席何宝松兼任文史资料研究委员会主任，丁身尊、曾理、蒋华为副主任。

副主席祁烽兼任华侨港澳台胞委员会主任，黄清渠、李辰、程天富、肖天山、姚仍洲、卢法泉、何信泉、邝宇同（女）为副主任。

副主席黄清渠兼任提案工作委员会主任，朱一明、魏均沛、张壁（女）、云汉为副主任。

副主席沈永椿兼任经济委员会主任，赵华成、林东海、刘宜麟、马恩成、曾炳生、林旭初为副主任。

副主席王屏山兼任教育文化委员会主任，杨子江、郭绍纲、梁琼芳、徐秉铮、詹伯慧为副主任。

副主席李金培兼任科学技术委员会主任，尹敏、黄镇国、杨中、张竞干为副主任。

副主席黄耀燊兼任医卫体委员会主任，张勤、曾宪梓、杜念祖、丘和明、曾昭胜、张法为副主任。

副主席陈子彬兼任法制委员会、民族宗教委员会及妇女青年委员会主任，张培宇、王骏为法制委员会副主任；刘耀荃、陈冬、叶荫云为民族宗教委员会副主任；沈青（女）、陈琰文（女）、李正慈、李素华（女）为妇女青年委员会副主任。

1989年2月17日六届委员会第五次常委会会议决定增补陈开枝、张元元、杨迈为经济委员会副主任，张大超为医卫体委员会副主任，李承植、曾会奇、钟平为法制委员会副主任，林道英为民族宗教委员会副主任。

1989年7月5日，六届委员会第七次常委会会议增补副主席张展霞兼任妇女青年委员会主任，副主席曾近义兼任提案委员会主任。

1992年6月27日，六届委员会第二十七次常委会会议增补和调整了部分专门委员会主任、副主任。副主席李辰兼任华侨港澳台胞联络委员会主任，增补王文彬、王善荣为副主任，副主席沈永椿兼任华侨港澳台胞联络委员会副主任，不再兼任经济委员会主任；副主席匡吉兼任经济委员会主任，增补窦英俊、李德成、周启瑞为副主任；增补吴群继为提案委员会副主任，杜联坚为教育文化委员会副主任，王秀柔（女）为科技委员会副主任，魏振兰为医卫体委员会副主任，黄广尧、孙克杰为民族宗教委员会副主任，林木声、许素丽（女）、邝宇同（女）、何志谦、吴炳楷为妇女青年委员会副主任。

四、第七届委员会专门委员会

第七届委员会设置学习委员会、文史资料研究委员会、提案委员会、华侨港澳台胞联络委员会、经济委员会、教育文化委员会、科学技术委员会、医药卫生体育委员会、法制委员会、民族宗教委员会、妇女青年委员会。

学习委员会主任：云　汉

副主任：吴群策　林永孚　韩毅之　陈本能　谢慈庭

文史资料研究委员会主任：刘耀荃

副主任：丁身尊　曾醒时　卢　苇

提案委员会主任：副主席曾近义兼

副主任：吴群继　陈炎武　尤卓勤

华侨港澳台胞联络委员会主任：古志德

副主任：王文彬　程天富　林晓亭　唐国俊　林东海　王善荣　何信泉　陈毓铮

经济委员会主任：肖郁文

副主任：李胜洲　张元元　王尊祜　黄惠聪　胡朝懿　何文光

教育文化委员会主任：刘　炽

副主任：张德昌　陈仲言　陈　翘（女）　梁琼芳　郭绍纲　孔棣华

科学技术委员会主任：王秀柔（女）

副主任：毛礼镭　周泽华　李泰谦　刘筠谦　黄铮人（女）　杨　樯

医药卫生体育委员会主任：黄光华

副主任：魏振兰　李耀辉　赖世隆

法制委员会主任：郝迎春

副主任：周统平　朱一明　杨振鄹　钟基年　陈致中

民族宗教委员会主任：肖天山

副主任：林道英　刘文炎　林秉良　范秀远　释本焕

妇女青年委员会主任：张传英

副主任：刘中燕（女）　王文赞　杨绍森　徐萍华（女）　李素华（女）　黄丽群（女）　周玉珍（女）

1993年12月23日，七届委员会第四次常委会会议通过增补部分专门委员会副主任名单，增补李述龙、梁显达为文史资料研究委员会副主任，张孝娟、罗力生为医卫体委员会副主任。

1994年9月29日，七届委员会第八次常委会会议通过增补张磊为学习委员会副主任。

1995年6月1日，七届委员会第十二次常委会会议通过增补曹子东为法制委员会副主任。

1996年6月27日，七届委员会第十七次常委会会议同意刘耀荃辞去文史资料研究委员会主任职务，增补刘陶为文史资料研究委员会主任，徐恒彬、赖海晏、周耀明为副主任；张元元为经济委员会主任，黄挺、陈长清、王伟光、谭国侃为副主任；黄绥泉为提案委员会副主任；卓毅、何开波、谢文霖为华侨港澳台胞联络委员会副主任；傅家谟为科学技术委员会副主任；张训诚为医卫体委员会副主任；傅岳荣、严明、孔令渊为法制委员会副主任；温兰子（女）为妇女青年委员会副主任。

1997年2月18日，七届委员会第二十一次常委会会议通过增补彭巨卿为法制委员会副主任。

1997年6月5日，七届委员会第二十二次常委会会议通过增补朱士范为法制委员会副主任。

1997年11月14日，七届委员会常委会第二十四次会议通过增补龙章清为科学技术委员会副主任、郑湘娟（女）为提案委员会副主任。

五、第八届委员会专门委员会

第八届委员会设置提案委员会、学习委员会、文史资料研究委员会、经济委员会、科教文卫体委员会、社会与法制委员会、华侨港澳台胞联络委员会。

提案委员会主任：蒋月明

副主任：蒋善利　郑先干　董兆英　卢菁光　郑湘娟（女）

学习委员会主任：周耀明

副主任：谢慈庭　张志远　李　崴　彭洁开　黄守灯

文史资料研究委员会主任：刘　陶

副主任：区　铁　罗宗海　曾庆榴　邱　捷

经济委员会主任：冯灼烽

副主任：黄绪荣　吴晓峰　林兆平　张柏鉴　刘德谷

科教文卫体委员会主任：王秀柔（女）

副主任：许任之　杨　樯　李泰谦　蔡时英　张孝娟（女）　龙章清

社会与法制委员会主任：陈文冠

副主任：黎柳莲（女）　王守昌　范秀远　林道英　彭巨卿　刘清海

华侨港澳台胞联络委员会主任：廖鸿兴

副主任：曾燕祥　陈毓铮　何开波　林森权　温兰子（女）　卢秉肃

1998年9月24日，八届委员会第四次常委会会议通过增补肖蔚彬为学习委员会副主任。

1999年7月15日，八届委员会第七次常委会会议通过增补陈书燕为科教文卫体委员会副主任，黄成柱为经济委员会副主任。

2000年6月29日，八届委员会第十一次常委会会议通过增补邱金用为学习委员会副主任，纪力清、汤彤海为经济委员会副主任，蓝红为科教文卫体委员会副主任，刘文炎、张宝连为社会与法制委员会副主任，巢振威为华侨港澳台胞联络委员会副主任；通过免去温兰子的华侨港澳台胞联络委员会副主任的职务。

第二节　办公厅及内设机构

一、第四届委员会办事机构

第四届委员会办事机构设秘书处、人事处、地方政协联络处、学习委员会办公室、文史资料研究委员会办公室、知识青年办公室、委员工作组办公室。

1978年3月，省编制领导小组批准省政协内设人事处、秘书处、学习委员会办公室、文史资料研究委员会办公室、学术资料研究委员会办公室和对台工作组。

1979年8月17日，四届委员会第四次常委会会议决定撤销人事处，改设人事科，隶属秘书处领导。

二、第五届委员会办公厅

1983年7月8日，省编制领导小组批复同意省政协设办公厅（内设秘书科、总务科、人事科）、委员工作组办公室、学习委员会办公室、文史资料研究委员会办公室、“三胞”联络委员会办公室。

1984年9月，办公厅内撤科设处：设秘书处、综合联络处、人事处、行政处。

1985年4月24日，中共广东省委办公厅发出通知，明确省政协办公厅为厅局级。

办公厅主任：（缺）

　　副主任：施业辉（1985年11月任）

　　　　　　尹　岗（1987年5月任）

1987年11月，省编委批复同意省政协增设提案工作委员会办公室。

三、第六届委员会办公厅

办公厅主任：肖天山（秘书长兼，1988年2月任）

　　副主任：施业辉（1991年6月免）

　　　　　　尹　岗（1990年6月免）

王铁文（1991年6月任）

尤卓勤（1991年6月任）

孟　华（女，1991年6月任）

办公厅内设秘书处、综合联络处、人事处、行政处、学习委员会办公室、文史资料研究委员会办公室、“三胞”联络委员会办公室、提案委员会办公室。

1988年1月28日，六届委员会第一次常委会会议决定，“三胞”委员会办公室改称华侨港澳台胞联络委员会办公室；增设经济委员会办公室、科教文卫体委员会办公室及法制、工青妇、民族宗教委员会办公室。

四、第七届委员会办公厅

办公厅主任：李国泰（1993年2月任）

副主任：王铁文（1996年4月任）

尤卓勤（1996年4月任）

孟　华（女，1996年4月任）

陈华一（1996年4月任）

办公厅下设综合联络处、秘书处、人事处、老干部工作处、行政处、接待处、提案委员会办公室、学习委员会办公室、文史资料研究委员会办公室、经济委员会办公室、科教文卫体委员会办公室、法制工青妇民族宗教委员会办公室、华侨港澳台胞联络委员会办公室。

五、第八届委员会办公厅

办公厅主任：李国泰（秘书长兼，1998年1月任）

施业辉（1998年6月任）

副主任：陈华一

陈一珠（女，1998年6月任）

李振华（1998年6月任）

办公厅下设综合联络处、秘书处、人事处、老干部工作处、行政处、联络处、提案委员会办公室、学习委员会办公室、文史资料研究委员会办公室、经济委员会办公室、科教文卫体委员会办公室、社会和法制委员会办公室、华侨港澳台胞联络委员会办公室。

第三章　政协会议

第一节　省政协全体会议

省政协全体委员会议由常务委员会主持召开（每届第一次会议由会议选举的主席团主持），全体委员出席会议，并邀请在广州的全国政协委员、省政府参事室参事、文史馆馆员、有关大专院校的统战部长、各市县政协主席和省政协机关、省统战系统有关单位副厅级以上（非委员）干部及参加会议工作的处级以上干部列席会议。按照政协章程规定，全体委员会议每年召开一次。会议主要行使下列职权：选举主席、副主席、秘书长和常务委员；听取和审议常务委员会的工作报告、提案委员会的提案工作情况报告；参与对国家和地方事务的重要问题的讨论，提出建议和批评；讨论并通过有关的决议。从1959年10月3—12日召开的二届二次会议起，省政协全体委员会议与省人民代表大会同时举行，并列席省人大会议，听取和讨论省政府工作报告及有关报告。会议期间，参加政协的各民主党派、人民团体和委员（可以以单位的名义，也可以以个人名义或联名）通过提出提案、在大会上作专题发言、参加专题座谈等形式，履行职能，参政议政。

一、第四届委员会全体会议

政协广东省第四届委员会，任期从1977年12月至1983年4月，共召开5次全体会议。

四届一次会议于1977年12月11—19日召开。出席会议的委员共793人。会议听取副主席肖焕辉所作的政协广东省第三届委员会常委会工作报告；列席省五届人大一次会议；听取省革命委员会副主任焦林义所作的省革命委员会工作报告；选举王首道为政协广东省第四届委员会主席，刘田夫、尹林平、罗范群、郭棣活、张泊泉、梁广、肖焕辉、周志飞、云广英、谭天度、萧隽英、蚁美厚、黄友谋、罗明、罗浚、王越、罗雄才为副主席，谭桂明为秘书长，138人为常务委员；通过有关决议。

四届二次会议于1979年12月14—27日召开。出席会议的委员共862人。会议学习中共十一届三中全会、五届全国人大二次会议、全国政协五届二次会议的精神及全国人大常委会委员长叶剑英在庆祝中华人民共和国成立三十周年大会上的讲话；听取副主席尹林平所作的省政协常委会工作报告；列席省五届人大二次会议；听取省革命委员会主任习仲勋所作的省革命委员会工作报告及其他报告；选举尹林平为主席，增补周楠、黄康、莫雄、邬强、刘祥庆、廖似光、曾天节、吴仲禧、郭翘然、胡希明、陈祖沛、陈伊林、伍觉天、刁沼芬为副主席，选举左洪涛为秘书长，增补24人为常务委员；通过有关决议。会议于12月27日发表致台湾同胞和各界人士书，欢迎台湾人民团体和各界人士到广东或经广东到全国各地旅游参观，探亲访友，进行经济、科学、文化、体育交流，互相学习、互相支持，共同合作；呼吁台湾各界同胞和朋友们发挥自己的聪明才智和影响，敦促台湾当局为早日实现统一祖国大业作出抉择和贡献。会议收到提案517件。

四届三次会议于1981年2月23日至3月5日召开。出席会议的委员共847人。会议听取副主席张泊泉所作的省政协常委会工作报告；列席省五届人大三次会议；听取副省长刘田夫所作的省政府工作报告及其他报告；增选左洪涛、李伯球为副主席，3人为常务委员；会议收到提案268件，立案258件，转作委员意见处理10件。会议审议了提案委员会关于四届三次会议提案审查情况的报告；通过有关决议。

四届四次会议于1982年2月22—28日召开。出席会议的委员共851人。会议听取副主席左洪涛所作的省政协常委会工作报告；列席省五届人大四次会议；听取省长刘田夫所作的省政府工作报告及其他报告；会议收到提案266件。会议审议了提案委员会关于四届四次会议提案审查情况的报告；通过有关决议。

四届五次会议于1982年12月22日至3月2日召开。出席会议的委员共832人。会议听取副主席左洪涛所作的省政协常委会工作报告；列席省五届人大五次会议；听取省长刘田夫所作的省政府工作报告及其他报告；学习五届全国人大五次会议通过的新宪法和全国政协五届五次会议通过的新章程；会议收到提案100件。会议审议提案委员会关于四届五次会议提案审查情况的报告；通过有关决议。

二、第五届委员会全体会议

政协广东省第五届委员会，任期从1983年4月至1988年1月，共召开6次全体会议。

五届一次会议于1983年4月2—9日召开。出席会议的委员共763人。会议听取第四届委员会主席尹林平所作的政协广东省第四届委员会常务委员会工作报告；列席省六届人大一次会议；听取省长刘田夫所作的《加快改革步伐，充分发挥优势，为全面超额完成第六个五年计划而奋斗》的报告；选举梁威林为政协广东省第五届委员会主席，郑群、罗浚、王越、黄康、廖似光（女）、曾天节、吴仲禧、郭翘然、胡希明、陈祖沛、陈伊林、伍觉天、刁沼芬、左洪涛、李伯球、李洁之为副主席，黄大仿为秘书长，120人为常务委员；会议收到提案319件，立案305件，转作委员意见处理19件。会议审议提案委员会关于五届一次会议提案审查情况的报告；通过有关决议。

五届二次会议于1984年6月24—30日召开。出席会议的委员共796人。会议听取了副主席郭翘然所作的省政协常委会工作报告；列席省六届人大二次会议；听取省长梁灵光所作的省政府工作报告及其他报告，增补13人为常务委员；会议收到提案235件，立案212件，转作委员意见处理23件。会议审议提案委员会关于五届二次会议提案审查情况的报告；通过有关决议。

五届三次会议于1985年5月12—19日召开。出席会议的委员共798人。会议听取副主席郭翘然所作的省政协常委会工作报告；副主席郑群所作的省政协常委会关于落实政策工作情况报告；列席省六届人大三次会议；听取省长梁灵光所作的省政府工作报告及其他报告；选举肖耀堂为秘书长，增选16人为常务委员；会议收到提案240件，立案228件，转作委员意见处理12件。会议审议提案委员会关于五届三次会议提案审查情况的报告；通过有关决议。

五届四次会议于1985年8月30日至9月1日召开。出席会议的委员共785人。会议通过关于主席梁威林和副主席廖似光、左洪涛及13位常务委员请求辞职的决议，选举吴南生为主席，补选杨应彬、祁烽、何宝松、黄耀燊、李辰为副主席，增补8人为常务委员；会议收到提案209件，立案204件，转作委员意见处理5件。会议审议提案委员会关于五届四次会议提案审查情况的报告；通过了有关决议。

五届五次会议于1986年5月20—27日召开。出席会议的委员共821人。会议听取副主席杨应彬所作的省政协常委会工作报告；列席省六届人大五次会议；听取省长叶选平所作的省政府工作报告及其他报告；增补15人为常务委员；会议收到提案312件，立案309件，转作委员意见处理3件。会议审议提案委员会关于五届五次会议提案审查情况的报告；会议收到大会发言材料55份，有40位委员在大会上发言；通过有关决议。

五届六次会议于1987年6月22—27日召开。出席会议的委员共821人。会议听取副主席王越所作的省政协常委会工作报告；副主席祁烽关于开展“三胞”联谊工作的报告；列席省六届人大六次会议；听取省长叶选平所作的省政府工作报告；会议收到政协委员提案242件。立案242件，会议审议提案委员会关于五届六次会议提案审查情况的报告；会议收到大会发言材料68份，有40位委员在大会上发言；通过有关决议。

三、第六届委员会全体会议

政协广东省第六届委员会，任期从1988年1月至1993年2月，共召开5次全体会议。

六届一次会议于1988年1月17—27日召开。出席会议的委员共795人。会议听取第五届委员会主席吴南生所作的政协广东省第五届委员会常委会工作报告；列席省七届人大一次会议；听取省长叶选平所作的省政府工作报告及其他报告；选举吴南生为政协广东省第六届委员会主席，杨应彬、郑群、祁烽、王屏山、黄清渠、何宝松、黄耀燊、李辰、陈子彬、李金培、沈永椿为副主席，肖耀堂为秘书长，140人为常务委员；会议收到提案253件，立案250件，转作委员意见处理3件。会议审议提案委员会关于六届一次会议提案审查情况的报告；会议收到大会发言材料35份，有35位委员在大会上发言，其中5位委员分别以民革、民盟、民进、台盟广东省委员会和工商联的名义发言；通过有关决议。

六届二次会议于1989年3月1—8日召开。出席会议的委员共674人。会议听取副主席郑群所作的省政协常委会工作报告；列席省七届人大二次会议；听取省长叶选平所作的省政府工作报告；增选张展霞（女）、曾近义为副主席，增补7人为常务委员；会议收到提案322件，立案316件，转作委员意见处理6件。会议审议了提案委员会关于六届二次会议提案审查情况的报告；会议收到大会发言材料24份，有24位委员在大会上发言，其中5位委员分别以民进、农工党、致公党、九三学社广东省委员会和省工商联的名义发言；通过有关决议。

六届三次会议于1990年3月1—7日召开。出席会议的委员共758人。会议听取副主席王屏山所作的省政协常委会工作报告；列席省七届人大三次会议；听取副省长匡吉所作的省政府工作报告征求意见稿的说明，讨论省政府工作报告征求意见稿；增选杨奎章为副主席，7人为常务委员；会议收到提案270件，立案215件，转作委员意见处理55件。会议审议了提案委员会关于六届三次会议提案审查情况的报告；会议收到大会发言材料24份，有24位委员在大会上发言，其中7位委员分别以民盟、民建、农工党、致公党、九三学社、台盟广东省委员会和省工商联的名义发言；通过有关决议。会议期间，3月5日下午，与会同志出席了省政协、各民主党派办公大楼落成典礼。

六届四次会议于1991年3月5—12日召开。出席会议的委员共664人。会议听取副主席黄耀燊所作的省政协常委会工作报告；列席省七届人大四次会议；听取省长叶选平所作的省政府工作报告；增选肖耀堂为副主席，选举肖天山为秘书长，补选3人为常务委员；会议收到提案290件，立案263件，转作委员意见处理27件。会议审议了提案委员会关于六届四次会议提案审查情况的报告；会议收到大会发言材料29份，有19位委员在大会上发言，其中6位委员分别以民盟、民建、民进、农工党、九三学社广东省委员会和省工商联的名义发言；通过有关决议。

六届五次会议于1992年1月6—13日召开。出席会议的委员共615人。会议听取副主席何宝松所作的省政协常委会工作报告；列席省七届人大五次会议；听取代省长朱森林所作的省政府工作报告；同意祁烽辞去副主席职务和王才元等9人辞去常委职务的请求；增选匡吉为副主席，增补10人为常务委员；会议收到提案393件，立案393件。会议审议了提案委员会关于六届五次会议提案审查情况的报告；会议收到大会发言材料29份，有19位委员在大会上发言，其中有6位委员分别以民盟、民建、民进、农工党、九三学社广东省委员会和省工商联的名义发言；通过有关决议。

四、第七届委员会全体会议

政协广东省第七届委员会，任期从1993年1月至1998年2月，共召开5次全体会议。

七届一次会议于1993年1月28日至2月6日召开。出席会议的委员共651人。会议听取第六届委员会副主席张展霞所作的政协广东省第六届委员会常委会工作报告；列席省八届人大一次会议；听取省长朱森林所作的省政府工作报告；选举郭荣昌为政协广东省第七届委员会主席，黄浩、黄耀燊、李辰、肖耀堂、李金培、沈永椿、张展霞（女）、曾近义、林兴胜为副主席，廖鸿兴为秘书长，134人为常务委员；会议收到提案318件，立案282件，转作委员意见处理36件。会议审议提案委员会关于七届一次会议提案审查情况的报告；会议收到大会发言材料30份，有20位委员在大会上发言，其中有8位委员分别以民革、民盟、民建、民进、农工党、致公党、九三学社广东省委员会和省工商联的名义发言；通过有关决议。

七届二次会议于1994年2月17—22日召开。出席会议的委员共742人。会议听取和审议主席郭荣昌所作的省政协常委会工作报告；列席省八届人大二次会议；听取和讨论省长朱森林所作的省政府工作报告和其他报告；增选6人为常务委员；会议收到提案316件，立案306件，转作委员意见处理10件。会议审议提案委员会关于七届二次会议提案审查情况的报告；会议收到大会发言材料27份，有18位委员在大会上发言，其中有8位委员分别以民革、民盟、民建、民进、农工党、致公党、九三学社广东省委员会和省工商联的名义发言；通过有关决议。

七届三次会议于1995年2月16—21日召开。出席会议的委员共743人。会议听取和审议副主席黄浩所作的省政协常委会工作报告；列席省八届人大三次会议；听取和讨论省长朱森林所作的政府工作报告和其他报告；会议收到提案277件，立案263件，转作委员意见处理14件。会议审议提案委员会关于七届三次会议提案审查情况的报告；会议收到大会发言材料23份，有17位委员在大会上发言，其中9位委员分别以民革、民盟、民建、民进、农工党、致公党、九三学社、台盟广东省委员会和省工商联的名义发言；通过有关决议。

七届四次会议于1996年2月1—6日召开。出席会议的委员共853人。会议听取和审议副主席李金培所作的省政协常委会工作报告；列席省八届人大四次会议；听取和讨论省长朱森林所作的政府工作报告和其他报告；会议补选昝云龙、康乐书为省政协副主席，21人为常务委员。会议收到提案364件，立案360件，转作委员意见处理4件。会议收到大会发言材料23份，有18位委员在大会上发言，其中9位委员分别以民革、民盟、民建、民进、农工党、致公党、九三学社、台盟广东省委员会和省工商联的名义发言。大会表彰七届一至三次会议以来特别优秀提案3件（其中一次会议1件、三次会议2件），优秀提案28件（其中一次会议8件、二次会议11件、三次会议9件）。郭荣昌在闭幕大会上讲话；通过有关决议。

七届五次会议于1997年2月15—20日召开。出席会议的委员共858人。会议听取和审议副主席肖耀堂所作的省政协常委会工作报告；列席省八届人大五次会议；听取和讨论省长卢瑞华所作的政府工作报告和其他报告；增选11人为常务委员；会议收到提案504件，立案466件，转作委员意见处理38件。会议审议了提案委员会关于七届五次会议提案审查情况的报告；会议收到大会发言材料23份，有18位委员在大会上发言，其中9位委员分别以民革、民盟、民建、民进、农工党、致公党、九三学社、台盟广东省委员会和省工商联的名义发言。会议表彰了省政协七届四次会议以来的23件优秀提案。郭荣昌在闭幕大会上讲话；审议通过有关的报告和决议。

五、第八届委员会全体会议

政协广东省第八届委员会从1998年1月至2000年1月共召开3次全体会议。

八届一次会议于1998年1月6—14日召开。出席会议的委员共838人。会议听取和审议七届委员会主席郭荣昌所作的政协广东省第七届委员会常委会工作报告；列席了省九届人大一次会议；听取和讨论省长卢瑞华所作的政府工作报告和其他报告；会议选举郭荣昌为政协广东省第八届委员会主席，王宗春、刘维明、李金培、张展霞（女）、康乐书、彭禹贤、韩大建（女）、潘金培、王珣章、林东海为副主席，李国泰为秘书长，148人为常务委员；会议收到提案294件，立案287件，转作委员意见处理7件；会议收到大会发言材料29份，有18位委员在大会上发言，其中10位委员分别以民革、民盟、民建、民进、农工党、致公党、九三学社、台盟广东省委员会和省工商联、省侨联的名义发言。会议表彰了省政协七届五次会议以来的33件优秀提案；郭荣昌在闭幕大会上讲话；审议通过有关的报告和决议。

八届二次会议于1999年1月25—30日召开。出席会议的委员共812人。会议听取和审议副主席王宗春所作的省政协常委会工作报告；列席省九届人大二次会议；听取和讨论省长卢瑞华所作的政府工作报告和其他报告；会议收到提案371件，立案358件，转作委员意见处理13件；会议收到大会发言材料35份，有20位委员在大会上发言，其中9位委员分别以民革、民盟、民建、民进、农工党、致公党、九三学社、台盟广东省委员会和省工商联的名义发言；会议表彰了省政协八届一次会议以来的21件优秀提案；郭荣昌在闭幕大会上讲话；审议通过有关的报告和决议。

八届三次会议于2000年1月20—25日召开。出席会议的委员共868人。会议听取和审议副主席刘维明所作的省政协常委会工作报告；列席省九届人大三次会议；听取和讨论省长卢瑞华所作的政府工作报告和其他报告；补选23人为常务委员；会议收到提案441件，立案441件；会议收到大会发言材料37份，有21位委员在大会上发言，其中9位委员分别以民革、民盟、民建、民进、农工党、致公党、九三学社、台盟广东省委员会和省工商联的名义发言；会议表彰了八届二次会议以来的24件优秀提案；郭荣昌在闭幕大会上讲话；审议和通过有关报告及决议。

第二节　省政协常委会议和主席会议

一、常委会议

省政协常务委员会会议由主席、副主席、秘书长、常务委员组成。非省政协常委的各专门委员会正、副主任，副秘书长和办公厅主任、副主任，机关各处室负责人，以及与议程有关的其他人员列席常务委员会会议；会议由主席主持，也可由主席委托的副主席主持。省政协第一、第二、第三届委员会的常务委员会会议基本上每月召开一次，第四、第五、第六、第七、第八届委员会的常务委员会会议改为每季度召开一次。常务委员会会议的议题范围广泛，也比较灵活。其主要职权是：召集并主持省政协全体会议；每届第一次全体会议前召开全体委员参加的预备会议，选举第一次全体会议主席团，由主席团主持第一次全体会议；组织实现中国人民政治协商会议章程规定的任务和全国委员会所作的全国性的决议和省政协全体会议的决议；本会全体会议闭会期间，审议通过提交中共广东省委、广东省人民政府的重要建议案；协商通过增补委员名单；审议提交省政协全体会议的文件；根据秘书长的提议，任免副秘书长，决定省政协工作机构的设置或变动，并任免其领导成员。

（一）第四届委员会常务委员会会议

省政协第四届委员会常务委员会共召开22次会议。

第一次会议于1977年12月19日召开。会议任命张平、陈夏苏、吴仲禧、陈伊林、胡希明、伍觉天、刁沼芬、胡伟夫、叶佩华为省政协副秘书长；决定设立学习委员会、文史资料研究委员会、学术资料研究委员会、对台工作组等为第四届委员会的工作机构；张泊泉为学习委员会主任、罗明为文史资料研究委员会主任、黄友谋为学术资料研究委员会主任、云广英为对台工作组组长。会议通过省政协第四届委员会今后工作的初步意见。

第二次会议于1978年3月19—21日召开。会议听取省政协副主席、省委统战部部长张泊泉关于五届全国人大一次会议和全国政协五届一次会议精神的传达报告，听取省委书记刘田夫讲话。

第三次会议于1978年8月11—14日召开。会议听取省委第一书记习仲勋关于国内外形势和广东形势的讲话；决定撤销学术资料研究委员会，改设委员工作组办公室，任命张平为主任，左洪涛、胡伟夫、林务农为副主任，免去张平文史资料研究委员会副主任职务；任命左洪涛为省政协副秘书长，李光中为文史资料研究委员会副主任；增设国际、文化、教育、工商、医疗卫生、华侨、民族宗教、科学技术、妇女、法制共10个组。

第四次会议于1979年8月15—17日召开。会议听取省委第一书记习仲勋的讲话和省革委会副主任曾定石关于全省经济情况的通报；决定撤销人事处，改设人事科，隶属秘书处领导，原人事处副处长李云改任秘书处副处长；免去李光中文史资料研究委员会副主任职务，陈夏苏的副秘书长、学习委员会副主任职务；任命胡伟夫兼任学习委员会副主任，免去其所兼的委员工作组办公室副主任职务。

第五次会议于1979年12月3日召开。会议协商决定召开省政协四届二次会议的日期和议程，审议通过省政协常委会工作报告（草案），协商通过增补委员名单、省政协四届二次会议提案审查委员会委员名单及提案工作方案、四届二次会议分组办法和小组召集人名单。

第六次会议于1979年12月14日召开。会议通过省政协四届二次会议日程，协商通过增补委员名单。

第七次会议于1979年12月24日召开。会议审议通过省政协四届二次会议政治决议（草案）、常委会工作报告决议（草案）、提案审查工作报告决议（草案），补选主席，增选副主席、常委，补选秘书长候选人名单（草案）。

第八次会议于1979年12月27日召开。会议通过人事任免事项。

第九次会议于1980年2月28日至3月1日召开。会议学习邓小平《目前的形势和任务》的讲话，听取省选举委员会负责人关于全省选举工作的报告；任命郭翘然、李洁之为文史资料研究委员会副主任，魏鉴贤为学习委员会副主任。

第十次会议于1980年7月16—18日召开。会议听取副省长孟宪德关于省农业情况的报告；任命江穆为省政协副秘书长。

第十一次会议于1980年12月9—11日召开。会议讨论修改政协章程；讨论通过关于1981年隆重纪念辛亥革命70周年的决定及其筹备委员会名单；协商通过增补委员名单，任命陈志期为省政协副秘书长。中共广东省委第一书记任仲夷、省委书记梁灵光会见到会委员并讲话。

第十二次会议于1981年2月19日召开。会议通过省政协四届三次会议的议程和日程安排（草案）、省政协常委会工作报告（草案）、四届二次会议提案办理情况的报告（草案）、四届三次会议提案审查委员会成员名单（草案）。

第十三次会议于1981年3月3日召开。会议协商通过增补副主席、常委候选人名单、省政协四届三次会议有关决议（草案）。

第十四次会议于1981年6月12—13日召开。会议听取关于省政协有关工作情况的汇报和省农委负责人关于全省农业情况的通报；决定由李伯球兼任文史资料研究委员会主任，免去罗明文史资料研究委员会主任职务。

第十五次会议于1981年10月29—31日召开。会议听取关于省政协工作情况的汇报、省经委副主任李逊关于全省工业生产形势和经济调整情况的报告；任命吴仲为省政协副秘书长兼文史资料研究委员会副主任。

第十六次会议于1982年2月8—9日召开。会议讨论通过召开省政协四届四次会议的议程和日程（草案）、常委会工作报告（草案）、四届三次会议以来提案办理情况的报告（草案），协商通过增补委员名单。

第十七次会议于1982年2月28日召开。会议讨论通过省政协四届四次会议有关决议（草案）。

第十八次会议于1982年6月7—8日召开。会议讨论《中华人民共和国宪法修改草案》，审议常委会工作报告（草案），通过关于号召全省各界人士认真讨论《中华人民共和国宪法修改草案》的决议和关于常委会工作报告（草案）的决议。

第十九次会议于1982年7月27—29日召开。会议听取省政协副主席兼秘书长左洪涛关于全国政协五届十九次常委会议精神的传达报告，学习讨论《中国人民政治协商会议章程修改草案》。

第二十次会议于1982年12月20日召开。会议讨论通过召开省政协四届五次会议的议程和日程、常委会工作报告（草案）和关于省政协四届四次会议以来提案办理情况的报告（草案）。

第二十一次会议于1982年12月27日召开。会议讨论通过省政协四届五次会议的有关决议（草案）。

第二十二次会议于1983年3月21日召开。会议讨论通过召开省政协五届一次会议的议程和日程；审议通过省政协第四届委员会常委会工作报告（草案）及关于四届五次会议以来提案办理情况的书面报告（草案）；协商通过省政协第五届委员会委员名单、省政协五届一次会议主席团名单（草案）、提案审查委员会委员名单（草案）。

（二）第五届委员会常务委员会会议

省政协第五届委员会常务委员会共召开23次会议。

第一次会议于1983年4月10日召开。会议任命张平、江穆、吴仲、魏均沛为省政协副秘书长。

第二次会议于1983年7月4—6日召开。会议传达学习六届全国人大一次会议和全国政协六届一次会议的精神，通过《关于学习、贯彻六届全国人大第一次会议和六届全国政协第一次会议文件的决议》以及学习委员会、文史资料研究委员会、“三胞”联络委员会3个委员会的组成人员名单，副主席曾天节兼任“三胞”联络委员会主任，左洪涛、陈景文、李辰、罗涛、程一鸣任副主任；副主席李伯球兼任文史资料研究委员会主任，李洁之、吴仲任副主任；副主席黄康兼任学习委员会主任，郭翘然、黄大仿、胡伟夫、魏鉴贤任副主任。

第三次会议于1983年10月5—7日召开。会议听取副主席左洪涛关于全国政协六届二次常委会会议精神的传达报告、秘书长黄大仿关于省政协半年工作情况及今后工作安排意见的汇报。

第四次会议于1984年1月23—26日召开。会议听取副主席左洪涛传达中央领导人关于落实政策问题的指示和全国政协六届三次常委会会议精神，副秘书长魏均沛作有关广东省政协委员政策落实情况的调查报告；任命陈重文为正处级办公厅副主任，司徒卿（女）为副处级办公厅副主任。

第五次会议于1984年6月12—13日召开。会议讨论通过省政协常委会工作报告（草案），五届一次会议提案办理情况报告（草案），召开五届二次会议的时间、议程、日程；协商通过增补委员名单；任命丁身尊为省政协副秘书长。

第六次会议于1984年6月28日召开。会议讨论通过省政协五届二次会议的政治决议（草案）、关于常委会工作报告的决议（草案）、关于五届二次会议提案审查情况的报告稿，协商通过了增补常委候选人名单。

第七次会议于1984年10月16—17日召开。会议讨论了9月中旬召开的市县政协工作经验交流会会议纪要，听取了省公安厅负责人关于全省打击刑事犯罪活动的情况介绍。

第八次会议于1984年12月15—18日召开。会议听取副主席李伯球传达全国政协六届七次常委扩大会议精神，副主席郑群传达全国政协与中央统战部联合召开的沿海开放城市和经济特区统战、政协工作座谈会精神，传达学习中共中央总书记胡耀邦在中央党校、民主党派座谈会上的重要讲话精神。

第九次会议于1985年4月29—30日召开。会议听取了关于六届全国人大三次会议和全国政协六届三次会议精神的传达报告，讨论决定召开省政协五届三次会议的时间、议程、日程，审议通过了省政协常委会工作报告（草案）、提案委员会关于五届二次会议以来提案工作办理情况的报告（草案），常委会关于落实政策工作情况的报告，协商通过增补委员名单。

第十次会议于1985年5月17日召开。会议通过省政协五届三次会议有关决议（草案）和提案审查情况的报告（草案），协商通过增补常委候选人名单和改选秘书长候选人名单。

第十一次会议于1985年5月19日召开。会议任命肖天山为省政协副秘书长。

第十二次会议于1985年7月27日召开。会议讨论决定召开省政协五届四次会议的时间、议程和日程，协商通过增补委员名单。

第十三次会议于1985年8月27日召开。会议协商通过增补委员名单，改选主席，增补副主席、常委候选人名单；通过省政协五届四次会议关于主席梁威林，副主席廖似光（女）、左洪涛及12位常委请求辞职的决议（草案）等。

第十四次会议于1985年12月19—21日召开。会议听取省长叶选平关于全省经济工作情况的通报，中共广东省委书记王宁关于全省整党工作情况的通报；任命郭翘然为学习委员会主任，李洁之为文史资料研究委员会主任，何宝松为提案工作委员会主任。会议期间，全国政协主席邓颖超亲切会见了到会同志。

第十五次会议于1986年3月25—26日召开。会议听取副主席杨应彬关于全国政协召开的地方政协工作座谈会精神的传达报告，通过关于广东省筹备纪念孙中山先生诞辰120周年的决议，协商通过增补委员名单。

第十六次会议于1986年5月2—3日召开。会议协商决定召开省政协五届五次会议的时间、议程和日程，审议通过常委会工作报告（草案）、提案工作办理情况报告（草案），协商通过增补委员名单和常委候选人名单。

第十七次会议于1986年5月25日召开。会议通过省政协五届五次会议的有关决议（草案）和提案审查情况报告（草案）。

第十八次会议于1986年9月24—25日召开。会议讨论贯彻中共中央关于统一战线工作重要文件的问题，听取秘书长肖耀堂关于纪念孙中山诞辰120周年活动筹备工作情况的汇报和副主席杨应彬关于访问港澳地区情况的汇报。

第十九次会议于1986年12月18—20日召开。会议听取秘书长肖耀堂关于省政协下半年工作情况的汇报，副主席杨应彬关于省委工作会议精神的传达报告，副主席郑群关于全国统战工作会议精神的传达报告，省人民检察院检察长肖扬关于省检察院当前工作情况的通报。

第二十次会议于1987年3月18—20日召开。会议听取省长叶选平关于全省经济工作情况的通报以及省计委、经委、财办的负责人关于全省计划、工业、财政工作的情况通报。

第二十一次会议于1987年6月3—4日召开。会议讨论决定召开省政协五届六次会议的时间、议程和日程，审议通过常委会工作报告（草案）、提案工作办理情况报告（草案），协商通过增补委员名单。

第二十二次会议于1987年6月25日召开。会议通过省政协五届六次会议的有关决议（草案）和提案审查情况报告（草案）。

第二十三次会议于1987年12月10—14日召开。会议传达全国政协六届十次常委会议和全国地方政协主席工作座谈会精神，审议通过五届常委会工作报告（草案）、提案工作情况报告（草案），协商通过第六届委员会委员名单，协商通过省政协六届一次会议主席团成员名单（草案）。

（三）第六届委员会常务委员会会议

省政协第六届委员会常务委员会共召开23次会议。

第一次会议于1988年1月28日召开。会议任命肖天山、丁身尊、魏均沛为第六届委员会副秘书长；决定设立学习委员会、文史资料研究委员会、提案委员会、华侨港澳台胞联络委员会；任命副主席王屏山兼任学习委员会主任，黄大仿、陈炎武、林永孚、胡伟夫为副主任；副主席何宝松兼任文史资料研究委员会主任，丁身尊、李冲、曾理为副主任；副主席黄清渠兼任提案委员会主任，朱一明、魏均沛、张壁（女）为副主任；副主席祁烽兼任华侨港澳台胞联络委员会主任，李辰、程天富、肖天山、姚仍洲、何信泉、邝宇同（女）为副主任。通过关于成立广东省历届政协委员联谊会的决定。

第二次会议于1988年5月10—12日召开。会议传达全国政协七届一次会议精神，讨论通过《广东省历届政协委员联谊会章程》，增补部分委员。

第三次会议于1988年9月27—29日召开。会议传达中共中央政治局第九次会议精神和中共广东省委关于保持党政机关廉洁的会议精神，讨论全国政协《关于政治协商、民主监督的暂行条例》（征求意见稿）。

第四次会议于1988年12月26—28日召开。会议决定新设立经济、教育文化、科学技术、医卫体、法制、民族宗教、妇女青年共7个委员会。经济委员会设办公室，教育文化委员会、科技委员会及医卫体委员会合设一个办公室，法制委员会、民族宗教委员会及妇女青年委员会合设一个办公室。任命副主席郑群兼任学习委员会主任，张岳强、胡伟夫、陈炎武、林永孚、杨奎章为副主任；副主席何宝松兼任文史资料研究委员会主任，丁身尊、曾理、蒋华（女）为副主任；副主席祁烽兼任华侨港澳台胞联络委员会主任，黄清渠、李辰、程天富、肖天山、姚仍洲、卢法泉、何信泉、邝宇同（女）为副主任；副主席黄清渠兼任提案委员会主任，朱一明、魏均沛、张壁（女）、云汉为副主任；副主席沈永椿兼任经济委员会主任，赵华成、林东海、刘宜麟、马恩成、曾炳生、林旭初为副主任；副主席王屏山兼任教育文化委员会主任，杨子江、郭绍纲、梁琼芳、徐秉铮、詹伯慧为副主任；副主席李金培兼任科学技术委员会主任，尹敏、黄镇国、杨中、张竞千为副主任；副主席黄耀燊兼任医卫体委员会主任，张勤、曾宪梓、杜念祖、丘和明、曾昭胜、张法为副主任；副主席陈子彬兼任法制委员会、民族宗教委员会及妇女青年委员会主任，张培宇、王骏为法制委员会副主任；刘耀荃、陈冬、叶荫云为民族宗教委员会副主任；沈青（女）、陈琰文（女）、李正慈、李素华（女）为妇女青年委员会副主任。会议审议通过《政协广东省委员会常务委员会工作规则》，增补23人为委员。

第五次会议于1989年2月14—17日召开。会议通过召开六届二次会议的决定，讨论省政府工作报告（征求意见稿），审议通过省政协常委会工作报告（草案）；增补陈开枝、张元元、杨迈为经济委员会副主任，张大超为医卫体委员会副主任，李承植、曾会奇、钟平为法制委员会副主任，林道英为民族宗教委员会副主任，增补14名委员。

第六次会议于1989年3月6日召开。会议听取副秘书长肖天山关于六届二次会议小组讨论情况报告，通过选举工作的有关事项和六届二次会议决议（草案）。

第七次会议于1989年7月4—5日召开。会议传达中共十三届四中全会和邓小平重要讲话精神，通过《政协广东省委员会专门委员会组织通则》，增补副主席张展霞（女）兼任妇女青年委员会主任，副主席曾近义兼任提案委员会主任。

第八次会议于1989年9月18—19日召开。省委书记林若和副省长刘维明分别代表省委、省政府到会通报广东的政治、经济形势和主要工作部署。会议增补部分委员并撤销刘建军委员资格。

第九次会议于1989年12月28—29日召开。会议传达中共十三届四中全会和全国政协七届八次常委会会议精神，省法院、省检察院负责人通报广东省贯彻中央两院“通告”情况。

第十次会议于1990年2月15—17日召开。会议审议通过省政协《关于政治协商、民主监督的暂行规定》，通过关于召开六届三次会议的决定，讨论省政府工作报告（征求意见稿），增补部分委员。

第十一次会议于1990年3月4日召开。会议通过六届三次会议各项决议（草案）。

第十二次会议于1990年5月25—26日召开。会议主要内容是学习《中共中央关于加强党和人民群众联系的决定》。副主席王屏山汇报省政协巡视组检查干部以权谋房情况。

第十三次会议于1990年9月20—22日召开。省政府负责人通报广东经济形势情况，省检察院检察长肖扬通报广东反贪污贿赂工作情况。副主席祁烽介绍国际形势。

第十四次会议于1990年12月25—26日召开。会议听取和讨论中共广东省委副书记郭荣昌传达全国对台工作会议精神，通过关于纪念辛亥革命80周年活动方案和决定，通过召开六届四次会议的决定。

第十五次会议于1991年2月5—7日召开。会议讨论省政府工作报告（征求意见稿），增补部分委员，通过关于将“归国华侨界”改为“侨联界”的决定。

第十六次会议于1991年3月9日召开。会议审议六届四次会议政治决议和常委会工作报告决议（草案），通过选举工作的有关事项。

第十七次会议于1991年6月12—14日召开。会议听取和讨论副省长匡吉关于广东省国民经济和社会发展十年规划和“八五”计划纲要制定和组织实施意见的通报，任命曾燕祥、施业辉、张志远为省政协副秘书长，尹岗为科教文委员会副主任，免去魏均沛、丁身尊的副秘书长职务，同意康昆焕、孔令毅辞去委员职务，同意撤销孔捷生的委员资格。

第十八次会议于1991年9月5—7日召开。会议专题学习省委、省政府关于依靠科技进步推动经济发展的决定和中共广东省委书记谢非关于《广东今后经济发展必须依靠科技进步》的讲话，并邀请副省长卢钟鹤通报全省依靠科技进步，推动经济发展的情况。

第十九次会议于1991年12月10—13日召开。会议学习中共十三届八中全会精神，讨论了省政府工作报告（征求意见稿），通过关于召开六届五次会议的决定。

第二十次会议于1992年1月10日召开。会议通过六届五次会议各项决议（草案）。

第二十一次会议于1992年6月25—27日召开。会议听取和讨论副省长卢瑞华关于广东经济形势和力争20年赶上亚洲“四小龙”的构想的情况通报；通过提案工作条例。增补调整部分专门委员会主任、副主任，副主席李辰兼任华侨港澳台胞联络委员会主任，增补王文彬、王善荣为副主任，副主席沈永椿兼任华侨港澳台胞联络委员会副主任，不再兼任经济委员会主任；副主席匡吉兼任经济委员会主任，增补窦英俊、李德成、周启瑞为副主任；增补吴群继为提案委员会副主任，杜联坚为教育文化委员会副主任，王秀柔（女）为科技委员会副主任，魏振兰为医卫体委员会副主任，黄广尧、孙克杰为民族宗教委员会副主任，林木声为妇女青年委员会副主任；任命李国泰为省政协副秘书长。

第二十二次会议于1992年9月17—19日召开。会议听取和讨论副省长刘维明关于省政府全体（扩大）会议和股份制改革的情况通报，省社会治安综合治理委员会副主任、省公安厅厅长陈绍基关于全省社会治安综合治理工作的情况通报。

第二十三次会议于1992年12月15—19日召开。会议听取了副省长卢钟鹤关于省政府工作报告（征求意见稿）的说明，对政府工作报告稿进行讨论。会议协商决定第七届委员会增设“经济界”，原来的“港澳同胞界”改为“香港人士界”和“澳门人士界”，通过第七届委员会委员名单，讨论决定召开省政协七届一次会议的日期。

（四）第七届委员会常务委员会会议

省政协第七届委员会常务委员会共召开25次会议。

第一次会议于1993年2月7日召开。会议任命李国泰、曾燕祥、张志远为省政协副秘书长。

第二次会议于1993年4月7—9日召开。会议听取副主席肖耀堂关于全国政协八届一次会议精神的传达报告。决定第七届委员会设置学习委员会，云汉为主任，吴群策、林永孚、韩毅之、陈本能、谢慈庭为副主任；文史资料研究委员会，刘耀荃为主任，丁身尊、曾醒时、卢苇为副主任；提案委员会，副主席曾近义兼任主任，吴群继、陈炎武、尤卓勤为副主任；华侨港澳台胞联络委员会，古志德为主任，王文彬、程天富、林晓亭、唐国俊、林东海、王善荣、何信泉、陈毓铮为副主任；经济委员会，肖郁文为主任，李胜洲、张元元、王尊祜、黄惠聪、胡朝懿、何文光为副主任；教育文化委员会，刘炽为主任，张德昌、陈仲言、陈翘（女）、梁琼芳、郭绍纲、孔棣华为副主任；科学技术委员会，王秀柔（女）为主任，毛礼镭、周泽华、李泰谦、刘筠谦、黄铮人（女）、杨樯为副主任；医药卫生体育委员会，黄光华为主任，魏振兰、李耀辉、赖世隆为副主任；法制委员会，郝迎春为主任，周统平、朱一明、杨振鄹、钟基年、陈致中为副主任；民族宗教委员会，肖天山为主任，林道英、刘文炎、林秉良、范秀远、释本焕为副主任；妇女青年委员会，张传英为主任，刘中燕（女）、王文赞、杨绍森、徐萍华（女）、李素华（女）、黄丽群（女）、周玉珍（女）为副主任。

第三次会议于1993年7月2—3日召开。会议听取副省长刘维明关于全省上半年经济工作情况的通报，通过《广东省政协历届委员联谊会章程》修改草案。

第四次会议于1993年12月22—23日召开。会议学习中共十四届三中全会和中共广东省委七届二次会议有关文件；审议通过省政协常委会工作报告（草案）和提案工作报告（草案）；审议各专门委员会1993年度工作报告；通过增补委员名单，增补李述龙、梁显达为文史资料研究委员会副主任，张孝娟、罗力生为医卫体委员会副主任。

第五次会议于1994年1月25—26日召开。会议听取副省长卢瑞华关于《政府工作报告》（征求意见稿）的说明；通过增补委员名单。

第六次会议于1994年2月20日下午召开。会议听取并审议通过补选广东省政协七届常务委员的说明和名单；审议通过七届二次会议选举大会监票人员名单和会议决议。

第七次会议于1994年5月17—19日召开。会议听取副省长欧广源通报全省农业和农村工作情况，并对此进行专题议政。

第八次会议于1994年9月27—29日召开。会议听取副省长钟启权通报全省1994年1—8月的经济运行情况；增补张磊为学习委员会副主任。

第九次会议于1994年12月27—29日召开。会议审议通过常委会工作报告（草案）和提案工作报告（草案）；增补49人为委员。

第十次会议于1995年1月19—20日召开。会议中心议题是讨论省政府的工作报告（征求意见稿）以及听取1994年全省检察工作情况的通报。

第十一次会议于1995年2月19日召开。会议通过省政协七届三次会议决议和提案审查情况报告。

第十二次会议于1995年5月30—6月1日召开。会议听取省委政法委书记陈绍基通报全省社会治安综合治理工作情况；审议通过《政协广东省委员会提案工作条例》；会议增补曹子东为法制委员会副主任，12位委员为专门委员会委员。

第十三次会议于1995年9月12—14日召开。会议听取副省长卢钟鹤关于全省教育现状及建设教育强省的通报；会议增补24人为委员；同意梁全稳辞去省政协委员的请求。

第十四次会议于1995年12月27—29日召开。会议审议通过常委会工作报告（草案）和提案工作情况报告（草案），审议通过《政协广东省委员会关于政治协商、民主监督、参政议政的规定》《政协广东省委员会关于委员参加本会活动的基本要求》两个文件；审议各专门委员会1995年工作报告。

第十五次会议于1996年1月11—12日召开。会议听取和讨论副省长卢瑞华作的《政府工作报告》（征求意见稿）的说明；审议通过常委会工作报告（草案）和提案工作情况报告（草案）；增补54人为委员，同意23位委员辞去省政协委员职务。

第十六次会议于1996年2月4日召开。会议协商补选七届政协副主席、常务委员候选人名单；审议通过四次会议选举办法及选举大会监票人名单，审议有关报告和决议。

第十七次会议于1996年6月25—27日召开。会议听取副省长卢钟鹤关于全省科技发展现状及实施科教兴省战略的情况通报。通过关于筹备纪念孙中山诞辰130周年的决议。同意刘耀荃辞去文史资料研究委员会主任职务，增补刘陶为文史资料研究委员会主任，徐恒彬、赖海晏、周耀明为副主任；张元元为经济委员会主任，黄挺、陈长清、王伟光、谭国侃为副主任；黄绥泉为提案委员会副主任；卓毅、何开波、谢文霖为华侨港澳台胞联络委员会副主任；傅家谟为科学技术委员会副主任；张训诚为医卫体委员会副主任；傅岳荣、严明、孔令渊为法制委员会副主任；温兰子（女）为妇女青年委员会副主任。

第十八次会议于1996年10月8—10日召开。会议听取副省长汤炳权所作的关于全省外商投资企业发展的回顾和展望的情况通报；并对此进行专题议政。

第十九次会议于1996年12月24—26日召开。会议审议通过常委会工作报告（草案）、《政协广东省委员会常务委员会工作规则（修正草案）》《政协广东省委员会专门委员会通则（草案）》；审议各专门委员会1996年工作报告。

第二十次会议于1997年1月15—17日召开。会议听取省长卢瑞华所作的关于省政府工作报告（征求意见稿）的说明，听取省人民法院、省人民检察院1996年工作情况的通报，并进行了讨论；审议通过提案工作情况的报告（草案）；增补23人为委员。

第二十一次会议于1997年2月18日召开。会议协商补选常务委员候选人名单；审议通过五次会议选举办法及选举大会监票人名单；审议七届五次会议决议（草案）和提案工作情况报告（草案）；会议任命林亚杰为省政协副秘书长，彭巨卿为省政协法制委员会副主任。

第二十二次会议于1997年6月3—5日召开。会议听取副省长钟启权关于全省国有企业的改革与发展情况的通报，省政协两个专题调查组的调查情况汇报以及顺德市政府关于完善改革、构建社会主义市场经济框架情况介绍，并认真地进行了讨论；听取省委政法委书记陈绍基关于当前全省毒品违法犯罪活动和开展禁毒工作情况的通报；通过任命施业辉为省政协副秘书长；增补朱士范为法制委员会副主任；同意伍明光辞去省政协委员职务。

第二十三次会议于1997年9月3—4日召开。会议主要就全省环境保护问题进行了专题讨论，听取副主席张展霞的专题发言和四个专题调查组的调查情况汇报，并认真地进行讨论。

第二十四次会议于1997年11月12—14日召开。会议审议并通过常委会工作报告（草案）、提案工作情况报告（草案），审议各专门委员会五年来的工作报告；会议通过对八届一次会议议程和日程的建议；增补龙章清为科教文委员会副主任、郑湘娟（女）为提案委员会副主任；会议还听取省人民法院、省人民检察院工作情况的通报。

第二十五次会议于1997年12月16—18日召开。会议听取省长卢瑞华关于《政府工作报告》（征求意见稿）的说明，并对工作报告进行讨论；会议决定广东省政协第八届委员会界别设置和委员名单；审议通过八届一次会议委员、列席人员编组原则。

（五）第八届委员会常务委员会会议

省政协第八届委员会常务委员会会议从1998年1月至2000年9月共召开12次会议。

第一次会议于1998年1月15日召开。会议任命施业辉、林亚杰为省政协八届委员会副秘书长；决定设置提案委员会、学习委员会、文史资料研究委员会、经济委员会、科教文卫体委员会、社会与法制委员会、华侨港澳台胞联络委员会等7个专门委员会。

第二次会议于1998年3月25—27日召开。会议主要是传达学习全国政协九届一次会议精神，学习政协章程及有关规定，研究进一步提高参政议政水平。会议决定蒋月明为提案委员会主任，蒋善利、郑先干、董兆英、卢菁光、郑湘娟（女）为副主任；周耀明为学习委员会主任，谢慈庭、张志远、李崴、彭洁开、黄守灯为副主任；刘陶为文史资料研究委员会主任，区鉷、罗宗海、曾庆榴、邱捷为副主任；冯灼锋为经济委员会主任，黄绪荣、吴晓峰、林兆平、张柏鉴、刘德谷为副主任；王秀柔为科教文卫体委员会主任，许任之、杨樯、李泰谦、蔡时英、张孝娟（女）、龙章清为副主任；陈文冠为社会与法制委员会主任，黎柳莲、王守昌、范秀远、林道英、刘清海、彭巨卿为副主任；廖鸿兴为华侨港澳台胞联络委员会主任，曾燕祥、陈毓铮、何开波、林森权、温兰子（女）、卢秉肃为副主任。增补1名委员。

第三次会议于1998年6月23—25日召开。会议听取副省长钟启权关于广东省国有企业下岗职工基本生活保障和再就业工作的情况通报，并进行专题议政；增补1名委员。

第四次会议于1998年9月22—24日召开。会议听取欧广源副省长关于广东省海洋经济发展情况的通报，科教文卫体委员会及三个专题调研组的专题汇报，并进行专题议政；听取今年全省开展严打集中统一行动的情况通报；审议任命孟华为省政协副秘书长、肖蔚彬为学习委员会副主任。

第五次会议于1999年1月4—6日召开。会议审议通过常委会工作报告（草案）、提案工作情况报告（草案）、各专门委员会1998年工作报告；听取省长卢瑞华关于《政府工作报告（征求意见稿）》的说明，并进行讨论；听取省委副书记高祀仁传达省委常委会议听取和讨论省政协党组工作汇报后所作的指示；听取省人民法院、省人民检察院的工作情况通报；增补47人为省政协委员。

第六次会议于1999年1月27日召开。会议审议通过八届二次会议决议（草案）；审议提案委员会关于八届二次会议提案审查情况的报告；同意王如登辞去省政协委员职务。

第七次会议于1999年7月13—15日召开。会议听取副省长欧广源关于当前全省农业农村工作情况的通报，3个调研组的专题调研情况汇报，并就“我省农业增产、农民增收和农村稳定的问题”进行专题议政；通过任命黄国建为省政协副秘书长，增补陈书燕为委员、科教文卫体委员会副主任，黄成柱为经济委员会副主任；同意撤销梁大同政协委员资格。

第八次会议于1999年10月6—8日召开。会议听取省科委的通报和4个调研组的专题调研情况汇报。并就当前全省深化科技体制改革的若干问题进行专题议政。

第九次会议于2000年1月5—7日召开。会议听取和讨论省长卢瑞华关于《政府工作报告（征求意见稿）》的说明；审议通过常委会工作报告（草案）；协商增补了47人为委员。

第十次会议于2000年1月23日召开。会议审议八届三次会议决议（草案）；审议通过八届三次会议选举办法和选举大会监票人名单；协商同意补选常务委员候选人名单；同意邹启宇辞去八届政协委员、常务委员的请求。

第十一次会议于2000年6月27—29日召开。会议听取副省长钟启权关于全省国有企业改革和发展问题的通报和委员会3个专题调研组的专题调研情况汇报，并就“我省国有企业改革和发展问题”进行专题议政；审议《政协广东省委员会提案工作条例》修改草案；协商增补琚立铭为八届政协副秘书长，邱金用为学习委员会副主任，纪力清、汤彤海为经济委员会副主任，蓝红为科教文卫体委员会副主任，刘文炎、张宝连为社会与法制委员会副主任，巢振威为华侨港澳台胞联络委员会副主任；通过免去温兰子（女）的华侨港澳台胞联络委员会副主任的职务。

第十二次会议于2000年9月27—29日召开。会议听取副省长汤炳权关于中国加入世贸组织对广东经济发展的影响及对策的情况通报和4个调研组的专题调研情况汇报，并对“抓住我国加入世贸组织的机遇，加快广东发展的若干问题”进行专题议政；通过免去龙章清科教文卫体委员会副主任的职务。

二、主席会议

省政协主席会议由省政协主席、副主席、秘书长组成，处理常务委员会的重要日常工作。主席会议的主要任务：

第一，协商讨论中共广东省委、省政府的重大方针政策以及政治、经济、文化、社会生活和统一战线中的重大问题，提出意见和建议。

第二，审查以省政协、常务委员会或主席会议的名义向中共广东省委、省政府提出的重要建议案。

第三，拟定常务委员会的议程、日程，审议提交常务委员会的文件。

第四，执行常务委员会会议决议。

第五，审议省政协及常务委员会的工作计划、工作报告和重要活动方案。

第六，审议各专门委员会年度工作计划和报告。

第七，决定任免专门委员会委员。

第八，处理常务委员会的其他日常工作。

会议的议程由主席提出，或由秘书长和秘书长会议提出，报主席决定。主席会议由主席主持，也可由主席委托的副主席主持，主席缺席时，由常务副主席主持。省政协副秘书长、办公厅主任和副主任以及与议程有关的人员列席。第四届、第五届委员会的主席会议每星期召开一次，第六届委员会改为每半月一次，第七、第八届委员会改为每月一次，必要时可临时召集。地方政协的主席会议于1982年12月正式载入政协章程，成为一种会议制度后，从1983年开始，省政协主席办公会议改为主席会议。

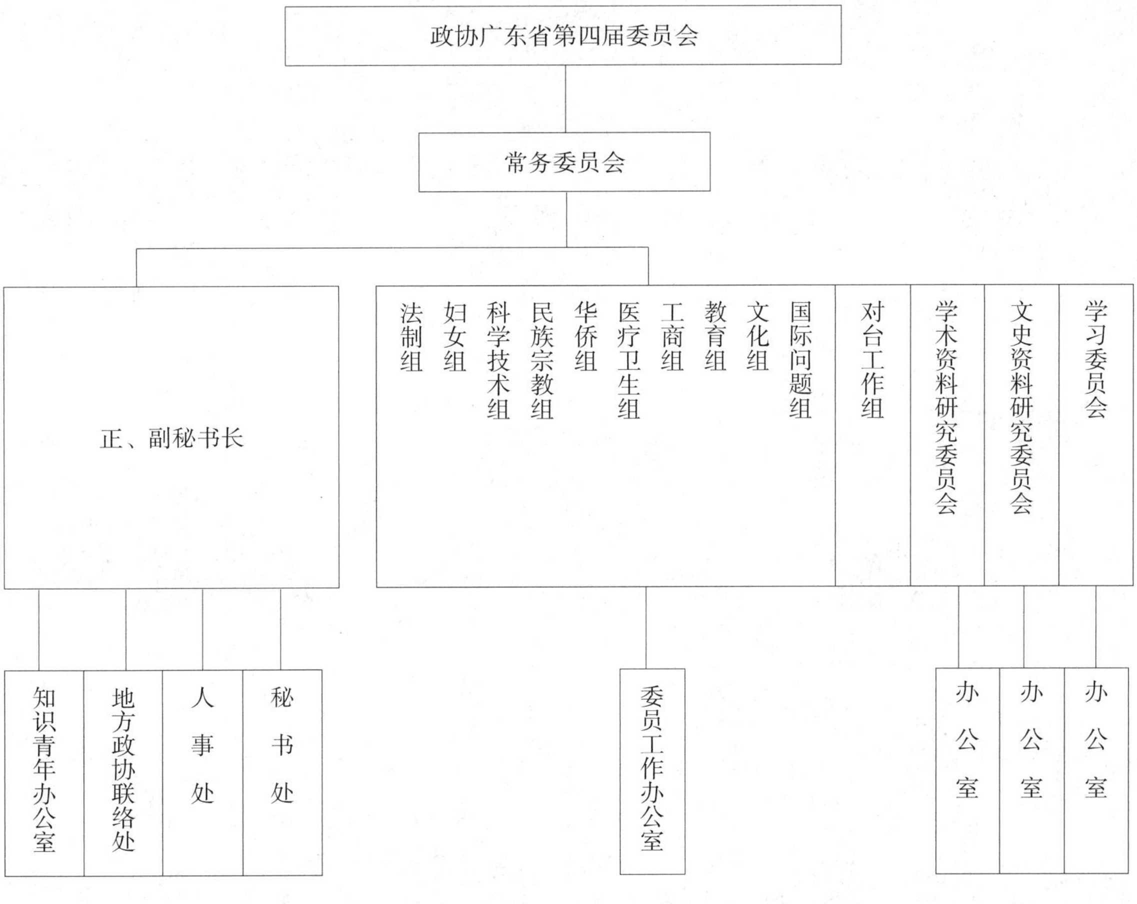

图3-1　政协广东省第四届委员会机构示意图

说明：1. 第四届委员会的组织机构，分为全体委员会、常务委员会两个层次；第五、六、七、八届委员会分为全体委员会、常务委员会、主席会议三个层次

2. 1978年8月14日，四届委员会第三次会议决定撤销学术资料研究委员会，改设委员工作组办公室；增设国际问题、文化、教育、工商、医疗卫生、华侨、民族宗教、科学技术、妇女、法制10个组

3. 1979年8月17日，四届委员会第四次常委会会议决定撤销人事处，改设人事科，隶属秘书处领导

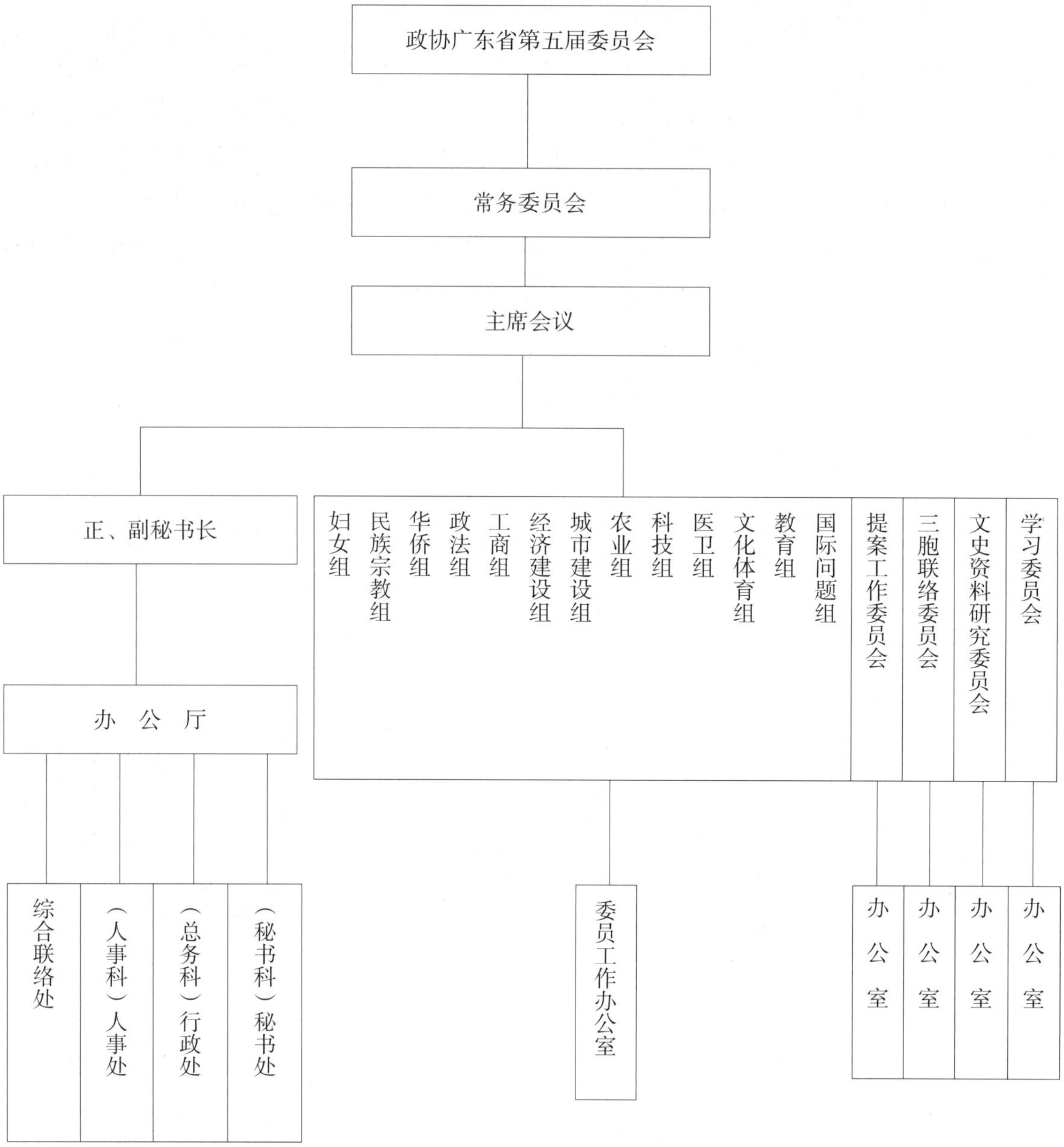

图3-2 政协广东省第五届委员会机构示意图

说明：1．委员会的办事机构是办公室，委员会办公室同时也是办公厅的内设机构

2．1984年9月，办公厅内撤科设处，秘书处、综合联络处、人事处、行政处

3．1985年4月24日，中共广东省委发出通知，明确省政协办公厅为厅局级

4．1985年12月，五届委员会第十四次常委会议通过增设提案工作委员会

5．1987年11月，省编委批复同意省政协增设提案工作委员会办公室

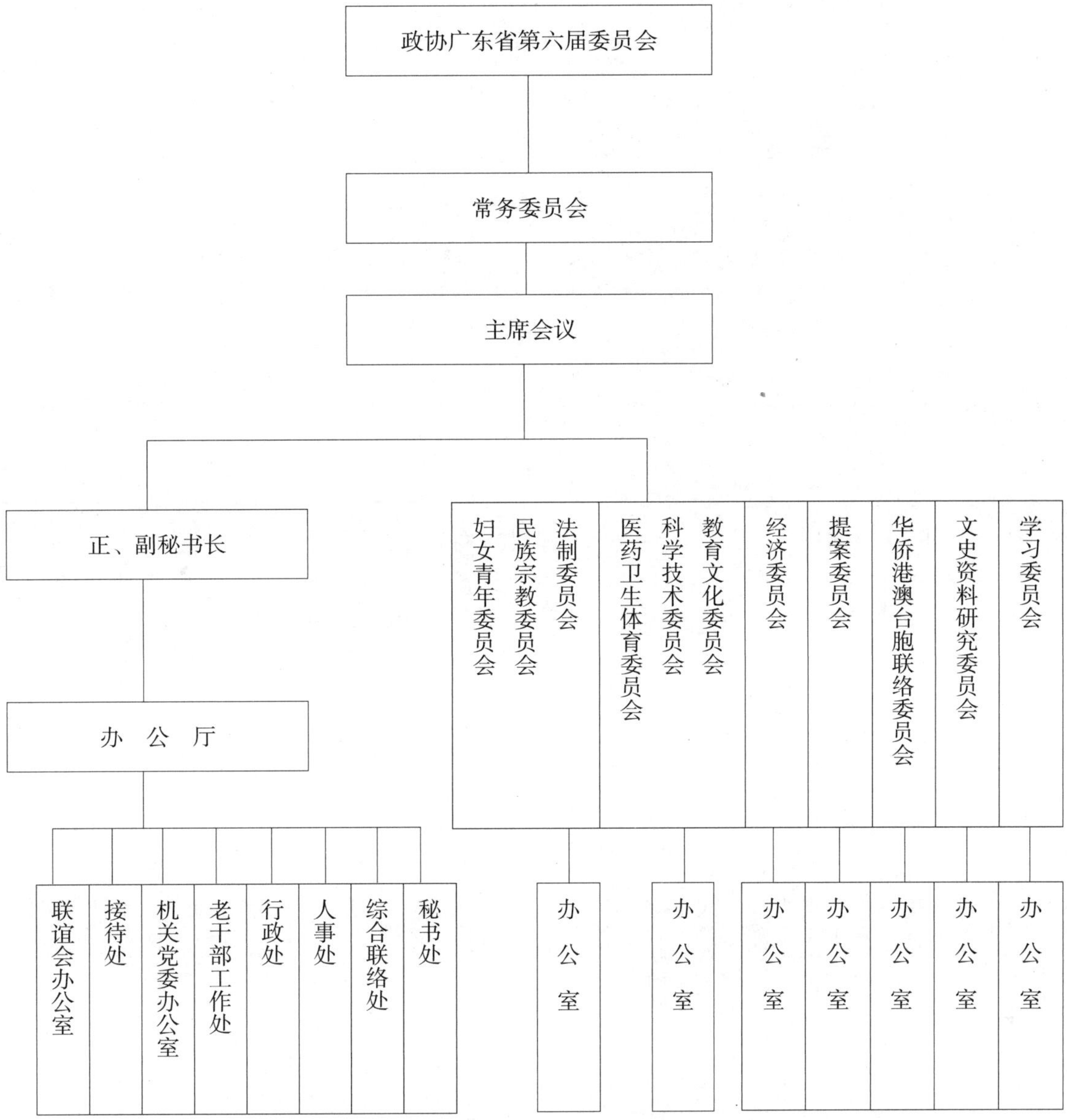

图3–3　政协广东省第六届委员会机构示意图

说明：1. 1988年1月，第一次常委会议决定把提案工作委员会更名为提案委员会

2. 1988年12月，第四次常委会决定增设经济委员会、教育文化委员会、科学技术委员会、医药卫生体育委员会、法制委员会、民族宗教委员会、妇女青年委员会为工作机构；“三胞”联络委员会更名为华侨港澳台胞联络委员会；增设经济委员会办公室、教育文化委员会、科技委员会、医卫体委员会办公室，法制委员会、民族宗教委员会、妇女青年委员会办公室为办事机构

3. 1989年5月，增设老干部工作处、联谊会办公室

4. 1990年5月，办公厅增设机关党委办公室

5. 1991年3月，办公厅增设接待处

6. 1996年，综合联络处更名为研究室

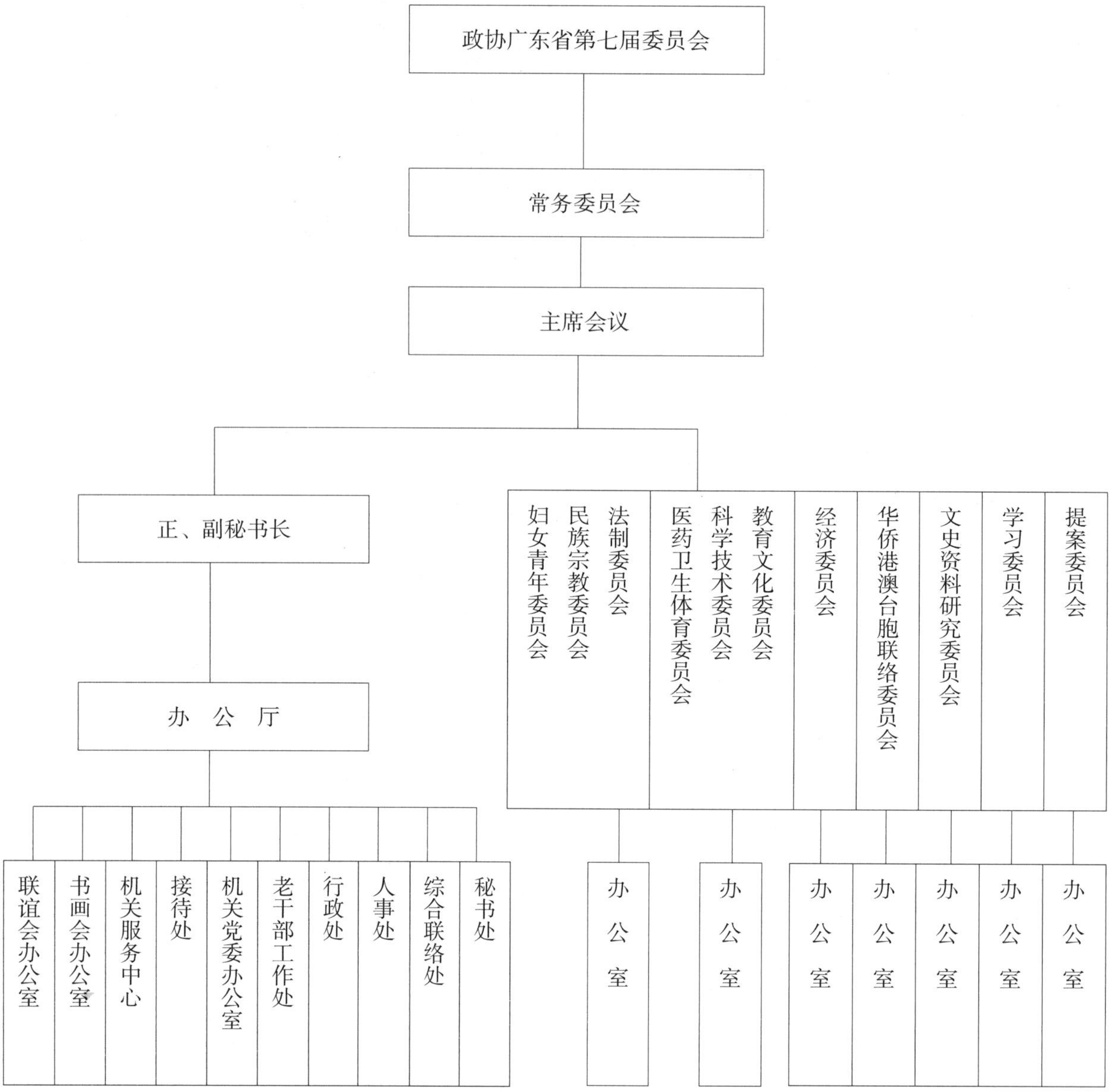

图3-4　政协广东省第七届委员会机构示意图

说明：1．1994年6月，成立书画会办公室

2．1996年，综合联络处更名为研究室

3．1996年10月，成立机关服务中心

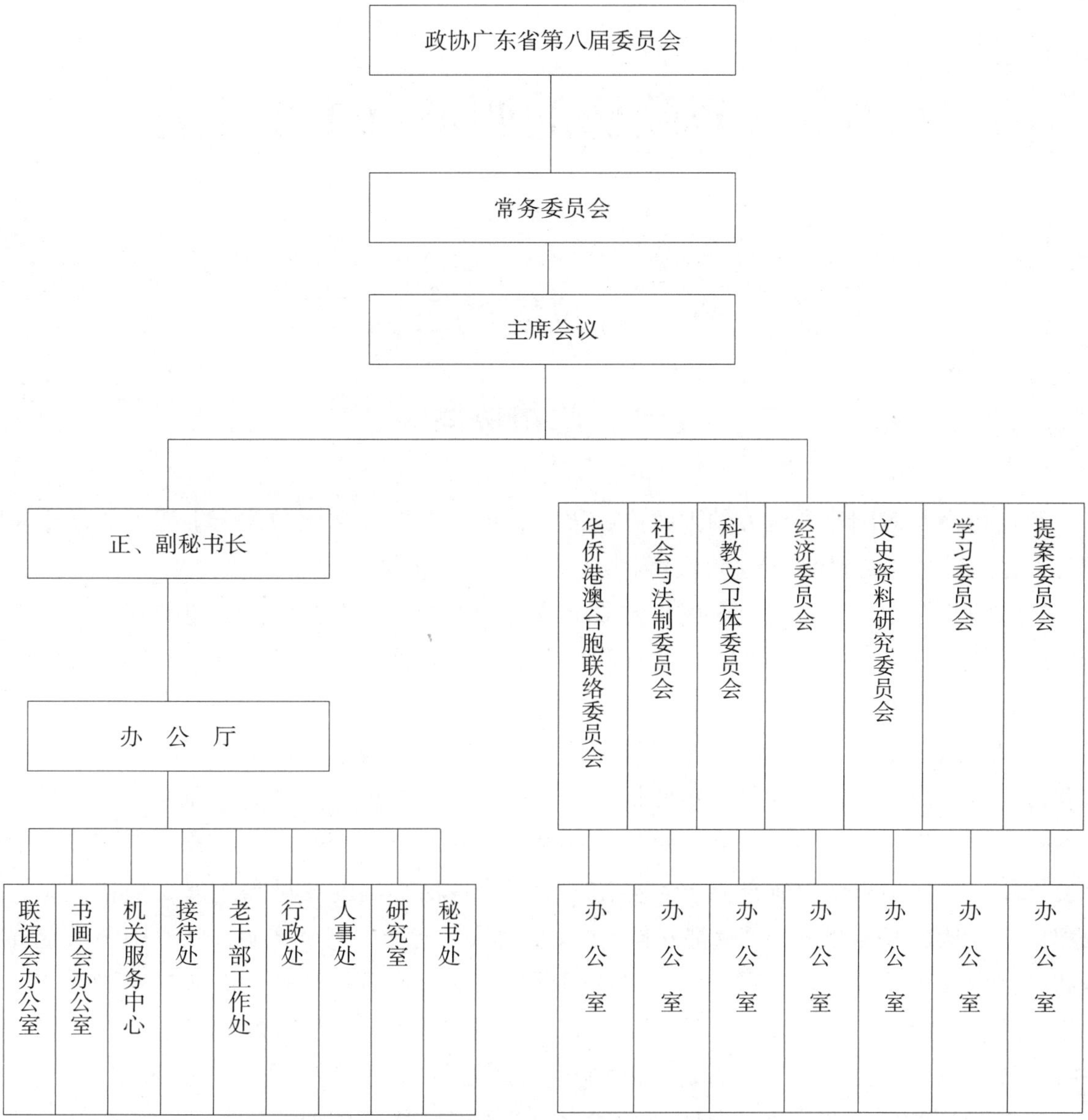

图3–5　政协广东省第八届委员会机构示意图

第四章　省政协的职能及主要工作

第一节　省政协的三大职能

一、政治协商

政治协商是对国家和地方的大政方针以及政治、经济、文化和社会生活中的重要问题在决策之前进行协商和就决策执行过程中的重要问题进行协商。

省政协充分运用全体委员会议、常委会议、主席会议、专题协商会等形式，对国家和全省的大政方针以及政治、经济、文化和社会生活中的重大问题进行协商。从1977年12月召开四届一次会议以来，基本上每年举行1次全体委员会议，4～5次常委会议。每年的全体委员会议听取和审议常委会的工作报告和提案工作情况的报告；列席省人民代表大会，听取和讨论省政府工作报告和其他重要报告。常委会议成为重要的政治协商形式，内容和方式不断有新的发展。1989年以后，每年都安排一次常委会议提前讨论省政府工作报告（征求意见稿），并请省政府领导同志到会作说明，会议所提出的意见和建议受到省政府的重视和接纳。从1994年开始，每年都安排2次常委会议，选择“三个文明”建设中涉及全省经济和社会发展有关国计民生重大而突出的问题，在深入调研的基础上进行专题议政，提出意见和建议。每次专题议政，省委、省政府有关领导都到会就议政的专题通报工作情况，并听取常委们的意见、建议，省政协提出的很多意见和建议得到省委、省政府采纳。

1977—1982年第四届委员会期间，省政协共召开五次全体会议、22次常委会议，学习贯彻中共十一届三中全会和中共十二大所制定的方针政策、《关于建国以来党的若干历史问题的决议》，讨论《中华人民共和国宪法修改草案》《中国人民政治协商会议章程修改草案》，就广东省国民经济和社会发展第六个五年计划，落实党的干部政策、知识分子政策、侨务政策等进行协商。

1983—1987年第五届委员会期间，省政协共召开六次全体会议、23次常委会议，就广东省政协委员政策落实情况、广东国民经济和社会发展十年规划和“七五”计划纲要等专题进行协商。

1988—1992年第六届委员会期间，省政协共召开五次全体会议、23次常委会议，学习贯彻中共十二大、十三大所制定的方针政策，《中共中央关于加强党和人民群众联系的决定》《中共中央关于坚持和完善中国共产党领导的多党合作和政治协商制度的意见》。就广东国民经济和社会发展十年规划和“八五”计划纲要、《广东省教育发展和改革方案（征求意见稿）》，以及依靠科技进步推动经济发展、股份制改革等专题进行协商。

1993—1997年第七届委员会期间，省政协共召开五次全体会议、25次常委会议，就建设教育强省、科教兴农、依靠科技进步提高大中型企业质量和效益、高新技术产业及开发区发展情况、科研机构综合改革试点工作、东深供水工程水质、新丰江水系情况、广州市生活用水水质情况等专题进行协商。

1998—2000年，第八届委员会共召开3次全体会议、12次常委会，就广东林业发展战略、省企业股份制改革试点情况、省国有企业改革与发展、省海洋经济发展、医疗废弃物处理、加快文化大省建设、加强广东高等教育发展等专题进行协商。对省政府《广东省促进中小企业技术创新条例（送审稿）》《省委、省政府关于深化教育改革全面推进素质教育的决定（送审稿）》以及广东“十五”规划纲要等开展讨论，提出意见建议。

二、民主监督

民主监督是对国家宪法、法律和法规的实施，重大方针政策的贯彻执行，国家机关及其工作人员的工作，通过建议和批评进行监督。省政协充分利用会议、提案、视察、反映社情民意等形式，把民主监督与政治协商、参政议政有机结合起来，取得较好效果。

（一）围绕法律法规的制定与贯彻执行情况进行民主监督

1988—1992年第六届委员会期间，省政协组织委员对《广东省实施〈中华人民共和国集会游行示威法〉办法》《中华人民共和国领事特权与豁免权条例》《中华人民共和国残疾人保障法》《关于严禁卖淫嫖娼的决定》《澳门特别行政区基本法》《中华人民共和国国徽法》《广东省禁止赌博条例》《中华人民共和国领海及毗连区法》《中华人民共和国妇女权益保障法》等10个法律法规草案进行认真讨论，提出修改意见和建议，及时提供给全国人大和省人大常委会供立法时参考。

1993—1997年第七届委员会期间，对《中华人民共和国劳动法》《中华人民共和国合伙企业法》《中华人民共和国刑法（修正案）》《广东省高等教育发展条例》《广东省产品质量监督条例》《广东省行政执法条例》《广东省合伙经营条例》《广东省婚姻登记管理条例实施细则》《广东省散居少数民族权益保障条例》《枪械管理条例》等10个法规草案提出了修改意见或建议，送省人大常委会和有关起草单位参考。

1998—2000年第八届委员会期间，应省人大常委会和有关部门的邀请，组织委员对《中华人民共和国行政复议法（草案）》《中华人民共和国预防未成年人犯罪法（修改草案）》《中华人民共和国立法法（草案）》《广东省物业管理条例》《广东省保安服务业管理条例》《广东省保健按摩业管理条例》《广东省股份合作企业管理条例》《广东省法律援助条例（草案）》《广东省建设工程招标投标管理条例》《广东省地方立法条例（征求意见稿）》等法律法规草案进行研究讨论，提出修改意见建议。

省政协积极组织对法律法规的执行情况、公安司法工作、反贪工作情况等进行视察、检查。1989年，组织委员到广州市越秀区、番禺市的工商局（所），对省工商行政管理法规的执行情况以及工商行政管理上存在的主要问题进行调查；1992年，到清远市、阳山县、惠州市、惠阳、惠东县等地对基层公安队伍建设和执法情况进行调查；1993年，到东莞、中山市对《中华人民共和国土地管理法》的贯彻实施和房地产开发执法情况进行专题调查；1995年，与省建委一起组织两个视察组，到湛江、茂名、江门、肇庆视察城市整治“脏、乱、差”情况，促进《中华人民共和国城市规划法》的贯彻实施； 1996年，到汕头、潮州等市对《广东省建设工程招标投标条例》执行情况进行视察； 1997年，到连南、连山、乳源3个自治县视察《中华人民共和国民族区域自治法》贯彻落实情况，到肇庆市、德庆、封开县视察国务院颁布的《宗教活动场所管理条例》《中华人民共和国境内外国人宗教活动管理规定》的贯彻落实情况； 1998年，到东莞、深圳市视察《中华人民共和国劳动法》《广东省职工权益保障规定》执行情况，到河源市视察实施《广东省散居少数民族权益保障条例》的情况；到清远市专题调查《中华人民共和国九年制义务教育法》实施情况；1999年，到阳江市视察《中华人民共和国行政诉讼法》的贯彻执行情况；2000年，到连州市、怀集县的3个少数民族乡视察《散居少数民族权益保障条例》贯彻执行情况。针对市场经济秩序混乱和任意捕杀食用野生动物的情况，分别对粤东地区开展“整顿和规范市场经济秩序”和“对广州、深圳、东莞等地保护野生动物情况”进行专题视察。这些视察、检查有力地保障了有关法律、法规在全省的贯彻执行。

（二）配合省委、省政府的重要工作部署开展民主监督

围绕省委、省政府的重要工作部署，进行检查督促，是省政协开展民主监督的重要形式。

粉碎江青反革命集团后，省政协积极协助省委、省政府做好落实政协委员政策工作。配合有关部门清理中华人民共和国成立后历次政治运动中遗留的历史问题，对政协委员和有关人士的冤假错案进行复查，并按政策为蒙冤受屈的人士平反昭雪，恢复名誉；对在“文化大革命”中被抄的财物，作出退赔等处理，对强迫下放农村劳动的有关人士，陆续调迁回广州并作适当安排。至1987年年底，要求落实政策的省政协委员和在穗的全国政协委员有265人，已经落实的258人，占97.3%，落实政策问题已基本解决。省政协还积极督促和协助有关部门抓紧落实起义、投诚人员政策、“三胞”政策和其他各项统战政策。特别是部分侨居海外的知名人士及原国民党将领要求发还住房问题，在省政协的督促和有关部门的支持下，大部分得到妥善解决，在海内外产生了良好反响。

中共十一届三中全会以后，知识分子问题日益受到社会重视，为协助省委、省政府做好知识分子政策的工作，省政协从1981年开始，对全省落实知识分子政策的情况进行调查。分别召开大专院校教授、讲师，中小学校长、教师，医院院长、医生，科研单位研究人员，新闻单位编辑，企事业单位工程师、农艺师，以及退休知识分子等10多场次座谈会，听取意见建议。1981年、1982年，又组织调查组分赴惠阳、惠东、云浮等县的部分基层单位召开知识分子座谈会；1983年，召开文教、科技、医卫界知识分子座谈会，调查落实知识分子政策中存在的问题。通过大量的调查研究，掌握情况，提出建议，帮助解决问题，使党的知识分子政策进一步得到落实。

1990年，省政协成立广东省政协监督查处以权谋房工作小组，多次对部分市县进行检查，提出改进工作的意见建议，支持和协助省委、省政府抓好这项工作。

省委、省政府组织的对重要工作的检查活动，省政协都按要求派出委员参加；省政协还应有关部门的要求派出特约监督员、督导员等，发挥了民主监督的作用。

（三）支持民主党派成员、无党派人士和政协委员开展民主监督

1989年12月，《中共中央关于坚持和完善中国共产党领导的多党合作和政治协商制度的意见》发表后，省政协派出考察组到各市县检查了解贯彻“意见”情况，向省委提出学习贯彻“意见”要长期坚持下去，要重视举荐民主党派成员、无党派人士到政府和司法机关担任领导职务等多方面的意见和建议，为促进“意见”的贯彻落实作出努力。

全国政协七届八次常委会议通过《政协全国委员会关于政治协商、民主监督的暂行规定》后，1990年2月，省政协六届第十次常委会议通过《政协广东省委员会关于政治协商、民主监督的暂行规定》，省委为此专门发出通知，要求各级党委参照执行，使政治协商、民主监督向规范化、制度化方向前进了一大步。1995年，根据政协章程和全国政协的文件精神，省政协又制定《政协广东省委员会关于政治协商、民主监督、参政议政的规定》，完善履行职能的有关规定。省政协严格执行有关规定，政协委员参与协商监督的权利、民主党派在政协全会上以本党派名义发言及提出提案等权利，均切实受到尊重。

通过这一系列工作，调整统一战线的内部关系，推动人民政协工作的进一步发展。

三、参政议政

省政协参政议政的内容和形式包括：对政治、经济、文化和社会生活中的重要问题以及人民群众普遍关心的问题，开展调查研究，反映社情民意，进行协商讨论。以调研报告、提案、建议案或其他形式，向省委省政府提出意见和建议。通过多种方式，广开言路，广开才路，充分发挥委员专长和作用，为改革开放和社会主义现代化建设献计献策。

（一）围绕中心开展专题调研

省政协以各专门委员会为基础，围绕全省的中心工作和人民群众关心的重大问题组织委员开展调查研究。1978—2000年，共开展200多项专题调研，形成200多份调研报告。对一些问题，如国有企业改革与发展、教育科技文化、“三农”问题、非公有制经济发展等影响经济全局的深层次、关键性问题，做到年年抓，锲而不舍，贯彻始终。

改革开放以后，省政协把推进国有企业转换经营机制、实现经济增长方式转变和建立现代企业制度作为重点调研课题，先后组织对“国有企业活力问题”“股份制试点企业情况”“我省煤炭工业、蔗糖生产结构调整”“国有企业资金紧张问题”“中小企业放开搞活问题”“国有企业实现两个根本性转变”“国有企业扭亏脱困”等一系列问题，进行长期的跟踪调研，提出从整体上推进国有企业深层次改革的意见建议。

农业、农村、农民问题，始终是中国革命和建设的重要问题。在建立社会主义市场经济体制过程中，全省面临农民由温饱向小康、传统农业向现代农业转变的历史时期。针对农村出现的违法用地、乱占滥用耕地、浪费土地、小城镇建设杂乱无章等严重情况，省

政协及时组织对土地利用、农田保护区建设、农业综合开发、农村合作基金会、山区扶贫“两大会战”、渔业可持续发展、林业再发展等突出问题进行专题调研。就保护耕地，调整和优化农村经济结构，发挥山区资源优势，加强农业基础地位等提出意见和建议。

改革开放以后，广东省非公有制经济迅猛发展，成为国民经济新的增长点之一。非公有制经济的不断发展，也出现不少新问题和困惑。省政协及时组织委员对个体私营经济和“三资”企业情况进行调研，提出非公有制经济是地方经济发展不可忽视的重要力量，对于建立和完善社会主义市场经济体制，推动广东省国有企业改革、安排劳动就业、增加财政收入，有着积极作用，是有中国特色社会主义市场经济的重要组成部分。因此，要进一步解放思想，更新观念，放心放手发展，将非公有制经济发展纳入地方经济发展总体规划，与其他经济成分平等对待，一视同仁。从而消除人们的思想疑虑，为非公有制经济健康发展，创造了良好的社会氛围。

教育科技文化体育医卫等工作也是政协委员长期关注的重要问题。省政协先后组织委员对科研院所体制改革、高新技术产业化、广东科技人员状况、加强知识产权保护工作、全面贯彻党的教育方针、提高教育质量、扫盲工作、发展职业教育、建设教育强省、振兴“中医中药”、深化中医院体制改革、计划生育工作、山区妇幼保健工作、备战全运会等问题进行调研，并提出解决问题的意见建议。

省政协还根据省委、省政府的要求组织开展各项专题调研。1998年4月，省政协贯彻省委、省政府关于组织全省上下开展“增创广东发展新优势”专题调研活动的部署，由各专委会与省各民主党派、工商联联合组织8个专题的调查研究，历时2个多月，并召开“为增创广东发展新优势建言献策汇报会”，提出8个方面共46条建议，为省委、省政府的重大决策提供了参考。

（二）专题研讨活动

省政协发挥自身人才密集、地位超脱的优势，深入开展各种研讨活动，形成一系列高质量的研究报告。1986年首次开展地区性发展战略研讨，与有关单位联合举办海南黎族苗族自治州（当时海南尚未建省）经济社会发展战略研讨会。此后基本上每年举办一次研讨活动，先后与梅州、佛山、惠州、阳江、湛江、清远、韶关等市联合举办当地经济社会发展战略研讨会，与省有关部门联合举办发展保险事业、青少年违法犯罪问题、发展乡镇企业等专题性研讨会，共撰写论文150多篇。这些研讨会的成果为当地经济社会发展和有关行业发展的决策提供科学依据。

（三）在政协会议上参政议政

自省政协四届委员会第一次会议以后，每年一度的政协全体会议，省政协都组织省八个民主党派、省工商联、政协各专门委员会和委员（包括香港澳门委员）进行大会发言，充分发挥政协各参加单位和委员的才干和专长，参政议政。大会发言成为参加政协的各党派、团体和政协委员履行参政议政职能的一种重要形式，已形成制度。

省政协还十分重视政协大会简报的编辑，使之能够简明、快捷、全面地反映委员小组讨论的情况，展示委员的参政议政水平，推动委员参政议政成果的充分交流，为省委、省政府决策提供有价值的建议和意见。

每年一度的政协全体会议结束后，省政协办公厅把委员在大会的发言和小组讨论中的发言内容分门别类，进行综合整理，送省委、省政府供决策参考。

第二节　省政协的主要工作

一、委员视察

委员视察是人民政协履行职能的一项基础性工作，是委员了解情况、检查工作、研究问题、建言献策的重要途径，也是委员进行民主监督的重要渠道。视察的目的是通过深入基层，使委员开阔视野，联系群众，反映民意；了解党和国家方针政策在省内的贯彻情况，以及改革开放和现代化建设的成就和经验；对市县工作中存在的问题进行研究，向省委、省政府机关及有关部门提出意见和建议，为参政议政，推进决策民主化、科学化提供参考依据。视察团主要是围绕省委、省政府的中心工作，经济社会发展，爱国统一战线等的重要问题，以及群众普遍关注的问题进行视察。视察的组织工作，根据每年全体会议提出的工作任务，由各专门委员会拟订视察计划方案，报主席会议同意后实施。各视察团在视察过程中听取地方或部门领导的情况汇报，深入基层解情况，视察结束时要向被视察的地方或部门反馈意见，以利改进工作，结束后要提交视察报告，供省委、省政府决策参考。

1984年4月，组织在广州和港澳地区的省政协委员分别到深圳、东莞、中山、江门、兴梅、海南和广州等地就经济特区建设、沿海开放城市和海南岛开发区的四化建设及当前改革开放和落实各项统战政策的情况进行视察。总人数300多人，这是“文化大革命”后省政协恢复活动后的第一次视察。委员们听取各地的情况介绍，实地视察中外企业、学校、医院、城市建设、山区开发等，加深对中共十一届三中全会以后路线、方针、政策的理解，对各地存在的问题和困难提出积极的建议。

1985年4月，组织在广州的省政协委员组成16个视察团分赴全省各地对改革开放、社会主义精神文明建设、贯彻落实中共中央1985年一号文件和全省山区工作会议精神、发展山区经济情况、贯彻九年义务教育问题、引进技术的消化、老企业的技术改造、中小城市建设、培养妇女干部以及落实各项统战政策等情况进行视察。

1986年10月，组织在穗的委员组成16个视察团赴省内各地就农业、企业、高校思想政治工作情况，侨乡精神文明建设和落实侨务政策，六届全运会在广东的场馆建设、法制建设和治安情况，落实知识分子政策、保护妇女儿童权益等问题进行视察。向有关部门反映存在的问题和提出改进工作的意见和建议

1987年11月，组织在穗委员组成15个视察团分赴省内对经济建设、企业管理、医药卫生、文化教育和民族宗教等问题进行视察。提出15份视察报告，送省有关部门决策参考。

1988年9月，组织在穗委员15个视察团分赴省内各地围绕教育、城市建设、租赁承包、

社会治安、水产养殖、医院承包、台胞接待工作、少数民族地区的脱贫情况、民族自治条例的执行情况、脱贫致富，三水、四会工业“三废”污染和环境保护情况等问题进行视察，积极向省政府有关部门提出意见和建议。

1989年12月，省政协组织在穗委员分15个视察团赴省内各地视察，并委托各市政协组织该市的省政协委员就地视察。视察活动的重点是了解治理整顿、深化改革、精神文明建设和各市县政协工作的情况。通过视察，委员们增进了对广东“两个文明”建设成就的了解，同时，也发现一些问题，提出意见和建议。

1990年年底，穗、港、澳地区的省政协委员组成18个视察团，分赴全省28个市、县，重点视察各地贯彻中共十三届六中全会精神和中共中央“意见”的情况，视察各地经济建设、廉政建设、教育、科技、文化、科技兴农、“三资”企业、农村初级医疗保健、高校思想政治工作和大学生思想动态、反贪污贿赂工作、“扫黄”和除“七害”、文物保护等方面的情况。各团的视察报告整理成《广东省政协委员赴各地视察的情况和意见综合》，报送省党政有关部门。

1991年10月下旬至12月上旬，省政协组织在穗和港澳地区的委员编成25个团，重点视察各地贯彻落实中共十三届七中全会和中央工作会议精神，实施广东省十年规划和“八五”计划纲要，以及依靠科技进步推动经济发展等方面的情况，委员们充分肯定了各地所取得的成绩，也提出一些意见和建议。各团视察报告整理成《广东省政协委员赴各地视察的情况综合》报送有关部门。

1992年8—11月，组织在穗的省政协委员组成16个视察团，分赴省内各地对广东省能源、通信、交通、旅游、城市建设、基础设施建设、机关队伍建设、执法情况等进行视察。

1993年，组织20个委员视察团分赴全省40个市、县（区）就反腐败斗争、股份制企业的管理，民族宗教政策落实等问题进行视察，其中有12个团深入山区各市、县了解山区脱贫致富的情况，对推动省山区第八次会议精神的贯彻起到积极作用。

1994年9—11月，组织委员分成21个视察团，分赴全省各地视察。这次视察活动坚持“小型、专题、节约、实效”的原则，着重安排到山区和贫困地区，视察内容主要是经济建设、救灾扶贫工作以及开展反腐败、扫除“黄、赌、毒”斗争等情况。首次组织委员跨市视察，将东莞、深圳两市和湛江、茂名两市的省政协委员编成两个团，分赴梅州和肇庆市进行视察，各视察团写出调查报告，对视察中发现的问题提出意见和建议。

1995年8—11月组织委员分成17个视察团分赴全省各地视察。

还组织韶关、清远、揭阳、汕尾、潮州、汕头等市的省政协委员进行跨市视察。视察内容主要是：经济体制改革、加强农业和农村工作、社会治安综合治理、建设教育强省、开展反腐斗争。

1996年8—11月，在穗和港澳地区委员组成23个视察团赴全省各地进行视察，同时组织部分市的省政协委员进行跨市视察。视察内容主要是：深化国有企业体制改革、加强农业和农村工作、发展“三资”企业、社会治安、反腐败斗争、社会主义精神文明建设等情况，共提出视察报告23份。对视察中发现的问题，提出意见和建议。此外，还组织委员参加全省“打假”大检查、治理“三乱”大检查、基础教育“五项内容”督导检查等检查活动，发挥参政议政的作用。

1997年4月10日，省政协组织在穗和港澳地区的委员共分28个视察团，赴全省各地视察。视察团未到的市，委托该市政协组织当地的省政府协委员就地视察。视察活动以专题视察为主，共提出视察报告28份，对视察中发现的问题提出意见和建议。

1998年7—11月，组织在穗和港澳地区的省政协委员分22个视察团，分赴全省47个市、县视察。视察团没到的市，委托该市政协组织当地的省政协委员就地视察，这次视察活动围绕“增创广东发展新优势”的部署，进行专题视察，共提出视察报告22份，对视察中发现的问题提出了意见和建议。

1999年，以促进广东省改革开放和现代化建设为主要内容，先后组织在穗和港澳地区的省政协委员，分18个委员视察团，对全省30多个市、县（区）进行视察。视察团未到的市，委托该市政协组织当地的省政协委员就地视察。这次视察活动共提出视察报告18份，对视察中发现的问题提出了意见和建议。

2000年省政协共组织了27个视察团，分别对国有企业改革与发展、农业与农村工作、个体私营企业发展、文物保护等专题进行视察。其中对广州火车站地区社会治安综合整治情况，对深圳、东莞、湛江、茂名市“两打一扫”情况，对梅州、揭阳、韶关、清远、河源扶贫“两大会战”情况，对普宁市“重典治乱”情况的视察，是根据省委的要求进行的专题视察。

二、提案工作

政协提案是政协委员、参加政协的党派、人民团体和政协专门委员会，向政协全体会议或常务委员会提出的，经政协提案委员会审查立案后由承办单位办理的书面意见和建议。1979—2000年，提案作为人民政协行使职能的一个重要方面，始终受到党和政府的重视，通过党政各承办部门的认真办理，在社会主义建设的各个不同阶段，发挥了积极的推动作用，产生了广泛而深远的影响。

（一）提案工作程序及机构

1988年4月，省政协制定《广东省政协提案委员会工作简则》，初步规定了提案委员会的工作职责，提案审查、立案的原则和提案办理的程序等。1992年6月，经省政协第六届委员会常务委员会第二十一次会议通过《广东省政协提案工作条例》。1995年6月和2000年6月对条例分别作两次修订，使之进一步完善。

1. 提案工作程序

省政协提案工作的基本步骤是：（1）征集提案；（2）审查提案、登记分类；（3）向提案承办单位交办；（4）承办单位在规定时间内办理提案，并答复提案人；（5）省政协提案委员会和承办单位对提案的办理和答复情况进行催办、督办，跟踪检查已被采纳的提案的落实情况；（6）省政协提案委员会综合全年提案工作情况，向省政协常委会和全体委员会议提交工作报告。

2. 提案工作机构

省政协设立专门的机构负责提案工作。每届委员会第一次会议由大会主席团决定成立提案审查委员会，第一次会议闭会后，即更名为提案委员会。提案委员会负责提案工作，每届任期5年。

提案委员会的工作职责：（1）制订全体会议期间提案工作方案和提案委员会年度工作计划；（2）依照规定的程序，组织、征集提案；（3）对提案进行审查立案，确定承办单位；（4）对提案办理情况进行检查督促；（5）向全体会议、常务委员会会议、主席会议报告工作；（6）对提案进行综合分析，反映重要信息，向主席会议推荐重点和优秀提案；（7）组织提案工作的宣传报道；（8）加强与承办单位的配合，加强与政协委员、各民主党派、有关人民团体的联系，加强与政协各专门委员会的协作，发挥政协的整体功能优势；（9）建立与市、县政协提案委员会的联系，互通情况，交流经验，推动工作。

（二）提案工作

自1989年以后，省政协提案工作的规范化、制度化建设，推动提案质量和提案办理质量的提高，加强交流学习和信息宣传等方面做了大量卓有成效的工作。为政协提案工作的健康发展做出应有的贡献。

1. 促进提案工作规范化、制度化

省政协六届一次会议闭会不久，即1988年4月，提案委员会就着手制定《省政协提案委员会工作简则》，初步规定了提案委员会的工作职责，提案审查、立案的原则和提案办理的程序等。

1992年6月，提案委员会首次制定《广东省政协提案工作条例》，经省政协第六届委员会常务委员会第二十一次会议通过，正式颁布实施。该条例进一步明确政协提案的性质、地位和作用，对提案工作的方针、任务和提案委员会的工作职责，提案办理程序等方面作了明确的规定。条例的产生与实施，标志着省政协提案工作规范化、制度化建设进入一个新阶段。此后，为适应政协提案工作不断发展的需要，分别于1995年6月和2000年6月对条例作两次修订，特别是后一次修订，改动较大。修订后的新条例，内容更加充实完善，可操作性进一步增强，对提案工作的开展具有较强的实践指导意义。

2. 提高提案质量

一是加强与各民主党派、人民团体以及各界别委员的联系，尤其注重通过多种形式发挥各民主党派、工商联运用提案形式参政议政的独特作用。从1991年省政协六届四次会议至2000年省政协九届二次会议期间，各民主党派共提出300多件团体提案。这些提案大多集中了各党派各团体集体智慧和社会实践经验，具有较强的针对性、前瞻性和建设性。党派提案的逐年增加，带动了提案整体质量的不断提升。二是评选表彰优秀提案。1992年12月与省政府办公厅联合表彰省政协六届一次至五次会议的优秀提案15件。1995年10月主席会议审议通过《关于开展评选表彰优秀提案活动的决定》，并在1996年2月召开的省政协七届四次全会开幕式上，对省政协七届一次至三次会议期间的31件优秀提案进行表彰。此后，把每年在政协全体会议上表彰优秀提案作为一项制度确定下来，从省政协七届四次会议至省政协八届三次会议，表彰161件优秀提案。通过对优秀提案进行表彰，有效地调动委员提提案的积极性，不仅提出或参与提出提案的委员人数及提案数量稳定增加，而且提案的质量也有了较大提高。三是认真把好提案审查关，对不符合提案条例规定的立案条件的提案，一律转作委员意见另行处理。从省政协七届一次会议到省政协八届三次会议，平均每年有5%左右的提案转为意见，对保证提案质量起到了一定作用。此外，提案委员会还通过印发《提案目录》《优秀提案汇编》《撰写政协提案应注意的问题》《提案参考提纲》等材料，为委员撰写提案提供必要的指导和服务。

3. 提高提案办理质量

1989年6月，省政府在省人大和省政协办公厅的建议下，组建省政府办公厅“建议提案处”，专门负责人大代表建议和政协委员提案的统筹督办工作，进一步增强了提案督办的力度，推动提案办理质量不断提高。首先，加强提案办理工作的规范化、制度化建设。在政协、人大共同推动下，从1989年起，每年由省人大、省政府和省政协3家办公厅联合召开人大代表建议和政协委员提案交办大会，省政府有关领导在会上向各承办单位就有关办理事项作出部署，提出明确要求，进一步加大领导重视的力度。各承办单位逐步建立健全了有领导分管、专门机构把关、专职人员办理业务的三级承办责任制。特别是省政府于1995年5月颁布《广东省办理人大代表建议和政协提案办法》，省委于1996年5月下发《关于省委直属机关办理政协提案的办法》后，提案办理工作的规范化、制度化建设得到进一步加强，为提高提案办理质量提供了有力保障。其次，抓重点提案的督办落实，以点带面，推动提案办理整体质量的提高。1989年省政协六届二次会议始，提案委员会每年选择几件围绕省委、省政府的中心工作，或人民群众普遍关注的社会热点、难点问题，或党政部门尚未注意而需要解决的重要问题的提案，作为重点提案，采取与提案者、承办单位开展联合调研督办，组织实地考察、现场公开督办，与新闻舆论界紧密配合、进行追踪督办，与民主党派、有关人民团体、政协专门委员会协同督办，通过政协专题协商、专题议政督办等方式，推动重点提案的办理落实。1998年省政协八届一次会议，委员围绕粤港澳旅游合作问题提出提案，提案委员会将其作为重点提案，与省政府办公厅联合组织有省旅游局、公安厅、口岸办、外事办等单位参加的调研组，赴深圳、珠海、香港、澳门等地进行调研，形成了调研报告。省政府对调研提出的一些超越省权属范围的建议，向国务院有关部门写出专题报告，解决了“72小时便利签证”等审批权问题，加强了粤港澳三地的旅游合作，进一步促进了全省旅游业的发展。“关于修复十九路军淞沪抗日阵亡将士陵园”的提案，从省政协六届二次会议提出，跨三届委员会历时11年。每届提案委员会均将其作为重要提案加强督办，通过锲而不舍的督办努力，省市相关单位、部门通力合作，广州市政府先后投入大量资金，在2000年10月，这一具有重要统战意义的提案办理终于画上了圆满的句号。《人民日报》《人民政协报》和省市8家新闻单位对此作了充分报道，引起热烈的社会反响。第三，注重与各承办单位密切联系与配合，开展表彰提案承办先进单位活动。1990年5月，省政协办公厅联合省人大办公厅和省政府办公厅，召开办理“人大代表议案和政协委员提案先进单位表彰大会”，首次对省交通厅等11个先进承办单位和13名办案先进个人予以表彰奖励；1992年12月，提案委员会报经省政协领导同意，以省政协办公厅名义，联合省政府办公厅，对17个承办提案先进单位进行了第二次表彰。1994年4月，由省人大、省政府、省政协3家办公厅联合举行人大代表议案、政协提案承办先进单位和个人表彰大会，对20个先进单位和31名先进个人进行第三次表彰。

4. 开展提案工作的交流、学习和信息宣传工作

1988年，参与发起举办中南五省区（海南省成立后，改为中南六省区）提案工作座谈会，由各省政协轮流做东，每次会议确立一个主题，结合各省提案工作的实践，进行交流、探讨。2000年，座谈会又吸收广州、深圳、武汉三市参加，扩大为中南六省区三市，至此，共召开15次会议。办公厅派员参加了1985年11月在北京召开的第一次全国政协提案工作座谈会；此后，提案委员会及办公室有关领导，分别于1989年11月、1994年9月、1999年11月参加在北京举行的第二次、第三次、第四次全国政协提案工作座谈会，并于1990年6月、1994年11月、2000年4月分别在肇庆、东莞、珠海等三市召开第一次、第二次、第三次全省政协提案工作座谈会，传达全国政协提案工作座谈会议精神，总结全省政协提案工作经验，并对今后提案工作的开展提出意见。由此，密切与市县政协提案工作部门之间的沟通与联系，加强了对市县政协提案工作的指导与合作，促进了全省政协提案工作的交流与发展。1991年起，提案委员会与省人大、省政府有关部门联合，先后举办8次办理省人大代表建议、政协提案工作座谈会，参加会议的各承办部门相互交流办理经验，取长补短，对提高提案办理质量起了一定的促进作用。

（三）提案办理

提案工作从1979年12月省政协四届二次会议恢复，至2000年八届三次会议，共受理立案提案8515件，提案的办复率为98%。省政协提案工作在历经四届、五届、六届、七届和八届会议的22年时间里，有6800多件提案得到有关部门的采纳或落实，对全省社会主义现代化建设事业发挥了积极作用。政协提案的内容十分广泛，包括工业、交通、城建、农林、水利、财政、贸易、旅游、生活福利、科学技术、文化、教育、医药、卫生、政法、外事、民族、华侨、宗教、统战、经济特区建设、对台工作和组织人事等经济、社会的各个方面。提案质量不断提高，提案承办单位对办理提案工作更加重视，有的单位开始指定专人负责此项工作，着眼点也由注重文字答复转向注重办理落实，提案办理的整体质量逐年提高。1981年省政协四届三次会议期间，一些委员提出关于提高中小学教师的工资待遇的提案，省教育厅立即在全省范围内进行深入调查，评定中小学教师职工的工资级别待遇，据此作出全面调整，有效地稳定了中小学师资队伍。1982年省政协四届四次会议期间，委员提出关于广州石牌五山文化区的建设和市场供应问题的提案，时任中共广州市委书记、市长梁灵光亲自主持各有关单位负责人参加的现场办公会议，对存在的问题逐个研究，订出规划，并采取扩建肉菜市场和粮店、增加货源、做好供应、增设商业点、改善交通等有力措施，使问题得到了较好的解决。1983年4月省政协五届一次会议，委员建议建立省生物工程中心的提案，省政府专门报中央有关部门批准，在当年就得到了初步落实。1985年省政协五届三次会议，委员就发展省内大规模集成电路技术提出提案，省科委与省电子工业总公司合作，组建了中外合资的电子公司，广招人才，积极发展信息产业，为该产业以后的发展奠定了较好基础。关于修建“广梅汕”铁路，加速改变粤东地区贫穷落后面貌的问题，委员先后3次提出提案，在省政府及有关部门的努力下，最终得到落实。1987年省政协五届六次会议，委员关于建议尽快修建珠江公路大桥的提案，受到省交通厅的重视，当年

投入施工。

省政府“建议提案处”设立后，进一步增强提案督办的力度，推动提案办理质量不断提高。1988年省政协六届一次会议，委员提出关于抓住机遇大力发展省内电梯工业的提案，广州市政府积极采纳，先后为广州电梯工业公司投入技改资金5700万元，至1992年电梯产量达1200台，比技改前的1989年增长1.4倍，产值达2亿元；产品质量大大提高，被评为全国电梯行业第一个部优产品，市场供不应求，企业利润显著增长。省农业部门认真落实省政协六届二次会议委员关于加强水稻科研及其成果推广的提案建议，从1989年以来，每年安排近300万元，用于早、晚造各200.01公顷的新组合开发制种，至1992年，共引进20个新组合，制种量达600多万公斤，在全省各地广泛种植，取得了明显的增产效益。1990年省政协六届三次会议，委员提出关于为民主党派专题调查提供工作条件的提案，省政府十分重视，专门下发《关于为民主党派开展调研工作提供方便的通知》，据此，省财政厅拨出专款为各民主党派的调研提供支持。省政协六届一次会议以后，委员就广州市禁止燃放烟花爆竹问题，多次提出提案，经几年的调查论证，省七届人大常委会第二十五次会议通过《广州市销售燃放烟花爆竹管理规定的实施细则》，于1992年6月全面禁绝广州市区燃放烟花爆竹的现象。1993年省政协七届一次会议，委员针对省内沿海地区征用盐田搞开发区带来的海水污染，劣质盐充斥市场，严重损害人民健康的情况，提出关于加强广东省食盐市场管理的建议。省盐务局、省工商局、省技术监督局等提案承办单位，迅速行动，对盐业经营中的违法行为进行查处；并联合发出《关于切实加强我省食盐市场管理的通知》，有效加强了对盐田开发及盐业市场管理。1995年省政协七届三次会议，委员就推广使用散装水泥问题提出提案，受到省政府主要领导的重视和支持，省政府专门制定推广散装水泥实施办法，经几年努力，省内散装水泥推广由全国落后位置一跃而跨入先进行列，成为散装水泥推广大省。1996年省政协七届四次会议，省九三学社提出关于落实建设“教育强省”战略，加大教育经费投入的提案，省政府高度重视，制定一系列加大教育投入，吸引教育人才的政策措施，进一步确立和巩固教育优先发展的战略地位，有步骤地推进由“教育大省”向“教育强省”的转变，收到了显著成效。1998年省政协八届一次会议，一些委员针对广东省农村用电存在的问题，提出降低农村电价，切实减轻农民负担的提案，省政府不但把降低农村电价作为减轻农民负担的一项重要措施，而且进一步以此作为拓展农村市场、带旺需求的一个突破口，采取了投巨资加快农村电网改造，加强农村用电管理改革，严格农村用电收费的检查、监督等措施，当年就实现了全省农村电价降到1.00元/千瓦时以下的目标，也为发展农村经济，搞活农村市场开辟了新途径。省政协八届一次会议，一些委员针对个体医疗市场存在的问题，提出健全和规范广东省个体医疗诊所管理的提案。就此，省政协提案委员会协同省政府办公厅、省卫生厅、省医药管理局组成调研组，分别到广州、东莞、河源等市进行专题调研，向省委、省政府提交调研报告。省委、省政府有关领导对报告作出批示，要求有关部门重视并切实做好个体医疗市场的治理整顿工作。全省不少市（区）迅速行动，加大对个体医疗市场的整治力度。省委宣传部联合省工商局、省卫生厅等单位，同时开展医疗广告的清查整顿，有效地遏制医疗广告特别是个体医疗广告的泛滥，促进医疗市场的整治工作。省政协八届二次会议期间，不少委员就东江及新丰江水库水资源开发保护问题提出提案，省政协将其作为专题协商内容，进行研讨并提出建议。省委、省政府领导对省政协的建议作了专门批示。省有关部门在开展对东江和新丰江水库的治理保护规划实施中，取得了阶段性成果。

（四）表彰活动

1. 与有关单位联合开展表彰提案承办先进单位活动

1990年5月，省政协办公厅联合省人大办公厅和省政府办公厅，召开办理“人大代表议案和政协委员提案先进单位表彰大会”，首次对省交通厅等11个先进承办单位和13名办案先进个人予以表彰奖励；1992年12月，提案委员会报经省政协领导同意，以省政协办公厅名义，联合省政府办公厅，对17个承办提案先进单位进行第二次表彰。1994年4月，由省人大、省政府、省政协3家办公厅联合举行人大代表议案、政协提案承办先进单位和个人表彰大会，对20个先进单位和31名先进个人进行第三次表彰。

2. 表彰优秀提案

省政协从1995年起，在全体会议表彰奖励上一年度的优秀提案。通过表彰先进，树立榜样，激励委员们提出更高质量的提案。

（1）六届期间优秀提案情况。1992年12月与省政府办公厅联合表彰省政协六届一次至五次会议的优秀提案15件。其中六届一次会议1件，二次会议5件，三次会议1件，四次会议6件，五次会议2件。

六届一次会议优秀提案（1件）：《建议抓住机遇，大力发展我省电梯工业案》（提案者刘慧儒）。

六届二次会议优秀提案（5件）：《关于继续修建天堂山水库工程案》（提案者吴表凯）、《关于加强水稻科研及其成果推广案》（提案者梁能）、《富裕地区市县与山区、边远地区市县互结兄弟县，带动贫困地区经济的发展案》（提案者李锦开）、《健全市县政协机构设置，机关人员编制与同级人大一视同仁案》（提案者詹泽平）、《请尽快加快扩建五羊新城至东山寺右路面，克服交通阻塞、运行不畅案》（提案者郑湘娟）。

六届三次会议优秀提案（1件）：《关于在贯彻中共中央14号文的同甘共苦时，应加强民主党派史的宣传案》（提案者李锐）。

六届四次会议优秀提案（6件）：《关于深圳开肇庆特快列车增停三水站的建议案》（提案者张伯良）、《请深圳市政府拨出经费解决深圳市医院配套建设案》（提案者张勤等）、《关于海陆丰“三个”剧种急待抢救，应引起重视案》（提案者王屏山等）、《为民主党派专题调查提供工作条件案》（提案者黄耀燊等）、《请尽快落实修复十九路军淞沪抗日阵亡将士陵园案》（提案者何宝松等）、《关于保护大宝山多金属矿产资源开发利用建议》（提案者杨仲怀）。

六届五次会议优秀提案（2件）：《进一步加强对民主党派宣传》（提案者民盟广东省委员会）、《在建立农业社会化服务体系中，依靠科技进步案》（提案者九三学社广东省委员会）。

（2）七届期间优秀提案情况。1995年12月26日第28次主席会议审议通过《关于表彰优秀提案的决定》。在省政协七届四次会议上，表彰七届一次至三次会议的优秀提案31件，其中特别优秀提案3件，七届一次会议1件，七届三次会议2件。

特别优秀提案：

《关于加强对外商投资企业消防管理案》（提案者钟娇容等）、《建议加大对水运基础设施的投入，充分发挥我省水运优势案》（提案者牛和恩等）、《关于发展“三高”农业，加快农业技术推广服务体系建议案》（提案者民进广东省委员会）。

七届一次会议优秀提案（8件）：《加快发展海水养殖的意见与建议》（提案者九三学社广东省委员会）、《加速广东省海洋产业发展的建议》（提案者邹仁林、潘金培）、《建议富裕地区医疗卫生单位支援贫困地区医疗卫生建设案》（提案者李学仪等）、《关于切实加强我省食盐市场管理案》（提案者黄惠聪）、《加强文物保护工作，尽快建立广东省文物保护基金案》（提案者徐恒彬等）、《为落实精神文明建设，增强中华民族凝聚力，请建邓世昌纪念馆案》（提案者刘羡冰等）、《关于认真落实我省粮食储备案》（提案者华德坚）。

七届二次会议优秀提案（11件）：《加速广东信息产业发展的几点建议》（提案者民革广东省委员会）、《建议制定“国有企业经理（厂长）管理办法”案》（提案者张元元等）、《建议成立“广东省无形资产评估中心”，保护知识产权，防止国有资产继续流失，促进广东科技、经济发展案》（提案者张一鸿等）、《关于严格依照法规做好我省外经贸工作的建议》（提案者民盟广东省委员会）、《关于建立广东电力工程学院的建议》（提案者蒋豪贤）、《关于保证我省粮食生产的建议》（提案者致公党广东省委员会）、《加强外省入粤劳动力宏观管理案》（提案者邹华等）、《严厉打击和遏制不法制售假药，保障人民健康案》（提案者柳文鉴等）、《关于落实资金建设我省50个商品粮生产基地县案》（提案者刘识今）、《建议加强禁毒工作的综合治理案》（提案者陈任重等）、《关于进行一次香港基本法和中英联合声明宣传教育案》（提案者陈本能等）。

七届三次会议优秀提案（9件）：《关于完善高新技术产业法规的建议》（提案者民革广东省委员会）、《广东应在反浪费反奢侈，树立艰苦奋斗新风方面起带头作用案》（提案者刘希正等）、《关于大力推广使用散装水泥的建议》（提案者民革广东省委员会）、《结合珠江整治，建设沿江“绿色长廊”的建议》（提案者民盟广东省委员会）、《重视计划生育工作中心理咨询工作的几点建议》（提案者黄铎香等）、《加强全省防震减灾教育，增强人民的抗灾能力案》（提案者丁原章等）、《关于采取立法手段，大力推广使用散装水泥的建议》（提案者陈之泉等）、《依照〈劳动法〉严肃查处番禺云发灯饰厂苛刻劳动者行为的意见》（提案者孔棣华等）、《关于组织有关部门对全省部分城市的规划实施情况及脏、乱、差现象进行全面视察的建议》（提案者陈之泉等）。

在省政协七届五次会议上，表彰七届四次会议以后的优秀提案23件。

《建议在全省机关企事业单位普遍开展高新科技知识普及活动》（提案者张启人）、《关于适当调整海洋产业结构比例，大力发展我省海洋经济的建议》（提案者邹仁林、甘子钧）、《请求收回广州孙中山大元帅府旧址并修复开放参观》（提案者民革广东省委员会）、《关于加强珠江三角洲乡镇企业经营方式向集约化转变的意见和建议》（提案者民革广东省委员会）、《建议进一步完善打击制造销售假冒伪劣商品不法行为的措施》（提案者民盟广东省委员会）、《广东省职业技工教育存在问题及其对策》（提案者邹华、胡朝懿）、《关于解决雷州半岛南部长期干旱问题的建议》（提案者陈周攸）、《关于完善反腐机制的几点建议》（提案者民建广东省委员会）、《关于改变我省农业中专状况的建议》（提案者民进广东省委员会）、《关于采取切实可行的措施，保护我省整体环境质量的建议》（提案者九三学社广东省委员会）、《在经济发展中必须十分注意珍惜土地资源》（提案者杨祈洽、林学锦）、《消除工程质量隐患确保人民生命财产安全》（提案者方永平等）、《关于加强潮汕地区农村农民占地建房的管理与立法的建议》（提案者吴厚德）、《关于保护好中山翠亨村环境风貌的建议》（提案者徐恒彬等）、《在我省“九五”计划中要增添扶持东西两翼发展的建议》（提案者林静兰、彭一平）、《关于在大中小学开展防灾避难的教育和定期演习的建议》（提案者邝少林）、《关于促进各地严格执行建设工程承包法规的建议》（提案者陈之泉等）、《关于建立我省医药商品储备制度的建议》（提案者张训诚等）、《关于整顿我省药品市场的意见和建议》（提案者农工党广东省委员会）、《关于进一步做好我省台商工作，促进两岸关系发展的建议》（提案者台盟广东省委员会）、《建议各级领导干部掌握系统的法律专业知识，为依法治省创造条件》（提案者陈致中）、《关于处理“烂尾楼”的建议》（提案者钟华南、黄球）、《关于开展消防法规执法检查，加大消防监督管理力度的建议》（提案者尤卓勤等）。

（3）八届期间优秀提案情况。在省政协八届一次会议上，表彰了七届五次会议以后的优秀提案33件。

《关于广州市污水处理问题的建议》（提案者民革广东省委员会）、《关于发展和完善农村合作医疗事业，防止农民因病致贫或返贫的建议》（提案者陈应藩）、《关于对沙角电厂粉尘污染虎门地区加强治理的建议》（提案者郑锦滔）、《关于做好飞来峡水利枢纽环境保护工作的建议》（提案者董兆英）、《关于高中积极慎重地发展党员的建议》（提案者杨应群）、《关于风景区及学校周边环境保护问题的建议》（提案者张达三）、《关于广州建立蔬菜配送中心的建议》（提案者民盟广东省委员会）、《关于加大力度推广使用降解塑料制品的建议》（提案者民盟广东省委员会）、《关于尽快制定珠江河口保护与整治规划，坚决制止违法围海造地的建议》（提案者民进广东省委员会）、《关于改革医药体制，试行医药分业的建议》（提案者农工党广东省委员会）、《关于广东省发展“三资”企业存在的一些问题和解决办法的建议》（提案者致公党广东省委员会）、《关于加快我省玻璃钢渔船发展速度的建议》（提案者九三学社广东省委员会）、《关于扶持民营经济发展，优化发展环境的建议》（提案者九三学社广东省委员会）、《关于加快我省中医立法进程的建议》（提案者张孝娟等）、《关于组织青少年到爱国主义教育基地参观学习的建议》（提案者叶育昌等）、《关于切实解决广州垃圾管理的建议》（提案者伍明光等）、《关于对医疗、义诊等宣传加强管理的建议》（提案者唐英春等）、《关于强化农村建设管理的建议》（提案者陈之泉等）、《关于加强东江水源保护，进一步提高对香港供水的数量和质量的建议》（提案者刘志强）、《关于做好防止偷渡工作，促进香港平稳过渡的建议》（提案者石汉基）、《关于尽快建立五千吨级船舶基地的建议》（提案者俞肇升等）、《关于增加对我省地质勘查工作投资的建议》（提案者刘文豹）、《关于重视沿海热带气旋危害，加强减灾防灾工作的建议》（提案者李金培等）、《关于注意保护山岭自然环境的建议》（提案者黄挺）、《关于进一步做好我省引进境外人才工作的建议》（提案者台盟广东省委员会）、《关于增加资金投入，尽快建立我省种子工程体系的建议》（提案者张乐庆等）、《关于促进广州产业结构根本转变的建议》（提案者阎小培）、《关于港澳优势互补共同发展的建议》（提案者周振基）、《关于及早解决五山地区用邮难问题的建议》（提案者郑湘娟）、《关于内地与澳门联手合作，打击利用我国护照进行犯罪活动的建议》（提案者钟小健）、《关于尽快理顺华侨农场领导管理体制的建议》（提案者吴宗泽等）。

在省政协八届二次会议上，表彰八届一次会议以后的优秀提案21件。

《对拍卖破产企业的几点建议》（提案者陈潮填）、《应尽快解决粤港两地民商事案件管辖问题》（提案者苏利民）、《关于促进粤港科技交流合作向更高层次发展的建议》（提案者王秀柔等）、《建议政府在外贸企业组建行业进出口商会》（提案者民革广东省委员会）、《整顿卖血市场刻不容缓》（提案者民盟广东省委员会）、《关于健全和规范我省个体医疗诊所管理的建议》（提案者徐建平）、《关于华南大道石牌收费站点选点问题的建议》（提案者周耀明等）、《关于降低农村电价切实减轻农民负担的建议》（提案者吴昭常等）、《关于在广东电视台开设“法制专栏”节目，进一步做好法制宣传教育工作的建议》（提案者卢窝权）、《加速京九铁路广东沿线地区经济社会发展的建议》（提案者民进广东省委员会）、《关于依靠科技进步，促进广东医药工业可持续发展的建议》（提案者农工党广东省委员会）、《关于我省建立和完善高科技风险投资机制的建议》（提案者致公党广东省委员会）、《建议以政府行为帮助下岗职工，促进社会繁荣稳定》（提案者林仙健等）、《关于在省政协全会期间，政府职能部门的主要领导到会听取相应界别委员意见的建议》（提案者邬国铭等）、《关于加强我省防震减灾工作的建议》（提案者吴鹏）、《关于严厉打击鲍鱼走私，积极扶持鲍鱼养殖业的建议》（提案者钟小健）、《建议我省优先发展若干环保科技项目》（提案者九三学社广东省委员会）、《关于进一步做好我省对台工作的建议》（提案者台盟广东省委员会）、《关于粤港澳联合开发岭南旅游资源的建议》（提案者周洁冰）、《关于建立省教育考试专门机构的建议》（提案者李崴等）、《重点突破，加快广东私营企业上市的步伐》（提案者黄文仔）。

在省政协八届三次会议上，表彰八届二次会议以后的优秀提案24件。

《关于加快我省农村流通的发展，扩大内需，促进经济增长的建议》（提案者民革广东省委员会）、《关于进一步做好依法治省工作的建议》（提案者民盟广东省委员会）、《关于加快广东自然保护区建设的建议》（提案者民建广东省委员会）、《实施科教兴粤战略，搞好高校科技体制改革》（提案者民进广东省委员会）、《关于逐级建立引进人才追踪制度的建议》（提案者郑丰任）、《关于制定全省统一的灾害性天气预警信号规定的建议》（提案者谢国涛等）、《促进图书及图书馆事业，提高人民素质》（提案者石汉基）、《关于进一步做好医疗纠纷案鉴定的建议》（提案者农工党广东省委员会）、《关于加大我省农业生态环境法治力度的建议》（提案者农工党广东省委员会）、《关于立项对新丰江水库水资源开发保护问题进行调研的建议》（提案者梁国昭）、《关于加快个体私营经济发展的建议》（提案者何志伟）、《关于实施生猪屠宰新政策后出现的一些问题亟待解决的建议》（提案者杨关福等）、《采取切实有效措施，增加农民收入，扩大农村有效需求》（提案者黄少雄等）、《关于解决我省台资企业存在的一些问题的建议》（提案者致公党广东省委员会）、《对加强我省工程技术研究开发中心建设的几点建议》（提案者九三学社广东省委员会）、《关于做好在粤台商工作的建议》（提案者台盟广东省委员会）、《关于解决广东高校扩大招生规模引起的问题的建议》（提案者邵学言）、《关于继续实施我省监狱“定点投劳、定额补贴”的建议》（提案者蒋月明等）、《关于走出误区，加快发展广东高新技术产业的建议》（提案者阎小培）、《关于加大大众传媒科普宣传力度的建议》（提案者张晓等）、《控制和治理鉴江流域水环境污染的建议》（提案者罗建举等）、《关于抓住澳门回归的契机，促进澳门旅游业发展的建议》（提案者吴柱邦等）、《关于加强工程质量监测管理的建议》（提案者曾荣德）、《充分利用属地化管理科研院所科技资源，促进顺利转制的建议》（提案者蒋如冰）。

在省政协八届四次会议上，表彰八届三次会议以后的优秀提案25件。

《关于将东江流域上游建成一个省级生态区的建议》（提案者民革广东省委员会）、《改进现行排污收费制度的建议》（提案者民盟广东省委员会）、《关于力争我省民营科技企业超常规发展的建议》（提案者民建广东省委员会）、《关于发展广东农村职业教育的建议》（提案者民进广东省委员会）、《关于加强粤港中医药合作的建议》（提案者农工党广东省委员会）、《关于推行我省住宅抵押证券化的建议》（提案者致公党广东省委员会）、《对实现我省21世纪林业工作目标的几点建议》（提案者九三学社广东省委员会）、《抓住机遇，进一步做好我省的对台工作》（提案者台盟广东省委员会）、《关于进一步改善加工贸易分类管理的意见》（提案者李秀恒）、《东江水水质探讨及几点建议》（提案者韦子刚等）、《关于建立依法行政操作规范的建议》（提案者赵淑琴等）、《国有大中型企业公司制改革的法律问题及对策》（提案者毛宇峨等）、《关于广州市海珠区果林潮道保护发展的建议》（提案者梁国昭）、《加快生活污水厂建设，大力改善水环境质量》（提案者王荫焜等）、《在加入WTO和网络经济兴起的形势下，广东提高国际竞争力的建议》（提案者黄宏生）、《关于加大追逃工作力度的建议》（提案者省政协社会与法制委员会）、《加强农村价格管理，促进农村市场开拓和农民生活的改善》（提案者蒋善利）、《关于强化电子信息产业改造、渗透传统产业的功能，力保产业结构优化升级的建议》（提案者张启人）、《广东省经济地带的梯级发展——广东省经济结构调整的新思维》（提案者方兴起）、《关于解决我省高等教育扩大招生问题的建议》（提案者李崴）、《关于系统地解决广东人口与计划生育问题的建议》（提案者黄庆勇）、《关于尽快制定有关高校校园安全法规的建议》（提案者区鉷等）、《关于建立粤港澳三地环境监测协作网络的建议》（提案者崔世平）、《关于彻底改造广州市“城中村”的建议》（提案者李国泰等）、《建议在省中医院二沙岛分院附近设立公共汽车站》（提案者张孝娟等）。

三、反映社情民意工作

反映社情民意信息工作，是由参加政协的各党派、团体和各族各界人士围绕改革发展中党和国家重视、人民群众关注的重要问题，通过政协的专门渠道汇集、分析、反映情况和意见，帮助领导机关分析判断形势、进行有效决策的一项经常性、基础性工作。它能充分发挥全省各党派、团体和各族各界人士建言献策的重要作用，密切广大政协委员和参加单位成员同各界群众的联系，多层次、多领域扩大公民有序政治参与，畅通保障人民知情权、参与权、表达权、监督权的渠道，广泛表达和反映各种意见和主张，推进党和政府决策科学化民主化，是丰富中国特色社会主义民主政治实践的有效途径。

1993年，省政协创办以刊登委员提供的信息为主的《政协信息》，1994年7月改为《广东政协信息》，并进一步规范了反映社情民意的工作。1995—2000年，省政协共报送《广东政协信息》814件。有不少的信息得到党政领导机关的重视，有些领导还专门作了批示。如常委衷克仁（广东省计算机公司总经理）关于发展信息产业、建立广州软件园的建议，引起时任中央政治局委员、省委书记李长春的重视。他接见衷克仁时说："能否以你们为主，把全省的软件搞起来。"来自澳门特区的常委钟小健关于鲍鱼私下非法交易猖獗，严重冲击粤闽养殖业的情况反映，经省政协办公厅作为信息上报省委后，省委领导作出批示，并由有关部门组织专项打击活动，后来又在反走私运动中连续打击，终于使鲍鱼价格回升到成本价以上，有力地保护粤闽地区的养殖业。

为更好地发挥政协委员民主监督、参政议政的作用，保证政协委员提出的重要建议和意见迅速地反映到党委、政府机关，1998年5月25日，省委、省政府、省政协办公厅联合下发《关于快速办理省政协委员重要建议的意见》。文件明确规定，省政协委员针对本地区政治、经济、文化等方面的重大事务，对宪法、法律和法规的实施，对党和国家方针政策贯彻执行的情况，对社会关注的热点和难点问题，对党和国家机关及其工作人员的工作提出的需要当地党委、政府主要领导予以重视和解决的意见、批评和建议，径送领导阅批。领导作了批示的，由省委、省政府办公厅负责落实、督促办理，并及时回报办理结果。

省政协委员因重大事项提出约见省委、省政府领导，由省政协办公厅商省委、省政府办公厅办理，原则上由分管领导接待；省政协委员因重大事项提出约见省政协领导，由省政协办公厅办理。

工作和居住在广东省的全国政协委员所提出的关于广东省事务的重要建议，按上述程序和办法处理。

这项制度使政协委员反映重要意见建议的途径变得更加便捷，因而被称为"直通车"。1998—2000年，省政协委员及驻粤全国政协委员通过《广东省政协委员重要建议专报》，直接向省委、省政府领导反映30多件重要建议和意见，为省委、省政府解社情民意，科学决策提供了支持，促进相关问题的妥善解决，收到良好的社会效果。

四、学习和宣传

（一）学习工作

省政协成立以后，组织和推动政协委员及各界人士开展学习活动，专门成立一个工作机构负责学习工作——学习委员会。1954年12月，全国政协第二届第一次会议通过的《中国人民政治协商会议章程》规定，组织和推动委员“在自愿的基础上学习马克思列宁主义理论，积极学习国家政策，提高政治水平，开展批评和自我批评，努力进行思想改造。”组织学习是省政协一项重要的经常性工作，也是省政协的优良传统。

1978年12月，中共十一届三中全会之后，在解放思想，实事求是，一切从实际出发的思想路线指导下，拨乱反正，正本清源，逐步清除“左”的思想影响。委员和各界人士的学习活动，恢复了“三自”“三不”的好传统。

1982年12月，根据全国政协五届五次会议通过的《中国人民政治协商会议章程》，省政协规范学习工作，删去“思想改造”，增加“学习、交流业务和科学技术知识，增强为祖国服务的才能”。委员和各界人士的学习，改变了以往沉闷的气氛，运用和风细雨的“神仙会”形式开展学习讨论，各抒己见，畅所欲言，充分发扬社会主义民主，活跃学习气氛，提高学习效果。

1994年3月，全国政协八届二次会议对1982年通过的“章程”作出修订。修订后的章程规定政协学习的主要任务是：“组织和推动委员在自愿的基础上学习马克思列宁主义、毛泽东思想，学习建设有中国特色社会主义理论，学习时事政治，学习和交流业务和科学技术知识，增强为祖国服务的才能。”

2000年3月，中国人民政治协商会议第九届全国委员会第三次会议通过的《中国人民政治协商会议章程修正案》，删去“学习建设有中国特色社会主义理论”，增加“邓小平理论和‘三个代表’重要思想”。随后，省政协组织委员和各界人士认真学习邓小平理论和“三个代表”重要思想。学习形式灵活多样，融理论与实践于一体，委员们把活动视为知政知情、协商监督和参政议政的重要渠道，学习热情高涨，学习工作走上正常有序运转轨道。

自改革开放以后，省政协在组织和推动委员学习方面，始终坚持三个不变：坚持服从和维护党的领导不变；坚持学习马克思列宁主义、毛泽东思想、邓小平理论、“三个代表”重要思想和时事政治不变；坚持自愿原则不变。通过学习，委员和各界人士激发了爱国主义热情，提高了政治觉悟，在思想上，政治上逐步实现从旧社会、从民主主义到社会主义的转变。通过学习，增进共识，增进中国共产党和各民主党派、各界爱国人士在共同政治基础上的团结与合作。

1. 组织形式

（1）学习委员会。1977年12月19日，省政协四届一次常委会议决定，成立学习委员会。其委员由省各民主党派、工商联的委员组成，下设3个直属组共70多人；参加学习的爱国民主人士345人，分为14个学习小组。学习委员会在常委会领导下负责学习工作，每届任期五年，其职责是负责组织委员和各界民主人士围绕各个不同时期的中心任务，开展政治理论和时事政策的经常性学习。

（2）学习中心组。1979年，省政协恢复活动以后，建立起学习中心组，根据自愿的原则，由各民主党派、工商联、人民团体的领导及部分社会知名人士组成。四届委员会时每周五集中学习一天，五届委员会后，每周五上午集中学习半天。这一制度一直坚持到七届政协为止。学习内容主要是马克思列宁主义、毛泽东思想、邓小平理论、“三个代表”重要思想，党在各个时期的方针、政策和政治时事，编印并分发《学习参考资料》。学习中提倡理论与实际相结合的优良学风，坚持发扬民主，畅所欲言，活跃学习气氛。学习方式采取自学为主，聘请专家、学者开讲座、作辅导报告；邀请省政府有关部门领导通报省情政情；结合参观、考察和社会实践，增加感性认识，把学习理论同知情知政、参政议政结合起来，同谈心通气、反映社情民意结合起来。学习中心组对政协委员学习起了积极的推动作用。

2. 开展学习活动

中共十一届三中全会以后，省政协学习活动在解放思想、实事求是的思想路线指引下，清除“左”的影响，提倡解放思想，自由讨论，贯彻“不抓辫子、不扣帽子、不打棍子”的“三不”方针，真正做到发扬民主、畅所欲言，确立了学习的正确指导方针，人民政协的优良学习传统得到恢复并有了新的发展。坚持以社会主义初级阶段的基本路线为指导，学习的目的在于统一思想、增进共识、加强团结合作、坚持和完善共产党领导的多党合作和政治协商制度，在增强自身政治思想素质的同时，增强为社会主义建设服务的才能，更好地履行政协的三大职能。学习内容主要根据国内外形势的变化，围绕中共和政府各个时期的中心任务，组织委员和各界人士开展有针对性、时效性的学习活动。所采取的形式有学习会、报告会、座谈会、研讨会、经验交流会等，并辅以参观、视察、考察、调研，力求理论联系实际，学有成效。

1978—1979年，省政协学习委员会组织和推动各界人士学习马列主义、毛泽东思想和时事政策，进行自我教育和自我改造。两年主要围绕新时期国家大政方针、时事政策组织学习，重点抓好中共十一届三中全会、五届全国人大、五届全国政协第二次会议有关文件和真理标准问题的学习。叶剑英在庆祝中华人民共和国成立三十周年大会上的讲话发表后，立即组织大家学习，要求对中国三十年社会主义革命和社会主义建设，有个全面的正确的认识，既要充分估计已经取得的成就和胜利，又要正视过去的失误和挫折。由此吸取经验教训，明确今后继续前进的方向和道路。为了配合学习，让委员们更多地接触实际，联系群众，增加感性认识，1979年上半年组织部分委员到中山、顺德、东莞和惠州等地参观工农业生产，下半年又先后组织部分委员到广州市和湛江、汕头地区进行参观调查活动，收到理论联系实际，巩固学习心得的效果。

1980年，根据形势发展需要，有计划地组织一部分在穗委员和各界人士学习邓小平《目前的形势和任务》的重要报告、中共十一届五中全会公报、五届全国人大和五届全国政协三次会议主要文件、元旦社论，以及中央工作会议和省党代表会议的重要文件等。在最高人民法院特别法庭公开审判林彪、江青反革命集团十名主犯后，又组织大家讨论最高人民检察院特别检察厅的起诉书，座谈对十名主犯的判决。为使理论联系实际，增加感性知识，提高学习效果，组织了部分委员赴清远、高要两县农村进行参观访问，并作一些调查，加深了对三中全会以后党的政治路线、思想路线和组织路线的理解，收到良好效果。此外，通过各工作组举办的各种报告会，听取有关国际形势、法制、经济、文学艺术、科技、教育、医药卫生、侨务、民族、宗教等内容广泛的报告，也有助于委员和各界人士开阔视野，增广见闻，提高政治理论水平，丰富科学文化知识。

1981年，学习和贯彻中共中央工作会议和六中全会精神。上半年，围绕中央工作会议提出的在经济实行进一步调整、政治上实现进一步安定的重大方针，学习中央〔1981〕一、二号文件，中共广东省代表会议的主要文件，胡耀邦在全军政治工作会议上的讲话以及中共中央关于进一步建立和完善农业生产责任制的七十五号文件，学习《中华人民共和国宪法修改草案》。下半年，中共中央六中全会通过《关于建国以来党的若干历史问题的决议》。省政协遵照中央和省委的指示精神，把学习"决议"作为下半年的一项中心任务。首先集中直属学习组的成员和本会处级以上干部举办学习班，逐章逐段地进行学习，力求领会文件的基本内容和精神实质，然后转入经常性的学习，深入研究讨论，并先后由省委书记、省政协主席尹林平作3次辅导报告，还编印6期《学习参考资料》供大家学习参考。同年9月，结合学习邓小平、胡耀邦、胡乔木在全国思想战线工作座谈会上的讲话，并联系实际进行讨论。加强思想政治工作，克服领导上的涣散软弱状态。对那种企图摆脱党的领导、背离社会主义轨道的资产阶级自由化思潮，进行严肃的正确的批评和必要的恰当的斗争，决不能任其泛滥；对青少年要认真加强教育，防止和消除资产阶级思想作风的腐蚀和侵袭；对破坏社会主义经济和社会主义事业的违法犯罪活动，要坚决打击，依法惩处。

1982年，深入学习中共十一届六中全会关于建国以后党的若干历史问题的决议和中共第十二次代表大会的文件，学习修订后新宪法、新政协章程和省"六五"计划。编印《学习参考资料》12期。在学习过程中，认真总结经验教训，清除"文化大革命"及其以前的"左"的影响，教条主义和个人崇拜长期束缚人们思想禁区被冲破了，解放思想、实事求是的思想路线日益深入人心，取得了拨乱反正的丰硕成果。

1983年，学习的主要内容有《邓小平文选》、全国人大和全国政协六届一次全会精神，中共中央关于整党的决定等。

1984年，围绕改革开放的中心任务，邀请知名学者、专家、教授和有关领导作《关于我省经济体制改革的一些问题》《关于发展经济特区的一些理论问题》《冲破"左"的思想束缚，推进价格改革》《今日美国科学技术发展方向》等专题报告。并配合学习，组织部分委员和有关人士到广州市实行厂长负责制试点之一的广州啤酒厂参观学习，了解企业管理体制改革的情况，使大家接触实际，扩大视野，增强感性认识。

1985年，学习"七五"计划的建议，组织委员进行一系列的学习和讨论。并邀请有关领导和专家作《关于当前我省农村形势及体制改革情况》《关于计划经济与商品经济》《关于当前国际形势的几个问题》和学习全国教育工作会议精神、田纪云副总理《关于价格体系改革问题》报告，省委副书记谢非作《关于加强精神文明建设》录音报告等。1985年，学委会派员参加全国政协"文化大革命"后首次召开的学习工作会议。两次深入珠江三角洲有关市县政协调查学习情况，并向全省117个市县政协问卷调查，收回90多份调查表，较全面地了解广东省各级政协的学习情况。为推动学习活动的开展，在全国政协学习工作会议结束后，还将会议纪要和学委会《关于贯彻落实全国政协学习工作会议精神的意见》印发给全省政协委员和市、州、县政协。

1986年，针对资产阶级自由化思潮有所发展的情况，组织委员和各界人士就坚持四项基本原则、反对资产阶级自由化等问题进行学习。为深化认识，组织委员到部分高校就当前高校思想政治工作情况进行实地调查。通过调查，提高了对支持四项基本原则、反对资产阶级自由化与改革、开放、搞活之间相辅相成关系的理解和认识，提出要端正办学思想，培养和增强教师育人的责任感，充分发挥学校政工队伍的骨干作用，加强对学生的爱国主义、集体主义和法制教育，提高学生抵制资产阶级思想腐蚀的能力等意见。

同年8月至1987年8月，会同省委统战部联合举办广东“民主党派史讲座”，由省内各民主党派负责人分别介绍各自党派的历史、性质、地位和作用，使大家更加了解民主党派与共产党风雨同舟、患难与共的光荣历史，认识民主党派在新的历史时期的重要地位和作用。会后汇编出版《粤海同舟》一书。

1988年11月，省政协在广州举办“完善和发展共产党领导的多党合作和协商制度”理论研讨会。省政协副主席郑群、祁烽，省各民主党派部分负责人及统战理论工作者共80多人参加座谈会，8人在会上作专题发言。座谈会就中国民主党派的性质、地位和作用及如何完善和发展中国共产党领导的多党合作和政治协商制度等问题进行有益探讨。

1989年3月学习中共十三大和中共十三届三中全会文件；学习中央领导关于沿海地区经济发展战略的重要讲话和视察的指示。

1989年春夏之交，发生在北京的政治风波后，省政协中心学习组坚持每周半天学习，注意政治动向，在政治思想上与党中央保持一致。学习的内容是时事政策，学习《人民日报》有关社论，邓小平等中央领导在接见首都戒严部队军以上干部时的讲话，总书记江泽民在国庆40周年大会上的讲话，中共十三届四中、五中全会精神，统一认识，自觉维护安定团结的局面。

1990年3月，省政协组织委员重点学习《中共中央关于坚持和完善中国共产党领导的多党合作和政治协商制度的意见》《中共中央关于加强统一战线的通知》等重要文件和总书记江泽民在全国统战工作会议上的重要讲话。同年11月，学习委员会召开首次全省政协学习宣传工作会议，总结全省各级政协学习工作的经验，并对新成立的市县政协学习工作予以指导。同年12月中旬，由省政协学习委员会、省社会科学院、省社会科学联合会、省社会主义学院、省统一战线理论研究会联合发起的增强中华民族凝聚力首次学术讨论会在广州召开，先后举行3次大型和多次小型学术研讨活动，并成立中华民族凝聚力研究会及其基金会，逾百名领导干部及专家学者与会并提交论文57篇。

1991年，学习江泽民在庆祝中国共产党成立七十周年大会上的讲话；学习省委、省政府《关于依靠科技进步推动经济发展的决定》等。当年苏联和东欧各国剧变，11月，学习委员会邀请省委宣传部的领导作“关于苏联局势的报告”，请著名学者吴江作“关于社会主义前途”的演讲，请省委领导介绍出席中共十四大的见闻和传达会议精神，使委员和各界人士认清国内外形势。并先后组织委员和各界人士到10多个市县调研和视察，了解广东在改革开放中的实际情况，进一步坚定社会主义信念，坚定建设有中国特色的社会主义的信心，增强在共同基础上的团结与合作。

1992年春，邓小平视察南方并发表重要谈话，提出并解决建设有中国特色社会主义的许多重大理论和实践问题。围绕1992年邓小平南方谈话组织多次学习，进一步解放思想，为推动经济特区建设建言献策。学习中共十四大文件精神、《政协全国委员会关于政治协商、民主监督的暂行规定》等。

1993年3月，学习全国人大和全国政协全会精神、《邓小平文选》，邀请专家作《关于加强宏观调控、整顿经济秩序》《深入开展反腐败斗争》等专题讲座。

1994年，学习中共中央、国务院《关于当前经济情况和加强宏观调控的意见》，中共十四届三中全会《关于建立社会主义市场经济的决定》，中纪委关于反腐倡廉的有关文件等。

1995年，学习《邓小平同志建设有中国特色社会主义理论学习纲要》、总书记江泽民关于《为促进祖国统一大业的完成而继续奋斗》；举办《社会治安的综合治理》《社会主义精神文明建设》专题讲座。

1996年与香港“中港经贸商会”等单位联合举办“’97过渡期粤港经贸的机遇与挑战研讨会”；12月，省政协首次召开人民政协理论研讨会，邀请省各民主党派、各市政协和有关单位的领导及部分理论工作者参加，会议着重探讨新时期人民政协工作和中国社会主义民主政治建设方面的理论问题。收到论文55篇，会后出版《走向21世纪的人民政协》。

1997年6月，省政协举办庆祝香港回归祖国座谈会，省政协领导、省各民主党派、有关团体负责人、省政协香港地区委员等90多人参加。会后，编印《香港回归感言》一书。同年11月20日至21日，召开广东省政协委员粤港21世纪恳谈会，新华社香港分社负责人应邀到会作关于香港回归祖国的新情况的介绍。粤港两地的省政协委员及有关专家、学者53人出席。省委副书记张帼英、副省长卢钟鹤到会祝贺，张帼英在会上发表了讲话。主席郭荣昌作总结讲话。收到书面材料25篇。

1998年4月，全国“两会”结束后，邀请部分从北京归来的全国人大代表和全国政协委员畅谈体会和感受。帮助委员领会中央的新精神。10月，召开学习中共中央十五届三中全会精神座谈会；11月，学习中共广东省委八届二次全会精神。

1999年省政协组织委员旗帜鲜明地投入三场政治斗争：一是召开有省各民主党派负责人参加的主席会议，强烈抗议美国为首的北约轰炸中国驻南联盟大使馆的暴行，并发出《抗议电》，表明反对美国霸权主义的严正立场；二是举行有各界人士参加的座谈会，学习《一个中国原则与台湾问题》白皮书，对李登辉的“两国论”进行批判；三是拥护和贯彻中共中央关于处理和解决邪教问题的决定，推动委员和机关干部以各种形式深入揭批邪教，使大家认清邪教组织的本质，认识开展这场斗争的必要性和严肃性。

同年7月，省政协与深圳市政协联合举办“广东省第二次人民政协理论研讨会”。150人与会，共征集论文85篇。

从1999年起，培训全省市县政协领导采取单独办班的形式，分批安排县（市、区）政协的党员主席到省委党校培训。10月举办第一期，39人参加培训。还组织各级政协领导干部参加全国政协、省社会主义学院举办培训班的学习。

2000年3月上旬到4月中旬，省政协领导班子和机关领导班子先后开展“三讲”教育回头看活动。通过学习有关文件，认真检查“三讲”教育整改措施的落实情况，巩固和发展“三讲”教育的成果。同年5月至7月，省政协各专委会分别就省“十五”计划纲要汇报提纲（稿）提出建议，组织委员和专家学者进行座谈、研讨，7月中旬召开“为编制我省‘十五’”计划建议献策汇报会。此外，还与省科协、省委组织部、省委宣传部、省直工委等单位联合举办“关于我国加入WTO及其对经济的影响”大型科普报告会。

（二）宣传工作

省政协在宣传活动中，注意加强与宣传部门、新闻单位的沟通和合作，充分发挥新闻媒体和政协自办刊物的作用，宣传共产党领导的多党合作和政治协商制度，宣传党的统一战线理论政策，人民政协的基本理论、基本知识；及时宣传、报道政协和党派团体的会议、工作、活动情况和港澳台同胞和海外侨胞回来参加活动、旅游、访问的情况，扩大影响。

新闻宣传注意运用各种媒体，如广播、报纸、期刊、电视等大众传媒的宣传。宣传形式丰富多彩、生动活泼。建立《人民政协报》驻广东记者站，加强在全国新闻媒体对广东政协工作的宣传。要求每个处室要有通讯员，每月不少于两篇新闻稿，向各种媒体广泛投稿。开展政协好新闻评奖等多种宣传活动，宣传范围从政协系统内部扩展到面向社会，有效地扩大了人民政协的社会影响。

在报道形式上，注重搞好有组织、有计划的系列宣传。包括海外、中央和地方在内的各新闻媒体，在扩大对政协宣传的基础上，着重加强了宣传工作的系统性、针对性和深度报道。如每年的政协全会期间，有近百家新闻媒体两百多名记者采访，仅政协大会发稿量就有近千篇之多，形成宣传报道的强势，大大增加了宣传效果，受到社会各界和读者的欢迎。

社会各界对人民政协在当今社会生活中重要地位和作用的认识日益加深，新闻宣传工作功不可没。《人民日报》《光明日报》《人民政协报》、新华社以及省内的《南方日报》《南方都市报》《羊城晚报》《新快报》《广州日报》、广东人民广播电台、广州市人民广播电台、广东电视台、南方电视台、广州电视台，香港《大公报》、香港《文汇报》《香港商报》《澳门日报》等开辟专栏或专版大力宣传政协工作，由于直面生活，贴近群众，引起了党政部门及有关方面的重视，受到了群众的赞扬。在政协机关与新闻单位的努力下，政协新闻宣传有力地推动了政协履行职能各项工作的开展，提高了委员参政议政的积极性，促进各级党委、政府更加注意倾听和采纳政协的意见和建议。加强各种重要会议、各项重要活动的宣传报道。如省政协四至八届全体会议、常委会议、主席会议、专题协商、专题议政和各专委会的调研、视察、承办提案好的典型事例及重要活动等进行宣传报道70000多篇，对扩大政协工作在社会的影响，发挥了重要作用。

（三）省政协的刊物

1. 《广东政协》

《广东政协》是政协广东省委员会会刊。1980年创刊时为打字油印内部刊物，不定期，无固定页码和栏目，小范围（统战口单位）内部交流。由省政协秘书长负责，省政协综合联络处承办。1988年因省政协宣传工作调整而停刊，2000年6月复办。复办的《广东政协》是一份16开本双月刊，逢双月10日出版，彩色四封，48个页码。

《广东政协》秉承“报道社情，宣传先进，议论探讨，存史资政”的办刊宗旨，为新时期人民政协履行“政治协商，民主监督，参政议政”职能服务。客观报道省政协以及全省各级政协组织重大履职活动；报道宣传各级政协委员、政协组织及各民主党派成员的事迹及风采；研究、报道人民政协及统一战线光辉历史及前辈人物；以文化视觉切入，登载岭南历史、地理及民情风俗发展演变文章；提供议政平台，为委员及各界人士参政议政服务等等，达到宗旨要求及推动广东文化大省建设和社会稳定和谐之目的。

《广东政协》每期印数3800多册，全部赠阅。主要寄送在粤全国政协委员、省政协委员、全省各级政协组织、省政协联谊会会员。

《广东政协》常设栏目有：专稿、政协工作、建言谋策、议政广场、委员风采、党派之声、政协人物、文史经纬、岭南风物、岭南星空、走过历史、动态报道、图片报道、南海潮汐、摄影爱好者之页、省政协书画藏品选萃等等。

2. 《同舟共进》杂志

1987年7月创刊，是面向海内外公开发行的时政文化月刊，由政协广东省委员会主管、主办。杂志宣传、探讨政协理论，宣传和介绍广东省各级政协的工作和海外侨胞、港澳同胞等各方面的活动情况，为政协委员和各界人士提供议论国家大事、反映群众呼声，扩大舆论监督的重要阵地。以“开掘历史、聚焦现实、贴近社会、关注民生”为宗旨，追求内容的思想性、可读性、冲击力和吸引力，风格的新颖、独特、敏锐、泼辣。杂志主要发行对象为：省副厅以上各级党政有关领导、全国政协委员、各省政协领导、广东省各级政协委员（含港澳区各级政协委员、联谊会会员）、各民主党派成员、专家学者等，均系决策层、知识层、精英层人士。《同舟共进》“在别人停止思维的地方延续思维”，说读者想说而没有说出来的真话、实话。为委员和读者议政、监督提供了新的思想资源。一些文章和观点被认为是改革开放理论探索的宝贵成果。

（四）送戏下乡

本着为山区和少数民族地区人民办实事的目的，坚持开展送戏下乡，促进山区和少数民族地区“两个文明”建设。自1994年起，省政协与省文化厅、省歌舞剧院共同组织“省政协情系山区演出团”，7年足迹遍布全省50多个市县和乡镇，演出70多场丰富多彩的文艺节目。为100多万名山区群众献上丰盛的“文化大餐”，李素华、唐彪、李仙花等广东省著名的歌唱家和戏剧家放下工作和演出任务，随团深入乡镇，倾情演出。精彩的文艺节目令山区群众大开眼界，有近1000万名群众通过电视收看演出实况，受到广大山区干部群众的热烈欢迎。

五、文史资料征编

人民政协文史资料工作是周恩来亲自倡导和培育的一项富有统一战线、政协特点的重要工作。政协文史资料是政协委员及其所联系的各方面人士对重要历史事件和历史人物的记述，是历史当事人、见证人和知情人亲历、亲见、亲闻的第一手材料。文史资料具有“三亲”（亲历、亲见、亲闻）的特色、实事求是的原则和“存史、资政、团结、育人”的作用。广东文史资料，主要向政协委员、各民主党派、各界爱国人士和他们所联系的群众，征集近、现代历史资料，经研究整理后，编辑出版。其特点是：主要是征集历史当事人的亲身经历、亲眼所见、亲耳所闻的“三亲”资料。1979—2000年的22年间，广东省政协文史资料工作忠实地记录了省各民主党派、人民团体和各族各界人士同中国共产党肝胆相照、荣辱与共、团结合作、携手奋斗的壮阔历史，充分发挥文史资料“存史、资政、团结、育人”的社会功能作用。

（一）主要工作

一是恢复文史资料工作。“文化大革命”开始，省政协活动被迫中断，粉碎江青反革命集团之后，省政协全面恢复活动。

1977年12月19日，省政协四届一次常委会决定设立文史资料研究委员会。次年，省政协文史资料研究委员会正式成立，任命省政协副主席罗明兼任文史资料研究委员会主任。设立革命史、军事、科技文教、工商华侨、民族宗教6个业务组。根据政协章程关于“搜集、整理、编写中国现代史、革命史等材料”的规定，把抢救史料工作放在首位，广泛发动省政协委员、省各民主党派、各界爱国人士和他们所联系的群众撰写史料，恢复出版《广东文史资料》，文史工作得到省委的重视和支持。1978年4月，省委分管统战工作的书记刘田夫提出，要把“文化大革命”前征集得来的近1000多万字存稿整理出来，复刊《广东文史资料》，并对出版发行问题作出批示，确定《广东文史资料》由广东人民出版社出版，省新华书店内部发行。该会除编辑、整理、出版广东文史资料工作外，还加强征稿方面的工作。（1）加强征集工作，特别是有关革命史料（主要是中共党史）征集工作。四届政协委员中，增加一大批中共党内的老同志，他们具有丰富的革命经历，并积极响应征稿号召，撰写革命回忆录，占当时来稿较大的比重。《广东文史资料》出版了许多珍贵而重要的革命史料，如广州起义、省港大罢工、海南岛早期革命活动等回忆录。这批史料的出版，立即引起社会各界的欢迎和关注。（2）重视文史资料工作为巩固和扩大爱国的革命统一战线服务，为争取台湾早日回归祖国，完成祖国统一大业服务。1979年9月30日，省政协副主席罗明向记者发表讲话，发出《建议台湾史学界交换孙中山及民国史料》的对台广播稿。介绍广东政协历年征集、整理、出版孙中山及民国史料情况，建议台湾史学界交换这方面的资料，交流研究成果，并互相派出学者进行访问。（3）重视文史资料为历史研究提供素材。组织人力征集撰写广东民国史，如人物传、粤军史实纪要、孙中山史料等。

二是开创文史资料工作新局面。1983年9月，全国政协召开第四次全国文史资料工作会议。会议提出“高举爱国主义旗帜，坚持实事求是原则”是文史资料工作总的指导方针。此方针既适应中共十一届三中全会“把全党的工作重点和全国人民的注意力转移到社会主义现代化建设上来”的战略决策，进一步发展安定团结的政治局面；又适应进一步巩固和加强由全体社会主义劳动者、拥护社会主义爱国者和拥护祖国统一的爱国者组成的最广泛的爱国统一战线的方针，以文会友、促进交流、互通联谊，做好文史工作。

（1）成立“抢救”史料领导小组，对重点人物进行重点征集。鉴于在“文化大革命”期间文史资料工作停顿所造成的损失，特别是不少老人已“人去史亡”，在世者大多年事已高，如不抓紧征集将招致无法弥补的损失。因此，对重点专题、重点人物进行重点征集。

（2）配合重大历史事件和历史人物纪念及时编印有关专题史料。如纪念孙中山诞辰120周年，与全国政协、广州市政协合编《孙中山三次在广东建立政权》一书，开展专题化、系统化整理研究的大协作。

（3）利用广东地域优势，开展对港澳台及海外文史资料的征集和交流工作。征集出版了《华侨沧桑录》《香港旧事见闻录》（连载）等文史资料，其中《香港旧事见闻录》还被香港中原出版社汇编成书出版。

（4）1984年该会创刊《广东文史通讯》，介绍全省各地政协文史资料工作的情况和经验，指导各市县政协的文史资料工作。

（5）支持和帮助市县政协开展文史工作，为各市县政协培训文史干部。1985年委托省社会主义学院举办政协文史干部培训班，时间为2个月，各市县（区）政协文史干部64人参加培训学习。

（6）初步建立政协系统发行渠道，加强文史资料的发行工作，《广东文史资料》从1985年第46辑起，从内部发行改为公开发行，扩大文史资料的发行量和影响。

三是开创文史工作新领域。1989年8月，全国政协在北戴河召开各省、自治区、直辖市政协文史委主任会议，会议提出逐步将中华人民共和国成立后史料的征集工作作为工作的重点。随着时间的推移，中华人民共和国成立后史料的征集已被提到工作日程上来。中华人民共和国成立以后，在中国共产党的领导下，各族人民团结奋斗，艰苦创业，取得了划时代的伟大成就。但在前进中也经历了不少困难和挫折。各级政协委员和所联系的各界人士，都是这些变化的参与者和见证人，把他们亲历、亲见、亲闻记录下来，传诸后人作为历史的经验和借鉴，具有深远的意义。

1990年11月，就如何开展中华人民共和国成立后史料征集工作，该会提出三条原则：（1）要与党史、方志部门做好分工；（2）在具体做法上要先易后难，由浅入深，由远及近，以正面为主；（3）对历次政治运动和“文化大革命”史料，则应本着“征集无禁区，出版要慎重”的原则。省政协在征集中华人民共和国成立后史料工作方面，做了大量工作，也征集到不少稿件。《恩平文史》发表恩平原县委书记郑鼎诺撰写的《恩平解放初三年》一文，以直言不讳的胆识和求实的精神，披露了1952年土地改革中发生在该县的轰动全国的重大冤错案——“松仔岭事件”的详尽始末。虽然有人对此横加指责，但文史委态度鲜明地支持恩平县政协同志，有效地推动了中华人民共和国成立后史料征集工作的开展。

四是发挥文史资料工作作用，为建设“两个文明”服务。1993年4月7日，七届省政协期间，省政协积极开展新时期文史工作的新探索，在为精神文明建设服务的同时，自觉地为经济建设服务。围绕政协基本职能，结合文史工作的实际，选准角度，有计划、有重点地开展征集出版工作，并推动各市县政协文史工作的开展。

（1）与工商联、大专院校等有关部门合作，征编出版工商经济、科技教育文化等方面的专题史料，如《银海纵横》《粤海文踪》等，为历史研究提供资料，为社会主义现代化建设提供借鉴。

（2）发挥广东华侨众多、毗邻港澳的地域优势，加强港澳台海外史料的征集出版工作，发挥文史资料在“三胞”联谊工作中的作用。如《创业者的足迹》《潮商俊彦》等。与全国政协文史资料委员会联合征编全国政协副主席马万祺的创业爱国事迹史料《马万祺传》等。省内各市县政协也积极开展这方面的工作，收到很好的效果。不少港澳台胞、海外侨胞看到文史资料中实事求是地刊登本人或家人、家族的史料后，大受感动，纷纷回乡探亲、捐资办学、投资设厂、造福乡梓。

1995年11月，全国政协在北京召开全国政协文史资料工作座谈会。会议表彰优秀文史工作者和优秀文史图书。该会丁身尊、林亚杰被评为优秀政协文史工作者；该会编印和参与合编的文史资料《列强在中国的租界》《挥戈跃马满征尘》《广东辛亥革命史料》分别获得二等、三等和优秀奖。1996年5月，该会召开全省政协文史资料工作座谈会，省政协主席郭荣昌、副主席李金培等，省政协文史委员、特邀委员，广州、深圳和各地级市政协及省民主党派等有关单位负责人出席会议。会议表彰33位优秀文史工作者，71种优秀文史图书，并在中山图书馆举办全省文史资料回顾展，推动全省文史资料工作的开展。

五是发扬团结协作精神，做好清理库存史料工作。1999年4月，召开全省各市政协文史工作座谈会。省政协主席郭荣昌、副主席韩大建，广州、深圳和各地级市政协领导和代表共80多人出席会议。会议传达、学习和贯彻全国政协主席李瑞环关于文史工作的重要讲话和年初召开的“全国暨地方政协文史资料委员会主任联席会议”精神，总结交流3年全省各地开展文史工作的情况和经验，研究清理库存史料及协作问题。该会承担全国政协文史委委托的第一、二次国内革命战争时期的关于孙中山等8个专题共400多万字和该会自存的2200万字的库存史料清理编辑任务。2000年，该会把文史资料工作重点主要放在清理库存史料上，除完成全国政协8个专题的初审、复审、编辑加工工作外，该会17个专题共约2200万字的库存史料的清库工作也顺利进行。

（二）主要成果

1979—2000年，众多的当事人、见证者对重大历史事件、重要历史人物和社会生活的各个侧面作客观的回忆和记述，生动、具体、翔实地展现了百年风云变幻的历史沧桑，丰富了广东近代现代史料宝库，发挥了文史资料存史、资政、团结、育人的社会功能。省政协文史工作部门共征集5000多万字资料，编辑出版1700多万字。

22年间，该会共编辑出版《广东文史资料》综合本64辑，专辑42本，如《孙中山史料专辑》《广东辛亥革命史料（之一）》《广东辛亥革命史料（之二）》《辛亥革命与广东》《孙中山与辛亥革命史料专辑》《辛亥革命诗歌选集》（合编）、《孙中山三次在广东建立政权》（合编）、《中国国民党“一大”史料专辑》《粤军史实纪要》《广东军阀史大事记》《粤系军史大事记》《国民革命军北伐亲历记》《黄埔军校回忆录专辑》《一代名将蔡廷锴》《淞沪烽火——十九路军“一二八”淞沪抗战纪实》《挥戈跃马满征尘——张发奎将军北伐抗战纪实》（合编）、《近代广东名人录（之一）》《近代广东名人录（之二）》《粤海文踪》《广东文化名人实录——群星璀璨（之一）》《成才之路——广东文化名人录（之二）》《广东民主人士名人传》《艺海风华》《陶金影剧生涯五十年》《广东风情录》《民主先驱李章达》（合编）、《莫雄回忆录》《马万祺传》（合编）、《张民达烈士纪念文集》《吴仲禧诞辰百年纪念》《曾天节》（合编）、《我的父亲陈序经》《医林群英》《创业者的足迹》《银海纵横——近代广东金融》《香港一瞥》《香港报业春秋》《华侨沧桑录》《骨肉情深——台港澳华侨史料》（合编）、《回忆司徒美堂老人》（合编）、《列强在中国的租界》（合编）、《广东匪盗实录》《创办珠海特区五年回忆》《南方大学之光》（一、二册）等。

由于文史资料能够真实地反映历史事件和公允客观地评价历史人物，服人心，暖人心，起到春风化雨、润物无声的作用。体现了统一战线大团结、大联合的宗旨。旅居海外的原国民党军政人员及其后代人数不少，由于历史的原因，不少人对中华人民共和国怀有隔阂心里，甚至敌视态度。通过文史资料，促使他们中一些人转变了态度。出版的《广东辛亥革命史料》《孙中山与辛亥革命史料专辑》向海外发行，还为中国新闻社组织30多篇辛亥革命历史人物轶闻、小传寄往港澳及海外报刊发表。此外，海外一些华侨报刊转载《广东文史资料》一批文章，如美国时代报先后连载《粤军史实纪略》《十九路军史略》《蔡廷锴传略》《潮汕铁路创办人华侨张榕轩兄弟》等史料；香港《华侨日报》转载《解放前广州的几种光怪陆离的行档》等文章。一些侨居海外的辛亥革命烈属、遗属及国民党原军政界人士以及他们的亲属，看到政协文史资料实事求是地记载着他们和先辈追随孙中山先生进行革命的历史功绩，深受感动。原国民党一批军政官员及其亲属，当看到政协文史资料时，一改以往态度。原国民党中将军长谭邃在台湾的儿子和僚属看到文史资料载有其父抗战事迹时，认为共产党尊重历史，其儿子一再表示，以后要回大陆向政府道谢。文史资料刊登《回忆张德能将军》一文，张德能在美国的女儿张悦云把该史料复印数十份，分寄张德能的上司、同僚、部属、亲友，反映良好。护国讨袁将军黄明堂的女儿黄蔓薇看到《黄明堂传略》后，特地从澳门回广州，对政府感激之余，特登门向作者道谢。原国民党元老罗翼群在美国的儿子、高能物理专家罗祝年，1981年应邀回国参加辛亥革命70周年纪念活动，看到广东文史资料选辑发表他父亲撰写的多篇回忆追随孙中山从事革命活动的史料，非常激动，表示要为祖国统一和社会主义建设出力，还表示建设核电站如需要他，即可回来帮助。回到美国后，他还在《北美日报》上发表诗词文章，抒发对祖国的热爱和眷恋之情。辛亥革命烈士郭典三在美国的孙子郭延燊、郭延安看到文史资料发表他们父亲及其姑母郭丁梅（长征烈士）的事迹后，非常感动，表示要为促进台湾早日回归祖国和祖国建设贡献力量。《挥戈跃马满征尘——张发奎将军北伐抗战实录》一书出版后，海外张发奎将军的亲朋好友奔走相告，互相传阅，深受鼓舞。张发奎夫人刘景容决定把张发奎将军安葬在香港的骨灰迁移回大陆，并于1992年11月把张发奎将军的骨灰迁回广东省始兴县家乡安葬。张发奎将军魂归故土，成为国民党撤出大陆后第一个高级将领的骨灰送回大陆安葬。

六、港澳台侨联谊和对外友好活动

（一）港澳台侨联谊工作

高举爱国主义和社会主义两面旗帜，贯彻“和平统一，一国两制”的方针，团结和联络更多的港澳台同胞和海外侨胞，是省政协的一项重要工作。广东毗邻港澳，靠近台湾，原籍广东的“三胞”人数众多，政协委员与他们有着广泛的联系。为做好“三胞”联谊工作，1983年7月6日，省政协五届二次常委会议决定设立“三胞”联络委员会，1988年1月28日，省政协六届一次常委会会议决定原“三胞”联络委员会改称为华侨港澳台胞联络委员会。其工作的开展，主要借助省政协委员及其所联系的各界人士同海外亲友联系广泛的关系，广交朋友。通过港澳地区华侨、华人侨居国外的同乡会、同学会、宗亲会等社团联系，接待或邀请侨胞、港澳台胞回来参观访问，加深他们爱国爱乡的感情。积极配合做好促进港澳顺利回归的工作。组织港澳委员学习《中华人民共和国香港特别行政区基本法》《中华人民共和国澳门特别行政区基本法》，举行有关座谈会等。省政协充分利用这些特别的优势，积极开展“三胞”的联谊工作。

1. 联谊方式

省政协通过“走出去”“请进来”等多种渠道和形式，积极开展与港澳台同胞和海外侨胞的联谊工作。

（1）主动“走出去”，到香港、澳门等地与港澳同胞及社团联谊，并向港澳委员通报省政协的工作情况。每年省政协领导不少于2次到香港、澳门，以省政协工作情况通报会、座谈会等形式，与港澳委员、各界人士和有关社团的领导加强思想沟通，增进友谊，听取他们对省政府、政协工作所提的意见建议。

1986年省政协领导应邀前往美国和加拿大参观考察。并应港澳地区省政协常委和委员的邀请赴香港和澳门地区参观访问。此外，还有部分教育界的委员应邀出国讲学，通过这些参观访问和实地考察活动，密切了与侨胞和港澳同胞的联系。

1991年6月，组织以国画大师黎雄才为团长的省政协书画交流团赴澳门进行书画交流活动。

根据形势的需要，为做好促进港澳平稳过渡的工作。1993年，省政协派员定期到港澳拜会委员和各界人士，参加委员的聚会和一些社团活动，先后组织3批内地委员赴香港和澳门考察访问，广泛接触港澳各界人士和爱国社团，座谈交流对内地和港澳情况的看法，达到了互相沟通、增进共识的目的。

1995年1月3—17日，省政协组织的省政协访问团赴泰国进行友好访问。10月15—22日，省政协访问团赴香港地区开展联谊活动。10月31日至11月15日，省政协访问团一行6人应邀访问马来西亚和泰国。

1996年6月，省政协组织访问团一行9人前往港澳，重点拜访8个社团及部分港澳委员、有代表性的人士共80多人，就如何协调、配合共同做好促进港澳顺利回归的工作交换意见，增进共识，收到较好的效果。

1997年6月香港回归前夕，省政协组织访问团赴香港访问，重点拜访旅港的台籍社团和一部分台胞。11月，省政协组织大陆台胞教育界知名人士访问团赴台进行交流。是年，省政协组团先后出访印度、斯里兰卡、加拿大、日本、泰国、荷兰等国家。

1993—1997年，省政协先后组织8批委员和民主党派负责人前往香港，广泛接触港澳各社团，与各界有代表性的人士座谈交流，向他们介绍政协和民主党派的情况，宣传人民政协在国家政治生活中的地位和作用，使他们对中国社会主义民主政治有基本的了解。

1998年省政协加强与新华社澳门分社的沟通和联系，通过他们组织省政协澳门委员开展学习澳门基本法活动。邀请澳门特区筹委会委员向澳门区省政协委员介绍筹委会的有关情况，推动他们积极参与有利于澳门平稳过渡的各项工作。省政协派驻香港的干部，每月根据省政协香港区常委的意见，组织香港委员聚会、活动。1998年6月，由粤海公司出面邀请香港委员到穗参观品荔活动；同年10月组织有关民主党派负责人和委员赴港开展联谊活动，拜访有关社团和部分委员。机关领导多次前往港澳，参加港澳委员聚会，向他们通报省政协的工作情况，参加有关社团的庆典活动，拜访部分委员。10月，应泰国中华总商会邀请，省政协组成“广东省政协赴泰国参观考察团”一行10人，对泰国进行访问。

1999年省政协领导5次赴香港，出席省政协港区委员例会，向委员通报省政协工作情况，并与新增补的香港委员座谈，向他们介绍政协的情况。其间，还多次参加广东社团总会等社团的就职典礼、会庆、庆国庆等活动，并拜访有关社团负责人。此外，省政协领导两次前往澳门向澳门地区委员通报情况，听取委员对省政协开展视察工作和庆祝澳门回归活动的意见和建议，并拜访全国政协副主席马万祺，邀请他参加省政协迎接澳门回归座谈会。通过省政协机关派驻香港的干部，对港区委员的例会形式进行一些改革，成立体育组、旅游组、交谊舞组、粤剧组等，开展形式多样的活动。此外，省政协还组团出访毛里求斯、留尼旺，加强与海外华侨华人重要社团的联系。

2000年省政协领导先后4次赴港，参加委员例会，通报省政协工作情况，出席有关社团庆典活动，并有重点地拜访一些在经营中遇到较大困难的省政协委员。

（2）省政协把港澳台同胞和海外侨胞“请进来”，主动邀请他们回国到各省参观考察，向他们介绍祖国日新月异的变化，增强他们的爱国热情，为促进港澳同胞和海外侨胞与当地的经济与文化交流做出贡献。通过宣传等工作，为引资牵线搭桥，吸引港澳和海外社团回国观光和投资、捐资考察。

1979年1月，全国人大常委会发表《告台湾同胞书》后，省政协第四届委员会全体委员于同年12月27日发表“致台湾省同胞和各界人士书”，港澳有的报章全文登载，引起各方强烈反应。

1980年9月10日晚，邀请早年追随孙中山革命的老人、国民党的高级军政人员、在大陆定居的台胞及去台人员的亲属等在广州流花湖西苑举行中秋思亲怀友赏月会。主席尹林平出席并发表热情洋溢的讲话。9月24日省、广州市政协、省、广州市妇联联合举办曾参加辛亥革命及早年追随孙中山的知名人士的烈属、遗属、家属茶话会，纪念辛亥革命70周年。12月11日省、市政协联合邀请在省、广州市政协工作的原国民党高级军官及特赦人员到越秀公园参加赏菊游园活动。

1981年10月，组织科技界有关人士与到穗的原台湾东海大学教授、台湾省立博物馆馆长、著名鱼类学家陈兼善座谈。邀请美国高能物理学家、已故老同盟会员罗翼群的儿子罗祝年教授回粤参加辛亥革命70周年纪念活动，省政协领导亲切接见、座谈。

1982年4月8日、9日上午，省、市政协联合举行在穗部分去台人员亲属座谈会，省市政协领导出席并讲话。4月上旬，与广州市政协联合邀请去台人员亲属80多人举行座谈会，反映情况，听取意见。清明节，与广州市政协联合组织在穗原十九路军人士及烈属、家属等，前往十九路军“一·二八”淞沪抗日阵亡将士坟场扫墓。在传统的端午节，与广州市政协、省市民革、省市台胞联谊会联合邀请在穗部分台胞、去台人员亲属及有关人士100多人，前往珠江白沙河段观看龙舟竞渡，欢度节日。在黄埔军校建校58周年，与广州市政协联合邀请原黄埔军校在穗部分校友和教职员工等前往黄埔军校旧址参观，并举行座谈。6月16日，省市政协联合邀请原黄埔陆军军官学校在广州的校友及教职员工前往军校旧址参加纪念该校建校58周年纪念活动。6月下旬，原国民党广东省政府主席、第三战区副司令长官、总统府参军长李汉魂和他的夫人吴菊芳，应全国人大常委会副委员长廖承志的邀请自美国回国参观，在到达广州时，省政协领导及有关方面负责人热情欢迎和接待他们。

1984年6月16日黄埔军校建校60周年，特邀请海外和省内外的黄埔军校校友到穗参加广东的纪念大会和活动。与会的黄埔军校校友回顾孙中山实行三大政策的丰功伟绩和国共两党合作创办黄埔军校的战斗历程。同年8月，组织港澳委员分别赴西北、西南学习考察，了解国情。同年9月，邀请旅居国外和港澳地区的爱国人士、知名人士林伟俦夫妇、罗祝年等一批爱国人士回国参加中华人民共和国成立35周年庆祝活动。

1985年4月，组织港澳委员赴海南岛参观考察，对省内旅游服务工作提出建议。

1986年邀请13个国家和地区的115位海外和港澳地区来宾参加纪念孙中山诞辰120周年活动，并接待全国政协邀请前往北京参加活动的来宾。同年，还分两批邀请港澳地区委员赴西北地区和山东等地参观考察活动。邀请港澳地区部分台湾籍同胞到昆明、西双版纳等地参观访问。

1988年下半年，分两批组织港澳委员到东北各省和新疆参观考察。组织旅居香港的台湾省籍知名人士到四川、湖北参观考察。此外，还接待了到大陆访问的台湾“立法委员”胡秋原一行3人。

1989年春夏之交北京发生政治风波后，港澳地区和海外一些朋友，甚至港澳地区的一些政协委员，由于不了解事件真相，加上海外报纸歪曲宣传，省政协及时做好宣传、解释、疏导，有针对性地做好四方面工作：一是有的放矢地宣传中共十三届四中全会关于坚持四项基本原则，坚持改革开放的精神；二是逐步深入地解释北京政治风波的事实真相；三是通过就地实际观察，宣传政治风波后国内政局稳定、安定繁荣、人民团结的情况；四是再度明确“一国两制”和海外一系列统战政策不变。通过细致的疏导工作逐步消除疑虑，初步达到了与老朋友恢复联系、沟通思想、逐步取得共识、逐渐恢复信心的目的。7月上旬，港澳有4名省政协常委回来参加常委会议，向他们传达中共十三届四中全会精神。他们表示“决不会让香港成为反共基地”，要把内地坚持改革开放的信息带出去，继续为增进内地与港澳的合作与繁荣作出努力。8月上旬，在珠海市、中山市举行省政协港澳地区委员座谈会。向他们通报上半年工作情况；邀请副省长匡吉赴会通报广东省上半年工作情况；请珠海、中山两市的负责同志介绍两市情况。港澳地区的省政协委员们了解到内地的真实情况后，消除一些思想顾虑，进一步激发了爱国爱乡的热情。

在1989年春夏之交发生在北京的政治风波平息后的7—9月，省政协负责同志分别到广州、深圳、珠海、东莞、中山等地，通过荔枝节、珠江三角洲名优新产品交易会、省公共关系协会成立大会以及书画展等各种形式的活动，并配合省市庆祝国庆40周年等活动，广泛地与“三胞”人士交往。

1991年接待华侨、港澳台同胞270人，有“台湾民进党市县主委大陆访问团”“台湾助理人士大陆访问团”等政界团体。同年7月，以省政协名义邀请以台湾“中央研究院”院士李镇源为首的“台湾知名人士大陆访问团”一行6人，赴新疆、甘肃等省市参观考察，并将他们对大陆的观感及对省、市有关经济发展、交通建设等所提出的意见整理成文，向有关部门报告，并得到重视。

1993年先后组织港澳委员视察广州市二沙头体育基地、南海市文明村。7月与台盟中央联合邀请的前台湾大学医学院院长杨思标率领的台湾医学界知名人士访问团，到北京、新疆、甘肃参观访问。该团分别与中华医学会、海峡两岸医药交流协会签订扩大两岸医学交流计划和互访协议书。

1994年7月，组织委员到香港、澳门考察访问，加强与港澳社团和知名人士的联系。8月，组织港澳委员一行19人到新疆考察，探索投资环境和路子。同年11月下旬，组织香港委员到清远市、阳山县视察。

1995年8月，组织港澳地区委员分别赴陕西、甘肃和云南省学习考察活动。

1996年，组织港澳委员分别赴辽宁、福建、上海、浙江、江苏等地学习考察。

1997年在香港回归前夕，举行“省政协庆祝香港回归祖国座谈会”。香港回归后，又举办“广东省政协委员粤港21世纪恳谈会”，邀请粤港两地的部分省政协委员、香港知名人士和有关专家学者共聚一堂，为进一步加强粤港之间的交流与合作建言献策。

1998年9月，组织港澳省政协委员一行57人，赴京访问，拜访全国政协、中央统战部、国务院港澳办、北京市政协，向有关领导反映亚洲金融危机后香港出现的一些问题和澳门后过渡期的治安问题。10月，邀请澳门委员往香港参观，并与香港委员座谈、交流为促进澳门顺利回归和香港繁荣稳定的工作经验和体会。10—11月，省政协组织视察团围绕促进外资企业的发展和贯彻执行“归侨侨眷权益保护法”“台湾同胞投资保护法”等问题，分别组织省政协委员和香港、澳门区委员3个视察团，赴肇庆、高要、梅州、兴宁、梅县、高州等地视察。

1999年2月，与东莞市政协联合在东莞举办第二届政协杯高尔夫球友谊赛。13个国家驻广州总领事馆官员、省有关领导、省政协港区委员、部分市领导成员及部分台商协会共13个代表队100多人参加比赛。6月，组织港区委员赴东莞考察“三资”企业，并邀请海关总署广东分署的有关负责人向委员介绍近期海关政策调整的情况。同年10月，组织澳门地区委员前往珠海，视察新落成启用的拱北新联检大楼及拱北、湾仔、茂盛围、横琴岛的边防设施，并与拱北口岸联检部门进行座谈，就管理和服务等问题提出改进意见。同年12月，举办省有关领导、港澳知名人士、省政协港澳地区委员、省政协历任领导及省各民主党派负责人参加的迎接澳门回归座谈会。

2000年，两次组织港澳委员赴韶关始兴等地考察投资环境。并组织部分澳门委员组团赴大连参加服装节，赴西藏参加文化交流等活动。

（二）港澳台侨及外事接待工作

1985年，省政协协助有关部门接待美国南加州台湾同胞归国考察团、美国加州台胞商业考察团、巴西台湾同胞归国参观团，以及海外、港澳地区黄埔军校校友，旅居海外、港澳地区的原国民党官员和专家、教授、学者等100多人。配合有关部门接待泰王姐干拉雅妮·瓦塔娜率领的泰国代表团；泰国各党派议员访华团；罗马尼亚社会主义民主团结阵线代表团；美国基督教布道家宋能尔博士、美国白宫公关部副部长逊特赛丝夫人和同来的金斯威旅游团共200多人。

1986年接待的“三胞”有13个国家和地区的115位来宾。包括接待多批孙中山的亲属及美国、英国、巴西、瑞士等国侨胞和港澳同胞，结识一批新朋友。同年，开展以棋会友、以画会友、以乐会友等多种形式，推动港澳台及海外联谊工作开展。与省棋类协会举办两届“天丽杯”省港中国象棋名手和省港澳中国象棋名手邀请赛；举办政协委员、香港知名画家李汎萍“黄河新貌”画展，和中国国际文化交流中心广东分会共同邀请美国钢琴家黄仲为、大卫·格雷斯到广州访问演出。

1989年，接待“三胞”327人，中上层人士100多人次，有台湾“中国统一联盟”第一副主席、青年中国党执行长谢学贤一行4人，台湾“立法委员”费希平为团长的“台湾中国和平民主统一访问团”，回省内探亲观光的台湾原国民党中常委、前台湾省国民党省党部委员、基隆市党部主任委员李国俊，在广东独资办厂、年上缴税利两千万元的台湾商人李念龙，美国华盛顿等地知名友好华人访问团、美籍华人航空联谊会访问团及美籍华人“航空女杰”张瑞芬。并协助全国政协接待法国经济社会理事会代表团，向客人介绍到粤投资政策、投资场所及中法经济合作概况等。

1990年，接待华侨、港澳台胞约300人次，其中有代表人物如台湾“国大代表”陈仁官、华盛顿美京广东同乡会主席蔡作儒等。

1991年，共接待港澳同胞、台湾同胞和海外侨胞270人，其中邀请“台湾知名人士赴大陆参观团”到粤及赴新疆、甘肃等地参观考察。

1992年，共接待港澳同胞、台湾同胞和海外侨胞400多人次。

1993年接待“三胞”中上层人士56批、427人，外国友好人士2批、12人。年初，接待美国总统克林顿经济顾问、全美华人协会总顾问陈宜炎一行。下半年，邀请一批台湾医学界知名人士赴山东访问。

1994年，接待“三胞”中、上层人士47批、527人次，有台湾地区前“副总统”的胞弟、李登辉的亲属、原国民党高级将领、泰国中华总商会会长、日本东京广东同乡会会长、美国国际日报社社长、加拿大卡市客属崇正会会长等。并接待由全国政协邀请到粤访问的巴基斯坦参议院访问团，尼泊尔、泰国上议院访问团和泰国王姐访问团。接待埃及驻香港总领事带领的访问团等外国国家级领导人、外国友好团体等5批、86人。

1995年接待外宾、华侨华人共29批、202人次，港澳同胞39批、528人次。

1996年接待三胞65批、702人次，海外华人、外国友人8批、147人次。

1997年，共接待华侨港澳台同胞45批、500多人次。

1998年，接待三胞来访团组34批、600多人次，其中有海外、港澳台社团和宗亲组织的重要人物。

1999年，共接待港澳台同胞和海外华侨、华人来访团组82批、1400多人次。

2000年，共接待港澳台同胞和海外华侨、华人来访团组55批、1200人次。

（三）为三胞回内地投资、办福利事业排忧解难

1983年6—8月，鉴于港澳地区委员回内地投资遇到的问题较多，如省政协会同省、市政府有关部门，组织在穗的省政协委员和港澳省政协委员分4个组赴汕头、江门、珠海、惠州、东莞等地，对引进台资情况、“三胞”捐资办学情况、“三资”企业情况的调查研究，并形成调查报告，建议省政府采取坚决有力的措施，责成有关部门会同当地政府一起解决“三资”企业的问题。珠海调查组把吴兆声在珠海度假村投资遇到的困难向当地政府领导和有关部门反映，并提出处理问题的初步方案，使双方互相对话，为解决问题创造良好开端，吴兆声对此深表谢意。

1991年协助港澳委员解决在内地投资遇到的困难：一是帮助委员陆昌圆满解决其下属公司在肇庆经营生意上出现的问题；二是协助委员梁池解决在肇庆投资办企业遇到的一些问题。

1994年积极配合做好促进港澳顺利回归的工作。组织港澳委员学习《中华人民共和国香港特别行政区基本法》，举行有关座谈会，请新华社香港分社的领导张俊生、郑国雄等莅穗，向委员作基本法的辅导报告。

为保护台商投资权益进行调研，1995年5月22—26日，省政协调研组赴东莞市台资企业进行为期5天的调研。调查组分别与东莞市台办、外经贸委、海关、商检、国税局、工商局、公安局等职能部门和“台资企业协会”台方负责人进行座谈，并深入多家台资企业了解情况，与台商座谈听取他们的意见。针对台商反映的乱收费及有关社会治安、新劳动法、海关等问题，形成报告送有关部门研处。

1996年3月，省政协组织调查组赴深圳、东莞了解《中华人民共和国台湾同胞投资保护法》的贯彻、执行情况，为制定《中华人民共和国台湾同胞投资保护法》广东实施细则提供意见和建议。

1996年增强港澳人士对香港基本法的了解，委托粤海企业（集团）有限公司在港组织省政协香港地区委员学习基本法专题讲座。

1999年3月，请澳门基本法协进会秘书处主任、澳门特区筹委会秘书处道谢办事处副主任高展鸿介绍澳门后过渡期的基本情况，讲解《中华人民共和国澳门特别行政区基本法》，使委员了解《中华人民共和国澳门特别行政区基本法》的重点内容。

（四）联谊工作成效

通过联谊工作，有效地团结了港澳台同胞、海外侨胞和外来投资者。省政协港澳地区委员、港澳台同胞、海外侨胞及外来投资者积极支持中国的经济建设，以及教育、医疗、扶贫等事业，为广东的经济社会发展献计出力。洽谈引进外资、项目，签订协议书金额8.7亿美元、10.3亿港元；捐赠公益事业3573.8万元。

1984年，省政协协助洽谈引进外资、技术、设备64次，签订协议书金额4.29亿港元；捐资办学校、医院及其他公益事业46宗，计4252万港元。

1989年香港地区省政协委员、香港南源永芳化妆品公司总经理姚美良了解内地真实情况后，当即决定在原来投资1亿元的基础上，再增加投资160万元。同年并接待台湾原“中国统一联盟”第一副主席、青年中国党执行长谢学贤等人。他们回台后，介绍了不少台湾中上层人士、台商到广东参观考察。

1993年澳门石油商会要求省政协协助组团前往山东考察，考察后达成多项投资意向。同年11月组织港澳委员分别赴韶关、肇庆市视察山区经济和教育发展情况，委员们慷慨解囊，共捐赠100万元给韶关市，用以兴建“希望小学”；捐赠27.1万元给肇庆市，用以支助当地经济困难的学校。

1994年港澳地区省政协委员在清远视察时筹集50万元赠给清远市发展经济和文教事业。同年9月，香港委员、省外商公会会长杨钊率港台一批实业家，到广东全国重点扶贫县阳山进行考察，杨钊先后共慨赠200万元和3000张棉被给该县，共计240万元。香港区省政协常委霍震寰、委员黄定光带领香港中青年企业家考察团到清远市考察投资环境，洽谈投资项目，黄定光等委员代表所属的香港中华出入口商会向阳山县大莨中学捐赠65万元，用以改善该校的办学条件。同年，澳门区省政协常委陆昌，委员区志忠、胡顺谦率团赴西藏考察，先后向西藏珠穆朗玛峰文化基金会等机构捐赠100万元，并捐赠115万元兴建广东省政协澳门委员希望学校，还与西藏有关部门组成藏澳实业发展有限公司，拟投资6亿元在拉萨兴办实业，是当时海外华侨、港澳台同胞在那里最大的投资项目。

1995年应全国政协和省政协邀请来访的泰国、日本、芬兰三国企业家访华团，访问团的牵头单位泰国顺和成集团，与汕头、汕尾市和省粮食局签订总值约7000万美元的投资项目，并向汕尾捐款500万元，用于公路建设。同年4月，省政协协助组织香港教育界人士考察团一行考察江门和新会市教育状况。港区常委黄球在该次考察中分别向江门一中和江门市幼师捐赠港币各10万元。同年5月，部分港区省政协常委前往广州市东区启智学校，慰问该校弱智儿童及教职员工，并向该校捐赠1.5万元和一批教具、玩具。同年8月，省政协组织香港有关人士前往阳山县，参加由杨钊和香港中华出入口商会、香港旭日集团3家捐助扩建的阳山县大莨中学竣工典礼。

慷慨解囊，热心公益事业。1995年香港知名人士林国兴等3人捐资150万元，兴建阳山县坑尾扶贫开发区恒美希望小学、恒尾卫生院，该小学和卫生院已于同年10月12日落成；香港委员梁沛锦筹集50万元，在龙川县捐建一所卫生院；香港委员陈才燕捐资15万元，兴建信宜白石镇幼儿园；香港慈善机构分别捐资5万元兴建阳山大莨卫生院住院部，捐5万元在乐昌贫困乡镇兴建学校；代表澳门一位工人向阳山大莨中学捐资5000元，资助10位品学兼优的贫困学生一年的学杂费。

此外，1993年省政协与省扶贫办合作举办梅艳芳扶贫筹款演唱会，’95粤港群星扶贫济困亲情夜演艺晚会等，共筹得“希望工程”和扶贫款项1230多万元，分别在11个贫困县兴建学校、幼儿园、卫生院等，受到省政府的表彰。

1996年10月，省政协邀请泰国顺和成集团总裁张锦程组团考察广东投资环境，表示要加快汕尾造林速度，并配套建造纸浆、纸品厂。同时，还与东莞市初步达成在麻涌镇投资兴建占地约666.7公顷的顺和成工业城，计划投资8亿美元，建年产50万吨纸厂及配套码头、电厂等。

1998年嫩江、松花江、长江流域遭遇特大洪灾后，部分港澳委员捐款204万元、4万元港币，捐赠物品价值100万元。同年，港澳委员和热心人士捐款460万元、90万港元兴建中山大学化学楼、建立广东黄楚标大学生社会实践基金。在清新县鱼坝镇建成3幢综合教学楼、1所希望小学。此外，捐赠100棵优质果树建设学校科技园，从根本上改变鱼坝镇教育条件落后的面貌。还资助鱼坝镇贫困学生学杂费6万元，捐助2.74万元抢救鱼坝中学一病危的孤儿，使其能重返校园。此外，港区委员在山西省五台县捐建县人民医院急诊楼，并配合山西省政协举行了医院落成典礼。

1999年港区委员和香港之友教育基金会在清新县贫困乡镇捐资兴建的两所小学举行落成剪彩；港区委员及热心人士向阳山县一所小学捐赠一批学习用品；港区委员捐资40万元在韶关兴建两所希望小学，并举行落成典礼；港区委员在始兴县建卫星教育中心；港区委员考察粤北贫困山区，准备捐建4所卫生院。

2000年组织港澳委员赴湖南、贵州、大连考察访问，委员们当场捐资给当地教育部门维修希望小学或兴建学校。同年，港澳委员和热心人士在省内外捐建希望小学7所，医院2间，资金达340多万元。捐赠衣物5000件，价值17万多元。

七、对市县政协的联系和指导

1979—2000年，广东省市县政协组织陆续建立和健全，全省各级政协组织由“文化大革命”前的42个（含海南行政区）增加到143个，省政协运用多种形式和渠道，加强与各市、县（市、区）政协的联系与指导。

1980年全省已有99个市、县恢复或建立人民政协，另有7个县正在筹备中。随着各地政协的迅速恢复和建立，也出现一些新情况、新问题，如一些干部对新时期人民政协的性质、任务、地位和作用不够了解，业务生疏，经验不足，经费短缺，机构不健全等，因而工作不好开展。因此，省政协成立了地方政协联络处，指导市县政协工作。

1981年上半年，省政协会同省委统战部组织6个工作组分赴全省各地了解当地政协工作情况，协助他们总结经验。同年8月与省委统战部联合召开全省市县政协工作会议，各地区、各市、县的统战部长和政协负责人238人参加会议。省政协副主席、省委统战部副部长左洪涛在会上作《关于加强市、县人民政协工作的几个问题》的报告，江门、顺德、云浮等21个市、县政协负责人在会上介绍了工作经验。这次会议对全省政协工作的开展起着重要的推动作用。会后，又继续派出干部到全省各地了解情况，协助工作，并经常给市县政协寄送学习资料，安排广州附近的一些市、县政协负责人和有关人员前来参加省政协组织的一些重要的报告会，或提供报告的录像带等，力求加强同各市、县政协的联系。

1985年，组织人员就新时期人民政协如何围绕四化建设、行使政治协商、民主监督职能，发挥人才优势，开展各方面工作等问题，到韶关、梅县等9个市县开展调研。此外，还就地方政协如何组织委员学习、发挥委员积极性的问题，以及如何开展文史资料工作等进行了解和指导。同年1月，在东莞市召开政协工作座谈会，广州、海南区及各市、州政协和惠阳、肇庆、梅县3个地委统战部的负责人，在会上交流总结全广东省政协工作的经验和存在的主要问题，讨论研究如何巩固和发展工作成果，对全省政协工作的开展起了促进作用。

1986年，召开全省地方政协经验交流会，全省120多个政协组织的负责人聚集在一起，交流工作经验和体会，探讨随着形势发展而出现的新情况、新问题，会议由各地、市推荐66个单位的经验材料，有22个单位作大会发言，总结地方政协工作的经验。

1987年，召开市州政协负责人座谈会，讨论和研究当前全省政协工作的新情况、新问题；组织部分市县政协负责人到先进省市参观学习；加强省政协各专门委员会与市县政协的对口联系。

1988年7月，省政协在肇庆市召开全省各市政协主席座谈会。会议围绕在社会主义初级阶段如何更好地发挥政协基本职能作用进行讨论。中共广东省委副书记郭荣昌作各级党委要重视和支持政协工作的讲话。

1988年12月，省政协在广州召开全省地方政协工作经验交流会。全省109个政协组织的负责人共200多人参加会议。会议交流探讨新时期政协工作的新路子，并总结广东省开展政协工作的主要经验。

为解决广东省各市县政协编制少、机构设置不合理的矛盾，在反复征求省政协意见的基础上，1989年9月3日，中共广东省委办公厅转发省编委《关于我省市、县政协机关机构设置和人员编制配备的意见》。文件规定，各级政协办事机构的设置和规格待遇，应和当地人大常委会一样，各市、县政协机关人员编制名额均有所增加，从而结束了广东省各市、县政协无定编的状态。

1989年11月，广东省地方政协工作座谈会在江门市召开。各市和部分县政协以及省统战系统各单位、各民主党派负责人共150多人参加会议。会议传达全国政协七届八次常委会议精神和全国政协文史工作会议精神。中共广东省委副书记郭荣昌到会并讲话。会议要求各级政协组织当前要做好几项工作：（1）继续为巩固和发展安定团结的政治局面发挥应有的作用；（2）为促进国民经济持续、稳定、协调发展献计出力；（3）进一步做好“三胞”联谊工作，更好地争取团结“三胞”；（4）不断加强政协的自身建设。会后，形成会议纪要，以省委文件形式予以转发，对广东省市县政协工作的开展起到了推动作用。

1990年，省政协在总结工作经验基础上，指导广州市、汕头市、茂名市、台山县等市、县政协总结各自的工作经验，指导深圳市政协筹备组总结了该市扩大爱国统一战线，促进特区改革开放的经验。

1993年9月，省政协召开全省地方政协工作经验交流会，各市政协领导作经验介绍，并探讨新形势下如何进一步做好政协工作的问题。会上，省委副书记张帼英代表中共广东省委就各级党委加强对政协工作领导的问题讲话，主席郭荣昌就把全省政协工作提高到一个新水平的问题作总结。中共广东省委批转了这次经验交流会的报告，要求各级党委参照执行，切实加强和改善对政协工作的领导。

1994年9月，在深圳市召开有各市政协主席和秘书长参加的全省政协工作座谈会。各市政协总结各自的工作经验和体会，分析政协工作的新形势、新问题，并就如何进一步做好政协工作进行研究和探讨。会议对修订全国政协和广东省政协的《关于政治协商、民主监督的暂行规定》提出修改意见和建议。此外，省政协分别召开了各市政协经济委员会主任座谈会、秘书综联工作座谈会、行政接待工作座谈会。这些座谈会，总结交流经验，推动工作开展。

1995年，召开各市政协秘书长座谈会，对全省市、县政协机关机构改革的问题进行讨论研究，针对各地政协的实际情况，及时向省编委提出意见和建议。这些意见和建议多数被采纳。此外，省政协还召开全省政协提案工作座谈会，总结交流提案工作经验；召开各市政协经济委员会主任会议、各市政协科技委员会主任会议、粤东片市县政协"三胞"工作座谈会。通过这些会议总结交流经验，推动了全省各级政协专门委员会的工作。

1997年8月，召开全省政协工作经验交流会，总结交流各级政协工作的新鲜经验，尤其是在推进履行职能规范化、制度化方面的经验，对全省政协工作的开展起到推动作用。召开全省各市县政协秘书长座谈会，沟通工作情况，研究政协工作带有共性的问题。省政协各专门委员会和机关处室也加强与各市县政协对口专门委员会、机关工作机构的联系，召开各市政协法制、学习、文史、台港澳侨胞联谊、接待等方面的工作座谈会。

1998年，由省政协机关与省社会主义学院联合举办2期共88人参加的县级政协主席进修班。同时，先后组织4批市、县政协领导干部共60多人参加全国政协干部培训班的学习。召开全省秘书和后勤工作经验座谈会，传达全国政协秘书工作座谈会和后勤工作交流会精神，结合实际，总结交流经验，研究在新形势下如何进一步做好政协的秘书和后勤工作，对全省各级政协进一步做好这些工作起到推动作用。

2000年先后召开全省政协工作座谈会和全省政协提案工作座谈会，总结交流各地政协的工作情况和经验，研讨做好政协工作带共性的问题。分别与省委党校和省社会主义学院联合举办政协干部培训班，还组织4批各级政协干部参加全国政协干部培训的学习。

从六届省政协起，邀请各市、县（区）政协负责人列席省政协全体会议以及邀请各地级以上市政协主席列席省政协常委会议已形成制度，从五届省政协至七届省政协，每届都召开2次全省政协工作经验交流会，并不定期召开各市政协主席座谈会。省政协与省社会主义学院、中共广东省委党校联合举办政协干部培训班。省政协机关和各专门委员会也加强了与各市县政协机关和对口专门委员会的联系，从五届省政协到八届省政协，每届都召开全省政协秘书长座谈会，以及提案、经济、社会法制、民族宗教、教科文卫体、学习、文史、港澳台侨胞联谊等方面的工作座谈会，交流和研讨各市县政协机关有关部门工作情况。这些工作对全省各级政协工作的开展起到了很大推动作用。

八、举办重大事件和重要人物纪念活动

省政协结合辛亥革命、抗日战争胜利、中华人民共和国和人民政协成立等重大历史事件及孙中山、廖仲恺等重要人物诞辰的纪念日，开展爱国主义宣传和教育活动。

辛亥革命纪念活动：1981年10月广东省各界隆重纪念辛亥革命70周年。为筹备好此次纪念活动，成立广东省纪念辛亥革命70周年筹备委员会，由中共广东省委，省各民主党派、人民团体和各界人士146人组成。在筹备委员会的统一领导下，省、广州市有关部门做了大量工作，如修葺有关辛亥革命的文物史迹和烈士陵墓16处；新设位于中山纪念堂的

孙中山先生史迹陈列馆；重新修复、开放“三·二九”广州起义指挥部旧址和国民党“一大”旧址；编写出版有关孙中山先生和辛亥革命史料、索引七种；举行有省内外和港澳地区学者80多人参加的广东辛亥革命学术讨论会；摄制历史文献影片《历史的风暴——辛亥革命在广东》和辛亥革命70周年纪念新闻纪录片；各报社、通讯社、广播电台和电视台开展对海内外宣传报道工作；做好省内和旅居港澳、海外的粤籍同盟会员，辛亥革命老人、辛亥革命烈士的遗属和早年追随孙中山的著名人士及其亲属的情况调查和落实政策工作；做好应邀前来参加广东及全国纪念活动的外国来宾、海外侨胞、港澳同胞的接待工作等。10月10日在广州中山纪念堂隆重举行有省、市各界人士5000人参加的广东省各界纪念辛亥革命70周年大会，中共广东省委第一书记任仲夷发表讲话，省各民主党派、人民团体和各界代表方少逸、罗雄才、陈祖沛、蚁美厚等在会上先后发言。为配合辛亥革命70周年纪念，省政协着重征集和编印孙中山及辛亥革命史料《孙中山与辛亥革命史料专辑》《广东辛亥革命史料》两本书。

1991年10月10日，广东省各界举行大会纪念辛亥革命80周年大会，2000多人出席，应邀出席的外省和港澳、海外人士51人。省政协主席吴南生主持大会，省委副书记郭荣昌代表省委、省政府作《弘扬爱国主义精神，为振兴中华而奋斗》的讲话，省各民主党派和无党派人士代表方少逸，归国华侨和侨眷代表蚁美厚，辛亥革命烈士的亲属方贤旭，港澳地区来宾王衡等先后发言。大会前后举办纪念辛亥革命80周年学术研讨会、辛亥革命运动史迹展览暨纪念辛亥革命80周年书画展、黄花岗七十二烈士墓园谒祭仪式等活动。并编辑出版《辛亥革命与广东》史料集和《辛亥革命80周年纪念册》。

抗日战争胜利纪念活动：1985年9月，省政协举行有省市党政军领导、各界知名人士和港澳人士等参加的大型座谈会，隆重纪念抗日战争和世界反法西斯战争胜利40年。同年10月，又与广州市政协联合举行纪念台湾光复40年座谈会。1987年7月7日，省政协与广州市政协联合举办广东各界纪念“七·七”抗战50周年座谈会。省市党政负责人，广州军区、省军区负责人，当年参加抗日战争的老同志，原国民党抗日将领，省市各民主党派、各人民团体负责人，各界知名人士以及归侨、侨眷、台胞代表等共170多人出席座谈会。7月6—16日，省政协在广州文化公园举办“‘七·七’抗战50周年回顾书画展”，参观人数达1万人次。

庆祝人民政协成立纪念活动：1989年9月21日，省政协在广州花园酒店举行庆祝人民政协成立40周年大会。广东省党、政、军领导和各界人士1000多人出席会议。省政协主席吴南生等先后在会上讲话。吴南生在讲话中回顾了人民政协和省政协成立后的光辉历程，希望全省各级政协组织和委员继续履行“政治协商、民主监督”职能，发扬人民政协的光荣传统和优良作风，进一步把政协工作做好。1999年9月21日，庆祝中华人民共和国成立50周年和人民政协成立50周年，举办书画展、书画雅集等庆祝活动，并于9月21日隆重举行庆祝座谈会。省委、省人大、省政府、省政协、省军区有关领导人，省各民主党派和有关人民团体负责人，省政协部分老同志、部分港澳委员以及各界人士代表出席座谈会。

孙中山诞辰纪念活动：孙中山是中国民主革命的先驱，是伟大的爱国者，他为中华民族的独立、民主、富强和统一贡献了毕生精力。1986年11月12日和1996年11月12日分别是孙中山诞辰120周年和130周年纪念日。省政协会同有关单位组织了规模盛大、气氛热烈、内容丰富的纪念活动，在国内外产生了积极的影响，扩大了爱国统一战线。1986年孙中山诞辰120周年纪念活动，省政协主要做了三方面的工作：一是做好宣传工作，先后通过报刊、广播、电视、电影、讨论会、报告会、讲座、书画展、文艺晚会、出版书籍和画册等形式进行广泛宣传。还组织早年追随孙中山从事革命活动的老人、民主党派负责人和研究孙中山的学者，撰写了一批纪念文稿到港澳及海外报刊发表。同时，还委托珠江电影制片厂拍摄了这次纪念活动的纪录片《南粤深情颂先驱》，并将此片制成录像片，赠送海外来宾，扩大影响。二是在中山纪念堂隆重举行省各界人士纪念孙中山诞辰120周年大会。省长叶选平发表讲话，各界代表人士也先后发言，与会者普遍受到一次爱国主义教育，对孙中山伟大的一生，对他的革命思想和崇高品德有了更进一步的了解。三是热情接待参加纪念活动的海外和港澳地区来宾。应邀有13个国家和地区的115位来宾及国内各界人士代表参加这一活动。他们当中有早年追随孙中山革命的老人及亲属，有原国民党高级将领及其子女，有知名侨领和社会名流等。与此同时，还接待了应邀到北京参加纪念活动途经广州的孙中山亲属和其他来宾。为配合纪念孙中山诞辰120周年活动，省政协主编出版《孙中山三次在广东建立政权》一书，赠送给参加广东纪念活动的海内外来宾。为了解和研究孙中山1917年在广东建立中华民国军政府、1921年在广东建立中华民国政府、1923年在广东建立大元帅府，提供了一批价值较高的史料。1996年孙中山诞辰130周年纪念活动，举办孙中山与中国近代化国际学术研讨会，孙中山研究与展望学术研讨会，纪念孙中山诞辰130周年书画展、文艺晚会等10个纪念活动项目。11月11日召开广东省各界纪念孙中山诞辰130周年大会，有5000多人参加，中共中央政治局委员、省委书记谢非，全国政协副主席钱伟长出席大会，省长卢瑞华发表讲话。在纪念活动中，邀请孙中山的亲属、当年追随孙中山从事革命的志士和革命烈士的亲属、台港澳来宾及海外来宾参加。他们亲眼看到祖国改革开放后的巨大变化，对进一步扩大广泛的爱国统一战线、完成祖国统一大业产生深远影响。

廖仲恺诞辰纪念活动：1997年4月，省政协主持举行廖仲恺诞辰120周年座谈会、廖仲恺爱国主义思想专题报告会等活动。4月23日，在仲恺农学院举行有2000多人参加的“广东各界纪念廖仲恺先生诞辰120周年暨仲恺农业技术学校建校70周年大会”。大会由省政协主席郭荣昌主持，全国政协副主席、民革中央主席何鲁丽和中共广东省委副书记、省长卢瑞华发表讲话。

1979—2000年，省政协先后举办鸦片战争150周年，辛亥革命70周年、80周年，纪念黄埔军校建校60周年、70周年，抗日战争胜利40周年、50周年，“一·二八”淞沪抗日60周年座谈会，中华人民共和国和人民政协成立40周年、45周年、50周年，孙中山诞辰120周年、130周年，廖仲恺诞辰120周年、庆祝活动以及香港回归祖国等重要纪念、庆祝活动。这些活动都邀请海内外知名人士和台港澳侨胞参加，在海内外产生积极影响。

九、书画艺术联谊活动

省政协重视以文会友，通过书画艺术交流加强与社会各界的联系，达到增强团结的目的。1986年成立广东省政协书画室，1994年在书画室的基础上成立广东省政协书画艺术交流促进会。配合重大纪念活动和省委中心工作，举办各类书画展览、学术研讨和每年一次大型书画雅集活动。在中华人民共和国成立、人民政协成立、抗战胜利、辛亥革命、孙中山诞辰等周年纪念时，先后举办“纪念孙中山先生诞辰120周年书画展”“广东省纪念抗战胜利50周年回顾书画展”“广东省政协庆祝建国暨人民政协成立40周年书画展”“纪念辛亥革命80周年书画展”“广东省政协庆祝建国暨人民政协成立45周年书画展”“纪念孙中山先生诞辰130周年书画展”“广东省政协庆祝建国暨人民政协成立50周年书画展”以及“黄苗子郁风书画展”、美籍华人画家“洪世杰油画展”等。

通过举办义卖、拍卖和捐赠等方式，为社会福利事业和文化艺术事业筹款。1994年，书画会与香港大公报联合举办“名家书画赈灾义卖”；1995年，与团省委合办“’95希望工程广东筹款拍卖会”；1996年，举办“吴南生藏现代名家书画拍卖会”。这些活动得到会长吴南生等书画界、收藏界人士和有关部门的大力支持，提供珍贵藏品或精心创作的书画作品，筹集资金总额800多万元，全部用于赈灾和发展教育、文化事业。

省政协书画会向文博和研究部门捐献一批具有重要研究价值的历代书画珍品。会长吴南生向省博物馆无偿捐献北宋《群峰晴雪图》；向潮汕历史文化研究中心捐赠清代乾隆年间到近代的潮籍名家书画20多件。北宋《群峰晴雪图》是一件古代绘画珍品，边款残存“熙宁辛”三个小字，据鉴定专家谢稚柳考证，熙宁辛（亥）为北宋熙宁四年，即公元1071年，距今930多年，成为在存世宋画中能确定绝对年代的罕见作品。

为国家文字改革工作建言献策。广东省政协书画艺术交流促进会受托为任仲夷、吴南生、杨应彬、欧初、关山月致函中央领导，反映当前文字改革工作的存在问题，进行调研和核实材料。1997年4月6日该函发出后，受到总书记江泽民、总理李鹏的重视。3天后，即收到国务院总理李鹏办公室来电说：“李鹏同志很重视，已批示请李岚清同志过问此事，并与国家文字委员会研究办理。”不久，江泽民到广州视察工作时，还专门与谢非谈到这件事，并对社会用字中的手书字作重要指示。同年12月，李岚清在全国语言文字工作会议上发表讲话，其中谈到：“所有公共场所的标牌、宣传标语和广告、霓虹灯必须用语正确、文字规范、字形完整；其中手书字提倡写规范字，但中国文字也是一种书法艺术，不必苛求。”会议提出对现行文字规范政策进行调整，适当放宽繁体字的使用范围。这次会议之后，社会上停止对繁体字手书招牌采取的强制措施和执罚制度，避免了严重的浪费现象。2000年10月31日，经第九届全国人大常委会第18次会议审议通过的《中华人民共和国国家通用语言文字法》，由江泽民签署第三十七号主席令予以公布（2001年元旦起实施）。手书牌匾使用繁体字问题在法律中明确下来。《南方日报》《羊城晚报》先后就此事发表伍仁言《约定俗成，稳步前进》和林雅杰《关于书画牌匾使用繁体字问题》等文。

省政协书画会与泰国钦赐淡浮院合作，在广东潮州市砚峰山兴建一座展示中国书法发展源流的“中国历代书法碑林”。碑林精选历代碑刻拓本及名家书法真迹共350多件，从商周时代一直到当代，书体包括甲骨文、金文、石鼓文、简牍书、篆、隶、楷、行、草等书体，并涵盖了中国书法史上各种风格流派和主要代表书家。其中明清以后部分大多数是未经发表过的名家书法珍品，由海内外知名机构和藏家提供藏品刻石。碑林由书法家、学者启功教授和饶宗颐教授担任顾问，他们两位还分别为碑林题写了碑名和序碑。首期工程于1999年9月完成，并出版《中国历代书法碑林碑帖选》。

加强与国内外文化艺术机构和人士的联系，开展艺术交流和联谊活动。这些活动，通过书画艺术的形式，为促进爱国统一战线的巩固和发展、团结广大书画艺术界人士，推进书画艺术交流发挥了积极的作用，获得社会各界人士的好评。

附录

一、广东省政协第四届至第八届委员名单

（一）第四届委员会委员

1977年12月11日省政协四届一次全体委员会议召开时共有委员793人，其中：

中国共产党：（37人）

王首道	刘田夫	尹林平	罗范群	张泊泉
梁　广	肖焕辉	周志飞	云广英	谭天度
王　越	刘祥庆	谭桂明	李静阳	刘世湘
柯　麟	孙乐宜	赵文元	杜　埃	丁　宜
梁　嘉	胡楠卿	欧阳清	王心学	李学先
叶向荣	王鸦庭	周　辉	孙伽俐	吴仲禧
徐绳周	林克泽	宋维静（女）	周钢鸣	杜　雷
李　杰（女）	李海东			

民　革：（13人）

萧隽英	秦元邦	莫　雄	曾会奇	陈维廉
林一元	章瑞祥	魏汉新	许锡清	张仲绛
张显岐	侯珍修	钟世谦		

民　盟：（15人）

罗雄才	王　起	苏翰彦	胡伟夫	郭翘然
陈汉标	罗崧发	费鸿年	李锦厚	左　达
陈国栋	黄华建	陈一百	林　辉	韩毅之

民　建：（15人）

郭棣活	陈琰文（女）	陈君冷	徐民纲	张仕骞
何木生	黄中业	郑　赞	魏纪成	薛则民
林天帆	徐家驷	林育山	马余化	吴桐辉

民　进：（4人）

陈鸿楷	黄伟胜	梁宗岱	曾宪书

农　工：（12人）

陈伊林	魏鉴贤	宓锡裕	黄耀燊	侯　达

沈鹏飞	黄轶球	黄锦翔	李洁之	李炼生
莫淦明	彭玉存			

致　公：（6人）

伍觉天	李维纲	李星川	范子英	郑为信
邓　坚				

九　三：（5人）

黄友谋	叶佩华	梁一舟	潘汝瑶	郑惠国

台　盟：（4人）

林良材	何文河	陈文澜	黄　明

无党派人士：（14人）

罗　明	罗　浚	胡希明	苏　怡	张伯权
李　明	王应榆	马锦超（女）	冼维逊	麦定唐
杨新伦	阮退之	吴启彦	曾昭科	

共青团：（3人）

陈小莲（女）	陈水根	饶　岚（女）

总工会：（11人）

何干城	陈　志	李　楠	雅　光（女）	李顺康
任洪克	梁　超	麦耀全	欧　锦	骆　水
张　德				

贫下中农协会：（6人）

罗章友	韩志洲	洪群英	梁十五	张安璞
许浩林				

妇　联：（7人）

王　辉（女）	巢　健（女）	黄蕊秋（女）	熊水英（女）	余　珍（女）
薛　冰（女）	任后甜（女）			

青　联：（4人）

郭永良	陈坚胜	黄桂新	余景锐

工商联：（20人）

刁沼芬	江拱陶	方显贵	林永孚	老道怀
陈振兴	戴君任	郑本光	张　厚	曾　森
陈少垣	黄俊声	朱庭芳	王作之	邢爵五
陈锦泉	李文澜	何星辉	梁名煊	何信泉

文化艺术界：（61人）

郑　达	周国瑾	萧　殷	华　山	韦　丘
郁　茹（女）	黄笃维	郭茜菲（女）	黄宁婴	陈洞庭
徐东白	苏庚春	吴有恒	徐洗尘	陆向苍
陶　金	卢　珏	张　良	杨　桦	王杏元
刘洪铭	杨秋人	卢振寰	潘　鹤	黄锦培

陆仲任	高永坚	姚锡娟（女）	潘　予（女）	张悦楷
海　风	郎筠玉（女）	文觉非	区少基	乔　飞
罗荣钜	李少芳（女）	张式蕙（女）	方　明（女）	束　夷（女）
罗　玲（女）	曾嫩珠（女）	吴方字	练玲珠（女）	谭少佳
刘天一	位北源	郭　康	郑湘娟（女）	郭同江
洪　妙	刘昌潮	杨雪友（女）	梁荫棠	陈仕炯
陈宝寿	孔雀屏（女）	黄桂珠（女）	姚璇秋（女）	刘　传
陈　华				

科学技术界：（100人）

郭俊彦	李始美	黄钜英	何宪章	周仁沾
莘禄钟	朱建卿	李仲强	陈伟钦	潘懋盛
张其俊	叶仰山	麦伯骥	伍卓富	姚启志
钟明辉	卢鉴明	冯耀宗	利家和	老明扬
李文达	贾自兴	许成文	林良田	莫培杰
曾石英	陈广明	水建皋	胡光烈	余维城
陶维宣	高志明	钟桂照	陈举升	凌云骏（女）
黄锡九	陈肆言	肖志明	林应强	蒋大海
余兴远	邹衍新	麦嘉穗	卢　理	张增渭
许嘉雄	马健伟	甘建庠	许高宜	谭伯康
李壁光	曾凌风	李景汾	吴毓昆	刘　寿（女）
朱宗尧	李景森	李宝赓	邓绍同	梁　锋
龙颂汉	曹钟麟	李明波	邵敬华	贾良智
张竟干	凌开文	何大章	顾瑜纶	叶东海
李明乾	叶作舟	区寿康	苏　甦	敖大珍
陈家天	钟俊麟	唐耀祖	张镜清	朱玉荣
缪　纲	黄成就	朱颖赞	陶震麟	吴荫豪
邹锡炜	王光荣	黄远强	袁振远	姚根福
霍庆辉	余坚锐	谭伟基	容祖禹	粟　稔
乔萼华	周乐怡	陈蔚观	杨锡田	陈应元

社会科学界：（9人）

张江明	陈　健	孙　孺	卓　炯	刘　嵘
史　丹	黎克明	冯海燕	孟维平	

教育界：（66人）

黄海章	叶　汇	梁钊韬	蔡馥生	李卓美（女）
余仲奎	徐学澥	陈炳新	林　坚	李敦化
王宗和	刘　鸿	张　光	誉文德	黄　炎
张秀娟（女）	杨家智	刘振群	杨　行（女）	饶璜湘
汪德亮	李匡武	吴壮达	曾近义	丘陶常

杨 嘉	黄振鹏	谢 申	黄昌贤	罗彤鉴
林孔湘	徐燕千	范怀忠	刘秀琼（女）	莫 强
梁家勉	赵善欢	吴 楚	王多恩	王宗炎
桂灿昆	陈华炎	张苏奎	庄才珍	金作栋
陈崇基	何业强	黄友华	叶剑熙（女）	雷 英（女）
郭乐焘	周文茵（女）	张其雄	罗俊三	宋心媛（女）
林树立	颜坚莹（女）	胡耀志	张祥孝	李统豪
杜汝俭	彭 华	李恭祥	陈炳彝	罗明燏
容 庚				

体育界：（14人）

卢 动	杨官璘	徐权芳	陈满林	李少芬（女）
黄国熙	潘觐光	孙仲标	黄焯荣	杨 烈（女）
林惠中	李锡伦	伍建瑶	梁胜继	

新闻出版界：（5人）

杨 繁	赵慕志	李 冲	吴江霖	杨家文

医药卫生界：（62人）

梁紫珊（女）	刘子策	朱师晦	蔡纪辕	钟世藩
李国材	胡孟璇（女）	周庆钧	邵丽芳（女）	杜念祖
邓铁涛	司徒玲	李云鸾（女）	林建德	王建华
江世英	蔡 荣	周子容	陈寿康	张 孝
蔡建宇	王 琞（女）	苏骏瑞	魏大藻	陆有芸
梁乃津	唐文铭	戴策安	郑 莞（女）	杨腾兴
陈爱心（女）	李仁溥	李振安	吴志成	卓国章
何炎燊	吴松卿	李希余	戴复华	何子杨
周荣先（女）	林杏圃	蔡仰高	何少海	钟贻衍
温喜良	区国伟	梁伯南	朱励予	董 郡
白施恩	罗 潜	林伯荣	甄梦初	谢逢辰
陈逢亮	黄爱廉（女）	徐生淦	钟南山	何志雄
邝贺龄	刘汝琛			

对外友好团体：（5人）

王阑西	赵 学（女）	张同久	张岳强	封贯之

社会福利团体：（2人）

陈六顺	梁国栋			

少数民族：（16人）

黄新妹（女）	王爱香（女）	王 德	马亚大	韦先芹
马景廉	雷之财	邵良础	海世禄	陈理文
李昌夫	邓文英	王正成	黄文雅	胡伯山
盘天明				

归国华侨：（18人）

蚁美厚	符风山	薛两清	方君健	许敦勋
林载华	陈廷星	杨汤城	司徒赞	刘国忠
郑志浓	何柏龄	邓茂超	周全根	郭建成
伍少庭	吴　风	沈福水		

宗教界：（6人）

林得众	张纯一	庄　严	杨汉光	叶荫云
熊真沛				

特邀人士：（253人）

廖似光（女）	安　明	曾昌明	胡福保	王功贵
何幼琦	林克明	张惠钦	孙辉明	孙胜云
朱明达	杜君慧（女）	陈慧清（女）	王　维	马　文
周　楠	李黎明	任泊生	陈夏苏	张　平
景　林	李长暐	王均予	蔡承祖	张传德
李冠元	颜　思	黄达三	谢文生	车学藻
黄康云	郑　琳（女）	叶　藜	陈　石	何　濬
宋　创（女）	庄益民	武正之	柴象丰	赖绍宏
林　仲	吴正德	李　维	何　明	张绍卿
金耀烈	任　言	敦介文	沈　斌	赖大超
宫志坚（女）	车国士	潘祖岳	姚　真（女）	黄　忠
杨　山	王立山	杨佐生	张　斌	张孝长
王贵华	曲殿魁	王仕钊	王兆田	黄　潞
石进明	刘玉贵	李子惠	来为民	孔令毅
陈　华	李光中	文月樵	姚　明	陈启新
黄桐华	赵　川	李魁三	吴　润	肖长桃
徐天清	王子衡	李庆三	赵志祥	陈立宇
王鉴三	钱文华	黎正祥	张保良	刘　坚（女）
马忆湘（女）	林汉民	关　山	左洪涛	王　磊
高尚能	李郁文	聂寿轩	韩顾三	韩少逢
梅少卿	关开兴	王文源	罗　坤	林　立
陈乃石	赵郑浓	王国雄	牛九怡	陈伯周
冯安全	尚景波	郑心武	林明坚	车金铭
梁乔栋	王惠远	王成秀	何　武	曹兴宁
孙　康	陆　华	冯杨武	何　潮	李　明
方明生	陈　宏	符哥洛	林廷朝	杨　珊
庄仲仁	陈　望	杨　庆	黄次华	杨　清
周　明	华　嘉	孟凡章	陈经镇	杜伯奎
杜　敏	廖伦春	张　建（女）	文连高	高虎如

廖　伟	吴华胥	李　钦	陈扬钊	夏学谦
李　生	黄建立	何国衡	凌宏仁	陆　昌
张天祺	李迅萍	郑明韬	汤　超	曾钰成
吴炳昌	李带财	黄　潜	陆元亮	陈伯流
陈霞子	严庆澍	王德润	苏重明	崔德祺
方远谋	陈嘉禧	沈日昌	孙羽侯	陈复礼
李晨风	颜同珍	白洁之	张学礼	徐绍之
周　明	郭征甫	李济平	张中耕	江　泓（女）
郑　巩	邓　焜	梅文鼎	叶和中	周一敏
刘　勉	胡柏惠	林伟俦	黄　淑	黄祖芬
邓典初	黄荫普	陈君葆	余鸿翔	叶若林
麦佐衡	廖恩德	蔡绍昌	陈直生	陈律平
张晴晖（女）	温康兰	谭立明	李　冲	汤　铭
陈侨昌	程一鸣	郭瘦真	梁祖德	卢伟良
洪国华	韩绍兴	邓洪焜	何中行	汤　洪
唐珍琰（女）	袁　鲁	肖根性	邓演存	张翼
谭冬菁	何　杰	刘震球	吴三立	朱白天
李荣楷	邓景珍（女）	梁文英（女）	叶天麟	赵定芳
叶　春	王琳瑛	翁允文	陈忠猷	汤泽光
麦华三	麦蕴瑜	张梦石	郑晶莹（女）	周伯明
罗培元	祝明秋	徐　澍	曾史文（女）	张仁俊
翁向东	胡应球	钟美科		

1979年12月14日省政协四届二次全体委员会议前新增委员：

邓望林	韩托夫	马肖云	任邦哲	余　庆
彭光钦	项　挣	罗昆泉	朱静涛	李　海
欧　新	何宝松	杨铁如	陈鼎祥	江　穆
曾天节	张瑞权	范兴登	杨家禄	甄汉胜
翁淑美（女）	罗开富	章曼萍（女）	张华云	欧外鸥
王俊武	冯钢百	鲍镇国	周　铮	范世儒
唐马太	陈祖沛	彭晓帆	黄植虞	文植虞
蔡挺生	田文英（女）	黄淑筠	何淑贞（女）	黄维炎
李立万	罗雄尧	何国基	罗克汀	陈世训
唐永銮	杨秀珍（女）	陆紫兰（女）	蔡演雄	黄佩球
罗焕昌	赵光国	胡棣周	陶开裕	彭　沃
王　伟	罗　涛	黄　康	禤　荣	曾惠予（女）
李云扬	朱　波	陈术光	林如彤（女）	卢阿石
沈蕴存	魏元晋	徐　云	陈锡祺	潘允中
江静波	林树模	潘静江	黄振邦	廖苾光

陆振轩	莫柱荪	霍梓荣	陈一林	张广深
郑少怀	饶　岚（女）	尹翠微（女）	梁淑钊（女）	何　英（女）
林永久	陈燕茂	李卓依（女）	冼子恩	李沛群
陈文高	黄其江	侯　枫	任德玉	陈　平（女）
俞小曼（女）	郑定良	胡汉中	许义宗	王贯一
陈启明	李　辰	邬　强	邝健廉（女）	邹剑卿（女）
刘家琪	袁耀鸿	李瑞仪（女）	霍英东	

1981年2月23日省政协四届三次全体委员会议前新增委员：

李伯球	陈景文	张　铭（女）	刘锦庆	黄　坚
陈志期				

1982年2月9日省政协四届四次全体委员会议前新增委员：

王成思	许天禄	刘云生	江醒东	李仲守
肖洁宇	吴　仲	邵钧炎	林东海	陈芦荻
张云乔	洪　涛	钟　平	黄文宽	黄明慧
蔡体远	蔡由之	廖献周	魏均沛	魏中天

（二）第五届委员会委员

1983年4月2日省政协五届一次全体委员会议召开时共有委员763人，其中：

中国共产党：（33人）

左洪涛	田　心	田　蔚（女）	朱明达	任泊生
余　珍（女）	李又华	李云扬	李鸣珂	李静阳
杜　埃	张　平	张　彬	陈　健	陈文高
陈景文	欧阳清	罗培元	郑　群	赵文元
洪　亮	封贯之	曾　文	郭永昌	徐绳周
黄　康	黄大仿	黄施民	梁威林	曹兴宁
廖立民	廖似光（女）	霍成忠		

民　革：（13人）

吴仲禧	吴文晖	张显歧	张仲绛	陈一林
陈维廉	罗昌民	秦元邦	黄植虞	彭晓帆
曾会奇	谭冬菁	魏汉新		

民　盟：（15人）

王　越	左　达	叶　春	李德纲	李锦厚
陈世训	罗崧发	胡伟夫	胡柏惠	钟　平
郭翘然	黄华键	曾　理	韩毅之	魏均沛

民　建：（15人）

马余化	文植虞	关崇振	江　穆	许义宗
吴桐辉	余家驷	张仕骞	陈琰文（女）	罗逸权

罗声亮	郑　赞	洪国华	徐民纲	魏纪成

民　进：（6人）

王春尧	王福耀	张志鸿	陈芦荻	饶纪寰
黄卓璇				

农　工：（12人）

李洁之	李炼生	陈伊林	林永玖	宓锡裕
侯　达	莫淦明	黄铁球	黄浪舟	黄桐华
黄锦翔	魏鉴贤			

致　公：（6人）

左大炘	伍觉天	刘新彝	范世儒	黄清渠
蔡静仪（女）				

九　三：（5人）

云　汉	叶佩华	郑惠国	彭光钦	潘汝瑶

台　盟：（4人）

李　辰	林东海	柯姿容（女）	黄　明

无党派人士：（14人）

马锦超（女）	刘　勉	关文周	苏　怡	李　明
杨兆藩	吴启彦	吴敬诚	陆维森	罗　浚
胡希明	徐　澍	曾天节	廖献周	

共青团：（3人）

邓惠强	陈水根	廖军文

青　联：（4人）

刘英媚（女）	张壮塔	周俊明	赵升才

工商联：（20人）

刁沼芬	马伯骥	邢爵五	李　洪	何信泉
何星辉	张　厚	张广深	陈祖沛	陈振兴
邵钧炎	林永孚	林育山	郑本光	贺和生
梁名煊	蔡沃全	蔡挺生	廖伯腾	戴君任

总工会：（11人）

关　云	李　楠	何干成	张　德	张汉明
陈　衡	陈学璇	周敏玲（女）	涂学淋	骆　水
梁　超				

贫下中农协会：（6人）

张克明	陈志云	陈彝富	黄春柳	梁十五
盘天银				

妇　联：（7人）

任后甜（女）	许素丽（女）	沈　青（女）	周　群（女）	黄国志（女）
熊水英（女）	薛　冰（女）			

文化艺术界：（61人）

王为一	王玉珏（女）	王杏元	韦　丘	文觉非
孔雀屏（女）	卢　珏	史　进	乔　飞	乔　毅（女）
华　嘉	刘　传	刘天一	刘洪铭	刘昌潮
苏庚春	杨　桦	杨　嘉	杨干华	萧　殷
吴方宇	何　芷	何煌友	张　绰	张长城
张悦楷	陆仲任	陈　华	陈　望	陈　翘（女）
陈残云	陈洞庭	麦华三	位北源	迟　轲
郁　茹（女）	罗　玲（女）	罗荣钜	周国瑾	郑　达
郑江萍	郑湘娟（女）	朗筠玉（女）	练玲珠（女）	饶　岚（女）
徐洗尘	高永坚	郭　康	郭同江	海　风
黄文宽	黄安仁	黄桂珠（女）	黄笃维	黄锦培
梁　伦	梁祖德	曾嫩珠（女）	潘　予（女）	潘　鹤
潘允中				

科学技术界：（100人）

毛礼镭	方惠城	区寿康	邓绍同	甘建庠
龙颂汉	卢　理	叶东海	叶仰山	朱宗尧
朱颖赞	伍卓富	刘　宣	刘云生	刘同昌
刘耀荃	许清文	许嘉雄	李文达	李明波
李始美	李景汾	李明乾	李景森	李壁光
杨锡田	肖　森	肖志明	吴荫豪	吴寿桃
何大章	何宪章	余传寅	苏　甥	邹衍新
邹锡炜	张大名	张竟干	张其俊	张林仕
张宗彝	张增渭	陈代民	陈大铎	陈广明
陈玉聪	陈举升	陈炳洲	陈炜钦	麦乔威
麦伯骥	林　越	林如忠	林纪曾	林应强
林炯堂	林树棠	罗　坤	罗开富	罗砥柱
周仁沾	周乐怡	郑国辉	赵灿文	钟明辉
侯剑秋	洪群英	姚启志	敖大珍	莫耀流
莫柱荪	贾良智	翁淑美（女）	凌开文	唐永銮
唐述尧	容祖禹	袁天煦	高志明	莘禄钟
黄成就	黄钜英	曹钟麟	梁大强	符气清
葛昌武	蒋大海	傅泽南	章道炎	曾石英
曾友梅	谢克钧	蔡锦湖	廖彬昌	谭伯康
谭炜基	潘　朝	潘懋盛	霍庆辉	霍梓荣

社会科学界：（9人）

冯海燕	刘　嵘	孙　孺	罗克汀	林伦彦
卓　炯	赵冬垠	袁式邦	黎克明	

教育界：（65人）

王宗和	王宗炎	王多恩	孔季丰	叶　汇
叶　浩	任　洪	庄材珍	刘　鸿	刘学高
刘扬俊	刘秀琼（女）	关履权	仰士良	杜汝俭
李匡武	李统豪	李筱菊（女）	杨家智	杨荣春
吴壮达	何瑞清（女）	余仲奎	张祥孝	张苏奎
张秀娟（女）	张梅丽（女）	陈华炎	陈文澄	陈炳新
陈世麟	范怀忠	林孔湘	林孔勋	罗彤鉴
周文茵（女）	周宇垣	周容华（女）	赵元浩	胡耀志
胡锡潮	钟　集	钟之平	饶璜湘	袁子成
袁振远	莫　党	莫　强	莫益强	徐燕千
桂灿昆	黄正珍	黄昌贤	黄振鹏	黄励知（女）
商志馥	汤家勉	梁钊韬	彭　华	誉文德
蔡文显	廖华杨	谭盈科	黎汉材	颜坚莹（女）

体育界：（14人）

卢　动	叶树均	伍建瑶	伍毅仁	孙仲标
李少芬（女）	杨　烈（女）	杨官璘	沈孝智	陈满林
林惠中	徐权芳	黄焯荣	潘觐光	

新闻出版界：（5人）

杨家文	吴江霖	陈　克	赵慕志	黄秋耘

医药卫生界：（62人）

王建华	卢帼坤（女）	邝贺龄	司徒铃	朱师晦
刘小朴	江世英	苏骏瑞	杜念祖	李国材
李绍珍（女）	李仲守	李英伟	李振安	李树勋
李鸿波	杨爱莲（女）	肖玉英（女）	吴志成	何子扬
何志雄	何志谦	何炎燊	何灿熙	余炳贞
张　孝	张启明	陆有芸	陈宝珍	陈逢亮
陈历昌	邵丽芳（女）	岑泽波	林杏圃	林建德
卓国章	卓善章	罗　潜	罗婵娟（女）	周庆均
周荣先（女）	郑　莞（女）	郑可渠	赵　燊	胡孟璇（女）
钟　英	钟南山	郭景元	唐文铭	黄泽洪
黄葆钧	黄爱廉（女）	梁德章	梁紫珊（女）	董　郡
谢逢辰	蔡尚达	蔡建宇	熊曼琪（女）	甄梦初
戴复华	魏大藻			

对外友好团体：（5人）

叶修青	丘荣专	杨光辉	张振南	金　烈

社会福利团体：（2人）

李　维	陈六顺			

少数民族：（14人）

马亚大	王爱香（女）	韦先芹	龙　敏	李志初
杨栋材	陈芝桂（女）	蒲宗礼	郎秀萍（女）	黄文雅
黄汉俊	符尤相	盘明秀	蓝　宏	

归国华侨：（16人）

王先柏	邓茂超	许崇德	李英源	李沂芳
何柏龄	陈尔真	林　敏（女）	郑志浓	庞启民
赵定芳	高炳光	郭　敏	郭建成	唐珍琰（女）
薛两清				

宗教界：（6人）

正宝杰	叶荫云	李盘石	郑少怀	释惟因
释智诚				

特邀人士：（230人）

于　光	马　文	王　宁（女）	王　冲	王　星
王　美	王　强	王　磊	王才元	王仕钊
王德润	王成恩	王妙媛（女）	文　度	文月樵（女）
文连高	方远谋	方修禹	邓铁涛	邓望林
邓典初	车国士	车学藻	孔令毅	石光亮
石进明	布　梅	卢阿石	叶　绍	叶和中
田育民	白洁之	司徒锟	占泽平	朱　韬
朱灼云	朱广林	伍　雄	伍谦光	任邦哲
任德一	任德玉	刘　登	刘　进	刘玉贵
刘天就	刘衍泉	关开兴	江　泓（女）	江醒东
江静波	汤　铭	许　英（女）	许天禄	阮毓明
孙兆溪	孙辅臣	孙传禄	孙胜云	苏重明
苏鸿炯	苏翰彦	李　仪（女）	李　明	李　冲
李　钧	李　海	李光中	李伯球	李筱峰
李济平	李信章	李根深	李恩选	李晨风
李汛萍	李淑珍（女）	李瑞仪（女）	李荣楷	杨　行（女）
杨友标	杨琇珍（女）	杨汤城	肖洁宇	吴　仲
吴振刚	吴华胥	邱亦山	何国衡	何掌邦
余鸿翔	余健湖	沈蕴存	宋树声	张乃金
张天祺	张同久	张学孔	张钰培	张镜清
张国旋	张绍卿	张爱诚	陆　昌	陆元亮
陈　平（女）	陈　冬	陈　锋	陈　谦	陈一百
陈夏苏	陈志期	陈仲言	陈更生	陈伯流
陈律平	陈松顺	陈慎旃	陈翔南	陈燕茂
陈耀先	陈图恭	陈家性	陈昌学	陈嘉禧

陈锡祺	麦定唐	林　栋	林相丰	林伟俦
林晓亭	林如彤（女）	欧　新	尚　可	罗　涛
罗沃波	罗湘林	罗坤泉	季儒彬	金耀烈
周一敏	周殿元	郑北辰	郑其寿	孟　力
冼子恩	冼润泉	苗田畬	赵郑农	赵光国
赵志祥	赵延令	胡权中	胡应球	胡棣周
胡肇椿	钟汉明	钟俊贤	钟荣光	侯省玲（女）
洪　涛	洪向东	姚　明	姚　真（女）	袁耀鸿
莫三球	莫贵良	莫华亮	徐天清	徐绍之
徐秉荣	高　玖	高虎如	郭大同	郭少溪
郭征甫	唐耀祖	容永道	陶开裕	陶启明
黄　潜	黄文康	黄标熊	黄振邦	黄国祥
黄建立	黄德光	黄德初	黄荫普	曹允祥
曹玉瑶	崔宗本	崔德祺	梁　雄	梁一舟
梁乔栋	符敦克	董振元	韩　健	韩凤鸣
程天富	曾　刚	曾义祥	曾敏之	曾宪梓
谢学霖	温康兰	鲍蔚然	褚方普	蓝运树
源汝湘	蔡绍昌	蔡裕三	蔡体远	蔡渭衡
廖　希	廖巨年	廖伦春	廖恩德	廖喜梅
廖毅超	谭　炜	谭立明	黎草田	黎柏洪
黎良端（女）	潘瑞炽	薛明珠（女）	霍震霆	魏中天

1984年6月24日省政协五届二次全体委员会议前新增委员：

林　璇（女）	何增裕	吴建深	唐　辉	戴　洪
柯景仁	吕一鸣	丘应森	潘昌本	张　庄
祝希娟（女）	袁家骅	陈　军	骆胜安	丘应榆
喻诚鸿	谢颂凯	邓　璟	曾陇梅	陈式樛（女）
蔡由之	区永欣	赵耕源	李福海	区德尧
黄建刚	崔　忠	原　瑛（女）	道良慧	廖冰兄
罗家宝	陈炎武	丁身尊	石景宜	戴成功（女）
唐　伟	廖秉凡	秦介夫	余国春	许世元
张耀宗	彭彼德	何华添	李树繁	苏金泗
崔　耀				

1985年5月12日省政协五届三次全体委员会议前新增委员：

黄元焕	汤增新	李金培	梁鼎猷	肖耀堂

1985年8月30日省政协五届四次全体委员会议前增补委员：

吴南生	杨应彬	祁　烽	何宝松	黄耀燊
张　勤	杨子江	潘炯华	邝宇同（女）	董世杨
朱一明				

1986年5月20日省政协五届五次全体委员会议前增补委员：

吴　文	张　璧（女）	王永祥	谭启明	周天行
张建南	吴表凯	柯可忠	李　牧（女）	毛绍仪
刘　军	温　戈	肖天山	李国桥	梁启圣
陈仲芝（女）	林捷能	郑广柔	黄明度	孔捷生
容柏生	孔德骞	张籍香（女）	黄辉白	何远康（女）
黄广尧	李瑞庄（女）	王自能	廖朝裕	吴明久（女）
侯玉辉	罗镇国	郭能敏	陈韩荫	陈家悦
马恩成	张岳强	曾炳生	黄建立	江海燕（女）
袁　震	麦崇楷	江　森	刘宜麟	刘新宇
吴　福	汤恩佳	赵汝能	吴兆声	罗景云
黎兆芳	潘怀伟			

1987年6月22日省政协五届六次全体委员会议前增补委员：

游彭士（女）	韦子刚	庄静庵	刘世仁	陈经纶
翁锦通	梁　池	马　军		

（三）第六届委员会委员

1988年1月17日省政协六届一次全体委员会议召开时共有委员795人，其中：

中国共产党：（32人）

丁身尊	马　军	王屏山	石　楚	祁　烽
江　森	朱一明	李　牧	李　源	李鸣珂
杨　刚	杨　健（女）	杨应彬	肖天山	肖耀堂
吴南生	吴表凯	何硕丰	张建南	陈开枝
陈遐瓒	林晓亭	周天行	郑　群	秦德夫
赵华成	黄大仿	黄施民	程天富	温　戈
谭启明	戴业平			

民　革：（14人）

孙德权	李家达	李根郁	李筱菊（女）	杨汤城
何宝松	张　法	陈式樛（女）	陈炎武	郑　宇
周长瑚	秦孟坚	高振强	黄得月（女）	

民　盟：（20人）

王启光	叶　绍	卢菁光	庄义逊	杨奎章
陈仲言	陈嘉材	罗远祥	胡伟夫	胡东立
钟　平	钟勇明	夏宗佑	黄学海	黄锦培
韩大建（女）	韩毅之	曾　理	黎宗尚	魏均沛

民　建：（12人）

马余化	吕一鸣	吴桐辉	何镇陆	张仕骞

陈子彬　陈韵昭（女）　林永孚　林励华　林冠棠
邓　赞　凌英显

民　进：（12人）

杜经国　李金培　张文祺　陈一百　陈芦荻
饶纪寰　凌更成　高　沅　梅国柱　梁鼎猷
程永年　雷曼丽（女）

农　工：（15人）

区德尧　邓京育（女）　叶炳林　刘家琛　何灿熙
张冠祥　陈玉骢　陈本能　陈宝珍　姚良辉
莫淦明　黄浪舟　黄耀燊　蔡尚达　魏鉴贤

致　公：（8人）

朱嘉燊　汤增新　陈学信　钟锡华　黄清渠
黄辉白　黄励知（女）　曾佩玲

九　三：（8人）

云　汉　古建鼐　徐灌纬　萨本仁　黄镇国
梁一舟　喻诚鸿　傅昌来

台　盟：（6人）

王自能　丘应榆　李　辰　张文光　林东海
黄　明

无党派人士：（13人）

马锦超（女）　布　梅　邝宇同（女）　刘耀荃　肖洁文（女）
张　超　林伟俦　罗　晖　罗凤翔　徐　澍
黄文宽　廖猷周　薛明珠（女）

共青团：（3人）

古宏荣　刘建军　李正慈

总工会：（11人）

王　爽　王文赞　李　楠　张汉明　张金安（女）
罗东山　罗允康　冎志功　高寿荣　梁传扬
廖文正

妇　联：（7人）

邓保文（女）　刘惠儒（女）　许素丽（女）　沈　青（女）　张　璧（女）
谭　英（女）　熊水英（女）

青　联：（4人）

王珣章　李素华（女）　莫火材　植　明

工商联：（16人）

马伯骥　王仲原　邓振常　许义宗　李　仪（女）
何信泉　沈永椿　陈琰文（女）　邵钧炎　林育山
罗声亮　郑本光　贺和生　梁家元　源汝湘

戴君任

台　联：（6人）

陈华炎　柯姿容（女）　侯玉辉　徐进星　郭能敏

蔡由之

文化艺术界：（60人）

丁荫南　王玉珏（女）　王杏元　王建勋　韦　丘

孔雀屏（女）　孔捷生　吕　坪　伍启中　刘　传

刘旭峰（女）　关国华　许宏盛　苏方桂　苏庚春

李　淇　杨　叶　杨干华　杨和明　杨美琦（女）

吴可均　吴承华　吴德辉　辛　明　张之楚

张长城　张悦楷　陈　吾　陈　翘（女）　陈仕元

陈国凯　陈景舒　佟德山　迟　轲　麦微子（女）

范开圣　欧阳莲（女）　罗荣钜　罗家宝　周国瑾

郑　达　郑江萍　姜晋欣　祝希娟（女）　徐东蔚

高永坚　郭宁玲（女）　郭绍纲　黄兰金　黄少梅（女）

黄伟经　曹秀琴（女）　章　杰　梁　义　梁祖德

蔡衍棻　蔡松琦　廖冰兄　谭　林　潘　鹤

科学技术界：（90人）

于　侃　王文辉　王衍铠　王莲秀（女）　毛礼镭

尹　敏　邓乃炯　甘子钧　卢谦和　叶东海

丘雪明　朱庆端　伍锦文　华德坚　庄宗穆

刘文权　刘国麟　刘焕民　刘瑞祥　江登恕

许清文　许剑超　孙文泰　孙绍先　苏　甦

李明波　李泰谦　李景森　杨　中　杨　樯

杨仲怀　杨良栋　杨锡田　吴荫豪　张大名

张作松　张竞干　张宗彝　张善理　张海良

张锡恩　陈成涛　陈世杰　陈信源　陈常辉

麦乔威　林芝田　林怡和　林纪曾　林炯堂

林新梅（女）　林旭初　林雨辟　林琼芳（女）　林诗唐

林炳垣　林捷能　欧瑞木　周修茂　胡诚谦

胡惠林　侯剑秋　袁天煦　莫柱荪　贾良智

敖大珍　徐建辉　翁淑美（女）　高素琴（女）　郭振寰

黄　校　黄成就　黄钦凡　黄国镛　黄晋善

黄宽吉　黄绍昶　曹钟麟　盛敬白　梁大强

符气清　葛昌武　韩远光　曾昭俨　谢克均

傅泽南　裴文瑾　廖振凡　廖彬昌　藤义发

社会科学界：（13人）

孔季丰　史久远　张　磊　张　绰　张元元

张益华	陈致中	罗克汀	梁琼芳	曾醒时
曾牧野	詹伯慧	蔡鸿生		

农林界：（35人）

马恩成	王荫轩	邓绍同	叶妃轩	丘元盛
刘秀琼（女）	刘福安	李俣才	李光明	吴恭文
吴福荣	何远康（女）	邹国础	张镜清	陈汉英
陈炯恒	林　源	林如忠	欧守杼	罗葆兴
罗富和	苗栓柱	郑广柔	郑锦兰	胡麟枝
钟明辉	洪树明	洪群英	骆世明	唐述尧
黄　佑	黄继茂	梁　能	游彭士（女）	戴　冕

教育界：（62人）

马慰霖	王妙媛（女）	邓汝锐	吕国华	伍谦光
刘新彝	刘南威	孙稚雏	李立强	李岳阳
李尧湛	李乾洛	李德锐	杨石青	杨婉良（女）
吴明玖（女）	邹棣清	张正寅	张进修	张梅丽（女）
张凯夫	张展霞（女）	陈忠汉	陈其津	陈炳新
陈其光	陈铭俊	陈锡梧	林孔勋	林龙威
林维明	林祖荫	罗英风	周浩华	周泽华
钟正书	钟英长	钟佩珩（女）	袁振远	莫　党
徐秉铮	唐永銮	涂其栵	黄振邦	康昆焕
章振熹	商志馥	梁　石	梁全稳	梁彦朴
符国光	蒋崇雄	曾子敬	曾德安	曾繁森
谢洪欣	蔡　文	谭时霖	黎汉材	黎显瑞
潘坤清	魏佑海			

体育界：（13人）

叶树均	李少芬（女）	李永康	杨友标	杨官璘
沈孝智	陈伟强	陈松顺	陈满林	罗兆应
冼迪雄	徐权芳	曾昭胜		

新闻出版界：（5人）

方　亢	刘　军	杨家文	林孙杏	鲁　阳

医药卫生界：（61人）

马陈深	王启华	王建华	区永欣	区庆嘉
邝健全	丘和明	丘应森	任材年	庄昭勤（女）
刘吾初	刘学高	巫宝乾（女）	杜念祖	李树勋
李绍珍（女）	李锦开	杨　筠	杨爱莲（女）	肖劲夫
吴志成	吴炳楷	何炎燊	何志谦	何奎文
余炳桢	余斌杰	张大钊	张启明	陆志博
陈德邵	邵丽芳（女）	麦国健	岑泽波	林安侠

卓善章	罗沃波	罗季儿（女）	罗伯诚	周庆均
郑振声	郑根绵	居绍敬	项　凡	赵　燊
胡孟璇（女）	钟南山	骆和生	郭景元	黄任民
黄宪章	黄梓伦	黄震东	曹玛琍（女）	梁丽雯（女）
梁贵尚（女）	董　郡	靳　瑞	赖世隆	熊曼琪（女）
戴复华				

对外友好团体：（5人）

陈　明	卓　毅	郑康明	姚仍洲	崔振青

社会福利团体：（4人）

李善斋	邹　华（女）	黄英华（女）	聂洪涛

少数民族：（10人）

韦先芹	刘潘生	李志初	杨栋材	张衍鎏
张锡鹏	陈芝桂（女）	林道英	赵爱霞（女）	蓝　奕

归国华侨：（18人）

卢法泉	庄　伦	许崇德	纪汉阳	吴宗泽
陈坚城	陈莉芬（女）	罗镇国	郑志浓	赵定芳
钟士谦	姚俊刚	翁锡辉	唐珍琰（女）	黄元焕
曾玉生	廖锦泽	薛两清		

港澳同胞：（84人）

王　美	王敏贤（女）	王德润	韦子刚	方远谋
叶庆忠	司徒锟	朱灼云	庄静庵	刘世仁
刘光普	刘宇新	刘绍钧	刘衍泉	江　泓（女）
汤恩佳	许世元	许晋奎	阮毓明	苏金泗
苏重明	李述龙	李济平	李信章	李汛萍
李淑珍（女）	李树繁	吴　福	吴兆声	何掌邦
何华添	余鸿翔	邹灿基	邱亦山	张天琪
张学孔	张国璇	张耀宗	陆　昌	陆元亮
陈伯流	陈律平	陈经纶	陈炳华	陈嘉禧
欧阳瀚	罗景云	赵光国	赵镇东	胡棣周
钟荣光	姚永年（女）	袁耀鸿	莫贵良	莫华亮
徐绍之	翁锦通	容永道	黄　球	黄建立
黄智超	曹允祥	崔乐其	崔德祺	梁　池
梁　宋	梁显达	梁定邦	龚　文	彭彼得
蒋　华（女）	曾敏之	曾钰成	曾宪梓	蔡克铭
蔡渭衡	廖恩德	廖秉凡	黎草田	潘玉兰（女）
潘怀伟	霍震霆	戴　权	戴成功（女）	

宗教界：（10人）

马思魂	正宝杰	叶荫芸	李盘石	李瑞庄（女）

杨兰英（女）	林　璇（女）	黄广尧	释定持	释佛源

特邀人士：（138人）

丁　人	马立业	王　骏	王才元	王化欣（女）
王云集	王义君	王本平	王福耀	毛绍仪
方仲侣	尹　岗	孔令毅	孔繁逸	邓林根
邓崇禧	古建中	卢阿石	司马鲁	司徒梅芳（女）
吕　器	吕金湖	戎孝炳	任德一	吉兴豪
刘　引	刘立行	刘世荣（女）	刘良荣	刘宜麟
刘复森	关惠明	汤　铭	许源明	孙兆溪
时　人	杜振权	李　谷	李　冲	李　锐
李华杰	李立峰	李远雄	李美林（女）	李玉山
李根深	李承植	李植培	李俊权	李德成
杨　迈	杨子江	杨关福	吴　强	吴兆奇
何　杰	何　海	何瑞清（女）	余曾锡	宋荣贵
张　勤	张克明	张孝长	张显岐	张先绪
张伟林	张凤仪（女）	张培宇	陈　平（女）	陈　冬
陈仲芝（女）	陈远睦	陈东秋	陈序藩	陈明洛
陈德辉	陈维廉	陈曼玲（女）	迟远朴	林　延
罗概祥	季儒彬	周　任	周　袓	周达超
周殿元	周启瑞	郑名榜	郑树森	郑湘娟（女）
赵德斌	胡耀志	胡肇椿	柳名珍	施业辉
涂高雄	洪天德	姚　明	姚富春	姚奠基
袁家骅	莫三球	钱涤笙	钱海林	高初商
黄　文	黄金镇	黄绪春	黄铁洪	黄华健
黄锡湛	黄泽洪	盛业琪（女）	崔宗本	崔国祁
梁文超	梁澄波	梁德彰	彭文伟	董世扬
韩纫丰	程春耕	傅雪樵	曾会奇	曾天勋
曾福彝	曾炳生	詹泽平	鲍学温	蔡洛明
蔡建宇	谭　启	谭　炜	谭锐汉	窦英俊
黎良端（女）	魏中天	戴　洪		

1989年3月1日省政协六届二次全体委员会议前增补委员：

曾近义	王尊祜	杨振鄴	张传英	张岳强
谢慈庭	汪　石	廖鸿兴	潘觐光	胡政光
张彩铭	张幼峰	王保荣	何适莹	朱世赐
仇智源	区柏达	傅嘉志	林　藻	骆雁秋
吴为雄	陈　矛	何　宗	吴增仁	刘汉文
刘国玺	何春志	陈槐珍	刘　峰	马　林
王守昌	苏美霞（女）	孔宪明	谢仲余	陈　隽（女）

彭祖康	王善荣	李旭和	陈大勋	廖德苘
张水生	许　鉴	彭文正	姚美良	

1990年3月1日省政协六届三次全体委员会议前增补委员：

莫自省	古华民	邓华轩	郑秉业	潘仕心
陈淡云	黄季力	茅鼎祥	李润初	林静兰（女）
李筱孙	范秀远	许学敏	徐瑞舆	唐国俊
梁小牧（女）	朱婉而（女）	管英瑄	江　辉	吕自谋
谢维祥	陈惠霞（女）	张　琮	孙克杰	仇作华
符　立	梁　钊	丁励松	梁　木	刘　斌
钟基年	唐　瑜	许　枫	孟庆民	丁原章
孔庆榕	林木声	刘兴强		

1991年3月5日省政协六届四次全体委员会议前增补委员：

潘以和	刘思仁	陈才燕	许旭明	张云枫
钟华楠	罗进贤	赖诗逸	林秉良	彭子美
杨坚平				

1992年1月6日省政协六届五次全体委员会议前增补委员：

曾燕祥	张志远	魏振兰	袁　勋	严　明
曾　洪	谢永强	刘希正	杨青山	李胜洲
郭镜谦	吴群继	王文彬	窦贵昌	黄荣新
吴扬民	陈克炫	刘文炎	郑锦滔	黄沪芳
匡　吉	郝迎春	杜联坚	罗少荣	余　来
许长青	王秀柔（女）	朱源江	何永坚	黄惠聪
李修宏	张德昌	肖郁文	杨建宇	唐　明

说明：根据政协广东省第六届委员会第八、十七次常务委员会会议决定，同意撤销刘建军、孔捷生等2人六届省政协委员资格。

（四）第七届委员会委员

1993年1月28日省政协七届一次全体委员会议召开时共有委员799人，其中：

中国共产党：（30人）

刁成祥	王　冶	古志德	朱一明	朱源江
陈开枝	陈贤芳	陈燕发	李胜洲	汪家钺
吴群继	肖天山	肖耀堂	肖郁文	严　明
邹启宇	邱长云	林晓亭	林兴胜	周溪舞
郝迎春	郭荣昌	徐裕年	黄　浩	黄春藻
程天富	傅岳荣	蒋月明	谢友民	廖鸿兴

民　革：（14人）

孙德权	陈　隽（女）	陈成泽	陈式樛（女）	陈炎武

李筱菊（女）	张　法	林木生	茅鼎祥	周长瑚
周美华（女）	黄　曼（女）	黄沪芳	黄季力	

民　盟：（20人）

卢菁光	叶　绍	吕自谋	孙稚雏	陈惠霞（女）
陈嘉材	陈仲言	李伟新	李自立	汪国强
杨蓉蓉（女）	林学锦	郑义森	胡政光	骆和生
钟勇明	郭于烽	韩毅之	温思美	黎振昌

民　建：（16人）

王尊祜	李润初	李有恒	吴厚德	吴为雄
杨振鄰	张仕骞	张锡玲（女）	张有卓	张志远
林励华	林永孚	俞忠良	常宝琦	程友南
廖淦扬				

民　进：（12人）

邓元鑫	孔棣华	卢　苇	陈汉祥	杜经国
李金培	李立强	何　廉	张德娟（女）	张中林
梁鼎猷	程永年			

农　工：（15人）

区德尧	刘家琛	朱小平	陈本能	陈玉骢
何灿熙	李学仪	杨祈洽	张冠祥	罗沃波
郭伟兴	黄耀燊	董兆英	蔡　森	蔡广道

致　公：（8人）

陈学信	李昌荣	张乐庆	柳文鉴	唐国俊
谢慈庭	曾燕祥	简探微（女）		

九　三：（8人）

云　汉	李泰谦	胡承志	崔常安	黄镇国
傅昌来	喻诚鸿	曾近义		

台　盟：（5人）

丘应榆	陈蔚文	李　辰	张文光	林东海

无党派人士：（15人）

布　梅	邝宇同（女）	江　辉	刘耀荃	吕其炘（女）
伍谦光	沈尧天	肖洁文（女）	张启人	张展霞（女）
林伟俦	罗凤翔	黄明太	彭初均	廖德苘

总工会：（11人）

邓子金	王文赞	田广礼	伍长飞	李有根
吴海生	杨群勇	张传英	周雪娴（女）	谢镇华
廖文正				

共青团：（3人）

杨绍森	徐敏坚	植　明		

妇　联：（6人）

刘中燕（女）　刘芷君（女）　许素丽（女）　张振路（女）　周玉珍（女）
胡　颖（女）

青　联：（3人）

李素华（女）　周镇宏　宫晓颐（女）

工商联：（17人）

邓振常　王顺贤（女）　许学敏　陈琰文（女）　何信泉
李　仪（女）　李永康　沈永椿　林金汉　罗声亮
柯景仁　郭贤国　傅嘉志　彭子美　谢锦源
赖德生　廖振凡

科　协：（19人）

丁原章　马润泉　王秀柔（女）　丘雪明　刘筠谦
朱延彬　张一鸿　罗泽君　欧瑞木　周甘霖
钟娇容（女）　高大维　莫　党　倪吉耀　黄铮人（女）
傅家谟　谢汉祥　蔡为渊　霍汉镇

台　联：（3人）

庄　鑫　杨芳瑛（女）　郭能敏

文化艺术界：（56人）

丁荫楠　马　林　孔雀屏（女）　孔宪明　王杏元
甘尚时　叶巨中　关国华　刘　炽　刘　传
伍启中　许宏盛　陈　翘（女）　陈国凯　陈红胜
陈永锵　迟　轲　李筱孙　麦薇子（女）　苏方桂
吴承华　吴德辉　辛　明　杨　叶　杨干华
杨美琦（女）　余其伟　张大莹　张之楚　林寻稳
饶　远　姚锡娟（女）　赵宋光　赵玉琴（女）　郭宁玲（女）
郭绍纲　夏宗佑　徐东蔚　徐恒彬　曹秀琴（女）
黄俊贵　黄瑞英（女）　黄少梅（女）　梁　义　梁光泽
梁明诚　梁素珍（女）　章　杰　谢维祥　赖海晏
蔡松琦　蔡衍棻　谭仪元　熊家源　潘　鹤
瞿　琮

科学技术界：（69人）

方永平　毛礼镭　牛和恩　冯安之　甘子钧
古福群　卢谦和　邝少林　华德坚　庄培元
江登恕　刘汉林　刘识今　刘文权　孙　健
孙绍先　孙文泰　许剑超　朱庆端　陈国威
陈焕钦　陈月清（女）　陈之泉　陈烜本　李　正（女）
李炳根　李国桓　李匡时　李耀辉　苏　岚（女）
吴　宏　肖慧贞（女）　杨　檣　杨良栋　余曾锡

张达明	邹仁林	林捷能	林炯堂	林琼芳（女）
罗干英	罗桥年	周达超	周凝粹	周修茂
胡诚谦	胡在银	俞肇陞	钟黔君（女）	高溥铿
顾永顺	凌启酉	衷克仁	崔宗本	黄绍昶
梁大强	梁振锋	梁煦宏	隋明璋	葛弘毅
韩甫田	童　真	谢书强	赖麟传	廖亮亭
裴文瑾	谭仕梁	潘金培		

社会科学界：（15人）

孔庆榕	王守昌	史久远	陈其光	陈致中
吴群策	吴元湛	张元元	黄守灯	黄慰慈
黄中一	梁琼芳	董立坤	曾醒时	蔡鸿生

经济界：（30人）

孔繁逸	王伟光	王文辉	王学田	列守仁
刘焕民	庄鸿勋	庄宗穆	陈福兴	陈应藩
何文光	李楚章	李锦开	李世亮	陆锦裳
余彩莲（女）	张柏鉴	张海良	张永林	岑均贤
林新梅（女）	胡　瑜	胡朝懿	敖　琪	黄惠聪
梁锦文	梁起教	梁益华	韩远光	谢永强

农林界：（27人）

邓绍同	丘元盛	江东海	陈　美	陈曼玲（女）
陈任重	何永坚	李祖耀	沈道英（女）	苏美霞（女）
辛朝安	杨关福	罗进贤	孟庆云	郑广柔
郑锦兰	胡守训	高耀星	凌其强	龚思维
黄辉白	黄锦翔	黄自然	梁鼎光	梁立峰
谢双大	曾国华			

教育界：（65人）

丁锡熙	区奕勤	王妙媛（女）	王启光	冯妙苑（女）
冯绍桢	卢剑铨	叶炳林	吉兴豪	刘　涛
刘良式	刘南威	刘清涌	庄明英	邬国铭
陈潮填	陈成祖	陈其津	陈绍奇	陈锡梧
何问陶（女）	何振翔	李尧湛	李醉贞（女）	沈参秋（女）
苏树珊	苏卓雄	吴恭顺	杨辉荣	杨应群
余振新	张达三	张尚仁	张文祺	金振仁
林秉瑞	林龙威	周浩华	周泽华	周兆华（女）
周佐平	胡大奎	钟英长	郭坪新	凌更成
唐定凤	唐永聪	涂其俐	夏钟洁（女）	龚华基
黄石生	黄水生	梁广坚	梁全稳	章振熹
蒋超文	蒋豪贤	谢钟若	曾繁森	简栋梁

蔡明招（女）	蔡荣平	黎汉才	潘坤清	戴景宸

体育界：（14人）

马志斌	冯　曼	江　涛	陈笑婵（女）	李少芬（女）
肖捷明	杨春霖	张小冬（女）	林来九	胡恩勇
姚　芬（女）	贾传文	梁小牧（女）	魏振兰	

新闻出版界：（9人）

马镇坤	区念中	王玉龙	李伟建	苏少泉
吴彩章	林孙杏	欧阳莲（女）	周晓瑾（女）	

医药卫生界：（60人）

马陈深	邓惠珍（女）	方积乾	区庆嘉	区永欣
卢光启	卢延梓	丘钜世	邝健全	刘学高
任材年	汤美安（女）	朱婉而（女）	陈　蕃（女）	陈炳荣
陈少薇（女）	陈昭华（女）	陈志澄（女）	迟斌元	何奎文
李任先	陆志博	吴雨森	吴志成	肖劲夫
严昌琬	杨建希	余斌杰	张孝娟（女）	张亦珍（女）
岑泽波	居绍敬	林静兰（女）	林君玉（女）	林肖松
罗力生	郑振声	赵克森	赵子山	唐英春（女）
黄光华	黄汉桃	黄济群	黄锦昌	黄满涛
黄宪章	黄梓伦	黄铎香	康泰泉	梅　骅
董仁寿	葛曰萍（女）	彭大伟	彭一平（女）	靳　瑞
赖世隆	雷自祯	管英瑄	谭国辉	熊曼琪（女）

对外友好团体：（5人）

王文彬	陈仲旋	何克勤	卓　毅	敖景高

社会福利团体：（4人）

卢窝权	陈海燕	邹　华（女）	黄英华（女）	

少数民族：（10人）

马毓钧	刘潘生	吕奎文	李筱文（女）	张锡鹏
张衍鎏	林道英	莫自省	唐　伟	蓝　奕

归国华侨联合会：（29人）

邓柏禧	王善荣	田清重	刘福安	刘新犇
许崇德	庄　伦	陈坚城	陈铭俊	陈少琼（女）
陈英才	陈毓铮	李俊权	李瑞芳（女）	沈清杰
吴炳锡	吴宗泽	余瑶光	张　超	林敦祥
姚俊刚	莫一鸣	黄仁生	黄元焕	梁成华
梁一华（女）	谢昭思	曾玉生	霍瑞云（女）	

香港人士：（71人）

王　美	王德润	王国华	王敏贤（女）	白建中

司徒锟　叶庆良　叶庆忠　江　泓（女）　刘绍钧
刘世仁　刘宇新　汤恩佳　许晋奎　许旭明
朱正贤　庄永竞　陈才燕　陈国荣　陈嘉禧
陈经纶　陈树中　陈学文　陈子钧　杜永成
何掌邦　李　欢　李信章　李汛萍　李述龙
麦桂圃　苏金泗　吴兆声　肖亦煌　杨　钊
杨光华　杨罗观翠（女）　余　来　张成雄　张天琪
林光如　林有生　罗景云　欧阳成潮　欧阳瀚
胡棣周　姚美良　姚永年　钟华楠　莫贵良
莫华亮　翁锦通　徐端舆　曹允祥　黄　华
黄　球　黄定光　黄丽群（女）　黄文放　黄智超
康荣章　梁　池　梁定邦　梁沛锦　蒋　华（女）
曾敏之　潘以和　潘兆霖　潘朝彦　霍震寰
戴　权

澳门人士：（25人）

区志忠　刘光普　刘思仁　刘羡冰（女）　阮子荣
阮毓明　许世元　陈炳华　陈律平　何华添
陆　昌　吴桂英（女）　吴利勋　吴素宽（女）　罗少荣
胡顺谦　施业辉　崔德祺　崔乐其　龚　文
梁　宋　梁显达　彭彼得　蓝锌缨　蔡克铭

宗教界：（10名）

马思魂　李盘石　李瑞庄（女）　杨栋材　范秀远
林　璇（女）　林秉良　钟全璋　释本焕　释佛源

特邀人士：（96人）

丁身尊　仇智源　邓林根　方木宏　方时国
王　梧　王铁文　王伟怀　尤卓勤　牛世田
甘兆胜　古建中　叶育昌　刘文炎　刘希正
吕　器　任叔明　戎孝炳　伍明光　许惠卿（女）
许宗生　朱　华　朱世赐　陈达枝　陈序藩
陈德辉　陈一富　何　宗　何景涣　何开波
何水云　李　锐　李国泰　李斯文　陆成景
吴亚明　吴全然　吴兆奇　杨洪涛　杨配林
张德昌　张德立　张玉庭　邹棣清　佟　星
范汉生　范坚六　林　藻　林有秀　林华焕
林树治　林锡荣　罗坚生　宗国平　孟　华（女）
欧辉成　欧阳美勤（女）　郑艾山　郑秉业　郑国锐
郑锦滔　郑湘娟（女）　周　任　周统平　洪天德
姚奠基　姚仍洲　姚仲良　钟斗祥　钟基年

钟良鹏	高　沅	翁宗勇	徐家康	曹凤檀
崔筠儿（女）	黄　继	黄　挺	黄　校	黄秀定
黄宽吉	黄绥泉	梁凤英（女）	戚活昌	彭列明
彭晓晖	曾志军	詹友生	蔡国镇	廖新松
廖志刚	黎鸿光	黎维贤	潘仕心	戴明聪
魏中天				

1994年1月26日省政协七届二次全体委员会议前增补委员：

邬梦兆	陈邦贵	蔡森林	张孟丹	黄增立
徐萍华（女）	陈成才	黄学敏	莫梓江	罗绍基
王宁生	麦国健	李明海	陈文清	翁　祐
梁祺祐	王克明	成兆基	刘　策	李　炽
李熊光	吴家仿	张　磊	陈应球	陈周攸
陈瑞强	陈厚实	罗汉明	莫乃炘	徐　志
徐建中	黄　静	黄光才	黄良坤	曾昭焕
谢玉莲（女）				

1994年12月27日省政协七届三次全体委员会议前增补委员：

林汉枢	诸葛升	蔡东士	陈登隆	唐　彪
梁培浩	李泽堂	孙大中	谢永祥	刘志强
孙宝珠（女）	汤　铭	阎宪奇	蔡时英	张敬贤
陆惠兴	王静君（女）	刘仕贤	谭国侃	许任之
区永熙	陈步涛	邓祖基	李沛霖	熊伯响
王世明	卢桂兰（女）	刘洛南	麦智南	严锦华
李培秋	李焕池	吴至锐	张立全	陈　灼
陈昌镇	林森权	欧家礼	周婉新（女）	黄谭生
梅任骏	曹子东	梁运尤	韩泽生（女）	谢文霖
雷绍铭	廖军文	谭玲（女）	黎振球	

1996年1月12日省政协七届四次全体委员会议前增补委员：

孔令渊	刘　陶	陈长清	林祖基	罗宗海
郑先干	昝云龙	唐广安	康乐书	舒伟侯
曾　兵	王智琼（女）	严学成（女）	温兰子（女）	黄友谦
阎小培（女）	陈树斌	金友中	梁锦伦	万洪富
王世平	刘文豹	许志良	张训诚	周振基
徐远通	梁国昭	黎俊炎	冯灼锋	顾学文
彭洁开（女）	沈　忠	钟征祥	张清平	马介璋
王　津	石汉基	李　强	李秀恒	李贵辉
杨志红（女）	肖侠生	吴汉良	何俊康	张慧燊（女）
陈进财	林伟华	周洁冰（女）	徐振华	黄汉清
黄绍麟	黄富荣	龚庆韶	梁　庭	廖　锋

卢伟硕	李祥立	李莜玉（女）	吴柱邦	周金陵（女）
钟小健	唐坚谋	莫均益	陶曼莹（女）	梁　华
叶家康	吴川汉	张裕良	陈伟标	周耀明
钟南山	聂思槐	郭仁义	黄茂春	黄建华
蔡德麟	管　林	潘宏启		

1997年1月17日省政协七届五次全体委员会议前增补委员：

陈文冠	朱树屏	肖贤成	古日新	梁湘（女）
李运生	陈国椝	黄　扬	朱士范	陈华一
彭巨卿	吴昶新	袁伟英（女）	王珣章	林亚杰
周　蒂（女）	梁志敏	蔡如青	梁有濠	林国兴
钟立强	马利典	黄振业		

（五）第八届委员会委员

1998年1月1日省政协八届一次全体委员会议召开时共有委员880人，其中：

中国共产党：（38人）

于延恩	王宗春	方潮贵	甘兆炯	古日新
刘　陶	刘丁有	刘文炎	刘维明	许道生
劳文浩	李国泰	李洪义	吴湘庆	岑　华
何开波	邹启宇	张喜云	陈　坚	陈文冠
陈开枝	陈流明	林杰元	林祖基	林森权
欧阳冬（女）	袁　征	郭荣昌	唐广安	黄福春
龚维钊	康乐书	琚立铭	彭禹贤	蒋月明
蒋善利	谢国涛	廖鸿兴		

民　革：（12人）

方展伟	刘守桂（女）	许冠华	李　崴	邹月照
张秉钊	陈成泽	周天鸿	周长瑚	唐　彪
黄　曼（女）	詹昭重（女）			

民　盟：（19人）

于相业	马龙图	卢菁光	关翰琴（女）	李自立
杨　樯	杨兰馥	吴有必	汪国强	沈　忠
张广才	林学锦	林鸿伟	钟勇明	徐本刚
梁栋华	彭洁开（女）	韩大建（女）	黎振昌	

民　建：（16人）

毛宇峨（女）	苏云驰	吴厚德	宋　海	张志远
林冠棠	庞友国	钟五常	俞忠良	黄庆勇
程友南	程禹诚	廖淦扬	黎耀洪	潘金培
瞿蓓莉（女）				

民　进：（12人）

卢剑铨	李金培	肖裕钦	张中林	张月皎（女）
张德娟（女）	林仙健	林亚杰	姚本棠	梁　平
臧　申	颜文意			

农　工：（15人）

王远东	王国华	王健华	王智琼（女）	华　贲
刘家琛	关作锦	许瑞明	陈炳荣	罗沃波
赵鹏飞	胡庆铁	董兆英	蔡广道	魏光群

致　公：（8人）

王中民	王珣章	叶碧云（女）	李靖国	吴　毅
曾燕祥	谢慈庭	简探微（女）		

九　三：（8人）

马凯梅（女）	李泰谦	郑丰任	姚志彬	莫旭强
黄明度	黄艳庄（女）	温　洋		

台　盟：（3人）

张文光	陈蔚文	林东海		

无党派人士：（15人）

宁春岩	吕其炘（女）	伍谦光	许罗丹（女）	许家瑞
吴昭常	何镜堂	沈尧天	张展霞（女）	陈良海
郑　雪	胡品津	徐远通	黄明太	谢　就

总工会：（11人）

马礼谦	朱兴志	麦月流（女）	李奕南	陈伟光
林丽华（女）	赵绮萍（女）	黄循壮	温介平	谢秋明
黎柳莲（女）				

共青团：（3人）

张思民	陈茂辉	游秀强		

妇　联：（7人）

劳德容（女）	苏利民（女）	陈翠芳（女）	周玉珍（女）	周丽琼（女）
郑琪美（女）	宫晓颐（女）			

青　联：（4人）

卢俊雄	孙彩云（女）	黄振业	释宏满	

工商联：（25人）

王　梁	朱　松	朱德义	许智明	吴　镝
岑润洪	何志伟	张玉其	张新辉	陈　炉
陈成才	陈伟标	陈玩怀	陈桥顿	林礼腾
林华焕	林兆平	罗忠福	钟再兴	黄少雄
黄学敏	黄道忠	梁志敏	翟美卿（女）	戴庆元

科学技术协会：（23人）

王秀柔（女） 区 鉷 区颖刚 方冬生 叶旭全
毕英佐 刘识今 许宁生 李荆堂 杨业熙
张 晓 陈 敏（女） 陈汝筑 陈新淦 周 蒂（女）
赵子山 高大维 黄友谦 阎小培（女） 梁 松
彭文晋 彭正俭 薛建枫

台 联：（4人）

庄 鑫 孙宝珠（女） 陈俊康 郭能敏

文化艺术界：（52人）

王铁文 区念中 孔雀屏（女） 叶猷民 冯 峥
冯兆平 吕 雷 伍启中 刘斯奋 江艺平（女）
许光辉 李士溪 李筱孙 李素华（女） 杨秀薇（女）
杨美琦（女） 何 萍（女） 余其伟 邹永翠（女） 辛 明
张润华 陈振国 陈国凯 陈晓薇（女） 陈树斌
林寻稳 林宏基 林雨纯 苗长军 尚 涛
罗小平（女） 罗宗海 郑健英（女） 钟定平 袁 玫（女）
莫梓江 倪惠英（女） 徐瑞祺（女） 郭小东 郭宁玲（女）
黄 勇 黄日有 曹国昌 阎宪奇 梁明诚
梁锦伦 普超英（女） 蔡时英 蔡松琦 熊家源
黎 明 潘行健

科学技术界：（77人）

于海德 马志刚 牛和恩 方永平 甘子钧
叶智方（女） 吕树庭 刘 发 刘文豹 刘须恕
刘胆夫 汤宝流 许志良 许瑞生 李东生
李玉光 李国桓 李贻伟 李亮高 李裕章
李韶雄 杨少鑫 杨世幸 杨学军 杨宜民
杨惜敏 吴 鹏 吴群星 邱 玫（女） 余曾锡
邹仁林 闵锡钧 张 凌 张启人 张伟健
张益龙 张崇安 陈红雨 陈国威 陈国榘
陈思平 林少敏（女） 林亚柏 林兴流 罗坚生
金问龙 郑建国 宗日樵 胡在银 胡恩福
胡诚谦 是本道 秦善慈 耿安松 衷克仁
黄 扬 黄小鸣 黄卫凯 黄晨光 黄增麟
龚思维 阎维明 梁 湘（女） 梁广坚 梁国昭
梁振锋 彭忠兴（女） 葛弘毅 蒋如冰（女） 程仰贤
程铭晖 曾德森 谢国生 廖建航 黎文璧
潘家栋 魏炳漳

经济界：（39人）

马利典	马明哲	马赖洪	方兴起	方秀明
朱仁炼	刘允中	刘百杰	刘伟宏（女）	孙　菲（女）
巫开立	李秉记	杨伟民	吴火豪	吴俊光
岑均贤	沈康生	张光进	张炳申	邵建明
林小桦（女）	欧卫东	郑睦鑫	耿汉光	郭　然
黄　学	黄文仔	黄燕华（女）	梁有濠	梁耀文
彭海怀	曾汉权	曾宝泉	曾建荣	曾荣德
赖可基	蔡如青	蔡富春	廖　勇	

社会科学界：（15人）

王守昌	毛蕴诗	丘克军	冯　平（女）	刘斯翰
苏东斌	邱　捷	邱金用	张柏鑑	陈　强
陈长琦	陈忠烈	郭坪新	董立坤	曾庆榴

农业界：（32人）

王秉红（女）	王祖昆	龙永惠	冯灼烽	司徒绍
年　海	关富胤	李汉廷	李华养	杨卓亚
杨关福	肖绍光	辛朝安	何广兴	张远贻
陈北光	陈永泉	陈维信	林文安	欧晓明
罗建举	顾学文	黄樟翰	章　宁	梁　帆
梁星权	董富胜	曾帮藩	温桂新	温鹏程
谢双大	暨淑仪（女）			

教育界：（66人）

马　慈（女）	王淑芝（女）	王静君（女）	邓婉球（女）	古石阳
龙小敏（女）	冯国光	伍柳亭（女）	伍超标	邬国铭
刘良式	刘洛南	许任之	许典国	纪宗安（女）
李运生	李定安	李振斌	李朝宽	李筱菊（女）
杨辉荣	肖茗西（女）	吴川汉	吴建新	吴洪宝
何问陶（女）	余国慧（女）	余振新	沈志强	张桂光
张裕良	陈潮填	邵学言	林伦伦	周兆华（女）
周扬翼	周浩华	郑大昉	胡百龙	钟英长
姜鸿儒	莫海鸿	徐颂军	黄天发	黄守灯
黄建华	黄俊强	梅树德	曹　彪	曹汝成
曹宜南（女）	康北笙（女）	彭武权	答朝心	舒　元
曾庆馀	曾繁森	谢维信	简栋梁	詹德华
蔡型乞	蔡德麟	谭炳和	樊锁海	黎俊炎
潘史扬				

体育界：（14人）

白君玲（女）	冯　曼	江　涛	孙淑伟	李春楼

何　强	范柏祥	罗兴华	胡恩勇	徐培道
黄坤城	董良田	谭巨龙	谭艳华（女）	

新闻出版界：（10人）

马镇坤	李伟健	杨群勇	范以锦	罗国林
周晓瑾（女）	钟征祥	袁东亮	曹淳亮	谭江涛

医药卫生界：（57人）

马小艾	王向荣	区永欣	区庆嘉	方晓源
方积乾	邓惠珍（女）	丘钜世	江朝富	汤美安（女）
许发茂	孙筱放（女）	李小华	李文忠	李文勇
李惠德	肖　粤（女）	肖劲夫	肖学钧	吴书林
何惠霞（女）	张孝娟（女）	张振路（女）	张德兴	张德志
陆惠兴	陈志澄（女）	林仲秋	林肖松	林界伟
林派冲	欧阳毅	罗佳波	罗颂平（女）	周晓山
郑木明	郑焕参	郑德玲（女）	胡国良	胡学强
唐英春（女）	聂思槐	黄庆道	黄贤樟	黄铎香
黄梓伦	彭大伟	葛曰萍（女）	董仁寿	赖世隆
詹希美	管英瑄	谭国辉	熊曼琪（女）	颜光美
潘绍山（女）	魏炜佳			

对外友好团体：（5人）

卢秉肃	孙　观	吴剑辉	陈达枝	温兰子（女）

社会福利团体：（4人）

王焕亭	方畅熙	苏锐石	林社后

少数民族：（9人）

马建钊	朱　城	李秀英（女）	林广盛	林道英
莫自省	盘建梅（女）	阎敬华	蓝学民	

归国华侨联合会：（22人）

邓护英（女）	邓柏禧	伍乐园（女）	许　波	苏惠英（女）
吴炳锡	张桂溪	陈欣壮	陈周钦	陈毓铮
林敦祥	林新梅（女）	钟汉波	徐建平	黄世展
梅竞苏	龚华基	谢英光	谢恒星	赖炳辉
蔡明招（女）	薛声荣（女）			

宗教界：（11人）

马志斌	李盘石	范秀远	林秉良	周启光
钟全璋	洪天德	梁比伦	释明生	释新成
熊伯响				

特邀人士：（244人）

马介璋	王　津	王如登	王克明	王荫焜
王晓华	王颂汤	王敏贤（女）	韦子刚	云维熹

区永熙	牛世田	文炮田	邓北生	邓祖基
石汉基	龙章清	卢伟硕	卢忠光	卢桂兰（女）
卢窝权	叶华能	叶庆良	叶顺兴（女）	田北辰
冯昌林	冯凯权	冯科业	戎孝炳	吕伟雄
朱正贤	朱孟依	伍池新	任叔明	庄成鑫
庄声源	刘艺良	刘东海	刘汉松	刘兴强
刘鸣高	刘绍钧	刘思仁	刘清海	刘羡冰（女）
刘德谷	关则文	汤恩佳	汤聘辉	许天祥
许长青	许世元	许晋奎	阮康佑	阮毓明
麦桂圃	麦智南	麦瑞瑜	严锦华	劳琼娟（女）
杜永成	杜奕宽	李　沛	李　清	李　强
李立之	李秀恒	李沛霖	李明海	李贵辉
李祥立	李培秋	李焕池	李舜昭	李蓝田
李聪德	杨　钊	杨　鑫	杨光华	杨志红（女）
杨国焕	杨罗观翠（女）	杨绍森	吴汉良	吴伟章
吴兆声	吴志华	吴利勋	吴希荣	吴柱邦
吴思兵	吴昶新	吴素宽（女）	吴晓峰（女）	何建昌
何俊康	何掌邦	余　来	邹灿林	张　静
张三戒	张小珏（女）	张玉庭	张圣钦	张成雄
张华峰	张应光	张金善	张恭泰	张清平
张晴云	张慧燊（女）	陆　地	陆　波	陈　静（女）
陈才燕	陈子钧	陈文彬（女）	陈文清	陈华一
陈庆梓	陈红天	陈进财	陈步涛	陈武忠
陈国荣	陈昌镇	陈周攸	陈学文	陈绍祥
陈炳华	陈振华	陈桐荣	陈瑞强	陈耀武
英永祥	范小兵	范金樯	林世铿	林汉枢
林光如	林伟华	林玫生	林茂光	林国兴
林金城	林瑞亿	欧阳美勤（女）	欧瑞木	罗伟雄
罗景云	周洁冰（女）	周志荣	周振基	周家望
周裕光	周耀明	冼志华	郑先干	郑合明
郑丽璇（女）	郑国锐	郑湘娟（女）	郑楚杰	郑耀宗
孟　华（女）	孟建波	赵伯杰	赵淑琴（女）	胡顺谦
胡棣周	钟小健	钟立强	钟永森	钟华楠
施业辉	洪祥盛	袁伟英（女）	都本堂	莫均益
徐振华	徐雪初	翁宗勇	高锦添	郭衍全
唐坚谋	容永恩（女）	诸葛升	谈子泳	陶曼莹（女）
黄　华	黄汉清	黄永东	黄伟深	黄丽群（女）
黄宏生	黄炎光	黄定光	黄绍麟	黄树森

黄海琨	黄绪荣	黄富荣	黄耀荣	梅任骏
龚庆韶	崔世平	符史峰	梁　华	梁　池
梁　宋	梁　庭	梁大同	梁华济	梁庆球
梁运尤	梁沛锦	梁定邦	梁显达	梁冠峰
梁益华	梁琪祐	彭巨卿	韩泽生（女）	曾　兵
温学濂	温悦昌	游敏达	谢　浪	蓝铧缨
赖诗仁	蔡志明	蔡冠深	蔡高声	廖　锋
廖汤慧霭（女）	廖军文	廖志刚	谭伯源	黎维贤
潘仕心	潘暖坚	霍震寰	戴德丰	

1999年1月6日省政协八届二次全体委员会议前增补委员：

马毓钧	王继群	方庭旺	区社能	叶志光
丘泰球	成良玉（女）	朱海军	伍新尧	江林洋
苏松勤	李俊龙	李振华	杨天泰	肖蔚彬
吴南明	邱浩波	何万真	张惠忠	张横柳
陈　刚	陈　雄	陈一珠（女）	陈珍书	陈毅锋
岑永生	杜鉴波	林生耀	卓　胜	周中孚
周永章	赵耀年	钟世伦	钟桓乐	倪锦辉
郭斯昆	涂辉龙	黄士心	黄宇光	黄武君
黄茂展	黄楚标	梁玉珍（女）	梁富华	梁树森
曾炯坚	谢惠鹏	简松年	甄灿球	

2000年1月17日省政协八届三次全体委员会议前增补委员：

苏祖兰（女）	吴　翰（女）	吴明婳	林　辉	谢志成
蔡金乐	许裕长	余其铿	容祖宏	蓝　红
卢思谋	李成日	邝家驹	黄光苗	林国贞
丁富华	马世品	王学成	纪力清	刘　创
汤彤海	汤慕忠	李汉松	李延保	张伟乔
张国扬	张耀中	张宝连	陈书燕	陈海燕
郑少伟	钟光超	陶凯元（女）	黄观华	黄成柱
黄国建	黄福永	崔　勋	梁海森	巢振威
王振声	刘湛源	张国荣	周莉莉（女）	胡国志
江美芬（女）	何超琼（女）	杨道匡		

二、文献、文件选载

根据人民政协发展的新形势，不断推进人民政协履行职能逐步向规范化、制度化、程序化发展，省政协根据《中国人民政治协商会议章程》中关于政协各级地方委员会全体会议职权、政协各级地方委员会常务委员会职权及政协各级地方委员会主席会议主要任务的规定，22年间共制定《政协广东省委员会关于政治协商、民主监督、参政议政的规定》《政协广东省委员会常务委员会工作规则（修正案）》《政协广东省委员会专门委员会通则》《政协广东省委员会提案工作条例》《政协广东省委员会关于委员参加本会活动的基本要求》等文件。这些规章制度的制定和实施，有力地推进了广东省人民政协事业的发展。

（一）《政协广东省委员会关于政治协商、民主监督、参政议政的规定》

（1995年12月29日广东省政协第七届委员会常务委员会第十四次会议通过）

中国人民政治协商会议是中国人民爱国统一战线的组织，是中国共产党领导的多党合作和政治协商的重要机构，是我国政治生活中发扬社会主义民主的重要形式。为了坚持和完善中国共产党领导的多党合作和政治协商这一基本政治制度，加强社会主义民主政治建设，逐步实现政治协商、民主监督和参政议政的规范化、制度化，进一步发挥参加本会的各民主党派、无党派民主人士、人民团体、少数民族人士和各界爱国人士在国家政治生活和社会主义现代化建设中的作用，参照《政协全国委员会关于政治协商、民主监督、参政议政的规定》，结合我省实际，特制定本规定。

第一条　政协广东省委员会的主要职能是政治协商和民主监督，组织参加本会的各党派、团体和各族各界人士参政议政。

政治协商是对国家和本省的大政方针以及政治、经济、文化和社会生活中的重要问题在决策之前和决策执行过程中进行协商。民主监督是对国家宪法、法律和法规的实施，重大方针政策的贯彻执行，国家机关及其工作人员的工作，通过建议和批评进行监督。参政议政是政治协商和民主监督的拓展和延伸。

第二条　政治协商、民主监督、参政议政的目的是：发扬社会主义民主，反映社会各方面的意见和要求，为参加本会的单位和个人发挥作用开辟畅通的渠道，促进本省重大决策的民主化与科学化；促进国家宪法、法律、法规和方针政策在本省的实施，以及本省重大决策和地方性法规的贯彻执行；推动改革开放和社会主义现代化建设，促进社会生产力的发展；协助并推动本省国家机关改进工作，提高效率，克服官僚主义，促进廉政勤政；协调社会各方面的关系，促进相互沟通和理解，加强中国共产党领导的多党合作，维护和发展安定团结的政治局面；贯彻执行“和平统一、一国两制”的方针，促进祖国统一大业的实现。

第三条　政治协商的主要内容和形式。

政治协商的主要内容包括：本省在改革开放和社会主义现代化建设中的重要方针政策、重要部署，以及决策执行过程中的重要问题；省人民政府工作报告；省财政预算；本省国民经济和社会发展规划；本省需提请人民代表大会审议和公布征求意见的重要法规草案；本省政治生活、群众生活的重大问题；中共广东省委提出的按规定需协商的省级领导人人选；本省市级行政区域的变动；本省各党派之间的共同性事务；政协内部的重要事项以及有关爱国统一战线的其他重要问题。

政治协商的主要形式有：本会的全体会议、常务委员会议、主席会议、各专门委员会会议、委员专题座谈会，根据需要召开的本省各党派、无党派民主人士、人民团体、少数民族人士和包括台湾同胞、港澳同胞、海外侨胞在内的各界爱国人士的代表参加的协商座谈会等。

第四条 民主监督的主要内容包括：国家宪法、法律和法规在本省的实施情况；中共中央、国家领导机关制定的重要方针政策在本省的贯彻执行情况；中共广东省委、省人民政府有关全省的重要决策的执行情况；本省重要地方性法规的实施情况；本省国民经济和社会发展计划及财政预算的执行情况；本省国家机关及其工作人员履行职责、遵守法纪、为政清廉等方面的情况；参加本会的各单位和个人遵守政协章程、执行全国政协和本会的决议的情况。

民主监督的主要形式有：本会的全体会议、常务委员会议、主席会议向中共广东省委、省人民政府提出建议案；各专门委员会提出建议或有关报告；政协提案、委员举报或以其他形式提出建议和批评；参加中共广东省委、省人民政府及其有关部门组织的重要调查和检查活动。

第五条 参政议政的内容与形式，除第三、四条规定的以外，还包括：组织委员视察，就中共广东省委、省人民政府的中心工作和人民群众普遍关心的重大问题，开展协商和监督；选择人民群众关心、党政部门重视、适合发挥政协优势的课题，组织调查和研究，向党政领导机关提出建设性的意见；开展地区性、专业性社会经济发展战略研讨活动；通过多种方式，广开言路，广开才路，充分发挥委员的专长和作用，为改革开放和社会主义现代化建设献计出力。

委员视察一般每年组织一次，视情况需要以各专门委员会为基础组成若干视察团进行。在每届任期内组织穗外委员分批进行一次跨市视察。必要时，经主席会议同意，可临时组织部分委员就某方面问题进行视察。

第六条 根据中共广东省委、省人大常委会、省人民政府、各民主党派省委、各人民团体及省有关部门提议需要经过政协协商的问题，由本会主席会议或有关专门委员会安排协商活动并决定协商的形式和参加人员的范围。

本会主席会议也可建议中共广东省委、省人民政府、各民主党派省委、各人民团体将需要协商的问题提交本会协商。

第七条 本会进行政治协商可根据需要邀请中共广东省委、省人民政府以及省有关部门的负责人参加会议，并请有关负责人就提交协商的问题作出说明。

第八条 协商的议题和会期确定之后，本会的有关机构至少需提前一周将会议通知及有关文件送达参加会议的人员，以便与会人员做好准备。

第九条 充分发挥参加本会的各民主党派、无党派民主人士、人民团体和各族各界人士在政协中的作用，倾听和反映他们的意见、建议、批评和要求。省各民主党派、工商联和有关团体，可以本党派、团体的名义在全体会议上进行大会发言和提出提案。要坚持和健全政协广东省委员会、各民主党派省委秘书长座谈会制度，一般每季度举行一次会议，以加强本会机关与省各民主党派、工商联、台联机关之间的联系和合作。本会各专门委员会应主动与省各民主党派、有关人民团体就一些共同关心的问题沟通情况，加强联系，可视需要开展联合调查研究和其他有关活动。要坚持每季度举行一次“委员活动日”

的制度。

第十条 密切与本会在香港、澳门地区的委员的联系，除组织他们参加本会的有关会议和视察活动外，应定期或不定期向他们通报我省改革开放、社会主义现代化建设情况和本会工作情况，组织他们到本省参观、考察，听取他们的意见和建议，充分发挥他们在政治协商、民主监督和参政议政中，在促进我省改革开放、社会主义现代化建设，促进粤港澳经济合作、发展，促进“和平统一、一国两制”事业中的积极作用。

第十一条 参加本会的单位和个人，以及本会各专门委员会，要积极提出提案，努力提高提案质量。经本会提案委员会审查立案的提案，该委员会有责任督促承办单位按照中共中央、国务院及中共广东省委、省人民政府有关文件的规定，认真做好办理提案工作，提高办案质量。

第十二条 政协委员的民主权利应受到保护。要切实保障政协委员提出批评的自由和发表不同意见的自由。本会依法维护参加单位和个人按照政协章程履行职责的权利。

第十三条 要重视和加强对中国共产党领导的多党合作和政治协商制度的宣传。本会的全体会议、常务委员会议应作新闻报道，主席会议以及其他形式的协商会议和重要活动也应视情况予以报道。

第十四条 各专门委员会在常务委员会和主席会议的领导下，应根据政协章程的要求，以及本会的全体会议和常务委员会议提出的任务，组织委员参加各项经常性活动，做好委员视察、专题座谈、专题调查等工作，并同中共广东省委、省人民政府的有关部门取得密切联系，相互支持，相互配合。

第十五条 重要的政协提案和各专门委员会的重要建议，经常务委员会议或主席会议通过，可以本会常务委员会或主席会议建议案的形式向有关方面提出。

第十六条 以本会常务委员会、主席会议或以各专门委员会名义提出的建议、意见和批评，均由本会办公厅以正式文件形式送达有关方面或部门。有关方面或部门应积极负责地进行研究处理，并将处理意见或结果尽快以正式文件形式作出答复。

第十七条 为切实履行政治协商、民主监督、参政议政这一主要职能，本会要通过各种形式，包括组织委员听取中共广东省委、省人民政府关于全局性重要问题的情况通报等，帮助委员了解有关情况，为委员参政议政创造良好条件；政协委员要努力学习，积极参加政协组织的会议、调研、视察等活动，主动地发表意见，坦诚地开展批评，郑重地提出建议和提案，同时密切联系自身所在党派、团体和界别的群众，经常反映社情民意，在参政议政中更好地发挥应有的作用。

第十八条 本规定自广东省政协委员会常务委员会通过之日起实行。

本省各市、县（区）政协可根据本地情况参照执行。

（二）《政协广东省委员会常务委员会工作规则（修正案）》

（1996年12月26日广东省政协第七届委员会常务委员会第十九次会议通过）

为了加强中国人民政治协商会议广东省委员会常务委员会（以下简称常务委员会）的工作，进一步健全工作制度，根据《中国人民政治协商会议章程》和中共中央、政协全国委员会、中共广东省委关于推进政协履行职能规范化、制度化的要求，以及《广东省政协委员会关于政治协商、民主监督、参政议政的规定》，制定本规则。

第一章　总则

第一条　常务委员会的活动以中华人民共和国宪法为根本准则，以建设有中国特色社会主义理论和社会主义初级阶段的基本路线为指导，以中国人民政治协商会议章程为依据，高举爱国主义和社会主义的旗帜，坚持中国共产党领导的多党合作和政治协商制度，进一步巩固和发展爱国统一战线，积极履行政治协商、民主监督、参政议政职能，为实现我国社会主义现代化建设和祖国统一大业的宏伟目标而奋斗。

第二条　常务委员会主持中国人民政治协商会议广东省委员会（以下简称省政协）的会务，在全体会议闭会期间，行使省政协的职权，处理省政协的重要工作。

第三条　常务委员会由省政协主席、副主席、秘书长和常务委员组成。

第四条　常务委员会的工作由主席主持。副主席、秘书长协助主席工作。

第五条　常务委员会的职权：

（一）召集并主持省政协全体会议；每届第一次全体会议则由会议选举主席团主持；

（二）组织实现中国人民政治协商会议章程规定的任务；

（三）执行政协全国委员会所作的全国性的决议和省政协全体会议的决议；

（四）审查通过提交中共广东省委、广东省人民政府的常务委员会建议案；

（五）根据秘书长的提议，任免省政协副秘书长；

（六）决定省政协专门委员会的设置和变动，并任免其主任、副主任；

（七）中国人民政治协商会议章程规定的其他职权。

第六条　常务委员会组成人员要认真执行中国人民政治协商会议章程、政协全国委员会的全国性的决议和省政协及常务委员会的规定、决议，积极参加常务委员会的活动，加强同各方面人士的联系，广交朋友，及时反映群众的意见和要求。

第二章　常务委员会会议

第七条　常务委员会会议一般每季度举行一次；必要时可临时举行。

第八条　常务委员会会议的议程由主席会议拟订，于会前15天将会议的有关事项通知常务委员会组成人员；临时举行的会议，可以临时通知。

第九条　常务委员会会议由主席主持，也可由主席委托副主席主持。

第十条　常务委员会会议的主要任务：

（一）讨论决定省政协及常务委员会会务和工作中的重大问题；

（二）协商讨论中共广东省委、省人民政府的重大方针政策以及政治、经济、文化、社会生活和统一战线中的重要问题，听取中共广东省委、省人民政府及有关部门的负责人对有关重要问题的报告或说明，提出建议和意见；

（三）审议提交省政协全体会议的文件；

（四）审查重要的建议案、提案、视察报告、调查报告和其他报告，以及专门委员会的年度工作报告。

第十一条 常务委员会举行会议时，省政协各专门委员会主任、副主任，副秘书长，办公厅主任、副主任及各处室负责人列席；视会议内容和需要，可邀请有关的省政协委员、在穗的全国政协委员、副省级市和地级市政协负责人列席；必要时，邀请省有关党政部门负责人参加。

第十二条 常务委员会会议必须有全体组成人员的过半数出席方能举行；会议要发扬社会主义民主，对议题进行充分协商讨论，全面反映各方面的意见和建议；会议的议案或其他需要表决的事项，须经常务委员会全体组成人员过半数通过方能生效。

第十三条 常务委员会会议采取全体会议和分组会议相结合的方式。根据会议议题，可按界别编组，也可混合编组。

第十四条 在常务委员会全体会议上，可由党派、团体、专门委员会和小组推举代表发言，也可由个人或数人联名发言。

第十五条 常务委员会组成人员因病或其他特殊原因不能出席会议时，须请假。

第三章 主席会议

第十六条 主席会议由主席、副主席、秘书长组成，处理常务委员会的重要日常工作。

第十七条 主席会议一般每月举行一次；必要时可临时召集。

第十八条 主席会议议程由主席提出，或由副主席、秘书长和秘书长办公会议提出报主席决定。

第十九条 主席会议由主席主持，也可由主席委托副主席主持。

第二十条 主席会议的主要任务：

（一）协商讨论中共广东省委、省人民政府的重大方针政策以及政治、经济、文化、社会生活和统一战线中的重要问题，提出建议和意见；

（二）审查以省政协或常务委员会或主席会议的名义向中共广东省委、省人民政府提出的重要建议案；

（三）拟订常务委员会会议的议程、日程，审议提交常务委员会会议的文件；

（四）执行常务委员会会议的决议；

（五）审议省政协及常务委员会的工作计划、工作报告和重要活动方案；

（六）审议专门委员会年度计划和报告；

（七）决定任免专门委员会委员；

（八）处理常务委员会的其他重要日常工作。

第二十一条 召开主席会议时，省政协副秘书长、办公厅主任和副主任及与议程有关的人员列席。

第二十二条 根据需要，由主席或主席委托副主席主持召开专题座谈会，就某项专门问题进行协商座谈，提出建议和意见。专题座谈会由有关委员和其他有关人员参加。

第四章　文件

第二十三条　常务委员会或主席会议作出的决定，提出的建议、意见和批评，须经主席或主席委托的副主席、秘书长签发，以省政协文件或办公厅文件的形式送达有关方面或部门。

第二十四条　常务委员会会议、主席会议、委员专题座谈会，由办公厅编发会议简报或会议纪要。常务委员会会议应作新闻报道，主席会议、委员专题座谈会也应视情况予以报道。

第五章　附则

第二十五条　本规则自常务委员会通知之日起实行，解释权和修改权属常务委员会。

（三）《政协广东省委员会专门委员会通则》

（1996年12月26日广东省政协第七届委员会常务委员会第十九次会议通过）

第一章　总则

第一条　根据中国人民政治协商会议章程第四十九条的规定，政协广东省委员会设置若干专门委员会。

第二条　专门委员会以建设有中国特色社会主义理论为指导，坚持社会主义初级阶段的基本路线，贯彻执行《中国人民政治协商会议章程》《政协广东省委员会关于政治协商、民主监督、参政议政的规定》，切实履行人民政协的职能。

第三条　专门委员会工作是政协工作的重要组成部分。专门委员会根据中国人民政治协商会议章程的要求，以及政协广东省委员会全体会议和常务委员会会议提出的各项任务，团结和联系委员及各族各界人士，学习、宣传国家的方针政策以及中共广东省委、省人民政府的重大决策，积极反映社情民意；就国家和本省的大政方针以及政治、经济、文化、社会生活和统一战线中的重要问题调查研究，提出意见、建议和提案，维护和发展安定团结的政治局面，推动改革开放和社会主义现代化建设；推进爱国统一战线的巩固和发展，加强与台湾同胞、港澳同胞和海外侨胞的联系，促进祖国统一大业的实现；组织各种活动，积极为委员知情出力、履行职责创造条件。

第四条　专门委员会的设置和变动，由常务委员会决定。

第五条　专门委员会是在常务委员会和主席会议领导下的工作机构，由省政协副主席分管。工作由主任主持，日常工作可由主任委托的副主任负责，秘书长负责协调。

第二章　组织

第六条　专门委员会按照有利联系各界、各方面人士，便于组织经常性活动和自愿、协商、统筹安排的原则，由省政协委员组成。

第七条 专门委员会设主任一人、副主任和委员若干人。主任和副主任的任免由常务委员会决定，委员的任免由主席会议决定。因工作需要，在本会机关工作的不是省政协委员的处室以上负责人经主席会议同意，亦可参加专门委员会。

提案委员会的产生按提案工作条例规定办理。

第八条 专门委员会根据工作需要，可分设小组进行活动。

第九条 未参加专门委员会的政协委员，根据本人意愿，可同某一专门委员会建立联系，专门委员会应采取适当方式发挥他们的作用。

第三章 工作制度

第十条 专门委员会的各种活动应发扬社会主义民主，进行充分协商。专门委员会需对工作作出决定时，按照民主集中制原则办理。

第十一条 主席或主席委托副主席、秘书长根据需要召开专门委员会主任联席会议，讨论研究专门委员会的重要问题。

第十二条 以专门委员会名义形成的文件，须经委员会或主任会议讨论，由主任或主任委托副主任审定并签发；重大问题可提请主席会议或常务委员会审议。专门委员会文件需要以省政协办公厅名义发出的，由秘书长或有关副秘书长签发。

第十三条 专门委员会根据省政协全体会议和常务委员会的决定精神，制订年度工作计划并报主席会议审定。年度末向常务委员会提交工作报告。

第十四条 专门委员会应主动与中共广东省委、省人民代表大会常务委员会、省人民政府的有关部门以及省各民主党派、有关人民团体、各市政协有关机构沟通情况，建立联系。

第四章 办事机构

第十五条 政协广东省委员会机关根据精简、统一、效能原则，设立专门委员会的单独或综合的办公室，为专门委员会服务。

第五章 附则

第十六条 本通则自常务委员会通过之日起实行，解释权和修改权属常务委员会。

（四）《政协广东省委员会提案工作条例》

（2000年6月29日广东省政协第八届委员会常务委员会第十一次会议通过）

第一章　总则

第一条　为了更好地发挥人民政协提案（以下简称提案）在履行人民政协政治协商、民主监督和参政议政职能中的重要作用。根据《中共中央关于坚持和完善中国共产党领导的多党合作和政治协商制度的意见》《中国人民政治协商会议章程》《中国人民政治协商会议全国委员会提案工作条例》《政协广东省委员会关于政治协商、民主监督、参政方政的规定》，制定本条例。

第二条　提案是政协委员、参加政协的党派、人民团体和政协专门委员会（以下统称提案者）向政协全体会议或者常务委员会提出的、经提案审查委员会或者提案委员会审查立案后，由承办单位办理的书面意见和建议。

提案是人民政协行使职能的一个重要方面；是政协委员、参加政协的党派、人民团体和政协专门委员会为社会主义现代化建设和实现祖国统一大业献计出力，坚持和完善中国共产党领导的多党合作制度的一种重要方式；是协助中国共产党和人民政府加强与各族各界人士联系，推进社会主义民主政治建设，实现决策民主化、科学化的一条重要渠道。

第三条　提案工作以马克思列宁主义、毛泽东思想、邓小平理论为指导，坚持社会主义初级阶段的基本路线和基本纲领，贯彻“长期共存、互相监督、肝胆相照、荣辱与共”的方针，充分发扬民主，广开言路，调动一切积极因素，为维护安定团结，促进改革开放，推进社会主义现代化建设和实现祖国统一大业服务。

第四条　提案工作应当注重提高提案质量、提案办理质量和服务质量，讲求实际效果。

第二章　提案审查委员会和提案委员会

第五条　每届政协第一次会议成立提案审查委员会，由主任、副主任和委员若干人组成，成员从本届政协委员中产生，由大会预备会议决定。第一次会议闭会后，提案审查委员会即作为提案委员会，列入专门委员会序列，在常务委员会和主席会议领导下，负责提案工作，每届任期五年。提案委员会组成人员的调整，依据《广东省政协委员会专门委员会通则》有关规定办理。

第六条　提案审查委员会和提案委员会的职责：

（一）制定全体会议期间提案工作方案和提案委员会年度工作计划。

（二）依照规定的程序，组织、征集提案。

（三）对提案进行审查立案，确定承办单位。

（四）对提案办理进行检查和督促。对办理不符合要求的，及时商请、督促承办单位重新办理。

（五）向全体会议、常务委员会议、主席会议报告工作。

（六）对提案进行综合分析，反映重要信息，向主席会议推荐重点和优秀提案。

（七）组织提案工作的宣传报道。

（八）加强与中共广东省委办公厅、省人大常委会办公厅、省政府办公厅、中央驻粤单位、解放军驻粤机关以及各承办单位的配合；加强与政协委员、各民主党派、有关人民团体的联系；加强与政协广东省委员会各专门委员会的协作，发挥政协的整体作用。

（九）建立与市、县政协提案委员会的联系，互通情况，交流经验，推动工作。

第七条 提案委员会发出的文件，须经提案委员会全体会议或者主任会议讨论，并由委员会主任或副主任审定、签发。

第八条 提案委员会全体会议每季度举行一次，必要时可临时召集；主任会议根据工作需要举行。

第九条 提案委员会下设办公室，是提案委员会的办事机构，是政协机关的组成部分。

第三章 提案的提出

第十条 下列人员和单位可以提出提案：

（一）政协广东省委员会委员，可以个人名义或者联名方式提出提案；全体会议期间还可以会议小组或者联组名义提出提案。

（二）参加政协的各党派、人民团体，可以本党派、团体名义提出提案。

（三）政协广东省委员会各专门委员会，可以本专门委员会名义提出提案。

第十一条 提案的基本要求：

（一）提案选题应当围绕国家大政方针，有关爱国统一线线的重大问题，中共广东省委、省人民政府及其职能部门的中心工作以及人民群众普遍关心的问题等方面提出。

（二）提案应在调查研究的基础上提出，内容应当实事求是，简明扼要，做到有情况、有分析、有具体的建议。

（三）委员联名提出的提案，发起人应作为第一提案人，签名列于首位；以党派、人民团体、政协专门委员会名义提出的提案，须有该组织负责人签名并加盖公章；全体会议期间以会议小组或者联组名义提出的提案，要标明组别，由小组召集人签名。

（四）撰写提案必须使用统一印制的提案纸，一事一案，字迹工整。

第十二条 提案可以在全体会议期间提出，也可以在闭会期间提出。

第四章 提案的审查和处理

第十三条 提案委员会本着尊重和维护提案者的民主权利、保证提案质量的原则，对收到的提案进行认真审查，符合本条例第三章规定的，予以立案。

有下列情形之一的，不予立案，根据不同情况，转送有关部门处理，并通知提案者：

涉及党和国家秘密的；国家明令禁止的；超越省属权限解决范围的；中共党员对党内有关组织人事安排等方面有意见或者民主党派成员反映本组织内部问题的；进入民事、刑事、行政诉讼以及仲裁程序的；属于学术研讨的；为本人、亲属或朋友解决个人问题的；

无实质性内容、建议笼统的。

第十四条 经审查立案的提案，应当根据提案的内容和有关单位的职责分工确定承办单位。凡涉及两个和两个以上承办单位办理的提案，应当确定主办和会办单位。经审查立案的提案，由广东省政协按归口办理的原则，递交有关单位承办。

第十五条 在全体会议提案截止时间之前提出的提案，作为大会提案处理；截止时间以后的提案，作为平时提案处理。

第十六条 提案委员会对涉及全局重大问题的提案，应提请主席会议审议通过后，作为建议案向有关方面提出。

第五章 提案的办理

第十七条 提案的办理是指承办提案的中共广东省委有关部门、省人民代表大会有关委员会、省人民政府有关部门，中央驻粤单位，解放军驻粤机关，各地级市党委和人民政府，有关人民团体等，根据国家法律法规、政策和有关规定办理提案，并将办理情况答复提案者。

（一）承办单位对提案办理工作应当有领导分管，有专人负责，健全制度，严格程序，保证提案的办理质量，在规定的时限内对提案进行答复。提案的答复应当按规定的格式行文，并加盖公章。对不予采纳的，要说明情况。办理复文直接寄送所有提案人，并抄送政协广东省委员会提案委员会。省委部门承办的提案，办理复文同时抄送省委办公厅；政府部门承办的提案，办理复文同时抄送省人民政府办公厅；军队系统承办的提案，办理复文同时抄送本系统上级有关部门。

（二）涉及两个和两个以上单位会同办理的提案，主办单位应当主动协商，会办单位应当积极配合，及时将会办意见函告主办单位。若主会办单位之间沟通有一定困难或问题，主办单位可告知省政协提案委员会予以协调。

（三）在办理提案过程中，提案者可通过提案委员会向承办单位了解有关提案办理的情况，参与提案的落实。

（四）承办单位应当加强与提案者的联系，及时沟通情况，协商落实提案的措施，并主动征询提案者对办理复文的意见；委员联名提案，只征询第一提案人意见。如提案者对办理结果不满意，提案委员会应建议承办单位重新研究，作出进一步的办理和答复。

（五）办理党派、人民团体、政协专门委员会提案，在书面答复前，必要时可先征求党派、人民团体、专门委员会的意见。

第十八条 提案委员会可以采用协商座谈、实地考察、专题调研、走访承办单位、定期联络等方式，推动提案办理工作。对提案中当年不能解决的重要问题，要跟踪督办，促进落实。

第十九条 各党派、人民团体、政协专门委员会提案和其他重要的提案，提案委员会应当有选择地报送主席或副主席审阅，并建议主席、副主席对部分重要提案作出批示或牵头督办。

第二十条 对于办理提案成绩突出的承办单位，提案委员会可报请主席会议审定，予以表彰和奖励。

第六章　重点提案的产生及督办

第二十一条　重点提案是指提案委员会从当年立案的提案中，遴选出若干件事关党和政府中心工作，以及人民群众普遍关心的重要问题的提案。

第二十二条　重点提案须具备的条件：

（一）提案内容是围绕党和国家大政方针在本省贯彻落实的重大问题，本省的重要事务，人民群众普遍关心的热点、难点问题，以及党政部门尚未注意到而需要解决的重要问题。

（二）提案反映情况真实，分析透彻，建议有可行性或具前瞻性。

（三）提案经办理落实，预期可产生较好的社会效益或经济效益，或对本省宏观决策有重要的参考价值。

第二十三条　重点提案的产生程序：按照重点提案须具备的条件，在充分听取省政协委员和有关方面意见的基础上，由提案委员会主任会议初选出若干件，提交提案委员会全体会议作进一步遴选后，报政协广东省委员会主席会议审议通过。

第二十四条　提案委员会对重点提案进行重点督办。根据提案的情况，结合实际，或与提案者、承办单位开展联合调研督办；或组织实地考察，现场公开督办；或与新闻舆论相结合，进行跟踪督办；或与民主党派、有关人民团体、政协专门委员会协同督办；或通过政协常委会专题议政、专题协商的方式督办等。

第七章　优秀提案的评选及表彰

第二十五条　优秀提案评选对象、时限、范围和数额：

（一）评选对象为广东省政协委员，参加省政协的各民主党派、人民团体和省政协各专门委员会所提的提案。

（二）每年评选一次。当年经提案审查委员会或提案委员会审查立案、交付办理的提案，属评选范围。

（三）评选数额控制在占立案的提案总件数的5%以内。

第二十六条　优秀提案评选条件：

（一）提案内容是围绕党和国家大政方针在本省的贯彻落实，爱国统一战线的重大问题，本省的重要事务以及反映人民群众呼声和意愿的热点、难点问题。

（二）提案所提问题政治上有严肃性，分析问题有科学性，建议措施有可行性或预见性。

（三）提案经办理落实，取得了社会效益或经济效益；或者对全局及部门决策有重要参考价值。

第二十七条　优秀提案按以下程序评选产生：

（一）提案委员会办公室提出优秀提案推荐名单和推荐理由（推荐件数要多于规定评

选数额）。

（二）充分听取有关方面意见。

（三）提案委员会主任会议审议。

（四）提案委员会全体会议审议。

（五）报省政协主席会议审定。

第二十八条 对评选出的优秀提案，以政协广东省委员会名义在全体委员会议上予以表彰和奖励，并通过新闻媒体进行宣传报道。第八章附则

第二十九条 本条例由提案委员会负责组织实施。

第三十条 本条例由提案委员会负责解释。

（五）《政协广东省委员会关于委员参加本会活动的基本要求》

（1995年12月4日广东省政协第七届委员会常务委员会第十四次会议通过）

为适应新时期人民政协工作的要求，充分发挥政协组织的整体优势，进一步调动委员的积极性、主动性，更好地履行人民政协的职能和委员的职责，不断提高参政议政的水平，根据《中国人民政治协商会议章程》及有关规定，对委员参加本会活动提出几点要求。

一、参加全体会议、常委会议。本会的全体会议、常委会议，是履行政治协商、民主监督、参政议政职能的主要方式。委员或常委在接到通知后，必须依时出席。如因特殊情况确实不能到会，应告知本会办公厅代为请假。

二、参加视察。本会组织的一年一度的视察，是委员深入实际，联系群众，了解社会，履行政治协商、民主监督、参政议政职能的重要途径。委员应该积极参加视察，从中了解情况，就我省各项事业和群众生活的重要问题，向党和国家机关以及其他组织提出建议和批评。

三、参加其他有关活动。本会及各专门委员会组织的报告会、座谈会、论证会、研讨会、调查研究、参观学习等活动，是发挥政协人才荟萃优势，为党委、政府提供参考意见和建议，以促进实现领导决策民主化、科学化的有效形式；又是政协开展工作、交流思想、增进团结的方式。这些活动，请委员尽可能安排时间参加。省委、省政府有关部门组织的、通过本会安排委员参加的有关会议以及调查和检查活动、被邀请的委员应积极参与，履行职责，发挥作用。

四、积极提出提案。提案是政协行使政治协商、民主监督、参政议政职能的一个重要方面，是政协委员为社会主义现代化建设和祖国统一大业献计出力的一种重要方式，也是协助共产党和人民政府加强与各界人士的联系，实现决策民主化、科学化的重要渠道。委员应围绕国家大政方针、地方重要事务、群众关心的重大问题，以及爱国统一战线内部关系，积极提出提案。

五、反映社情民意。本会下通各界、上达省委，为充分运用这一有利条件，希望委员保持与群众特别是本界别群众的密切联系，倾听群众的呼声，反映群众的愿望，每个委员一年内至少提出一条有质量的建议，反映一条有价值的信息，并及时提交本会办公厅，以

便专题或综合送领导机关和有关部门，供决策、研究参考。

六、密切与本会机关的联系。本会通过办公厅保持与委员的联系，对办公厅发出的征询函、调查表或索取有关资料，委员要及时予以回复。委员如因工作调动或通讯地址变更，请及时告知办公厅，以便联系。同时，希望委员多关心支持机关的工作，多提出意见、建议，以便机关更好地为委员履行职责服务。

（六）《政协广东省委员会办公厅组织委员视察工作简则》

（1996年8月30日，经第37次主席会议审议同意）

根据中国人民政治协商会议章程的规定，为改进和完善政协委员视察的组织工作，进一步推进政协工作的规范化、制度化建设，结合本会实际，特制订本简则。

一、视察的目的和内容

（一）视察目的。通过深入基层视察，使委员开阔视野，联系群众，反映民意；了解各地贯彻执行党和国家方针、政策情况，以及改革开放和现代化建设的成就和经验，增加感性认识；对地方工作中存在的问题进行研究，向当地党政机关或上级党政机关和有关部门提出意见和建议，为参政议政，推进决策民主化、科学化提供参考依据。

（二）视察内容。围绕党和政府的中心工作，对各地改革开放和社会主义现代化建设、群众生活以及爱国统一战线工作的重要问题进行视察。各视察团还应选择某些专题，结合进行视察。

二、视察的组织工作

（三）根据每年全体会议提出的任务，结合委员的建议和要求，由办公厅秘书处拟订年度视察计划，提请秘书长办公会议审议通过，报主席会议批准后实施。

（四）在穗委员、港澳地区委员，由本厅组织视察。在穗委员以专门委员会为基础编团，未参加专委会的委员，按其专业、特长分编到各个团。个别委员因特殊情况不能按专门委员会组团的时间和地点参加视察的，可适当调整。香港、澳门地区委员分别单独编团。

（五）穗外委员的视察，分三种方式进行：每届内分批安排一次跨市视察，由有关的市政协协助做好组织工作；有省视察团到达的市，将该市的省政协委员编入视察团一同视察；当年没有组织跨市视察，也没有省视察团到达的市，委托该市政协组织在该市的省政协委员就地视察。视察团统称为“广东省政协委员视察团”。

（六）各视察团视察的专题、时间、地点的提出：以专门委员会为基础编团的，由各专门委员会在年初制订年度工作计划时提出；港澳地区委员团由港澳台华侨外事委员会办公室征求港澳常委意见后提出；跨市视察团由秘书处提出。

（七）每个视察团人数一般不少于10人、不超过30人。每团设团长一人、副团长若干人，负责视察团的组织领导工作。团长、副团长由视察团全体成员协商推选。

（八）每个视察团由本厅适当配备工作人员，负责视察团的联络与服务工作，各市参加跨市视察团的省政协委员超过5人的，由该市政协配备1名工作人员。

（九）除一年一度的视察外，必要时，经主席会议同意，可临时组织部分委员就某方面问题进行专题视察，由本厅或专门委员会负责组织。

三、视察的准备

（十）视察团出发前，要召开预备会议，推举正、副团长，学习有关文件。工作人员要主动为视察团准备有关文件、材料，并通过视察地政协邀请当地党政部门提供有关书面材料，印发给委员参考。

四、视察的时间和方式

（十一）每年一次的集体视察，一般安排在8月至11月间进行，11月底前结束。每个视察团的活动，要按计划进行，一般到一个市及该市的一个县（市），或至两个县（市），时间5～7天。专题视察的时间由主席会议确定。

（十二）视察团要听取当地党政有关领导介绍全面情况，并进行实地考察了解，邀请基层干部、群众座谈。参观考察点的安排，要兼顾全局，既要了解当地工作的成绩和经验，也要了解存在问题，经视察团集中研究，提出解决问题的可行性办法，再与当地领导座谈，提出意见和建议。

五、视察的接待工作

（十三）省视察团到达的市、县，由市、县政协负责商请党委、政府对视察接待的各项工作作出安排。

（十四）省组织的视察团（包括跨市视察团）的视察经费，根据财厅核拨的标准，按实际人数、天数付给当地接待部门。委托各市政协组织就地视察的经费，由本厅按标准和委员人数拨给。

六、视察的总结

（十五）视察团在视察结束前，要进行总结，并由委员或工作人员写出视察报告，交团长审定后，由本厅转报主席会议并送省委、省政府、当地党政机关和有关部门，提供决策参考。必要时还可编发信息，报送给省委、省政府和有关部门。专委会、视察团或委员可根据视察情况，撰写提案或在常委会议、全体委员会议上发言。

七、视察的宣传报道

（十六）省组织的视察团，视需要邀请省级新闻单位记者随团采访，视察团所到的市、县，当地政协应商请当地新闻单位进行采访报道。没有记者随团的，工作人员要负责撰写有特色的新闻稿，送给省各新闻单位。委托各市组织的就地视察，除请当地新闻记者采访报道外，也应主动向省新闻单位送稿。

编 后 记

根据广东省人民政府办公厅（简称省政府办公厅）《关于开展第二届新方志编修工作的通知》和广东省人民政府地方志办公室（简称省地方志办）《关于开展第二届新方志编修工作的实施意见》的精神，《广东省志（1979—2000）·政权卷》由省政府办公厅牵头，广东省人大常委会办公厅、政协广东省委员会办公厅、广东省人民政府法制办公室等单位参与编修。上述单位分别负责人大、政府、政协篇的编修工作。2002年，省政府办公厅拟订并征得各参编单位及省地方志办同意后形成全卷的篇目和编写大纲。此后，各编修单位按照篇目和编写大纲搜集资料并进行编纂工作。全体编纂人员本着实事求是的精神和对工作认真负责的态度，不畏艰辛，克服困难，兢兢业业，勤奋工作。共搜集各种档案、文献1000多册，查阅各类资料500多万字，为真实系统地记述历史奠定了良好的基础。经过各编修单位的共同努力，2006年完成本卷各篇初稿，经省政府办公厅统稿，形成本卷的第一稿（60万字）。

本卷2008年1月通过省政府办公厅组织的初审，2009年8月通过省地方志办组织的复审，2011年5月通过广东省地方志书审查委员会组织的终审。每次审查后，编修单位均认真梳理意见，根据审查意见对志稿作反复修改、补充，不断提高志稿质量。

本卷在编纂过程中，得到省各级领导的支持和省地方志办的具体指导，部分省直单位和市、县有关部门参加编写或提供资料，部分专家学者参加了审稿工作。在此谨对曾参加、关心和支持本卷编修工作的单位、人士表示衷心的感谢！

由于本卷涉及范围广，内容多，限于编者水平有限，难免存在不足之处，敬请读者批评指正。

《广东省志·政权卷》编辑室

2012年12月